Über dieses Buch

Leo Trotzki ist der Kronzeuge der russischen Revolution von unbestritten höchstem geschichtlichen und literarischen Rang. Die ›Geschichte der russischen Revolution‹ ist sein Hauptwerk. Und sie ist zu einem Standardwerk geworden, zu einem bedeutenden Beispiel der Geschichtsschreibung im 20. Jahrhundert.
Das Buch liegt nach seinem ersten Erscheinen (vor rund 50 Jahren bei S. Fischer) in dieser Taschenbuchausgabe wieder ungekürzt vor.
Band 1 dieser Ausgabe enthält die Schilderung der Februarrevolution.

Der Autor

Leo Trotzki, 1879 als Sohn eines jüdischen Bauern in der Ukraine geboren, wurde als Student wegen revolutionärer Agitation nach Sibirien verbannt. 1905 trat er an die Spitze des revolutionären Petersburger Sowjet. Er wurde erneut in die Verbannung geschickt, aus der er 1917 zurückkehrte (Oktoberrevolution). Er wurde Außenminister und ist der Gründer der Roten Armee. Stalin trieb ihn 1929 ins Exil. 1940 wurde er von einem Agenten der Stalinschen GPU in Mexiko ermordet.
Folgende Titel sind außerdem als Fischer Taschenbuch lieferbar: ›Mein Leben. Versuch einer Autobiographie‹ (Bd. 6627), ›Die permanente Revolution‹ (Bd. 6628), ›Der junge Lenin‹ (Bd. 6632), ›Geschichte der russischen Revolution. Zweiter Teil: Oktoberrevolution‹ 1. Halbband (Bd. 6630) und 2. Halbband (Bd. 6631).

Leo Trotzki

Geschichte der russischen Revolution

Erster Teil: Februarrevolution

Aus dem Russischen übertragen
von Alexandra Ramm

Fischer
Taschenbuch
Verlag

Ungekürzte Ausgabe
Fischer Taschenbuch 6629
1.–15. Tausend: Dezember 1973
16.–23. Tausend: Januar 1982
Fischer Taschenbuch Verlag GmbH, Frankfurt am Main
Lizenzausgabe mit freundlicher Genehmigung
des S. Fischer Verlages GmbH, Frankfurt am Main

Dieser Band erschien als Fischer Taschenbuch zunächst
in der Reihe ›Arbeiterbewegung – Theorie und Geschichte‹,
herausgegeben von Claudio Pozzoli; Redaktion: Klaus Kamberger.
Umschlaggestaltung: Max Bartholl
Umschlagfoto: Ullstein Bilderdienst
Gesamtherstellung: Hanseatische Druckanstalt GmbH, Hamburg
Printed in Germany
1380-ISBN-3-596-26629-7

Inhalt

Vorwort

In den ersten zwei Monaten des Jahres 1917 war Rußland noch Romanowsche Monarchie. Acht Monate später standen bereits die Bolschewiki am Ruder, über die zu Beginn des Jahres nur wenige etwas gewußt hatten und deren Führer im Augenblick der Machtübernahme noch unter Anklage des Landesverrats standen. In der Geschichte ist keine zweite ähnlich schroffe Wendung zu finden, besonders wenn man bedenkt, daß es sich um eine Nation von hundertundfünfzig Millionen Seelen handelt. Es ist klar, daß die Ereignisse des Jahres 1917, wie man sich zu ihnen auch stellen mag, verdienen, erforscht zu werden.

Die Geschichte der Revolution muß, wie jede Geschichte, vor allem berichten, was geschah und wie es geschah. Das allein jedoch genügt nicht. Aus dem Bericht selbst muß klarwerden, weshalb es so und nicht anders geschah. Die Geschehnisse können weder als Kette von Abenteuern betrachtet noch auf den Faden einer vorgefaßten Moral aufgezogen werden. Sie müssen ihrer eigenen Gesetzmäßigkeit gehorchen. In der Aufdeckung dieser Gesetzmäßigkeit sieht der Autor seine Aufgabe.

Der unbestreitbarste Charakterzug der Revolution ist die direkte Einmischung der Massen in die historischen Ereignisse. In gewöhnlichen Zeitläufen erhebt sich der Staat, der monarchistische wie der demokratische, über die Nation; Geschichte vollziehen die Fachmänner dieses Handwerks: Monarchen, Minister, Bürokraten, Parlamentarier, Journalisten. Aber an jenen Wendepunkten, wo die alte Ordnung den Massen unerträglich wird, durchbrechen diese die Barrieren, die sie vom politischen Schauplatz trennen, überrennen ihre traditionellen Vertreter und schaffen durch ihre Einmischung die Ausgangsposition für ein neues Regime. Ob dies gut oder schlecht, wollen wir dem Urteil der Moralisten überlassen. Wir selbst nehmen die Tatsachen, wie sie durch den objektiven Gang der Entwicklung gegeben sind. Die Geschichte der Revolution ist für uns vor allem die Geschichte des gewaltsamen Einbruchs der Massen in das Gebiet der Bestimmung über ihre eigenen Geschicke.

In der von einer Revolution erfaßten Gesellschaft kämpfen Klassen gegeneinander. Es ist indes völlig offenkundig, daß die zwischen Beginn der Revolution und deren Ende vor sich gehenden Veränderungen in den ökonomischen Grundlagen der Gesellschaft und in deren Klassensubstrat absolut nicht ausreichen zur Erklärung des Verlaufes der Revolution selbst, die in kurzer

Zeitspanne jahrhundertealte Einrichtungen stürzt, neue schafft und wieder stürzt. Die Dynamik der revolutionären Ereignisse wird *unmittelbar* von den schnellen, gespannten und stürmischen Veränderungen der Psychologie der vor der Revolution herausgebildeten Klassen bestimmt.

Die Gesellschaft ändert nämlich ihre Einrichtungen nicht nach Maßgabe des Bedarfs, wie ein Handwerker seine Instrumente erneuert. Im Gegenteil, sie nimmt die über ihr hängenden Institutionen praktisch als etwas ein für allemal Gegebenes. Jahrzehntelang bildet die oppositionelle Kritik nur das Sicherheitsventil für die Massenunzufriedenheit und eine Bedingung für die Widerstandsfähigkeit der Gesellschaftsordnung: eine solche prinzipielle Bedeutung hat zum Beispiel die Kritik der Sozialdemokratie gewonnen. Es sind ganz besondere, vom Willen der Einzelnen und der Parteien unabhängige Bedingungen notwendig, die der Unzufriedenheit die Ketten des Konservativismus herunterreißen und die Massen zum Aufstand bringen.

Schnelle Veränderungen von Ansichten und Stimmungen der Massen in der revolutionären Epoche ergeben sich folglich nicht aus der Elastizität und Beweglichkeit der menschlichen Psyche, sondern im Gegenteil aus deren tiefem Konservativismus. Das chronische Zurückbleiben der Ideen und Beziehungen hinter den neuen objektiven Bedingungen, bis zu dem Moment, wo die letzteren in Form einer Katastrophe über die Menschen hereinbrechen, erzeugt eben in der Revolutionsperiode die sprunghafte Bewegung der Ideen und Leidenschaften, die den Polizeiköpfen als einfache Folge der Tätigkeit von »Demagogen« erscheint.

Die Massen gehen in die Revolution nicht mit einem fertigen Plan der gesellschaftlichen Neuordnung hinein, sondern mit dem scharfen Gefühl der Unmöglichkeit, die alte Gesellschaft länger zu dulden. Nur die führende Schicht der Klasse hat ein politisches Programm, das jedoch noch der Nachprüfung durch die Ereignisse und der Billigung durch die Massen bedarf. Der grundlegende politische Prozeß der Revolution besteht eben in der Erfassung der sich aus der sozialen Krise ergebenden Aufgaben durch die Klasse und der aktiven Orientierung der Masse nach der Methode sukzessiver Annäherungen. Die einzelnen Etappen des revolutionären Prozesses, gefestigt durch die Ablösung der einen Parteien durch andere, immer extremere, drücken das anwachsende Drängen der Massen nach links aus, bis der Schwung der Bewegung auf objektive Hindernisse prallt. Dann beginnt die Reaktion: Enttäuschung einzelner Schichten der revolutionären Klasse, Wachsen der Gleichgültigkeit und damit Festigung der Positionen der konterrevolutionären Kräfte. Dies ist wenigstens das Schema der alten Revolutionen.

Nur auf Grund des Studiums der politischen Prozesse in den Massen selbst kann man die Rolle der Parteien und Führer begreifen, die zu ignorieren wir am allerwenigsten geneigt sind. Sie bilden, wenn auch kein selbständiges, so doch ein sehr wichtiges Element des Prozesses. Ohne eine leitende Organisation würde die Energie der Massen verfliegen wie Dampf, der nicht in einem Kolbenzylinder eingeschlossen ist. Die Bewegung erzeugt indes weder der Zylinder noch der Kolben, sondern der Dampf.

Die Schwierigkeiten, die sich dem Studium der Veränderungen des Massenbewußtseins in der Revolutionsepoche hindernd in den Weg stellen, sind ganz offensichtlich. Die unterdrückten Klassen machen Geschichte in Fabriken, Kasernen, in Dörfern, in den Straßen der Städte. Dabei sind sie am allerwenigsten gewohnt, sie niederzuschreiben. Perioden höchster Spannung sozialer Leidenschaften lassen überhaupt wenig Raum für Beschaulichkeit und Schilderung. Alle Musen – selbst die plebejische Muse des Journalismus, trotz ihrer derben Flanken – haben es während einer Revolution schwer. Und dennoch ist die Lage des Historikers keinesfalls hoffnungslos. Die Aufzeichnungen sind unvollständig, verstreut, zufällig. Doch im Lichte der Ereignisse selbst erlauben diese Bruchstücke nicht selten, Richtung und Rhythmus der unterirdischen Prozesse zu erraten. Ob recht oder schlecht, aber auf der Berechnung der Veränderungen des Massenbewußtseins begründet die revolutionäre Partei ihre Taktik. Der historische Weg des Bolschewismus zeigt, daß eine solche Berechnung, wenigstens in ihren gröbsten Zügen, möglich ist. Warum soll, was einem revolutionären Politiker im Strudel des Kampfes gelingt, nicht auch dem Historiker rückblickend gelingen?

Die im Bewußtsein der Massen sich vollziehenden Prozesse sind jedoch weder ursprünglich noch unabhängig. So sehr Idealisten und Eklektiker auch ungehalten sein mögen, das Bewußtsein wird doch durch das Sein bestimmt. In den historischen Bedingungen der Formierung Rußlands, seiner Wirtschaft, seiner Klassen, seines Staates und der Beeinflussung durch andere Staaten mußten die Voraussetzungen für die Februarrevolution und ihre Ablösung durch die Oktoberrevolution enthalten gewesen sein. Insofern die Tatsache, daß das Proletariat *zuerst* in einem rückständigen Lande an die Macht gelangte, immer wieder als besonders rätselhaft erscheint, muß man von vornherein die Erklärung dieser Tatsache in der *Eigenart* dieses rückständigen Landes, das heißt in den Merkmalen, durch die es sich von anderen Ländern unterscheidet, suchen.

Die historischen Eigenarten Rußlands und ihr spezifisches Gewicht sind in den ersten Kapiteln dieses Buches charakterisiert, die einen kurzen Abriß der Entwicklung der russischen Gesellschaft und ihrer inneren Kräfte enthalten. Wir möchten hoffen, daß der unvermeidliche Schematismus dieser Kapitel den Leser nicht abschrecken wird. Im weiteren Verlauf des Buches soll er den gleichen sozialen Kräften in lebendiger Handlung begegnen.

Diese Arbeit stützt sich in keiner Weise auf persönliche Erinnerungen. Der Umstand, daß der Autor Teilnehmer der Ereignisse war, enthob ihn nicht der Pflicht, seine Darstellung auf streng nachgeprüften Dokumenten aufzubauen. Der Autor dieses Buches spricht von sich, insofern er durch den Lauf der Ereignisse dazu gezwungen wird, in dritter Person. Und dies ist nicht einfach eine literarische Form: der in einer Autobiographie oder in Memoiren unvermeidliche subjektive Ton wäre bei einer historischen Arbeit unzulässig.

Der Umstand jedoch, daß der Autor Teilnehmer des Kampfes war, erleichtert ihm natürlich das Verständnis nicht nur für die Psychologie der handelnden Kräfte, der individuellen und kollektiven, sondern auch für den inneren Zusammenhang der Ereignisse. Dieser Vorzug kann positive Resultate nur unter Beachtung einer Bedingung ergeben: sich nicht auf die Angaben des eigenen Gedächtnisses verlassen, nicht nur im kleinen, sondern auch im großen, nicht nur in bezug auf Tatsachen, sondern auch in bezug auf Motive und Stimmungen. Der Autor ist der Ansicht, daß er, insofern es von ihm abhing, diese Bedingungen beachtet hat.

Bleibt die Frage der politischen Stellung des Autors, der als Historiker auf dem selben Standpunkt steht, den er als Teilnehmer der Ereignisse inne hatte. Der Leser ist selbstverständlich nicht verpflichtet, die politischen Ansichten des Autors zu teilen, der seinerseits keine Veranlassung hat, sie zu verheimlichen. Aber der Leser hat das Recht, von einer historischen Arbeit zu fordern, daß sie nicht die Apologie einer politischen Position, sondern die innerlich begründete Darstellung des realen Prozesses der Revolution sei. Eine historische Arbeit entspricht nur dann vollkommen ihrer Bestimmung, wenn auf den Buchseiten die Ereignisse in ihrer ganzen natürlichen Zwangsläufigkeit abrollen.

Ist hierfür eine sogenannte historische »Unvoreingenommenheit« erforderlich? Niemand hat noch klar gesagt, worin sie zu bestehen habe. Die oft angeführten Worte Clemenceaus, daß man die Revolution en bloc, als Ganzes nehmen müsse, sind im besten Falle eine geistreiche Ausflucht: wie kann man sich als Anhänger einer Gesamtheit erklären, deren Wesen in Zwiespältigkeit besteht? Clemenceaus Aphorismus ist teils von der Betretenheit über die allzu entschiedenen Vorfahren, teils von der Verlegenheit des Nachfahren vor deren Schatten diktiert.

Einer der reaktionären und darum Mode-Historiker des gegenwärtigen Frankreich, L. Madelein, der so salonfähig die Große Revolution, das heißt die Geburt der französischen Nation verleumdet hat, behauptet: »Der Historiker muß sich auf die Mauer der bedrohten Stadt stellen und gleichzeitig Belagerer und Belagerte überblicken«; nur so könne man angeblich die »ausgleichende Gerechtigkeit« erreichen. Die Arbeiten Madeleins beweisen jedoch, daß, wenn er auch auf die die zwei Lager trennende Mauer klettert, so nur in der Eigenschaft eines Zaunspähers der Reaktion. Es ist gut, daß es sich in diesem Falle um Lager der Vergangenheit handelt. Während der Revolution ist der Aufenthalt auf der Mauer mit großen Gefahren verbunden. Im übrigen pflegen in unruhigen Augenblicken die Priester der »ausgleichenden Gerechtigkeit« gewöhnlich in ihren vier Wänden zu hocken und abzuwarten, auf wessen Seite der Sieg sein wird.

Der ernste und kritische Leser bedarf keiner verlogenen Unvoreingenommenheit, die ihm den Kelch der Versöhnung, mit gut abgestandenem Gift reaktionären Hasses auf dem Boden, darbietet, sondern der methodischen Gewissenhaftigkeit, die für ihre offenen, unverschleierten Sympathien und Antipathien eine Stütze in ehrlicher Erforschung der Tatsachen sucht, in der Feststellung ihres wirklichen Zusammenhanges, in der Aufdeckung der Gesetzmäßigkeit ihrer Folge. Dies ist die einzig mögliche historische Objektivität und dabei eine vollkommen ausreichende, denn sie wird überprüft und bestätigt nicht durch die guten Absichten des Historikers, für die obendrein er selbst einsteht, sondern durch die von ihm aufgedeckte Gesetzmäßigkeit des historischen Prozesses selbst.

Als Quellen dieses Buches dienten zahlreiche periodische Publikationen, Zeitungen und Zeitschriften, Memoiren, Protokolle und anderes, teilweise handschriftliches Material, in der Hauptsache aber vom Institut für die Geschichte der Revolution in Moskau und Leningrad bereits veröffentlicht. Wir haben es für überflüssig erachtet, im Text auf die einzelnen Quellen zu verweisen, da dies den Leser nur belasten würde. Von Büchern, die den Charakter eines Sammelwerkes historischer Arbeiten darstellen, haben wir insbesondere das zweibändige Werk »Abrisse zur Geschichte der Oktoberrevolution« (Moskau-Leningrad 1927) benutzt. Von verschiedenen Autoren stammend, sind die einzelnen Teile dieser »Abrisse« nicht gleichwertig, doch enthalten sie jedenfalls reichliches Tatsachenmaterial.

Die chronologischen Daten unseres Buches sind durchweg nach dem alten Stil angegeben, das heißt sie bleiben hinter dem Welt- und auch dem heutigen Sowjetkalender um dreizehn Tage zurück. Der Autor war gezwungen, jenen Kalender anzuwenden, der zur Zeit der Revolution in Kraft war. Es würde allerdings keine Mühe machen, die Daten auf den neuen Stil zu bringen. Aber diese Operation müßte, während sie die einen Schwierigkeiten behebt, unvermeidlich neue, wesentlichere erzeugen. Der Sturz der Monarchie ist unter dem Namen »Februarrevolution« in die Geschichte eingegangen. Nach dem westlichen Kalender vollzog er sich jedoch im März. Die bewaffnete Demonstration gegen die imperialistische Politik der Provisorischen Regierung kam unter dem Namen »Apriltage« in die Geschichte, nach dem westlichen Kalender fand sie jedoch im Mai statt. Ohne bei anderen Zwischenereignissen und Daten zu verweilen, wollen wir noch bemerken, daß sich die Oktoberumwälzung nach der europäischen Zeitrechnung im November abgespielt hat. Also sogar der Kalender ist, wie wir sehen, von den Ereignissen gefärbt, und der Historiker kann die revolutionäre Zeitrechnung nicht mit Hilfe einfacher arithmetischer Regeln zurechtmachen. Der Leser möge bedenken, daß, bevor sie den byzantinischen Kalender stürzte, die Revolution die Institutionen stürzen mußte, die sich an ihn klammerten.

Prinkipo *L. Trotzki*

Die Eigenarten der Entwicklung Rußlands

Der grundlegende, beständigste Charakterzug der Geschichte Rußlands ist dessen verspätete Entwicklung mit der sich daraus ergebenden ökonomischen Rückständigkeit, Primitivität der Gesellschaftsformen und dem tiefen Kulturniveau.

Die Bevölkerung der gigantischen, rauhen, den östlichen Winden und asiatischen Eindringlingen geöffneten Ebene war von Natur aus zu weitem Zurückbleiben verurteilt. Der Kampf mit den Nomaden währte fast bis zum Ende des siebzehnten Jahrhunderts. Der Kampf mit den Winden, die im Winter Frost, im Sommer Dürre bringen, ist auch heute noch nicht beendet. Die Landwirtschaft – die Grundlage der gesamten Entwicklung – schritt auf extensiven Wegen vorwärts: im Norden wurden die Wälder abgeholzt und niedergebrannt, im Süden die Ursteppen aufgerissen; das Besitzergreifen von Natur ging in die Breite, nicht in die Tiefe.

Während die westlichen Barbaren sich auf den Ruinen der römischen Kultur ansiedelten, wo viele alte Steine ihnen als Baumaterial dienten, fanden die Slawen des Ostens in der trostlosen Ebene keinerlei Erbe vor: ihre Vorgänger hatten auf einer noch tieferen Stufe als sie selbst gestanden. Die westeuropäischen Völker, die bald an ihre natürlichen Grenzen stoßen mußten, schufen ökonomische und kulturelle Zusammenballungen: die gewerbetreibenden Städte. Die Bevölkerung der Ostebene zog sich beim ersten Anzeichen von Enge in die Wälder zurück oder wanderte an die Peripherie ab, in die Steppe. Die initiativ- und unternehmungslustigen Elemente der Bauernschaft wurden im Westen Städter, Handwerker, Kaufleute. Die aktiven und kühnen Elemente des Ostens wurden einesteils Händler, größtenteils jedoch Kosaken, Grenzsiedler, Kolonisatoren. Der im Westen intensive Prozeß der sozialen Differenzierung wurde im Osten aufgehalten und durch den Expansionsprozeß verwischt. »Der Zar der Moskowiter, obwohl christlich, herrscht über Menschen von faulem Geist«, schrieb Vico, der Zeitgenosse Peters I. Der »faule Geist« der Moskowiter war ein Abbild des langsamen Tempos der wirtschaftlichen Entwicklung, der Ungeformtheit der Klassenbeziehungen, der Armut der inneren Geschichte.

Die alten Zivilisationen Ägyptens, Indiens und Chinas besaßen einen ausreichend selbstgenügsamen Charakter und verfügten über ausreichende Zeit, um trotz tiefstehender Produktionskräfte ihre sozialen Beziehungen fast zur gleichen, bis ins einzelne gehenden Vollendung zu bringen, zu der die Handwerker dieser Länder ihre Erzeugnisse brachten. Rußland lag nicht nur geographisch zwischen Europa und Asien, sondern auch sozial und historisch. Es unterschied sich vom europäischen Westen, aber auch vom asiatischen Osten und näherte sich während verschiedener Perioden in verschiedener Hinsicht bald dem einen, bald dem anderen. Der Osten brachte das tatarische Joch, das als wichtiges Element in den Aufbau des russischen Staates einging. Der Westen war ein noch gefährlicherer Feind, aber gleichzeitig Lehrer. Rußland hatte keine Möglichkeit, sich in den Formen des Ostens herauszubilden, weil es gezwungen war, sich stets dem militärischen und ökonomischen Druck des Westens anzupassen.

Das Bestehen feudaler Beziehungen in Rußland, von den alten Historikern verneint, kann man auf Grund neuer Forschungen als unbedingt nachgewiesen betrachten. Mehr noch: die Grundelemente des russischen Feudalismus waren die gleichen wie im Westen. Aber schon allein die Tatsache, daß die feudale Epoche erst durch lange wissenschaftliche Streitigkeiten festgestellt werden mußte, ist ein genügendes Zeugnis für die Unreife des russischen Feudalismus, seine Ungeformtheit und die Dürftigkeit seiner Kulturdenkmäler.

Ein rückständiges Land eignet sich die materiellen und geistigen Eroberungen fortgeschrittener Länder an. Das heißt aber nicht, daß es ihnen sklavisch folgt und alle Etappen ihrer Vergangenheit reproduziert. Die Theorie von der Wiederholung historischer Zyklen – Vico und dessen spätere Anhänger – stützt sich auf Beobachtungen des Kreislaufs alter, vorkapitalistischer Kulturen, zum Teil auch auf die ersten Erfahrungen der kapitalistischen Entwicklung. Eine gewisse Wiederholung der Kulturstadien an immer neuen Herden war tatsächlich mit dem provinziellen und episodischen Charakter des gesamten Prozesses verbunden. Der Kapitalismus bedeutet jedoch die Überwindung dieser Bedingungen. Er bereitete vor und verwirklichte in gewissem Sinne die Universalität und Permanenz der Menschheitsentwicklung. Das allein schließt die Wiederholungsmöglichkeit der Entwicklungsformen einzelner Nationen aus. Gezwungen, den fortgeschrittenen Ländern nachzueifern, hält das rückständige Land die Reihenfolge nicht ein: das Privileg der historischen Verspätung – und ein solches Privileg besteht – erlaubt, oder richtiger gesagt, zwingt, sich das Fertige vor der bestimmten Zeit anzueignen, eine Reihe Zwischenetappen zu überspringen. Die Wilden vertauschen den Bogen gleich mit dem Gewehr, ohne erst den Weg durchzumachen, der in der Vergangenheit zwischen diesen Waffengattungen lag. Die europäischen Kolonisten in Amerika begannen die Geschichte nicht von neuem. Der Umstand, daß Deutschland oder die Vereinigten Staaten England ökonomisch überholt haben, war gerade durch die Verspätung ihrer kapitalistischen Entwicklung bedingt. Umgekehrt ist die konservative Anarchie in der britischen Kohlenindustrie, wie auch in den Köpfen Macdonalds und seiner Freunde, eine Quittung für die Vergangenheit, in der England zu lange die Rolle des kapitalistischen Hegemonen gespielt hat. Die Entwicklung einer historisch verspäteten Nation führt notgedrungen zu eigenartiger Verquickung verschiedener Stadien des historischen Prozesses. In seiner Gesamtheit bekommt der Kreislauf einen nicht planmäßigen, verwickelten, kombinierten Charakter.

Die Möglichkeit, Zwischenstufen zu überspringen, ist selbstverständlich keine absolute; ihr Ausmaß wird letzten Endes von der wirtschaftlichen und kulturellen Aufnahmefähigkeit des Landes bestimmt. Eine rückständige Nation drückt außerdem die Errungenschaften, die sie fertig von außen übernimmt, durch Anpassung an ihre primitivere Kultur hinab. Der Assimilationsprozeß selbst bekommt dabei einen widerspruchsvollen Charakter. So brachte die Einführung der Elemente westlicher Technik und Ausbildung, vor allem auf dem Gebiete des Militär- und Manufakturwesens unter Peter I., die Verschärfung des Leibeigenschaftsrechtes als Grundform der Arbeitsorganisation mit sich. Europäische Rüstung und europäische Anleihen – das eine wie das andere zweifellos Produkte einer höheren Kultur – führten zur Befestigung des Zarismus, der seinerseits die Entwicklung des Landes hemmte.

Die geschichtliche Gesetzmäßigkeit hat nichts gemein mit pedantischem Schematismus. Die Ungleichmäßigkeit, das allgemeinste Gesetz des historischen Prozesses, enthüllt sich am krassesten und am verwickeltsten am Schicksal verspäteter Länder. Unter der Knute äußerer Notwendigkeit ist die Rückständigkeit gezwungen, Sprünge zu machen. Aus dem universellen Gesetz der Ungleichmäßigkeit ergibt sich ein anderes Gesetz, das man mangels passenderer Bezeichnung das Gesetz der *kombinierten Entwicklung* nennen kann im Sinne der Annäherung verschiedener Wegetappen, Verquickung einzelner Stadien, des Amalgams archaischer und neuzeitiger Formen. Ohne dieses Gesetz, selbstverständlich in seinem gesamten materiellen Inhalt genommen, vermag man die Geschichte Rußlands wie überhaupt aller Länder zweiten, dritten und zehnten Kulturaufgebots nicht zu erfassen.

Unter dem Druck des reicheren Europa verschlang der Staat in Rußland einen verhältnismäßig viel größeren Teil des Volksvermögens als die Staaten im Westen und verurteilte damit nicht nur die Volksmassen zu doppelter Armut, sondern schwächte auch die Grundlagen der besitzenden Klassen. Da er gleichzeitig die Hilfe der letzteren benötigte, forcierte und reglementierte der Staat deren Bildung. Infolgedessen konnten sich die bürokratisierten privilegierten Klassen niemals in ganzer Höhe aufrichten, und um so mehr näherte sich der Staat in Rußland der asiatischen Despotie.

Das byzantinische Selbstherrschertum, das die Moskauer Zaren sich offiziell zu Beginn des sechzehnten Jahrhunderts angeeignet hatten, zähmte mit Hilfe des Adels das feudale Bojarentum und unterwarf sich den Adel, ihm gleichzeitig die Bauern versklavend, um sich auf dieser Grundlage in den Petersburger Imperatorenabsolutismus zu verwandeln. Die Verspätung dieses Prozesses wird dadurch zur Genüge charakterisiert, daß das Leibeigenschaftsrecht, das im sechzehnten Jahrhundert entstanden war, sich im siebzehnten ausgebildet und seine Blüte im achtzehnten erreicht hatte, rechtlich erst 1861 abgeschafft wurde.

Die Geistlichkeit hat nach dem Adel bei der Herausbildung des zaristischen Selbstherrschertums keine geringe, aber eine völlig dienende Rolle gespielt. Die Kirche erhob sich in Rußland niemals zu jener Kommandohöhe wie im katholischen Westen: sie begnügte sich mit der Stellung eines geistlichen Knechtes beim Selbstherrschertum und rechnete sich dies als Verdienst ihrer Demut an. Bischöfe und Metropoliten besaßen Macht nur als Bevollmächtigte der weltlichen Gewalt. Die Patriarchen wechselten zusammen mit den Zaren. In der Petersburger Periode wurde die Abhängigkeit der Kirche vom Staate noch sklavischer. Zweihunderttausend Priester und Mönche bildeten im wesentlichen einen Teil der Bürokratie, eine Art Glaubenspolizei. Als Gegenleistung wurden das Monopol der orthodoxen Geistlichkeit in Glaubensangelegenheiten, ihre Länder und Einkünfte von der allgemeinen Ordnungspolizei beschirmt.

Das Slawophilentum, dieser Messianismus der Rückständigkeit, begründete seine Philosophie damit, daß das russische Volk und dessen Kirche durch und durch demokratisch, das offizielle Rußland aber eine von Peter angepflanzte deutsche Bürokratie sei. Marx sagte dazu: »Ganz wie die teutonischen Esel den Despotismus Friedrichs II. usw. auf die Franzosen wälzen, als wenn zurückgebliebene Knechte nicht immer zivilisierte Knechte brauchten, um dressiert zu werden.« Diese kurze Bemerkung erschöpft restlos nicht nur die alte Philosophie der Slawophilen, sondern auch die neuesten Offenbarungen der »Rassentümler«.

Die Kargheit nicht nur des russischen Feudalismus, sondern auch der ganzen altrussischen Geschichte fand ihren traurigsten Ausdruck im Mangel echt mittelalterlicher Städte als Handwerks- und Handelszentren. Das Handwerk hatte in Rußland keine Zeit gehabt, sich vom Ackerbau zu trennen, bewahrte vielmehr den Charakter der Heimarbeit. Die altrussischen Städte waren Handels-, Verwaltungs-, Heeres- und Adels-Zentren, folglich konsumierend, nicht produzierend. Sogar die der Hansa verwandte Stadt Nowgorod, die das tatarische Joch nicht gekannt hatte, war nur eine Handels-, keine Gewerbestadt. Allerdings schuf die Verstreutheit der bäuerlichen Gewerbe in verschiedenen Bezirken das Bedürfnis nach einer Handelsvermittlung breiten Maßstabes. Doch vermochten die nomadischen Händler im öffentlichen Leben in keinem Falle jenen Platz einzunehmen, der im Westen der handwerklich-zünftigen und handelsgewerblichen Klein- und Mittelbourgeoisie zukam, die mit ihrer bäuerlichen Peripherie unzertrennlich verbunden waren. Die Hauptwege des russischen Handels führten überdies ins Ausland, sicherten die leitende Stellung seit alters her dem ausländischen Handelskapital und verliehen dem ganzen Umsatz, bei dem der russische Händler Mittler zwischen der westlichen Stadt und dem russischen Dorfe war, einen halb kolonialen Charakter. Diese Art ökonomischer Beziehung erfuhr eine weitere Entwicklung in der Epoche des russischen Kapitalismus und erreichte ihren höchsten Ausdruck im imperialistischen Kriege.

Die Bedeutungslosigkeit der russischen Städte, die zur Entstehung des asiatischen Staatstypus am meisten beigetragen hat, schloß insbesondere die Möglichkeit der Reformation aus, das heißt der Ablösung der feudal-bürokratischen Orthodoxie durch irgendeine modernisierte Abart eines den Bedürfnissen der bürgerlichen Gesellschaft angepaßten Christentums. Der Kampf gegen die Staatskirche ging nicht über die bäuerlichen Sekten, einschließlich der mächtigsten von ihnen, das altgläubige Schisma, hinaus.

Anderthalb Jahrzehnte vor der großen Französischen Revolution entbrannte in Rußland die Bewegung der Kosaken, Bauern und leibeigenen Uraler Arbeiter, die nach dem Namen ihres Führers Pugatschow benannt wurde. Was hatte diesem grimmigen Volksaufstande gefehlt, um sich in eine Revolution zu verwandeln? Der dritte Stand. Ohne die Handwerkerdemokratie der Städte vermochte sich der Bauernkrieg ebensowenig zu einer Revolution entwickeln, wie sich die Bauernsekten zu einer Reformation erheben konnten. Im Gegenteil, die Folge der Pugatschowschtschina war die Befestigung des bürokratischen Absolutismus, als des in schwierigen Stunden wieder bewährten Hüters der Adelsinteressen.

Die unter Peter formell begonnene Europäisierung des Landes wurde im Verlaufe des nächsten Jahrhunderts immer mehr zum Bedürfnis der herrschenden Klasse selbst, das heißt des Adels. Im Jahre 1825 griff die Adelsintelligenz, dieses Bedürfnis politisch verallgemeinernd, zur Militärverschwörung, mit dem Ziel der Einschränkung des Selbstherrschertums. Unter dem Druck der europäisch-bürgerlichen Entwicklung versuchte somit der fortschrittliche Adel, den fehlenden dritten Stand zu ersetzen. Doch wollte er das liberale Regime auf jeden Fall mit den Grundlagen seiner Standesherrschaft verquicken und fürchtete deshalb über alles, die Bauern aufzuwiegeln. Es ist nicht verwunderlich, daß die Verschwörung ein Unternehmen des glanzvollen, aber isolierten Offiziersstandes blieb, der sich dabei fast kampflos den Schädel einrannte. Dies war der Sinn des Dekabristenaufstandes.

Gutsherren, die Fabriken besaßen, waren die ersten ihres Standes, die sich der Ablösung der leibeigenen durch freie Arbeit geneigt zeigten. In die gleiche Richtung drückte der anwachsende Auslandsexport russischen Getreides. Im Jahre 1861 führte die adlige Bürokratie, gestützt auf die liberalen Gutsbesitzer, ihre Bauernreform durch. Der ohnmächtige bürgerliche Liberalismus bildete bei dieser Operation den gehorsamen Chor. Es ist überflüssig, zu sagen, daß der Zarismus Rußlands grundlegendes Problem, das heißt die Agrarfrage, noch engherziger und diebischer löste, als die preußische Monarchie im Laufe des nächsten Jahrzehnts Deutschlands grundlegendes Problem, das heißt dessen nationale Einigung. Die Lösung der Aufgabe einer Klasse durch die Hände einer anderen ist eben eine der kombinierten Methoden, die den rückständigen Ländern eigentümlich sind.

Am unbestrittensten jedoch enthüllt sich das Gesetz der kombinierten Entwicklung an Geschichte und Charakter der russischen Industrie. Spät entstanden, wiederholte sie die Entwicklung der fortgeschrittenen Länder nicht, sondern reihte sich in diese ein, indem sie deren neueste Errungenschaften der eigenen Rückständigkeit anpaßte. War Rußlands wirtschaftliche Evolution in ihrer Gesamtheit über die Epochen des Zunfthandwerks und der Manufaktur hinweggeschritten, so übersprangen einzelne Industriezweige eine Reihe von technisch-industriellen Etappen, die im Westen nach Jahrzehnten maßen. Infolgedessen entwickelte sich die russische Industrie zu gewissen Perioden in äußerst schnellem Tempo. Zwischen der ersten Revolution und dem Kriege stieg die russische Industrieproduktion annähernd um das Doppelte. Das erschien einigen russischen Historikern ein hinlänglicher Grund zu der Schlußfolgerung, daß man »von der Legende über Rückständigkeit und langsames Wachstum abkommen muß«*. In Wirklichkeit wurde die Möglichkeit eines so schnellen Wachstums gerade durch die Rückständigkeit bestimmt, die sich – leider – nicht nur bis zum Augenblick der Liquidierung des alten Rußlands, sondern, als dessen Erbe, bis auf den heutigen Tag erhalten hat.

Der grundlegende Gradmesser des ökonomischen Niveaus einer Nation ist die Produktivität der Arbeit, die ihrerseits vom spezifischen Gewicht der Industrie in der Gesamtwirtschaft des Landes abhängt. Am Vorabend des Krieges, als das zaristische Rußland den Höhepunkt seines Wohlstandes erreicht hatte, war das Volkseinkommen pro Kopf acht- bis zehnmal geringer als in den Vereinigten Staaten, was nicht weiter verwunderlich ist, berücksichtigt man, daß vier Fünftel der selbständig werktätigen

* Die Behauptung stammt von Prof. M. N. Pokrowski. S. Anhang Nr. 1.

Bevölkerung Rußlands in der Landwirtschaft beschäftigt waren, während in den Vereinigten Staaten auf einen in der Landwirtschaft Beschäftigten 2,5 in der Industrie Beschäftigte gezählt wurden. Hinzugefügt sei noch, daß am Vorabend des Krieges in Rußland auf hundert Quadratkilometer 0,4 Kilometer Eisenbahn, in Deutschland 11,7, in Österreich-Ungarn 7 kamen. Die anderen vergleichenden Koeffizienten sind nämlicher Art.

Aber gerade auf dem Gebiete der Wirtschaft tritt, wie bereits gesagt, das Gesetz der kombinierten Entwicklung am stärksten hervor. Während die bäuerliche Landwirtschaft in ihrer Hauptmasse bis zur Revolution fast auf dem Niveau des siebzehnten Jahrhunderts verblieben war, stand Rußlands Industrie in bezug auf Technik und kapitalistische Struktur auf der Stufe der fortgeschrittenen Länder und eilte diesen in mancher Beziehung sogar voraus. Kleine Betriebe mit einer Arbeiterzahl bis 100 Mann umfaßten im Jahre 1914 in den Vereinigten Staaten 35% der gesamten Industriearbeiter, in Rußland nur 17,8%. Bei einem ungefähr gleichen spezifischen Gewicht der mittleren und größeren Unternehmen mit 100 bis 1000 Arbeitern betrugen in den Vereinigten Staaten Riesenunternehmen mit über 1000 Arbeitern 17,8% der gesamten Arbeiterzahl, in Rußland 41,4%. Für die wichtigsten Industriebezirke war dieser Prozentsatz noch höher: für den Petrograder 44,4%, für den Moskauer sogar 57,3%. Ähnliche Resultate ergeben sich, vergleicht man die russische Industrie mit der britischen oder deutschen. Diese Tatsache, die wir zum ersten Male im Jahre 1908 festgestellt haben, verträgt sich schlecht mit der Vorstellung von der ökonomischen Rückständigkeit Rußlands. Indes widerlegt sie die Rückständigkeit nicht, sondern ist deren dialektische Ergänzung.

Die Verschmelzung des Industriekapitals mit dem Bankkapital wurde in Rußland wiederum so vollständig durchgeführt wie wohl kaum in einem anderen Lande. Doch bedeutete die Abhängigkeit der Industrie von den Banken gleichzeitig ihre Abhängigkeit vom westeuropäischen Geldmarkt. Die Schwerindustrie (Metall, Kohle, Naphtha) befand sich fast restlos unter der Kontrolle des ausländischen Finanzkapitals, das sich ein Hilfs- und Vermittlungssystem von Banken in Rußland geschaffen hatte. Die Leichtindustrie ging denselben Weg. Gehörten im ganzen rund 40% des gesamten Aktienkapitals in Rußland Ausländern, so war für die führenden Industriezweige dieser Prozentsatz noch bedeutend höher. Man kann ohne jede Übertreibung behaupten, daß sich die Kontrollpakete der Aktien der russischen Banken, Werke und Fabriken im Auslande befanden, wobei der Kapitalanteil Englands, Frankreichs und Belgiens fast doppelt so groß als der Deutschlands war.

Die Entstehungsbedingungen der russischen Industrie und deren Struktur bestimmten den sozialen Charakter der russischen

Bourgeoisie und deren politisches Gesicht. Die außerordentliche Konzentration der Industrie bedeutete schon an sich, daß zwischen den kapitalistischen Spitzen und den Volksmassen keine Hierarchie von Übergangsschichten bestand. Dazu kommt, daß die Besitzer der wichtigsten Industrie-, Bank- und Transportunternehmen Ausländer waren, die nicht nur die aus Rußland herausgeholten Gewinne, sondern auch ihren politischen Einfluß in ausländischen Parlamenten realisierten und den Kampf um den russischen Parlamentarismus nicht nur nicht förderten, sondern ihm häufig sogar entgegenwirkten: es genügt, an die schändliche Rolle des offiziellen Frankreich zu denken. Dies waren die elementaren und unabwendbaren Ursachen der politischen Isoliertheit und des volksfeindlichen Charakters der russischen Bourgeoisie. War sie in der Morgenröte ihrer Geschichte zu unreif, die Reformation durchzusetzen, so erwies sie sich als überreif, als die Zeit für die Führung der Revolution gekommen war.

Entsprechend dem gesamten Entwicklungsgang des Landes wurde nicht das Zunfthandwerk, sondern die Landwirtschaft, nicht die Stadt, sondern das Dorf zum Reservoir, aus dem die russische Arbeiterklasse hervorging. Dabei entstand das russische Proletariat nicht allmählich, in Jahrhunderten, beschwert mit der Last der Vergangenheit wie in England, sondern sprunghaft, durch schroffe Wendung der Lage, der Verbindungen, der Beziehungen und durch jähen Bruch mit dem Gestern. Gerade dies in Verbindung mit dem konzentrierten Joch des Zarismus machte die russischen Arbeiter für die kühnsten Schlußfolgerungen des revolutionären Gedankens empfänglich, ähnlich wie die verspätete russische Industrie sich für das letzte Wort kapitalistischer Organisation empfänglich zeigte.

Die kurze Geschichte seiner Abstammung machte das russische Proletariat jedesmal aufs neue durch. Während sich in der metallverarbeitenden Industrie, besonders in Petersburg, eine Schicht erblicher Proletarier, die mit dem Dorfe endgültig gebrochen hatten, herauskristallisierte, überwog am Ural noch der Typus des Halbproletariers-Halbbauern. Der alljährliche Zustrom frischer Arbeitskraft aus den Dörfern in alle Industriebezirke erneuerte die Bindung des Proletariats mit seinem sozialen Reservoir.

Die politische Tatunfähigkeit der Bourgeoisie war unmittelbar bestimmt durch den Charakter ihrer Beziehungen zu Proletariat und Bauernschaft. Sie vermochte nicht das Proletariat zu führen, das ihr im Alltag feindlich gegenüberstand und sehr bald seine Aufgaben zu verallgemeinern lernte. Im gleichen Maße erwies sie sich aber zur Führung der Bauernschaft unfähig, da sie durch ein Netz gemeinsamer Interessen mit den Gutsbesitzern verbunden war und die Erschütterung des Eigentums in welcher Form auch immer fürchtete. Das Verspäten der russischen Revolution war folglich nicht nur eine Frage der Chronologie, sondern auch der sozialen Struktur der Nation.

England vollzog seine puritanische Revolution, als seine Gesamtbevölkerung $5^1/_2$ Millionen nicht überstieg, wovon $^1/_2$ Million auf London kam. In seiner Revolutionsepoche hatte Frankreich in Paris auch bloß $^1/_2$ Million Einwohner bei 25 Millionen Gesamtbevölkerung. Rußlands Bevölkerung betrug zu Beginn des zwanzigsten Jahrhunderts etwa 150 Millionen, von denen mehr als 3 Millionen auf Moskau und Petrograd entfielen. Hinter diesen vergleichenden Zahlen verbergen sich große soziale Unterschiede. Weder das England des siebzehnten noch das Frankreich des achtzehnten Jahrhunderts haben das neuzeitige Proletariat gekannt. Indes zählte im Jahre 1905 die Arbeiterklasse Rußlands auf allen Arbeitsgebieten, in Stadt und Land, nicht weniger als 10 Millionen Seelen, was zusammen mit den Familien über 25 Millionen ausmachte, das heißt mehr als die Gesamtbevölkerung Frankreichs in der Epoche der Großen Revolution. Von den gesicherten Handwerkern und unabhängigen Bauern der Cromwellschen Armee – über die Sansculotten von Paris – bis zu den Industrieproletariern Petersburgs hatte die Revolution ihre soziale Mechanik, ihre Methoden und damit auch ihre Ziele tiefgehend verändert.

Die Ereignisse des Jahres 1905 waren ein Prolog der beiden Revolutionen von 1917: der Februar- und der Oktoberrevolution. Der Prolog enthielt alle Elemente des Dramas, nur nicht bis ans Ende geführt. Der Russisch-Japanische Krieg hatte den Zarismus gelockert. Auf dem Hintergrunde der Massenbewegung jagte die liberale Bourgeoisie durch ihre Opposition der Monarchie Angst ein. Die Arbeiter organisierten sich unabhängig von der Bourgeoisie und im Gegensatz zu ihr in den Sowjets, die damals zum ersten Male ins Leben gerufen wurden. Unter der Parole: Boden! erhob sich die Bauernschaft der ganzen riesigen Fläche des Landes. Wie die Bauern, neigten auch die revolutionären Truppenteile zu den Sowjets, die im Augenblick des höchsten Aufstieges der Revolution der Monarchie die Macht offen streitig machten. Das war das erste Auftreten sämtlicher revolutionärer Kräfte; sie besaßen noch keine Erfahrung, und es mangelte ihnen an Zuversicht. Die Liberalen prallten demonstrativ gerade in dem Augenblick vor der Revolution zurück, als sich herausstellte, daß es nicht genügte, den Zarismus zu lockern, daß man ihn außerdem noch umwerfen müsse. Der jähe Bruch der Bourgeoisie mit dem Volke, wobei sie schon damals bedeutende Kreise der demokratischen Intelligenz mit sich riß, erleichterte der Monarchie, die Armee zu spalten, treue Truppenteile auszusondern und über Arbeiter und Bauern blutiges Gericht zu halten. Wenn er auch manche Rippe einbüßte, ging der Zarismus aus der Prüfung von 1905 doch lebend und kräftig genug hervor.

Welche Veränderung der Kräfteverhältnisse brachte die historische Entwicklung in den elf Jahren, die den Prolog vom Drama trennen? Der Zarismus geriet während dieser Periode in einen noch größeren Gegensatz zu den Forderungen der historischen Entwicklung. Die Bourgeoisie wurde ökonomisch mächtiger, doch stützte sich diese Macht, wie wir gesehen haben, auf die höhere Konzentration der Industrie und die gesteigerte Rolle des Auslandskapitals. Unter der Wirkung der Lehren von 1905 war die Bourgeoisie noch konservativer und mißtrauischer geworden. Das spezifische Gewicht der Klein- und Mittelbourgeoisie, schon früher unbeträchtlich, sank noch tiefer. Die demokratische Intelligenz besaß überhaupt keine irgendwie widerstandsfähige soziale Stütze. Sie konnte vorübergehend politischen Einfluß gewinnen, aber keine selbständige Rolle spielen. Ihre Abhängigkeit vom bürgerlichen Liberalismus war ungemein gewachsen. Programm, Banner und Führung konnte der Bauernschaft unter diesen Umständen nur das junge Proletariat bieten. Die vor ihr auf diese Weise erstandenen grandiosen Aufgaben erzeugten ein unaufschiebbares Bedürfnis nach einer besonderen revolutionären Organisation, die die Volksmassen auf einmal erfassen und unter Führung der Arbeiterschaft zu revolutionärer Tat zu befähigen vermochte. So erhielten die Sowjets von 1905 gigantische Entfaltung im Jahre 1917. Daß die Sowjets – wir wollen es hier gleich sagen – nicht einfach eine Ausgeburt der historischen Verspätung Rußlands, sondern vielmehr ein Produkt der kombinierten Entwicklung darstellen, beweist allein schon die Tatsache, daß das Proletariat des industriellsten Landes, Deutschlands, während des revolutionären Aufstieges von 1918/19 keine andere Organisationsform gefunden hat als die der Räte.

Unmittelbare Aufgabe der Revolution von 1917 war noch immer der Sturz der bürokratischen Monarchie. Doch zum Unterschiede von den alten bürgerlichen Revolutionen trat jetzt als entscheidende Kraft die neue Klasse hervor, entstanden auf Grundlage der konzentrierten Industrie, ausgerüstet mit einer neuen Organisation und neuen Kampfmethoden. Das Gesetz der kombinierten Entwicklung enthüllt sich uns hier in seinem weitestgehenden Ausdruck: beginnend mit der Hinwegräumung der mittelalterlichen Fäulnis, bringt die Revolution nach einigen Monaten das Proletariat mit der Kommunistischen Partei an der Spitze zur Herrschaft.

Nach ihren ursprünglichen Aufgaben war die russische Revolution mithin eine demokratische Revolution. Doch stellte sie das Problem der politischen Demokratie auf neue Art. Während die Arbeiter unter Einbeziehung der Soldaten und zum Teil auch der Bauern das ganze Land mit Sowjets überzogen, feilschte die Bourgeoisie noch immer um die Frage der Einberufung oder Nichteinberufung der Konstituierenden Versammlung. Im Verlaufe der Darstellung der Ereignisse wird diese Frage in ihrer ganzen Konkretheit vor uns erstehen. Hier wollen wir nur den Platz bezeichnen, den die Sowjets in der historischen Reihenfolge revolutionärer Ideen und Formen einnehmen.

Mitte des siebzehnten Jahrhunderts entfaltete sich die bürgerliche Revolution in England im Gewande der religiösen Reformation. Der Kampf um das Recht, nach einem eigenen Gebetbuch zu beten, identifizierte sich mit dem Kampf gegen König, Aristokratie, Kirchenfürsten und Rom. Die Presbyterianer und Puritaner waren tief davon überzeugt, daß sie ihre irdischen Interessen unter den unerschütterlichen Schutz der göttlichen Vorsehung gestellt hatten. Die Aufgaben, für die die neuen Klassen kämpften, verwuchsen in deren Bewußtsein mit dem Bibeltext und den Formen kirchlicher Gebräuche. Die Emigranten nahmen diese durch Blut gefestigte Tradition über den Ozean mit. Daher die seltene Zähigkeit der angelsächsischen Interpretation des Christentums. Wir sehen, wie die Minister-»Sozialisten« Großbritanniens auch heute noch ihre Feigheit mit den gleichen magischen Texten begründen, aus denen die Männer des siebzehnten Jahrhunderts Rechtfertigung für ihren Mut gesucht hatten.

In Frankreich, das die Reformation übergangen hatte, erlebte die Katholische Kirche als Staatskirche die Revolution, die nicht in Bibeltexten, sondern in Abstraktionen der Demokratie Ausdruck und Rechtfertigung für die Aufgaben der bürgerlichen Gesellschaft fand. Wie groß der Haß der heutigen Lenker Frankreichs gegen das Jakobinertum auch sein mag, Tatsache bleibt, daß gerade dank der rauhen Arbeit Robespierres sie alle Möglichkeiten behalten haben, ihre konservative Herrschaft mit jenen Formeln zu verhüllen, durch die einst die alte Gesellschaft gesprengt wurde.

Jede große Revolution hat neue Etappen der bürgerlichen Gesellschaft und neue Bewußtseinsformen ihrer Klassen zu verzeichnen. Wie Frankreich über die Reformation hinwegschritt, so hat Rußland die formale Demokratie übergangen. Die russische revolutionäre Partei, der es bevorstand, ihren Stempel einer ganzen Epoche aufzupressen, suchte den Ausdruck für die Aufgaben der Revolution nicht in der Bibel, nicht im säkularisierten Christentum der »reinen« Demokratie, sondern in den materiellen Verhältnissen der Gesellschaftsklassen. Das Sowjetsystem gab diesen Verhältnissen den einfachsten, unverhülltesten, klarsten Ausdruck. Die Herrschaft der Werktätigen fand zum ersten Male ihre Verwirklichung in diesem System, das, wie auch seine nächsten historischen Schicksalswendungen sein mögen, ebenso unaustilgbar in das Bewußtsein der Massen eingedrungen ist wie seinerzeit das System der Reformation oder der reinen Demokratie.

Das zaristische Rußland im Kriege

Die Beteiligung Rußlands am Kriege war den Motiven und Zielen nach widerspruchsvoll. Der blutige Kampf ging im wesentlichen um die Weltherrschaft. In diesem Sinne überstieg er Rußlands Kraft. Rußlands sogenannte Kriegsziele (die türkischen Meerengen, Galizien, Armenien) hatten provinziellen Charakter und konnten nur nebenbei gelöst werden, je nachdem sie mit den Interessen der entscheidenden Kriegsteilnehmer im Einklang standen.

Gleichzeitig aber konnte Rußland als Großmacht der Rauferei der fortgeschrittenen kapitalistischen Länder nicht fernbleiben, wie es sich in der vorangegangenen Epoche auch der Einführung von Fabriken, Eisenbahnen, Schnellfeuergeschützen und Flugzeugen nicht hatte verschließen können. Der unter den russischen Historikern der neuesten Schule nicht seltene Streit, in welchem Maße das zaristische Rußland für die moderne imperialistische Politik reif gewesen wäre, verfällt häufig in Scholastik, denn sie betrachten Rußland in der Weltarena isoliert, als selbständigen Faktor. Indes war es nur das Glied eines Systems.

Indien beteiligte sich am Kriege dem Wesen und der Form nach als Kolonie Englands. Die Einmischung Chinas, formell eine »freiwillige«, war tatsächlich die Einmischung eines Sklaven in die Balgerei der Herren. Die Beteiligung Rußlands lag irgendwo in der Mitte zwischen der Beteiligung Frankreichs und der Chinas. Rußland bezahlte damit das Recht, mit fortgeschrittenen Ländern im Bunde zu sein, Kapital einzuführen und Prozente dafür zu zahlen, das heißt im wesentlichen das Recht, eine privilegierte Kolonie seiner Verbündeten zu sein; aber gleichzeitig auch das Recht, die Türkei, Persien, Galizien, überhaupt alle Länder, die schwächer und rückständiger waren als es selbst, zu knebeln und zu plündern. Der zwiespältige Imperialismus der russischen Bourgeoisie trug in seinem Kern den Charakter einer Agentur anderer, gewaltigerer Weltmächte.

Das chinesische Kompradorentum ist das klassische Vorbild einer nationalen Bourgeoisie, gebildet nach dem Typus einer Vermittlungsagentur zwischen ausländischem Finanzkapital und einheimischer Wirtschaft. In der Welthierarchie der Staaten nahm Rußland bis zum Kriege einen bedeutend höheren Platz als China ein. Welchen Platz es, ohne die Revolution, nach dem Kriege eingenommen haben würde, ist eine andere Frage. Doch zeigten das russische Selbstherrschertum einerseits und die russische Bourgeoisie andererseits die krassesten Züge des Kompradorentums: sie lebten und nährten sich von der Verbindung mit dem ausländischen Imperialismus, dienten ihm und konnten sich, ohne sich auf ihn zu stützen, nicht halten. Allerdings haben sie sich letzten Endes auch mit seiner Unterstützung nicht zu behaupten vermocht. Die halbkompradorenhafte russische Bourgeoisie hatte imperialistische Weltinteressen im gleichen Sinne, wie ein prozentual beteiligter Agent die Interessen seines Herrn teilt.

Das Werkzeug des Krieges ist die Armee. Da jede Armee in der nationalen Mythologie für unbesiegbar gilt, sahen die herrschenden Klassen Rußlands keinen Grund, für die zaristische Armee eine Ausnahme zu machen. In Wirklichkeit stellte sie nur gegen die halbbarbarischen Völker, die kleinen Nachbarn und Staaten, die sich in Auflösung befanden, eine ernstliche Macht dar; auf der europäischen Arena war sie lediglich innerhalb von Koalitionen wirksam; in der Verteidigung erfüllte sie ihre Aufgabe nur in Verbindung mit der unermeßlichen Ausdehnung, der Bevölkerungsdünne und der Unpassierbarkeit der Wege. Ein Virtuose der Armee der leibeigenen Muschiks war Suworow. Die Französische Revolution, die einer neuen Gesellschaft und einer neuen Kriegskunst die Türen öffnete, sprach gleichzeitig das Todesurteil über die Suworowsche Armee.

Die halbe Abschaffung der Leibeigenschaft und die Einführung der allgemeinen Militärpflicht modernisierten die Armee in den gleichen Grenzen wie das Land, das heißt sie trugen in die Armee alle Gegensätze der Nation, der noch erst bevorstand, ihre bürgerliche Revolution durchzumachen. Zwar wurde die zaristische Armee nach westlichen Mustern aufgebaut und ausgerüstet, doch betraf es mehr die Form als das Wesen. Das Kulturniveau des Bauern-Soldaten stand zu dem Niveau der Kriegstechnik in keinem Verhältnis. Im Kommandobestand fanden Kulturlosigkeit, Faulheit und Diebeswesen der herrschenden Klassen Rußlands ihren Ausdruck. Industrie und Transportverhältnisse enthüllten fortgesetzt ihre Unzulänglichkeit angesichts der konzentrierten Bedürfnisse der Kriegszeit. Die am ersten Kriegstage scheinbar sachgemäß ausgerüsteten Truppen erwiesen sich alsbald nicht nur ohne Waffen, sondern auch ohne Stiefel. Im Russisch-Japanischen Kriege hatte die zaristische Armee gezeigt, was sie wert war. In der Epoche der Konterrevolution hatte die Monarchie mit Hilfe der Duma die Militärlager aufgefüllt und die Armee an vielen Stellen ausgeflickt, darunter auch die Reputation ihrer Unbesiegbarkeit. Im Jahre 1914 kam die neue, viel schwerere Prüfung.

In bezug auf Ausrüstung und Finanzen zeigt sich Rußland im Kriege sogleich in sklavischer Abhängigkeit von seinen Verbündeten. Das ist nur der militärische Ausdruck seiner allgemeinen Abhängigkeit von den fortgeschrittenen kapitalistischen Ländern. Doch die Hilfe der Verbündeten rettet die Lage nicht. Der Mangel an Kampfvorräten, das Fehlen von Fabriken für deren Herstellung, das dünne Eisenbahnnetz für deren Zufuhr, übersetzen die Rückständigkeit Rußlands in die allgemein verständliche Sprache der Niederlagen, die die russischen Nationalliberalen daran erinnern, daß ihre Ahnen die bürgerliche Revolution nicht vollendet hätten und die Nachkommen vor der Geschichte deshalb schuldig seien.

Die ersten Tage des Krieges waren auch die ersten Tage der Schmach. Nach einer Reihe von Teilkatastrophen brach im Frühling 1915 der allgemeine Rückzug herein. Ihre verbrecherische Unfähigkeit ließen die Generale an der friedlichen Bevölkerung aus. Riesenflächen wurden gewaltsam verwüstet. Die menschliche Heuschrecke mit Nagajkas ins Hinterland getrieben. Die äußere Zerstörung durch die innere vervollständigt.

Auf besorgte Fragen seiner Kollegen über die Lage an der Front antwortete der Kriegsminister, General Poliwanow, wörtlich: »Ich vertraue auf die unwegsamen Flächen, auf die uferlosen Sümpfe und auf die Gnade des heiligen Nikolaus Mirlikijski, des Schutzpatrons des heiligen Rußland« (Sitzung vom 4. August 1915). Eine Woche später gestand General Russki den gleichen Ministern: »Die modernen Forderungen der Kriegstechnik gehen über unsere Kraft. Jedenfalls können wir es mit Deutschland nicht aufnehmen.« Das war keine Augenblicksstimmung. Der Offizier Stankewitsch gibt die Worte eines Korpsingenieurs so wieder: »Mit den Deutschen Krieg zu führen ist hoffnungslos, denn wir sind nicht imstande, etwas zu tun. Sogar die neuen Kampfmethoden verwandeln sich in Ursachen unserer Mißerfolge.« Solche Urteile gibt es ohne Zahl.

Das einzige, was die russischen Generale mit Schwung taten, war das Herausholen von Menschenfleisch aus dem Lande. Mit Rind- und Schweinefleisch ging man unvergleichlich sparsamer um. Die grauen Generalstabsnullen, Januschkewitsch unter Nikolai Nikolajewitsch, wie Alexejew unter dem Zaren, verstopften die Löcher mit neuen Aushebungen, trösteten sich und die Alliierten mit Zahlenkolonnen, wo man Kämpferkolonnen brauchte. Annähernd 15 Millionen Menschen wurden mobilisiert, die die Depots, Kasernen, Etappen füllten, herumlungerten, herumstampften, einander auf die Füßte traten, verbitterten, fluchten. Waren diese menschlichen Massen für die Front eine vermeintliche Größe, so waren sie ein wirklicher Faktor des Zerfalls im Hinterlande. Etwa $5^1/_2$ Millionen wurden als tot, verwundet und gefangen registriert. Die Zahl der Deserteure wuchs. Schon im Juli 1915 jammerten die Minister: »Armes Rußland. Sogar seine Armee, die in vergangenen Zeiten die Welt mit Siegesdonner erfüllt hatte . ... auch sie besteht nur, wie sich herausstellt, aus Feiglingen und Deserteuren.«

Die gleichen Minister, die mit Galgenhumor über den »Generalsrückzugmut« witzelten, verbrachten Stunden und Stunden über dem Problem: soll man die Reliquien aus Kiew wegbringen oder nicht? Der Zar war der Meinung, man brauche es nicht, denn »die Deutschen werden nicht wagen, sie anzurühren, und wenn sie sie anrühren, desto schlimmer für die Deutschen.« Die Synode jedoch begann bereits mit der Ausfuhr: »Wenn wir die Stadt verlassen, nehmen wir unser Teuerstes mit.« Das geschah nicht zur Zeit der Kreuzzüge, sondern im zwanzigsten Jahrhundert, als die Berichte über die russischen Niederlagen radiotelegraphisch weitergegeben wurden.

Rußlands Erfolge gegen Österreich-Ungarn wurzelten mehr in Österreich-Ungarn als in Rußland. Die auseinanderfallende habsburgische Monarchie hatte schon längst Bedarf an einem Totengräber, ohne dabei von ihm hohe Qualifikationen zu verlangen. Rußland hatte auch in der Vergangenheit Erfolg gegen innerlich in Auflösung befindliche Staaten wie die Türkei, Polen und Persien gehabt. Die Südwestfront der russischen Armee, gegen Österreich-Ungarn gewandt, kannte bedeutende Siege, was sie von den anderen Fronten unterschied. Hier taten sich einige Generale hervor, die zwar ihre militärische Begabung durch nichts bewiesen hatten, aber zumindest nicht vom Fatalismus unentwegt geschlagener Kriegsführer gezeichnet waren. Aus diesem Milieu gingen später einige weiße »Helden« des Bürgerkrieges hervor.

Alle suchten, wem die Schuld aufgebürdet werden könnte. Man beschuldigte kurzweg die Juden der Spionage. Man plünderte Menschen mit deutschen Namen aus. Der Generalstab des Großfürsten Nikolai Nikolajewitsch ließ den Gendarmerieoberst Mjassojedow als deutschen Spion, der er allem Anscheine nach nicht war, erschießen. Man verhaftete den Kriegsminister Suchomlinow, einen hohlen und unsauberen Menschen, unter der vielleicht nicht unbegründeten Anschuldigung des Verrates. Der britische Außenminister Grey sagte dem Vorsitzenden der russischen parlamentarischen Delegation: »Ihre Regierung ist sehr kühn, wenn sie sich entschließen kann, im Kriege den Kriegsminister des Verrates zu beschuldigen.« Die Stäbe und die Duma bezichtigten den Hof des Germanophilentums. Alle zusammen beneideten und haßten die Alliierten. Das französische Kommando schonte seine Armeen, indem es russische Soldaten vorschob. England kam nur langsam in Schwung. In Petrograder Salons und in den Frontstäben scherzte man lieblich: »England hat geschworen, standhaft durchzuhalten bis zum letzten Blutstropfen ... des russischen Soldaten.« Diese Späßchen sickerten nach unten und bis an die Front durch. »Alles für den Krieg!« sagten Minister, Deputierte, Generale, Journalisten. »Ja«, begann der Soldat im Schützengraben zu grübeln, »alle sind bereit bis zum letzten Tropfen ... meines Blutes zu kämpfen.«

Die russische Armee verlor im Kriege mehr Menschen als irgendein anderes am Völkerschlachten beteiligtes Heer, nämlich $2^1/_2$ Millionen Seelen, etwa $40^0/_0$ der Verluste aller Ententearmeen. In den ersten Monaten starben die Soldaten unter den Geschossen ohne nachzudenken, oder ohne viel nachzudenken. Doch sammelten sie täglich mehr Erfahrung, die bittere Erfahrung der »Gemeinen«, die man nicht zu führen versteht. Sie ermaßen den Wirrwarr der zwecklosen Verschiebungen seitens der Generale an den abgerissenen Sohlen und der Zahl der versäumten Mittagessen. Vom blutigen Brei der Menschen und Dinge ging das verallgemeinernde Wort aus: *Wahnsinn*, das in der Soldatensprache durch ein saftigeres Wort ersetzt wurde.

Am schnellsten löste sich die bäuerliche Infanterie auf. Die Artillerie, mit ihrem hohen Prozentsatz Industriearbeiter, zeichnet sich im allgemeinen durch größere Aufnahmefähigkeit für revolutionäre Ideen aus: das hatte sich im Jahre 1905 kraß gezeigt. Wenn sich dagegen die Artillerie im Jahre 1917 konservativer als die Infanterie erwies, lag der Grund darin, daß durch die Infanterietruppenteile, wie durch ein Sieb, immer neue und immer weniger bearbeitete Menschenmassen gingen; die Artillerie aber, die unendlich geringere Verluste zu tragen hatte, behielt ihre alten Kader. Das gleiche konnte man bei den anderen Spezialtruppen beobachten. Aber letzten Endes hielt auch die Artillerie nicht stand.

Während des Rückzuges aus Galizien wurde ein Geheimbefehl des Höchstkommandierenden erlassen: wegen Desertion und anderer Verbrechen die Soldaten mit Ruten zu peitschen. Der Soldat Pirejko erzählt: »Man begann die Soldaten wegen der nichtigsten Vergehen auszupeitschen, wie zum Beispiel wegen eigenmächtiger Entfernung von der Truppe für einige Stunden; mitunter peitschte man nur zu dem Zwecke, den Kriegsgeist zu heben.« Bereits am 17. September 1915 schrieb Kuropatkin, sich auf Gutschkow berufend: »Die Soldaten gingen mit Begeisterung in den Krieg. Jetzt sind sie müde und haben durch den ständigen Rückzug den Glauben an den Sieg verloren.« Ungefähr zur gleichen Zeit charakterisierte der Innenminister die in Moskau in den Lazaretten befindlichen 30000 genesenden Soldaten: »Das ist eine gewalttätige Bande, die keine Disziplin anerkennt, randaliert, sich mit den Schutzleuten in Schlägereien einläßt (kurz vorher war einer von Soldaten erschlagen worden), Verhaftete befreit und so weiter. Es unterliegt keinem Zweifel, daß im Falle von Unruhen diese Horde sich der Menge anschließen wird.« Der gleiche Soldat Pirejko schreibt: »Alle, ohne Ausnahme, interessierten sich nur für den Frieden ... Wer siegen wird, und wie der Sieg sein wird – das interessierte die Armee am wenigsten: sie brauchte Frieden um jeden Preis, denn sie war des Krieges müde.«

Eine Frau mit Beobachtungsgabe, S. Fedortschenko, hat als Krankenschwester die Gespräche, ja fast schon die Gedanken der Soldaten belauscht und kunstvoll auf losen Blättern niedergeschrieben. Das auf diese Weise entstandene Büchlein »Volk im Kriege« ermöglicht einen Blick in jenes Laboratorium zu werfen, wo Bomben, Stacheldraht, Giftgase und Niedertracht der Behörden während vieler Monate das Bewußtsein einiger Millionen russischer Bauern bearbeiteten und wo neben menschlichen Knochen jahrhundertealte Vorurteile auseinanderkrachten. In vielen dieser urwüchsigen Soldatenaphorismen sind bereits Losungen des späteren Bürgerkrieges enthalten.

General Russki klagt im Dezember 1916, Riga sei das Unglück der Nordfront. Das sei, wie Dwinsk, ein »von Propaganda durchsetztes Nest«. General Brussilow bestätigte: aus dem Rigaer Bezirk kämen die Truppenteile demoralisiert an, die Soldaten weigerten sich, zur Attacke vorzugehen, einen Kompanieführer habe man mit den Bajonetten aufgespießt, man hätte einige Mann erschießen müssen, und so weiter. »Der Boden für die endgültige Zersetzung der Armee war lange vor der Umwälzung vorhanden«, gesteht Rodsjanko, der mit Offizieren in Verbindung war und die Front wiederholt besucht hatte.

Die anfänglich zersplitterten revolutionären Elemente waren in der Armee fast spurlos untergetaucht. Doch mit dem Wachstum der allgemeinen Unzufriedenheit kamen sie an die Oberfläche. Das strafweise Verschicken streikender Arbeiter an die Front füllte die Reihen der Agitatoren auf, und die Rückzüge schufen ihnen ein geneigtes Auditorium. »Die Armee im Hinterland und ganz besonders an der Front«, meldet die Ochrana, »ist voll von Elementen, die zum Teil fähig sind, eine aktive Kraft des Aufstandes zu werden, während die anderen nur imstande wären, die Unterdrückungsarbeit zu verweigern ...« Die Petrograder Gouvernementsgendarmerieverwaltung meldet im Oktober 1916 auf Grund des Berichtes eines Bevollmächtigten des Semstwoverbandes, daß die Stimmung in der Armee besorgniserregend, das Verhältnis zwischen Offizieren und Soldaten äußerst gespannt sei, sogar blutige Zusammenstöße vorkämen und man überall zu Tausenden Deserteuren begegne. »Jeder, der in die Nähe der Armee kommt, muß den vollen und überzeugenden Eindruck von der unbedingten moralischen Zersetzung der Truppen gewinnen.« Aus Vorsicht fügt der Bericht hinzu, daß man, obwohl vieles in diesen Äußerungen wenig glaubhaft erscheine, doch gezwungen sei, daran zu glauben, da viele von der aktiven Armee zurückgekehrte Ärzte Meldungen in gleichem Sinne erstattet hätten.

Die Stimmungen des Hinterlandes entsprachen den Stimmungen der Front. Auf einer Konferenz der Kadettenpartei im Oktober 1916 hob die Mehrzahl der Delegierten die Apathie und den Unglauben an einen siegreichen Kriegsausgang hervor – »in allen Bevölkerungsschichten, besonders jedoch im Dorfe und unter der städtischen Armut«. Am 30. Oktober 1916 schrieb der Direktor des Polizeidepartements in seiner Berichterstattung von der »überall und in allen Bevölkerungsschichten zu beobachtenden gewissen Kriegsmüdigkeit und der Sehnsucht nach baldigem Frieden, unter welchen Bedingungen immer er auch geschlossen werden würde ...«

Nach einigen Monaten werden alle diese Herrschaften, Deputierte und Polizisten, Generale und Semstwobevollmächtigte, Ärzte und frühere Gendarmen, einstimmig behaupten, die Revolution habe den Patriotismus in der Armee getötet, und der sichere Sieg sei ihren Händen durch die Bolschewiki entrissen worden.

Als Chorführer des kriegerischen Patriotismus wirkten ohne Zweifel die konstitutionellen Demokraten (Kadetten). Nachdem er seine problematischen Bande mit der Revolution schon Ende 1905 zerrissen hatte, erhob der Liberalismus mit Einsetzen der Konterrevolution das Banner des Imperialismus. Das eine ergab sich aus dem anderen. Fehlt die Möglichkeit, das Land vom feudalen Gerümpel zu säubern, um der Bourgeoisie den herrschenden Platz zu sichern, bleibt nur ein Bündnis mit Monarchie und Adel, um dem Kapital einen besseren Platz in der Weltarena zu sichern. Wenn es wahr ist, daß die Weltkatastrophe von verschiedenen Seiten vorbereitet worden und für ihre verantwortlichen Organisatoren bis zu einem gewissen Grade überraschend gekommen war, so ist ebenso unzweifelhaft, daß bei ihrer Vorbereitung der russische Liberalismus, als Inspirator der Außenpolitik der Monarchie, nicht die letzte Stelle eingenommen hatte. Den Krieg von 1914 begrüßten die Führer der russischen Bourgeoisie mit vollem Recht als ihren Krieg. In der feierlichen Sitzung der Reichsduma vom 26. Juli 1914 verkündete der Vertreter der Kadettenfraktion: »Wir stellen keine Bedingungen und Forderungen, wir legen einfach auf die Waage den festen Willen, den Gegner zu überwinden.« Die nationale Einigkeit wurde auch in Rußland zur offiziellen Doktrin. Während der patriotischen Kundgebungen in Moskau erklärte der Oberzeremonienmeister, Graf Benkendorf, den Diplomaten: »Hier haben Sie die Revolution, die man uns in Berlin vorausgesagt hat!« »Dieser Gedanke«, erklärt der französische Gesandte Paléologue, »beherrscht offensichtlich alle.« Diese Menschen betrachten es als ihre Pflicht, Illusionen zu nähren und auszustreuen in einer Situation, die, wie es scheinen sollte, Illusionen absolut ausschloß.

Auf ernüchternde Lehren sollte man nicht lange warten. Schon gleich nach Kriegsbeginn rief einer der expansivsten Kadetten, der Advokat und Gutsbesitzer Roditschew, in der Sitzung des Zentralkomitees seiner Partei aus: »Ja glaubt ihr wirklich, daß man mit diesen Dummköpfen siegen kann!« Die Ereignisse zeigten, daß man mit Dummköpfen nicht siegen konnte. Nachdem er bereits zur guten Hälfte den Glauben an den Sieg verloren hatte, versuchte der Liberalismus das Beharrungsvermögen des Krieges zu einer Säuberung der Kamarilla auszunutzen und die Monarchie zu einem Pakt zu zwingen. Als Hauptmittel zu diesem Zweck dienten die gegen die Hofpartei gerichteten Beschuldigungen des Germanophilentums und der Vorbereitung eines Separatfriedens.

Im Frühling 1915, als die waffenlosen Truppen auf der ganzen Front sich im Rückzuge befanden, wurde in den Regierungssphären, nicht ohne Druck seitens der Alliierten, beschlossen, die Initiative der Privatindustrie für die Armee nutzbar zu machen. Die zu diesem Zweck geschaffene »Besondere Beratung« umfaßte neben den Bürokraten die einflußreichsten Industrieführer. Die bei Kriegsbeginn entstandenen Semstwo- und Städteverbände und die im Frühling 1915 gegründeten Kriegsindustriekomitees wurden Stützpunkte der Bourgeoisie im Kampfe um Sieg und Macht. Die Reichsduma sollte, indem sie sich auf diese Organisationen stützte, desto sicherer als Mittlerin zwischen Bourgeoisie und Monarchie auftreten.

Die breiten politischen Perspektiven lenkten jedoch die Blicke nicht ab von den folgenschweren Tagesaufgaben. Wie aus einem Hauptreservoir wurden aus der »Besonderen Beratung« Dutzende und Hunderte von Millionen, die zu Milliarden anwuchsen, durch weitverzweigte Kanäle geleitet, berieselten reichlich die Industrie und stillten unterwegs noch eine Menge Appetit. In der Reichsduma und in der Presse wurden einige Kriegsgewinne für das Jahr 1915–1916 bekanntgegeben: Die Gesellschaft des Moskauer liberalen Textilfabrikanten Rjabuschinski wies 75 °/₀ Reingewinn aus; die Twerer Manufaktur sogar 111 °/₀; das Kupferwalzwerk Koljtschugin warf bei einem Grundkapital von 10 Millionen 12 Millionen Gewinn ab. Die Tugend des Patriotismus wurde in diesem Sektor im Überfluß und dabei unverzüglich belohnt.

Spekulationen aller Art und Börsenspiel erreichten den Paroxysmus. Riesenvermögen entstanden aus dem Blutschaum. Der Mangel an Brot und Heizstoff in der Hauptstadt hinderte den Hofjuwelier Faberget nicht, zu prahlen, er habe noch niemals so vorzügliche Geschäfte gemacht. Das Hoffräulein Wyrubowa erzählt, daß in keiner Saison so teure Kleider bestellt und so viele Brillanten gekauft wurden wie im Winter 1915/16. Die Nachtlokale waren überfüllt von Hinterlandshelden, legalen Deserteuren und sonstigen ehrenwerten Herrschaften, für die Front zu alt, aber noch jung genug für die Freuden des Lebens. Die Großfürsten waren nicht die Letzten unter den Teilnehmern am Festgelage während der Pest. Keiner hatte Angst, zuviel auszugeben. Von oben strömte ein ununterbrochener goldener Regen. Die »Gesellschaft« hielt Hände und Taschen hin, die aristokratischen Damen schürzten die Röcke, alle patschten durch den Blutschlamm – Bankiers, Intendanten, Industrielle, Zaren- und Großfürstenballerinen, orthodoxe Hierarchen, Hoffräuleins, liberale Deputierte, Front- und Etappengenerale, radikale Advokaten, erlauchte Mucker beiderlei Geschlechts, zahlreiche Neffen und besonders Nichten. Alle beeilten sich mit dem Raffen und

Prassen, vor Angst, der segensreiche Regen könnte aufhören, und alle wiesen den schmachvollen Gedanken an vorzeitigen Frieden mit Entrüstung zurück.

Gemeinsame Gewinne, äußere Niederlagen und innere Gefahren brachten die besitzenden Klassen einander näher. Die noch am Vorabend des Krieges uneinige Duma erhielt im Jahre 1915 ihre patriotisch-oppositionelle Mehrheit, die den Namen »progressiver Block« annahm. Als sein offizielles Ziel wurde selbstverständlich »die Befriedigung der durch den Krieg hervorgerufenen Bedürfnisse« proklamiert. Von linker Seite hielten sich dem Block fern die Sozialdemokraten und die Trudowiki (Bauernvertreter), von rechter die offenen Schwarzhundertgruppierungen. Alle übrigen Fraktionen der Duma: Kadetten, Progressisten, drei Gruppen Oktobristen, Zentrum und ein Teil der Nationalisten gehörten zum Block oder lehnten sich an ihn an, auch die nationalen Gruppen, wie Polen, Litauer, Muselmanen, Juden und so weiter. Um den Zaren nicht durch die Formel des verantwortlichen Ministeriums abzuschrecken, forderte der Block »eine vereinigte Regierung aus Personen, die das Vertrauen des Landes genießen«. Der Innenminister, Fürst Schtscherbatow, bezeichnete den progressiven Block schon damals als eine zeitweilige »Vereinigung, hervorgerufen durch die Gefahren der sozialen Revolution«. Um dies zu begreifen, war übrigens nicht viel Scharfsinn notwendig. Miljukow, der an der Spitze der Kadetten und damit auch des oppositionellen Blocks stand, sagte auf der Konferenz seiner Partei: »Wir schreiten über einen Vulkan ... Die Spannung hat die letzte Grenze erreicht ... es genügt ein unvorsichtig hingeworfenes Zündholz, um einen schrecklichen Brand zu entfachen ... Wie die Macht auch sein mag – gut oder schlecht –, aber mehr denn je ist jetzt eine feste Macht nötig.«

Die Hoffnung, der Zar werde unter der Last der Niederlagen zu Konzessionen bereit sein, war so groß, daß die liberale Presse im August eine fertige Liste des geplanten »Kabinetts des Vertrauens« veröffentlichte, mit dem Dumavorsitzenden Rodsjanko als Premierminister (nach einer anderen Version war für diese Rolle der Vorsitzende des Semstwoverbandes, Fürst Lwow, auserkoren), Gutschkow als Innenminister, Miljukow als Außenminister, und so weiter. Die Mehrzahl dieser Personen, die für ein Bündnis mit dem Zaren gegen die Revolution vorgesehen waren, wurden anderthalb Jahre später Mitglieder der »revolutionären« Regierung. Solche Späße erlaubte sich die Geschichte mehr als einmal. Diesmal war der Scherz zumindest kurz.

Durch den Gang der Ereignisse nicht weniger erschrocken als die Kadetten, neigte die Mehrzahl der Minister des Kabinetts Goremykin zu einer Verständigung mit dem progressiven Block. »Eine Regierung, hinter der weder das Vertrauen des Trägers der obersten Macht steht, noch der Armee, der Städte, der Semstwos, des Adels, der Kaufleute oder der Arbeiter, kann nicht nur nicht arbeiten, sondern auch nicht existieren. Das ist eine offensichtliche Absurdität.« Mit solchen Worten schätzte Fürst Schtscherbatow im August 1915 jene Regierung ein, deren Innenminister er selbst war. »Man muß nur alles anständig einrichten und ein Schlupfloch offenlassen«, sagte der Außenminister Sasonow, »und die Kadetten werden als erste auf eine Verständigung eingehen: Miljukow ist der größte Bourgeois und fürchtet nichts mehr als die soziale Revolution. Wie überhaupt die Mehrzahl der Kadetten um ihr Kapital zittert.« Auch Miljukow seinerseits war der Meinung, der progressive Block werde in »manchem nachgeben« müssen. Beide Parteien waren somit bereit, mit sich handeln zu lassen, und alles schien wie geölt. Aber am 29. August reiste der Premier Goremykin – ein von Jahren und Würden beschwerter Bürokrat, ein alter Zyniker, der Politik zwischen zwei Grandes Patiencen machte und für alle Klagen die Ausrede hatte, daß der Krieg ihn »nichts angeht« – mit einem Bericht für den Zaren ins Hauptquartier und kehrte mit der Nachricht zurück, alles und alle müßten auf den Plätzen verbleiben, außer der widerspenstigen Duma, die am 3. September aufzulösen sei. Das Verlesen des Zarenukases über die Dumaauflösung wurde ohne ein Wort des Protestes angehört: die Deputierten brachten ein »Hurra« auf den Zaren aus und gingen auseinander.

Wie aber konnte die Zarenregierung, die nach ihrem eigenen Geständnis nirgends eine Stütze hatte, sich danach noch über anderthalb Jahre halten? Vorübergehende Erfolge der russischen Truppen übten zweifellos ihre Wirkung, verstärkt durch die des segenspendenden goldenen Regens. Die Erfolge an der Front hörten zwar bald auf, aber die Gewinne im Hinterlande hielten an. Jedoch die Hauptursache für die Festigung der Monarchie zwölf Monate vor ihrem Sturze wurzelte in der scharfen Differenzierung der Volksunzufriedenheit. Der Chef der Moskauer Ochrana berichtete im Juli über die Zunahme rechter Stimmungen bei der Bourgeoisie unter dem Einfluß »der Angst vor der Möglichkeit revolutionärer Exzesse nach dem Kriege«. Eine Revolution während des Krieges hielt man, wie wir sehen, noch immer für ausgeschlossen. Obendrein waren die Industriellen »über das Anbändeln einiger Führer der Kriegsindustriekomitees mit dem Proletariat« besorgt. Die allgemeine Schlußfolgerung des Gendarmerieobersten Martynow, an dem die berufliche Lektüre der marxistischen Literatur nicht spurlos vorbeigegangen war, lautete, daß die Ursache einer gewissen Besserung der politischen Lage zu suchen sei »in der mehr und mehr fortschreitenden Differenzierung der Gesellschaftsklassen, welche die in der gegenwärtigen Zeit besonders fühlbaren scharfen Interessengegensätze aufdeckt«.

Die Dumaauflösung im September 1915 war eine direkte Herausforderung der Bourgeoisie und nicht der Arbeiter. Aber während die Liberalen unter allerdings nicht sehr begeisterten Hurrarufen auseinandergingen, antworteten die Arbeiter Petrograds und Moskaus mit Proteststreiks. Das kühlte die Liberalen noch mehr ab: sie hatten am meisten Furcht vor der Einmischung des unerbetenen Dritten in ihren Familiendialog mit der Monarchie. Aber was blieb zu tun? Unter leisem Murren seines linken Flügels traf der Liberalismus die Wahl nach erprobtem Rezept: ausschließlich auf legalem Boden stehen und durch Erfüllung der patriotischen Funktionen die Bürokratie »gleichsam überflüssig« machen. Die Liste eines liberalen Ministeriums mußte man jedenfalls zurücklegen.

Die Lage verschlechterte sich inzwischen automatisch. Im Mai 1916 trat die Duma wieder zusammen, aber niemand wußte eigentlich wozu. Zur Revolution aufzurufen, das lag am allerwenigsten in ihrer Absicht. Sonst aber hatte sie nichts zu sagen. »In dieser Session«, erinnerte sich später Rodsjanko, »ging die Arbeit lau vonstatten, die Deputierten besuchten die Sitzungen unpünktlich ... Der ewige Kampf schien fruchtlos, die Regierung wollte von nichts hören, die Mißwirtschaft nahm zu, und das Land ging dem Untergange entgegen.« Aus der Angst der Bourgeoisie vor der Revolution und aus der Ohnmacht der Bourgeoisie ohne Revolution schöpfte die Monarchie während des Jahres 1916 eine Art gesellschaftlicher Unterstützung.

Zum Herbst verschärfte sich die Lage noch mehr. Die Hoffnungslosigkeit des Krieges wurde für alle offenbar, die Entrüstung der Volksmassen drohte jeden Augenblick überzulaufen. Die Hofpartei weiter wegen »Germanophilentums« attackierend, erachteten es die Liberalen gleichzeitig als notwendig, die Friedenschancen abzutasten, ihren morgigen Tag vorzubereiten. Nur so lassen sich auch die Verhandlungen eines Führers des progressiven Blocks, des Deputierten Protopopow, mit dem deutschen Diplomaten Warburg im Herbst 1916 in Stockholm erklären. Eine Dumadelegation, die den Franzosen und Engländern Freundschaftsbesuche abstattete, hatte sich in Paris und London mühelos davon überzeugen können, daß die teuren Verbündeten die Absicht hegten, während des Krieges alle Lebenssäfte aus Rußland auszupressen, um nach dem Siege das rückständige Land zum wichtigsten Feld ökonomischer Ausbeutung zu machen. Das geschlagene Rußland im Schlepptau der siegreichen Entente hätte ein Kolonialrußland bedeutet. Es blieb den russischen besitzenden Klassen kein anderer Ausweg, als zu versuchen, sich aus den zu engen Umarmungen der Entente zu befreien und, den Antagonismus der zwei mächtigen Lager ausnutzend, einen eigenen Weg zum Frieden zu finden. Die Zusammenkunft des Vorsitzenden der Dumadelegation mit dem deutschen Diplomaten, als erster Schritt auf diesem Wege, bedeutete sowohl eine Drohung an die

Adresse der Alliierten zu dem Zwecke, Konzessionen zu erlangen, als auch eine Abtastung der realen Möglichkeiten einer Annäherung an Deutschland. Protopopow handelte mit Zustimmung nicht nur der zaristischen Diplomatie – die Zusammenkunft selbst fand in Gegenwart des russischen Gesandten in Schweden statt –, sondern auch der gesamten Delegation der Reichsduma. Nebenbei verfolgten die Liberalen mit dieser Sondierung kein minder wichtiges inneres Ziel: Verlasse dich auf uns – deuteten sie dem Zaren an – und wir werden dir einen Separatfrieden besorgen, besser und sicherer als Stürmer. Nach dem Plan Protopopows, das heißt seiner Inspiratoren, sollte die russische Regierung die Alliierten »einige Monate zuvor« verständigen, daß sie gezwungen sei, den Krieg zu beenden, und daß Rußland, falls die Alliierten sich weigern sollten Friedensverhandlungen aufzunehmen, einen Separatfrieden mit Deutschland schließen müsse. In seiner schon nach der Revolution verfaßten Beichte spricht Protopopow wie von etwas Selbstverständlichem: »Alle vernünftigen Menschen in Rußland, darunter wohl sämtliche Führer der Partei der ›Volksfreiheit‹ (Kadetten), waren überzeugt, daß Rußland nicht imstande sei, den Krieg fortzusetzen.«

Der Zar, dem Protopopow nach der Rückkehr über Reise und Verhandlungen Bericht erstattete, verhielt sich durchaus zustimmend zur Idee eines Separatfriedens. Nur sah er keinen Grund, die Liberalen zu dieser Sache hinzuzuziehen. Daß Protopopow sich beiläufig selbst der Hofkamarilla anschloß und mit dem progressiven Block brach, ist aus dem persönlichen Charakter dieses Gekken zu erklären, der sich, nach seinen eigenen Worten, in Zar und Zarin und gleichzeitig – in das unerwartet gekommene Ministerportefeuille des Inneren verliebt hatte. Doch die Episode des Protopopowschen Verrats am Liberalismus ändert nicht im geringsten den Sinn der liberalen Außenpolitik, als einer Vereinigung aus Habgier, Feigheit und Treuebruch.

Am 1. November versammelte sich wieder die Duma. Die Spannung im Lande war unerträglich geworden. Man erwartete von der Duma entschlossene Schritte. Man mußte etwas tun oder wenigstens sagen. Der progressive Block war wieder einmal gezwungen, zu parlamentarischen Enthüllungen zu greifen. Die wichtigsten Schritte der Regierung von der Tribüne herab aufzählend, fragte Miljukow jedesmal: »Ist es Dummheit oder Verrat?« Hohe Töne verwandten auch die übrigen Deputierten. Die Regierung fand fast keine Verteidiger. Sie antwortete auf ihre Art: Die Dumareden zu drucken wurde untersagt. Darum fanden sie Absatz in Millionen von Exemplaren. Es gab keine Regierungskanzlei, weder im Hinterlande noch an der Front, in der man die verbotenen Reden nicht abschrieb, häufig mit Anmerkungen, die dem Temperament des Abschreibers entsprachen. Das Echo der Debatten vom 1. November war derart, daß die Enthüller selbst das Gruseln überkam.

Eine Gruppe äußerster Rechter, eingefleischter Bürokraten, inspiriert von Durnowo, dem Bezwinger der Revolution von 1905, überreichte in diesem Moment dem Zaren eine programmatische Denkschrift. Das Auge der reicherfahrenen Würdenträger, die eine ernste Polizeischule durchgemacht hatten, sah weit genug und manches nicht schlecht, und wenn ihre Heilrezepte untauglich waren, so nur, weil es gegen die Krankheiten des alten Regimes überhaupt kein Heilmittel gab. Die Autoren der Denkschrift traten gegen jegliche Konzessionen an die bürgerliche Opposition auf, nicht weil die Liberalen etwa zu weit gehen könnten, wie die vulgären Schwarzhundert wähnten, auf die die hohen Reaktionäre von oben herabblickten, nein, das Unglück sei, daß die Liberalen »so schwach, so uneinig und, man muß offen sagen, so unfähig sind, daß ihr Sieg ebenso kurz wie unsicher wäre«. Die Schwäche der wichtigsten oppositionellen Partei, der »konstitutionell-demokratischen« (kadettischen), sei schon durch ihren Namen gekennzeichnet: sie nenne sich demokratisch, obwohl sie ihrem Wesen nach bürgerlich sei, während sie in hohem Maße die Partei der liberalen Gutsbesitzer darstelle, habe sie in ihr Programm die zwangsweise Bodenablösung aufgenommen. »Ohne diese Trümpfe aus fremdem Kartenspiel«, schrieben die Geheimräte, die ihnen gewohnte Bildersprache gebrauchend, »sind die Kadetten nichts anderes als eine zahlreiche Gesellschaft liberaler Advokaten, Professoren und Beamten verschiedener Ressorts – nichts mehr.« Anders – die Revolutionäre. Die Anerkennung der Bedeutung der revolutionären Parteien begleitet die Denkschrift mit Zähneknirschen: »Die Gefahr und die Macht dieser Parteien besteht darin, daß sie eine Idee, Geld (!), eine bereite und gutorganisierte Masse besitzen.« Die revolutionären Parteien »dürfen auf die Sympathie der Mehrheit der Bauernschaft rechnen, die sogleich mit dem Proletariat gehen wird, wenn die revolutionären Führer ihr fremden Grund und Boden zeigen werden«. Was würde unter diesen Bedingungen die Errichtung eines verantwortlichen Ministeriums ergeben? »Die volle und endgültige Zerschlagung der Parteien der Rechten, das allmähliche Verschlingen der Mittelparteien – des Zentrums, der liberalen Konservativen, Oktobristen und Progressisten – durch die Kadettenpartei, die anfangs entscheidende Bedeutung bekäme. Doch den Kadetten würde das gleiche Schicksal drohen . . . Und danach? Danach würde die revolutionäre Masse auf den Plan treten, die Kommune folgen, der Untergang der Dynastie, Pogrome auf die besitzenden Klassen und schließlich der Räuber-Muschik.« Man kann nicht leugnen, daß die reaktionär-polizeiliche Wut sich hier zu eigenartigem historischen Weitblick erhebt.

Das positive Programm der Denkschrift ist nicht neu, aber

konsequent: eine Regierung aus unnachgiebigen Anhängern des Selbstherrschertums; Abschaffung der Duma; Belagerungszustand in beiden Hauptstädten; Vorbereitung der Kräfte zur Unterdrückung der Rebellion. Im wesentlichen bildete denn auch dieses Programm die Grundlage der Regierungspolitik der letzten vorrevolutionären Monate. Doch setzte ihr Erfolg eine Macht voraus, die Durnowo im Winter 1905 in Händen hatte, die aber im Herbst 1917 bereits nicht mehr existierte. Die Monarchie versuchte deshalb, das Land verstohlen und stückweise zu ersticken. Das Ministerium wurde erneuert nach dem Prinzip der »eigenen« Leute, die dem Zaren und der Zarin bedingungslos ergeben waren. Doch diese »Eigenen«, vor allem der Überläufer Protopopow, waren nichtig und kläglich. Die Duma wurde nicht abgeschafft, aber wieder aufgelöst, die Verkündung des Belagerungszustandes in Petrograd bis zu dem Moment aufgespart, wo die Revolution bereits gesiegt hatte. Und die für die Unterdrückung der Meuterei bereitgehaltenen Militärkräfte wurden selbst von der Meuterei erfaßt. Das alles zeigte sich bereits nach zwei bis drei Monaten.

Der Liberalismus machte inzwischen letzte Anstrengungen, die Lage zu retten. Alle Organisationen der Großbourgeoisie unterstützten die Novemberreden der Dumaopposition durch eine Reihe weiterer Erklärungen. Die herausforderndste war die Resolution des Städtebundes vom 9. Dezember: »Unverantwortliche Verbrecher, wahnsinnige Fanatiker bereiten Rußlands Niederlage, Schande und Knechtschaft vor.« Die Reichsduma wird aufgefordert, »solange nicht auseinanderzugehen, bis eine verantwortliche Regierung erreicht ist«. Sogar der Staatsrat, das Organ der Bürokratie und des Großbesitzes, sprach sich dafür aus, Menschen in die Regierung zu berufen, die das Vertrauen des Landes besitzen. Ein ähnliches Gesuch stellte der Kongreß des Vereinigten Adels: die moosbedeckten Steine begannen zu reden. Doch nichts änderte sich. Die Monarchie ließ den Rest der Macht nicht aus den Händen.

Die letzte Session der letzten Duma wurde, nach Schwankungen und Verzögerungen, auf den 14. Februar 1917 angesetzt. Bis zum Ausbruch der Revolution verblieben weniger als zwei Wochen. Man erwartete Demonstrationen. In der »Rjetsch«, dem Organ der Kadetten, wurde, neben der Anzeige des Chefs des Petrograder Militärbezirks, des Generals Chabalow, über das Demonstrationsverbot, ein Brief Miljukows abgedruckt, der die Arbeiter vor »schlechten und gefährlichen Ratschlägen«, die »dunklen Quellen« entstammten, warnte. Trotz der Streiks verlief die Dumaeröffnung verhältnismäßig ruhig. Indem sie sich den Anschein gab, als interessiere sie die Regierungsfrage nicht mehr, beschäftigte sich die Duma mit einer akuten, aber rein praktischen Frage: der Ernährung. Die Stimmung sei flau gewesen, erinnerte sich später

Rodsjanko, »man empfand die Ohnmacht der Duma und Müdigkeit vom vergeblichen Kampfe«. Miljukow wiederholte mehrmals, daß der progressive Block »mit dem Wort und nur mit dem Wort wirken wird«. In solcher Gestalt trat die Duma in den Strudel der Februarrevolution.

Proletariat und Bauernschaft

Das russische Proletariat machte seine ersten Schritte unter den politischen Bedingungen eines despotischen Staates. Gesetzlich verbotene Streiks, unterirdische Zirkel, illegale Proklamationen, Straßendemonstrationen, Zusammenstöße mit Polizei und Truppen – das war eine Schule, geschaffen aus der Verquickung der Bedingungen des sich schnell entwickelnden Kapitalismus und des seine Positionen langsam räumenden Absolutismus. Die Zusammenballung der Arbeiter in Riesenbetrieben, der konzentrierte Charakter des staatlichen Druckes, schließlich die Impulsivität des jungen und frischen Proletariats führten dazu, daß der politische Streik, im Westen so selten, in Rußland die Hauptmethode des Kampfes wurde. Die Zahlen der Arbeiterstreiks seit Beginn dieses Jahrhunderts bilden den lehrreichsten Index der politischen Geschichte Rußlands. Bei allem Bestreben, den Text nicht durch Zahlen zu belasten, ist es unmöglich, auf die Einfügung einer Tabelle der politischen Streiks in Rußland für die Zeit vom Jahre 1903–1917 zu verzichten. Auf ihren einfachsten Ausdruck gebracht, beziehen sich die Angaben nur auf Betriebe, die der Fabrikinspektion unterstellt waren; Eisenbahnen, Bergwerksindutrie, Handwerks- und überhaupt Kleinbetriebe, ganz abgesehen von der Landwirtschaft, blieben dabei aus verschiedenen Gründen unberücksichtigt. Aber die periodischen Veränderungen der Streikkurve treten dadurch nicht minder deutlich hervor.

Jahr	Zahl der Teilnehmer an politischen Streiks (in Tausenden)
1903	87*
1904	25*
1905	1843
1906	651
1907	540
1908	93
1909	8
1910	4
1911	8

* Die Angaben für die Jahre 1903 und 1904 beziehen sich auf Streiks im allgemeinen, wobei die ökonomischen zweifellos überwogen.

Jahr	Zahl der Teilnehmer an politischen Streiks (in Tausenden)
1912	550
1913	502
1914 (erste Hälfte)	1059
1915	156
1916	310
1917 (Januar-Februar)	575

Wir haben vor uns eine in ihrer Art einzig dastehende Kurve der politischen Temperatur einer Nation, die eine große Revolution in ihrem Schoße trägt. In einem rückständigen Lande mit einem an Zahl geringen Proletariat – in den der Fabrikinspektion unterstellten Betrieben sind etwa 1½ Millionen Arbeiter im Jahre 1905, etwa 2 Millionen im Jahre 1917! – nimmt die Streikbewegung ein solches Ausmaß an, wie es vorher die Welt nirgendwo gekannt hatte. Bei der Schwäche der kleinbürgerlichen Demokratie, der Zersplitterung und politischen Blindheit der Bauernbewegung wird der revolutionäre Arbeiterstreik zu einem Mauerbrecher, den die erwachende Nation gegen das Bollwerk des Absolutismus richtet. 1 843 000 Teilnehmer an politischen Streiks während des einen Jahres 1905 – Arbeiter, die an mehreren Streiks teilgenommen haben, werden hier selbstverständlich wiederholt gezählt –, allein diese Zahl würde gestatten, auf der Tabelle mit dem Finger das Revolutionsjahr zu bezeichnen, selbst wenn wir nichts anderes über Rußlands politischen Kalender wüßten.

Für das Jahr 1904, das erste Jahr des Russisch-Japanischen Krieges, zeigt die Fabrikinspektion im ganzen nur 25 000 Streikende an. Im Jahre 1905 gaben politische und ökonomische Streikende zusammen 2 863 000, also 115mal soviel als im vorangegangenen Jahr. Dieser verblüffende Sprung bringt an sich auf den Gedanken, daß das Proletariat, durch den Gang der Ereignisse zur Improvisation einer solch unerhörten revolutionären Aktivität gezwungen, um jeden Preis aus seiner Tiefe eine Organisation hervorbringen mußte, die dem Ausmaß des Kampfes und der Grandiosität der Aufgaben entsprach: das waren eben die *Sowjets*, die, aus der ersten Revolution geboren, zu Organen des allgemeinen Streiks und des Kampfes um die Macht wurden.

Das im Dezemberaufstand 1905 niedergerungene Proletariat macht heroische Anstrengungen, einen Teil der eroberten Positionen im Laufe der nächsten zwei Jahre zu behaupten, die, wie die Streikziffern zeigen, sich noch unmittelbar an die Revolution anlehnen, aber doch schon Jahre der Ebbe sind. Die vier weiteren Jahre (1908–1911) treten im Spiegel der Streikstatistik als Jahre der siegreichen Konterrevolution auf. Die damit zusammenfallende industrielle Krise erschöpft das ohnehin leergeblutete

Proletariat noch mehr. Die Tiefe des Niederganges ist proportional der Höhe des Aufstieges. Die Konvulsionen der Nation finden ihren Ausdruck in diesen einfachen Zahlen.

Die Belebung der Industrie, die im Jahre 1910 einsetzt, bringt die Arbeiter auf die Beine und gibt ihrer Energie einen neuen Anstoß. Die Zahlen der Jahre 1912–1914 wiederholen fast die Angaben über die Jahre 1905–1907, nur in umgekehrter Ordnung: nicht vom Aufstieg zum Niedergang, sondern vom Niedergang zum Aufstieg. Auf neuen, höheren historischen Grundlagen – es gibt jetzt mehr Arbeiter, und sie haben mehr Erfahrung – beginnt die neue revolutionäre Offensive. Das erste Halbjahr 1914 nähert sich nach der Zahl der politischen Streikenden merklich dem Kulminationsjahr der ersten Revolution. Doch der Krieg bricht aus und unterbindet jäh diesen Prozeß. Die ersten Monate des Krieges sind durch politische Reglosigkeit der Arbeiterklasse gezeichnet. Doch schon im Frühling 1915 beginnt die Starre zu weichen. Es setzt ein neuer Zyklus politischer Streiks ein, der sich im Februar 1917 in dem Aufstand der Arbeiter und Soldaten entlädt.

Die heftigen Fluten und Ebben des Massenkampfes verwandelten das russische Proletariat im Laufe einiger Jahre bis zur Unkenntlichkeit. Fabriken, die noch zwei, drei Jahre vorher wegen irgendeines vereinzelten Aktes polizeilicher Willkür einmütig in den Streik getreten waren, verloren jetzt das revolutionäre Gesicht und nahmen die ungeheuerlichsten Verbrechen der Behörden widerstandslos hin. Große Niederlagen entmutigten für lange. Die revolutionären Elemente verlieren die Macht über die Massen. Noch nicht erloschene Vorurteile und Aberglaube gewinnen in ihrem Bewußtsein die Oberhand. Die grauen Abkömmlinge des Dorfes verwässern inzwischen die Arbeiterreihen. Die Skeptiker schütteln ironisch die Köpfe. So geschah es in den Jahren 1907 bis 1911. Doch die molekularen Prozesse in den Massen heilen die psychischen Wunden der Niederlagen. Eine neue Wendung der Ereignisse oder ein unterirdischer ökonomischer Anstoß eröffnet einen neuen politischen Zyklus. Revolutionäre Elemente finden wieder ihr Auditorium. Der Kampf lebt auf höherer Stufe auf.

Zum Verständnis der beiden Hauptströmungen in der russischen Arbeiterklasse ist es wichtig, zu berücksichtigen, daß der Menschewismus sich endgültig in den Jahren der Reaktion und der Ebbe formte, hauptsächlich gestützt auf die dünne Arbeiterschicht, die mit der Revolution gebrochen hatte, während der Bolschewismus, in der Periode der Reaktion grausam niedergeschlagen, sich in den Jahren vor dem Kriege auf dem Rücken der neuen revolutionären Flut schnell aufzurichten begann. »Am energischsten, verwegensten, zum unermüdlichen Kampf, Widerstand und zur dauernden Organisierung am befähigsten sind jene Elemente, Organisationen und Personen, die sich um Lenin konzentrieren«, mit diesen Worten beurteilte das Polizeidepartement die Arbeit der Bolschewiki in den dem Kriege vorangegangenen Jahren.

Im Juli 1914, als die Diplomaten den letzten Nagel in das Kreuz eintrieben, an das Europa geschlagen werden sollte, brodelte es in Petrograd wie in einem revolutionären Kessel. Der Präsident der Französischen Republik, Poincaré, mußte unter dem letzten Widerhall des Straßenkampfes und den ersten Lauten patriotischer Kundgebungen den Kranz am Denkmal Alexanders III. niederlegen.

Würde die Offensivbewegung der Massen in den Jahren 1912 bis 1914 ohne den Krieg zum Sturze des Zarismus geführt haben? Man kann diese Frage wohl kaum mit Bestimmtheit beantworten. Der Prozeß führte unabwendbar zur Revolution. Aber welche Etappen hätte er dabei durchschreiten müssen? Lauerte ihm nicht noch eine Niederlage auf? Welche Frist hätten die Arbeiter nötig gehabt, um die Bauern auf die Beine zu bringen und die Armee zu gewinnen? Nach all diesen Richtungen hin sind nur Vermutungen möglich. Der Krieg hatte jedenfalls anfänglich dem Prozeß einen rückläufigen Gang verliehen, um ihn dann um so mächtiger zu beschleunigen und ihm einen überwältigenden Sieg zu sichern.

Beim ersten Trommelschlag erstarb die revolutionäre Bewegung. Die aktivsten Arbeiterschichten wurden mobilisiert. Die revolutionären Elemente aus den Betrieben an die Front geworfen. Auf Streiks standen strenge Strafen. Die Arbeiterpresse war weggefegt. Die Gewerkschaften erdrosselt. In die Werkstätten ergossen sich zu Hunderttausenden Frauen, Jugendliche, Bauern. Politisch desorientierte der Krieg in Verbindung mit dem Zusammenbruch der Internationale die Massen außerordentlich und gestattete der Fabrikadministration, die den Kopf erhoben hatte, im Namen der Betriebe patriotisch aufzutreten, einen bedeutenden Teil der Arbeiter mitzureißen und die Kühneren und Entschlosseneren zu zwingen, sich abwartend zurückzuziehen. Der revolutionäre Gedanke glimmte nur noch in kleinen, stillgewordenen Kreisen. Sich »Bolschewik« zu nennen wagte zu jener Zeit in den Betrieben niemand, hieß das doch, sich der Verhaftung oder Verprügelung durch rückständige Arbeiter aussetzen.

Die bolschewistische Dumafraktion, schwach in der personellen Zusammensetzung, zeigte sich im Augenblick des Kriegsbeginns nicht auf der Höhe. Gemeinsam mit den menschewistischen Deputierten brachte sie eine Deklaration ein, in der sie sich verpflichtete, »das kulturelle Wohl des Volkes gegen jeden Anschlag, woher er auch kommen möge, zu verteidigen«. Mit Beifall unterstrich die Duma diese Preisgabe der Position. Von den russischen Organisationen und Gruppen der Partei bezog keine einzige eine offen defätistische Stellung, wie sie Lenin im Auslande proklamierte. Indes erwies sich der Prozentsatz an Patrioten unter den Bolschewiki als geringfügig. Im Gegensatz zu den Narodniki und Menschewiki begannen die Bolschewiki bereits seit dem Jahre 1914 in den Massen schriftliche und mündliche Agitation gegen den Krieg zu entfalten. Die Dumadeputierten erholten sich bald von der Verwirrung und nahmen die revolutionäre Arbeit wieder auf, über die die Behörden dank einem weitverzweigten Provokationssystem sehr genau informiert waren. Es genügt zu sagen, daß von den sieben Mitgliedern des Petersburger Parteikomitees am Vorabend des Krieges drei im Dienste der Ochrana standen. So spielte der Zarismus mit der Revolution Katze und Maus. Im November wurden die bolschewistischen Deputierten verhaftet. Im ganzen Lande setzte ein Vernichtungsfeldzug gegen die Partei ein. Im Februar 1915 fand vor dem Obergerichtshof die Verhandlung gegen die Fraktion statt. Die Deputierten ließen in ihrem Benehmen Vorsicht walten. Kamenew, der theoretische Inspirator der Fraktion, grenzte sich von der defätistischen Position Lenins ab, ebenso Petrowski, der heutige Vorsitzende des Zentralkomitees in der Ukraine. Das Polizeidepartement stellte mit Befriedigung fest, daß das strenge Urteil über die Deputierten keinerlei Protestbewegung seitens der Arbeiter hervorgerufen habe.

Es schien, als hätte der Krieg die Arbeiterklasse ausgetauscht. In bedeutendem Maße war es auch so: in Petrograd war der Arbeiterbestand fast vierzigprozentig erneuert. Die revolutionäre Nachfolge wurde schroff unterbrochen. Was vor dem Kriege gewesen war, darunter auch die Dumafraktion der Bolschewiki, trat mit einem Male in den Hintergrund und versank fast in Vergessenheit. Aber unter der unsicheren Hülle von Ruhe, Patriotismus, teils sogar Monarchismus häuften sich in den Massen Stimmungen für eine neue Explosion an.

Im August 1915 berichteten die zaristischen Minister einander, daß die Arbeiter »überall Betrug, Verrat und Sabotage zugunsten der Deutschen wittern und eifrig nach Schuldigen unserer Mißerfolge an der Front suchen«. Tatsächlich geht in dieser Periode die erwachende Massenkritik, teils aufrichtig, teils der Schutzfärbung wegen, nicht selten von der »Vaterlandsverteidigung« aus. Doch ist diese Idee nur Ausgangspunkt. Immer tiefere Gänge bahnt sich die Unzufriedenheit der Arbeiter, die die Werkführer, Schwarzhundertarbeiter, Kriecher vor der Administration zum Schweigen bringt und dem Arbeiterbolschewistenheer das Haupt zu erheben gestattet.

Von der Kritik gehen die Massen zu Taten über. Die Empörung findet einen Ausweg zu allererst in Lebensmittelunruhen, die mancherorts die Form lokaler Meutereien annehmen. Frauen, Greise, Jugendliche fühlen sich auf dem Markte oder auf der Straße sicherer und unabhängiger als die dienstpflichtigen Arbeiter in den Betrieben. In Moskau artet die Bewegung im Mai in einen Deutschenpogrom aus. Obwohl seine Teilnehmer hauptsächlich dem städtischen Mob angehören, der unter dem Protektorat der Polizei sein Unwesen treibt, so beweist doch schon die Möglichkeit eines Pogroms im industriellen Moskau, daß die Arbeiter noch nicht so weit erwacht sind, um ihre Parolen und ihre Disziplin dem aus seinem Gleichgewicht herausgeschleuderten kleinen Stadtvolk aufzuzwingen. Sich über das ganze Land ausbreitend, beseitigen die Lebensmittelunruhen die Kriegshypnose und bahnen den Weg für Streiks.

Der Zustrom roher Arbeitskraft in die Betriebe und die gierige Jagd nach Kriegsgewinnen führten überall zur Verschlechterung der Arbeitsbedingungen und zum Wiederaufleben brutalster Ausbeutungsmethoden. Zunehmende Teuerung drückt automatisch den Arbeitslohn herab. Ökonomische Streiks werden der unvermeidliche Reflex der Massen, und zwar ein um so heftigerer, je mehr er zurückgedrängt war. Die Streiks werden von Meetings, Verkündung politischer Resolutionen, Zusammenstößen mit der Polizei und nicht selten auch von Schießereien und Opfern begleitet.

Der Kampf erfaßt zuallererst das zentrale Textilgebiet. Am 5. Juni gibt die Polizei eine Salve auf die Weber in Kostroma ab: 4 Tote, 9 Verwundete. Am 10. August schießen Truppen in Iwanowo-Wosnessensk auf Arbeiter: 16 Tote und 30 Verwundete. In die Bewegung der Textilarbeiter sind Soldaten des Platzbataillons verwickelt. Proteststreiks in verschiedenen Teilen des Landes sind Antwort auf die Arbeitererschießungen von Iwanowo-Wosnessensk.' Parallel entwickelt sich der ökonomische Kampf. Die Textilarbeiter marschieren nicht selten in den vordersten Reihen.

Im Vergleich zum ersten Halbjahr 1914 bedeutet die Bewegung, was Kraft des Ansturms und Klarheit der Parolen betrifft, einen großen Schritt rückwärts. Nicht verwunderlich: in den Kampf werden zu bedeutendem Teil Rohmassen hineingezogen bei völliger Zersplitterung der führenden Arbeiterschicht. Nichtsdestoweniger kündet sich schon in den ersten Streiks während des Krieges das Herannahen großer Kämpfe an. Justizminister Chwostow erklärte am 16. August: »Wenn jetzt keine bewaffneten Aktionen der Arbeiter stattfinden, so ausschließlich deshalb, weil sie keine Organisationen besitzen.« Noch deutlicher drückte sich Goremykin aus: »Die Frage liegt bei den Arbeiterführern nur am Fehlen der Organisation, die durch die Verhaftung der fünf Dumamitglieder zerschlagen wurde.« Der Innenminister fügte hinzu: »Die Dumamitglieder (Bolschewiki) darf man nicht amnestieren, sie sind das organisierende Zentrum der Arbeiterbewegung in ihren gefährlichsten Äußerungen.« Diese Menschen täuschten sich jedenfalls nicht darin, wo der wahre Feind war.

Während das Ministerium sogar im Augenblick höchster Verwirrung und Geneigtheit zu liberalem Entgegenkommen es als notwendig erachtete, der Arbeiterrevolution Schläge aufs Haupt, das heißt auf die Bolschewiki zu versetzen, bemühte sich die Großbourgeoisie, eine Arbeitsgemeinschaft mit den Menschewiki anzubahnen. Erschrocken über das Ausmaß der Streiks, machten die liberalen Industriellen den Versuch, den Arbeitern patriotische Disziplin aufzuerlegen, indem sie deren Wahlmänner in die Kriegsindustriekomitees einbezogen. Der Innenminister beklagte sich darüber, daß es sehr schwer sei, gegen Gutschkows Einfälle zu kämpfen: »Die ganze Sache segle unter patriotischer Flagge und im Interesse der Landesverteidigung.« Man muß jedoch feststellen, daß die Polizei selbst es vermied, die Sozialpatrioten zu verhaften, da sie in ihnen indirekte Kampfverbündete gegen Streiks und revolutionäre »Exzesse« erblickte. Auf dem übergroßen Vertrauen zur Macht des patriotischen Sozialismus gründete sich die Überzeugung der Ochrana, daß, solange der Krieg dauert, es keinen Aufstand geben werde.

Bei den Wahlen zu den Kriegsindustriekomitees erwiesen sich die Vaterlandsverteidiger, mit dem energischen Metallarbeiter Gwosdjew an der Spitze – wir werden ihm später als Arbeitsminister in der Koalitionsregierung der Revolution begegnen –, in der Minderheit. Sie benutzten jedoch die Unterstützung nicht nur der liberalen Bourgeoisie, sondern auch der Bürokratie, um die Boykottanhänger, geführt von den Bolschewiki, niederzuhalten und dem Petersburger Proletariat eine Vertretung in den Organen des Industriepatriotismus aufzuzwingen. Die Stellung der Menschewiki kam klar zum Ausdruck in einer Rede, mit der sich später einer ihrer Vertreter an die Industriellen im Komitee wandte: »Ihr müßt fordern, daß die heute bestehende bürokratische Regierung von der Bildfläche verschwindet und ihren Platz euch als den Erben des bestehenden Regimes überläßt.« Die junge politische Freundschaft wuchs nicht nur täglich, sondern stündlich. Nach der Umwälzung wird sie ihre reifen Früchte bringen.

Der Krieg richtete im unterirdischen Lager schreckliche Verwüstungen an. Eine zentralisierte Parteiorganisation besaßen die Bolschewiki nach der Verhaftung der Dumafraktion nicht. Die Lokalkomitees führten ein episodisches Dasein und waren häufig ohne Verbindung mit den Bezirken. Es arbeiteten nur vereinzelte Gruppen, Zirkel und Personen. Aber die einsetzende Belebung des Streikkampfes verlieh ihnen in den Betrieben Mut und Kraft. Allmählich fanden sie einander und stellten Bezirksverbindungen her. Die unterirdische Arbeit erstand wieder. Im Polizeidepartement schrieb man später: »Die Leninisten, hinter denen in Rußland die überwiegende Mehrheit der illegalen sozialdemokratischen Organisationen steht, haben seit Kriegsbeginn in ihren größeren Zentren (wie Petrograd, Moskau, Charkow, Kiew, Tula, Kostroma, Gouvernement Wladimir, Samara) eine bedeutende Anzahl revolutionärer Aufrufe herausgegeben mit der Forderung nach Kriegseinstellung, Sturz der bestehenden Regierung und Errichtung der Republik, wobei diese Arbeit als greifbare Resultate Arbeiterstreiks und Unruhen zur Folge hatte.«

Der traditionelle Gedenktag der Arbeiterprozession zum Winterpalais, der im Jahre vorher fast unbeachtet verlaufen war, ruft am 9. Januar 1916 einen umfangreichen Streik hervor. Die Streikbewegung wächst in diesen Jahren um das doppelte an. Zusammenstöße mit der Polizei begleiten jeden größeren und hartnäckigeren Streik. Zu den Truppen verhalten sich die Arbeiter mit demonstrativem Wohlwollen, und die Ochrana registriert mehr als einmal diese besorgniserregende Tatsache.

Die Kriegsindustrie quoll auf, indem sie ringsum alle Hilfsmittel verschlang und ihre eigenen Grundlagen zu untergraben begann. Die Friedenszweige der Industrie waren im Absterben. Aus der Wirtschaftsregulierung wurde trotz allen Plänen nichts. Die Bürokratie, bei dem Widerstand der mächtigen Kriegsindustriekomitees bereits außerstande, die Sache in ihre Hände zu nehmen, war indes gleichzeitig nicht gewillt, der Bourgeoisie die regulierende Rolle zu überlassen. Das Chaos wuchs. Fähige Arbeiter wurden durch unfähige ersetzt. Die Kohlengruben, Fabriken und Werkstätten in Polen waren bald verloren. Während des ersten Kriegsjahres kam etwa ein Fünftel der gesamten Industriekräfte des Landes in Wegfall. Bis zu 50% der Gesamtproduktion gingen für die Bedürfnisse des Krieges und der Armee auf, darunter bis zu 75% der im Lande erzeugten Textilwaren. Der überlastete Transport war außerstande, den Fabriken das notwendige Heiz- und Rohmaterial zuzustellen. Der Krieg verschlang nicht nur das gesamte flüssige Nationaleinkommen, sondern ging auch ernstlich daran, das Grundkapital des Landes zu vergeuden.

Die Industriellen waren immer weniger zu Konzessionen an die Arbeiter bereit, während die Regierung jeden Streik in alter Weise mit strengen Repressalien beantwortete. All das stieß den Gedanken des Arbeiters vom Einzelnen zum Allgemeinen, von der Ökonomik zur Politik. »Es müssen alle auf einmal streiken.« So entsteht die Idee des Generalstreiks. Der Prozeß der Radikalisierung der Massen spiegelt sich am überzeugendsten in der Streikstatistik wider. Im Jahre 1915 beteiligen sich an politischen Streiks zweieinhalbmal weniger Arbeiter als an ökonomischen Konflikten, im Jahre 1916 zweimal weniger; in den ersten zwei Monaten des Jahres 1917 erfassen politische Streiks bereits sechsmal soviel Arbeiter als ökonomische Streiks. Die Rolle Petrograds wird durch eine Ziffer gezeigt: Während der Kriegsjahre entfallen auf seinen Teil 72% der politisch Streikenden!

Im Feuer des Kampfes verbrennt nicht wenig alter Aberglaube. »Mit Schmerz« meldet die Ochrana: Wollte man den Forderungen des Gesetzes entsprechend reagieren, auf »alle Fälle frecher und offener Majestätsbeleidigung, die Zahl der Prozesse nach Paragraph 103 würde eine nie dagewesene Ziffer erreichen«. Allein das Bewußtsein der Massen bleibt dennoch hinter ihrer eigenen Bewegung zurück. Der schreckliche Druck des Krieges und des Zerfalls beschleunigt den Kampfprozeß derart, daß breite Arbeitermassen bis zum Moment der Umwälzung keine Zeit finden, sich von vielen Ansichten und Vorurteilen, die sie aus dem Dorfe oder dem kleinbürgerlichen Hause der Stadt mitbrachten, zu befreien. Diese Tatsache wird den ersten Monaten der Februarrevolution ihren Stempel aufdrücken.

Gegen Ende 1916 steigen die Preise sprunghaft. Zu Inflation und Transportzerrüttung gesellt sich direkter Warenmangel. Der Verbrauch der Bevölkerung vermindert sich zu dieser Zeit um mehr als die Hälfte. Die Kurve der Arbeiterbewegung steigt schroff nach oben. Mit dem Oktober tritt die Bewegung in Petrograd in das entscheidende Stadium ein und vereinigt alle Arten der Unzufriedenheit: Petrograd nimmt den Anlauf zur Februarrevolution. Eine Versammlungswelle rollt durch die Betriebe. Die Themen sind: Ernährung, Teuerung, Krieg, Regierung. Es werden bolschewistische Flugblätter verteilt. Politische Streiks beginnen. Nach dem Verlassen der Betriebe finden improvisierte Demonstrationen statt. Es werden Fälle von Verbrüderung einzelner Betriebe mit Soldaten beobachtet. Ein stürmischer Proteststreik entbrennt gegen das Gericht über die revolutionären Matrosen der baltischen Flotte. Der französische Gesandte macht den Premier Stürmer auf die ihm bekanntgewordenen Tatsachen aufmerksam, daß Soldaten auf die Polizei geschossen hätten. Stürmer beruhigt den Gesandten: »Die Repression wird erbarmungslos sein.« Im November wird eine große Gruppe dienstpflichtiger Arbeiter aus den Petrograder Betrieben herausgezogen, um an die Front geschickt zu werden. Das Jahr endet in Sturm und Gewitter.

Die Lage mit dem Jahre 1905 vergleichend, kommt der Direktor des Polizeidepartements, Wassiljew, zu einem äußerst trostlosen Schluß: »Die oppositionellen Stimmungen haben einen enormen Umfang angenommen, wie sie ihn in der erwähnten Wirrnisperiode in den breiten Massen bei weitem nicht erreicht hatten.« Wassiljew baut nicht auf die Garnisonen. Sogar die Dorfpolizei scheint ihm nicht ganz verläßlich. Die Ochrana meldet die Belebung der Parole des Generalstreiks und die Gefahr der Auferstehung des Terrors. Die aus den Schützengräben ankommenden Soldaten und Offiziere sagen über die herrschende Lage: »Was ist da zu überlegen, abstechen muß man so einen

Schuft. Wären wir da, wir würden nicht lange nachdenken«, und so weiter.

Schljapnikow, Mitglied des Zentralkomitees der Bolschewiki, selbst ehemals Metallarbeiter, erzählt über die nervöse Stimmung der Arbeiter in jenen Tagen: »Irgendein Pfiff oder ein Lärm genügte, die Arbeiter glauben zu machen, es sei das Signal zur Arbeitseinstellung.« Dieses Detail ist gleichermaßen bemerkenswert als politisches Symptom wie als psychologischer Zug: die Revolution sitzt bereits in den Nerven, bevor sie noch auf die Straße geht.

Die Provinz macht die gleichen Etappen durch, nur langsamer. Das Wachstum des Massencharakters der Bewegung und ihres Kampfgeistes verschiebt das Schwergewicht von den Textilarbeitern zu den Metallarbeitern, von den ökonomischen zu den politischen Streiks, aus der Provinz nach Petrograd. Die ersten zwei Monate des Jahres 1917 ergeben 575 000 politische Streikende, davon entfällt der Löwenanteil auf die Hauptstadt. Obwohl die Polizei am Vorabend des 9. Januar einen neuen Streich gegen die Partei führte, streiken am Tage des blutigen Jubiläums in der Hauptstadt 150 000 Arbeiter. Die Stimmung ist gespannt; die Metallarbeiter gehen voran, die Proletarier fühlen, daß es keinen Rückzug mehr gibt. In jedem Betrieb entsteht ein aktiver Kern, am häufigsten um die Bolschewiki. Streiks und Meetings finden während der zwei Februarwochen ununterbrochen statt. Am 8. Februar wurden Polizisten auf dem Putilowwerk »mit einem Hagel von Eisenstücken und Schlacken« empfangen. Am 14., dem Tage der Dumaeröffnung, streikten in Petrograd etwa 90 000 Arbeiter. Einige Betriebe wurden auch in Moskau stillgelegt. Am 16. beschlossen die Behörden in Petrograd, Brotkarten einzuführen. Diese Neuerung ging auf die Nerven. Am 19. sammelte sich vor den Lebensmittelgeschäften viel Volk, besonders Frauen, an, alle forderten Brot. Tags darauf wurden in einigen Stadtteilen die Bäckerläden geplündert. Das war bereits das Wetterleuchten des Aufstandes, der wenige Tage später ausbrach.

Die revolutionäre Kühnheit schöpfte das russische Proletariat nicht nur aus sich selbst. Schon seine Lage, die einer Minderheit der Nation, spricht dafür, daß es nicht imstande gewesen wäre, seinem Kampfe ein solches Ausmaß zu geben, und noch weniger, sich an die Spitze des Staates zu stellen, wenn es nicht eine mächtige Stütze in den Tiefen des Volkes gehabt hätte. Diese Stütze sicherte ihm die Agrarfrage.

Die verspätete Halbbefreiung der Bauern im Jahre 1861 traf die Landwirtschaft fast auf der Stufe an, auf der sie zwei Jahrhunderte zuvor gestanden hatte. Die Beibehaltung des alten, bei der Reform zugunsten des Adels bestohlenen Fonds an Gemeindeland verschärfte unter den archaischen Bodenbearbeitungsmethoden automatisch die Übervölkerungskrise des Dorfes, die gleichzeitig die Krise der Dreifelderwirtschaft war. Die Bauernschaft fühlte sich um so mehr in einer Falle, als der Prozeß sich nicht im siebzehnten sondern im neunzehnten Jahrhundert entwickelte, das heißt unter Bedingungen der weit vorgeschrittenen Geldwirtschaft, die an den Holzpflug Ansprüche stellte, die höchstens der Traktor befriedigen konnte. Auch hier sehen wir das Zusammentreffen verschiedener Stufen des historischen Prozesses und als Ergebnis eine außerordentliche Schärfe der Gegensätze.

Gelehrte, Agronomen und Nationalökonomen predigten, daß unter Bedingungen rationeller Bearbeitung das Land vollständig ausreichen würde, d. h. sie schlugen dem Bauer vor, den Sprung zur höheren technischen und kulturellen Stufe zu machen, ohne Gutsbesitzer, Urjadnik und Zaren zu nahe zu treten. Doch nie pflegte ein Wirtschaftsregime, und um so weniger das landwirtschaftliche, eines der starrsten, von der Bildfläche zu verschwinden, bevor es nicht alle seine Möglichkeiten erschöpft hatte. Ehe sich der Bauer gezwungen sah, zu intensiverer Wirtschaftskultur überzugehen, mußte er den letzten Versuch einer Verbreiterung seiner Dreifelderwirtschaft machen. Doch war dies offensichtlich nur auf Kosten der nichtbäuerlichen Ländereien erreichbar. Erstickend in der Enge inmitten der Weiten des Landes, mußte der Muschik unter der brennenden Knute des Fiskus und des Marktes unvermeidlich den Versuch machen, den Gutsbesitzer ein für allemal loszuwerden.

Die Gesamtzahl des nutzbaren Bodens in den Grenzen des europäischen Rußland wurde am Vorabend der ersten Revolution auf 280 Millionen Deßjatinen geschätzt. Der Boden der Dorfgemeinden umfaßte etwa 140 Millionen, die Kronländereien etwa 5 Millionen, Kirchen- und Klosterbesitz etwa $2^1/_2$ Millionen Deßjatinen. Von dem Privatbesitz an Boden entfielen auf 30000 Großgrundbesitzer, von denen jedem über 500 Deßjatinen gehörten, 70 Millionen Deßjatinen, das heißt die gleiche Zahl, über die annähernd 10 Millionen Bauernfamilien verfügten. Diese Bodenstatistik bildete das fertige Programm des Bauernkrieges.

Den Gutsbesitzer zu liquidieren, war der ersten Revolution nicht gelungen. Es hatte sich nicht die gesamte Bauernmasse erhoben, die Bewegung im Dorfe fiel nicht mit der Bewegung in der Stadt zusammen, die Bauernarmee schwankte, stellte jedoch schließlich genügend Kräfte zur Verfügung, um die Arbeiter niederzuschlagen. Nachdem das Semjonowski-Garderegiment mit dem Moskauer Aufstand fertig geworden war, verwarf die Monarchie jeden Gedanken an eine Beschneidung des gutsherrlichen Bodens und ihrer eigenen selbstherrlichen Rechte.

Jedoch war die niedergeschlagene Revolution keinesfalls am Dorfe spurlos vorbeigegangen. Die Regierung hob die alten Ablösungen auf und eröffnete die Möglichkeit einer breiteren

Übersiedlung nach Sibirien. Die erschrockenen Gutsbesitzer machten nicht nur beträchtliche Konzessionen bezüglich des Pachtzinses, sondern gingen auch zum verstärkten Ausverkauf ihrer Latifundien über. Diese Früchte der Revolution nutzten die wohlhabenderen Bauern, die in der Lage waren, gutsherrlichen Boden zu pachten und zu kaufen, erfolgreich aus.

Die breiteste Pforte, um aus der Bauernschaft kapitalistische Farmer auszusondern, öffnete jedoch das Gesetz vom 9. November 1906, die wichtigste Reform der siegreichen Konterrevolution. Indem es sogar der kleinen Bauernminderheit einer Gemeinde das Recht zuerkannte, gegen den Willen der Mehrheit aus dem Gemeindeland einzelne Stücke herauszuschneiden, wurde das Gesetz vom 9. November zu einem kapitalistischen Geschoß, das sich gegen die Dorfgemeinde richtete. Der Vorsitzende des Ministerrats, Stolypin, bezeichnete das Wesen der neuen Regierungspolitik in der Bauernfrage als »Einsatz auf die Starken«. Das bedeutete: die Oberschicht der Bauern auf die Aneignung von Gemeindeland durch Ankauf der »befreiten« Abschnitte zu stoßen und damit die neuen kapitalistischen Farmer in Ordnungsstützen zu verwandeln. Eine solche Aufgabe zu stellen war leichter, als sie zu lösen. Bei dem Versuch, die Bauern- durch die Kulakenfrage zu ersetzen, mußte sich die Konterrevolution das Genick brechen.

Gegen den 1. Januar 1916 sicherten sich zweieinhalb Millionen Hofbesitzer als ihren Privatbesitz 17 Millionen Deßjatinen. Zwei weitere Millionen Hofbesitzer forderten die Aussonderung von 14 Millionen Deßjatinen. Das sah nach einem kolossalen Erfolg der Reform aus. Doch die ausgesonderten Bauernwirtschaften waren in ihrer Mehrzahl durchaus lebensunfähig und stellten nur das Material für eine natürliche Auslese dar. Während die wirtschaftlich rückständigsten Gutsbesitzer und kleinen Bauern intensiv verkauften, die einen ihre Latifundien, die anderen ihre Landfetzen, trat vorwiegend die neue Bauernbourgeoisie als Käufer auf. Die Landwirtschaft ging zweifellos in das Stadium des kapitalistischen Aufstiegs. Die Ausfuhr landwirtschaftlicher Produkte aus Rußland wuchs in fünf Jahren (1908–1912) von 1 Milliarde Rubel auf 1½ Milliarden. Das bedeutete: breite Bauernmassen wurden proletarisiert, und die Oberschicht des Dorfes warf immer mehr Brot auf den Markt.

Als Ersatz für die zwangsweise Gemeindebindung der Bauernschaft entwickelte sich die freiwillige Kooperative, der es im Laufe weniger Jahre gelang, verhältnismäßig tief in die Bauernmassen einzudringen, und die sofort Gegenstand liberaler und demokratischer Idealisierung wurde. Die reale Macht in der Kooperative besaßen jedoch nur die wohlhabenden Bauern, denen sie letzten Endes auch zum Vorteil gereichte. Die Volkstümlerintelligenz, die in der Bauernkooperative ihre Hauptkräfte konzentrierte, hatte schließlich ihre Liebe zum Volke auf ein solides bürgerliches Geleise geschoben. Damit wurde im besonderen der Block der »antikapitalistischen« Partei der Sozialrevolutionäre mit der par excellence kapitalistischen Partei der Kadetten vorbereitet.

Während der Liberalismus den Schein einer Opposition in bezug auf die Agrarpolitik der Reaktion wahrte, blickte er jedoch mit größter Hoffnung auf die kapitalistische Vernichtung der Dorfgemeinde. »Im Dorfe wächst eine mächtige Kleinbourgeoisie heran«, schrieb der liberale Fürst Trubetzkoi, »die ihrem gesamten Wesen und ihrer Zusammensetzung nach in gleicher Weise den Idealen des vereinigten Adels wie den sozialistischen Schwärmereien fremd gegenüber steht.«

Aber diese großartige Medaille hatte eine Kehrseite. Aus der Dorfgemeinde sonderte sich nicht nur eine »mächtige Kleinbourgeoisie«, sondern auch ihr Antipode aus. Die Zahl der Bauern, die ihre lebensunfähigen Anteile verkauft hatten, erreichte zu Kriegsbeginn eine Million, was nicht weniger als fünf Millionen Seelen proletarisierter Bevölkerung bedeutete. Einen reichlichen Explosivstoff bildeten auch die Millionen verarmter Bauern, denen nichts weiter übrigblieb, als sich an ihre Hungeranteile zu klammern. In der Bauernschaft wiederholten sich folglich jene Gegensätze, die in Rußland die Entwicklung der bürgerlichen Gesellschaft als Ganzes so früh untergraben hatten. Die neue Dorfbourgeoisie, die den alten und mächtigeren Besitzern eine Stütze hätte werden sollen, erwies sich den Kernmassen der Bauernschaft gegenüber ebenso feindlich wie die alten Besitzer dem Volke überhaupt. Ehe sie eine feste Ordnungsstütze wurde, benötigte die Bauernbourgeoisie selbst einer festen Stütze, um sich auf den eroberten Positionen halten zu können. Unter diesen Umständen ist es nicht verwunderlich, daß die Agrarfrage in sämtlichen Reichsdumas ihre Schärfe behielt. Alle fühlten, daß das letzte Wort noch nicht gesprochen war. Der Bauerndeputierte Petritschenko erklärte einmal von der Dumatribüne aus: »Soviel ihr auch diskutieren mögt, einen anderen Erdball werdet ihr nicht schaffen. Folglich wird man uns diese Erde geben müssen.« Dieser Bauer war weder Bolschewik noch Sozialrevolutionär; im Gegenteil, das war ein Deputierter der Rechten, ein Monarchist.

Die Agrarbewegung, die wie der Streikkampf der Arbeiter am Ende des Jahres 1907 verstummte, lebt 1908 zum Teil wieder auf und steigert sich in den folgenden Jahren. Allerdings wird der Kampf hauptsächlich in das Innere der Gemeinde verlegt; darin bestand ja die politische Berechnung der Reaktion. Bewaffnete Zusammenstöße der Bauern bei der Aufteilung des Gemeindelandes sind nicht selten. Aber auch der Kampf gegen den Gutsbesitzer erstirbt nicht. Die Bauern stecken häufig Gehöfte, Ernte, Heu der Adligen in Brand und verschonen dabei auch die Siedler nicht, die sich gegen den Willen der Gemeindebauern ausgesondert hatten.

In diesem Zustande wurde die Bauernschaft vom Kriege überrascht. Die Regierung führte etwa zehn Millionen Arbeitskräfte und annähernd zwei Millionen Pferde aus dem Dorfe weg. Die schwachen Wirtschaften wurden noch schwächer. Die Zahl der nichtbestellenden Bauern nahm zu. Aber auch mit den Mittelbauern ging es in dem zweiten Kriegsjahre bergab. Die feindselige Haltung der Bauernschaft zum Kriege nahm von Monat zu Monat zu. Im Oktober 1916 berichtet die Petrograder Gendarmerieverwaltung, daß man im Dorfe an den Sieg im Krieg schon nicht mehr glaube: nach den Worten der Versicherungsagenten, der Lehrer, Händler und so weiter »warten alle nur darauf, wann dieser verfluchte Krieg schließlich enden wird« ... Und mehr noch: »Überall werden politische Fragen diskutiert, werden gegen Gutsbesitzer und Kaufleute gerichtete Bestimmungen getroffen, Zellen verschiedenster Organisationen gebildet ... Ein vereinigendes Zentrum gibt es vorläufig nicht, es ist jedoch anzunehmen, daß die Bauern sich vermittels der Kooperativen, die stündlich in ganz Rußland wachsen, vereinigen werden.« Manches darin ist übertrieben, manches haben die Gendarme vorweggenommen, aber das Wesentliche ist zweifellos richtig angegeben.

Die besitzenden Klassen konnten nicht übersehen, daß das Dorf seine Rechnung präsentieren werde, aber sie verscheuchten die düsteren Gedanken in der Hoffnung, irgendwie doch herauszukommen. Der wißbegierige französische Gesandte Paléologue unterhielt sich darüber in den Kriegstagen mit dem ehemaligen Landwirtschaftsminister Kriwoschein, dem ehemaligen Premier Kokowzew, dem Großgrundbesitzer Graf Bobrinski, dem Vorsitzenden der Reichsduma, Rodsjanko, dem Großindustriellen Putilow und mit anderen angesehenen Männern. Dabei wurde ihm folgendes eröffnet: Für die Durchführung einer radikalen Bodenreform wäre die Arbeit eines ständigen Heeres von 300000 Landvermessern für die Dauer von mindestens 15 Jahren nötig; aber in dieser Zeit würden die Bauernwirtschaften auf 30 Millionen angewachsen sein und folglich alle geleisteten Berechnungen sich als überholt erweisen. Die Bodenreform war mithin in den Augen der Gutsbesitzer, Würdenträger und Bankiers eine Quadratur des Kreises. Überflüssig zu sagen, daß solche mathematischen Skrupel dem Muschik völlig fremd waren. Er meinte, daß man zuallererst den Gutsherrn ausräuchern müsse, dann werde man schon sehen.

Wenn das Dorf in den Kriegsjahren verhältnismäßig ruhig blieb, so darum, weil seine aktiven Kräfte an der Front waren. Die Soldaten vergaßen den Acker nicht, wenigstens solange sie nicht an den Tod dachten, und die Gedanken des Muschiks an die

Zukunft wurden in den Schützengräben vom Pulvergeruch durchtränkt. Aber dennoch würde die Bauernschaft, auch nachdem sie den Gebrauch der Waffen gelernt hatte, mit ihren Kräften allein niemals die agrar-demokratische, das heißt ihre eigene Revolution vollbracht haben. Sie brauchte eine Führung. Zum erstenmal in der Weltgeschichte sollte der Bauer seinen Führer in der Person des Arbeiters finden. Darin besteht der grundlegende und man könnte sagen erschöpfende Unterschied zwischen der russischen und allen vorangegangenen Revolutionen.

In England verschwand die Leibeigenschaft faktisch am Ende des vierzehnten Jahrhunderts, das heißt zwei Jahrhunderte bevor sie in Rußland entstand und viereinhalb Jahrhunderte, ehe sie dort abgeschafft wurde. Die Enteignung des Bodenbesitzes der Bauern erstreckt sich in England über die Reformation und zwei Revolutionen bis zum neunzehnten Jahrhundert. Die kapitalistische Entwicklung, von außen nicht forciert, besaß somit Zeit genug, die selbständige Bauernschaft zu liquidieren, lange bevor noch das Proletariat zum politischen Leben erwacht war.

In Frankreich zwang ihr Kampf mit dem königlichen Absolutismus, der Aristokratie und den Kirchenfürsten die Bourgeoisie in Gestalt ihrer verschiedenen Schichten, die radikale Agrarrevolution am Ende des achtzehnten Jahrhunderts etappenweise zu vollziehen. Die selbständige Bauernschaft wurde danach für lange Zeit die Stütze der bürgerlichen Ordnung und half im Jahre 1871 der Bourgeoisie, mit der Pariser Kommune fertigzuwerden.

In Deutschland erwies sich die Bourgeoisie zur revolutionären Lösung der Agrarfrage unfähig und lieferte im Jahre 1848 die Bauern ebenso an die Gutsbesitzer aus, wie Luther etwa drei Jahrhunderte zuvor sie während des Bauernkrieges an die Fürsten ausgeliefert hatte. Das deutsche Proletariat seinerseits war Mitte des neunzehnten Jahrhunderts noch zu schwach, die Führung der Bauernschaft zu übernehmen. Die kapitalistische Entwicklung Deutschlands bekam infolgedessen eine genügende Frist, wenn auch keine so lange wie die Englands, um sich die Landwirtschaft, wie sie aus der unvollendeten bürgerlichen Revolution hervorgegangen war, zu unterwerfen.

Die Bauernreform von 1861 wurde in Rußland von der Adels- und Beamtenmonarchie unter dem Druck der Bedürfnisse der bürgerlichen Gesellschaft durchgeführt, jedoch bei völliger politischer Ohnmacht der Bourgeoisie. Der Charakter der Bauernbefreiung war derart, daß die forcierte kapitalistische Umgestaltung des Landes das Agrarproblem unvermeidlich in ein Problem der Revolution verwandeln mußte. Die russischen Bourgeois erträumten eine Agrarentwicklung bald von französischem, bald dänischem, bald amerikanischem, von jedem beliebigen, nur nicht russischem Typ. Jedoch kamen sie nicht auf den Gedanken, sich die französische Geschichte oder die amerikanische soziale Struktur anzueignen. Die demokratische Intelligenz stand trotz ihrer revolutionären Vergangenheit in der Entscheidungsstunde auf seiten der liberalen Bourgeoisie und der Gutsbesitzer, nicht aber auf der des revolutionären Dorfes. Nur die Arbeiterklasse vermochte sich unter diesen Umständen an die Spitze der Bauernrevolution zu stellen.

Das Gesetz der kombinierten Entwicklung verspäteter Länder – im Sinne der eigenartigen Verquickung von Elementen der Rückständigkeit mit jüngsten Faktoren – ersteht hier vor uns in seiner vollendeten Form und gibt gleichzeitig den Schlüssel zu dem wesentlichsten Rätsel der russischen Revolution. Wäre das Agrarproblem, als Erbe der Barbarei der alten russischen Geschichte, von der Bourgeoisie gelöst worden, hätte sie es zu lösen vermocht, das russische Proletariat hätte im Jahre 1917 keinesfalls an die Macht gelangen können. Um den Sowjetstaat zu verwirklichen, war die Annäherung und gegenseitige Durchdringung zweier Faktoren von ganz verschiedener historischer Natur notwendig: des Bauernkrieges, das heißt einer Bewegung, die für die Morgenröte der bürgerlichen Entwicklung charakteristisch ist, und des proletarischen Aufstandes, das heißt einer Bewegung, die den Untergang der bürgerlichen Gesellschaft bedeutet. Darin eben besteht das Jahr 1917.

Der Zar und die Zarin

Dieses Buch hat am allerwenigsten die Aufgabe, psychologische Untersuchungen als Selbstzweck anzustellen, durch die man jetzt nicht selten die soziale und historische Analyse zu ersetzen versucht. In unserem Gesichtsfelde stehen vor allem die großen bewegenden Kräfte der Geschichte, die einen überpersönlichen Charakter tragen. Eine von ihnen ist die Monarchie. Jedoch wirken alle diese Kräfte sich durch Menschen aus. Die Monarchie aber ist ihrem Wesen nach mit dem persönlichen Prinzip verbunden. Das rechtfertigt an sich das Interesse für die Person eines Monarchen, den der Gang der Entwicklung mit einer Revolution zusammenstoßen ließ. Wir hoffen – außerdem – in der weiteren Darstellung wenigstens teilweise zeigen zu können, wo in der Persönlichkeit das Persönliche aufhört – nicht selten viel früher, als es scheint – und wie oft das »besondere Merkmal« einer Person nichts weiter darstellt als den individuellen Kratzer einer höheren Gesetzmäßigkeit.

Seine Ahnen hinterließen Nikolaus II. als Erbschaft nicht nur das gewaltige Reich, sondern auch die Revolution. Sie bedachten ihn mit keiner einzigen Eigenschaft, die ihn befähigt hätte, ein

Reich zu verwalten oder auch nur ein Gouvernement oder einen Kreis. Der historischen Brandung, die ihre Wogen immer näher an die Tore des Palastes heranwälzte, brachte der letzte Romanow eine dumpfe Teilnahmslosigkeit entgegen. Es war, als trenne sein Bewußtsein und seine Epoche eine durchsichtige, aber völlig undurchdringliche Sphäre.

Die Personen, die mit dem Zaren in Berührung gekommen waren, vermerkten nach dem Umsturz wiederholt, daß in den tragischsten Augenblicken seiner Regierung während der Übergabe Port Arthurs und des Unterganges der Flotte bei Zussima, zehn Jahre später, während des Rückzuges der russischen Truppen aus Galizien, und, nach weiteren zwei Jahren, in jenen Tagen, die dem Thronverzicht vorangingen, als rings um ihn alles bedrückt, erschrocken, erschüttert war, Nikolaus II. allein die Ruhe bewahrte. Wie bisher, erkundigte der Zar sich nach der Zahl der Werst, die er während seiner Reisen durch Rußland zurückgelegt hatte, erinnerte sich an Episoden aus einstigen Jagden, an Anekdoten bei offiziellen Begegnungen; er zeigte überhaupt Interesse für den Kehricht seines Alltagslebens, während über ihm Donner rollten und Blitze zuckten. »Was ist das?« fragte sich einer seiner vertrauten Generale, »eine ungeheure, fast unwahrscheinliche Haltung, erreicht durch Erziehung? Glaube an eine göttliche Vorbestimmung der Ereignisse? Oder mangelnde Denkfähigkeit?« Die Antwort ist zur Hälfte schon in der Frage enthalten. Die sogenannte »gute Erziehung« des Zaren, seine Selbstbeherrschung auch unter den außerordentlichsten Umständen, lassen sich keinesfalls durch äußere Dressur allein erklären: der Kern lag in der inneren Gleichgültigkeit, in der Dürftigkeit der seelischen Kräfte, in der Schwäche der Willensimpulse. Die Maske der Gleichgültigkeit, die man in gewissen Kreisen als »gute Erziehung« bezeichnet, verschmolz bei Nikolaus auf natürliche Weise mit dem ihm angeborenen Gesicht.

Das Tagebuch des Zaren ist wertvoller als alle Zeugenaussagen: tagein, tagaus, jahrein, jahraus folgen auf diesen Blättern trostlose Eintragungen seelischer Leere. »Ging lange spazieren und tötete zwei Krähen. Trank Tee bei Tageslicht.« Ein Spaziergang zu Fuß, eine Kahnfahrt. Und wieder Krähen und wieder Tee. Alles an der Grenze der Physiologie. Die Erwähnung kirchlicher Feierlichkeiten geschieht im gleichen Tone wie die einer Zecherei.

In den Tagen vor der Eröffnung der Reichsduma, als das ganze Land in Konvulsionen erschauerte, schrieb Nikolaus: »14. April. Ging spazieren in einer leichten Hemdbluse und nahm die Spazierfahrten mit dem Paddelboot wieder auf. Trank Tee auf dem Balkon. Stana aß mit uns zu Mittag und fuhr mit uns spazieren. Habe gelesen.« Nicht ein Wort über den Gegenstand der Lektüre: ein sentimentaler englischer Roman oder ein Bericht des Polizeidepartements? »15. April. Nahm die Entlassung Wittes an. Marie und Dmitrij aßen mit uns. Haben* sie ins Schloß begleitet.«

An dem Tage, an dem die Auflösung der Duma beschlossen wurde und die hohen Würdenträger wie die Liberalen einen Angstparoxismus durchmachten, schrieb der Zar in sein Tagebuch: »7. Juli. Freitag. Ein sehr beschäftigter Morgen. Haben uns zum Frühstück mit den Offizieren um eine halbe Stunde verspätet ... Es war Gewitter und sehr schwül. Gingen zusammen spazieren. Empfing Goremykin; unterschrieb den Befehl zur Auflösung der Duma! Haben Mittag gegessen bei Olga und Petja. Den ganzen Abend gelesen.« Ein Ausrufungszeichen anläßlich der bevorstehenden Dumaauflösung ist der höchste Ausdruck seiner Gefühlsregungen.

Die Deputierten der auseinandergejagten Duma riefen das Volk auf, Steuerzahlungen und Militärpflicht zu verweigern. Eine Reihe militärischer Aufstände brach aus: in Sweaborg, in Kronstadt, auf den Schiffen, bei Armeeteilen; der revolutionäre Terror gegen hohe Beamte lebte in nie dagewesenem Maße auf. Der Zar schreibt: »9. Juli. Sonntag. Es ist geschehen! Die Duma ist heute aufgelöst worden. Beim Frühstück nach der Messe sah man viele lange Gesichter ... Das Wetter war herrlich. Trafen beim Spaziergange Onkel Mischa, der gestern aus Gatschina hierher übergesiedelt ist. Bis zum Mittagessen und den ganzen Abend ruhig gearbeitet. Fuhr Paddelboot.« Daß er ausgerechnet Paddelboot fuhr, ist vermerkt, womit er sich aber beschäftigte, ist nicht gesagt. Und so immer wieder.

Weiter, aus den gleichen schicksalsvollen Tagen: »14. Juli. Nachdem ich mich angezogen hatte, fuhr ich per Rad zur Badeanstalt und badete mit Genuß im Meere.« – »15. Juli. Zweimal gebadet. Es war sehr heiß. Aßen zu Mittag zu zweien. Das Gewitter ist vorüber.« – »19. Juli. Morgens gebadet. Empfang auf der Farm: Onkel Wladimir und Tschagin waren zum Frühstück da.« Aufstände und Dynamitexplosionen werden in einer einzigen Wertung gestreift – »Nette Ereignisse!« –, verblüffend durch eine niedrige Teilnahmslosigkeit, die sich nicht mal bis zum bewußten Zynismus entwickelt.

»Um 9.30 Uhr morgens fuhren wir zum Kaspischen Regiment ... Ging lange spazieren. Das Wetter war herrlich. Badete im Meere. Empfing nach dem Tee Lwow und Gutschkow.« Kein Wort darüber, daß dieser so gewöhnliche Empfang zweier Liberaler mit dem Versuch Stolypins zusammenhing, in sein Ministerium oppositionelle Politiker einzubeziehen. Fürst Lwow, das spätere Haupt der Provisorischen Regierung, berichtete damals über den Empfang beim Zaren: »Ich hatte erwartet, den Kaiser vom Unglück niedergeschlagen vorzufinden, statt dessen

* Es sind immer Zar und Zarin gemeint.

kam ein lustiges, munteres Kerlchen in einem himbeerroten Blusenhemd zu mir heraus.«

Der geistige Horizont des Zaren reichte nicht weiter als der eines kleineren Polizeibeamten, mit dem Unterschiede, daß dieser immerhin die Wirklichkeit besser kannte und von Aberglauben weniger belastet war. Die einzige Zeitung, die Nikolaus während einer Reihe von Jahren las und aus der er seine Ideen schöpfte, war eine Wochenschrift, die Fürst Meschtscherski auf Staatskosten herausgab, ein niedriger, käuflicher, selbst im eigenen Kreise der reaktionären Bürokratencliquen verachteter Journalist. Seinen Horizont hat der Zar über zwei Kriege und zwei Revolutionen hinweg sich unverändert bewahrt: zwischen seinem Bewußtsein und den Ereignissen stand stets trennend die undurchdringliche Sphäre der Gleichgültigkeit.

Nicht ohne Grund nannte man Nikolaus einen Fatalisten. Man muß nur hinzufügen, daß dieser Fatalismus das gerade Gegenteil eines aktiven Glaubens an seinen »Stern« war. Nikolaus selbst hielt sich vielmehr für einen Pechvogel. Sein Fatalismus war lediglich die Form eines passiven Selbstschutzes gegen die geschichtliche Entwicklung und ging Hand in Hand mit einer Willkür, die ihren psychologischen Motiven nach kleinlich, ihren Folgen nach ungeheuerlich war.

»Ich will, und darum muß es so sein«, schreibt Graf Witte, »diese Parole äußerte sich in allen Handlungen dieses willensschwachen Herrschers, der nur infolge seiner Schwäche all das getan hat, was seine Regierung charakterisierte – ein fortwährendes und in den meisten Fällen völlig zweckloses Vergießen mehr oder minder unschuldigen Blutes ...«

Man verglich Nikolaus manchmal mit seinem halbirrsinnigen Ururgroßvater Paul, der, mit Zustimmung des eigenen Sohnes, Alexander des »Gesegneten«, von einer Kamarilla erdrosselt wurde. Diese zwei Romanows gleichen sich tatsächlich in dem Mißtrauen gegen alle, das aus ihrem Mißtrauen gegen sich selbst erwuchs; in dem Argwohn einer allmächtigen Null; in dem Gefühl des Ausgestoßenseins, man könnte sagen, in dem Bewußtsein gekrönter Parias. Jedoch war Paul unvergleichlich farbiger. In seinem Wahnsinn war ein Element von Phantasie, wenn auch von unzurechnungsfähiger. An seinem Nachfahren ist alles farblos, ist kein greller Zug.

Nikolaus war nicht nur unbeständig, sondern auch treubrüchig. Die Schmeichler nannten ihn für seine Sanftmut gegen Hofleute: »Charmeur.« Besondere Freundlichkeit jedoch erwies der Zar jenen Würdenträgern, die er davonzujagen beschlossen hatte: ein von ihm beim Empfang über alle Maßen bezauberter Minister konnte zu Hause den Entlassungsbrief vorfinden. Das war eine Art Rache für die eigene Minderwertigkeit.

Nikolaus wandte sich feindselig von allen Begabten und Bedeutenden ab. Es behagte ihm nur unter unfähigen, geistig minderwertigen Menschen, Scheinheiligen, Schwächlingen, zu denen er nicht emporzublicken brauchte. Er besaß Ehrgeiz, einen sogar raffinierten, aber nicht aktiven Ehrgeiz, der, ohne ein Körnchen Initiative, nur der neidischen Selbstverteidigung diente. Seine Minister wählte er nach dem Prinzip des ständigen Abwärtsgleitens aus. Menschen von Geist und Charakter holte er nur in äußerstem Falle, wenn es keinen anderen Ausweg gab, etwa wie man einen Chirurgen zur Rettung des Lebens holt. So war es mit Witte und später mit Stolypin. Der Zar verhielt sich zu beiden mit schlecht verborgener Feindseligkeit. Sobald die zugespitzte Situation vorüber war, beeilte er sich, die Ratgeber loszuwerden, die ihm zu offensichtlich überlegen waren. Die Auswahl wirkte sich so systematisch aus, daß der Vorsitzende der letzten Duma, Rodsjanko, am 7. Januar 1917, als die Revolution an die Türen pochte, es wagen durfte, dem Zaren zu sagen: »Majestät, es ist kein einziger zuverlässiger und ehrlicher Mensch in Ihrer Umgebung geblieben, die Besten sind entfernt worden oder gegangen, es sind nur solche geblieben, die in schlechtem Rufe stehen.«

Alle Bemühungen der liberalen Bourgeoisie, mit dem Hof eine gemeinsame Sprache zu finden, scheiterten. Der unermüdliche, polternde Rodsjanko versuchte durch seine Vorträge den Zaren aufzurütteln. Vergeblich! Dieser überging schweigend nicht nur alle Argumente sondern auch Anmaßungen und bereitete im stillen die Auflösung der Duma vor. Der Großfürst Dmitrij, der damalige Liebling des Zaren und spätere Teilnehmer an der Ermordung Rasputins, klagte seinem Mitverschworenen, dem Fürsten Jussupow, daß der Zar im Hauptquartier mit jedem Tage gleichgültiger gegen seine ganze Umgebung werde. Nach Dmitrijs Meinung gäbe man dem Zaren irgendein Getränk ein, das dessen geistige Fähigkeiten abstumpfe. »Es gingen Gerüchte«, schreibt der liberale Historiker Miljukow seinerseits, »daß der Zustand der geistigen und moralischen Apathie beim Zaren durch starken Genuß von Alkohol aufrechterhalten würde.« Das aber waren alles Erfindungen oder Übertreibungen. Der Zar brauchte nicht zu Narkotika zu greifen: er hatte das tödliche »Getränk« schon im Blute. Nur waren dessen Wirkungen besonders verblüffend auf dem Hintergrunde der großen Ereignisse des Krieges und der inneren Krise, die zur Revolution geführt hat. Rasputin, der ein guter Psychologe war, pflegte vom Zaren kurz zu sagen, daß ihm »im Innern etwas fehlt«.

Dieser farblose, gleichmäßige, »guterzogene« Mann war grausam. Es war aber nicht die aktive, historische Ziele verfolgende Grausamkeit eines Iwan des Schrecklichen oder Peter – was hatte Nikolaus II. mit diesen gemein! –, sondern die feige Grausamkeit eines Letztgeborenen, dem vor seinem Geschick bange war. Schon in der Morgenröte seiner Regierung lobte Nikolaus die »braven

Fanagorier« für die Niederschießung von Arbeitern. Er »las mit Vergnügen«, wie man mit Nagajkas die »kurzgeschorenen« Studentinnen peitschte oder während der jüdischen Pogrome hilflosen Menschen die Schädel einschlug. Der Ausgestoßene auf dem Throne hatte stets eine Neigung für den Auswurf der Gesellschaft, für die Plünderer der Schwarzen Hundert; er zahlte ihnen nicht nur freigebig einen Sold aus der Staatskasse, sondern liebte es auch, sich mit ihnen über ihre Heldentaten zu unterhalten, ihnen Gnaden zu erweisen, besonders wenn sie zufällig bei einem Mord an dem einen oder anderen oppositionellen Deputierten erwischt worden waren. Witte, der während der Niederwerfung der ersten Revolution an der Spitze der Regierung stand, schreibt in seinen Memoiren: »Wenn nutzlose, grausame Ausschreitungen der Anführer von Strafexpeditionen dem Kaiser bekannt wurden, fanden sie seine Billigung, jedenfalls seinen Schutz.« In Beantwortung einer Forderung des baltischen Generalgouverneurs, einen gewissen Kapitänleutnant Richter zur Räson zu bringen, der »aus eigener Ermächtigung ohne jegliches Gerichtsverfahren auch Personen hinrichtete, die keinen Widerstand geleistet hatten«, schrieb der Zar auf den Bericht: »Braver Kerl!« Solche Aufmunterungen gibt es ohne Zahl. Dieser »Charmeur« ohne Willen, ohne Ziel, ohne Phantasie war schrecklicher als alle Tyrannen der alten und der neuen Geschichte.

Der Zar stand unter dem ungeheuren Einfluß der Zarin, der mit den Jahren und mit den Schwierigkeiten stetig zunahm. Zusammen bildeten sie irgendwie ein Ganzes. Schon diese Verbindung zeigt, in welch hohem Maße unter dem Druck der Verhältnisse das Persönliche durch das Gruppenmäßige ergänzt wird. Vorerst aber muß man einiges über die Zarin sagen.

Maurice Paléologue, während des Krieges französischer Gesandter in Petrograd, ein feiner Psychologe für französische Akademiker und Portierfrauen, gibt ein sorgsam gelecktes Porträt der letzten Zarin: »Moralische Ruhelosigkeit, chronische Traurigkeit, grenzenlose Wehmut, wechselnde Ab- und Zunahme der Kräfte, quälende Gedanken über die jenseitige, unsichtbare Welt, Aberglaube – bilden denn nicht alle diese Züge, die an der Persönlichkeit der Zarin so scharf hervortreten, die charakteristischen Eigenschaften des russischen Volkes?« So seltsam das ist, in dieser süßlichen Lüge ist ein Körnchen Wahrheit. Nicht umsonst hat der russische Satiriker Saltykow die Minister und Gouverneure aus den Reihen der baltischen Barone »Deutsche mit russischer Seele« genannt: zweifellos haben gerade die Fremden, die nichts mit dem Volke verband, den »echtrussischen« Administrator in Reinkultur hochgezüchtet.

Weshalb aber zollte das Volk, dessen Seele die Zarin, nach den Worten Paléologues, so vollkommen in sich aufgenommen hatte, ihr so unverhüllten Haß? Die Antwort ist einfach: zur Rechtfertigung ihrer neuen Lage hatte sich diese Deutsche mit kühler Besessenheit alle Traditionen und Eingebungen des russischen Mittelalters, des dürftigsten und rauhesten von allen, angeeignet, in einer Periode, in der das Volk gewaltige Anstrengungen machte, um sich von der eigenen mittelalterlichen Barbarei zu befreien. Diese hessische Prinzessin war buchstäblich vom Dämon des Selbstherrschertums erfüllt. Aus ihrem Krähwinkel zu den Höhen eines byzantinischen Despotismus emporgekommen, wollte sie von diesen um keinen Preis hinabsteigen. In dem orthodoxen Glauben fand sie die Mystik und die Magie, die ihrem neuen Schicksal angepaßt waren. Sie glaubte um so fester an ihre Berufung, je unverhüllter die Abscheulichkeit des alten Regimes zutage trat. Von starkem Charakter und mit der Fähigkeit zu trockener, gefühlloser Exaltation, ergänzte die Zarin den willenlosen Zaren, indem sie ihn beherrschte.

Am 17. März 1916, ein Jahr vor der Revolution, als das zerrüttete Land sich bereits in der Zange der Niederlagen und Zerstörung wand, schrieb die Zarin ihrem Manne ins Hauptquartier: »... Du darfst keine Nachgiebigkeit zeigen, verantwortliches Ministerium und so weiter – alles was *sie* wollen. Das muß Dein Krieg und Dein Friede sein, Deine Ehre und die unserer Heimat, keinesfalls die der Duma. Sie haben kein Recht, auch nur ein einziges Wort in diese Frage hineinzureden.« Das war jedenfalls ein geschlossenes Programm, und gerade dieses Programm obsiegte über alle Schwankungen des Zaren.

Nach der Abreise Nikolaus' zur Armee in seiner Eigenschaft des fiktiven Oberkommandierenden begann die Zarin offen über die inneren Angelegenheiten zu verfügen. Die Minister erstatteten ihr Bericht wie einer Regentin. Mit einer engen Kamarilla bildete sie eine Verschwörung gegen die Duma, gegen die Minister, gegen die Generale des Hauptquartiers, gegen die ganze Welt, teilweise auch gegen den Zaren. Am 6. Dezember 1916 schrieb die Zarin an den Zaren: »... da Du einmal gesagt hast, Du willst Protopopow behalten, wie wagt er (der Premier Trepow) gegen Dich zu sein, – schlag mal mit der Faust auf den Tisch, bleibe fest, sei der Herr, höre auf Dein hartes Weibchen und auf unseren Freund, vertraue uns.« Nach drei Tagen abermals: »Du weißt, daß Du im Recht bist, trage den Kopf hoch, befiehl Trepow, mit ihm zu arbeiten ... schlag mit der Faust auf den Tisch.« Diese Sätze scheinen wie erfunden. Sie sind jedoch den echten Briefen entnommen. Man könnte sie auch nicht erfinden.

Am 13. Dezember suggeriert die Zarin dem Zaren wieder: »Nur kein verantwortliches Ministerium, auf das jetzt alle versessen sind. Alles wird ruhiger und besser, man will aber Deinen Arm fühlen. Wie lange Jahre schon sagt man mir immer dasselbe: ›Rußland liebt es, die Peitsche zu fühlen‹, das ist *seine* Natur!« Die rechtgläubige Hessin mit der Erziehung von Windsor und der Krone von Byzanz auf dem Haupte »verkörpert« nicht nur die russische Seele, sondern verachtet sie auch organisch: *seine* Natur verlange die Peitsche, schreibt die russische Zarin dem russischen Zaren über das russische Volk, zweieinhalb Monate bevor die Monarchie in den Abgrund stürzt.

Ihm an Charakterstärke überlegen, steht die Zarin geistig nicht über ihrem Mann, eher sogar unter ihm; mehr noch als er sucht sie die Gesellschaft von Einfältigen. Die enge langjährige Freundschaft, die den Zaren und die Zarin mit dem Hoffräulein Wyrubowa verbindet, zeigt das Maß der geistigen Größe des Selbstherrscherpaares. Wyrubowa nannte sich selber einen Dummkopf, und das war nicht Bescheidenheit. Witte, dem man ein scharfes Auge nicht absprechen kann, charakterisierte sie als »ein ganz gewöhnliches, dummes Petersburger Fräulein, nicht schön, einer Blase aus Butterteig ähnlich«. In Gesellschaft dieser Person, der betagte Würdenträger, Gesandte und Finanzleute, vor Ehrfurcht vergehend, den Hof machten und die immerhin gescheit genug war, die eigenen Taschen nicht zu vergessen, verbrachten Zar und Zarin ungezählte Stunden, berieten mit ihr Geschäfte, korrespondierten mit ihr und über sie. Sie war einflußreicher als die Reichsduma und selbst die Ministerien.

Aber die Wyrubowa war nur das Medium des »Freundes«, dessen Autorität über den dreien stand. ». . . das ist meine private Meinung«, schreibt die Zarin an den Zaren, »ich werde erfahren, was unser Freund denkt.« Die Meinung des Freundes ist nicht privat, sie entscheidet. ». . . Ich bleibe fest«, wiederholt die Zarin nach einigen Wochen, »aber höre auf mich, *das heißt* auf unseren Freund, und vertraue Dich uns in allem an . . . Ich leide für Dich, wie für ein zartes, weichherziges Kind, das der Leitung bedarf, aber auf schlechte Ratgeber hört, während der Mann, der von Gott gesandt, ihm sagt, was zu tun ist.«

». . . Gebete und Hilfe unseres Freundes – dann wird alles gut gehen.«

»Wenn wir ihn nicht hätten, alles wäre längst zu Ende, davon bin ich fest überzeugt.«

Der Freund, der von Gott Gesandte, ist Grigorij Rasputin.

Während der ganzen Regierung Nikolaus' und Alexandras brachte man Wahrsager und Fallsüchtige an den Hof, nicht nur aus ganz Rußland, sondern auch aus anderen Ländern. Es gab besondere hochgestellte Lieferanten, die sich um das jeweilige Orakel gruppierten und neben dem Monarchen ein allmächtiges Oberhaus bildeten. Es mangelte hier nicht an alten Frömmlerinnen gräflichen Namens, an Würdenträgern, die sich nach Ämtern sehnten, an Finanzleuten, die ganze Ministerien pachteten. Die unpatentierte Konkurrenz von seiten der Hypnotiseure und Zauberer eifersüchtig verfolgend, beeilten sich die Hierarchen der orthodoxen Kirche, eigene Wege in das zentrale Heiligtum der Intrige anzulegen. Witte nannte diese regierende Clique, an der er zweimal zerschellte, »die aussätzige Palastkamarilla«.

Je mehr sich die Dynastie isolierte und je verwahrloster der Monarch sich fühlte, um so größer wurde sein Bedürfnis nach jenseitiger Hilfe. Es gibt Wilde, die, um gutes Wetter hervorzurufen, ein an einem Strick befestigtes Brettchen in der Luft herumschwingen. Zar und Zarin nahmen Brettchen zu Hilfe für die mannigfaltigsten Zwecke. Im Zarenwaggon befand sich ein Betraum, ausstaffiert mit Heiligenbildern und -bildchen sowie anderen Kultgegenständen, die zuerst der japanischen Artillerie entgegengestellt worden waren und später der deutschen.

Das Niveau des Hofkreises hatte sich eigentlich von Generation zu Generation nicht sonderlich verändert. Unter Alexander II., dem »Befreier«, glaubten die Großfürsten aufrichtig an Hausgeister und Hexen. Unter Alexander III. war es nicht besser, nur ruhiger. »Die aussätzige Kamarilla« existierte stets, sie wechselte bloß die Zusammensetzung und erneuerte ihre Methoden. Nikolaus II. hatte die höfische Atmosphäre des wilden Mittelalters nicht geschaffen, sondern von seinen Ahnen übernommen. Das Land veränderte sich in diesen Jahrzehnten, die Aufgaben wurden komplizierter, die Kultur stieg, doch der Hof blieb weit zurück. Wenn auch die Monarchie unter den Schlägen der neuen Mächte Zugeständnisse machte, so hatte sie doch keine Zeit, sich innerlich zu modernisieren; im Gegenteil, sie schloß sich immer mehr ab, der Geist des Mittelalters verdichtete sich unter dem Druck der Feindschaft und Furcht, bis er den Charakter eines widerlichen Alpdruckes bekam, der sich auf das Land legte.

Am 1. November 1905, das heißt im kritischsten Augenblick der ersten Revolution, schreibt der Zar in sein Tagebuch: »Lernte einen Mann Gottes, Grigorij, aus dem Gouvernement Tobolsk kennen.« Das war Rasputin, ein sibirischer Bauer mit nicht verheilenden Schrammen am Kopfe, herrührend von Schlägen wegen Pferdediebstahls. Im rechten Augenblick aufgetaucht, fand der »Mann Gottes« bald hochgestellte Helfer, richtiger, sie fanden ihn, und so entstand eine neue regierende Clique, die die Zarin und durch sie den Zaren fest in ihre Hände bekam.

Seit dem Winter der Jahre 1913/14 sprach man in der Petersburger Gesellschaft bereits offen davon, daß alle höheren Ernennungen, Lieferungen und Aufträge von der Rasputinclique abhängig seien. Der »Starez« selbst verwandelte sich allmählich in eine Staatsinstitution. Er wurde sorgsam bewacht und von den rivalisierenden Ministerien nicht weniger sorgsam beobachtet. Die Spitzel des Polizeidepartements führten nach Stunden Tagebuch über sein Leben und versäumten nicht zu berichten, daß sich Rasputin beim Besuch seines Heimatdorfes Pokrowskoje betrunken auf der Straße mit seinem Vater blutig prügelte. Am gleichen Tage, dem 9. September 1915, schickte Rasputin zwei freundschaftliche Telegramme ab, eines nach Zarskoje Selo, der Zarin, das andere in das Hauptquartier, dem Zaren.

In epischer Sprache registrierten die Spitzel tagein tagaus die Völlereien des »Freundes«. »Kehrte heute um 5 Uhr morgens heim, stockbetrunken.« »In der Nacht vom 25. zum 26. übernachtete bei Rasputin die Schauspielerin W.« »Ist mit der Fürstin D. (der Frau des Kammerjunkers beim Zarenhof) im Hotel Astoria angekommen . . .« Gleich hierauf: »Kehrte aus Zarskoje Selo um 11 Uhr abends heim.« »Rasputin kam mit der Fürstin Sch. sehr betrunken nach Hause. Sie gingen bald zusammen weg.« Am Morgen oder am Abend des nächsten Tages eine Reise nach Zarskoje Selo. Auf die teilnehmende Frage des Spitzels, weshalb er heute so nachdenklich sei, antwortet der »Starez«: »Kann mich nicht entschließen, soll die Duma einberufen werden oder nicht.« Dann wieder: »Kehrte um 5 Uhr morgens heim, ziemlich betrunken.« So wurde monate- und jahrelang auf drei Tasten immer die gleiche Melodie gespielt: »Ziemlich betrunken«, »sehr betrunken«, »stockbetrunken«. Diese staatswichtigen Nachrichten verband zu einer Einheit und bekräftigte mit seiner Unterschrift der Gendarmeriegeneral Globatschew.

Die Blüte des Rasputinschen Einflusses währte sechs Jahre, die letzten Jahre der Monarchie. »Sein Leben in Petersburg«, erzählt Fürst Jussupow, bis zu einem gewissen Grade Teilnehmer dieses Lebens und später Rasputins Mörder, »verwandelte sich in ein ununterbrochenes Fest, in die wüste Orgie eines Zuchthäuslers, dem unverhofft das Glück in den Schoß gefallen war.« »In meinem Besitze befand sich«, schreibt der Dumavorsitzende Rodsjanko, »eine Unmenge Briefe von Müttern, deren Töchter dieser schamlose Wüstling mißbraucht hatte.« Gleichzeitig verdankten der Petersburger Metropolit Pitirin und der kaum des Lesens und Schreibens kundige Erzbischof Warnawa ihre Ämter Rasputin. Durch ihn hielt sich auch lange Zeit der Oberprokureur des Heiligen Synods, Sabler, im Amte, auf Rasputins Wunsch und Willen wurde der Premier Kokowzew entlassen, der sich geweigert hatte, den »Starez« zu empfangen. Rasputin ernannte Stürmer zum Vorsitzenden des Ministerrats, Protopopow zum Minister des Innern, den neuen Oberprokureur des Synods, Rajew, und viele andere. Der Gesandte der Französischen Republik, Paléologue, bemühte sich um eine Zusammenkunft mit Rasputin, er küßte sich mit ihm und rief aus: »Voilà un véritable illuminé!«, um so der Zarin Herz für die Sache Frankreichs zu erobern. Der Jude Simanowitsch, des »Starez« Finanzagent, den die Kriminalpolizei als einen Spieler und Wucherer in ihren Listen führte, setzte mit Rasputins Hilfe durch, daß ein völlig ehrloses Subjekt, Dobrowolski, zum Justizminister ernannt wurde. »Sieh Dir die kleine Liste an«, schreibt die Zarin an den Zaren über die neuen Ernennungen, »unser Freund bittet, daß

Du Dich über all dies mit Protopopow besprichst.« Nach zwei Tagen: »Unser Freund sagt, Stürmer könne noch einige Zeit Vorsitzender des Ministerrats bleiben.« Und wieder: »Protopopow verehrt ehrfurchtsvoll unsern Freund und wird gesegnet werden.«

An einem jener Tage, als die Spitzel die Zahl der Flaschen und Frauen registrierten, schrieb die Zarin wehmütig an den Zaren: »Rasputin wird beschuldigt, daß er Frauen geküßt habe, und so weiter. Lies die Apostel – sie haben alle zum Gruße geküßt.« Der Hinweis auf die Apostel hätte die Spitzel kaum zu überzeugen vermocht. In einem anderen Briefe geht die Zarin noch weiter: »Während des abendlichen Evangeliums habe ich soviel über unseren Freund nachdenken müssen: wie doch die Buchgelehrten und Pharisäer Christus verfolgen und sich verstellen, als wären sie Vollkommenheiten ... Ja, wahrhaftig, es gilt kein Prophet in seinem Vaterlande.«

Der Vergleich Rasputins mit Christus war in diesem Kreise üblich und nicht zufällig. Die Angst vor den mächtigen Kräften der Geschichte war zu stark, als daß sich das Zarenpaar mit dem unpersönlichen Gott und dem körperlosen Schatten des Christus aus dem Evangelium begnügen konnte. Es bedurfte einer Wiederkunft des »Menschensohnes«. Die ausgestoßene, in Agonie liegende Monarchie fand in Rasputin einen Christus nach ihrem Ebenbilde.

»Hätte es Rasputin nicht gegeben«, sagte ein Mann des alten Regimes, der Senator Taganzew, »dann hätte man ihn erfinden müssen.« Diese Worte enthalten viel mehr, als ihr Autor geglaubt haben mag. Versteht man unter Hooliganentum den krassesten Ausdruck antisozialer, parasitärer Züge in den Tiefen der Gesellschaft, kann man die Rasputiniade mit vollem Recht als das gekrönte Hooliganentum auf seinem höchsten Gipfel bezeichnen.

Die Idee der Palastrevolution

Weshalb denn haben die herrschenden Klassen, als sie Rettung vor der Revolution suchten, nichts unternommen, um sich vom Zaren und dessen Umgebung zu befreien? Sie haben wohl daran gedacht, doch sie wagten es nicht. Es fehlte ihnen der Glaube an ihre Sache und die Entschlossenheit. Die Idee einer Palastrevolution lag in der Luft, bis sie in der Staatsumwälzung unterging. Man muß bei diesem Punkte verweilen, um sich ein klares Bild von den gegenseitigen Beziehungen zwischen der Monarchie und den Spitzen des Adels, der Bürokratie und der Bourgeoisie am Vorabend der Explosion machen zu können.

Die besitzenden Klassen waren durch und durch monarchistisch: kraft ihrer Interessen, ihrer Traditionen und ihrer Feigheit. Aber sie wollten eine Monarchie ohne Rasputin. Die Monarchie gab ihnen zur Antwort: Nehmt mich, wie ich bin. Der Forderung nach einem anständigen Ministerium begegnete die Zarin damit, daß sie dem Zaren einen Apfel aus Rasputins Hand ins Hauptquartier sandte und verlangte, der Zar möge ihn zur Festigung seines Willens verzehren. »Erinnere Dich«, beschwor sie ihn, »daß sogar Monsieur Philippe (ein französischer Scharlatan und Hypnotiseur) gesagt hat, man dürfe keine Konstitution geben, denn das wäre Dein und Rußlands Untergang ...« »Sei Peter der Große, Iwan der Schreckliche, Kaiser Paul – zerdrücke alles unter Dir!«

Welch ekliges Gemisch aus Angst, Aberglauben und feindseliger Fremdheit gegen das Land! Es könnte allerdings scheinen, daß mindestens in den oberen Schichten die Zarenfamilie nicht gar so einsam war: Ist doch Rasputin stets von einem Gestirn vornehmer Damen umringt, und beherrscht doch das Schamanentum überhaupt die Aristokratie. Aber diese Mystik der Angst verbindet nicht, im Gegenteil, sie trennt. Jeder versucht, sich auf seine Art zu retten. Viele aristokratische Häuser haben ihre rivalisierenden Heiligen. Sogar auf den Petrograder Gipfeln ist die Zarenfamilie, wie verpestet, von einer Quarantäne des Mißtrauens und der Feindschaft umgeben. Das Hoffräulein Wyrubowa schreibt in ihren Erinnerungen: »Ich ahnte tief und fühlte eine Feindseligkeit der ganzen Umgebung gegen die, die ich vergötterte, und ich fühlte, daß diese Feindseligkeit erschreckende Dimensionen annahm ...«

Auf purpurrotem Hintergrund des Krieges, unter vernehmbarem Getöse unterirdischer Stöße verzichteten die Privilegierten nicht eine Stunde auf die Freuden des Lebens, im Gegenteil, sie genossen sie wie im Rausch. Aber auf ihren Festgelagen erschien immer häufiger ein Skelett und drohte ihnen mit den Knöcheln seiner Finger. Dann wähnten sie, das ganze Unglück käme von dem abscheulichen Charakter der Alice, von der treubrüchigen Willenlosigkeit des Zaren, von der habgierigen Närrin Wyrubowa, vom sibirischen Christus mit den Schrammen auf dem Schädel. Wellen unerträglicher Ahnungen überliefen die herrschenden Klassen, krampfartige Zuckungen gingen von der Peripherie zum Zentrum, die verhaßte Spitze in Zarskoje Selo immer stärker isolierend. In ihren im allgemeinen äußerst verlogenen Erinnerungen hat die Wyrubowa recht kraß den Ausdruck für den Zustand dieser Spitze gefunden: »... zum hundertsten Male fragte ich mich: was ist mit der Petrograder Gesellschaft geschehen? Sind sie alle seelisch erkrankt oder von einer in Kriegszeiten wütenden Epidemie befallen? Es ist schwer, sich auszukennen, die Tatsache aber bleibt bestehen: alle waren in einem anormal erregten Zustande.«

Zu denen, die die Besinnung verloren hatten, gehörte auch die umfangreiche Familie der Romanows, die ganze habgierige, schamlose, von allen gehaßte Meute der Großfürsten und Großfürstinnen. Auf den Tod erschrocken, trachteten sie, sich aus dem sie umklammernden Ring zu befreien, versuchten, sich bei der frondierenden Aristokratie einzuschmeicheln, klatschten über das Zarenpaar, hetzten einander und ihre Umgebung auf. Die allerdurchlauchtigsten Onkel wandten sich an den Zaren mit ermahnenden Briefen, in denen hinter Ehrfurcht das Zähneknirschen zu spüren war.

Nach der Oktoberrevolution charakterisierte Protopopow zwar ziemlich plump aber malerisch die Stimmung der obersten Schichten: »Selbst die höchsten Klassen frondierten vor der Revolution. In den Klubs und Salons der großen Welt übte man scharfe und mißgünstige Kritik an der Politik der Regierung; man analysierte und begutachtete die Beziehungen, die sich in der Zarenfamilie herausgebildet hatten; verbreitete anekdotische Erzählungen über das Oberhaupt des Staates; schrieb Verse; viele Großfürsten besuchten offen solche Zusammenkünfte, und ihre Anwesenheit verlieh den karikaturenhaften Erfindungen und bösartigen Übertreibungen in den Augen des Publikums besondere Zuverlässigkeit. Das Bewußtsein der Gefährlichkeit dieses Spieles erwachte bis zum letzten Augenblick nicht.«

Besondere Schärfe verlieh den Gerüchten über eine Palastkamarilla die Beschuldigung der Deutschfreundlichkeit und sogar der direkten Verbindung mit dem Feinde. Der vorlaute und nicht sehr gründliche Rodsjanko erklärt direkt: »Die Verbindung und die Analogie der Bestrebungen sind derart logisch klar, daß es mindestens für mich keine Zweifel geben kann an dem Zusammenwirken des deutschen Stabes und des Rasputinschen Kreises. Das unterliegt keinem Zweifel.« Der bloße Hinweis auf die »logische« Klarheit schwächt den kategorischen Ton dieses Zeugnisses sehr ab. Für die Verbindung der Rasputinleute mit dem deutschen Stab waren auch nach der Revolution keinerlei Beweise zu entdecken. Anders verhält es sich mit dem sogenannten »Germanophilentum«. Es handelte sich natürlich nicht um nationale Sympathien oder Antipathien der deutschstämmigen Zarin, des Premiers Stürmer, der Gräfin Kleinmichel, des Hofministers, Graf Frederiks, und anderer Herren mit deutschen Namen. Die zynischen Memoiren der alten Intrigantin Kleinmichel zeigen mit bemerkenswerter Kraßheit, welch übernationaler Charakter die Spitzen der Aristokratie aller Länder Europas auszeichnete, die miteinander durch Bande der Verwandtschaft, Erbschaften, Verachtung gegen alles unter ihnen Stehende und, last but not least, durch kosmopolitische Libertinagen in alten Schlössern, fashionablen Bädern und an europäischen Höfen verknüpft waren. Bedeutend realer waren die organischen Antipathien des Hofgesindels gegen die katzbuckelnden Advokaten der Französischen Republik und die Sympathien der Reaktionäre teutonischen wie slawischen Namens für den echt preußischen Geist des Berliner Regimes, der ihnen so lange Zeit mit seinem gewichsten Schnurrbart, seinen Feldwebelmanieren und seiner selbstbewußten Dummheit imponiert hatte.

Aber auch das war nicht für die Frage entscheidend. Die Gefahr ergab sich aus der Logik der Situation selbst, denn der Hof konnte nichts anderes tun, als in einem Separatfrieden Rettung suchen, und zwar um so dringlicher, je bedrohlicher die Lage wurde. Der Liberalismus war, wie wir später noch sehen werden, in der Person seiner Führer bestrebt, die Chance des Separatfriedens für sich zu reservieren, in Verbindung mit der Perspektive, an die Macht zu gelangen. Und gerade deshalb führte er eine wilde chauvinistische Agitation, das Volk betrügend und den Hof terrorisierend. Die Kamarilla wagte nicht, in einer so heiklen Frage vorzeitig ihr wahres Antlitz zu zeigen, und war sogar gezwungen, den allgemeinen patriotischen Ton nachzuahmen, während sie gleichzeitig den Boden für einen Separatfrieden abtastete.

Das Oberhaupt der Polizei, General Kurlow, der zur Rasputinschen Kamarilla gehörte, bestreitet natürlich in seinen Erinnerungen die deutschen Verbindungen und Sympathien seiner Gönner, aber er fügt gleich hinzu: »Man kann Stürmer keinen Vorwurf daraus machen, daß er der Meinung war, der Krieg mit Deutschland sei das größte Unglück für Rußland gewesen und habe keine ernsten politischen Grundlagen für sich gehabt.« Man darf nur nicht vergessen, daß der Mann, der diese interessante »Meinung« gehabt hat, das Oberhaupt einer Regierung war, die gegen Deutschland Krieg führte. Der letzte zaristische Innenminister, Protopopow, hatte am Vorabend seines Eintritts in die Regierung in Stockholm Verhandlungen mit einem deutschen Diplomaten geführt und darüber dem Zaren Bericht erstattet. Rasputin selbst hat nach den Worten desselben Kurlow »den Krieg mit Deutschland als ein großes Unglück für Rußland betrachtet«. Schließlich schrieb die Kaiserin am 5. April 1916 an den Zaren: ». . . sie dürfen es nicht wagen zu behaupten, daß Er irgend etwas Gemeinsames mit den Deutschen hat, Er ist gut und großherzig gegen alle, wie Christus, gleichviel zu welcher Religion ein Mensch gehört; so muß ein wahrer Christ sein.«

Gewiß konnten sich an diesen wahren Christen, der aus dem Zustand der Betrunkenheit nie herauskam, neben Falschspielern, Wucherern und aristokratischen Kupplern auch ausgesprochene Spione herangemacht haben. »Verbindungen« solcher Art sind nicht ausgeschlossen. Die oppositionellen Patrioten aber stellten die Frage breiter und präziser: sie beschuldigten die Zarin direkt des Verrates. In seinen viel später geschriebenen Erinnerungen bekundet der General Denikin: »In der Armee sprach man laut, ohne Rücksicht auf Ort und Zeit, von der beharrlichen Forderung der Zarin nach einem Separatfrieden, von ihrem Verrat an dem Feldmarschall Kitchener, über dessen Reise sie angeblich den Deutschen Mitteilung gemacht hätte, und so weiter. Dieser Umstand war von größter Bedeutung für die Stimmung in der Armee, in bezug auf deren Haltung gegenüber Dynastie und Revolution.« Der gleiche Denikin erzählt, daß General Alexejew nach der Umwälzung auf die direkte Frage betreffs des Verrates der Kaiserin »unbestimmt und unwillig« geantwortet habe, man hätte bei der Sichtung der Papiere der Zarin eine Karte mit genauer Aufzeichnung der Truppen der gesamten Front vorgefunden, und dies hätte auf ihn, Alexejew, einen sehr deprimierenden Eindruck gemacht ... »Nicht ein Wort mehr«, fügt Denikin vielsagend hinzu, »er wechselte das Gesprächsthema.« Ob die Zarin die geheimnisvolle Karte wirklich besessen hat, läßt sich nicht feststellen, jedenfalls waren die unbeholfenen Generale offensichtlich nicht abgeneigt, einen Teil der Verantwortung für ihre Niederlagen auf die Zarin abzuwälzen. Die Gerüchte über Verrat des Hofes schlichen durch die Armee zweifellos hauptsächlich von oben nach unten, von den schwachköpfigen Stäben aus.

Wenn aber die Zarin, der sich der Zar in allem unterwirft, an Wilhelm Kriegsgeheimnisse und sogar die Häupter der verbündeten Heeresführer verrät, was bleibt dann anderes als ein Strafgericht über das Zarenpaar? Und da andererseits der Großfürst Nikolai Nikolajewitsch als das Haupt der Armee und der antideutschen Partei galt, war er gleichsam von Amts wegen für die Rolle des obersten Gönners der Palastrevolution vorbestimmt. Das war auch der Grund, weshalb der Zar auf Drängen Rasputins und der Zarin den Großfürsten absetzte und das Oberkommando selbst in die Hand nahm. Aber die Zarin hatte sogar vor einer Zusammenkunft des Neffen mit dem Onkel bei Übergabe der Geschäfte Angst: »Seelchen, sei vorsichtig«, schreibt sie dem Zaren ins Hauptquartier, »laß Dich nicht von Nikolascha durch irgendwelche Versprechungen oder sonst was fangen, denk daran, daß Grigorij Dich vor ihm und seinen bösen Leuten gerettet hat ... erinnere Dich im Namen Rußlands, was sie vorhatten: Dich zu verjagen (das ist kein Klatsch, Orlow hatte schon alle Papiere fertig) und mich ins Kloster ...«

Der Bruder des Zaren, Michail, sagte zu Rodsjanko: »Die ganze Familie ist sich dessen bewußt, wie schädlich Alexandra Feodorowna ist. Den Bruder und sie umgeben ausschließlich Verräter. Alle anständigen Menschen haben sich entfernt. Aber was ist in diesem Falle zu tun?« Freilich, was war in diesem Falle zu tun?

Die Großfürstin Maria Pawlowna bestand in Gegenwart ihrer Söhne darauf, daß Rodsjanko die Initiative der »Beseitigung« der

Zarin auf sich nähme. Rodsjanko schlug vor, dies Gespräch als nicht stattgefunden zu betrachten, sonst müßte er aus Eidespflicht dem Zaren melden, daß die Großfürstin dem Dumavorsitzenden den Vorschlag gemacht habe, die Kaiserin zu beseitigen. So verwandelte der schlagfertige Kammerherr die ganze Frage nach der Ermordung der Zarin in einen netten Salonscherz.

Das Ministerium selbst stand zeitweise in scharfer Opposition zum Zaren. Schon im Jahre 1915, anderthalb Jahre vor der Umwälzung, wurden bei den Regierungssitzungen Reden geführt, die noch heute unglaublich erscheinen. Der Kriegsminister Poliwanow sagt: »Die Situation retten kann nur eine der Gesellschaft gegenüber versöhnliche Politik. Die gegenwärtigen schwachen Dämme können die Katastrophe nicht abwenden.« Der Marineminister Grigorowitsch: »Es ist kein Geheimnis, daß die Armee uns mißtraut und auf eine Änderung wartet.« Der Minister des Auswärtigen, Sasonow: »Die Popularität des Zaren und seine Autorität in den Augen der Volksmassen ist stark erschüttert.« Der Minister des Inneren, Fürst Schtscherbatow: »Wir sind alle zusammen ungeeignet, Rußland in dieser sich herausbildenden Situation zu verwalten ... Es ist entweder eine Diktatur oder eine versöhnliche Politik notwendig« (Sitzung vom 21. August 1915). Schon konnte weder das eine noch das andere helfen, weder das eine noch das andere war durchführbar. Der Zar entschloß sich nicht zu einer Diktatur, lehnte eine versöhnliche Politik ab und nahm die Demission der Minister, die sich als ungeeignet bezeichneten, nicht an. Ein höherer Beamter gibt in seinen Aufzeichnungen zu den Reden der Minister folgenden kurzen Kommentar: Man wird wohl an der Laterne hängen müssen.

Bei einer solchen Stimmung ist es nicht weiter verwunderlich, daß man sogar in den bürokratischen Kreisen von der Notwendigkeit einer Palastrevolution sprach, als dem einzigen Mittel, der heraufziehenden Revolution vorzubeugen. »Hätte ich die Augen verbunden gehabt«, erinnert sich ein Teilnehmer dieser Debatten, »ich hätte glauben können, mich in Gesellschaft eingefleischter Revolutionäre zu befinden.«

Ein Gendarmerieoberst, der mit der besonderen Aufgabe betraut war, im Süden Rußlands die Armee zu inspizieren, entwarf in seinem Bericht ein düsteres Bild: Durch Propaganda, insbesondere mit dem Argument der Deutschfreundlichkeit der Kaiserin und des Zaren, sei die Armee für eine Palastrevolution vorbereitet. »Derartige Gespräche wurden in Offizierskasinos offen geführt und fanden seitens des höheren Kommandos keine Zurückweisung.« Protopopow gibt seinerseits folgendes Zeugnis ab: »Eine beträchtliche Anzahl von Personen aus dem höheren Kommandobestand sympathisierte mit der Umwälzung; einzelne Personen standen in Verbindung und unter Einfluß des sogenannten progressiven Blocks.«

Der später zur Berühmtheit gelangte Admiral Koltschak sagte nach Zertrümmerung seiner Truppen durch die Rote Armee vor der Untersuchungskommission der Sowjets aus, daß er mit zahlreichen oppositionellen Mitgliedern der Duma in Verbindung gestanden und deren Hervortreten begrüßt habe, da er sich »gegen die Macht, die vor der Revolution existierte, ablehnend verhielt«. In die Pläne der Palastrevolution war Koltschak jedoch nicht eingeweiht.

Nach der Ermordung Rasputins und den in Verbindung damit erfolgten Ausweisungen von Großfürsten begann die vornehme Gesellschaft besonders laut von der Notwendigkeit der Palastrevolution zu sprechen. Fürst Jussupow erzählt, zu dem im Palaste inhaftierten Großfürsten Dmitrij seien Offiziere einiger Regimenter gekommen und hätten ihm verschiedene Pläne für eine entscheidende Aktion unterbreitet, »auf die er natürlich nicht eingehen konnte«.

Auch die verbündete Diplomatie galt als an der Verschwörung beteiligt, zumindest in der Person des britischen Botschafters. Dieser unternahm, zweifellos auf Initiative der russischen Liberalen, im Januar 1917, nachdem er sich der Sanktion seiner Regierung versichert hatte, den Versuch, Nikolaus zu beeinflussen. Der Zar hörte ihn aufmerksam und höflich an, dankte ihm und – begann von anderen Dingen zu sprechen. Protopopow unterrichtete Nikolaus über die Beziehungen Buchanans zu den Hauptführern des progressiven Blocks und schlug vor, die Überwachung der englischen Botschaft einzurichten. Nikolaus soll diesen Vorschlag nicht gebilligt haben mit der Begründung, die Überwachung eines Botschafters sei »den internationalen Traditionen widersprechend«. Indessen berichtet Kurlow ohne Umschweife, daß »die polizeilichen Überwachungsorgane täglich Verbindungen zwischen der Kadettenpartei Miljukows und der englischen Botschaft registrierten«. Die internationalen Traditionen haben also nichts verhindert. Aber auch deren Verletzung hat nicht viel geholfen: die Palastverschwörung wurde dennoch nicht aufgedeckt.

Hat sie in der Tat existiert? Das ist durch nichts bewiesen. Sie war zu ausgedehnt, diese »Verschwörung«, erfaßte zu zahlreiche und allzu verschiedenartige Kreise, um eine Verschwörung zu sein. Sie hing in der Luft als Stimmung der Spitzen der Petersburger Gesellschaft, als wirre Vorstellung einer Rettung, als Losung der Verzweiflung. Aber sie verdichtete sich nicht bis zu einem praktischen Plan.

Der höhere Adel hatte im achtzehnten Jahrhundert nicht nur einmal praktische Korrekturen an der Thronfolge vorgenommen, indem er unbequeme Kaiser hinter Schloß und Riegel setzte oder erdrosselte: zuletzt wurde eine solche Operation im Jahre 1801 an Paul vorgenommen. Man kann folglich nicht sagen, daß eine Palastrevolution der Tradition der russischen Monarchie widersprochen hätte: Im Gegenteil, sie bildete ein unentbehrliches Element dieser Tradition. Doch die Aristokratie fühlte sich schon längst nicht mehr sicher im Sattel. Die Ehre, den Zaren und die Zarin zu erdrosseln, trat sie an die liberale Bourgeoisie ab. Deren Führer aber bewiesen nicht viel größere Entschlossenheit.

Nach der Revolution hat man wiederholt auf die liberalen Kapitalisten Gutschkow und Tereschtschenko und auf den ihnen nahestehenden General Krymow verwiesen, als auf den Herd der Verschwörung. Gutschkow und Tereschtschenko haben das selbst bestätigt, wenn auch unbestimmt. Der ehemalige Freiwillige der Burenarmee gegen England, Duellant Gutschkow, der Liberale mit den Sporen, mußte der »öffentlichen Meinung« als die für eine Verschwörung geeignetste Person erscheinen. Beileibe doch nicht der wortreiche Professor Miljukow! Gutschkow kehrte zweifellos in Gedanken wiederholt zu einem guten und kurzen Schlag zurück, bei dem ein Garderegiment die Revolution ersetzt und ihr vorbeugt. Schon Witte hatte in seinen »Erinnerungen« Gutschkow, den er haßte, als einen Anhänger der jungtürkischen Methoden zur Erledigung eines unbequemen Sultans denunziert. Aber Gutschkow, der auch in seinen jungen Jahren jungtürkischen Mut zu beweisen versäumt hatte, war inzwischen stark gealtert. Und was die Hauptsache ist: Der Gesinnungsgenosse Stolypins konnte den Unterschied zwischen den russischen Verhältnissen und den alttürkischen unmöglich übersehen und mußte sich fragen, ob ein Palastumsturz, statt der Revolution vorzubeugen, nicht zu jenem letzten Stoß werden könnte, der die Lawine ins Rollen bringt, und ob das Heilmittel sich nicht verderbenbringender erweisen würde als die Krankheit selbst?

In der Literatur, die der Februarrevolution gewidmet ist, wird von der Vorbereitung des Palastumsturzes wie von einer feststehenden Tatsache gesprochen. Miljukow äußert sich folgendermaßen: »Im Februar sollte es schon zu seiner Verwirklichung kommen.« Denikin verlegt die Verwirklichung auf den März. Beide erwähnen den »Plan«, den Zarenzug unterwegs anzuhalten, die Thronentsagung zu fordern und im Falle einer Weigerung, die man für unvermeidlich hielt, die »physische Beseitigung« des Zaren vorzunehmen. Miljukow fügt ergänzend hinzu, daß die Führer des progressiven Blocks, die an der Verschwörung unbeteiligt und über deren Vorbereitungen nicht »genau« informiert gewesen wären, in Voraussicht eines wahrscheinlichen Umsturzes im engeren Kreise darüber diskutiert hätten, wie die Umwälzung im Falle eines Erfolges am besten auszunutzen wäre. Einige marxistische Untersuchungen der letzten Jahre nehmen ebenfalls die Version von der praktischen Vorbereitung einer Umwälzung gutgläubig hin. An diesem Beispiel kann man, nebenbei bemerkt, beobachten, wie leicht und fest Legenden sich einen Platz in der historischen Wissenschaft erobern.

Als wichtigster Beweis für die Verschwörung wird nicht selten die farbige Erzählung Rodsjankos angeführt, die aber gerade ein Beweis dafür ist, daß es keine Verschwörung gegeben hat. Im Januar 1917 kam General Krymow von der Front in die Hauptstadt und klagte Dumamitgliedern gegenüber, daß es so nicht weitergehen könne. »Falls ihr euch zu diesem äußersten Mittel (einem Zarenwechsel) entschließt, werden wir euch unterstützen.« *Falls* ihr euch entschließt! ... Der Oktobrist Schidlowski rief wütend aus: »Man kann ihn nicht schonen und bemitleiden, wenn er Rußland zugrunde richtet.« Im lärmenden Streit wurden die tatsächlichen oder vermeintlichen Worte Brussilows angeführt: »Falls man gezwungen sein sollte, zwischen dem Zaren und Rußland zu wählen – gehe ich mit Rußland.« *Falls* man gezwungen sein sollte! Der junge Millionär Tereschtschenko trat als unbeugsamer Zarenmörder auf. Der Kadett Schingarew sagte: »Der General hat recht. Ein Umsturz ist notwendig ... *Wer aber wird sich dazu entschließen?*« Darum handelt es sich eben: Wer wird sich dazu entschließen? Das ist der Kern der Angaben Rodsjankos, der selbst gegen den Umsturz aufgetreten war. Während der wenigen weiteren Wochen ist der Plan offenbar nicht fortgeschritten. Davon, den Zarenzug aufzuhalten, wurde gesprochen; es ist aber nicht zu entdecken, wer die Operation durchführen sollte.

Der russische Liberalismus unterstützte, als er noch jünger war, durch Geld und Sympathien die Terroristen in der Hoffnung, sie würden mit ihren Bomben die Monarchie in die Arme des Liberalismus treiben. Den eigenen Kopf zu riskieren war keiner dieser würdigen Herren gewohnt. Die Hauptrolle jedoch spielte nicht so sehr persönliche wie Klassenangst: Jetzt ist es schlimm – erwogen sie –, daß es aber nur nicht schlimmer werde! Jedenfalls, wenn Gutschkow-Tereschtschenko-Krymow ernstlich an einen Umsturz gedacht, das heißt für seine praktische Vorbereitung Kräfte und Mittel mobilisiert haben würden, so wäre dies nach der Revolution jedenfalls mit voller Bestimmtheit und Genauigkeit festzustellen gewesen, denn die Teilnehmer, besonders die jungen Exekutoren, deren nicht wenig gebraucht worden wären, hätten keine Veranlassung gehabt, die »beinah« vollbrachte Heldentat zu verschweigen: Nach dem Februar hätte sie ihre Karriere nur gesichert. Solche Enthüllungen aber hat es nicht gegeben. Es kann keinem Zweifel unterliegen, daß es sich für Gutschkow und Krymow um nichts anderes gehandelt hat als um patriotische Stoßseufzer bei Wein und Zigarren. Die leichtsinnigen Frondeure der Aristokratie wie die schwerfälligen Oppositionellen der Plutokratie brachten den Mut nicht auf, den Gang der ungünstigen Vorsehung durch eine Tat zu korrigieren.

Einer der phrasenhaftesten und hohlsten Liberalen, Maklakow, wird im Mai 1917 in einer Privatberatung der Duma, die – zusammen mit der Monarchie – von der Revolution beiseite geschoben ist, rufen: »Wenn unsere Nachkommen diese Revolution verfluchen werden, so werden sie auch uns verfluchen, die wir es nicht verstanden haben, ihr rechtzeitig durch eine Umwälzung von oben zuvorzukommen!« Noch später, bereits in der Emigration, wird, nach Maklakow, auch Kerenski wehklagen: »Ja, das privilegierte Rußland hat es versäumt, durch einen rechtzeitigen Coup d'état von oben (von dem man so viel gesprochen und auf den man sich so viel [?] vorbereitet hatte) die elementare Staatsexplosion abzuwenden.«

Diese zwei Ausrufe vollenden das Bild, indem sie zeigen, daß die studierten Flachköpfe auch dann noch, als die Revolution alle ihre unbändigen Kräfte entfesselt hatte, zu glauben fortfuhren, ein »rechtzeitiger« Wechsel der dynastischen Spitze hätte die Revolution abzuwenden vermocht!

Für den »großen« Palastumsturz hatte die Entschlossenheit nicht ausgereicht. Aber aus ihm erwuchs der Plan des kleinen Umsturzes. Die liberalen Verschwörer wagten nicht, den Hauptakteur der Monarchie zu beseitigen; die Großfürsten beschlossen deshalb, seinen Souffleur wegzuräumen: in der Ermordung Rasputins erblickten sie das letzte Mittel zur Rettung der Dynastie.

Der mit einer Romanow vermählte Fürst Jussupow zog den Großfürsten Dmitrij Pawlowitsch und den monarchistischen Deputierten Purischkewitsch zu der Aktion hinzu. Man bemühte sich, auch den Liberalen Maklakow einzubeziehen, wohl um dem Morde einen »allnationalen« Anstrich zu geben. Der berühmte Advokat wich wohlweislich aus, versah jedoch die Verschwörer mit Gift. Ein höchst stilvolles Detail! Nicht ohne Grund rechneten die Verschwörer damit, daß das Romanowsche Automobil nach dem Morde die Wegschaffung der Leiche erleichtern würde: das großfürstliche Wappen fand Verwendung. Das Weitere spielte sich im Plane einer auf schlechten Geschmack berechneten kinematographischen Inszenierung ab. In der Nacht vom 16. zum 17. Dezember wurde Rasputin, den man zu einem Trinkgelage verlockt hatte, in der Jussupowschen Villa ermordet.

Außer der engeren Kamarilla und den mystischen Anbeterinnen nahmen die regierenden Klassen die Ermordung Rasputins wie einen Rettungsakt auf. Den mit Hausarrest bedachten Großfürsten, dessen Hände, nach dem Ausdruck des Zaren, von Bauernblut – wenn auch ein Christus, so doch ein Bauer! – besudelt waren, besuchten mit dem Ausdruck der Sympathie alle Mitglieder des Kaiserlichen Hauses, die sich in Petersburg aufhielten. Der Zarin leibliche Schwester, die verwitwete Großfürstin Sergius, teilte telegraphisch mit, daß sie für die Mörder bete und sie für ihre patriotische Tat segne. Solange kein Verbot bestand, Rasputin zu erwähnen, veröffentlichten die Zeitungen begeisterte Artikel. In den Theatern versuchte man Demonstrationen zu Ehren der Mörder zu veranstalten. In den Straßen gratulierten Passanten einander. »In Privathäusern, Offiziersklubs, in Restaurants«, schreibt Fürst Jussupow, »trank man auf unsere Gesundheit; aus den Betrieben schrien uns die Arbeiter ›hurra!‹ zu.« Es ist allerdings anzunehmen, daß die Arbeiter nicht getrauert haben, als sie von der Ermordung Rasputins erfuhren. Ihre »Hurra«-Rufe aber hatten mit den Hoffnungen auf eine Wiederbelebung der Dynastie nichts zu tun.

Die Rasputinsche Kamarilla verstummte abwartend. Vor aller Welt geheim, setzten Zar und Zarin, die Zarentöchter und Wyrubowa Rasputin bei; neben der Leiche des heiligen Freundes, des von Großfürsten ermordeten ehemaligen Pferdediebes, mußte die Zarenfamilie sich selbst wie verstoßen fühlen. Aber auch der begrabene Rasputin fand keine Ruhe. Als Nikolaus und Alexandra Romanow schon als Gefangene galten, warfen Soldaten von Zarskoje Selo sein Grab auf und öffneten den Sarg. Neben dem Kopfe des Ermordeten lag ein Heiligenbild mit der Aufschrift: Alexandra, Olga, Tatjana, Maria, Anastasia, Anja. Die Provisorische Regierung schickte einen Bevollmächtigten, um die Leiche aus irgendeinem Grunde nach Petrograd schaffen zu lassen. Die Menge widersetzte sich, und der Bevollmächtigte mußte die Leiche an Ort und Stelle verbrennen.

Nach der Ermordung des »Freundes« bestand die Monarchie insgesamt noch zehn Wochen. Diese kurze Frist aber gehörte ihr. Rasputin war nicht mehr, doch sein Schatten herrschte weiter. Allen Erwartungen der Verschwörer zum Trotz, begann das Zarenpaar nach der Ermordung mit verstärkter Kraft die verächtlichsten Mitglieder der Rasputinschen Bande auszuzeichnen. Um Rasputin zu rächen, wurde ein berüchtigter Lump zum Justizminister ernannt. Einige Großfürsten verbannte man aus der Hauptstadt. Man erzählte, Protopopow betreibe Spiritismus, um den Geist Rasputins herbeizurufen. Die Schlinge der Ausweglosigkeit zog sich noch enger zusammen.

Die Ermordung Rasputins hatte große Folgen, aber ganz andere als die, mit denen ihre Teilnehmer und Inspiratoren gerechnet hatten. Sie hatte die Krise nicht gemildert, sondern zugespitzt. Von der Ermordung sprach man überall: in den Schlössern, in den Stäben, in den Betrieben und in den Bauernhütten. Die Schlußfolgerung drängte sich von selbst auf: sogar die Großfürsten haben gegen die aussätzige Kamarilla keine anderen Mittel als Gift und Revolver. Der Dichter Alexander Block schrieb über die Ermordung Rasputins: »Die Kugel, die mit ihm Schluß machte, traf die herrschende Dynastie mitten ins Herz.«

Schon Robespierre erinnerte die Gesetzgebende Versammlung daran, daß die Opposition des Adels, indem sie die Monarchie geschwächt, die Bourgeoisie und hinterher auch die Volksmassen in Schwung gebracht hatte. Robespierre warnte gleichzeitig, daß die Revolution im übrigen Europa sich nicht so schnell entwickeln werde wie in Frankreich, weil die privilegierten Klassen der anderen Länder, durch das französische Beispiel belehrt, die Initiative der Revolution nicht auf sich nehmen würden. Indem er diese bemerkenswerte Analyse gab, hatte sich Robespierre jedoch mit seiner Vermutung getäuscht, daß der französische Adel durch seine oppositionelle Verirrung dem Adel der anderen Länder ein für allemal eine Lektion erteilt habe. Rußland hat im Jahre 1905 und besonders im Jahre 1917 erneut bewiesen, daß eine gegen Selbstherrschertum und halbe Leibeigenschaft, mithin gegen den Adel gerichtete Revolution bei ihren ersten Schritten eine systemlose, widerspruchsvolle, aber immerhin äußerst wirksame Förderung findet, nicht nur seitens des Durchschnittsadels, sondern auch seiner privilegierten Spitzen, sogar einschließlich der Angehörigen der Dynastie. Diese bemerkenswerte historische Tatsache könnte als Gegensatz zu der Klassentheorie der Gesellschaft erscheinen, in Wirklichkeit jedoch widerspricht sie nur deren vulgärer Auffassung.

Eine Revolution bricht aus, wenn alle Antagonismen der Gesellschaft die höchste Spannung erreicht haben. Das aber gerade macht die Situation sogar für die Klassen der alten Gesellschaft, das heißt für jene, die dem Untergange geweiht sind, unerträglich. Ohne den biologischen Analogien mehr Gewicht beizumessen, als sie es verdienen, ist es dennoch angebracht, daran zu erinnern, daß der Akt der Geburt in einem gewissen Augenblick in gleicher Weise für den Organismus der Mutter wie für den der Frucht unabwendbar wird. In der Opposition der privilegierten Klassen äußert sich die Unvereinbarkeit ihrer traditionellen gesellschaftlichen Lage mit den Bedürfnissen für das Weiterbestehen der Gesellschaft. Der regierenden Bürokratie beginnt alles aus den Händen zu gleiten. Die Aristokratie, die sich im Mittelpunkt des allgemeinen Hasses fühlt, schiebt die Schuld auf die Bürokratie. Diese beschuldigt die Aristokratie, und dann richten sie gemeinsam oder getrennt ihre Unzufriedenheit gegen die monarchische Krönung ihrer Macht.

Der aus dem Dienste in Adelskörperschaften für einige Zeit als Minister herbeigerufene Fürst Schtscherbatow sagte: »Sowohl Samarin wie ich sind ehemalige Gouvernements-Adelsmarschälle. Niemand hat uns bisher als Linke betrachtet, und auch wir betrachten uns nicht als solche. Aber beide können wir eine Lage im Staate nicht begreifen, bei der der Monarch und seine Regierung sich mit der gesamten vernünftigen Öffentlichkeit (von den revolutionären Intrigen lohnt sich nicht zu sprechen) – mit den

Adligen, den Kaufleuten, den Städten, den Semstwos, sogar mit der Armee – in radikalem Widerspruch befinden. Wenn man mit unserer Meinung oben nicht rechnen will, ist es unsere Pflicht, abzutreten.«

Der Adel sieht die Ursache allen Übels darin, daß die Monarchie blind geworden ist oder die Vernunft verloren hat. Der privilegierte Stand glaubt nicht, daß es überhaupt keine Politik mehr geben kann, die die alte Gesellschaft mit der neuen versöhnt; mit anderen Worten, der Adel kann sich mit seinem Geschick nicht abfinden und verwandelt seine Todesangst in eine Opposition gegen die heiligste Kraft des alten Regimes, das heißt gegen die Monarchie. Die Schärfe und das Unverantwortliche der aristokratischen Opposition erklären sich aus der historischen Verzärtelung der Spitzen des Adels und aus ihrer unerträglichen Furcht vor der Revolution; das Systemlose und Widerspruchsvolle der adeligen Fronde damit, daß es die Opposition einer Klasse ist, die keinen Ausweg mehr hat. Aber wie eine Petroleumlampe vor dem Erlöschen grell aufleuchtet, wenn auch schwelend, so erlebt auch der Adel vor dem Erlöschen ein oppositionelles Aufflackern, das seinen Todfeinden den größten Dienst erweist. Das ist die Dialektik dieses Prozesses, die sich nicht nur mit der Theorie der Klassengesellschaft verträgt, sondern nur von dieser Theorie erklärt werden kann.

Die Agonie der Monarchie

Die Dynastie fiel bei der Erschütterung wie eine faule Frucht, noch bevor die Revolution Zeit gehabt hatte, an die Lösung ihrer nächsten Aufgaben heranzugehen. Das Bild der alten regierenden Klasse würde unvollendet bleiben, versuchten wir nicht zu zeigen, wie die Monarchie der Stunde ihres Sturzes begegnete.

Der Zar weilte im Hauptquartier, in Mohilew, wohin er sich zu begeben pflegte, nicht weil man seiner dort bedurfte, sondern um sich den Petrograder Behelligungen zu entziehen. Der Hofhistoriker, General Dubenski, der sich beim Zaren im Hauptquartier befand, trug in sein Tagebuch ein: »Ein stilles Leben hat hier begonnen. Alles wird beim alten bleiben. Von ihm (dem Zaren) wird nichts kommen. Es können nur zufällige äußere Ursachen sein, die eine Veränderung erzwingen.« Am 24. schrieb die Zarin ins Hauptquartier wie stets auf Englisch: »Ich hoffe, daß man den Duma-Kedrinski (es handelt sich um Kerenski) aufhängen wird für seine schrecklichen Reden – das ist unbedingt notwendig. (Gesetz der Kriegszeit.) Und das wird ein Beispiel sein. Alle ersehnen und flehen Dich an, daß Du Deine Festigkeit zeigest.« Am 25. Februar traf ein Telegramm des Kriegsministers ein, daß in der Hauptstadt Streiks und Arbeiterunruhen ausgebrochen, aber entsprechende Maßnahmen getroffen seien; Ernstes wäre nicht zu befürchten. Mit einem Wort: Wieder einmal!

Die Zarin, die den Zaren stets lehrte, nicht nachzugeben, bemüht sich auch jetzt festzubleiben. Am 26. telegraphiert sie in offenkundiger Absicht, Nikolaus' schwankenden Mut zu stärken: »In der Stadt herrscht Ruhe.« Aber im Abendtelegramm ist sie schon gezwungen, einzugestehen: »In der Stadt sieht es gar nicht gut aus.« Im Briefe schreibt sie: »Man muß den Arbeitern offen sagen, daß sie keine Streiks machen sollen, wenn sie es aber tun werden, dann muß man sie zur Strafe an die Front schicken. Es sind gar keine Schießereien nötig, man braucht nur Ordnung und darf die Arbeiter nicht über die Brücken lassen.« Wahrhaftig, man braucht nicht viel: *nur* Ordnung! Und vor allem, die Arbeiter nicht ins Zentrum lassen, mögen sie in wütender Ohnmacht in ihren Stadtvierteln ersticken.

Am Morgen des 27. Februar rückte der General Iwanow mit einem Bataillon Georgier von der Front zur Hauptstadt ab; er war mit diktatorischen Vollmachten versehen, die er allerdings erst nach Besetzung von Zarskoje Selo bekanntgeben sollte. »Man kann sich kaum eine ungeeignetere Person vorstellen«, schreibt in seinen Erinnerungen General Denikin, der sich späterhin selbst in militärischer Diktatur betätigte, »ein altersschwacher Mann, der sich in einer politischen Situation kaum auskannte und weder Kräfte, noch Energie, noch Willen, noch Strenge besaß.« Die Wahl war auf Iwanow gefallen, in Erinnerung an die erste Revolution: elf Jahre vorher hatte er Kronstadt »gebändigt«. Diese Jahre waren aber nicht spurlos vergangen: die Bändiger waren gebrechlich geworden, die Gebändigten erwachsen. Der Nord- und der Westfront wurde befohlen, Truppen zum Abmarsch nach Petrograd bereit zu halten. Es ist klar, man meinte, vorderhand sei noch Zeit genug. Iwanow selbst glaubte, alles werde schnell und gut enden, er hatte sogar nicht vergessen, seinen Adjutanten zu beauftragen, in Mohilew Lebensmittel für die Petrograder Bekannten einzukaufen.

Am 27. Februar, morgens, schickte Rodsjanko dem Zaren ein neues Telegramm, das mit den Worten schloß: »Die letzte Stunde ist gekommen, in der sich das Schicksal des Vaterlandes und der Dynastie entscheidet.« Der Zar sagte zu seinem Hofminister Frederiks: »Schon wieder schreibt mir dieser dicke Rodsjanko allerhand Unsinn, auf den ich ihm nicht einmal antworten werde.« Doch nein, es ist kein Unsinn! Und man wird antworten müssen.

Gegen Mittag des 27. trifft im Hauptquartier ein Bericht von Chabalow ein über Meutereien in den Pawlowski-, Wolynski-, Litowski- und Preobraschenski-Regimentern. Der Bericht ersucht um zuverlässige Truppen von der Front. Eine Stunde später kommt ein Beruhigungstelegramm vom Kriegsminister: »Die am Morgen entstandenen Unruhen werden von den ihrer Pflicht treugebliebenen Kompanien und Bataillonen energisch unterdrückt . . . Bin von baldigem Eintritt der Ruhe fest überzeugt . . .« Nach 7 Uhr jedoch berichtet Belajew bereits: »Mit den wenigen ihrer Pflicht treugebliebenen Abteilungen die Meuterei der Truppen zu unterdrücken, gelingt nicht.« Er bittet um eiligen Abtransport wirklich zuverlässiger Truppenteile, und zwar in ausreichender Stärke »für gleichzeitiges Vorgehen in verschiedenen Stadtteilen.«

Der Ministerrat hielt an diesem Tage die Zeit für gekommen, aus eigener Machtvollkommenheit die vermeintliche Ursache alles Unheils aus seiner Mitte hinauszudrängen: den halb irrsinnigen Minister des Innern, Protopopow. Gleichzeitig setzte General Chabalow das geheim von der Regierung vorbereitete Dekret in Kraft, wonach auf Allerhöchsten Befehl über Petrograd der Belagerungszustand verhängt sei. Auf diese Weise wurde auch hier der Versuch unternommen, das Heiße mit dem Kalten zu kombinieren, ein wohl kaum vorbedachter, jedenfalls aber aussichtsloser Versuch. Es gelang nicht einmal, die Plakate mit der Proklamierung des Belagerungszustandes in der Stadt anzukleben: der Stadthauptmann Balk besaß weder Kleister noch Pinsel. Diese Behörden konnten überhaupt nichts mehr zusammenkleistern, denn sie gehörten bereits dem Reiche der Schatten an.

Der Hauptschatten des letzten zaristischen Ministeriums war der siebzigjährige Fürst Golizyn, der früher irgendwelche wohltätigen Institutionen der Zarin verwaltet hatte und von ihr in der Periode des Krieges und der Revolution auf den Posten eines Regierungschefs erhoben worden war. Wenn die Freunde diesen, nach der Bezeichnung des liberalen Barons Nolde »gutmütigen russischen Herrn, den alten Schwächling«, fragten, weshalb er ein so mühevolles Amt auf sich genommen habe, erwiderte Golizyn: »Um eine angenehme Erinnerung mehr zu besitzen.« Dieses Ziel hat er jedenfalls nicht erreicht. Über das Befinden der letzten russischen Regierung in jenen Stunden erzählt ein Bericht Rodsjankos: Bei der ersten Nachricht von dem Marsch der Massen zum Mariinski-Palais, wo die Sitzungen des Ministeriums stattfanden, wurden unverzüglich alle Lichter im Gebäude gelöscht. Die Staatslenker wollten nur eines: daß die Revolution sie unbeachtet lassen sollte. Das Gerücht erwies sich jedoch als erfunden, es kam zu keinem Überfall, und als man wieder Licht machte, hockte manch Mitglied der zaristischen Regierung »zu seiner eigenen Verwunderung« unter dem Tisch. Welche Erinnerungen sie dort gesammelt haben mögen, ist nicht festgestellt worden.

Aber auch Rodsjankos Befinden war offenbar nicht auf der Höhe. Nach langwieriger und vergeblicher telephonischer Suche nach der Regierung klingelte der Dumavorsitzende wieder mal bei Fürst Golizyn an. Dieser meldet sich: »Bitte, sich in keinerlei Angelegenheiten mehr an mich zu wenden, ich habe demissioniert.« Auf diesen Bescheid hin ließ sich Rodsjanko, wie sein ihm ergebener Sekretär erzählt, schwer in den Sessel fallen und bedeckte das Gesicht mit beiden Händen... »Mein Gott, wie schrecklich! ... Keine Regierung ... Anarchie ... Blut ...«, und er weinte leise. Beim Versinken des altersschwachen Gespenstes der zaristischen Macht fühlte sich Rodsjanko unglücklich, verlassen, verwaist. Wie weit war er in dieser Stunde von dem Gedanken entfernt, daß er morgen die Revolution »vertreten« würde!

Die telephonische Antwort Golizyns ist damit zu erklären, daß der Ministerrat am Abend des 27. endgültig seine Unfähigkeit, mit der entstandenen Lage fertigzuwerden, bekannt und dem Zaren empfohlen hatte, an die Spitze der Regierung eine Person zu stellen, die das allgemeine Vertrauen besitze. Der Zar antwortete Golizyn: »Betreffs Personenwechsel halte ich einen solchen unter den gegebenen Umständen für unzulässig. Nikolaus.« Auf welche Umstände wartete er denn noch? Gleichzeitig forderte der Zar, »energischste Maßnahmen« zur Unterdrückung der Meuterei zu treffen. Das war leichter gesagt als getan.

Am nächsten Tage, dem 28., sinkt schließlich auch der Mut der ungezähmten Zarin. »Zugeständnisse sind notwendig«, telegraphiert sie an Nikolaus, »die Streiks dauern an. Viele Truppen sind auf die Seite der Revolution übergegangen. Alice.« Es bedurfte des Aufstandes der gesamten Garde, der gesamten Garnison, um die hessische Beschützerin des Selbstherrschertums zu der Einsicht zu bringen, »Zugeständnisse sind notwendig«. Jetzt dämmert es auch dem Zaren, daß der »dicke Rodsjanko« ihm keinen Unsinn mitgeteilt hatte. Nikolaus beschließt, zu seiner Familie zu reisen. Möglich, daß die Generale des Hauptquartiers, denen es ein wenig ungemütlich wurde, ihn etwas schoben.

Der Zarenzug fuhr anfangs ohne Zwischenfall. Wie stets, empfingen ihn Polizeibeamte und Gouverneure. Weitab vom Wirbelsturm der Revolution, im gewohnten Waggon, umgeben vom gewohnten Gefolge, verlor der Zar offenbar wieder das Gefühl der dicht heranrückenden Lösung. Am 28., um 3 Uhr nachmittags, als sein Schicksal durch den Lauf der Ereignisse bereits besiegelt ist, schickt er der Zarin aus Wjasma ein Telegramm: »Herrliches Wetter. Ich hoffe, Ihr fühlt Euch gut und ruhig. Von der Front sind viele Truppen gesandt. Zärtlich liebend, Niki.« Statt der Zugeständnisse, auf die nun die Zarin drängt, sendet der zärtlich liebende Zar Truppen von der Front. Aber trotz des »herrlichen Wetters« muß der Zar einige Stunden später höchstpersönlich mit dem revolutionären Orkan zusammengeraten. Der Zug kam bis zur Station Wischera, weiter ließen ihn die Eisenbahner nicht: »Die Brücke ist zerstört.« Wahrscheinlich hat das Gefolge selbst diese Ausrede erfunden, um die Situation zu beschönigen. Nikolaus versucht – oder man versucht ihn – über Bologoje zu fahren, mit der Nikolajewskaer Eisenbahn; doch auch hier ließ man den Zug nicht passieren. Das war anschaulicher als alle Telegramme aus Petrograd. Der Zar war vom Hauptquartier abgeschnitten und fand den Weg nicht in seine Hauptstadt. Mit den einfachen Eisenbahner-»Figuren« erklärte die Revolution dem König Schach!

General Dubenski, der den Zaren auch im Zuge begleitete, vermerkt in seinem Tagebuch: »Alle sind sich dessen bewußt, daß diese nächtliche Wendung in Wischera eine historische Nacht bedeutet ... Mir ist es völlig klar, daß die Frage der Konstitution entschieden ist; sie wird bestimmt eingeführt werden ... Alle sprechen nur davon, daß man mit ihnen, mit den Mitgliedern der Provisorischen Regierung, handelseinig werden müsse.« Vor dem heruntergelassenen Streckensignal, hinter dem die Todesgefahr lauert, sind jetzt Graf Frederiks, Fürst Dolgoruki, Herzog von Leuchtenberg, kurz, all die hohen Herrschaften, für die Konstitution. Sie denken nicht mehr an einen Kampf. Man müsse nur verhandeln, das heißt versuchen, wieder zu betrügen, wie im Jahre 1905.

Während so der Zug herumirrte, ohne einen Weg zu finden, schickte die Zarin ein Telegramm nach dem anderen an den Zaren, in denen sie auf seine eilige Rückkehr drang. Sie erhielt aber die Telegramme vom Telegraphenamt zurück mit dem Blaustiftvermerk: »Aufenthaltsort des Adressaten unbekannt.« Die Telegraphenbeamten konnten den russischen Zaren nicht ausfindig machen.

Regimenter mit Musik und Fahnen marschierten zum Taurischen Palais. Die Gardebesatzung erschien unter dem Kommando des Großfürsten Kyrill Wladimirowitsch, der, wie die Gräfin Kleinmichel bezeugt, mit einem Male eine revolutionäre Haltung zeigte. Die Wachposten zogen sich zurück. Der Hofstaat verließ das Schloß: »Es rettete sich, wer konnte«, schreibt die Wyrubowa in ihren Erinnerungen. Im Schlosse wanderten Gruppen revolutionärer Soldaten umher und besahen alles mit heißhungriger Neugier. Bevor die oben sich noch über das »Was nun?« klargeworden waren, hatten die unten das Zarenpalais schon in ein Museum umgewandelt.

Der Zar, dessen Aufenthalt unbekannt ist, wendet nach Pskow um, zum Stabe der Nordfront, die unter dem Kommando des alten Generals Rußki steht. Im Gefolge des Zaren löst ein Vorschlag den anderen ab. Der Zar zögert. Er rechnet noch immer mit Tagen und Wochen, als die Revolution schon nach Minuten zählt.

Der Dichter Block charakterisierte den Zaren in den letzten Monaten der Monarchie folgendermaßen: »Eigensinnig, aber willenlos, nervös, aber gegen alles abgestumpft, um den Glauben an die Menschen gebracht, zerrüttet, aber überlegt in seinen Worten, war er seiner selbst nicht mehr Herr. Er hörte auf, die Lage zu begreifen, machte keinen klaren Schritt mehr und begab sich völlig in die Hände derer, die er selbst an die Macht gestellt hatte.« Wie erst müssen sich die Züge der Willenlosigkeit und der Zerrüttung, der Ängstlichkeit und des Mißtrauens in den letzten Februar- und den ersten Märztagen verstärkt haben!

Nikolaus raffte sich nun endlich auf, an den ihm verhaßten Rodsjanko ein Telegramm zu senden – offenbar ist dies aber dann doch nicht abgeschickt worden –, in dem er ihn, um des Heiles der Heimat willen, mit der Bildung eines neuen Ministeriums betraute, unter dem Vorbehalt, Außen-, Kriegs- und Marineminister selbst zu ernennen. Der Zar möchte mit »ihnen« noch handeln: marschieren doch »zahlreiche Truppen« gegen Petrograd!

General Iwanow erreichte tatsächlich unbehindert Zarskoje Selo: die Eisenbahner hatten sich wahrscheinlich doch nicht entschließen können, es auf einen Zusammenstoß mit dem Bataillon Georgier ankommen zu lassen. Allerdings gestand der General später, er sei unterwegs drei- bis viermal gezwungen gewesen, gegen die sich auflehnenden Soldaten »väterlichen Zwang« anzuwenden. Er ließ sie knien. Die Ortsbehörden erklärten dem »Diktator« gleich nach dessen Ankunft in Zarskoje Selo, daß ein Zusammenstoß der Georgier mit den Truppen die Zarenfamilie gefährden würde. Man hatte einfach Angst um sich und empfahl dem »Exekutor«, ohne erst die Truppen auszuladen, die Rückreise anzutreten.

Der General Iwanow stellte an den anderen »Diktator«, Chabalow, zehn Fragen, die ihm präzis beantwortet wurden. Wir führen sie in vollem Wortlaut an, denn sie verdienen es:

Die Fragen Iwanows:	*Die Antworten Chabalows:*
1. Welche Truppenteile halten Ordnung, und welche erlauben sich Gemeinheiten?	1. Unter meinem Befehl stehen im Gebäude der Admiralität vier Kompanien der Garde, fünf Schwadronen und Hundertschaften, zwei Batterien; alle übrigen Truppen sind auf die Seite der Revolutionäre übergegangen oder bleiben nach Übereinkunft mit diesen neutral. Einzelne Soldaten und Banden treiben sich in der Stadt herum und entwaffnen Offiziere.

2. Welche Bahnhöfe werden bewacht?	2. Alle Bahnhöfe sind in den Händen der Revolutionäre und werden von diesen streng bewacht.
3. In welchen Stadtteilen wird die Ordnung aufrechterhalten?	3. Die ganze Stadt ist in der Gewalt der Revolutionäre, das Telephon arbeitet nicht, eine Verbindung mit den Stadtteilen gibt es nicht.
4. Welche Behörden üben in diesen Stadtteilen die Macht aus?	4. Kann ich nicht beantworten.
5. Arbeiten sämtliche Ministerien?	5. Die Minister sind von den Revolutionären verhaftet.
6. Welche Polizeibehörden stehen im Augenblick zu Ihrer Verfügung?	6. Keine.
7. Welche technischen und wirtschaftlichen Institutionen des Kriegsamtes unterstehen Ihrem Befehl?	7. Keine.
8. Welche Mengen von Proviant haben Sie zu Ihrer Verfügung?	8. Ich habe keinen Proviant zu meiner Verfügung. Am 25. Februar war in der Stadt ein Vorrat von 5600000 Pud Mehl.
9. Sind viele Waffen, Artillerie- und Kriegsvorräte in die Hände der Rebellen gefallen?	9. Alle Artilleriewerke sind in den Händen der Revolutionäre.
10. Welche Militärbehörden und Stäbe stehen zu Ihrer Verfügung?	10. Zu meiner Verfügung steht der Chef des Kreisstabes persönlich; mit den übrigen Kreisverwaltungen fehlt die Verbindung.

Nach einer so unzweideutigen Beleuchtung der Situation war General Iwanow »einverstanden«, mit seiner unausgeladenen Staffel zur Station »Dno« zurückzukehren. »Auf diese Weise«, schlußfolgert eine der leitenden Personen des Hauptquartiers, General Lukomski, »wurde aus der Kommandierung des Generals Iwanow mit diktatorischen Vollmachten nichts als ein Skandal.«

Übrigens trug der Skandal einen stillen Charakter, er ging unbemerkt in den Wogen der Ereignisse unter. Der Diktator schickte, wie wohl anzunehmen ist, die Lebensmittel an seine Bekannten in Petrograd und hatte eine längere Unterredung mit der Zarin: sie verwies auf ihre selbstaufopfernde Arbeit in den Lazaretten und beklagte sich über die Undankbarkeit der Armee und des Volkes.

Unterdessen laufen über Mohilew nach Pskow Nachrichten, eine schwärzer als die andere. Die in Petrograd verbliebene persönliche Wache Seiner Majestät, aus der jeder Soldat einzeln der Zarenfamilie mit Namen bekannt und von ihr verhätschelt war, erscheint in der Reichsduma und bittet um Erlaubnis, jene Offiziere zu verhaften, die sich geweigert, am Aufstand teilzunehmen. Der Vizeadmiral Kurosch berichtet, er sehe keine Möglichkeit, Maßnahmen zur Niederschlagung des Aufstandes in Kronstadt zu treffen, denn er könne für keinen einzigen Truppenteil garantieren. Admiral Nepenin telegraphiert, die Baltische Flotte anerkenne das Provisorische Komitee der Reichsduma. Der Moskauer Oberkommandierende, Mrosowski, berichtet: »Die Mehrzahl der Truppen ist mitsamt der Artillerie zu den Revolutionären übergegangen, in deren Gewalt sich somit die Stadt befindet. Der Stadthauptmann und dessen Gehilfen haben sich aus der Stadthauptmannschaft entfernt.« Entfernt bedeutet: sie hatten Reißaus genommen.

Dem Zaren wurde all dies am Abend des 1. März gemeldet. Bis tief in die Nacht hinein wurde für und wider ein verantwortliches Ministerium geredet. Endlich, um 2 Uhr nachts, gab der Zar die Zustimmung. Seine Umgebung atmete erleichtert auf. Da man es als selbstverständlich ansah, daß damit das Problem der Revolution gelöst sei, gab man gleichzeitig Befehl, die Truppenteile, die gegen Petrograd marschierten, um dort den Aufstand niederzuschlagen, an die Front zurückzuführen. Rußki beeilte sich, bei Morgengrauen Rodsjanko die frohe Kunde zu übermitteln. Doch die Uhr des Zaren ging stark nach. Rodsjanko, den im Taurischen Palais bereits Demokraten, Sozialisten, Soldaten und Arbeiterdeputierte bedrängten, antwortete Rußki: »Was Sie vorschlagen, genügt nicht, die Frage der Dynastie steht auf dem Spiel . . . Die Truppen gehen überall auf die Seite der Duma und des Volkes über und fordern den Thronverzicht zugunsten des Sohnes unter der Regentschaft Michail Alexandrowitschs.« Die Truppen dachten allerdings weder daran den Sohn noch Michail Alexandrowitsch zu fordern. Rodsjanko schrieb hier einfach den Truppen und dem Volke die Losung zu, mit der die Duma noch immer hoffte, der Revolution Einhalt gebieten zu können. Wie dem auch sei, das Zugeständnis des Zaren kam zu spät: »Die Anarchie erreichte ein solches Maß, daß ich (Rodsjanko) gezwungen war, heute nacht eine Provisorische Regierung zu ernennen. Das Manifest kam leider zu spät . . .« Diese majestätischen Worte beweisen, daß der Dumavorsitzende inzwischen Zeit gefunden hatte, die über Golizyn vergossenen Tränen zu trocknen. Der Zar las die Unterhaltung Rodsjankos mit Rußki und schwankte, las sie wieder und wartete ab. Jetzt aber schlugen die Heeresführer Alarm: die Sache betraf ein wenig auch sie!

General Alexejew veranstaltete in der Nacht gewissermaßen ein Plebiszit unter den Oberkommandierenden der Fronten. Es ist gut, daß moderne Revolutionen sich unter Teilnahme des Telegraphen vollziehen und so die ersten Regungen und der Widerhall der Machthaber auf Papierstreifen für die Geschichte erhalten bleiben. Die Verhandlungen der zaristischen Feldmarschälle in der Nacht vom 1. zum 2. März bilden ein unvergleichliches menschliches Dokument. Soll der Zar verzichten oder nicht? Der Oberkommandierende der Westfront, General Evert, wollte seine Entschließung erst treffen, nachdem die Generale Rußki und Brussilow sich geäußert haben würden. Der Oberkommandierende der rumänischen Front, General Sacharow, verlangte, daß man ihm vorerst die Beschlüsse aller übrigen Oberkommandierenden mitteile. Nach langem Zögern erklärte dieser glorreiche Kämpe, seine heiße Liebe zum Monarchen erlaube es ihm nicht, sich mit einem so »niederträchtigen Vorschlag« abzufinden; nichtsdestoweniger empfahl er dem Zaren »heulend«, »zur Vermeidung noch niederträchtigerer Zumutungen« auf den Thron zu verzichten. Generaladjutant Evert setzte eindringlich die Notwendigkeit der Kapitulation auseinander: »Ich treffe alle Maßnahmen, damit die Nachrichten über die gegenwärtige Lage in den Hauptstädten nicht in die Armee dringen, um die sonst unvermeidlichen Unruhen zu unterbinden. Mittel, der Revolution in den Hauptstädten Einhalt zu gebieten, gibt es nicht.« Der Großfürst Nikolai Nikolajewitsch flehte von der kaukasischen Front aus den Zaren kniefällig an, das »Übermaß« auf sich zu nehmen und dem Thron zu entsagen; ein ähnliches Flehen kam von den Generalen Alexejew, Brussilow und vom Admiral Nepenin. Rußki seinerseits befürwortete mündlich das gleiche. Ehrfurchtsvoll richteten die Generale sieben Revolverläufe gegen die Schläfe des vergötterten Monarchen. Aus Angst, den Augenblick eines Ausgleiches mit der neuen Macht zu verpassen, und nicht minder aus Angst vor ihren eigenen Truppen gaben die Heerführer, gewohnt, ihre Positionen zu räumen, dem Zaren und Obersten Kriegsherrn einmütig den Rat: kampflos von der Szene zu verschwinden. Das war nun nicht mehr das ferne Petrograd, gegen das man, wie es schien, Truppen schicken konnte, sondern es war die Front, von der man die Truppen entnehmen sollte.

Nachdem der Zar diesen mit solchem Nachdruck versehenen Bericht entgegengenommen hatte, entschloß er sich, auf den Thron zu verzichten, den er bereits nicht mehr besaß. Man verfertigte ein der Situation geziemendes Telegramm an Rodsjanko: »Es gibt kein Opfer, das ich zum wirklichen Wohle und zur Rettung des teuren Mütterchens Rußland nicht bringen würde.

Deshalb bin ich bereit, auf den Thron zugunsten meines Sohnes zu verzichten, der bis zu seiner Volljährigkeit bei mir verbleibt, bei gleichzeitiger Regentschaft meines Bruders, des Großfürsten Michail Alexandrowitsch. Nikolaus.« Aber auch dieses Telegramm wurde nicht abgesandt, da die Nachricht eintraf, die Deputierten Gutschkow und Schulgin seien von der Hauptstadt nach Pskow unterwegs. Das war eine neue Veranlassung, den Entschluß zu vertagen. Der Zar befahl, ihm das Telegramm zurückzugeben. Er hatte offenbar Angst, zuviel zu bieten, und wartete noch immer auf tröstliche Nachrichten, richtiger gesagt, er hoffte auf ein Wunder. Die beiden Deputierten empfing der Zar um 12 Uhr in der Nacht vom 2. zum 3. März. Kein Wunder geschah, und es war nicht mehr möglich, auszuweichen. Der Zar erklärte plötzlich, er könne sich von seinem Sohne nicht trennen – welche wirren Hoffnungen gingen dabei durch seinen Kopf? –, und unterschrieb den Thronverzicht zugunsten seines Bruders. Gleichzeitig wurden Dekrete an den Senat betreffs Ernennung des Fürsten Lwow zum Vorsitzenden des Ministerrats und Nikolai Nikolajewitschs zum Obersten Kriegsherrn unterzeichnet. Die Familienbefürchtungen der Zarin fanden damit gleichsam ihre Bestätigung: Der verhaßte »Nikolascha« kehrte, zusammen mit den Verschwörern, zur Macht zurück. Gutschkow wähnte wohl ernsthaft, die Revolution würde sich mit dem Kaiserlichen Kriegsherrn abfinden. Dieser nahm die Ernennung ebenfalls für bare Münze. Er versuchte einige Tage hindurch sogar, irgendwelche Befehle zu erteilen und zur Erfüllung der patriotischen Pflicht zu ermahnen. Doch die Revolution hat ihn schmerzlos ausgeschieden.

Um den Schein eines freigefaßten Entschlusses zu wahren, wurde das Abdankungsmanifest mit 3 Uhr nachmittags gezeichnet, unter dem Vorwand, die Entscheidung des Zaren, dem Thron zu entsagen, sei ursprünglich um diese Stunde gefaßt worden. Aber den »Entschluß« vom Tage, der den Thron an den Sohn, nicht an den Bruder übergab, war ja, in der Hoffnung auf eine günstige Wendung des Rades, faktisch zurückgenommen worden. Doch daran erinnerte niemand. Der Zar machte noch den letzten Versuch, Haltung zu zeigen vor den verhaßten Deputierten, die ihrerseits die Fälschung des historischen Aktes, das heißt den Volksbetrug, zuließen. Die Monarchie entfernte sich vom Schauplatz unter Wahrung ihres Stils. Aber auch ihre Nachfolger blieben sich treu. Ihre Nachsicht betrachteten sie wahrscheinlich als Großmut des Siegers gegen den Besiegten.

Von dem unpersönlichen Stil seines Tagebuches etwas abweichend, trägt Nikolaus am 2. März ein: »Am Morgen kam Rußki und las mir ein ganz langes Telephongespräch mit Rodsjanko vor. Nach dessen Worten sei die Lage in Petrograd derart, daß ein Ministerium aus Mitgliedern der Reichsduma ohnmächtig wäre etwas zu tun, denn es würde von der Sozialdemokratischen

Partei in der Gestalt des Arbeiterkomitees bekämpft werden. Mein Thronverzicht sei notwendig. Rußki übermittelte dieses Gespräch ins Hauptquartier an Alexejew und an alle Oberkommandierenden. Um 12.30 Uhr trafen die Antworten ein. Um Rußland zu retten und die Truppen an der Front festzuhalten, habe ich mich zu diesem Schritt entschlossen. Ich willigte ein, und aus dem Hauptquartier wurde ein Entwurf des Manifestes geschickt. Abends trafen aus Petrograd Gutschkow und Schulgin ein, mit denen ich eine Unterredung hatte und denen ich das unterzeichnete, abgeänderte Manifest übergab. Um 1 Uhr reiste ich schweren Herzens aus Pskow ab; ringsherum Verrat, Feigheit, Betrug.«

Die Erbitterung Nikolaus' war, wie man zugeben muß, nicht unbegründet. Noch am 28. Februar hatte General Alexejew allen Oberkommandierenden der Fronten telegraphiert: »Uns allen obliegt die heilige Pflicht vor Kaiser und Heimat, in den Truppen der aktiven Armee die Treue zu Pflicht und Eid aufrechtzuerhalten.« Und zwei Tage später rief Alexejew die gleichen Oberkommandierenden der Armee auf, die Treue zu »Pflicht und Eid« zu verletzen. Im Kommandostand fand sich nicht einer, der sich für seinen Zaren einsetzte. Alle sputeten sich, auf das Schiff der Revolution umzusteigen, in der festen Zuversicht, dort bequeme Kajüten vorzufinden. Generale und Admirale nahmen die zaristischen Abzeichen herunter und steckten sich rote Bänder an. Man erzählte später nur von einem Gerechten, irgendeinem Korpskommandanten, der beim Ablegen des neuen Eides an Herzschlag verschied. Es ist jedoch nicht erwiesen, daß sein Herz an verletztem Monarchismus brach und nicht aus anderen Gründen. Die zivilen Würdenträger brauchten, schon ihrer Stellung nach, nicht mehr Mut zu zeigen als die Militärs. Jeder rettete sich, wie er konnte.

Aber die Uhr der Monarchie ging entschieden nicht im gleichen Takt mit der Uhr der Revolution. Am 3. März, bei Sonnenaufgang, wird Rußki wieder zum Apparat geholt. Rodsjanko und Fürst Lwow fordern, das Zarenmanifest zurückzuhalten, es habe sich wiederum als verspätet erwiesen. Mit der Thronbesteigung Alexejs – berichten die neuen Herren ausweichend – würde man sich vielleicht abfinden – wer? –, die Thronbesteigung Michails hingegen sei völlig unannehmbar. Nicht ohne Bosheit drückte Rußki sein Bedauern darüber aus, daß die Deputierten der Duma, die gestern hier weilten, über Ziel und Aufgabe ihrer Reise nicht hinreichend informiert gewesen waren. Aber auch die Deputierten fanden eine Ausrede. »Es loderte für alle unerwartet eine solche Soldatenmeuterei auf, wie ich sie nie gesehen habe«, erklärte der Kammerherr dem General Rußki, als habe er sein Lebtag nichts anderes getan, als Soldatenmeutereien beobachtet. »Die Proklamierung Michails zum Kaiser würde bedeuten, Öl ins Feuer zu gießen, und es würde eine erbarmungslose Vernichtung all dessen anheben, was nur zu vernichten möglich ist.« Wie es sie alle doch gepackt hat, wie es sie schüttelt, rüttelt, herumwirbelt!

Die Generalität schluckt schweigend auch diese neue »niederträchtige Anmaßung« der Revolution. Nur Alexejew erleichtert sich das Herz in einer telegraphischen Nachricht an die Oberkommandierenden: »Die linken Parteien und die Arbeiterdeputierten üben auf den Dumavorsitzenden einen gewaltigen Druck aus, in den Berichten Rodsjankos fehlt die nötige Offenheit und Aufrichtigkeit.« Nur Aufrichtigkeit vermißten die Generale in jenen Stunden!

Aber da hat es sich der Zar nochmals überlegt. Bei seiner Ankunft aus Pskow in Mohilew händigt er seinem früheren Generalstabschef Alexejew zur Weiterbeförderung nach Petrograd ein Blatt Papier aus mit der Einwilligung, den Thron an den Sohn abzutreten. Diese Kombination erschien ihm doch wohl als die annehmbarste. Nach dem Bericht Denikins ging Alexekew mit dem Telegramm davon ... sandte es jedoch nicht ab. Er betrachtete anscheinend jene zwei Manifeste als ausreichend, die bereits an Armee und Volk bekanntgegeben waren. Der ungleiche Pendelschlag entstand dadurch, daß nicht nur der Zar und dessen Berater, sondern auch die Dumaliberalen langsamer dachten als die Revolution.

Am 8. März, vor seiner endgültigen Abreise aus Mohilew, schrieb der formell bereits verhaftete Zar einen Appell an die Truppen, der mit den Worten schloß: »Wer jetzt an Frieden denkt, wer ihn wünscht, verrät sein Vaterland, ist ein Hochverräter!« Das war ein ihm von irgendwem eingegebener Versuch, die Beschuldigung des Germanophilentums den Händen der Liberalen zu entreißen. Der Versuch blieb ohne Folgen: man wagte nicht mehr, den Appell zu veröffentlichen.

So endete eine Regierung, die eine ununterbrochene Kette von Mißerfolgen, Unglück, Unheil und Verbrechen war, beginnend mit der Katastrophe auf Chodynka, während der Krönungsfeierlichkeiten, über Erschießungen Streikender und aufständischer Bauern, über den Russisch-Japanischen Krieg, über die schreckliche Niederschlagung der Revolution von 1905, über zahllose Hinrichtungen, Strafexpeditionen und nationale Pogrome hinweg, abschließend mit der wahnwitzigen und infamen Beteiligung Rußlands an dem wahnwitzigen und infamen Weltkrieg.

Nach seiner Ankuft in Zarskoje Selo, wo er zusammen mit seiner Familie im Schlosse gefangengehalten wurde, sagte, nach den Worten der Wyrubowa, der Zar leise vor sich hin: »Es gibt unter Menschen keine Gerechtigkeit.« Indes sind gerade diese Worte unwiderlegbares Zeugnis dafür, daß es eine historische Gerechtigkeit gibt, wenn sie sich auch manchmal verspätet.

Die Ähnlichkeit des letzten Zarenpaares der Romanows mit dem französischen Königspaar aus der Epoche der Großen Revolution drängt sich von selbst auf. In der Literatur wurde bereits darauf verwiesen, doch nur flüchtig und ohne aus dieser Ähnlichkeit Schlüsse zu ziehen. Diese Ähnlichkeit ist indes keinesfalls so zufällig, wie es auf den ersten Blick erscheint, und gibt wertvolles Material für Folgerungen.

Voneinander durch fünfviertel Jahrhunderte getrennt, stellen Zar und König in gewissen Augenblicken zwei Akteure dar, die die gleiche Rolle spielen. Passiver, lauernder, aber rachsüchtiger Treubruch bilden die hervorstechendste Eigenschaft beider, mit dem Unterschiede, daß sie sich bei Ludwig hinter einer zweifelhaften Gutmütigkeit verbarg, während sie bei Nikolaus Umgangsform war. Beide machten den Eindruck von Menschen, die ihr Gewerbe belastet, die aber gleichzeitig nicht gewillt sind, auch nur das kleinste Teilchen ihrer Rechte, von denen sie keinen Gebrauch machen können, abzutreten. Die Tagebücher beider, sogar im Stil oder im Fehlen des Stiles verwandt, enthüllen in gleicher Weise eine drückende seelische Leere.

Die Österreicherin und die Deutsche aus Hessen wiederum bilden ihrerseits eine Symmetrie. Die Königinnen erheben sich über die Könige nicht nur ihrem physischen, sondern auch ihrem moralischen Wuchse nach. Marie Antoinette ist weniger fromm als Alexandra Feodorowna und zum Unterschiede von dieser den Vergnügungen heiß ergeben. Beide hassen in gleicher Weise das Volk, ertragen den Gedanken an Zugeständnisse nicht, mißtrauen in gleicher Weise dem Mut ihrer Männer und betrachten sie von oben herab, Antoinette mit einem Schatten von Verachtung, Alexandra mit Mitleid.

Wenn Autoren, die dem Petersburger Hof nähergekommen waren, uns in ihren Memoiren versichern, daß Nikolaus, wäre er eine Privatperson gewesen, in guter Erinnerung geblieben wäre, dann reproduzieren sie einfach das alte Klischee der wohlwollenden Gutachten über Ludwig XVI., wodurch sie uns aber weder in bezug auf die Geschichte noch in bezug auf die menschliche Natur sonderlich bereichern.

Wir haben bereits gehört, wie sich Fürst Lwow entrüstete, als er während der tragischen Ereignisse der ersten Revolution anstatt eines niedergeschlagenen Zaren ein »lustiges, munteres Kerlchen in himbeerroter Hemdbluse« vorfand. Ohne es zu wissen, hatte der Fürst das Gutachten des Gouverneurs Morris reproduziert, der im Jahre 1790 in Washington über Ludwig schrieb: »Was kann man von einem Menschen erwarten, der in seiner Lage immer guten Mutes ißt, trinkt, schläft und lacht; *von diesem netten Kerl, der lustiger ist als sonst einer*?«

Wenn Alexandra Feodorowna drei Monate vor dem Sturz der Monarchie prophezeit: »Alles wendet sich zum Guten, die Träume unseres Freundes besagen so viel!«, wiederholt sie nur Marie Antoinette, die einen Monat vor dem Sturze des Königtums schreibt: »Ich fühle frischen Mut in mir, und etwas sagt mir, daß wir bald glücklich und gerettet sein werden.« Untergehend sehen beide rosige Träume.

Einige Elemente der Ähnlichkeit tragen selbstverständlich zufälligen Charakter und besitzen nur das Interesse historischer Anekdoten. Unermeßlich wichtiger sind jene Züge, die durch die gewaltige Macht der Verhältnisse aufgepfropft oder geradezu aufgedrängt wurden und ein grelles Licht werfen auf das Verhältnis zwischen Persönlichkeit und objektiven Faktoren der Geschichte.

»Er konnte nicht wollen – das ist der hervorragende Zug seines Charakters«, sagte ein reaktionärer französischer Historiker von Ludwig. Diese Worte scheinen wie über Nikolaus geschrieben. Beide konnten nicht wollen. Dafür aber konnten beide nichtwollen. Doch was hätten denn eigentlich diese letzten Vertreter einer hoffnungslos verlorenen historischen Sache noch »wollen« können?

»Er hörte gewöhnlich zu, lächelte, aber nur selten entschloß er sich zu etwas. Sein erstes Wort war in der Regel *nein.*« Über wen ist es? Wiederum über Capet. Aber dann war doch das ganze Verhalten Nikolaus' ein durchgehendes Plagiat! Beide gehen dem Abgrunde zu »mit über die Augen geschobener Krone«. Ist es denn leichter, einem Abgrund, dem man doch nicht entrinnen kann, mit offenen Augen entgegenzugehen? Was würde sich in der Tat geändert haben, wenn sie die Krone in den Nacken geschoben hätten?

Man könnte den Berufspsychologen empfehlen, ein Lesebuch der parallelen Äußerungen von Nikolaus und von Ludwig, von Alexandra und von Antoinette und deren Nächsten über sie zusammenzustellen. An Material wäre kein Mangel, und das Ergebnis würde ein äußerst lehrreiches historisches Zeugnis zugunsten der materialistischen Psychologie sein: gleichartige (selbstverständlich nicht gleiche) Reize ergeben unter gleichartigen Bedingungen gleichartige Reflexe. Je mächtiger der Reizerreger ist, um so schneller überwindet er die individuellen Besonderheiten. Auf Kitzeln reagieren die Menschen verschieden, auf glühendes Eisen gleichartig. Wie der Dampfhammer eine Kugel und einen Würfel in gleicher Weise in eine Scheibe verwandelt, so platten unter dem Druck zu großer und unabwendbarer Ereignisse auch widerstrebende »Individualitäten« ab, verlieren ihre Umrisse.

Ludwig und Nikolaus waren Letztgeborene von Dynastien, die stürmisch gelebt hatten. Eine gewisse Ausgeglichenheit des einen und des anderen, die Ruhe und die »Heiterkeit« in schwierigen Augenblicken, waren anerzogene Äußerungen der Dürftigkeit ihrer inneren Kräfte, der Schwäche der nervösen Entladungen, der Armseligkeit der geistigen Ressourcen. Moralische Kastraten, waren beide jeglicher Phantasie und schöpferischer Fähigkeit bar, besaßen gerade noch so viel Geist, um ihre Trivialität zu fühlen, und hegten feindseligen Neid gegen alles Begabte und Bedeutende. Beide hatten das Schicksal, ein Land zu regieren unter Bedingungen tiefer innerer Krisen und des revolutionären Erwachens des Volkes. Beide wehrten sich gegen das Eindringen neuer Ideen und den Ansturm feindlicher Mächte. Unentschlossenheit, Heuchelei und Verlogenheit waren bei beiden weniger der Ausdruck persönlicher Schwäche als vielmehr einer völligen Unmöglichkeit, sich auf den ererbten Positionen zu behaupten.

Und wie verhielt es sich mit den Frauen? In noch höherem Grade als Antoinette wurde Alexandra durch die Ehe mit dem unbeschränkten Herrscher eines mächtigen Landes auf die höchsten Gipfel der Träumereien einer Prinzessin, und noch dazu einer so provinziellen wie der hessischen, emporgehoben. Beide waren bis zum Rand vom Bewußtsein ihrer hohen Mission erfüllt. Antoinette mehr auf frivole Art, Alexandra im Geiste der protestantischen Heuchelei, übersetzt in die kirchlich-slawische Sprache. Mißerfolge der Regierung und wachsende Unzufriedenheit des Volkes erschütterten erbarmungslos jene phantastische Welt, welche diese fanatischen, aber letzten Endes doch nur hühnerhaft kleinen Gehirne sich aufgebaut hatten. Daher die wachsende Erbitterung, die nagende Feindseligkeit gegen ein fremdes Volk, das sich vor ihnen nicht gebeugt hatte; Haß gegen solche Minister, die auch nur im geringsten dieser feindlichen Welt, das heißt dem Lande Rechnung tragen wollten; Entfremdung sogar vom eigenen Hofe und ewiges Gekränktsein durch den Ehemann, der die in der Brautzeit erweckten Hoffnungen nicht erfüllt hat.

Historiker und Biographen psychologischer Richtung suchen und entdecken nicht selten Rein-Persönliches und Zufälliges dort, wo nur eine Brechung großer historischer Kräfte in einer Persönlichkeit stattfindet. Es ist dies derselbe Sehfehler wie bei den Hofleuten, die in dem letzten russischen Zaren einen geborenen »Pechvogel« erblickten. Er selbst glaubte ebenfalls, daß er unter einem ungünstigen Stern geboren sei. In Wirklichkeit ergaben sich seine Mißerfolge aus den Widersprüchen zwischen den alten Zielen, die ihm seine Ahnen vererbt hatten, und den neuen historischen Bedingungen, in die er hineingestellt war. Wenn die Alten sagten, Jupiter raube dem den Verstand, den er vernichten wolle, sprachen sie in der Form des Aberglaubens nur das Ergebnis tiefer historischer Beobachtungen aus. Die Worte Goethes: »Vernunft wird Unsinn« enthalten den gleichen Gedanken von dem unpersönlichen Jupiter der historischen Dialektik, der überlebten historischen Institutionen den Sinn raubt und deren Verteidiger zu Mißerfolg verurteilt. Die Rollentexte der Romanows und der Capets waren durch die Entwicklung des historischen Dramas vorgeschrieben. Den Akteuren blieben höchstens die Nuancen der Interpretation übrig. Das Mißgeschick Nikolaus' wie Ludwigs wurzelte nicht in ihrem persönlichen Horoskop, sondern in dem historischen Horoskop der ständisch-bürokratischen Monarchie. Sie waren vor allem Letztgeborene des Absolutismus. Ihre moralische Nichtigkeit, die sich aus ihrem dynastischen Epigonentum ergab, verlieh diesem einen besonders unheilvollen Charakter.

Man könnte erwidern: hätte Alexander III. weniger getrunken, er hätte viel länger gelebt, die Revolution wäre mit einem völlig andersgearteten Zaren zusammengestoßen, und eine Parallele mit Ludwig XVI. wäre nicht gegeben. Ein solcher Einwand aber berührt das oben Dargestellte nicht im geringsten. Wir beabsichtigen ja nicht, die Bedeutung des Persönlichen in der Mechanik des historischen Prozesses oder die Bedeutung des Zufälligen im Persönlichen wegzuleugnen. Es ist nur nötig, daß man die historische Persönlichkeit mit all ihren Besonderheiten nicht als eine bloße Aufzählung psychologischer Züge nimmt, sondern als eine aus bestimmten gesellschaftlichen Bedingungen entstandene und auf diese reagierende lebendige Realität. Wie eine Rose nicht aufhört zu duften, weil ein Naturwissenschaftler darauf hinweist, durch welche Ingredienzien des Bodens und der Atmosphäre sie sich ernährt, so beraubt auch die Aufdeckung der gesellschaftlichen Wurzeln einer Persönlichkeit diese nicht ihres Aromas oder ihres Gestankes.

Gerade die oben angestellte Erwägung über eine längere Lebensdauer Alexanders III. kann dazu beitragen, dasselbe Problem von der anderen Seite zu beleuchten. Wir wollen annehmen, daß ein Alexander III. sich im Jahre 1904 nicht in einen Krieg mit Japan eingelassen hätte. Damit allein wäre die erste Revolution hinausgeschoben worden. Bis zu welchem Zeitpunkt? Es ist möglich, daß die Revolution von 1905, das heißt die erste Kraftprobe, das erste Loch im System des Absolutismus, eine einfache Einleitung zu der zweiten, der republikanischen, und zu der dritten, der proletarischen Revolution gebildet haben würde. Aber darüber sind nur mehr oder weniger interessante Mutmaßungen möglich. Es ist jedenfalls unbestreitbar, daß die Revolution sich nicht aus dem Charakter Nikolaus' II. ergeben hat und daß nicht Alexander III. ihre Aufgaben gelöst hätte. Es genügt, daran zu erinnern, daß sich nirgendwo und niemals der Übergang vom feudalen zum bürgerlichen Regime ohne gewaltsame Erschütterungen vollzog. Erst sahen wir dies in China, dann beobachteten wir es in Indien. Das Äußerste, was man sagen kann, ist, daß die eine oder die andere Politik einer Monarchie, die eine oder die andere Persönlichkeit des Monarchen die Revolution zu beschleunigen oder zu verzögern und ihrem äußeren Verlauf einen gewissen Stempel aufzudrücken imstande ist.

Mit welch wütender und ohnmächtiger Beharrlichkeit versuchte der Zarismus noch in seinen allerletzten Monaten, Wochen und Tagen sich zu behaupten, während die Partie bereits hoffnungslos verloren war.

Fehlte es Nikolaus selbst an Willen, so ersetzte die Zarin den Mangel. Rasputin war das Werkzeug der Beeinflussung für eine Clique, die verzweifelt um ihre Selbsterhaltung kämpfte. Sogar in diesem engen Maßstabe wird die Person des Zaren von einer Gruppe absorbiert, die ein Stück Vergangenheit und deren letzte Konvulsionen darstellt. Die »Politik« der Spitze in Zarskoje Selo bestand angesichts der Revolution aus Reflexen eines zu Tode gehetzten und ermatteten Raubtieres. Verfolgt man in der Steppe auf einem schnellen Automobil lange einen Wolf, dann bricht das Tier schließlich zusammen und bleibt entkräftet liegen. Probiert aber, ihm ein Halsband anzulegen, es wird versuchen, euch zu zerfleischen oder mindestens zu verletzen. Bleibt ihm in seiner Lage anderes übrig?

Ja, wähnten die Liberalen. Anstatt rechtzeitig mit der privilegierten Bourgeoisie ein Abkommen zu treffen und so die Revolution abzuwenden – also lautet die Anklageschrift des Liberalismus gegen den letzten Zaren –, verweigerte Nikolaus hartnäckig jedes Zugeständnis, zögerte sogar in den allerletzten Tagen, schon unter dem Messer, wo jede Minute zählte, feilschte mit dem Schicksal und versäumte so die letzte Möglichkeit. Das klingt alles sehr überzeugend. Wie schade nur, daß der Liberalismus, der so unfehlbare Mittel für die Errettung der Monarchie wußte, für sich solche Mittel nicht fand.

Es wäre unsinnig, zu behaupten, der Zarismus habe niemals und unter keinen Umständen Zugeständnisse gemacht. Er hat sie gemacht, soweit es seine Selbsterhaltung erforderte. Nach den Niederlagen auf der Krim führte Alexander II. eine halbe Befreiung der Bauernschaft durch und eine Reihe liberaler Reformen auf dem Gebiete des Semstwo, der Justiz, der Presse, der Lehranstalten und so weiter. Der Zar selbst erklärte damals den Leitgedanken seiner Reformen folgendermaßen: die Bauern von *oben* befreien, damit sie sich nicht von *unten* befreien. Unter dem Drucke der ersten Revolution gab Nikolaus II. eine halbe Konstitution. Stolypin machte dem bäuerlichen Gemeindebesitz den Garaus, um die Arena der kapitalistischen Kräfte zu erweitern. Alle diese Reformen hatten für den Zarismus jedoch nur insofern einen Sinn, als die Teilzugeständnisse das Ganze, das heißt die Grundlagen der ständischen Gesellschaft und der Monarchie selbst unversehrt ließen. Sobald die Folgen der Reformen diese Grenzen zu überschreiten drohten, wich die Monarchie unverzüglich zurück. Alexander II. verübte in der zweiten Hälfte seiner Regierung Diebstahl an den Reformen der ersten Hälfte. Alexander III. ging auf dem Wege der Konterreformen noch weiter. Nikolaus II. machte im Oktober 1905 vor der Revolution einen Rückzug, löste sodann die von ihm selbst geschaffene Duma wiederholt auf und vollzog, sobald die Revolution erlahmt war, einen Staatsstreich. Im Laufe von drei Vierteln eines Jahrhunderts – rechnet man seit den Reformen Alexander II. – geht ein bald unterirdischer, bald offener Kampf der geschichtlichen Kräfte, der weit über die persönlichen Eigenschaften einzelner Zaren hinausragt und mit dem Sturz der Monarchie endet. Nur in dem geschichtlichen Rahmen dieses Prozesses kann man den Platz für einzelne Zaren, deren Charaktere und »Biographien« finden.

Auch der selbstherrlichste aller Despoten ähnelt recht wenig einer »freien« Individualität, die willkürlich den Ereignissen ihren Stempel aufdrückt. Er ist stets nur der gekrönte Agent der privilegierten Klassen, die die Gesellschaft nach ihrem Bilde formen. Haben diese Klassen ihre Mission nicht erschöpft, dann steht auch die Monarchie fest und ist selbstsicher. Dann verfügt sie über einen zuverlässigen Machtapparat und über eine unbeschränkte Auswahl an Exekutoren, weil die fähigsten Menschen noch nicht in das Lager des Feindes übergegangen sind. Dann kann der Monarch persönlich oder vermittels seiner Günstlinge zum Träger großer und fortschrittlicher historischer Aufgaben werden. Anders, wenn die Sonne der alten Gesellschaft sich endgültig dem Untergange zuneigt: aus Organisatoren des nationalen Lebens verwandeln sich die privilegierten Klassen in eine parasitäre Wucherung; mit dem Verlust ihrer führenden Funktion verlieren sie das Bewußtsein ihrer Mission und den Glauben an ihre Kräfte; die Unzufriedenheit mit sich selbst verwandeln sie in die Unzufriedenheit mit der Monarchie; die Dynastie wird isoliert; der Kreis der ihr bis zu Ende ergebenen Menschen verengt sich; ihr Niveau sinkt; die Gefahren aber nehmen unterdes zu; die neuen Kräfte bedrängen; die Monarchie büßt die Fähigkeit zu irgendeiner schöpferischen Initiative ein; sie verteidigt sich, kämpft, beginnt den Rückzug – ihre Handlungen bekommen den Automatismus primitiver Reflexe. Diesem Schicksal entging auch die halbasiatische Despotie der Romanows nicht.

Betrachtet man den in Agonie liegenden Zarismus sozusagen im vertikalen Querschnitt, dann erscheint Nikolaus als die Achse einer Clique, deren Wurzeln in die hoffnungslos verdammte Vergangenheit zurückgehen. Im horizontalen Querschnitt der historischen Monarchie gesehen, ist Nikolaus das letzte Glied einer dynastischen Kette. Seine nächsten Ahnen, die zu ihrer Zeit ebenfalls den Kollektiven der Sippe, der Stände, der Bürokratie angehörten, wenn auch größeren, haben verschiedene Mittel und Methoden der Verwaltung ausprobiert, um das alte soziale Regime vor dem drohenden Schicksal zu bewahren, und haben trotzdem Nikolaus ein chaotisches Reich vermacht, in dessen Leib die Revolution reifte. Wenn ihm eine Wahl gelassen war, so nur zwischen den verschiedenen Wegen des Unterganges.

Der Liberalismus träumte von einer Monarchie nach britischem

Muster. Hat sich aber der Parlamentarismus an der Themse auf friedlich evolutionärem Wege entwickelt, oder ist er etwa die Frucht der »freien« Einsicht eines einzelnen Monarchen? Nein, er hat sich als Abschluß eines Kampfes herausgebildet, der Jahrhunderte gedauert und in dem einer der Könige sein Haupt am Kreuzwege lassen mußte.

Die hier skizzierte historisch-psychologische Gegenüberstellung der Romanows und der Capets kann man mit vollem Erfolg auf das britische Königspaar aus der Epoche der ersten englischen Revolution ausdehnen. Karl I. wies im wesentlichen die gleichen Züge auf, mit denen die Memoirenschreiber und Historiker mehr oder minder begründet Ludwig XVI. und Nikolaus II. bedenken. »Karl bleibt passiv«, schreibt Montague, »gab dort nach, wo er keinen Widerstand zu leisten vermocht hätte, griff, wenn auch unwillig, zur Täuschung und gewann weder Popularität noch Vertrauen.« »Er war kein stumpfer Mensch«, sagt ein anderer Historiker über Karl Stuart, »doch fehlte ihm Charakterstärke ... Die Rolle des bösen Verhängnisses in seinem Leben spielte seine Frau, Henriette von Frankreich, die Schwester Ludwigs XIII., von den Ideen des Absolutismus noch tiefer durchdrungen als Karl ...« Wir wollen die Charakteristik dieses dritten – in chronologischer Reihenfolge ersten – Königspaares, das von der nationalen Revolution zermalmt wurde, nicht detaillieren. Vermerkt sei nur, daß auch in England der Haß sich vor allem gegen die Königin als eine Französin und Papistin konzentrierte, die des Techtelmechtels mit Rom, der Verschwörung mit den aufrührerischen Irländern und der Intrigen am französischen Hof beschuldigt wurde.

England aber hatte immerhin Jahrhunderte zu seiner Verfügung. Es war der Pionier der bürgerlichen Zivilisation. Es stand nicht unter dem Joch anderer Nationen, im Gegenteil, hielt eher diese unter seinem Joch. Es beutete die ganze Welt aus. Das milderte die inneren Widersprüche, häufte Konservativismus an, sorgte für Überfluß und Stetigkeit der Fettablagerungen in Form der parasitären Schicht der Lords, der Monarchie, der Lordkammer und der Staatskirche. Infolge der historisch ganz besonders bevorzugten Entwicklung des bürgerlichen England ist der mit Elastizität verbundene Konservativismus aus den Institutionen in die Sitten übergegangen. Darüber sich zu begeistern haben manche kontinentalen Philister von der Art des russischen Professors Miljukow oder des Austromarxisten Otto Bauer bis auf den heutigen Tag nicht aufgehört. Aber gerade jetzt, wo England, in der ganzen Welt bedrängt, die letzten Hilfsquellen seiner ehemaligen Vorzugsstellung vergeudet, verliert sein Konservativismus die Elastizität und verwandelt sich, selbst in Gestalt der Labouristen, in die unbändigste Reaktion. Angesichts der indischen Revolution findet der »Sozialist« Macdonald keine anderen Methoden als jene, die Nikolaus II. der russischen Revolution entgegenstellte.

Nur ein Blinder kann übersehen, daß Großbritannien gigantischen revolutionären Erschütterungen entgegengeht, wobei die Trümmer seines Konservativismus, seiner Weltherrschaft und seiner heutigen Staatsmaschinerie spurlos untergehen werden. Nicht im geringsten schlechter und nicht weniger von Blindheit geschlagen als seinerzeit Nikolaus, bereitet Macdonald diese Erschütterungen vor. Wie wir sehen, ist dies ebenfalls keine schlechte Illustration zur Frage nach der Rolle der »freien« Persönlichkeit in der Geschichte!

Wie aber sollte Rußland mit seiner verspäteten Entwicklung, als Nachhut aller europäischen Nationen, mit dem dürftigen ökonomischen Fundament unter den Füßen, einen »elastischen Konservativismus« der gesellschaftlichen Formen – offenbar den besonderen Bedürfnissen des professoralen Liberalismus und dessen linken Schattens, des reformistischen Sozialismus, entsprechend – herausgebildet haben? Rußland war zu lange zurückgeblieben, – und als der Weltimperialismus es mit seiner Schraube erfaßte, war es gezwungen, seine politische Geschichte in einem sehr zusammengedrängten Lehrkursus durchzunehmen. Wenn Nikolaus dem Liberalismus entgegengekommen wäre und Stürmer durch Miljukow ersetzt hätte, die Entwicklung der Ereignisse wäre in der Form etwas anders geworden, aber nicht in ihrem Wesen. Hatte doch einst Ludwig gerade diesen Weg in der zweiten Etappe der Revolution beschritten, indem er die Gironde an die Regierung berief: das hat aber weder Ludwig selbst, noch später die Gironde vor der Guillotine bewahrt. Die angehäuften sozialen Widersprüche mußten nach außen explodieren und explodierend die Aufräumungsarbeit zu Ende führen. Vor dem Ansturm der Volksmassen, die ihre Unbill und Plagen, ihre Demütigungen, Leidenschaften, Hoffnungen, Illusionen und Ziele endlich in die offene Arena hinausgetragen hatten, konnten die Kombinationen der Spitzen der Monarchie und des Liberalismus nur von episodischer Bedeutung sein und allenfalls die Reihenfolge der Ereignisse, vielleicht auch deren Zahl beeinflussen, nicht aber die Gesamtentwicklung des Dramas und noch weniger dessen unerbittliche Lösung.

Fünf Tage (23.–27. Februar 1917)

Der 23. Februar war internationaler Frauentag. In sozialdemokratischen Kreisen war geplant, ihn in üblicher Weise, durch Versammlungen, Reden und Flugblätter, auszuzeichnen. Keinem kam in den Sinn, daß der Frauentag zum ersten Tag der Revolution werden sollte. Nicht eine einzige Organisation rief an diesem Tage zu Streiks auf. Mehr noch, die bolschewistische Organisation, und zwar eine der aktivsten, das Komitee des durchweg proletarischen Wyborger Bezirks, hielt entschieden vor Streiks zurück. Nach dem Zeugnis Kajurows, eines der Arbeiterführer dieses Bezirkes, war die Stimmung der Massen sehr gespannt, jeder Streik drohte in einen offenen Zusammenstoß umzuschlagen. Da aber das Komitee der Ansicht war, die Zeit für Kampfhandlungen sei noch nicht gekommen, die Partei noch nicht genügend gefestigt, die Arbeiter hätten mit den Soldaten zu wenig Verbindungen, beschloß es, nicht zum Streik aufzurufen, sondern Vorbereitungen zu treffen für ein Hervortreten in einer unbestimmten Zukunft. Diese Linie vertrat das Komitee am Vorabend des 23. Februar, und es schien, daß alle sie billigten. Am andern Morgen jedoch traten den Direktiven zuwider die Textilarbeiterinnen einiger Fabriken in den Ausstand und entsandten Delegierte zu den Metallarbeitern mit der Aufforderung, den Streik zu unterstützen. »Schweren Herzens«, schreibt Kajurow, gingen die Bolschewiki darauf ein, denen sich die menschewistischen und sozialrevolutionären Arbeiter anschlossen. Wenn aber Massenstreik, dann müsse man alle auf die Straße rufen und sich selbst an die Spitze stellen: diesen Beschluß setzte Kajurow durch, und das Wyborger Komitee mußte ihm beistimmen. »Der Gedanke an eine Aktion reifte in den Arbeitern schon längst, nur ahnte in diesem Augenblick niemand, welche Formen sie annehmen würde.« Merken wir uns dieses Zeugnis eines Teilnehmers, das für das Verständnis der Mechanik der Ereignisse sehr wichtig ist.

Es galt von vornherein für unzweifelhaft, daß im Falle einer Demonstration die Soldaten aus den Kasernen gegen die Arbeiter auf die Straße geführt werden würden. Was wäre die Folge gewesen? Es ist Krieg, die Behörden sind zu Späßen nicht aufgelegt. Andererseits – der »Reservist« im Kriege ist nicht der alte Soldat der Kaderarmee. Ist er so gefährlich? Dieses Thema wurde in revolutionären Kreisen zwar viel besprochen, doch mehr abstrakt, denn niemand, buchstäblich niemand – das darf man auf Grund des gesamten vorhandenen Materials kategorisch behaupten – dachte damals daran, daß der 23. Februar zum Ausgangspunkte des entscheidenden Angriffs auf den Absolutismus werden sollte. Es war die Rede von einer Demonstration mit unbestimmten, jedenfalls aber beschränkten Perspektiven.

Die Tatsache bleibt also bestehen, daß die Februarrevolution von unten begann nach Überwindung der Widerstände der eigenen revolutionären Organisationen, wobei die Initiative von dem am meisten unterdrückten und unterjochten Teil des Proletariats, den Textilarbeiterinnen, unter denen, wie man sich denken kann, nicht wenig Soldatenfrauen waren, spontan ergriffen wurde. Den letzten Anstoß gaben die immer länger werdenden Brotschlangen. Ungefähr 90000 Arbeiterinnen und Arbeiter streikten an diesem Tage. Die Kampfstimmung entlud sich in Demonstrationen, Versammlungen und Zusammenstößen mit der Polizei. Die Bewegung entwickelte sich im Wyborger Bezirk mit seinen großen Betrieben, von wo sie auf die Petersburger Seite übersprang. In den übrigen Stadtteilen gab es nach dem Zeugnis der Ochrana keine Streiks und keine Demonstrationen. An diesem Tage zog man bereits Truppenteile, wenn auch in geringer Zahl, zur Unterstützung der Polizei heran, es kam aber nicht zu Zusammenstößen mit ihnen. Eine große Menge Frauen, und zwar nicht nur Arbeiterinnen, zog zur Stadtduma mit der Forderung nach Brot. Das war dasselbe, wie von einem Bock Milch zu verlangen. Es tauchten in verschiedenen Stadtteilen rote Banner auf, deren Aufschriften besagten, daß die Werktätigen Brot wollen, aber nicht mehr das Selbstherrschertum und den Krieg. Der Frauentag verlief erfolgreich, mit Schwung und ohne Opfer. Was er aber in sich barg, das ahnte am Abend noch niemand.

Am nächsten Tage flaut die Bewegung nicht nur nicht ab, sondern wächst enorm an. Etwa die Hälfte der Industriearbeiter Petrograds streikt am 24. Februar. Die Arbeiter erscheinen morgens in den Betrieben, gehen jedoch nicht an die Arbeit, sondern veranstalten Versammlungen und bilden Züge, die in das Stadtzentrum marschieren. Neue Stadtbezirke und neue Gruppen der Bevölkerung werden in die Bewegung einbezogen. Die Parole »Brot« wird verdrängt und überdeckt von den Parolen »Nieder mit dem Selbstherrschertum«, »Nieder mit dem Krieg«. Ununterbrochene Demonstrationen auf dem Newski-Prospekt: Zuerst kompakte Arbeitermassen, revolutionäre Lieder singend, später erscheint die bunte städtische Menge, in ihr die blauen Mützen der Studenten. »Das spazierende Publikum benahm sich uns gegenüber wohlwollend, aus einigen Lazaretten winkten uns Soldaten zu.« Ob sich viele klar darüber waren, was das mit den demonstrierenden Arbeitern sympathisierende Zuwinken der kranken Soldaten in sich barg? Allerdings attackierten die Kosaken die Menge ununterbrochen, wenn auch nicht erbittert; ihre Pferde waren schaumbedeckt; die Demonstranten wichen auseinander, schlossen sich jedoch gleich wieder zusammen. Angst herrschte in der Menge nicht. »Die Kosaken versprechen, nicht zu schießen«, ging es von Mund zu Mund. Offenbar ließen die Arbeiter sich mit einzelnen Kosaken in Gespräche ein. Später aber tauchten schimpfend halbbetrunkene Dragoner auf, ritten in die Menge hinein und schlugen mit den Lanzen auf die Köpfe. Die Demonstranten hielten mit aller Kraft stand, ohne auseinanderzulaufen. »Man wird nicht schießen.« Man schoß tatsächlich nicht.

Ein liberaler Senator beobachtete in den Straßen die leeren Trams – oder war es am nächsten Tag, und das Gedächtnis hatte ihn im Stich gelassen? –, manche mit zerschlagenen Scheiben, andere umgeworfen, quer über die Schienen auf der Erde. Er gedachte der Julitage 1914, des Vorabends des Krieges. »Es schien, als wiederhole sich der alte Versuch.« Den Senator hatte sein Blick nicht getäuscht – die Fortsetzung war unverkennbar: Die Geschichte erfaßte die Enden des durch den Krieg zerrissenen revolutionären Fadens und verband sie durch einen Knoten.

Den ganzen Tag ergossen sich Volksmassen aus einem Stadtteil in den anderen, wurden von der Polizei energisch auseinandergetrieben, von Kavallerie-, teils auch Infanterieabteilungen aufgehalten und zurückgedrängt. Neben den Rufen »Nieder mit der Polizei« erscholl immer häufiger ein »Hurra!« auf die Kosaken. Das war bezeichnend. Gegen die Polizei war die Menge von wildem Haß erfüllt. Die berittenen Schutzleute empfing man mit Pfiffen, Steinen und Eisstücken. Anders gingen die Arbeiter an die Soldaten heran. An Kasernen, neben Wachtposten, Patrouillen und Sperrketten standen Gruppen von Arbeitern und Arbeiterinnen; es flogen freundschaftliche Worte hin und her. Das war eine neue Etappe, sie war die Folge der anwachsenden Streiks und der Konfrontierung der Arbeiter mit der Armee. Eine solche Etappe ist in jeder Revolution unvermeidlich. Aber sie wirkt jedesmal neu und tritt auch in der Tat jedesmal auf neue Art auf: Menschen, die über sie gelesen und sogar geschrieben haben, erkennen sie von Angesicht zu Angesicht nicht.

In der Reichsduma erzählte man an diesem Tage, der ganze Snamenski-Platz, der ganze Newski-Prospekt und alle anliegenden Straßen seien von einer ungeheuren Volksmenge überflutet und man beobachte eine ganz ungewöhnliche Erscheinung: Die revolutionäre, nicht die patriotische Menge habe die Kosaken und die mit Musik marschierenden Regimenter mit »Hurra«-Rufen empfangen. Auf die Frage, was dies alles bedeute, antwortete der erstbeste Passant einem Deputierten: »Ein Polizist hat eine Frau mit der Nagajka geschlagen, die Kosaken griffen ein und vertrieben die Polizei.« Ob es tatsächlich so gewesen ist oder anders, kann niemand nachprüfen. Die Menge jedenfalls glaubte, es sei so passiert, es sei wahrscheinlich. Dieser Glaube war nicht vom Himmel gefallen, er entstammte der vorangegangenen Erfahrung und mußte darum ein Pfand des Sieges werden.

Die gesamte Belegschaft von Erikson, einem der fortgeschrittensten Betriebe des Wyborger Stadtteiles, zog nach einer am frühen Morgen abgehaltenen Versammlung in Stärke von 2500 Mann zum Sampsonjewski-Prospekt und stieß an einer engen Stelle auf Kosaken. Mit der Brust der Pferde sich den Weg bahnend, dringen zuerst die Offiziere in die Menge ein. Hinter ihnen, in der ganzen Breite der Straße, reiten die Kosaken. Ein entscheidender Augenblick! Aber behutsam, in schmalem Bande, folgen die Reiter durch den von den Offizieren gebahnten Korridor. »Einige von ihnen lächelten«, erinnert sich Kajurow, »und der eine zwinkerte den Arbeitern gut zu.« Nicht umsonst hat der Kosak gezwinkert. Die Arbeiter sind kühner geworden, von einer den Kosaken freundlichen und nicht feindlichen Kühnheit, und stecken damit ein wenig die letzteren an. Der Zwinkernde fand Nachahmer. Trotz der erneuten Versuche der Offiziere schlängelten sich die Kosaken durch die Menge, ohne offen die Disziplin zu verletzen, aber auch ohne die Menge mit Nachdruck auseinanderzutreiben. Das wiederholte sich drei-, viermal und brachte die Parteien einander noch näher. Die Kosaken begannen einzeln auf Fragen der Arbeiter zu antworten und sogar flüchtige Gespräche anzuknüpfen. Von der Disziplin blieb nur eine dünne, durchsichtige Hülle übrig, die bald, gar bald zu reißen drohte. Die Offiziere beeilten sich, den Zug von der Menge zu lösen, ließen den Gedanken, die Arbeiter auseinanderzutreiben, fallen und stellten die Kosaken als Sperre quer über die Straße auf, um die Demonstranten nicht nach dem Zentrum durchzulassen. Aber auch das half nicht: wie befohlen am Platze stehend, hinderten die Kosaken die Arbeiter nicht, unter die Pferde zu »tauchen«. Die Revolution wählte ihre Wege nicht willkürlich: bei ihren ersten Schritten rückte sie zum Siege vor unter dem Bauche des Kosakenpferdes. Eine bemerkenswerte Episode! Und bemerkenswert das Auge des Erzählers, dem alle Windungen des Prozesses fest im Gedächtnis blieben. Kein Wunder, der Erzähler war Anführer und hinter ihm mehr als zweitausend Mann: das Auge des Kommandeurs, der die feindlichen Nagajkas oder Kugeln zu befürchten hat, blickt scharf.

Der Umschwung in der Armee hatte sich gleichsam zuallererst bei den Kosaken geäußert, den ewigen Ordnungsstützen und Strafexekutoren. Das bedeutet allerdings nicht, daß die Kosaken revolutionärer waren als die anderen Truppen. Im Gegenteil, diese wohl bestallten Landeigentümer auf ihren Pferden, die ihre besonderen Kosakenrechte hoch einschätzten, den einfachen Bauern verachteten, dem Arbeiter mißtrauten, bargen in sich viele Elemente des Konservativismus. Aber gerade deshalb waren die durch den Krieg hervorgerufenen Veränderungen an ihnen am krassesten erkennbar. Außerdem wurden gerade sie dauernd hin und her gezerrt, sie vorgeschickt, mit der Brust gegen das Volk gestellt, sie entnervt und vor allen anderen Prüfungen ausgesetzt. Das alles hatten sie, zum Teufel, satt, sie wollten heim und zwinkerten: macht, was ihr könnt, hindern werden wir euch nicht. Jedoch das alles waren nur vielsagende Symptome. Die Armee war noch Armee, durch Disziplin gebunden, und die wichtigsten Fäden noch in den Händen der Monarchie. Die Arbeitermassen unbewaffnet. Die Führer dachten noch nicht an die entscheidende Lösung.

An diesem Tage kam in der Sitzung des Ministerrats neben anderen Fragen auch die der Unruhen in der Hauptstadt zur Sprache. Streik? Demonstration? Nicht das erstemal. Alles vorgesehen. Anordnungen getroffen. Übergang zur Tagesordnung.

Worin bestanden sie eigentlich, die Anordnungen? Obwohl im Laufe des 23. und 24. Februar achtundzwanzig Polizisten verprügelt worden sind – eine bestechende Genauigkeit der Buchführung! –, greift der Chef des Militärbezirks, General Chabalow, beinahe Diktator, noch nicht zur Schußwaffe. Nicht aus Gutmütigkeit: alles war vorgesehen und berechnet, auch für das Schießen sollte die Zeit kommen.

Die Revolution kam nur im Moment überraschend. Allgemein gesagt hatten beide Pole, der revolutionäre und der regierende, sich sorgfältig auf sie vorbereitet, Jahre hindurch, immerwährend sich auf sie vorbereitet. Was die Bolschewiki betrifft, so war ihre gesamte Tätigkeit nach 1905 nichts anderes als eine Vorbereitung auf die zweite Revolution. Aber auch die Tätigkeit der Regierung war zum überwiegenden Teile eine Vorbereitung auf die Unterdrückung der neuen Revolution. Dieses Gebiet der Regierungsarbeit hatte im Herbst 1916 einen besonders planmäßigen Charakter erhalten. Eine Kommission unter dem Vorsitz Chabalows hatte Mitte Januar 1917 die Ausarbeitung eines höchst genauen Planes zur Niederschlagung eines neuen Aufstandes beendet. Die Stadt war in sechs Bezirke mit je einem Polizeimeister zerlegt, die Bezirke wiederum in Rayons. An die Spitze der gesamten bewaffneten Macht war der Kommandeur der Gardereservetruppen, General Tschebykin, gestellt; die Regimenter den Rayons zugeteilt; in jedem der sechs Polizeibezirke das Kommando über Polizei, Gendarmerie und Truppen besonderen Stabsoffizieren übertragen. Die Kosakenreiterei unterstand dem persönlichen Befehl Tschebykins, für Operationen größeren Maßstabes. Die Reihenfolge der Niederwerfungsmaßnahmen war so vorgesehen: zuerst geht die Polizei allein vor, dann treten die Kosaken mit Nagajkas auf den Schauplatz, und nur im Notfalle werden Truppen mit Gewehren und Maschinengewehren aufgeboten. Und dieser Plan, der nur eine Erweiterung der Erfahrung von 1905 darstellt, wurde in den Februartagen tatsächlich angewandt. Das Übel lag nicht an mangelnder Voraussicht, auch nicht an den Fehlern des Planes selbst, sondern am Menschenmaterial. Hier drohte ein großer Versager.

Formell stützte sich der Plan auf die gesamte Garnison, die 150000 Mann zählte; in Wirklichkeit aber wurde mit etwa 10000 Mann gerechnet: außer den Schutzleuten, von denen es 3500 gab, verließ man sich fest auf die Lehrkommandos. Dies ist mit dem Charakter der damaligen Petrograder Garnison zu erklären, die fast ausschließlich aus Reservetruppenteilen bestand, vor allem aus den 14 Reservebataillonen der Garderegimenter, die sich an der Front befanden. Außerdem gehörten zur Garnison: ein Reserve-Infanterieregiment, ein Radfahrer-Reservebataillon, eine Reserve-Panzerwagendivision, kleinere Sappeur- und Artillerietruppenteile und zwei Regimenter Donkosaken. Das war sehr viel, zu viel. Die aufgeschwemmten Reservetruppenteile bestanden aus Menschenmassen, die entweder fast keinen militärischen Drill durchgemacht oder aber sich bereits von ihm befreit hatten. So war eigentlich die gesamte Armee.

Chabalow hielt peinlichst an dem von ihm ausgearbeiteten Plan fest. Am ersten Tag, dem 23., trat ausschließlich Polizei in Aktion. Am 24. schickte man hauptsächlich Kavallerie vor, die aber nur mit Nagajkas und Lanzen operierte. Das Einsetzen von Infanterie und Feuerwaffen machte man von der weiteren Entwicklung der Ereignisse abhängig. Die Ereignisse aber ließen nicht auf sich warten.

Am 25. verbreitete sich der Streik noch mehr. Nach den Regierungsangaben beteiligten sich an ihm an diesem Tage 240000 Arbeiter. Die rückständigeren Schichten folgen der Avantgarde, es streiken bereits viele kleinere Betriebe, die Trams bleiben stehen, die Handelsunternehmen ruhen. Im Laufe des Tages schließen sich die Schüler der höheren Lehranstalten dem Streik an. Viele Zehntausende von Menschen strömen gegen Mittag vor der Kathedrale und in den anliegenden Straßen zusammen. Es werden Versuche gemacht, Versammlungen unter freiem Himmel abzuhalten. Es kommt zu bewaffneten Zusammenstößen mit der Polizei. Beim Denkmal Alexander III. treten Redner auf. Die berittene Polizei eröffnet das Feuer. Ein Redner stürzt verwundet nieder. Schüsse aus der Menge töten einen Polizeiwachtmeister, verwunden einen Polizeimeister und einige Polizisten. Die Gendarmen werden mit Flaschen, Petarden und Handgranaten beworfen. Der Krieg hat diese Kunst gelehrt. Die Soldaten verhalten sich passiv, mitunter auch feindselig gegen die Polizei. In der Menge erzählt man sich erregt, daß die Kosaken, als die Polizisten am Denkmal Alexander III. die Schießerei eröffneten, eine Salve auf die berittenen Pharaonen (Spitzname für die Schutzleute) abgegeben hätten und diese flüchten mußten. Das ist sicherlich keine Legende, die man in Umlauf gesetzt hat, um sich Mut zu machen, denn die Episode wird in verschiedenen Variationen von verschiedenen Seiten bestätigt.

Der Arbeiterbolschewik Kajurow, einer der echten Führer in jenen Tagen, erzählt, wie die Demonstranten an einem Platz, dicht bei einer Kosakenstreife, vor den Nagajkas der berittenen Polizei auseinanderliefen und wie er, Kajurow, und noch einige Arbeiter, den Flüchtenden nicht folgten, sondern die Hüte zogen und an die Kosaken mit den Worten herantraten: »Brüder Kosaken, helft den Arbeitern im Kampfe um ihre friedlichen Forderungen, ihr seht, wie die Pharaonen mit uns hungernden Arbeitern verfahren. Helft uns!« Dieser bedacht demütige Ton, diese Hüte in den Händen – welch feine psychologische Berechnung, welch unnachahmliche Geste! Jede Geschichte der Straßenkämpfe und revolutionären Siege ist voll solcher Improvisationen. Nur gehen sie im Wirbel der großen Ereignisse unter, den Geschichtsschreibern bleibt die Hülse der Gemeinplätze. »Die Kosaken sahen sich seltsam an«, fährt Kajurow fort, »kaum hatten wir Zeit, beiseite zu treten, als sie sich ins Gemenge stürzten. Nach einigen Minuten hob die Menge am Bahnhofstor einen Kosaken auf ihren Händen hoch, der vor ihren Augen mit dem Säbel einen Polizeibeamten niedergehackt hatte.«

Die Polizei verschwand bald völlig von der Bildfläche, das heißt, sie begann aus dem Hinterhalt zu operieren. Dagegen erschienen Soldaten mit umgehängten Gewehren. Die Arbeiter riefen ihnen sorgenvoll zu: »Kameraden, seid ihr wahrhaftig gekommen, der Polizei zu helfen?« Die Antwort war ein barsches »Weitergehen!«. Ein erneuter Versuch, ins Gespräch zu kommen, endete in gleicher Weise. Die Soldaten sind düster, etwas wurmt sie, auch sie ertragen es nicht mehr, wenn die Frage den Kern ihrer Not trifft.

Die Entwaffnung der Pharaonen wird unterdes allgemeine Parole. Die Polizei ist der grimmige, unversöhnliche, verhaßte und hassende Feind. Sie zu gewinnen – davon kann keine Rede sein. Die Polizisten muß man schlagen oder erschlagen. Etwas ganz anderes ist das Heer. Die Menge vermeidet auf jede Weise feindselige Zusammenstöße mit ihm, im Gegenteil, sie sucht die Soldaten zu gewinnen, zu überzeugen, herüberzuziehen, zutraulich zu machen, sich mit ihnen zu vereinen. Trotz den, wenn auch vielleicht etwas übertrieben günstigen Gerüchten über das Verhalten der Kosaken ist die Menge vor ihnen auf der Hut. Der Kavallerist ragt hoch über die Menge, und seine Seele ist von der Seele der Demonstranten durch vier Pferdebeine getrennt. Eine Gestalt, auf die man von unten emporblicken muß, erscheint immer gewichtig und bedrohlich. Die Infanterie steht da, gleich nebenan auf dem Pflaster, ist näher und erreichbarer. An sie bemüht sich die Masse dicht heranzukommen, ihr in die Augen zu blicken, sie mit ihrem heißen Atem zu umgeben. Eine große Rolle in den Beziehungen zwischen Arbeitern und Soldaten spielen die Frauen, die Arbeiterinnen. Kühner als die Männer bedrängen sie die Soldatenkette, greifen mit den Händen an die Gewehre, flehen, befehlen fast: »Wendet eure Bajonette weg, schließt euch uns an!« Die Soldaten sind erregt, beschämt, sehen sich unruhig an, schwanken, irgendeiner faßt als erster Mut – und die Bajonette erheben sich über die Schultern der Bedränger, die Barriere ist niedergerissen, ein freudiges, dankbares »Hurra!« erschüttert die Luft, die Soldaten werden umringt, überall Wortwechsel, Vorwürfe, Mahnrufe – die Revolution hat wieder einen Schritt vorwärts gemacht.

Aus dem Hauptquartier schickt Nikolaus einen telegraphischen Befehl an Chabalow, »gleich morgen« die Unruhen zu unterdrücken. Der Wille des Zaren entspricht dem weiteren Glied des Chabalowschen »Planes«, so daß das Telegramm nur ein Anstoß mehr ist. Morgen sollen die Truppen ihr Wort sprechen. Ist es nicht zu spät? Das kann man vorläufig noch nicht sagen. Die Frage ist gestellt, aber längst nicht entschieden. Die Nachsicht der Kosaken, das Schwanken einzelner Infanterieketten sind nur vielverheißende Episoden, vom vieltausendfachen Echo der empfänglichen Straße wiederholt. Dies ist genügend, um die revolutionäre Menge zu begeistern, aber zu wenig für den Sieg. Um so mehr, als es auch Episoden entgegengesetzten Charakters gibt. In der zweiten Hälfte des Tages eröffnete, angeblich als Antwort auf Revolverschüsse aus der Menge, ein Zug Dragoner das erste Feuer auf die Demonstranten am Gostinyi Dwor: nach dem Bericht Chabalows an das Hauptquartier gab es 3 Tote und 10 Verwundete. Eine ernste Warnung! Gleichzeitig sprach Chabalow die Drohung aus, alle reklamierten Arbeiter an die Front zu schikken, falls sie die Arbeit nicht bis zum 28. aufnehmen sollten. Der General stellt ein dreitägiges Ultimatum, für die Revolution eine größere Frist, als sie benötigt, um Chabalow zu stürzen und die Monarchie dazu. Aber das wird man erst nach dem Siege erfahren. Am Abend des 25. ahnt noch niemand, was der nächste Tag in seinem Schoße birgt.

Versuchen wir, die innere Logik der Ereignisse uns klar darzustellen. Unter der Flagge des »Frauentages« begann am 23. der lange herangereifte und lange zurückgehaltene Aufstand der Petrograder Arbeitermassen. Die erste Stufe des Aufstandes war der Streik. Während dreier Tage dehnte er sich immer mehr aus und wurde faktisch zu einem Generalstreik. Dies allein stärkte das Sicherheitsgefühl der Massen und trug sie vorwärts. Der Streik nahm immer mehr einen Angriffscharakter an, begleitet von Demonstrationen, die die revolutionären Massen mit den Truppen zusammenstoßen ließen. Das hob die Aufgabe in ihrer Gesamtheit auf eine höhere Ebene, wo die Frage durch die bewaffnete Macht entschieden wird. Die ersten Tage brachten eine Reihe von Teilerfolgen, jedoch mehr symptomatischen als materiellen Charakters.

Ein revolutionärer Aufstand, der sich auf einige Tage erstreckt, kann sich nur in dem Falle siegreich entwickeln, wenn er von Stufe zu Stufe sich steigert und immer neue Fortschritte aufweist. Ein Stillstand in der Entwicklung der Erfolge ist gefährlich, längeres Treten auf einem Fleck verhängnisvoll. Aber auch Erfolge an sich genügen nicht; es ist nötig, daß die Menge rechtzeitig von ihnen erfährt und Zeit hat, sie zu bewerten. Man kann den Sieg in einem Augenblick verpassen, wo man nur den Arm auszustrecken braucht, um ihn zu ergreifen. Das ist in der Geschichte schon vorgekommen.

Die ersten drei Tage waren Tage ununterbrochener Steigerung und Verschärfung des Kampfes. Gerade aus diesem Grunde aber erreichte die Bewegung eine Höhe, wo symptomatische Erfolge nicht mehr ausreichten. Die gesamte aktive Masse ging auf die Straße. Mit der Polizei wurde sie erfolgreich und mühelos fertig. Die Truppen waren in den letzten zwei Tagen bereits in die Ereignisse hineingezogen worden, am zweiten Tage die Kavallerie, am dritten auch die Infanterie. Sie drängten zurück, sperrten den Weg, übten manchmal Nachsicht, griffen aber fast nie zu den Feuerwaffen. Oben überstürzte man sich nicht, den Plan abzuändern, teils weil man die Ereignisse unterschätzte – der Fehler im Sehvermögen der Reaktion ergänzte symmetrisch den Fehler der Revolutionsführer –, teils weil man der Truppen nicht sicher war. Aber gerade der dritte Tag zwang die Regierung, infolge der Steigerung des Kampfes wie infolge des Zarenbefehls, die Truppen ernsthaft einzusetzen. Die Arbeiter, besonders ihre fortgeschrittene Schicht, begriffen dies, um so mehr, als die Dragoner am Tage vorher bereits geschossen hatten. Die Frage erhob sich nun in ihrem vollen Umfange vor beiden Parteien.

In der Nacht zum 26. Februar verhaftete man in mehreren Stadtteilen etwa hundert Personen, die verschiedenen revolutionären Parteien angehörten, darunter auch fünf Mitglieder des Petrograder Komitees der Bolschewiki. Das zeigte gleichfalls, daß die Regierung zum Angriff übergegangen war. Was wird es heute geben? Wie werden nach der gestrigen Schießerei die Arbeiter heute erwachen? Und die Hauptsache: was werden die Truppen tun? Die Morgenröte des 26. Februar erglühte im Nebel von Ungewißheit und schwerer Besorgnis.

Infolge der Verhaftung des Petrograder Komitees ging die Leitung der gesamten Arbeit in der Stadt an den Wyborger Bezirk über. Vielleicht ist es auch besser so. Die obere Führung der Partei verspätet sich hoffnungslos. Erst am Morgen des 25. hat das Büro des Zentralkomitees der Bolschewiki endlich beschlossen, ein Flugblatt herauszugeben mit dem Aufruf zum Allrussischen Generalstreik. Aber im Moment des Erscheinens dieses Flugblattes – wenn es überhaupt erschienen ist – steht der Generalstreik in Petrograd schon vor der Notwendigkeit des bewaffneten Aufstandes. Die Führung schaut von oben zu, schwankt und bleibt zurück, das heißt führt nicht. Sie trottet hinter der Bewegung her.

Je näher an die Betriebe, um so größer die Entschlossenheit. Heute jedoch, am 26., ist auch in den Bezirken Alarm. Hungrig, müde, durchfroren, eine ungeheure historische Verantwortung auf den Schultern, versammeln sich die Wyborger Führer außerhalb der Stadt, in Gemüsegärten, um ihre Tageseindrücke auszutauschen und eine gemeinsame Marschroute zu entwerfen ... wofür? Für eine neue Demonstration? Wohin aber kann eine unbewaffnete Demonstration führen, wenn die Regierung entschlossen ist, bis aufs Letzte zu gehen? Diese Frage bohrt im Bewußtsein. »Es schien nur eines sicher: der Aufstand wird liquidiert.«

Wir hören hier die Stimme des uns bereits bekannten Kajurow, aber im ersten Moment scheint uns, es sei nicht seine Stimme. So tief war das Barometer vor dem Sturm gefallen.

In den Stunden, wo das Schwanken sogar die den Massen am nächsten stehenden Revolutionäre erfaßt, ist die Bewegung selbst im Grunde schon viel weiter gegangen, als es ihre Teilnehmer dünkt. Bereits am Vorabend, dem 25. Februar, war der Wyborger Stadtteil vollständig in den Händen der Aufständischen. Die Polizeireviere waren zerstört, einzelne Polizeibeamte niedergemacht, die Mehrzahl hielt sich verborgen. Die Stadthauptmannschaft hatte die Verbindung mit einem bedeutenden Teil der Hauptstadt gänzlich verloren. Am Morgen des 26. zeigt sich, daß nicht nur der Wyborger Teil, sondern auch Peski fast dicht bis zum Litejny-Prospekt von den Aufständischen besetzt sind. Mindestens schildern die Polizeiberichte die Lage so. In gewissem Sinne traf das zu, obwohl sich die Aufständischen darüber selbst nicht ganz klar waren: die Polizei verließ ihre Höhlen in vielen Fällen, noch bevor sie einer Bedrohung seitens der Arbeiter ausgesetzt war. Doch davon abgesehen, konnte die Säuberung der Fabrikbezirke von Polizei in den Augen der Arbeiter nicht von entscheidender Bedeutung sein: hatten doch die Truppen ihr letztes Wort noch nicht gesprochen. Der Aufstand wird »liquidiert«, ging es den Kühnsten der Kühnen durch den Kopf. Indes war er in voller Entfaltung.

Der 26. Februar war ein Sonntag, die Fabriken geschlossen, und dies hinderte, morgens am Umfang des Streiks die Kraft des Massensturms zu messen. Dazu kam, daß sich die Arbeiter an diesem Tage nicht wie an den vorangegangenen Tagen in den Betrieben versammeln konnten, was die Demonstration erschwerte. Am Morgen herrschte auf dem Newski-Prospekt Stille. In diesen Stunden telegraphierte die Zarin an den Zaren: »In der Stadt herrscht Ruhe.« Doch die Ruhe währt nicht lange. Allmählich sammeln sich die Arbeiter und bewegen sich aus allen Vorstädten nach dem Zentrum. Man läßt sie nicht über die Brücken. Die Massen strömen über das Eis: es ist ja noch Februar und die ganze Newa eine Eisbrücke. Die Beschießung der Menge auf dem Eis genügt nicht, sie aufzuhalten. Die Stadt ist wie verwandelt. Überall Patrouillen, Sperrketten, Streifen Berittener. Die Zugänge zum Newski werden besonders scharf überwacht. Dauernd ertönen Salven aus unsichtbarem Hinterhalt. Die Zahl der Getöteten und Verwundeten wächst. Nach verschiedenen Richtungen bewegen sich die Wagen der Ersten Hilfe. Woher geschossen wird, und wer schießt, ist nicht immer zu erkennen. Zweifellos hat die Polizei nach der ernsten Lektion, die sie erhalten hat, beschlossen, sich der Gefahr nicht mehr offen auszusetzen. Sie schießt aus Fenstern, Balkontüren, hinter Säulen versteckt, von Dachböden. Es entstehen Hypothesen, die schnell zu Legenden werden. Man erzählt, zur Abschreckung der Demonstranten seien viele Soldaten in Polizeiuniform gesteckt worden. Man erzählt, Protopopow habe unzählige Maschinengewehrposten auf Dächern untergebracht. Eine nach der Revolution geschaffene Kommission hat solche Posten nicht nachweisen können. Das heißt aber nicht, daß es sie nicht gegeben hat. Jedenfalls trat die Polizei an diesem Tage in den Hintergrund. In der Tat tritt endgültig Militär auf den Plan. Es wird ihm strengstens befohlen, zu schießen, und die Soldaten, hauptsächlich die Lehrkommandos, das heißt die Regimentsschulen für Unteroffiziere, schießen. Nach offiziellen Meldungen gab es an diesem Tage an die vierzig Tote und ebensoviel Verwundete, nicht gezählt jene, die von der Menge weggeführt oder weggetragen wurden. Der Kampf geht in ein entscheidendes Stadium über. Wird die Masse vor dem Blei in ihre Viertel zurückweichen? Nein, sie weicht nicht zurück. Sie will ihr Ziel erreichen.

Schrecken überkommt das beamtete, bürgerliche, liberale Petrograd. Der Vorsitzende der Reichsduma, Rodsjanko, fordert an diesem Tage die Entsendung zuverlässiger Truppen von der Front; dann »überlegt« er es sich und empfiehlt dem Kriegsminister Belajew, die Menge nicht durch Feuer, sondern durch kaltes Wasser aus Schläuchen der Feuerwehr auseinanderzutreiben. Nach einer Beratung mit General Chabalow antwortet Belajew, daß Wasserduschen eine umgekehrte Wirkung erzielen, »gerade weil sie erregen«. So unterhielten sich Liberale, Würdenträger und Polizei über die Vorzüge einer kalten oder heißen Dusche für das aufständische Volk. Die Polizeimeldungen von diesem Tage besagen, daß die Feuerwehrschläuche nicht ausreichten. »Während der Unruhen konnte man als allgemeine Erscheinung beobachten, daß die tobenden Haufen ein äußerst herausforderndes Verhalten gegen die Truppen an den Tag legten; auf die Aufforderung, auseinanderzugehen, antwortete die Menge mit Steinen und von der Straße aufgelesenen Eisstücken. Wurden Schreckschüsse in die Luft abgegeben, dann zerstreute sich die Menge nicht nur nicht, sondern nahm solche Salven mit Gelächter auf. Erst nach Abgabe scharfer Schüsse mitten in die Menge hinein gelang es, die Ansammlungen zu zerstreuen, deren Teilnehmer jedoch in den meisten Fällen sich in den nächstliegenden Höfen versteckten und wieder auf der Straße erschienen, sobald das Schießen verstummte.« Diese polizeiliche Übersicht läßt die außerordentlich hohe Temperatur der Massen erkennen. Es ist allerdings unwahrscheinlich, daß die Menge von sich aus begonnen hat, das Militär, waren es auch die Lehrkommandos, mit Steinen und Eis zu bombardieren: dies widerspricht völlig der Psychologie der Aufständischen und ihrer klugen Taktik in bezug auf die Armee. Um die Massenmorde nachträglich zu rechtfertigen, sind die Farben der Berichte nicht ganz den Tatsachen entsprechend gewählt und verteilt. Das

Wesentliche aber ist richtig und kraß wiedergegeben: die Masse will nicht mehr weichen, sie widersetzt sich mit optimistischer Wut, bleibt auf den Straßen auch nach den tödlichen Salven, klammert sich nicht an das Leben, sondern an das Pflaster, an die Steine, an das Eis. Die Menge ist nicht bloß erbittert, sie ist verwegen. Und dies, weil sie, trotz der Erschießungen, den Glauben an die Truppen nicht verloren hat. Sie rechnet mit einem Sieg und will ihn um jeden Preis erringen.

Der Druck der Arbeiter auf die Armee verstärkt sich und wirkte dem Druck der Behörden auf die Armee entgegen. Die Petrograder Garnison gerät endgültig in den Brennpunkt der Ereignisse. Die abwartende Periode, die drei Tage währte, in der es der Hauptmasse der Garnison möglich war, wohlwollende Neutralität gegen die Aufständischen zu bewahren, ist zu Ende. »Schieße auf den Feind!« befiehlt die Monarchie. »Schieße nicht auf deine Brüder und Schwestern!« rufen die Arbeiter und Arbeiterinnen, und nicht nur das: »Geh mit uns!« So spielt sich auf den Straßen und Plätzen, an den Brücken, an den Toren der Kasernen ein ununterbrochener, bald dramatischer, bald unsichtbarer, aber immer verzweifelter Kampf ab um die Seele des Soldaten. In diesem Kampf, in dieser engen Berührung der Arbeiter und Arbeiterinnen mit den Soldaten unter unausgesetztem Geknatter der Gewehre und Maschinengewehre entschied sich das Schicksal der Macht, des Krieges und des Landes.

Die Niedermetzelung von Demonstranten verstärkt die Unsicherheit in den Reihen der Führer. Gerade der Schwung der Bewegung beginnt gefährlich zu erscheinen. Sogar in der Sitzung des Wyborger Komitees, am Abend des 26., das heißt zwölf Stunden vor dem Siege, ist die Rede davon, ob es nicht Zeit sei, zum Abbruch des Generalstreiks aufzurufen. Das mag seltsam erscheinen. Aber es ist viel leichter, den Sieg einen Tag nach dem Erringen zu erkennen als tags zuvor. Übrigens wechselt häufig die Stimmung unter den Stößen der Ereignisse und Gerüchte. Sinkender Mut und wachsende Zuversicht lösen einander schnell ab. Persönlichen Mut besitzen die Kajurows und Tschugurins genügend, aber mitunter drückt sie die Verantwortung für die Massen schwer. Unter den Arbeitern selbst gibt es weniger Schwankungen. Über deren Stimmung meldet der gut unterrichtete Agent der Ochrana, Schurkanow, der in der bolschewistischen Organisation eine bedeutende Rolle gespielt hat, seiner Behörde: »Da die Truppen die Menge nicht hinderten«, schrieb der Provokateur, »sondern in einzelnen Fällen sogar Maßnahmen zur Paralysierung der Polizeiaktionen trafen, wuchs in den Massen das Gefühl der Straffreiheit, und heute, nach zwei Tagen ungehinderten Umhergehens in den Straßen, nachdem die revolutionären Kreise die Parolen ›Nieder mit dem Krieg‹ und ›Nieder mit dem Selbstherrschertum‹ aufgestellt haben, hat sich im Volke der Glaube festgesetzt, die Revolution habe begonnen, der Erfolg sei den Massen sicher, die Regierung ohnmächtig, die Bewegung zu unterdrücken, da die Truppen auf seiten des Volkes ständen, der entscheidende Sieg sei nahe, weil die Truppen heute oder morgen offen auf die Seite der revolutionären Streitkräfte übergehen würden, die entfesselte Bewegung werde nicht mehr innehalten, sondern ununterbrochen wachsen, bis zum völligen Siege und zum Staatsumsturz.« In ihrer Knappheit und Kraßheit eine hervorragende Charakteristik! Der Bericht ist ein höchst wertvolles historisches Dokument. Das wird die siegreichen Arbeiter natürlich nicht hindern, seinen Autor zu erschießen.

Die Provokateure, deren Zahl ungeheuer ist, besonders in Petrograd, fürchtet mehr als sonst wer siegt bei der Revolution. Sie verfolgen ihre Politik: bei den bolschewistischen Beratungen verteidigt Schurkanow die radikalsten Handlungen, in den Berichten an die Ochrana vertritt er die Notwendigkeit energischer Anwendung der Waffen. Vielleicht war Schurkanow zu diesem Zwecke sogar bemüht, den Offensivgeist der Arbeiter zu übertreiben. Im wesentlichen aber hat er recht: die Ereignisse werden bald seine Beurteilung als richtig bestätigen.

Schwanken und Rätselraten herrschte bei den Spitzen beider Lager, denn niemand konnte von vornherein das Kräfteverhältnis ermessen. Die äußeren Anzeichen haben endgültig aufgehört, als Gradmesser zu dienen: eines der Hauptmerkmale der revolutionären Krise besteht eben in dem scharfen Gegensatz zwischen dem Bewußtsein und den alten Formen der gesellschaftlichen Beziehungen. Das neue Kräfteverhältnis nistete geheimnisvoll im Bewußtsein der Arbeiter und Soldaten. Und gerade der Übergang der Regierung zur Offensive, hervorgerufen durch die vorangegangene Offensive der revolutionären Massen, leitete das neue Kräfteverhältnis aus dem potentiellen in den aktiven Zustand über. Erwartungsvoll und gebieterisch schaute der Arbeiter dem Soldaten in die Augen, dieser aber wandte unsicher und unruhig den Blick ab: das bedeutete, der Soldat war seiner selbst nicht mehr gewiß. Der Arbeiter ging nun mutiger an ihn heran. Der Soldat verharrte in finsterem, doch nicht feindseligem, eher schuldbewußtem Schweigen, manchmal – immer häufiger – antwortete er mit scheinbarer Strenge, um zu verbergen, wie unruhig das Herz in seiner Brust schlug. So vollzog sich der Umschwung. Der Soldat schüttelte sein Soldatentum offensichtlich von sich ab. Dabei erkannte er sich anfangs selbst nicht. Die Vorgesetzten sagten, die Revolution mache den Soldaten trunken; dem Soldaten hingegen schien es, als erwache er aus einem Opiumrausch der Kaserne. So bereitete sich der entscheidende Tag vor: der 27. Februar.

Allein schon am Vorabend ereignete sich ein Vorfall, der trotz seines episodischen Charakters die Ereignisse des 26. Februar in neuem Lichte zeigt: am Abend meuterte die 4. Kompanie der Leibgarde des Pawlowski-Regiments. In der schriftlichen Meldung eines Polizeiaufsehers wird als Ursache des Aufstandes ganz kategorisch angegeben: »Empörung über das Lehrkommando des gleichen Regiments, das während des Wachdienstes auf dem Newski in die Menge geschossen hat.« Wer hat die 4. Kompanie davon benachrichtigt? Darüber ist zufällig eine Mitteilung erhalten geblieben. Gegen zwei Uhr mittags kam zu den Kasernen des Pawlowski-Regiments ein Haufen Arbeiter gelaufen, die, einander erregt unterbrechend, über die Schießerei auf dem Newski berichteten. »Sagt den Kameraden, daß auch die Pawlowsker auf uns schießen, wir haben auf dem Newski Soldaten in eurer Uniform gesehen.« Das war ein bitterer Vorwurf, ein flammender Mahnruf. »Alle waren bewegt und blaß.« Der Samen war nicht auf Stein gefallen. Gegen sechs Uhr verließ die 4. Kompanie eigenmächtig die Kaserne unter dem Kommando eines Unteroffiziers – wer war es? sein Name ging spurlos in den Hunderten und Tausenden ebensolcher heroischer Namen unter – und begab sich zum Newski, um ihr Lehrkommando wegzuholen. Das ist keine Soldatenmeuterei madigen Specks wegen, das ist ein Akt hoher revolutionärer Initiative. Unterwegs hatte die Kompanie einen Zusammenstoß mit einer berittenen Polizeistreife; sie schoß, tötete einen Schutzmann und ein Pferd, verwundete einen Schutzmann und ein Pferd. Der weitere Weg der Aufständischen durch den Wirbel der Straße ist nicht aufzuspüren. Die Kompanie kehrte in die Kaserne zurück und brachte das ganze Regiment auf die Beine. Aber inzwischen waren die Waffen beiseite gebracht worden; nach einigen Mitteilungen gelang es jedoch den Soldaten, in den Besitz von dreißig Gewehren zu kommen. Bald wurden sie von Soldaten des Preobraschenski-Regiments umzingelt, neunzehn Mann verhaftet und in die Festung gebracht; der Rest ergab sich. Nach einer anderen Version fehlten am Abend beim Appell einundzwanzig Mann mit Gewehren. Ein gefährliches Leck! Die einundzwanzig Soldaten werden die ganze Nacht Verbündete und Beschützer suchen. Retten kann sie nur der Sieg der Revolution. Von ihnen werden die Arbeiter Zuverlässiges über das Vorgefallene erfahren. Das ist kein schlechtes Vorzeichen für die morgigen Kämpfe.

Nabokow, einer der angesehensten liberalen Führer, dessen glaubwürdig klingende Memoiren stellenweise wie ein Tagebuch seiner Partei und seiner Klasse anmuten, kehrte um ein Uhr nachts von einem Besuch heim durch dunkle, lauernde Straßen, »besorgt und mit düsteren Vorahnungen«. Möglich, daß ihm an einer Straßenkreuzung ein entlaufener Pawlowsker begegnete. Sie gingen hastig aneinander vorbei: sie hatten sich nichts zu sagen. In den Arbeitervierteln und in den Kasernen wachten oder berieten sich die einen, während die anderen den Halbschlaf des Biwaks schliefen und fieberhaft vom morgigen Tag träumten. Dort fand der entlaufene Pawlowsker Unterkunft.

Wie dürftig sind die Aufzeichnungen über die Massenkämpfe in den Februartagen, kärglich selbst im Vergleich mit den nicht übermäßig zahlreichen Aufzeichnungen über die Oktoberkämpfe. Im Oktober leitete die Aufständischen tagaus, tagein die Partei; in ihren Artikeln, Aufrufen, Protokollen ist doch mindestens die Reihenfolge der Kämpfe festgehalten. Anders im Februar. Eine Leitung der Massen von oben gab es fast nicht. Die Zeitungen schwiegen, denn es war Streik. Ohne sich umzuschauen, machten die Massen selbst ihre Geschichte. Ein lebendiges Bild der Ereignisse, die in den Straßen abrollten, zu schaffen, ist fast unmöglich. Es ist schon viel, wenn man ihre allgemeine Aufeinanderfolge und innere Gesetzmäßigkeit wiederherstellen kann.

Die Regierung, die den Machtapparat noch nicht verloren hatte, überblickte die Ereignisse im ganzen noch schlechter als die linken Parteien, die, wie wir wissen, alles andere als auf der Höhe waren. Nach den »erfolgreichen« Erschießungen vom 26. faßten die Minister für einen Augenblick Mut. Am frühen Morgen des 27. meldet Protopopow beruhigend, daß, nach den vorliegenden Berichten, »ein Teil der Arbeiter beabsichtigt, die Arbeit wiederaufzunehmen«. Die Arbeiter aber dachten nicht im entferntesten daran, zur Werkbank zurückzukehren. Die Erschießungen und Mißerfolge des gestrigen Tages haben die Massen nicht entmutigt. Wie ist das zu erklären? Offenbar überwog irgendein Plus das Minus. Indem sie sich über die Straßen ergießt, mit dem Feinde zusammenstößt, die Soldaten an den Schultern rüttelt, unter den Bäuchen der Pferde hindurchkriecht, angreift, auseinanderläuft, an den Straßenecken Tote zurückläßt, ab und zu Waffen erobert, Nachrichten weitergibt, Gerüchte auffängt, wird die aufständische Masse zu einem Kollektivwesen mit unzähligen Augen, Ohren und Fühlern. In der Nacht von der Arena des Kampfes in die Fabrikviertel zurückgekehrt, verarbeitet die Masse die Tageseindrücke und zieht, das Kleinliche und Zufällige aussiebend, das schwerwiegende Fazit. In der Nacht zum 27. sah dieses Fazit ungefähr so aus, wie es der Provokateur Schurkanow seinen Vorgesetzten meldete.

Am Morgen strömen die Arbeiter wieder in den Betrieben zusammen und beschließen in gemeinsamen Versammlungen, den Kampf fortzusetzen. Am eifrigsten sind, wie immer, die Wyborger. Aber auch in den anderen Bezirken verlaufen die Meetings unter großer Begeisterung. Fortsetzung des Kampfes! Aber was bedeutet das heute? Der Generalstreik hatte sich in revolutionäre Demonstrationen gewaltiger Massen aufgelöst, und die Demonstrationen hatten zu Zusammenstößen mit den Truppen geführt. Den Kampf fortsetzen bedeutet heute, zum bewaffneten Aufstand aufrufen. Aber diesen Ruf erhebt keiner. Er wächst unabwendbar aus den Ereignissen hervor, doch ist er von der revolutionären Partei durchaus nicht auf die Tagesordnung gestellt.

Die Kunst der revolutionären Führung besteht in kritischen Augenblicken zu neun Zehntel darin, die Masse belauschen zu können, so wie Kajurow die Bewegung der Kosakenaugenbraue abgeguckt hat, nur in viel breiterem Maßstabe. Die unübertreffliche Fähigkeit, die Masse zu belauschen, bildete die große Macht Lenins. Lenin aber war nicht in Petrograd. Die legalen und halblegalen »sozialistischen« Stäbe, die Kerenski, Tschcheidse, Skobelew, und all jene, die sie umschwirrten, konnten nur Warnungen aufbringen und die Bewegung hemmen. Aber auch der zentrale bolschewistische Stab, der aus Schljapnikow, Saluzki und Molotow bestand, verblüfft durch Hilflosigkeit und Mangel jeglicher Initiative. Tatsächlich waren die Bezirke und die Kasernen sich selbst überlassen. Der erste Aufruf an die Truppen wurde am 26. von einer sozialdemokratischen Organisation herausgegeben, die den Bolschewiki nahestand. Dieser Aufruf, der einen reichlich unentschlossenen Charakter trug (es fehlte darin sogar die Aufforderung, auf die Seite des Volkes überzugehen), wurde vom Morgen des 27. an in allen Stadtbezirken verbreitet. »Jedoch« – bezeugt ein Führer dieser Organisation, Jurenjew –, »das Tempo der revolutionären Ereignisse war derart, daß unsere Parolen bereits hinter ihm zurückblieben. In dem Moment, als die Flugblätter in die Soldatenmasse eindrangen, vollzog sich ihr Aufbruch.« Was das bolschewistische Zentrum betrifft, so schrieb Schljapnikow erst am Morgen des 27., auf Veranlassung Tschugurins, einem der besten Arbeiterführer der Februartage, einen Aufruf an die Soldaten. Wurde er gedruckt? Bestenfalls erreichte auch er die Soldaten schon beim Aufbruch. Die Ereignisse des 27. Februar zu beeinflussen, war er nicht mehr imstande. Man muß als Regel feststellen: die Führer blieben in jenen Tagen um so weiter zurück, je höher sie standen.

Doch der Aufstand, den niemand bei Namen nennt, wird trotzdem auf die Tagesordnung gestellt. Alle Sinne der Arbeiter sind auf die Armee gerichtet. Wird es uns gelingen, sie in Bewegung zu bringen? Vereinzelte Agitation genügt heute nicht mehr. Die Wyborger veranstalten vor der Kaserne des Moskauer Regimentes ein Meeting. Das Unternehmen mißlang: ist es denn für einen Offizier oder einen Feldwebel schwer, das Maschinengewehr in Tätigkeit zu setzen? Die Arbeiter wurden durch grausames Feuer auseinandergetrieben. Ein gleicher Versuch wurde bei der Kaserne des Reserveregiments unternommen. Und auch dort das gleiche: zwischen Arbeiter und Soldaten stellten sich Offiziere mit Maschinengewehren. Die Arbeiterführer rasten, suchten nach Waffen, forderten sie von der Partei. Sie erhielten zur Antwort: Waffen sind bei den Soldaten, holt sie bei ihnen. Dies wußten sie ohnehin. Aber wie sie holen? Wird heute nicht alles jäh scheitern?

So rückte der kritische Punkt des Kampfes immer näher. Entweder wird das Maschinengewehr den Aufstand hinwegfegen, oder der Aufstand in Besitz des Maschinengewehrs kommen.

In seinen Erinnerungen erzählt Schljapnikow, die Hauptfigur des damaligen Petersburger Zentrums der Bolschewiki, wie er die Forderung der Arbeiter nach Waffen, wenigstens Revolvern, ablehnte und auf die Waffen in den Kasernen verwies. Er wollte auf diese Weise blutige Zusammenstöße zwischen Arbeitern und Soldaten vermeiden und den ganzen Einsatz auf die Agitation stellen, das heißt auf die Gewinnung der Soldaten durch Wort und Beispiel. Wir kennen keine anderen Angaben, die diese, eher von Wankelmut als von Weitblick zeugende Aussage eines angesehenen Führers jener Tage bestätigt oder widerlegt hätten. Einfacher wäre gewesen, zuzugeben, daß die Führer keine Waffen besaßen. Es unterliegt keinem Zweifel, daß das Schicksal jeder Revolution auf einer bestimmten Etappe durch den Umschwung in der Stimmung der Armee entschieden wird. Über eine zahlreiche, disziplinierte, gut bewaffnete und fachmännisch geleitete Militärmacht könnten unbewaffnete oder kaum bewaffnete Volksmassen keinen Sieg erringen. Aber jede tiefgehende nationale Krise muß in diesem oder jenem Grade natürlich auch die Armee erfassen; so bildet sich, zusammen mit den Bedingungen einer wahrhaften Volksrevolution, die Möglichkeit – allerdings nicht die Gewähr – ihres Sieges heraus. Der Übergang der Armee auf die Seite der Aufständischen vollzieht sich jedoch nicht automatisch und kann nicht die Folge der Agitation allein sein. Die Armee ist uneinheitlich, und ihre antagonistischen Elemente werden durch den Terror der Disziplin zusammengehalten. Noch am Vorabend der entscheidenden Stunde wissen revolutionäre Soldaten oft nicht, welche Macht sie darstellen und wie groß die Möglichkeiten ihres Einflusses sind. Uneinheitlich sind allerdings auch die Arbeitermassen. Aber sie besitzen unermeßlich größere Möglichkeiten, im Prozeß der Vorbereitung des entscheidenden Zusammenstoßes ihre Reihen nachzuprüfen. Streiks, Versammlungen, Demonstrationen sind sowohl Akte des Kampfes als auch dessen Gradmesser. Nicht die gesamte Masse nimmt an Streiks teil. Nicht alle Streikenden sind kampfbereit. In den zugespitztesten Augenblicken sind auf der Straße nur die Entschlossensten. Die Schwankenden, Müden oder Rückständigen sitzen zu Hause. So vollzieht sich die revolutionäre Auslese von selbst, die Menschen werden durch das Sieb der Ereignisse gesondert. Anders verhält es sich mit der Armee. Die revolutionären Soldaten, die sympathisierenden, die schwankenden, die feindlich gesinnten – alle sind an den Zwang der Disziplin gebunden, deren Fäden bis zum letzten Augenblick in der Faust des Offiziers konzentriert bleiben. Die Soldaten werden noch immer täglich in »erste« und »zweite« Reihen eingeteilt, wie aber sind sie in Meuternde und Gehorsame einzuteilen?

Der psychologische Moment des Überschwenkens der Soldaten auf die Seite der Revolution wird durch einen langen molekularen Prozeß vorbereitet, der, wie alle Naturprozesse, seinen kritischen Punkt hat. Doch wie ihn bestimmen? Ein Truppenteil kann für den Anschluß an das Volk völlig reif sein, aber von außen den nötigen Anstoß nicht erhalten. Die revolutionäre Leitung glaubt noch nicht an die Möglichkeit, die Armee auf ihrer Seite zu haben, und geht am Sieg vorbei. Nach einem solchen herangereiften, aber nicht verwirklichten Aufstand, kann sich bei den Truppen eine Reaktion vollziehen: die Soldaten verlieren die in ihrem Innern aufgeflammte Hoffnung, beugen den Nacken wieder unter das Joch der Disziplin und werden dann bei einer neuen Begegnung mit den Arbeitern, besonders auf Distanz, gegen die Aufständischen sein. Dieser Prozeß birgt viele unwägbare oder schwer wägbare Größen, sich kreuzende Ströme, kollektive Suggestionen und Autosuggestionen. Aber von diesem komplizierten Geflecht materieller und psychischer Kräfte hebt sich mit unwiderstehlicher Grelle die eine Schlußfolgerung ab: in ihrer Masse sind die Soldaten um so fähiger, die Bajonette zur Seite zu wenden oder mit ihnen zum Volke überzugehen, je mehr sie sich davon überzeugen, daß die Aufständischen sich wirklich erhoben haben; daß es nicht nur eine Demonstration ist, nach der man wieder in die Kaserne wird zurückkehren und Antwort stehen müssen; daß es ein Kampf auf Leben und Tod ist; daß das Volk zu siegen imstande ist, wenn man sich ihm anschließt, und daß dies nicht nur Straffreiheit sichern, sondern das ganze Dasein erleichtern wird. Mit anderen Worten, den Stimmungswechsel bei den Soldaten können die Aufständischen nur in dem Falle hervorrufen, daß sie selbst wirklich bereit sind, den Sieg um jeden Preis, folglich auch mit ihrem Blute, an sich zu reißen. Diese höchste Entschlossenheit aber kann und will niemals waffenlos sein.

Die kritische Stunde der Berührung der vordrängenden Masse mit den ihr den Weg sperrenden Soldaten hat ihre kritische Minute: dann, wenn die graue Barriere noch nicht auseinandergefallen ist, noch Schulter an Schulter steht, aber bereits schwankt und der Offizier unter Sammlung seiner letzten Entschlossenheit den Befehl »Feuer« gibt. Schreie der Menge, Aufheulen des Schreckens und Drohungen übertönen die Stimme des Kommandos, – doch nur zur Hälfte. Die Gewehre wogen, die Menge drängt nach vorn. Da richtet der Offizier den Lauf seines Revolvers auf den verdächtigsten Soldaten. Aus der entscheidenden Minute hebt sich die entscheidende Sekunde heraus. Die Vernichtung des kühnsten Soldaten, auf den unwillkürlich die Blicke aller übrigen gerichtet sind, der Schuß eines Unteroffiziers aus dem einem Toten entrissenen Gewehr in die Menge – und die Barriere schließt sich, die Gewehre gehen von selbst los, die Menge in die Nebenstraßen und Höfe wegfegend. Aber wie viele Male seit dem Jahre

1905 ist es anders gekommen: im kritischen Augenblick, als der Offizier den Hahn abzudrücken sich anschickt, kommt ihm ein Schuß aus der Menge zuvor, die ihre Kajurows und Tschugurins hat. Dies entscheidet nicht nur das Schicksal des Zusammenpralls, sondern das Schicksal des Tages, vielleicht des ganzen Aufstandes.

Die Aufgabe, die Schljapnikow sich gestellt hatte: die Arbeiter vor feindlichen Zusammenstößen mit den Truppen zu bewahren, indem man den Aufständischen keine Schußwaffen in die Hand gibt, ist überhaupt undurchführbar. Bevor es tatsächlich bis zu einem Zusammenprall mit den Truppen kam, gab es zahllose Geplänkel mit der Polizei. Der Straßenkampf begann mit der Entwaffnung der verhaßten »Pharaonen«, deren Revolver in den Besitz der Aufständischen übergingen. An sich eine schwache Waffe, fast ein Spielzeug gegenüber den Gewehren, Maschinengewehren und Kanonen des Feindes. Sind aber diese wirklich in den Händen des Feindes? Um dies nachprüfen zu können, verlangten die Arbeiter eben Waffen. Die Frage wird auf dem psychologischen Gebiet entschieden. Aber auch beim Aufstande sind die psychischen Prozesse von den sachlichen nicht zu trennen. Der Weg zum Soldatengewehr geht über den Revolver, den man dem »Pharao« abnimmt.

Die Erlebnisse der Soldaten in jenen Stunden waren weniger aktiv als die Erlebnisse der Arbeiter, aber nicht weniger tief. Wir wollen nochmals daran erinnern, daß die Garnison vorwiegend aus vieltausendköpfigen Reservebataillonen bestand, die zur Auffüllung der Frontregimenter bestimmt waren. Diesen Menschen, in ihrer Mehrzahl Familienväter, stand bevor, in die Schützengräben zu gehen, wiewohl der Krieg bereits verloren, das Land ruiniert war. Sie wollten den Krieg nicht, sie wollten nach Hause, zu ihrer Wirtschaft zurück. Sie wußten sehr gut, was am Hofe sich abspielte, und fühlten nicht die geringste Anhänglichkeit für die Monarchie. Sie hatten keine Lust, gegen die Deutschen zu kämpfen und noch weniger gegen die Petrograder Arbeiter. Sie haßten die regierende Klasse der Hauptstadt, die sich während des Krieges dem Wohlleben hingab. Unter ihnen waren Arbeiter mit revolutionärer Vergangenheit, die all diesen Stimmungen einen verallgemeinernden Ausdruck zu geben wußten.

Die Soldaten von ihrer tiefen, aber noch nicht nach außen gedrungenen revolutionären Unzufriedenheit zu offenen, aufrührerischen Taten zu bringen oder, fürs erste, wenigstens zu aufrührerischer Verweigerung von Taten, – das war die Aufgabe. Am dritten Tage des Kampfes büßten die Soldaten endgültig die Möglichkeit ein, noch weiterhin in der Position wohlwollender Neutralität gegen die Aufständischen zu verharren. Nur zufällige Bruchteile sind uns darüber erhalten geblieben, was sich in jenen Stunden des Zusammentreffens der Arbeiter mit den Soldaten abgespielt hat. Wir hörten schon, wie bitter die Arbeiter sich tags zuvor bei dem Pawlowski-Regiment über das Vorgehen des Lehrkommandos beklagten. Solche Szenen, solche Gespräche, Vorwürfe und Beschwörungen gab es an allen Enden der Stadt. Den Soldaten blieb keine Zeit mehr zum Schwanken. Man hatte sie gestern gezwungen, zu schießen, man wird sie heute wieder dazu zwingen. Die Arbeiter ergeben sich nicht, weichen nicht zurück, unter dem Hagel des Bleies wollen sie das Ihrige erringen. Arbeiterinnen, Frauen, Mütter, Schwestern, Geliebte, sind mit ihnen. Das ist ja nun die Stunde, von der man so oft flüsternd in verborgenen Winkeln sprach: »Ja, wenn doch alle gemeinsam ...« Und im Augenblick der höchsten Qual, der unerträglichsten Angst vor dem werdenden Tag, im Augenblick des würgenden Hasses gegen jene, die ihnen die Henkerrolle aufzwingen, ertönen in den Kasernen die ersten Stimmen des offenen Aufruhrs; und in diesen Stimmen, die namenlos geblieben sind, erkennt die ganze Kaserne voll Erleichterung und Begeisterung sich selbst. So brach über das Land der Tag des Unterganges der Romanowschen Monarchie herein.

Morgens, in der Versammlung bei dem unermüdlichen Kajurow, wo ungefähr vierzig Vertreter aus Fabriken und Betrieben anwesend waren, sprach sich die Mehrzahl für die Fortsetzung des Kampfes aus. Die Mehrzahl, doch nicht alle. Es ist bedauerlich, daß man die genaue Mehrheit nicht feststellen kann. Aber in jenen Stunden stand der Sinn nicht nach Protokollen. Im übrigen kam der Beschluß verspätet: die Versammlung wurde durch die berauschende Nachricht vom Aufstande der Soldaten und der Öffnung der Gefängnisse unterbrochen. »Schurkanow küßte sich mit allen Anwesenden.« Der Kuß des Judas, zum Glück nicht vor der Kreuzigung.

Eines nach dem anderen meuterten am Morgen – vor dem Ausmarsch aus der Kaserne –, die Reservegardebataillone, in Fortsetzung dessen, was die 4. Kompanie des Pawlowski-Regimentes tags zuvor begonnen hatte. In den Dokumenten, Aufzeichnungen und Erinnerungen hat dieses grandiose Ereignis der Menschheitsgeschichte nur blasse und verschwommene Spuren hinterlassen. Die unterdrückten Massen erzählen, selbst wenn sie sich auf die höchsten Gipfel historischer Leistung erheben, nur wenig von sich, und noch weniger schreiben sie es nieder. Und der hinreißende Triumph des Sieges verwischt dann die Arbeit des Gedächtnisses. Nehmen wir also das, was vorhanden ist.

Zuerst erhoben sich die Soldaten des Wolynski-Regiments. Bereits um sieben Uhr morgens alarmierte der Bataillonskommandeur telephonisch den General Chabalow, um ihm die bedrohliche Nachricht zu geben, das Lehrkommando, das heißt der speziell für Ruhestiftung vorgesehene Truppenteil, weigere sich, auszurücken, der Kommandant sei ermordet oder habe sich vor versammelter Mannschaft selbst erschossen; die zweite Version wurde übrigens bald fallengelassen. Nachdem sie die Brücken hinter sich verbrannt hatten, waren die Wolyner bestrebt, die Basis des Aufstandes zu verbreitern: das war jetzt für sie die einzige Rettung. Sie stürzten in die benachbarten Kasernen der Litowski- und Preobraschenski-Regimenter, um die Soldaten »rauszuholen«, wie Streikende von Betrieb zu Betrieb gehen, um die Arbeiter herauszuholen. Nach einiger Zeit erhielt Chabalow die Meldung, die Wolyner gäben die Gewehre nicht nur nicht ab, wie es der General befohlen, sondern sie hätten gemeinsam mit den Preobraschenskern und Litowskern und, was noch schlimmer war, »vereinigt mit den Arbeitern« die Kasernen der Gendarmeriedivision demoliert. Das besagte, daß die gestrige Erfahrung des Pawlowski-Regiments nicht verlorengegangen war: die Aufständischen fanden Führer und gleichzeitig einen Aktionsplan.

In den frühen Morgenstunden des 27. schien den Arbeitern die Lösung der Aufgaben des Aufstandes unermeßlich ferner, als sie in Wirklichkeit war. Richtiger gesagt, sie sahen fast noch die ganze Aufgabe vor sich, während diese schon zu neun Zehntel hinter ihnen lag. Der revolutionäre Ansturm der Arbeiter auf die Kasernen fiel zusammen mit dem bereits begonnenen revolutionären Ausmarsch der Soldaten auf die Straße. Im Laufe des Tages verschmolzen diese zwei mächtigen Ströme in eins, um zuerst Dach, dann Mauern und schließlich Fundament des alten Gebäudes fortzuspülen und abzutragen.

Tschugurin erschien als einer der ersten im Quartier der Bolschewiki mit einem Gewehr in der Hand und einem Patronengürtel über den Schultern, »ganz beschmutzt, aber strahlend und siegreich«. Wie konnte man da nicht strahlen! Die Soldaten gehen mit dem Gewehr in der Hand zu uns über! An manchen Orten war es den Arbeitern bereits gelungen, sich mit den Soldaten zu vereinigen, in die Kasernen einzudringen und dort Gewehre und Patronen zu erhalten. Gemeinsam mit dem entschlossensten Teil der Soldaten entwarfen die Wyborger einen Aktionsplan: Eroberung der Polizeireviere, in denen sich bewaffnete Schutzleute verschanzt haben, Entwaffnung aller Polizeibeamten, Befreiung der Arbeiter, die in den Polizeirevieren festgehalten werden, und der politischen Gefangenen aus den Gefängnissen; Niederschlagung der Regierungstruppen in der Stadt selbst und Vereinigung mit den noch nicht auf die Beine gebrachten Truppenteilen und mit den Arbeitern der übrigen Stadtbezirke.

Das Moskauer-Regiment schloß sich nicht ohne inneren Kampf dem Aufstand an. Es ist verwunderlich, daß es solche Kämpfe in den Regimentern überhaupt so wenig gegeben hat. Die monarchische Oberschicht fiel kraftlos um vor der Soldatenmasse und verkroch sich entweder in den Löchern oder beeilte sich, die Farbe zu wechseln. »Um zwei Uhr mittags«, schreibt Koroljew, ein Arbeiter aus der Fabrik »Arsenal«, »nach dem Ausmarsch des

Moskauer-Regiments, bewaffneten wir uns ... Wir nahmen jeder einen Revolver und ein Gewehr, bildeten aus den an uns herangetretenen Soldaten Gruppen (einige von ihnen ersuchten uns, das Kommando zu übernehmen und ihnen zu sagen, was sie zu tun hätten) und begaben uns in die Tichwinskajastraße, ein Polizeirevier auszuheben.« Die Arbeiter waren, wie man sieht, nicht eine Minute in Verlegenheit, den Soldaten zu zeigen, »was zu tun« sei.

Freudige Siegesnachrichten lösten einander ab: Man ist im Besitz von Panzerwagen! Mit ihren roten Bannern jagen sie in den Bezirken allen jenen Schrecken ein, die sich noch nicht unterworfen haben. Jetzt braucht man nicht mehr unter den Bäuchen der Kosakenpferde herumzukriechen! Die Revolution reckt sich in ihrem ganzen Wuchse hoch!

Gegen zwölf Uhr mittags wurde Petrograd wieder zum Schauplatz kriegerischer Aktionen. Gewehr- und Maschinengewehrgeknatter ertönte überall. Wer schießt und wo geschossen wird, ist nicht immer zu unterscheiden. Klar war eines: Es beschossen sich Vergangenheit und Zukunft. Es gab auch nicht selten unnötiges Geschieße: Jugendliche feuern aus Revolvern, die auf so unerwartete Weise in ihre Hände geraten sind. Das Arsenal ist ausgeraubt: »Man sagt, allein an Brownings wurden mehrere zehntausend erbeutet.« Von den brennenden Gebäuden des Bezirksgerichts und der Polizeireviere steigen Rauchsäulen zum Himmel. An einigen Punkten verdichten sich die Zusammenstöße und Schießereien zu wahren Schlachten. Zu den Baracken am Sampsonjewski-Prospekt, in denen eine Radfahrertruppe untergebracht ist, von der ein Teil vor dem Tore sich zusammendrängt, kommen Arbeiter. »Was steht ihr da, Kameraden?« Die Soldaten lächeln – »lächeln nicht gut«, berichtet ein Teilnehmer – und schweigen, die Offiziere aber befehlen den Arbeitern grob, weiterzugehen. Die Radfahrer sowohl wie die Kavalleristen zeigten sich in der Februar- wie in der Oktoberrevolution als die konservativsten Armeeteile. Vor dem Zaune sammeln sich bald Arbeiter und revolutionäre Soldaten. Man muß das verdächtige Bataillon herausholen! Jemand sagt, man habe bereits nach Panzerwagen geschickt, anders seien die Radfahrer wohl kaum zu bezwingen, da sie sich befestigt und Maschinengewehre aufgestellt hätten. Aber der Masse fällt das Warten schwer: sie ist unruhig und ungeduldig, und sie hat mit ihrer Ungeduld recht. Auf beiden Seiten fallen Schüsse. Der Bretterzaun, der die Soldaten von der Revolution trennt, ist hinderlich. Die Angreifer beschließen, den Zaun umzulegen; ein Teil wird niedergerissen, ein Teil in Brand gesteckt. Die Baracken, etwa zwanzig an der Zahl, stehen entblößt da. In zwei, drei von ihnen sind die Radfahrer untergebracht. Die leeren Baracken werden auf der Stelle angezündet. Sechs Jahre später wird sich Kajurow entsinnen: »Die lodernden Baracken und der sie umgebende niedergerissene Zaun, das Knattern der Maschinengewehre und Gewehre, die erregten Gesichter der Belagerer, das herbeirasende Lastauto voll bewaffneter Revolutionäre und schließlich der auftauchende Panzerwagen mit den glänzenden Geschützläufen – ein großartiges, unvergeßliches Bild.« Mit diesen Baracken und Zäunen brannte das alte zaristische Rußland der Polizei, der Leibeigenschaft und der Popen, es ging im Feuer und Rauch auf, es krepierte im Lärm des Maschinengewehrgeknatters. Wie sollten da Kajurow, die Dutzende, Hunderte und Tausende Kajurows nicht gejubelt haben. Der eingetroffene Panzerwagen gab einige Kanonenschüsse auf die Baracken ab, in denen sich die Offiziere und Radfahrer festgesetzt hatten. Der Leiter der Verteidigung fiel, die Offiziere rissen Achselstücke und Abzeichen ab und flüchteten durch die angrenzenden Gemüsegärten, die übrigen ergaben sich. Das war wohl der wichtigste Zusammenstoß dieses Tages.

Der militärische Aufstand nahm unterdes epidemischen Charakter an. Es meuterten an diesem Tage nur jene Truppenteile nicht, die dazu nicht Zeit fanden. Gegen Abend schlossen sich die Soldaten des Semjonowski-Regiments an, das durch bestialisches Niederschlagen des Moskauer Aufstandes im Jahre 1905 berühmt geworden war: die elf Jahre waren nicht spurlos vergangen! Gemeinsam mit den Jägern entwaffneten die Semjonowsker noch spät abends das Ismajlowski-Regiment, das die Vorgesetzten in den Kasernen eingeschlossen hielten: Dieses Regiment, das am 3. Dezember 1905 den ersten Petersburger Sowjet umringt und verhaftet hatte, galt schon damals als eines der rückständigsten. Die zaristische Garnison der Hauptstadt, die 150000 Soldaten zählte, kroch auseinander, zerschmolz, verschwand. Nachts existierte sie nicht mehr.

Chabalow, der am Morgen die Kunde von dem Aufstand der Regimenter vernimmt, versucht noch, Widerstand zu leisten, indem er eine kombinierte Abteilung von etwa tausend Mann mit den drakonischsten Instruktionen gegen die Aufständischen marschieren läßt. Doch das Schicksal dieser Abteilung nimmt einen geheimnisvollen Verlauf. »Es beginnt etwas Unwahrscheinliches sich in diesen Tagen abzuspielen«, erzählt der unvergleichliche Chabalow nach dem Umsturz, ». . . die Abteilung ist ausgerückt, ausgerückt mit mutigen, entschlossenen Offizieren (die Rede ist vom Obersten Kutjepow), aber . . . ergebnislos.« Die nach dieser Abteilung ausgesandten Kompanien verschwinden gleichfalls spurlos. Der General beginnt auf dem Schloßplatz Reserveabteilungen zu formieren, aber »es gab keine Patronen, und man konnte sie nirgendwo auftreiben«. Das alles sind dokumentarische Angaben Chabalows vor der Untersuchungskommission der Provisorischen Regierung. Wohin verschwanden denn all diese Ordnungstruppen? Dies ist nicht schwer zu erraten: Sie gingen, kaum ausgerückt, im Aufstande unter. Arbeiter, Frauen, Jugendliche, meuternde Soldaten umringten die Chabalowschen Abteilungen von allen Seiten, da sie sie entweder als die Ihrigen betrachteten oder zu solchen machen wollten, und ließen sie nicht anders vorwärts als zusammen mit der großen, unübersehbaren Menge. Gegen diese fest an ihnen klebende, nichts mehr fürchtende, unerschöpfliche, alles durchdringende Masse zu kämpfen war ebensowenig möglich wie im Teig zu fechten.

Gleichzeitig mit den Meldungen über Meutereien immer neuer Regimenter erging der Ruf nach zuverlässigen Truppenteilen zur Niederschlagung des Aufstandes, zum Schutze der Telephonstation, des Litauischen Schlosses, des Mariinski-Palais' und anderer, noch geheiligterer Stätten. Chabalow versuchte telephonisch, aus Kronstadt zuverlässige Truppen anzufordern, aber der Kommandant antwortete ihm, er sei selbst um das Schicksal der Festung in Sorge. Chabalow wußte noch nicht, daß der Aufstand auch die benachbarten Garnisonen erfaßt hatte. Der General versuchte, oder tat wenigstens so, als versuche er, sich im Winterpalais zu verschanzen, der Plan wurde aber sofort als undurchführbar aufgegeben und das letzte Häuflein »treuer« Truppen in die Admiralität verlegt. Dort traf der Diktator endlich Sorge, das wichtigste und unaufschiebbarste Werk zu tun: die zwei letzten Regierungsakte – den Rücktritt Protopopows »wegen Krankheit« und die Erklärung des Belagerungszustandes – in Druck zu geben. Mit dem Belagerungszustand hieß es sich allerdings beeilen, denn schon nach wenigen Stunden hob die Armee Chabalows die »Belagerung« Petrograds wieder auf und lief aus der Admiralität auseinander. Nur in Unkenntnis der Lage hat die Revolution am Abend des 27. den mit schrecklichen Vollmachten ausgerüsteten, aber gar nicht mehr schrecklichen General nicht verhaftet. Das wurde ohne Schwierigkeiten am nächsten Tag getan.

War das wirklich der ganze Widerstand des furchtbaren kaiserlichen Rußlands angesichts der tödlichen Gefahr? Ja, beinahe der ganze, trotz der großen Erfahrung in Exekutionen gegen das Volk und der sorgfältigst ausgearbeiteten Pläne. Die später zur Besinnung gekommenen Monarchisten erklärten die Leichtigkeit des Februarsieges des Volkes mit dem besonderen Charakter der Petrograder Garnison. Der gesamte weitere Verlauf der Revolution widerlegt jedoch diese Behauptung. Es ist richtig, daß bereits zu Beginn des schicksalsvollen Jahres die Kamarilla dem Zaren den Gedanken von der Notwendigkeit einer Erneuerung der Petrograder Garnison einzuflüstern versucht hatte. Mühelos ließ sich der Zar davon überzeugen, daß die Gardekavallerie, die als besonders ergeben galt, »lange genug im Feuer gestanden« hätte und eine Ruhepause in den Petrograder Kasernen verdiene. Allein nach ehrfurchtsvollen Vorstellungen seitens der Front willigte der Zar ein, vier Gardekavallerieregimenter durch drei Gardematrosenequipagen zu ersetzen. Nach der Protopopowschen Version wurde dieser Wechsel angeblich ohne Wissen des Zaren vorgenommen, mit einer treubrüchigen Absicht des Kommandos: »Die Matrosen sind aus Arbeitern ausgewählt und stellen das revolutionäre Element in der Armee dar.« Das ist aber reiner Unsinn. Es ist einfach so, daß die höheren Gardeoffiziere, besonders der Kavallerie, zu gute Karriere an der Front machten, um Sehnsucht nach dem Hinterlande zu verspüren. Außerdem dachten sie wohl nicht ohne Angst an die ihnen vorbehaltenen Unterdrükkungsfunktionen an der Spitze von Regimentern, die an der Front ganz anders geworden, als sie am Standort, in der Hauptstadt, gewesen waren. Wie die Ereignisse an der Front bald zeigten, unterschied sich zu dieser Zeit die Gardekavallerie nicht von der übrigen Reiterei, während die in die Hauptstadt übergeführten Gardematrosen sich beim Februarumsturz keinesfalls durch eine aktive Rolle auszeichneten. Die ganze Sache war so, daß das Gewebe des Regimes endgültig verfault und an ihm kein heiler Faden geblieben war ...

Im Laufe des 27. Februars wurden ohne Opfer aus zahlreichen Gefängnissen der Hauptstadt die politischen Gefangenen befreit, darunter die patriotische Gruppe des Kriegsindustriekomitees, die seit dem 26. Januar verhaftet war, und die Mitglieder des Petrograder Komitees der Bolschewiki, die Chabalow vierzig Stunden vorher festgenommen hatte. Die politische Absonderung vollzieht sich an Ort und Stelle, jenseits des Gefängnistores: die Menschewikipatrioten begeben sich in die Duma, wo Rollen und Posten verteilt werden, die Bolschewiki gehen in die Bezirke, zu den Arbeitern und Soldaten, um gemeinsam mit ihnen die Eroberung der Hauptstadt zu vollenden. Man darf dem Feinde keine Atempause gewähren. Mehr als irgendeine andere Sache muß man eine Revolution bis ans Ende führen.

Wer auf den Gedanken gekommen war, die aufständischen Regimenter zum Taurischen Palais zu dirigieren, läßt sich nicht beantworten. Diese politische Marschroute ergab sich aus der ganzen Situation. Zum Taurischen Palais, als dem Sammelpunkt der oppositionellen Information, strebten natürlicherweise alle Elemente des Radikalismus, die mit den Massen nicht verbunden waren. Es ist höchst wahrscheinlich, daß gerade diese Elemente, die am 27. plötzlich einen Zustrom neuer Lebenskräfte verspürten, als Anführer der meuternden Garde auftraten. Diese Rolle war ehrenvoll und beinahe schon ungefährlich. Das Palais Potemkin war seiner ganzen Lage nach sehr geeignet als Zentrum der Revolution. Nur eine Straße trennte den Taurischen Garten von einem ganzen Militärstädtchen, wo die Gardekasernen lagen und verschiedene Kriegsämter untergebracht waren. Allerdings galt dieser Stadtteil während einer Reihe von Jahren sowohl bei der Regierung wie bei den Revolutionären als militärische Hochburg der Monarchie. Er war es auch. Jetzt aber verwandelte sich alles. Vom Gardesektor ging die Soldatenrevolte aus. Die aufständischen Truppen hatten nur eine Straße zu überqueren, um in den Garten des Taurischen Palais zu gelangen, den wieder nur ein Straßenblock von der Newa trennte. Hinter der Newa aber liegt der Wyborger Bezirk, der Dampfkessel der Revolution: die Arbeiter brauchten nur die Alexanderbrücke oder, wenn diese auseinandergenommen, das Eis der Newa zu passieren, um in die Gardekasernen oder in das Taurische Palais zu gelangen. So schloß sich dieses verschiedenartige und seiner Abstammung nach gegensätzliche nordöstliche Dreieck Petersburgs: Garde, Potemkin-Palais und die Riesenbetriebe fest zu einem Heerlager der Revolution zusammen.

In den Räumen des Taurischen Palais werden verschiedene Zentren geschaffen oder in Aussicht genommen, darunter auch der Generalstab des Aufstandes. Man kann nicht sagen, daß dieser einen sehr ernsten Charakter trug. Die »revolutionären« Offiziere, das heißt Offiziere, die in ihrer Vergangenheit durch irgend etwas, und sei es auch durch ein Mißverständnis, mit der Revolution verbunden gewesen waren, den Aufstand jedoch wohlbehalten verschlafen hatten, suchen nach seinem Sieg sich eiligst in Erinnerung zu bringen oder stellen sich, aufgefordert, »in den Dienst der Revolution«. Tiefsinnig betrachten sie die Lage und schütteln pessimistisch die Köpfe. Diese aufgeregten, oft unbewaffneten Soldatenmassen seien ja nicht kampffähig. Es gäbe weder Artillerie, noch Maschinengewehre, noch Verbindungen, noch Kommandeure. Dem Feinde würde ein fester Truppenteil genügen! Im Augenblick behindern die revolutionären Haufen allerdings jede planmäßige Operation in den Straßen. In der Nacht aber entfernen sich die Arbeiter, die Einwohner verstummen, die Stadt wird leer. Greift Chabalow dann mit einem festen Truppenteil die Kasernen an, kann er sich als Herr der Lage erweisen. Nebenbei gesagt taucht dieser Gedanke später in verschiedenen Variationen in allen Etappen der Revolution auf. »Gebt mir ein sicheres Regiment«, wird ein flinker Oberst in seinem Winkel sagen, »und ich fege im Nu diesen ganzen Unrat weg.« Einige, wie wir noch sehen werden, machten auch den Versuch. Aber alle werden die Worte Chabalows wiederholen müssen: »Die Abteilung ist ausgerückt mit mutigen Offizieren, aber ... ergebnislos.«

Woher auch sollten die Ergebnisse kommen? Die unerschütterlichsten aller Abteilungen waren die Polizisten, die Gendarmen und zum Teil noch die Lehrkommandos einiger Regimenter. Sie erwiesen sich aber als kläglich vor dem Ansturm wahrhafter Volksmassen, wie sich acht Monate später, im Oktober, die Bataillone des Georgjewski-Regiments und die Junkerschulen als ohnmächtig erweisen werden. Wo sollte die Monarchie die rettende Truppe hernehmen, die bereit und fähig gewesen wäre zu einem langwierigen und hoffnungslosen Zweikampfe mit der Zweimillionenstadt? Die Revolution erscheint dem in Worten unternehmungslustigen Obersten schutzlos, weil sie noch schrecklich chaotisch ist: überall planlose Bewegungen, sich kreuzende Ströme, Menschenstrudel, erstaunte, gleichsam jäh betäubte Gestalten, zerknüllte Uniformen, gestikulierende Studenten, Soldaten ohne Gewehre, Gewehre ohne Soldaten, in die Luft schießende Jugendliche, tausendstimmiger Lärm, Fluten wildester Gerüchte, grundlose Ängste, grundlose Freuden; es braucht sich, scheint es, nur ein einziger Säbel über diesem Chaos zu erheben, und alles wird restlos auseinanderstieben. Das aber ist ein großer Sehfehler. Das Chaos ist nur scheinbar. Darunter vollzieht sich unaufhaltsam eine Kristallisierung der Massen um neue Achsen. Die ungezählten Mengen sind sich noch selbst nicht ganz im klaren, wie sie wollen, dafür aber sind sie von brennendem Haß gegen das erfüllt, was sie nicht länger wollen. Hinter ihrem Rücken ist ein nie wieder ungeschehen zu machender Einsturz erfolgt. Ein Zurück gibt es nicht. Auch wenn eine Macht vorhanden wäre, sie auseinanderzutreiben, sie wären in einer Stunde wieder beisammen, und der zweite Ansturm würde wütender und blutiger geworden sein. Seit den Februartagen ist die Atmosphäre in Petrograd so glühend heiß, daß jeder feindliche Truppenteil, der in diesen gewaltigen Herd gerät oder sich ihm auch nur nähert, von seinem Atem versengt wird, – sich verwandelt, die Sicherheit verliert, sich paralysiert fühlt und sich den Siegern kampflos auf Gnade oder Ungnade ergibt. Davon wird sich morgen General Iwanow überzeugen, den der Zar mit einem Bataillon Georgierkavallerie von der Front gesandt hat. Nach fünf Monaten wird das gleiche Schicksal General Kornilow ereilen. Nach acht Monaten – Kerenski.

In den vorangegangenen Tagen scheinen in den Straßen die Kosaken die nachgiebigsten zu sein; das kam daher, daß sie am meisten herumgezerrt wurden. Als es aber zum offenen Aufstand kam, rechtfertigte die Reiterei noch einmal ihre konservative Reputation, indem sie hinter der Infanterie zurückblieb. Am 27. bewahrte sie noch den Schein abwartender Neutralität. Wenn auch Chabalow nicht mehr auf sie hoffte, die Revolution war vor ihr noch immer auf der Hut.

Ein Rätsel blieb einstweilen noch die Peterpaulfestung auf der von der Newa umspülten Insel gegenüber dem Winterpalais und den Schlössern der Großfürsten. Hinter den Mauern war – oder schien – die Garnison der Festung gegen Einflüsse der äußeren Welt am meisten geschützt. Eine ständige Artillerie gab es in der Festung nicht, wenn man von der altertümlichen Kanone absieht, die täglich den Petrogradern die Mittagsstunde verkündete. Heute aber sind auf den Mauern, gegen die Brücke gerichtet, Feldgeschütze aufgestellt. Was bereitet sich dort vor? Im Taurischen Stab zerbricht man sich nachts darüber den Kopf, was man mit der Peterpaulfestung beginnen solle, während man sich in der Festung mit der Frage abquält, was die Revolution mit ihr vorhabe. Am Morgen wird sich das Rätsel lösen. »Unter der Bedingung der Unantastbarkeit des Offiziersbestandes« wird die Festung dem Taurischen Palais übergeben. Nachdem sie sich über die Lage klargeworden waren, was nicht gar so schwer war, beeilten sich die Festungsoffiziere, dem unvermeidlichen Gang der Ereignisse zuvorzukommen.

Gegen Abend des 27. ziehen Soldaten, Arbeiter, Studenten und Bürger zum Taurischen Palais. Hier hofft man die zu finden, die alles wissen, hier glaubt man Neues erfahren zu können, Direktiven zu erhalten. Ins Palais werden haufenweise von allen Seiten Waffen zusammengetragen und in einem Raum aufgestapelt, der sich in ein Arsenal verwandelt. In der Nacht hat unterdessen der revolutionäre Stab im Taurischen Palais sich ans Werk gemacht. Er sendet Kommandos aus zur Bewachung der Bahnhöfe und Patrouillen in alle Richtungen, aus denen eventuell Gefahr drohen könnte. Willig und widerspruchslos, wenn auch in völliger Unordnung, erfüllen die Soldaten die Befehle der neuen Macht. Sie fordern aber jedesmal eine schriftliche Order: die Initiative stammt wohl von den Überresten des Kommandobestandes oder von den Militärschreibern. Aber sie haben recht: man muß unverzüglich Ordnung in das Chaos bringen. Der revolutionäre Stab wie der eben entstandene Sowjet besitzen noch keinerlei Stempel. Der Revolution steht erst bevor, die bürokratische Wirtschaft einzuführen. Im Laufe der Zeit wird sie es tun, leider bis zum Überfluß.

Die Revolution beginnt nach den Feinden zu suchen. In der Stadt werden Verhaftungen vorgenommen; »eigenmächtig«, werden die Liberalen vorwurfsvoll sagen. Aber die ganze Revolution ist eigenmächtig. Ins Taurische Palais werden unaufhörlich Gefangene eingeliefert: der Vorsitzende des Staatsrates, Minister, Schutzleute, Ochranaagenten, eine »germanophile« Gräfin, Gendarmerieoffiziere haufenweise. Einige Würdenträger, wie Protopopow, kommen von selbst, um sich verhaften zu lassen: das ist sicherer. »Die Wände des Saales, die einst von Ruhmeshymnen auf den Absolutismus ertönten, vernahmen heute nur Seufzer und Weinen«, wird später die freigelassene Gräfin erzählen. »Nebenan läßt sich ein gefangener General kraftlos in einen Stuhl sinken. Einige Dumamitglieder bieten mir liebenswürdig eine Tasse Tee an. Der tief in seiner Seele erschütterte General sagt erregt: ›Gräfin, wir sind Zeugen des Unterganges eines großen Landes!‹«

Das große Land, das gar nicht daran dachte, unterzugehen, schritt, mit den Stiefeln stampfend, mit den Kolben polternd, die Luft mit Rufen erschütternd und auf manchen Fuß tretend, an den Menschen von gestern vorbei. Revolutionen pflegten sich stets durch Unhöflichkeit auszuzeichnen: wohl deshalb, weil die herrschenden Klassen sich nicht rechtzeitig die Mühe gaben, das Volk an gute Manieren zu gewöhnen.

Das Taurische Palais wird vorübergehend Hauptquartier, Regierungszentrum, Arsenal und Gefängnisverlies der Revolution, die noch nicht Schweiß und Blut von ihrem Antlitz abgewischt hat. Hier, in diesen Strudel, schleichen sich auch die unternehmungslustigen Feinde ein. Zufällig wird ein verkleideter Gendarmerieoberst entdeckt, der in der Ecke seine Aufzeichnungen macht – nicht etwa für die Geschichte, sondern für die Feldgerichte. Soldaten und Arbeiter wollen gleich auf der Stelle mit ihm Schluß machen. Doch die Männer vom »Stab« nehmen sich seiner an und führen ihn behutsam aus der Menge. Die Revolution ist zu dieser Zeit noch gutmütig, vertrauensvoll, weichherzig. Sie wird erst nach einer Reihe von Verrat, Betrug und blutigen Prüfungen erbarmungslos werden.

Die erste Nacht der siegreichen Revolution ist von Unruhe erfüllt. Improvisierte Kommissare der Bahnhöfe und anderer Punkte, in ihrer Mehrzahl zufällige Intellektuelle mit persönlichen Beziehungen, aufdringliche Wichtigtuer, entfernte Bekannte der Revolution – Unteroffiziere, besonders aus der Arbeiterschicht, wären viel nützlicher gewesen! –, beginnen nervös zu werden, wittern überall Gefahr, verwirren die Soldaten und telephonieren unaufhörlich ins Taurische Palais nach Verstärkungen. Dort herrscht ebenfalls Aufregung, auch dort wird dauernd telephoniert, Verstärkungen werden ausgesandt, die den Bestimmungsort meist nicht erreichen. »Wer Befehle erhält«, erzählt ein Mitglied des nächtlichen Stabs im Taurischen, »führt sie nicht aus, wer handelt – handelt ohne Befehle ...«

Ohne Befehle handeln die Arbeiterviertel. Die revolutionären Obleute, die ihre Betriebe auf die Straße führten, Polizeireviere besetzten, die Regimenter aus den Kasernen herausholten und die Nester der Konterrevolution aushoben, eilen nicht ins Taurische, in die Stäbe, in die leitenden Zentren, im Gegenteil, ironisch und mißtrauisch weisen sie mit dem Kopf in jene Richtung: schon flattern die Herrchen herbei, um das Fell des nicht von ihnen erlegten und noch nicht völlig erlegten Bären zu teilen. Die Arbeiter-Bolschewiki wie die Arbeiter der anderen linken Parteien verbringen ihre Tage in den Straßen, die Nächte in den Bezirksstäben, halten die Verbindung mit den Kasernen aufrecht, bereiten den morgigen Tag vor. In der ersten Nacht nach dem Siege setzen sie die Arbeit fort, die sie die letzten fünf Tage getan haben. Sie bilden das junge Knochengerüst der Revolution, die, wie jede Revolution, an ihrem Anfang noch zu ungefestigt ist.

Nabokow, das uns bereits bekannte Mitglied des Kadettenzentrums, der in dieser Zeit als legalisierter Deserteur dem Generalstab angehörte, begab sich am 27., wie stets, zum Dienst in die Kanzlei und blieb dort, ohne etwas von den Ereignissen zu wissen, bis 3 Uhr nachmittags. Am Abend hörte man in der Morskaja-Straße Schüsse. Nabokow vernahm sie in seiner Wohnung, Panzerwagen rasten vorbei, vereinzelte Soldaten und Matrosen liefen die Mauern entlang durch die Straße, – der ehrwürdige Liberale beobachtete das durch die Seitenfenster seines Erkers. »Das Telephonamt arbeitete weiter, und die Nachrichten über die Tagesereignisse wurden mir, wenn ich mich recht entsinne, von meinen Freunden mitgeteilt. Zur gewohnten Stunde gingen wir schlafen.« Dieser Mann wird bald einer der Inspiratoren der Revolutionären (!) Provisorischen Regierung sein, in Gestalt ihres Geschäftsführers. Auf der Straße wird morgen ein unbekannter Greis, irgendein Bürobeamter oder vielleicht Lehrer an ihn herantreten, wird den Hut ziehen und sprechen: »Dank für alles, was Sie für das Volk getan haben.« Und mit bescheidenem Stolz wird Nabokow selbst es uns erzählen.

Wer leitete den Februaraufstand?

Die Advokaten und Journalisten der durch die Revolution betroffenen Klassen haben nachträglich nicht wenig Tinte verbraucht, um zu beweisen, daß im Februar eigentlich eine Weiberrebellion stattgefunden habe, die dann von der Soldatenmeuterei überdeckt wurde; das eben habe man für eine Revolution ausgegeben. Ludwig XVI. wollte seinerzeit ebenfalls glauben, die Einnahme der Bastille sei eine Rebellion, doch man hat ihm ehrfurchtsvoll beigebracht, daß es eine Revolution sei. Jene, die bei einer Revolution verlieren, sind selten geneigt, ihr ihren rechten Namen zuzugestehen, denn dieser ist, trotz aller Bemühungen wütender Reaktionäre, im historischen Gedächtnis der Menschheit mit der Aureole der Befreiung von alten Ketten und Vorurteilen umgeben. Die Privilegierten aller Jahrhunderte und deren Lakaien haben unentwegt versucht, die Revolution, die sie gestürzt hatte, zum Unterschiede von den früheren, als Wirren, Meuterei oder Pöbelrebellion zu proklamieren. Klassen, die sich überlebt haben, zeichnen sich nie durch Erfindungsgeist aus.

Kurz nach dem 27. Februar unternahm man Versuche, die Februarrevolution mit dem jungtürkischen Militärstreich zu vergleichen, von dem, wie wir wissen, man in den oberen Schichten der russischen Bourgeoisie nicht wenig geträumt hatte. Dieser Vergleich war jedoch derart trostlos, daß er sogar in einem bürgerlichen Blatte eine ernste Zurückweisung fand. Tugan-Baranowski, Nationalökonom, der in seiner Jugend die Marxsche Schule durchgemacht hatte, eine russische Spielart von Sombart, schrieb am 10. März in der »Birschewyje Wedomosti«:

»Die türkische Revolution bestand in einer siegreichen Erhebung der Armee, die von den Führern vorbereitet und verwirklicht worden war. Die Soldaten waren nur gehorsame Vollstrecker der Absichten ihrer Offiziere. Aber jene Garderegimenter, die am 27. den russischen Thron umgestürzt haben, waren ohne ihre Offiziere erschienen ... Nicht die Armee, sondern die Arbeiter haben den Aufstand begonnen. Nicht Generale, sondern Soldaten sind zur Reichsduma marschiert. Die Soldaten haben die Arbeiter unterstützt, nicht in gehorsamer Ausführung der Befehle ihrer Offiziere, sondern, weil ... sie sich blutsverwandt fühlten mit den Arbeitern, als einer Klasse ebenso werktätiger Menschen wie sie selbst. Die Bauern und die Arbeiter – das sind die zwei sozialen Klassen, die die russische Revolution vollbrachten.«

Diese Worte bedürfen weder einer Berichtigung noch Ergänzung. Die weitere Entwicklung der Revolution hat ihren Sinn zur Genüge bestätigt und bekräftigt.

Der letzte Februartag war in Petrograd der erste Tag nach dem Siege: ein Tag der Begeisterung, der Umarmungen, freudiger Tränen, wortreicher Ergüsse, doch zugleich der Tag der letzten Schläge gegen den Feind. In den Straßen knatterten noch Schüsse. Man erzählte, Protopopows »Pharaonen«, über den Sieg des Volkes nicht unterrichtet, schössen noch weiter von den Dächern. Von unten feuerte man gegen Dachböden, Bodenfenster und Kirchtürme, wo man bewaffnete Phantome des Zarismus vermutete. Um 4 Uhr nachmittags wurde die Admiralität besetzt, wo sich die letzten Reste einstiger Staatsmacht verborgen hielten. Revolutionäre Organisationen und improvisierte Gruppen nahmen in der Stadt Verhaftungen vor. Das Schlüsselburger Zuchthaus wurde ohne einen Schuß genommen. Es schlossen sich der Revolution immer neue und neue Regimenter an: in der Hauptstadt und in der Umgebung.

Der Umsturz in Moskau war nur ein Widerhall des Aufstandes in Petrograd. Die gleichen Stimmungen bei Arbeitern und Soldaten, nur im Ausdruck nicht so kraß. Etwas linkere Stimmungen bei der Bourgeoisie. Eine noch größere Schwäche der revolutionären Organisationen als in Petrograd. Als die Ereignisse an der Newa ihren Anfang nahmen, hielt die Moskauer radikale Intelligenz Beratungen ab, was zu tun sei, und kam zu keinem Entschluß. Erst am 27. Februar begannen in den Moskauer Fabrikbetrieben Streiks, danach folgten Demonstrationen. Die Offiziere sagten den Soldaten in den Kasernen, auf den Straßen meutere Gesindel, das man zur Räson bringen müsse. »Aber jetzt«, erzählt der Soldat Schischilin, »verstanden die Soldaten das Wort Gesindel verkehrt!« Gegen 2 Uhr nachmittags erschienen vor dem Gebäude der Stadtduma aus verschiedenen Regimentern zahlreiche Soldaten, die Wege suchten, sich der Revolution anzuschließen. Am nächsten Tage wuchsen die Ausstände an. Massen zogen mit Fahnen zur Duma. Der Soldat der Automobil-Kompanie, Muralow, ein alter Bolschewik, Agronom von Beruf, ein großmütiger und tapferer Riese, führte den ersten geschlossenen und disziplinierten Truppenteil zur Duma, der das Radio und andere Punkte besetzte. Acht Monate später wird Muralow die Truppen des Moskauer Militärbezirks kommandieren.

Die Gefängnisse wurden geöffnet. Der gleiche Muralow brachte einen Lastwagen mit befreiten politischen Gefangenen. Die Hand an der Mütze, fragte der Polizeiaufseher den Revolutionär, ob man auch Juden herauslassen solle. Der soeben aus dem Zuchthaus befreite Dserschinski, der die Arrestantenkleider noch nicht gewechselt hatte, trat im Gebäude der Duma auf, wo sich bereits der Sowjet formierte. Der Artillerist Dorofejew wird später erzählen, wie die Arbeiter der Konfektfabrik Siou am 1. März mit Fahnen in der Kaserne der Artilleriebrigade erschienen, sich mit den Soldaten zu verbrüdern, und wie viele sich vor Freude nicht fassen konnten und weinten. Es gab in der Stadt vereinzelte Schüsse aus dem Hinterhalt, im allgemeinen aber weder bewaffnete Zusammenstöße noch Opfer: für Moskau stand Petrograd ein.

In einer Reihe von Provinzstädten begann die Bewegung erst am 1. März, nachdem der Umsturz auch in Moskau bereits vollzogen war. In Twer begaben sich die Arbeiter aus den Betrieben in Demonstrationszügen zu den Kasernen und marschierten, zusammen mit den Soldaten, durch die Straßen der Stadt. Damals sang man noch die Marseillaise und nicht die Internationale. In Nischni-Nowgorod versammelten sich Tausende von Menschen beim Gebäude der Stadtduma, das in den meisten Städten die Rolle des Taurischen Palais spielte. Nach der Rede des Bürgermeisters setzten sich die Arbeiter mit roten Fahnen in Bewegung, die Politischen aus den Gefängnissen zu befreien. Von einundzwanzig Truppenteilen der Garnison gingen schon bis zum Abend achtzehn freiwillig zur Revolution über. In Samara und Saratow fanden Meetings statt, wurden Sowjets der Arbeiterdeputierten gebildet. In Charkow richtete sich der Polizeimeister, der Zeit gefunden hatte, am Bahnhof über den Umsturz Erkundigungen einzuziehen, in seinem Wagen vor der erregten Menge hoch und schrie aus voller Lunge, die Mütze in der Luft schwenkend: »Es lebe die Revolution, hurra!« Jekaterinoslaw erhielt die Kunde aus Charkow. An der Spitze der Manifestation schritt der Gehilfe des Polizeimeisters, den langen Säbel mit der Hand stützend, wie es bei Paraden an Zarentagen üblich gewesen. Als es endgültig klar war, daß die Monarchie sich nicht mehr erheben werde, begann man in den Regierungsämtern in aller Stille die Zarenporträts herunterzunehmen und auf dem Boden zu verstecken. Solche Anekdoten, wahre und erfundene, gab es nicht wenig in den liberalen Kreisen, die noch den Geschmack an dem scherzhaften Ton in bezug auf die Revolution nicht verloren hatten. Die Arbeiter wie die Soldatengarnisonen erlebten die Ereignisse auf ganz andere Art.

Von einer Reihe anderer Provinzstädte (Pskow, Orel, Rybinsk, Pensa, Kasan, Zarizyn usw.) vermerkt die Chronik unter dem 2. März: »Man erfuhr von dem vollzogenen Umsturz, und die Bevölkerung schloß sich der Revolution an.« Dieser Bericht gibt, trotz seines summarischen Charakters, das Geschehene im wesentlichen richtig wieder.

In das Dorf flossen die Nachrichten über die Revolution aus den nächsten Städten teils durch die Behörden, hauptsächlich durch die Märkte, die Arbeiter und die Urlauber. Das Dorf nahm den Umsturz langsamer und weniger enthusiastisch auf als die Stadt, aber nicht minder tief: es verband ihn mit Krieg und Land.

Es wäre keine Übertreibung, zu sagen, daß Petrograd die Februarrevolution vollbrachte. Das übrige Land schloß sich ihm an. Nirgends außer in Petrograd gab es Kampf. Im ganzen Lande fanden sich keine Bevölkerungskreise, Parteien, Institutionen oder Truppenteile, die es gewagt hätten, zum Schutze des alten Regimes aufzustehen. Das beweist, wie unbegründet das spätere Gerede der Reaktionäre war, wonach das Schicksal der Monarchie sich anders gestaltet hätte, wenn die Gardekavallerie in Petrograd gewesen wäre oder wenn Iwanow eine zuverlässige Brigade von der Front gebracht hätte. Weder im Hinterlande noch an der Front war eine Brigade oder ein Regiment bereit, sich für Nikolaus II. zu schlagen.

Der Umsturz vollzog sich auf Initiative und durch die Kraft einer Stadt, die etwa ein Fünfundsiebzigstel der gesamten Bevölkerung Rußlands umfaßte. Wenn man will, kann man sagen, der größte demokratische Akt vollzog sich auf die undemokratischste Weise. Das ganze Land war vor eine vollendete Tatsache gestellt. Der Umstand, daß man in der Perspektive mit der konstituierenden Versammlung rechnete, ändert daran nichts, denn die Fristen und die Art der Einberufung der Nationalvertretung wurden von Organen bestimmt, die aus dem siegreichen Petrograder Aufstand hervorgegangen waren. Das wirft ein grelles Licht auf die Frage der Funktion demokratischer Formen im allgemeinen und während revolutionärer Epochen im besonderen. Dem juristischen Fetischismus des Volkswillens haben Revolutionen stets schwere Schläge zugefügt, und zwar um so erbarmungsloser, je tiefer, kühner, demokratischer diese Revolutionen waren.

Es ist oft genug davon gesprochen worden, besonders in bezug auf die Große Französische Revolution, daß die äußerste Zentralisierung der Monarchie später der revolutionären Hauptstadt gestattete, für das ganze Land zu denken und zu handeln. Diese Erklärung ist oberflächlich. Wenn die Revolution zentralistische Tendenzen aufweist, so nicht als Nachahmung der gestürzten Monarchie, sondern infolge der unausweichlichen Bedürfnisse der neuen Gesellschaft, die sich mit Partikularismus nicht vertragen. Wenn die Hauptstadt in der Revolution eine so dominierende Rolle spielt und in gewissen Momenten gleichsam den Willen der Nation in sich konzentriert, dann eben deshalb, weil sie die wesentlichsten Tendenzen der neuen Gesellschaft am krassesten ausdrückt und zu Ende führt. Die Provinz empfindet die Schritte der Hauptstadt als ihre eigenen, aber bereits in die Tat umgesetzten Absichten. Die initiative Rolle der Zentren ist nicht eine Verletzung des Demokratismus, sondern seine dynamische Verwirklichung. Jedoch fiel in großen Revolutionen der Rhythmus dieser Dynamik niemals mit dem Rhythmus der formalen, repräsentativen Demokratie zusammen. Die Provinz schließt sich den Handlungen des Zentrums an, nur mit Verspätung. Bei der eine Revolution charakterisierenden schnellen Entwicklung der Ereignisse führt dies zu scharfen, mit Methoden der Demokratie nicht zu lösenden Krisen des revolutionären Parlamentarismus. In allen wirklichen Revolutionen zerschlug sich die Nationalvertretung unvermeidlich den Kopf an der Dynamik der Revolution, deren Hauptherd die Hauptstadt war. So im siebzehnten Jahrhundert in England, im achtzehnten in Frankreich und im zwanzigsten in Rußland. Die Rolle der Hauptstadt wird nicht durch die Traditionen des bürokratischen Zentralismus, sondern durch die Lage der führenden revolutionären Klasse bestimmt, deren Avantgarde sich naturgemäß in der Hauptstadt konzentriert: das trifft in gleicher Weise für die Bourgeoisie wie für das Proletariat zu.

Als der Februarsieg feststand, ging man an das Zählen der Opfer. In Petrograd wurden ermittelt: 1443 Tote und Verwundete, darunter 869 Militärpersonen, davon 60 Offiziere. Verglichen mit der Zahl der Opfer einer beliebigen Schlacht der großen Metzelei sind diese erheblichen Zahlen verschwindend gering. Die liberale Presse verkündete die Februarrevolution als eine unblutige. In den Tagen allgemeiner Auflösung der Gefühle und gegenseitigen Amnestierens der patriotischen Parteien unternahm es niemand, die Wahrheit festzustellen. Albert Thomas, der Freund alles Siegreichen, sogar siegreicher Aufstände, schrieb damals von der »allersonnigsten, allerfestlichsten, allerunblutigsten russischen Revolution«. Allerdings in der Hoffnung, sie würde zur Verfügung der französischen Börse bleiben. Aber schließlich hatte nicht Thomas das Pulver erfunden. Am 27. Juni 1789 rief Mirabeau: »Welches Glück, diese große Revolution wird ohne Morde und ohne Tränen auskommen! ... Die Geschichte hat zu lange nur von Raubtiertaten berichtet ... Wir dürfen hoffen, die Geschichte der Menschen zu beginnen.« Als alle drei Stände sich in der Nationalversammlung vereinigt hatten, schrieben die Vorfahren von Albert Thomas: »Die Revolution ist beendet, sie hat keinen Tropfen Blut gekostet.« Und man muß zugeben, daß es in jener Periode tatsächlich noch kein Blut gegeben hatte. Anders in den Februartagen. Doch die Legende von der unblutigen Revolution erhielt sich hartnäckig, da es dem Bedürfnis des liberalen Bourgeois entsprach, die Sache so darzustellen, als sei ihm die Macht von selbst zugefallen.

Wenn aber die Februarrevolution auch nicht unblutig gewesen ist, so muß man doch staunen über die geringe Zahl an Opfern, sowohl im Augenblick des Umsturzes als auch besonders in der ersten nachfolgenden Periode. War es doch eine Abrechnung für Sklaverei, Verfolgungen, Hohn und niederträchtige Mißhandlungen, denen die Volksmassen Rußlands jahrhundertelang ausgesetzt gewesen waren! Matrosen und Soldaten rechneten zwar hie und da mit ihren schlimmsten Schindern in Gestalt von Offizieren ab. Doch war die Zahl solcher Vergeltungen verschwindend im Vergleich mit der Zahl der alten blutigen Kränkungen. Die Massen streiften ihre Gutmütigkeit erst bedeutend später ab, nachdem sie sich überzeugt hatten, daß die herrschenden Klassen alles zurückzuzerren und die Revolution, die sie nicht vollbracht hatten, für sich auszunutzen suchten, wie sie sich stets die Güter des Lebens, die sie nicht erzeugten, anzueignen pflegten.

Tugan-Baranowski hat recht, wenn er sagt, die Februarrevolution hätten die Arbeiter und Bauern vollbracht, die letzteren in der Person des Soldaten. Es bleibt aber die große Frage bestehen, wer hat den Umsturz geleitet? Wer hat die Arbeiter auf die Beine gebracht? Wer die Soldaten auf die Straße geführt? Nach dem Siege wurden diese Fragen Gegenstand von Parteikämpfen. Am einfachsten suchte man sie durch eine Universalformel zu lösen: keiner hat die Revolution geleitet, sie vollzog sich von selbst. Diese »Elementar«-Theorie kam nicht nur jenen Herrschaften sehr gelegen, die gestern noch in aller Ruhe administriert, gerichtet, angeklagt, verteidigt, gehandelt oder kommandiert hatten, heute aber Eile zeigten, sich der Revolution anzubiedern, sondern auch vielen Berufspolitikern und gewesenen Revolutionären, die, nachdem sie die Revolution verschlafen hatten, nun glauben wollten, sie unterschieden sich in dieser Hinsicht nicht von allen anderen.

In seiner kuriosen »Geschichte der russischen Wirren« erzählt General Denikin, der ehemalige Höchstkommandierende der Weißen Armee, über den 27. Februar: »An diesem entscheidenden Tage gab es keine Führer, es gab nur entfesselte Elemente. In ihrem zornigen Lauf konnte man weder Ziel, noch Plan, noch Parolen erkennen.« Der gelehrte Historiker Miljukow schürft nicht tiefer als der General, der eine Schwäche für das Schrifttum hat. Bis zum Umsturz hatte der liberale Führer jeden Gedanken an eine Revolution für eine Eingebung des deutschen Stabes erklärt. Die Lage wurde aber nach dem Umsturz, der die Liberalen an die Macht brachte, verzwickter. Jetzt bestand Miljukows Aufgabe nicht mehr darin, die Revolution mit der Ehrlosigkeit der hohenzollernschen Initiative zu behaften, sondern, im Gegenteil, den Revolutionären die Ehre der Initiative abzusprechen. Der Liberalismus adoptierte vollständig die Theorie vom elementaren und unpersönlichen Charakter des Umsturzes. Mit Sympathie beruft sich Miljukow auf den Halbliberalen, Halbsozialisten Stankewitsch, einen Privatdozenten, der Regierungskommissar beim Hauptquartier des Oberkommandos geworden war. »Die Masse kam von selbst in Bewegung, einem unbewußten, inneren Drange gehorchend ...«, schreibt Stankewitsch über die Februartage. »Mit welcher Parole sind die Soldaten aufgetreten? Wer führte sie, als sie Petrograd eroberten, als sie das Bezirksgericht niederbrannten? Nicht eine politische Idee, nicht eine revolutionäre Parole, nicht eine Verschwörung, nicht eine Rebellion, sondern die elementare Bewegung, die mit einem Male die alte Macht restlos einäscherte.« Das Elementare erhält hier einen fast mystischen Charakter.

Der gleiche Stankewitsch gibt eine sehr wertvolle Zeugenaussage: »Ende Januar hatte ich Gelegenheit, in einem sehr intimen Kreise Kerenski zu treffen ... Gegenüber der Möglichkeit eines Volksaufstandes verhielten sich alle ausgesprochen ablehnend, aus Furcht, die einmal ausgebrochene Massenbewegung des Volkes könnte in linksradikales Fahrwasser geraten, und dieses würde außerordentliche Schwierigkeiten für die Kriegsführung schaffen.« Die Ansichten des Kerenskikreises unterschieden sich im wesentlichen nicht von denen der Kadetten. Nicht von dort konnte die Initiative ausgehen.

»Die Revolution schlug wie ein Blitz aus heiterem Himmel ein«, sagt der Vertreter der sozialrevolutionären Partei, Sensinow. »Wollen wir offen sein: sie kam als eine große und freudige Überraschung auch für uns, Revolutionäre, die lange Jahre für sie gearbeitet und sie stets erwartet hatten.«

Nicht viel besser verhielt sich die Sache mit den Menschewiki. Ein Journalist der bürgerlichen Emigrantenkreise berichtet über seine Begegnung in der Straßenbahn am 24. Februar mit Skobeljew, dem späteren Minister der revolutionären Regierung. »Dieser Sozialdemokrat, einer der Führer der Bewegung, sagte mir, die Unruhen trügen den Charakter von Plünderungen, die man unterdrücken müsse. Das hinderte Skobeljew nicht, einen Monat später zu behaupten, er und seine Freunde hätten die Revolution gemacht.« Die Farben sind hier sicherlich dick aufgetragen. Doch im wesentlichen ist die Position der legalen Sozialdemokraten, der Menschewiki, ziemlich der Wirklichkeit entsprechend wiedergegeben.

Schließlich sagt ein späterer Führer des linken Flügels der Sozialrevolutionäre, Mstislawski, der dann zu den Bolschewiki überging, von dem Februarumsturz: »Die Revolution hat uns, damalige Parteileute, wie die törichten Jungfrauen des Evangeliums schlafend überrascht.« Es ist hierbei unwesentlich, wieweit sie Jungfrauen ähnelten, geschlafen haben sie tatsächlich alle.

Wie aber war es mit den Bolschewiki? Das ist uns zum Teil schon bekannt. Hauptleiter der unterirdischen bolschewistischen Organisation in Petrograd waren damals drei Männer: die ehemaligen Arbeiter Schljapnikow und Saluzki und der ehemalige Student Molotow. Schljapnikow, der längere Zeit im Ausland gelebt und mit Lenin in naher Verbindung gestanden hatte, war der politisch reifere und aktivere der drei, die das Büro des Zentralkomitees bildeten. Doch bestätigen die Erinnerungen Schljapnikows selbst am besten, daß das Trio den Ereignissen nicht gewachsen war. Bis zur allerletzten Stunde glaubten die Führer, es handle sich nur um eine revolutionäre Kundgebung, um eine von vielen, nicht aber um einen bewaffneten Aufstand. Der uns bereits bekannte Kajurow, einer der Leiter des Wyborger Bezirkes, behauptet kategorisch: »Direktiven aus den Parteizentren waren absolut nicht zu verspüren ... Das Petrograder Komitee war verhaftet, und der Vertreter des Zentralkomitees, Genosse Schljapnikow, war ohnmächtig, Weisungen für den nächsten Tag zu geben.«

Die Schwäche der unterirdischen Organisationen war die unmittelbare Folge des politischen Vernichtungsfeldzuges, der der Regierung dank der zu Beginn des Krieges herrschenden patriotischen Stimmung ganz besondere Erfolge gebracht hatte. Jede Organisation, darunter auch die revolutionäre, besitzt die Tendenz, hinter ihrer sozialen Basis zurückzubleiben. Die unterirdischen Organisationen der Bolschewiki hatten sich zu Beginn des Jahres 1917 von Niedergeschlagenheit und Zersplitterung noch immer nicht erholt, während in den Massen die Pestluft des Patriotismus jäh der revolutionären Empörung Platz machte.

Um ein klareres Bild von der Lage der revolutionären Führung zu erhalten, mußte man sich vergegenwärtigen, daß die autoritärsten Revolutionäre, die Führer der linken Parteien, sich in der Emigration und zum Teil auch in Gefängnissen und Verbannung befanden. Je gefährlicher eine Partei für das alte Regime gewesen war, um so grausamer enthauptet zeigte sie sich zu Beginn der Revolution. Die Narodniki hatten eine Dumafraktion, geführt von dem parteilosen Radikalen Kerenski. Der offizielle Führer der Sozialrevolutionäre, Tschernow, befand sich in der Emigration. Die Menschewiki verfügten in der Duma über eine Parteifraktion mit Tschcheidse und Skobeljew an der Spitze. Martow lebte als Emigrant im Auslande, Dan und Zeretelli in der Verbannung. Um die linken Fraktionen, Narodniki und Menschewiki, gruppierte sich ein großer Teil sozialistischer Intellektueller mit revolutionärer Vergangenheit. Daraus entstand so etwas wie ein politischer Stab, nur in der Art, daß er erst nach dem Siege fähig war, sich zu zeigen. Die Bolschewiki hatten keine Dumafraktion: 5 Arbeiterdeputierte, in denen die zaristische Regierung das organisierende Zentrum der Revolution sah, waren seit den ersten Kriegsmonaten verhaftet. Lenin war in der Emigration, mit ihm Sinowjew. Kamenew, wie auch die damals nur wenig bekannten führenden Praktiker Swerdlow, Rykow, Stalin, in der Verbannung. Der polnische Sozialdemokrat Dserschinski, der damals noch nicht zu den Bolschewiki gehörte, befand sich in der Katorga. Die zufällig anwesenden Führer hielten weder sich noch andere für fähig, eine leitende Rolle in den revolutionären Ereignissen zu spielen, besonders da sie gewohnt waren, nur unter unbestritten autoritärer Führung zu handeln.

Wenn aber schon die bolschewistische Partei den Aufständischen keine autoritäre Leitung zu sichern vermochte, so konnte bei den übrigen politischen Organisationen davon nicht einmal die Rede sein. Dies unterstützte die verbreitete Meinung vom elementaren Charakter der Februarrevolution. Nichtsdestoweniger ist sie tief irrig, im besten Falle inhaltlos.

Der Kampf dauerte in der Hauptstadt nicht 1 und nicht 2 Stunden, sondern 5 Tage. Die Führer waren bestrebt, ihn einzudämmen. Die Massen antworteten mit verschärftem Ansturm und drangen vorwärts. Sie hatten gegen sich den alten Staat, hinter dessen traditioneller Fassade man noch eine mächtige Kraft vermutete, die liberale Bourgeoisie mit Reichsduma, Semstwo- und Stadtverbänden, Kriegsindustrie-Organisationen, Akademien, Universitäten und weitverzweigter Presse; schließlich zwei starke sozialistische Parteien, die dem Druck von unten patriotischen Widerstand entgegensetzten. In der Partei der Bolschewiki hatte der Aufstand die ihm am nächsten stehende, aber enthauptete Organisation, mit zersplitterten Kadern und schwachen illegalen Zellen. Dennoch entbrannte die Revolution, die in jenen Tagen niemand erwartet hatte, und als man oben glaubte, die Bewegung erlösche bereits, sicherte sie sich in schroffem Aufstieg und mächtigen Konvulsionen den Sieg.

Woher diese beispiellose Kraft der Beharrlichkeit und des Ansturmes? Es genügt nicht, auf die Erbitterung zu verweisen. Erbitterung allein wäre zu wenig gewesen. So sehr die Petrograder Arbeiter während der Kriegsjahre durch menschliches Rohmaterial auch verwässert worden waren, so besaßen sie immerhin große revolutionäre Erfahrung. In ihrer Beharrlichkeit und in ihrem Ansturm war, trotz fehlender Leitung und der Gegenwirkung von oben, eine nicht immer ausgesprochene, aber auf Lebenserfahrung begründete Kräftebewertung und selbständige strategische Berechnung.

Am Vorabend des Krieges ging die revolutionäre Schicht der Arbeiter mit den Bolschewiki und führte die Masse hinter sich. Mit Beginn des Krieges änderte sich die Lage schroff: die konservativen Zwischenschichten erhoben den Kopf und rissen einen bedeutenden Teil der Klasse mit sich, die revolutionären Elemente wurden isoliert und verstummten. Im Verlauf des Krieges änderte sich die Situation, anfangs langsam, dann, nach den Niederlagen, schneller und radikaler. Aktive Unzufriedenheit ergriff die gesamte Arbeiterklasse. Zwar war sie bei großen Kreisen noch patriotisch gefärbt, doch hatte das mit dem berechnenden, feigen Patriotismus der besitzenden Klasse nichts gemein, die alle inneren Fragen bis nach dem Siege vertagten. Gerade der Krieg, seine Opfer, seine Schrecken und seine Schande ließen nicht nur die alten, sondern auch die neuen Arbeiterschichten mit dem zaristischen Regime zusammenstoßen, mit neuer Schärfe anprallen und zu der Schlußfolgerung kommen: man darf es nicht länger dulden! Diese Schlußfolgerung war allgemein, sie verband die Massen und verlieh ihnen die gewaltige Kraft des Vorstoßes.

Die Armee quoll auf, Millionen Arbeiter und Bauern in sich aufnehmend. Jeder hatte beim Militär die Seinen: einen Sohn, einen Mann, einen Bruder oder einen anderen Nächsten. Die Armee war nicht mehr wie vor dem Kriege vom Volke abgezäunt. Man kam jetzt mit Soldaten viel mehr zusammen, man begleitete sie, wenn sie zur Front abmarschierten, man lebte mit ihnen, wenn sie auf Urlaub kamen, man unterhielt sich mit ihnen in den Straßen, in den Straßenbahnen über die Front, man besuchte sie in den Lazaretten. Arbeiterviertel, Kaserne, Front und zum großen Teil auch das Dorf wurden miteinander verbundene Gefäße. Die Arbeiter wußten, was der Soldat dachte und fühlte. Sie führten endlose Gespräche über den Krieg, über Menschen, die sich am Kriege bereicherten, über Generale, über Regierung, über Zar und Zarin. Der Soldat sagte über den Krieg: Verflucht sei er! Der Arbeiter antwortete über die Regierung: Verflucht seien sie alle! Der Soldat sagte: Weshalb schweigt ihr hier, im Zentrum? Der Arbeiter antwortete: Mit leeren Händen ist nichts zu machen, schon im Jahre 1905 haben wir uns an der Armee blutig gestoßen. Der Soldat grübelnd: Wenn sich doch alle auf einmal erhöben! Der Arbeiter: Ja, eben alle auf einmal. Solche Gespräche wurden vor dem Kriege von einzelnen geführt und hatten einen konspirativen Charakter. Jetzt sprach man überall so, bei jedem Anlaß und fast offen, mindestens in den Arbeitervierteln.

Der zaristischen Ochrana gelang manchmal eine gute Sondierung. Zwei Wochen vor der Revolution berichtete ein Petrograder Spitzel, der mit dem Spitznamen Krestjaninow unterzeichnete, in seinem Rapport über ein Gespräch in der Straßenbahn, die einen Arbeitervorort kreuzte. Ein Soldat habe erzählt, aus seinem Regiment seien 8 Mann in die Katorga verschickt worden, weil sie sich im Herbst geweigert hätten, auf die Arbeiter der Nobel-Werke zu schießen, und auf die Polizisten schossen. Dieses Gespräch wurde ganz offen geführt, da Polizei und Spitzel es in den Arbeitervierteln vorzogen, unbemerkt zu bleiben. »Wir werden mit ihnen abrechnen«, schloß der Soldat. Der Rapport lautet weiter: »Ein Arbeiter sagte: ›Dazu muß man sich organisieren, damit alle wie einer sind.‹ Der Soldat antwortete: ›Darüber braucht man sich keine Sorgen zu machen, bei uns ist schon längst organisiert ... Sie haben genug Blut getrunken, die Menschen leiden an der Front, sie aber fressen sich hier dicke Fratzen an ...‹ Besondere Vorfälle haben sich nicht ereignet. 10. Februar 1917. Krestjaninow.« Ein unvergleichliches Spitzel-Epos! »Besondere Vorfälle haben sich nicht ereignet.« Sie werden sich ereignen, und zwar bald: die Unterhaltung in der Straßenbahn verzeichnet ihr unausbleibliches Nahen.

Den elementaren Charakter des Aufstandes illustriert Mstislawski durch ein bemerkenswertes Beispiel: Als der »Verband der Offiziere des 27. Februar«, der gleich nach dem Umsturz entstanden war, durch eine Umfrage festzustellen versuchte, wer als erster das Wolynski-Regiment auf die Straße geführt hatte, kamen sieben Angaben über sieben Initiatoren dieser entscheidenden Aktion. Es ist höchst wahrscheinlich, möchten wir unsererseits hinzufügen, daß ein Teilchen der Initiative tatsächlich mehreren Soldaten gehörte; wobei nicht ausgeschlossen ist, daß der Hauptinitiator in den Straßenkämpfen fiel, seinen Namen ins Dunkel mitnehmend. Dies aber schmälert das historische Gewicht seiner namenlosen Initiative nicht. Wichtiger ist noch eine andere Seite der Sache, die uns über die Mauern der Kaserne hinausführt. Der Aufstand der Gardebataillone, der zur Überraschung der liberalen und legal-sozialistischen Kreise entbrannte, kam gar nicht unerwartet für die Arbeiter. Ohne deren Aufstand wäre auch das Wolynski-Regiment nicht auf die Straße gegangen. Der Zusammenstoß der Arbeiter mit den Kosaken, den der Advokat von seinem Fenster aus beobachtet und von dem er telephonisch einem Deputierten Mitteilung gemacht hatte, erschien beiden wie die Episode eines unpersönlichen Prozesses: die Heuschrecken der Fabriken sind mit den Heuschrecken der Kaserne zusammengeprallt. Anders aber erschien die Sache dem Kosaken, der es gewagt hatte, dem Arbeiter zuzublinzeln, wie dem Arbeiter, der sofort entschied, der Kosak »hat gut geblinzelt« ... Das molekulare Ineinanderdringen von Armee und Volk ging ununterbrochen vor sich. Die Arbeiter verfolgten die Temperatur der Armee und fühlten sofort das Nahen des kritischen Punktes. Das verlieh auch dem Ansturm der auf den Sieg vertrauenden Massen diese unwiderstehliche Kraft.

Hier müssen wir die treffende Bemerkung eines liberalen Würdenträgers anführen, der versuchte, das Fazit seiner Februarbeobachtungen zu ziehen: »Es ist üblich, zu sagen: die Bewegung hat elementar begonnen, die Soldaten sind von selbst auf die Straße gegangen. Ich kann dem keinesfalls zustimmen. Was will auch das Wörtchen ›elementar‹ besagen? ... Die ›Urzeugung‹ ist in der Soziologie noch unmöglicher als in der Naturwissenschaft. Weil kein revolutionärer Führer von Namen der Bewegung sein

Etikett anhängen kann, wird sie nicht unpersönlich, sondern nur namenlos.« Diese Fragestellung, die unvergleichlich ernster ist als die Hinweise Miljukows auf deutsche Agenten und russische Elementargewalten, gehört einem ehemaligen Staatsanwalt, der im Amte eines zaristischen Senators der Revolution begegnete. Vielleicht hat gerade die Gerichtserfahrung Sawadski erlaubt, zu der Einsicht zu kommen, daß der revolutionäre Aufstand weder auf Kommando ausländischer Agenten, noch als unpersönlicher Naturprozeß entstehen konnte.

Der gleiche Autor führt zwei Episoden an, die es ihm ermöglichten, gleichsam durch das Schlüsselloch ins Laboratorium des Revolutionsprozesses zu blicken. Am Freitag, dem 24. Februar, als oben noch keiner einen Umsturz für die nächsten Tage erwartete, bog die Straßenbahn, in der der Senator saß, plötzlich mit solchem Krach, daß die Scheiben zitterten und eine zerbrach, vom Litejny-Prospekt in eine Nebenstraße ein und blieb stehen. Der Schaffner forderte alle auf, auszusteigen. »Der Wagen wird nicht weiterfahren.« Die Passagiere protestierten, schimpften, mußten aber aussteigen. »Ich sehe noch jetzt das Gesicht des sich ausschweigenden Schaffners: bös-entschlossen, irgendein Wolfsgesicht.« Der Straßenbahnverkehr stockte überall, so weit der Blick reichte. Dieser entschlossene Schaffner, an dem der liberale Würdenträger schon das »Wolfsgesicht« sah, muß ein hochentwickeltes Pflichtbewußtsein besessen haben, um auf der Straße des kaiserlichen Petrograds, während des Krieges, ganz allein den mit Beamten gefüllten Wagen zum Stehen zu bringen. Genau solche Schaffner haben den Wagen der Monarchie zum Stehen gebracht, ungefähr mit den gleichen Worten: »Der Wagen wird nicht weiterfahren!«, und die Bürokratie ausgesetzt, ohne in der Eile große Unterschiede zwischen Gendarmeriegeneralen und liberalen Senatoren zu machen. Der Schaffner vom Litejny-Prospekt war ein bewußter Faktor der Geschichte. Und man mußte ihn vorher erzogen haben.

Während des Brandes des Bezirksgerichts drückte ein liberaler Jurist, aus dem Kreise desselben Senators, auf der Straße sein Bedauern darüber aus, daß das Laboratorium der Gerichtsexpertise und das Notariatsarchiv vernichtet werden. Ein älterer Mann von düsterem Aussehen, dem Äußeren nach ein Arbeiter, erwiderte mürrisch: »Wir werden die Häuser und das Land verteilen können, auch ohne dein Archiv!« Wahrscheinlich ist die Episode literarisch abgerundet worden. Doch solcherart ältere Arbeiter, die die nötige Abfuhr zu geben wußten, gab es in der Menge nicht wenig. Sie selbst hatten keine Beziehung zur Brandstiftung des Bezirksgerichts: jedenfalls aber konnten solche »Exzesse« sie keineswegs schrecken. Sie bewaffneten die Massen nicht nur mit den nötigen Ideen gegen die zaristische Polizei, sondern auch gegen die liberalen Juristen, die die größte Angst davor hatten, daß im

Feuer der Revolution die Notariatsakten des Eigentums verbrennen könnten. Diese namenlosen Politiker der Fabrik und der Straße waren nicht vom Himmel gefallen: man mußte sie erzogen haben.

Die Ereignisse der letzten Februartage registrierend, bezeichnete auch die Ochrana die Bewegung als »elementar«, das heißt als ohne planmäßige Leitung von oben; doch fügte sie gleich hinzu: »bei der allgemeinen Bearbeitung des Proletariats durch Propaganda.« Diese Bewertung trifft den Kern: Die berufsmäßigen Kämpfer gegen die Revolution hatten, bevor sie die Zellen der befreiten Revolutionäre besetzten, das Antlitz des sich abwickelnden Prozesses schärfer erkannt als die Führer des Liberalismus.

Die Mystik des Elementaren erklärt nichts. Um die Situation richtig einzuschätzen und den Moment des Ausholens gegen den Feind zu bestimmen, war es notwendig, daß die Masse, ihre führende Schicht, ihre eigenen Ansprüche an die historischen Ereignisse stellte und eigene Kriterien besaß, sie einzuschätzen. Mit anderen Worten, es war nicht die Masse an sich, sondern es war die Masse der Petrograder und der russischen Arbeiter im allgemeinen notwendig, die die Revolution von 1905 erlebt hatte und den Moskauer Dezemberaufstand von 1905, der an dem Semjonowski-Garderegiment zerschellte; es war notwendig, daß es in dieser Masse Arbeiter gegeben hat, die über die Erfahrung von 1905 nachgedacht, die konstitutionellen Illusionen der Liberalen und Menschewiki kritisiert, die Perspektive der Revolution sich angeeignet, Dutzende Male das Problem der Armee überlegt, aufmerksam verfolgt hatten, was in ihrer Umgebung vorging, die fähig waren, aus ihren Beobachtungen revolutionäre Schlüsse zu ziehen und sie den anderen zu vermitteln. Schließlich war notwendig, daß sich bei den Truppenteilen der Garnison fortgeschrittene Soldaten fanden, die in ihrer Vergangenheit von revolutionärer Propaganda erfaßt oder mindestens berührt worden waren.

In jeder Fabrik, in jeder Werkstatt, in jeder Kompanie, in jeder Teestube, im Lazarett, in der Etappe und sogar in dem entvölkerten Dorfe ging eine molekulare Arbeit des revolutionären Gedankens vor sich. Überall gab es Deuter der Ereignisse, hauptsächlich Arbeiter, die man ausfragte, was es Neues gäbe, und von denen man das nötige Wort erwartete. Diese Häupter waren häufig sich selbst überlassen, nährten sich von Bruchteilen revolutionärer Verallgemeinerungen, zu denen sie auf verschiedenen Wegen kamen; selbst in liberalen Zeitungen lasen sie, was sie brauchten, zwischen den Zeilen heraus. Ihr Klasseninstinkt war durch politisches Kriterium geschärft, und führten sie auch nicht immer ihre Ideen zu Ende, so arbeitete ihr Gedanke doch unablässig und beharrlich stets in der gleichen Richtung. Elemente der Erfahrung, der Kritik, der Initiative, der Selbstaufopferung durchdrangen die

Masse und bildeten die innere, dem oberflächlichen Blick unerreichbare, aber nichtsdestoweniger entscheidende Mechanik der revolutionären Bewegung als eines bewußten Prozesses.

Den hochmütigen Politikern des Liberalismus und des gezähmten Sozialismus erscheint gewöhnlich alles, was in den Massen geschieht, als instinktiver Prozeß, wie wenn es sich um einen Ameisenhaufen oder Bienenstock handele. Tatsächlich war der Gedanke, der tief in den Arbeitern bohrte, viel kühner, weitsichtiger und bewußter als jener Ideenwulst, mit dem die gebildeten Klassen sich die Zeit vertrieben. Und mehr noch, dieser Gedanke war auch wissenschaftlich begründeter: nicht nur, weil er in großem Maße durch die Methoden des Marxismus befruchtat war, sondern vor allem, weil er sich dauernd von der lebendigen Erfahrung der Massen nährte, denen es bevorstand, bald die revolutionäre Arena zu betreten. Die Wissenschaftlichkeit des Gedankens besteht darin, daß er den objektiven Prozessen entspricht und diese Prozesse zu beeinflussen und zu lenken fähig ist. Besaßen denn die Ideen der regierenden Kreise, die sich an der Apokalypse inspirierten und an die Träume Rasputins glaubten, auch nur im geringsten diese Eigenschaften? Oder waren etwa die Ideen des Liberalismus wissenschaftlich begründet, der da hoffte, daß das rückständige Rußland, indem es an dem Gemetzel der kapitalistischen Giganten teilnahm, fähig werden würde, gleichzeitig den Sieg und den Parlamentarismus zu erringen? Oder vielleicht war das geistige Leben der Intellektuellenkreise wissenschaftlich, die sich sklavisch dem von Kind auf altersschwachen Liberalismus anpaßten, wobei sie ihre scheinbare Selbständigkeit durch längst abgestandene Redensarten schützten? Wahrhaftig, hier herrschte das Reich geistiger Starrheit, der Gespenster, des Aberglaubens, der Fiktionen, wenn man will, das Reich der »Elementargewalt«. Haben wir mithin nicht durchaus das Recht, die liberale Philosophie der Februarrevolution völlig umzukehren? Ja, wir haben das Recht zu sagen: während die offizielle Gesellschaft, dieser ganze vielstöckige Überbau der herrschenden Klassen, Schichten, Gruppen, Parteien und Cliquen, tagein, tagaus in Trägheit und Automatismus lebte, sich die Zeit mit Resten abgenutzter Ideen vertrieb, taub gegen die unabwendbaren Forderungen der Entwicklung, sich von Gespenstervisionen blenden ließ und nichts voraussah, – vollzog sich in den Arbeitermassen ein selbständiger und tiefer Prozeß des Anwachsens nicht nur des Hasses gegen die Herrschenden, sondern auch der kritischen Erkenntnis von deren Ohnmacht, der Anhäufung von Erfahrung und schöpferischer Einsicht, die mit dem revolutionären Aufstand und seinem Siege abschloß.

Auf die oben gestellte Frage: wer hat den Februaraufstand geleitet, können wir folglich mit genügender Bestimmtheit antworten: die aufgeklärten und gestählten Arbeiter, die hauptsächlich von der Partei Lenins erzogen worden waren. Aber wir müssen dabei hinzufügen: diese Leitung genügte, um dem Aufstande den Sieg zu sichern, doch reichte sie nicht aus, um die Führung der Revolution von Anfang an in die Hände der proletarischen Avantgarde zu legen.

Das Paradoxon der Februarrevolution

Der Aufstand hatte gesiegt. Aber wem übergab er die der Monarchie entrissene Macht? Hier kommen wir zum zentralen Problem des Februarumsturzes: wie und weshalb geriet die Macht in die Hände der liberalen Bourgeoisie?

Den am 23. Februar begonnenen Unruhen maßen die Dumakreise und die bürgerliche »Gesellschaft« keine Bedeutung bei. Die liberalen Deputierten und die patriotischen Journalisten versammelten sich wie sonst in den Salons, diskutierten über Triest und Fiume und betonten immer wieder die Bedeutung der Dardanellen für Rußland. Während der Ukas über die Auflösung der Duma bereits unterschrieben war, beriet die Dumakommission noch immer dringlich die Frage der Übergabe des Ernährungswesens an die städtische Selbstverwaltung. Weniger als zwölf Stunden vor dem Aufstande der Gardebataillone hörte die »Gesellschaft Slawischer Gemeinschaft« friedlich den Jahresbericht an. »Erst als ich aus dieser Versammlung zu Fuß heimkehrte«, erwähnt einer der Deputierten, »verblüffte mich irgendeine unheimliche Stille und Leere in den sonst so belebten Straßen.« Eine unheimliche Leere bildete sich um die alten herrschenden Klassen und beklemmte auch schon die Herzen der morgigen Nachfolger.

Am 26. wurde der Ernst der Bewegung sowohl der Regierung wie den Liberalen klar. An diesem Tage werden zwischen Ministern und Dumamitgliedern Verhandlungen über ein Abkommen geführt, dessen Schleier die Liberalen auch später nie gelüftet haben. Protopopow gab bei seiner Vernehmung an, die Führer des Dumablocks hätten, wie zuvor, die Ernennung neuer Minister aus Personen, die das Vertrauen der Gesellschaft genießen, gefordert. »Diese Maßnahme würde das Volk vielleicht beruhigen.« Doch der 26. brachte, wie uns bekannt, eine gewisse Stockung in der Entwicklung der Revolution, und die Regierung fühlte sich für einen kurzen Moment fester. Als Rodsjanko bei Golizyn erschien, um ihn zum Rücktritt zu bewegen, wies der Premier als Antwort auf eine auf dem Tisch liegende Mappe hin, die das fertige Dekret über die Dumaauflösung enthielt, mit der Unterschrift Nikolaus', aber ohne Datum. Das Datum trug Golizyn ein. Wie konnte sich die Regierung im Augenblick des wachsenden Druckes der Revolution zu einem solchen Schritt entschließen? Darüber hatte sich bei der regierenden Bürokratie schon längst eine feste Konzeption herausgebildet: »Ob wir mit dem Block gehen werden oder nicht, das ist der Arbeiterbewegung gegenüber belanglos. Mit dieser Bewegung kann man mit anderen Mitteln fertigwerden, und bisher ist das Ministerium des Innern mit ihr noch immer fertiggeworden.« So sprach Goremykin schon im August 1915. Andererseits rechnete die Bürokratie damit, daß die Duma im Falle einer Auflösung sich zu keinerlei kühnen Schritten entschließen würde. Der Innenminister, Fürst Schtscherbatow, sagte, gleichfalls schon im August 1915, als die Auflösung der unzufriedenen Duma erwogen wurde: »Die Dumamitglieder werden sich wohl kaum zu offenem Ungehorsam entschließen. Sind sie doch in ihrer übergroßen Mehrzahl Feiglinge, die um ihre Haut zittern.« Der Fürst drückte sich nicht sehr wählerisch, aber schließlich und endlich doch treffend aus. Im Kampfe gegen die liberale Opposition fühlte die Bürokratie also hinlänglich festen Boden unter den Füßen.

Am Morgen des 27. versammelten sich die durch die anwachsenden Ereignisse beunruhigten Deputierten zur fälligen Sitzung. Die Mehrzahl erfuhr erst hier, daß die Duma aufgelöst sei. Das war um so unerwarteter gekommen, als noch am Vorabend friedliche Verhandlungen geführt worden waren. »Trotzdem«, schreibt mit Stolz Rodsjanko, »unterwarf sich die Duma dem Gesetz, immer noch hoffend, einen Ausweg aus der verwickelten Lage zu finden; sie faßte keinerlei Beschlüsse darüber, etwa, nicht auseinanderzugehen oder gewaltsam zur Sitzung zusammenzukommen.« Die Deputierten versammelten sich zu einer Privatberatung, in der sie sich gegenseitig ihre Ohnmacht beichteten. Nicht ohne Schadenfreude erinnerte später der gemäßigte Liberale Schidlowski an den durch den linken Kadetten Nekrassow, den späteren Kampfgenossen Kerenskis, eingebrachten Antrag: »Errichtung einer militärischen Diktatur durch Übertragung der gesamten Macht auf einen populären General.« Währenddessen unternahmen die Hauptlenker des progressiven Blocks, die bei der Privatberatung der Duma fehlten, einen praktischen Rettungsversuch: Sie machten dem nach Petrograd herbeigerufenen Großfürsten Michail den Vorschlag, die Diktatur zu übernehmen, den Ministerrat zur Demission zu »zwingen« und vom Zaren über die direkte Leitung die »huldvolle« Ernennung eines verantwortlichen Ministeriums zu fordern. In den Stunden, wo die ersten Garderegimenter sich erhoben, machten die Führer der liberalen Bourgeoisie den letzten Versuch, mit Hilfe einer dynastischen Diktatur den Aufstand zu unterdrücken und gleichzeitig auf Kosten der Revolution eine Verständigung mit der Monarchie zu treffen. Die »Unentschlossenheit des Großfürsten«, beklagt sich Rodsjanko, »trug dazu bei, daß der günstige Moment verpaßt wurde.«

Wie leicht die radikale Intelligenz an das, was sie ersehnte, geglaubt hat, bezeugt der parteilose Sozialist Suchanow, der zu jener Zeit im Taurischen Palais eine gewisse politische Rolle zu spielen begann. »Man teilte mir die hervorragendste politische Neuigkeit der Morgenstunden dieses unvergeßlichen Tages mit«, erzählt er in seinen umfangreichen Erinnerungen, »das Dekret über die Dumaauflösung sei veröffentlicht, und die Duma habe es mit der Weigerung, auseinanderzugehen, beantwortet und ein Provisorisches Komitee gewählt.« Das schreibt ein Mann, der das Taurische Palais fast nicht verlassen hat und dort die bekannten Deputierten bei den Köpfen festhielt. Gleich Rodsjanko erklärt Miljukow in seiner Geschichte der Revolution kategorisch: »Es wurde dort nach einer Reihe heißer Reden beschlossen, nicht aus Petrograd abzureisen, keinesfalls aber ist der Beschluß gefaßt worden, die Reichs-Duma als Institution dürfe nicht auseinandergehen, wie die entstandene Legende lautet.« »Nicht auseinanderzugehen« hätte bedeutet, irgendeine wenn auch verspätete Initiative zu ergreifen. »Nicht abzureisen« bedeutete, die Hände in Unschuld zu waschen und abzuwarten, welche Richtung die Ereignisse nehmen würden. Für die Vertrauensseligkeit Suchanows gibt es allerdings mildernde Umstände. Das Gerücht, die Duma habe den revolutionären Beschluß gefaßt, sich dem Zarenukas zu widersetzen, wurde in aller Hast von den Dumajournalisten durch ihr Informationsbulletin verbreitet, der damals infolge des Streiks einzigen Publikation. Da der Aufstand im Laufe des Tages gesiegt hatte, beeilten sich die Deputierten keinesfalls, den Irrtum richtigzustellen, sondern unterstützten die Illusionen ihrer linken Freunde: an die Feststellung der Wahrheit gingen sie erst in der Emigration. Eine scheinbar nebensächliche, doch äußerst bedeutsame Episode. Die revolutionäre Rolle der Duma am Tage des 27. Februar war eine vollkommene Mythe, geboren aus der politischen Leichtgläubigkeit der radikalen Intellektuellen, die die Revolution erfreut und erschreckt hatte und die den Glauben an die Fähigkeit der Massen, die Sache zu Ende zu führen, nicht besaßen und bestrebt waren, so schnell wie möglich bei der Großbourgeoisie Anschluß zu finden.

In den Memoiren der Deputierten, die der Dumamehrheit angehörten, ist glücklicherweise ein Bericht darüber erhalten geblieben, wie die Duma der Revolution begegnete. Nach der Erzählung des Fürsten Mansyrew, eines rechten Kadetten, befanden sich unter den Deputierten, die sich am 27. in großer Zahl versammelt hatten, weder Mitglieder des Präsidiums noch Parteiführer noch Häupter des progressiven Blocks: diese wußten bereits von der Dumaauflösung und vom Aufstande und zogen es vor, so lange wie möglich den Kopf nicht herauszustecken; außerdem führten sie anscheinend gerade in diesen Stunden Verhandlungen mit dem Großfürsten Michail über die Diktatur. »In der Duma herrschte allgemeine Verwirrung und Kopflosigkeit«, sagt

Mansyrew. »Selbst die erregten Debatten verstummten, statt dessen vernahm man nur Seufzer und kurze Repliken, wie etwa: ›Weit ist's gekommen‹, oder aber offene Angsteingeständnisse um die eigene Person.« So berichtet ein gemäßigter Deputierter, der lauter als alle anderen geseufzt hat. Schon gegen die zweite Stunde, als die Führer gezwungen waren in der Duma zu erscheinen, brachte der Sekretär des Präsidiums die frohe, aber unbegründete Botschaft: »Die Unruhen werden bald unterdrückt sein, es sind Maßnahmen getroffen.« Es ist möglich, daß mit den Maßnahmen die Verhandlungen über die Diktatur gemeint waren. Doch die Duma ist bedrückt und wartet auf das erlösende Wort des Führers des progressiven Blocks. »Wir können im Augenblick schon allein deshalb keine Entschließungen treffen«, erklärte Miljukow, »weil uns das Ausmaß der Unruhen ebensowenig bekannt ist wie die Tatsache, auf wessen Seite die Mehrheit der Petrograder Truppen, der Arbeiter und der öffentlichen Organisationen steht. Man muß genaue Auskünfte über all dies einziehen und erst dann die Lage besprechen, jetzt ist es verfrüht.« Um 2 Uhr mittags am 27. Februar ist es dem Liberalismus noch immer »verfrüht«! »Auskunft einziehen« bedeutete, sich die Hände waschen und den Ausgang des Kampfes abwarten. Aber Miljukow hatte seine Rede noch nicht beendet, die er übrigens begonnen hatte, um mit nichts zu enden, als Kerenski in höchster Erregung in den Saal hereinstürzte: Gewaltige Volks- und Soldatenmengen ziehen zum Taurischen Palais, verkündete er, sie wollen die Duma auffordern, die Macht zu übernehmen! ... Der radikale Deputierte weiß genau, was die gewaltigen Volksmassen fordern. In Wirklichkeit ist er es selbst, Kerenski, der zum erstenmal verlangt, daß die Duma, die im stillen noch immer auf eine Unterdrückung des Aufstandes hofft, die Macht übernehme. Die Mitteilung Kerenskis ruft »allgemeines Erstaunen und ratlose Blicke« hervor. Aber noch ist er nicht fertig, als ihn ein in hellem Schrecken hereinstürzender Dumadiener unterbricht: Die vordersten Reihen der Soldaten ständen vor dem Palais, die Wache an der Einfahrt habe ihnen den Zutritt verweigert, der Chef der Wache sei schwer verwundet. Eine Minute nachher ergibt sich, die Soldaten sind bereits im Palais. Später wird man in Reden und Artikeln erzählen, die Soldaten seien gekommen, die Duma zu begrüßen und ihr den Eid abzulegen. Im Augenblick aber ist alles in tödlicher Panik. Das Wasser steht an der Kehle. Die Führer tuscheln. Man muß Zeit gewinnen. In aller Eile stellt Rodsjanko den ihm eingeflüsterten Antrag, ein Provisorisches Komitee zu wählen. Zustimmende Rufe. Aber alle möchten sich schnellstens aus dem Staube machen, ihr Sinn steht nicht nach Wahlen. Der nicht minder als die anderen erschrockene Vorsitzende schlägt vor, den Ältestenrat mit der Bildung des Komitees zu beauftragen. Wiederum zustimmende Rufe einiger noch im Saale Verbliebener: die Mehrzahl ist bereits verschwunden. Das war die erste Reaktion der vom Zaren aufgelösten Duma auf den Sieg des Aufstandes.

Inzwischen schuf die Revolution im selben Gebäude, aber in seinem weniger prunkvollen Teil, ein anderes Organ. Die revolutionären Führer brauchten es nicht zu erfinden. Die Erfahrung der Sowjets von 1905 hatte sich für immer ins Bewußtsein der Arbeiter eingeprägt. Bei jedem Aufstieg der Bewegung, sogar im Kriege, lebte fast automatisch die Idee der Sowjets auf. Und obwohl das Verständnis für die Rolle der Sowjets bei Bolschewiki und Menschewiki verschieden tief war – die Sozialrevolutionäre entbehrten überhaupt beständiger Einstellungen –, war es, als ob die Form der Organisation selbst außerhalb jeder Diskussion stünde. Die aus dem Gefängnis befreiten Menschewiki, Mitglieder des Kriegsindustrie-Komitees, trafen sich im Taurischen Palais mit Führern der Gewerkschaften und der Kooperativen des gleichen rechten Flügels, wie auch mit den menschewistischen Dumadeputierten Tschcheidse und Skobeljew, und bildeten an Ort und Stelle ein provisorisches Exekutivkomitee des Sowjets der Arbeiterdeputierten, das im Laufe des Tages hauptsächlich durch ehemalige Revolutionäre ergänzt wurde, die zwar die Verbindung mit den Massen verloren, aber doch einen »Namen« behalten hatten. Das Exekutivkomitee, das auch Bolschewiki in seinen Bestand einbezog, rief die Arbeiter auf, unverzüglich Deputierte zu wählen. Die erste Sitzung war für den Abend im Taurischen Palais anberaumt. Sie fand tatsächlich um 9 Uhr abends statt; sie sanktionierte die Zusammensetzung des Exekutivkomitees und ergänzte dieses durch offizielle Vertreter aller sozialistischen Parteien. Doch nicht hierin lag die Bedeutung der ersten Versammlung der Vertreter des siegreichen Proletariats der Hauptstadt. In der Sitzung traten Delegierte der aufständischen Regimenter mit Begrüßungsworten auf. Unter ihnen waren auch die grauen Soldaten, denen die Revolution gleichsam Kontusionen beigebracht hatte und die noch kaum die Zunge bewegen konnten. Gerade sie aber fanden Worte, die kein Tribun zu finden vermocht hätte. Das war eine der pathetischsten Szenen der Revolution, die nun ihre Kraft zu fühlen begann, die Unzählbarkeit der erwachten Massen, die Grandiosität der Aufgaben, den Stolz auf die eigenen Erfolge, den jubelnden Herzensschauer vor dem morgigen Tag, der noch herrlicher werden müsse als der heutige. Die Revolution entbehrt noch ihres Rituals, die Straße liegt noch im Rauch, die Massen wissen die neuen Lieder noch nicht, die Sitzung verläuft in Unordnung, uferlos wie ein Fluß bei Hochwasser, der Sowjet verschluckt sich am eigenen Enthusiasmus. Die Revolution ist bereits mächtig, aber noch von kindlicher Naivität.

In dieser ersten Sitzung wird beschlossen, die Garnison und die Arbeiter zu einem gemeinsamen Sowjet der Arbeiter- und Soldatendeputierten zu vereinigen. Wer schlug diesen Beschluß zuerst vor? Er wird von verschiedenen, oder richtiger gesagt, von allen Seiten gekommen sein, als Widerhall jener Verbrüderung zwischen Arbeitern und Soldaten, die an diesem Tage das Schicksal der Revolution entschieden hat. Dabei muß jedoch vermerkt werden, daß, nach den Worten Schljapnikows, die Sozialpatrioten anfänglich gegen das Hineinziehen der Armee in die Politik protestiert hatten. Vom Moment seiner Entstehung an beginnt der Sowjet in Gestalt des Exekutivkomitees als Regierungsmacht zu handeln. Er wählt eine provisorische Ernährungskommission und überträgt ihr die Sorge um die Aufständischen und um die Garnison überhaupt. Er stellt an seine Seite einen provisorischen revolutionären Stab – alles heißt in diesen Tagen provisorisch –, von dem wir bereits gesprochen haben. Um die Finanzmittel der Verfügung der Beamten der alten Regierung zu entziehen, beschließt der Sowjet, Reichsbank, Reichsschatzamt, Münze und Ausgabestelle für Staatspapiere sofort durch revolutionäre Wachen zu besetzen. Die Aufgaben und die Funktionen des Sowjets wachsen unter dem Druck der Massen ununterbrochen. Die Revolution bekommt ihr unbestreitbares Zentrum. Die Arbeiter, Soldaten und bald auch die Bauern werden sich von nun an nur noch an den Sowjet wenden – er wird in ihren Augen der Mittelpunkt aller Hoffnungen und aller Behörden, die Verkörperung der Revolution selbst sein. Doch auch Vertreter der besitzenden Klasse werden, wenn auch zähneknirschend, beim Sowjet Schutz, Weisungen und Entscheidung bei Konflikten suchen.

Jedoch schon in den ersten Stunden des Sieges, als die neue Revolutionsgewalt sich mit märchenhafter Schnelligkeit und unüberwindlicher Kraft herausbildete, blickten jene Sozialisten, die an die Spitze des Sowjets gelangt waren, besorgt um sich, auf der Suche nach dem echten »Herrn«. Sie betrachteten es als selbstverständlich, daß die Macht an die Bourgeoisie übergehen müsse. Hier beginnt die Verknüpfung des wichtigsten politischen Knotens des neuen Regimes: einer der Fäden führt in das Zimmer des Exekutivkomitees der Arbeiter und Soldaten, der andere in den Raum, wo das Zentrum der bürgerlichen Parteien sitzt.

Um 3 Uhr nachmittags, als der Sieg in der Hauptstadt schon völlig feststand, wählte der Ältestenrat aus den Parteien des progressiven Blocks unter Hinzuziehung von Tschcheidse und Kerenski das »Provisorische Komitee der Dumamitglieder«. Tschcheidse lehnte ab, Kerenski wand sich hin und her. Der Name des Komitees wies vorsorglich darauf hin, daß es sich nicht um ein offizielles Organ der Reichsduma handle, sondern um ein privates Organ zur Beratung der Dumamitglieder. Die Führer des progressiven Blocks hatten nur eine Frage zu Ende gedacht: wie sich vor Verantwortung schützen, ohne sich die Hände zu binden. Die Aufgabe des Komitees war mit sorgfältiger Zweideutigkeit formuliert worden: »Herstellung der Ordnung, und

Verkehr mit Ämtern und Personen.« Kein Wort davon, welche Ordnung die Herren herzustellen und mit welchen Ämtern sie zu verkehren gedachten. Sie streckten den Arm noch nicht offen nach dem Fell des Bären aus: wie, wenn er noch nicht ganz tot, sondern nur schwer verwundet ist? Erst am 27. Februar um 11 Uhr abends, erst als – nach dem Eingeständnis Miljukows – »der ganze Umfang der revolutionären Bewegung sichtbar wurde, entschloß sich das Provisorische Komitee, einen weiteren Schritt zu tun um die Macht, die den Händen der Regierung entfallen war, in seine Hände zu nehmen«. Unmerklich verwandelte sich das neue Organ aus einem Komitee der Dumamitglieder in ein Komitee der Duma: zur Sicherung der staatsrechtlichen Nachfolge gibt es kein besseres Mittel als die Fälschung. Aber Miljukow verschweigt die Hauptsache: die Führer des im Laufe des Tages gebildeten Exekutivkomitees hatten bereits Zeit gefunden, sich zum Provisorischen Komitee zu begeben und dieses dringendst zu ersuchen, die Macht zu übernehmen. Dieser freundschaftliche Stoß hatte seine Wirkung. Nachträglich legte Miljukow den Entschluß des Dumakomitees dahin aus, daß die Regierung sich angeblich anschickte, zuverlässige Truppen gegen die Aufständischen zu entsenden, »und es drohte in den Straßen der Hauptstadt zu wahren Schlachten zu kommen«. In Wirklichkeit verfügte die Regierung schon über keinerlei Truppen mehr, der Umsturz war bereits vollzogen. Rodsjanko schrieb später: »Die Duma wäre«, hätte sie die Übernahme der Macht abgelehnt, »in ihrer Gesamtheit von den meuternden Truppen verhaftet und niedergemacht worden und die Herrschaft sogleich an die Bolschewiki übergegangen.« Das ist natürlich eine sinnlose Übertreibung, ganz im Geiste des achtbaren Kammerherrn; jedoch spiegelt sie unverfälscht die Stimmung der Duma wider, die die Einhändigung der Macht als einen Akt politischer Vergewaltigung empfand.

Bei dieser Stimmung fiel ein Beschluß nicht leicht. Besonders heftig schwankte Rodsjanko, immer die andern aushorchend: »Was wird es sein – Aufruhr oder kein Aufruhr?« Der monarchistische Deputierte Schulgin antwortete ihm, nach seiner eigenen Wiedergabe: »Es gibt keinerlei Aufruhr. Nehmen Sie als getreuer Untertan ruhig an ... wenn die Minister davongelaufen sind, muß sie doch jemand ersetzen ... Es sind zwei Auswege möglich: alles wird sich zum Guten wenden, der Kaiser wird eine neue Regierung ernennen und wir ihm die Macht zurückgeben. Wird sich's aber nicht zum Guten wenden, dann werden, wenn wir sie nicht nehmen, andere die Macht ergreifen, jene, die bereits irgendwelche Schufte in den Fabriken gewählt haben ...« Man braucht an den Pöbeleien des reaktionären Gentleman gegen die Arbeiter keinen Anstoß zu nehmen: die Revolution hat diesen Herren fest auf den Fuß getreten. Die Moral ist klar: siegt die

Monarchie, – werden wir zu ihr stehen, siegt die Revolution, – wollen wir uns bemühen, sie zu bestehlen.

Die Beratung währte lange. Die demokratischen Führer warteten erregt auf den Beschluß. Endlich trat Miljukow aus dem Zimmer Rodsjankos heraus. Er hatte ein feierliches Aussehen. An die Sowjetdelegation herantretend, verkündete er: »Der Entschluß ist gefaßt, wir übernehmen die Macht« ... »Ich fragte nicht, wer ist das – wir«, schreibt begeistert Suchanow, »ich fragte nichts mehr. Doch fühlte ich sozusagen mit meinem ganzen Wesen die neue Lage. Ich fühlte, wie das Schiff der Revolution, durch die Willkür der Naturgewalten in dieser Stunde von den Böen hin und her geworfen, seine Segel hochrichtete und Widerstandsfähigkeit und Gesetzmäßigkeit inmitten des furchtbaren Sturmes und Schwankens wiedergewann.« Welch geschraubte Form für das prosaische Bekenntnis sklavischer Abhängigkeit der kleinbürgerlichen Demokratie vom kapitalistischen Liberalismus! Und welch mörderisches Verkennen der politischen Perspektive: die Übergabe der Macht an die Liberalen wird dem Staatsschiff nicht nur keine Widerstandsfähigkeit verleihen, sondern, im Gegenteil, sie wird von Stund an die Quelle der Herrschaftslosigkeit der Revolution, des größten Chaos, der Erbitterung der Massen, des Zusammenbruchs der Front und späterhin der äußersten Erbitterung des Bürgerkrieges.

Blickt man zurück auf vergangene Jahrhunderte, erscheint einem die Tatsache der Machtübernahme durch die Bourgeoisie hinlänglich gesetzmäßig: in allen früheren Revolutionen kämpften auf den Barrikaden Arbeiter, Handwerksgehilfen, zum Teil auch Studenten, Soldaten gingen zu ihnen über, die Macht aber nahm dann die solide Bourgeoisie an sich, die, unter Wahrung aller Vorsicht, den Barrikadenkampf von den Fenstern aus verfolgt hatte. Die Februarrevolution von 1917 jedoch unterscheidet sich von allen früheren Revolutionen durch einen unvergleichlich höheren sozialen Charakter und hohes politisches Niveau der revolutionären Klasse, durch das feindselige Mißtrauen der Aufständischen gegen die liberale Bourgeoisie, demzufolge im Augenblick des Sieges ein neues revolutionäres Machtorgan erstand: der Sowjet, der sich auf die bewaffnete Gewalt der Massen stützte. Unter diesen Umständen verlangt der Übergang der Macht in die Hände der politisch isolierten und unbewaffneten Bourgeoisie eine Erklärung.

Vor allem muß man das Kräfteverhältnis näher besehen, das sich als Ergebnis des Umsturzes herausgebildet hatte. Vielleicht war die Sowjetdemokratie kraft der objektiven Umstände gezwungen, zugunsten der Großbourgeoisie auf die Macht zu verzichten? Die Bourgeoisie selbst war nicht dieser Ansicht. Wir wissen bereits, daß sie von der Revolution nicht nur die Macht nicht erwartet hatte, sondern im Gegenteil in ihr eine tödliche

Gefahr für die eigene soziale Lage voraussah. »Die gemäßigten Parteien haben die Revolution nicht nur nicht gewollt«, schrieb Rodsjanko, »sie haben sich vor ihr einfach gefürchtet. Insbesondere war die Partei der Volksfreiheit (›Kadetten‹), die auf dem linken Flügel der gemäßigten Gruppen stand und die meisten Berührungspunkte mit den revolutionären Parteien des Landes hatte, durch die heranrückende Katastrophe mehr als alle anderen beunruhigt.« Die Erfahrung von 1905 sagte den Liberalen eindringlich genug, daß der Sieg der Arbeiter und Bauern sich für die Bourgeoisie nicht weniger gefahrvoll gestalten kann als für die Monarchie. Man sollte meinen, der Gang des Februaraufstandes hätte diese Voraussicht nur bekräftigen können. So ungeformt in vieler Hinsicht die politischen Ideen der revolutionären Massen in jenen Tagen auch sein mochten, so war doch die Trennungslinie zwischen den Werktätigen und der Bourgeoisie unversöhnlich gezogen.

Der den liberalen Kreisen nahestehende Privatdozent Stankewitsch, kein Feind, sondern ein Freund des progressiven Blocks, charakterisiert in folgenden Zügen die Stimmung der liberalen Kreise am zweiten Tage nach dem Umsturz, den zu verhindern sie nicht vermocht hatten: »Offiziell feierte und rühmte man die Revolution, schrie den Freiheitskämpfern ›Hurra‹ zu, schmückte sich mit roten Bändern und marschierte unter roten Fahnen ... Aber im Innern, in Gesprächen untereinander, war man entsetzt, erschüttert, fühlte man sich gekettet an ein feindliches Element, das irgendeinen unbekannten Weg ging. Unvergeßlich bleibt die Figur Rodsjankos, dieses massigen und vornehmen Herrn, als er unter Wahrung seiner erhabenen Würde, aber mit dem erstarrten Ausdruck tiefen Leidens und der Verzweiflung auf dem blassen Gesicht, in den Korridoren des Taurischen Palais durch die Haufen ausgelassener Soldaten schritt. Offiziell hieß es: ›die Soldaten sind gekommen, die Duma in ihrem Kampfe gegen die Regierung zu unterstützen‹, faktisch aber war die Duma seit dem ersten Tage erledigt. Der gleiche Ausdruck war auf den Gesichtern aller Mitglieder des Provisorischen Dumakomitees und jener Kreise, die sie umgaben. Man sagt, Vertreter des progressiven Blocks hätten zu Hause vor ohnmächtiger Verzweiflung hysterisch geweint.« Dieses lebendige Zeugnis ist wertvoller als alle soziologischen Untersuchungen über das Kräfteverhältnis. Nach seinem eigenen Bericht erschauerte Rodsjanko vor ohnmächtiger Empörung beim Anblick dessen, als irgendwelche Soldaten, »unbekannt auf wessen Befehl«, Verhaftungen von Würdenträgern des alten Regimes vornahmen und diese in die Duma brachten. Der Kammerherr geriet in die Rolle eines Gefängnischefs in bezug auf Menschen, mit denen er zwar gewisse Meinungsverschiedenheiten hatte, die aber für ihn immerhin Menschen seines Kreises blieben. Der ob dieser »Willkür« niedergeschmetterte Rodsjanko lud den verhafteten Schtscheglowitow in sein Arbeitszimmer ein, doch die Soldaten weigerten sich entschieden, den ihnen verhaßten Würdenträger auszuliefern. »Als ich meine Autorität durchzusetzen versuchte«, erzählt Rodsjanko, »bildeten die Soldaten einen Kreis um ihren Gefangenen und zeigten mit herausfordernden frechen Mienen auf ihre Gewehre; dann wurde Schtscheglowitow ohne weiteres irgendwohin abgeführt.« Kann man krasser die Worte Stankewitschs bestätigen, wonach die Regimenter, die angeblich zur Unterstützung der Duma gekommen waren, diese in Wirklichkeit erledigten?

Daß die Macht von der ersten Stunde an bei dem Sowjet war, darüber konnten die Dumamitglieder weniger als sonst jemand im Zweifel sein. Der Oktobristen-Deputierte Schidlowski, einer der Führer des progressiven Blocks, schreibt in seinen Erinnerungen: »Vom Sowjet wurden alle Post- und Telegraphenämter besetzt, das Radio, alle Petrograder Bahnhöfe, alle Druckereien, so daß man ohne seine Erlaubnis weder ein Telegramm abschicken, noch aus Petrograd verreisen, noch einen Aufruf drucken konnte.« Diese unzweideutige Charakteristik des Kräfteverhältnisses muß man nur in einer Hinsicht klären: die »Eroberung« der Post- und Telegraphenämter, der Eisenbahnen, Druckereien und so weiter durch den Sowjet bedeutet nur, daß die Arbeiter und Angestellten dieser Betriebe sich keinem, außer dem Sowjet, unterwerfen wollten. Die Klage Schidlowskis wird, wie es besser nicht möglich ist, durch eine Episode illustriert, die sich in der Hitze der Verhandlungen über die Regierung zwischen den Führern des Sowjets und der Duma abspielte. Die gemeinsame Sitzung wurde durch die dringende Mitteilung unterbrochen, Rodsjanko werde aus Pskow, wo sich nach seinen Irrfahrten auf den Eisenbahnstrecken der Zar nun befand, an die direkte Telephonleitung gerufen. Der allmächtige Dumavorsitzende erklärte, er wolle nicht allein zum Telegraphenamt fahren. »Die Herren Arbeiter- und Soldatendeputierten mögen mir einen Schutz mitgeben oder mit mir fahren, sonst wird man mich dort im Telegraphenamt verhaften.« – »Nun ja! Ihr habt die Macht und die Gewalt«, fuhr er aufgeregt fort, »ihr könnt mich natürlich verhaften lassen ... Vielleicht werdet ihr uns alle verhaften, wir wissen es nicht!« ... Dies geschah am 1. März, kaum 48 Stunden nachdem das Provisorische Komitee, an dessen Spitze Rodsjanko stand, die Macht »übernommen« hatte.

Wie aber kamen unter diesen Umständen die Liberalen dennoch zur Regierung? Wer – und was – hatte sie ermächtigt, eine Regierung zu bilden als Resultat jener Revolution, die sie gefürchtet, der sie entgegengewirkt und die sie zu unterdrücken gesucht hatten, die von den ihnen feindlichen Massen vollzogen worden war, und zwar mit solcher Entschiedenheit und Kühnheit, daß der Sowjet der Arbeiter und Soldaten, der aus dem Aufstand hervorging, als natürlicher und unbestrittener Herr der Lage erschien?

Hören wir jetzt die andere Seite an, jene, die die Macht abgegeben hat. »Das Volk neigte keinesfalls zur Duma«, schreibt Suchanow über die Februartage, »es interessierte sich nicht für sie und dachte nicht daran, sie – politisch oder technisch – zum Zentrum der Bewegung zu machen.« Dieses Geständnis ist um so beachtenswerter, als sein Autor in den nächsten Stunden alle seine Kräfte darauf verwenden wird, dem Komitee der Reichsduma die Macht auszuliefern. »Miljukow begriff vortrefflich«, sagt ferner Suchanow über die Verhandlungen vom 1. März, »daß es vollständig in der Macht des Exekutivkomitees stand, der Regierung der Großbourgeoisie die Gewalt zu übertragen oder sie ihr nicht zu übertragen.« Kann man sich kategorischer ausdrücken? Kann eine politische Situation klarer gekennzeichnet sein? Und trotzdem erklärt Suchanow in völligem Widerspruch zur Situation und zu sich selbst: »Eine Macht, die den Zarismus ablöst, kann nur eine bürgerliche Macht sein ... Auf diese Lösung muß der Kurs gehalten werden. Andernfalls wird der Umsturz mißlingen und die Revolution zugrunde gehen.« Die Revolution wird zugrunde gehen – ohne Rodsjanko!

Das Problem des lebendigen Verhältnisses der sozialen Kräfte wird hier durch ein vorgefaßtes Schema und eine ausgeklügelte Terminologie ersetzt: das eben ist der Kern des intellektuellen Doktrinarismus. Und wir werden später sehen, daß dieser Doktrinarismus keinesfalls platonischer Art war: er erfüllte eine vollkommen reale politische Funktion, wenn auch mit verbundenen Augen.

Wir haben nicht zufällig Suchanow zitiert. In dieser ersten Periode war der Inspirator des Exekutivkomitees nicht dessen Vorsitzender, Tschcheidse, ein ehrlicher und beschränkter Provinzler, sondern eben Suchanow, einer, der allgemein gesprochen, für die revolutionäre Führung am wenigsten geeignet war. Halb-Narodnik, Halb-Marxist, eher gewissenhafter Beobachter als Politiker, mehr Journalist als Revolutionär, mehr Räsoneur als Journalist, war er nur fähig, sich so lange an eine revolutionäre Konzeption zu halten, bis es hieß, sie in die Tat umzusetzen. Passiver Internationalist während des Krieges, entschied er am ersten Tage der Revolution, man müsse so schnell wie möglich die Macht und den Krieg der Bourgeoisie zuschieben. Theoretisch, das heißt mindestens seinem Bedürfnis, wenn nicht der Befähigung nach, eine Sache mit der anderen zu verbinden, stand er über den damaligen Mitgliedern des Exekutivkomitees. Doch seine Hauptkraft bestand in der Fähigkeit, die organischen Züge dieser bunten und trotzdem einheitlichen Sippe in die Sprache des Doktrinarismus zu übersetzen: Unglaube an die eigenen Kräfte, Angst vor der Masse und hochmütig-ehrfurchtsvolles Verhältnis zur

Bourgeoisie. Lenin nannte Suchanow einen der besten Vertreter des Kleinbürgertums. Das ist aber auch das Schmeichelhafteste, was man über ihn sagen kann.

Man darf nun nicht vergessen, daß es dabei vor allem um das Kleinbürgertum eines neuen kapitalistischen Typs geht: um die Handels-, Industrie- und Bankangestellten, um die Beamten des Kapitals einerseits und um die Arbeiterbürokratie andererseits, das heißt um jenen *neuen Mittelstand*, in dessen Namen der nicht unbekannte deutsche Sozialdemokrat Eduard Bernstein Ende des vorigen Jahrhunderts eine Revision der revolutionären Konzeption von Marx unternahm. Um die Frage zu beantworten, wie die Arbeiter- und Bauernrevolution die Macht an die Bourgeoisie abgetreten hat, muß man in die politische Kette ein Zwischenglied einführen: die kleinbürgerlichen Demokraten und Sozialisten vom Typ Suchanows, die Journalisten und Politiker des neuen Mittelstandes, die die Massen lehrten, daß die Bourgeoisie der Feind sei, sich aber selbst am meisten davor fürchteten, die Massen vom Kommando dieses Feindes zu lösen. Der Widerspruch zwischen dem Charakter der Revolution und dem Charakter der aus ihr entstandenen Regierung ist mit dem widerspruchsvollen Charakter der neuen kleinbürgerlichen Schicht zu erklären, die zwischen den revolutionären Massen und der kapitalistischen Bourgeoisie stand. Im Verlauf der weiteren Ereignisse der Revolution wird sich uns die politische Rolle der kleinbürgerlichen Demokratie des neuen Typs ganz erschließen. Vorläufig begnügen wir uns mit wenigen Worten.

Am Aufstand beteiligt sich unmittelbar die Minderheit der revolutionären Klasse, wobei die Kraft dieser Minderheit darin besteht, daß die Mehrheit sie unterstützt, mindestens mit ihr sympathisiert. Aus der aktiven und kampfbereiten Minderheit treten unter dem feindlichen Feuer unvermeidlich die revolutionärsten und aufopferungsfähigsten Elemente hervor. Es ist natürlich, daß in den Februarkämpfen die bolschewistischen Arbeiter an erster Stelle standen. Die Lage verändert sich aber mit dem Siege, und zwar in dem Augenblick, wo seine politische Festigung beginnt. Zu den Wahlen für die Organe und Institutionen der siegreichen Revolution werden aufgerufen und strömen herbei unermeßlich breitere Massen als jene, die mit der Waffe in der Hand gekämpft hatten. Das bezieht sich nicht nur auf allgemein demokratische Institutionen, wie Stadtduma und Semstwo, oder später die Konstituierende Versammlung, sondern auch auf Klassenorgane, wie die Sowjets der Arbeiterdeputierten. Die überwältigende Mehrzahl der Arbeiter, Menschewiki, Sozialrevolutionäre und Parteilosen unterstützte die Bolschewiki im Augenblick des unmittelbaren Zusammenpralls mit dem Zarismus. Jedoch begriff nur eine kleine Minderheit der Arbeiter, worin sich die Bolschewiki von den anderen sozialistischen Parteien unterschieden. Gleichzeitig aber zogen alle Arbeiter eine scharfe Trennungslinie zwischen sich und der Bourgeoisie. Das entschied die politische Situation nach dem Siege. Die Arbeiter wählten Sozialisten, das heißt solche, die nicht nur gegen die Monarchie, sondern auch gegen die Bourgeoisie waren. Sie machten dabei fast keinen Unterschied zwischen den drei sozialistischen Parteien. Da aber die Menschewiki und die Sozialrevolutionäre über unvergleichlich größere Intellektuellen-Kader verfügten, die ihnen von allen Seiten zuströmten und eine riesige Reserve von Agitatoren stellten, ergaben die Wahlen, sogar in Fabriken und Betrieben, ein großes Übergewicht der Menschewiki und Sozialrevolutionäre.

In der gleichen Richtung, nur mit noch unermeßlich größerer Kraft, ging der Druck der erwachten Armee. Am fünften Tage des Aufstands schloß die Petrograder Garnison sich den Arbeitern an. Nach dem Siege sollte sie berufen sein, die Sowjets zu wählen. Vertrauensvoll gaben die Soldaten ihre Stimmen jenen, die für die Revolution und gegen die monarchistischen Offiziere waren und dies laut auszusprechen vermochten: das waren Einjährig-Freiwillige, Schreiber, Feldscher, junge Kriegsoffiziere aus Intellektuellenkreisen, kleine Militärbeamte, das heißt die untere Schicht des gleichen »neuen Mittelstandes«. Seit dem März waren sie fast sämtlich in die Partei der Sozialrevolutionäre eingetreten, die durch ihre geistige Formlosigkeit der zwischenstuflichen sozialen Lage dieser Elemente und ihrer politischen Beschränktheit am besten entsprach. Die Vertretung der Garnison war folglich unvergleichlich gemäßigter und bürgerlicher als die Soldatenmasse selbst. Die aber erkannte diesen Unterschied nicht; er mußte sich erst aus der Erfahrung der nächsten Monate ergeben. Die Arbeiter wiederum wollten sich den Soldaten so eng wie möglich anschließen, um das blutig erkaufte Bündnis zu festigen und die Revolution sicherer zu bewaffnen. Da nun im Namen der Armee vorwiegend neugebackene Sozialrevolutionäre sprachen, mußte das die Autorität dieser Partei und die ihrer Verbündeten, der Menschewiki, in den Augen der Arbeiter steigern. So entstand in den Sowjets die Vorherrschaft dieser zwei versöhnlerischen Parteien. Es genügt, darauf zu verweisen, daß in der ersten Zeit sogar im Sowjet des Wyborger Bezirks die führende Rolle menschewistischen Arbeitern gehörte. Der Bolschewismus brodelte in jener Periode erst tief im Schoße der Revolution. Die offiziellen Bolschewiki aber bildeten damals sogar im Petrograder Sowjet eine verschwindende Minderheit, die sich außerdem über ihre Aufgaben nicht sehr im klaren war.

So entstand das Paradoxon der Februarrevolution: die Macht in Händen demokratischer Sozialisten. Sie hatten sie keinesfalls zufällig, durch einen blanquistischen Anschlag erobert; nein, sie war ihnen von den siegreichen Volksmassen öffentlich übertragen worden. Diese Massen verweigern der Bourgeoisie nicht nur

Vertrauen und Unterstützung, sondern unterscheiden sie auch nicht von Adel und Bürokratie. Ihre Waffen stellen sie ausschließlich den Sowjets zur Verfügung. Indessen bildet die einzige Sorge der so leicht an die Spitze der Sowjets gelangten Sozialisten die Frage: wird die politisch isolierte, den Massen verhaßte, der Revolution durch und durch feindliche Bourgeoisie bereit sein, aus unseren Händen die Macht zu übernehmen? Ihre Zustimmung muß um jeden Preis gewonnen werden; da aber die Bourgeoisie offensichtlich nicht auf ihr bürgerliches Programm verzichten kann, so müssen wir »Sozialisten« auf unser Programm verzichten und über Monarchie, Krieg, Land und Boden schweigen – damit die Bourgeoisie nur ja das Geschenk der Macht annimmt. Während die »Sozialisten« diese Operation vornehmen, fahren sie, wie zum Hohn über sich selbst, fort, die Bourgeoisie nicht anders denn als Klassenfeind zu bezeichnen. In den Ritualformen des Gottesdienstes wird auf diese Weise ein Akt herausfordernder Gotteslästerung begangen. Der bis ans Ende geführte Klassenkampf ist ein Kampf um die Staatsmacht. Die wesentliche Eigenschaft einer Revolution besteht darin, den Klassenkampf bis zu Ende zu führen. Die Revolution ist eben der unmittelbare Kampf um die Macht. Unsere »Sozialisten« aber sind nicht darum besorgt, die Macht dem sogenannten Klassenfeind zu entreißen, der sie nicht besitzt und sie aus eigener Kraft nicht erobern kann – sondern darum, ihm die Macht um jeden Preis auszuhändigen. Ist das etwa kein Paradoxon? Es erschien um so verblüffender, als die Erfahrung der deutschen Revolution von 1918 damals noch nicht existierte und die Menschheit noch nicht Zeuge der gewaltigen und unvergleichlich erfolgreicheren Operation der gleichen Art gewesen war, die der »neue Mittelstand«, der die deutsche Sozialdemokratie führt, vollbrachte.

Wie erklärten die Versöhnler ihr Verhalten? Das eine Argument war doktrinärer Art: da die Revolution eine bürgerliche ist, dürfen sich die Sozialisten durch die Machtergreifung nicht kompromittieren – mag die Bourgeoisie für sich selbst einstehen. Das klang sehr unversöhnlich. In Wirklichkeit maskierte das Kleinbürgertum mit seiner angeblichen Unversöhnlichkeit nur seine Kriecherei vor Reichtum, Bildung, Geltung. Das Recht der Großbourgeoisie auf die Macht betrachteten die Kleinbürger als deren Urrecht, unabhängig vom Kräfteverhältnis. Dem lag fast die gleiche instinktive Bewegung zugrunde, die einen kleinen Kaufmann oder einen Lehrer zwingt, auf dem Bahnhof oder im Theater ehrerbietig beiseitezutreten, um ... Rothschild vorzulassen. Die doktrinären Argumente dienten nur zur Kompensation des Bewußtseins eigener Minderwertigkeit. Schon nach zwei Monaten, als es sich herausstellte, daß die Bourgeoisie aus eigener Kraft die ihr abgetretene Macht keinesfalls halten würde, schoben die Versöhnler ihre »sozialistischen« Vorurteile beiseite und traten in ein

Koalitionsministerium ein. Nicht, um die Bourgeoisie von dort zu verdrängen, sondern im Gegenteil, um sie zu retten. Und nicht gegen deren Willen, sondern auf deren Antrag, der wie ein Befehl klang: die Bourgeoisie drohte den Demokraten, im Falle einer Weigerung ihnen die Macht an den Kopf zu werfen.

Das zweite Argument für die Ablehnung der Macht hatte einen praktischeren Anschein, ohne im wesentlichen viel ernster zu sein. Der uns bereits bekannte Suchanow berief sich in erster Linie auf das »Zerstäubtsein« der russischen Demokratie: »In den Händen der Demokratie befanden sich damals keine einigermaßen festen und einflußreichen Organisationen – weder Partei-, noch Gewerkschafts-, noch Selbstverwaltungsorgane.« Das klingt wie Hohn! Die Sowjets der Arbeiter- und Soldatendeputierten erwähnt mit keinem Wort der Sozialist, der im Namen der Sowjets auftrat. Indes entstanden die Sowjets dank der Tradition von 1905 wie aus der Erde gestampft und waren sofort unvergleichlich mächtiger als alle anderen Organisationen, die später versuchten, mit ihnen zu rivalisieren (Munizipalitäten, Kooperative, teils auch Gewerkschaften). Was die Bauernschaft betrifft, eine ihrer Natur nach zersplitterte Klasse, so war sie gerade infolge des Krieges und der Revolution mehr denn je organisiert: der Krieg versammelte die Bauern in der Armee, und die Revolution verlieh der Armee einen politischen Charakter! Nicht weniger als 8 Millionen Bauern waren in Kompanien und Schwadronen vereinigt, die sofort ihre revolutionären Vertretungen geschaffen hatten und durch deren Vermittlung jeden Moment auf einen telephonischen Anruf hin auf die Beine gebracht werden konnten. Ähnelt das einem »Zerstäubtsein«?

Man könnte allerdings einwenden, daß der Demokratie im Augenblick der Entscheidung der Machtfrage die Haltung der Armee an der Front noch unbekannt gewesen sei. Wir wollen nicht die Frage berühren, ob auch der geringste Grund für die Befürchtung (oder Hoffnung) bestand, die durch den Krieg erschöpften Frontsoldaten könnten bereit sein, die Bourgeoisie zu unterstützen. Die Tatsache genügt, daß diese Frage in den nächsten zwei bis drei Tagen gelöst wurde, also in der Zeit, die die Versöhnler hinter den Kulissen mit der Vorbereitung einer bürgerlichen Regierung verbrachten. »Der Umsturz war am 3. März glücklich vollzogen«, gesteht Suchanow. Trotzdem sich die ganze Armee den Sowjets angeschlossen hatte, stießen ihre Führer die Macht mit aller Kraft von sich: sie fürchteten diese Macht um so mehr, je vollständiger sie sich in ihren Händen konzentrierte.

Aber weshalb denn? Weshalb fürchteten sich Demokraten, »Sozialisten«, die sich unmittelbar auf Menschenmassen stützten, wie sie keine Demokratie in der Geschichte gekannt hat, und zwar Massen mit bedeutender Erfahrung, diszipliniert und bewaffnet, in Sowjets organisiert, – weshalb fürchtete diese allmächtige, wie es scheinen sollte, unverwüstliche Demokratie die Macht zu übernehmen? Dieses auf den ersten Blick knifflige Rätsel ist so zu lösen, daß die Demokratie ihrer eigenen Stütze nicht vertraute, sich vor den Massen fürchtete, die Dauerhaftigkeit deren Vertrauens bezweifelte und hauptsächlich Angst vor »Anarchie« hatte, das heißt davor, daß sie nach Übernahme der Macht zugleich mit dieser Macht ein Spielball der sogenannten entfesselten Elemente werden könnte. Mit anderen Worten, die Demokratie fühlte sich im Augenblick des revolutionären Aufstiegs nicht berufen, Führerin des Volkes zu sein, sondern nur linker Flügel der bürgerlichen Ordnung, deren zu den Massen ausgestreckter Fühler. Sozialistisch nannte sie sich und hielt sich sogar dafür, um nicht nur vor den Massen, sondern auch vor sich selbst ihre tatsächliche Rolle zu verschleiern: ohne diese Selbsttäuschung wäre sie nicht in der Lage gewesen, diese Rolle auszuführen. So löst sich das grundlegende Paradoxon der Februarrevolution.

Am Abend des 1. März kamen die Vertreter des Exekutivkomitees, Tschcheidse, Steklow, Suchanow und andere, zur Sitzung des Dumakomitees, um die Bedingungen zu besprechen für die Unterstützung der neuen Regierung durch die Sowjets. Das Programm der Demokraten ignorierte die Fragen des Krieges, der Republik, des Land und Bodens, des 8-Stunden-Tags völlig und lief nur auf eine einzige Forderung hinaus: den linken Parteien Agitationsfreiheit zu gewähren. Ein Beispiel der Selbstlosigkeit für Völker und Jahrhunderte: Sozialisten, in deren Händen die gesamte Macht war und von denen es abhing, den anderen Agitationsfreiheit zu gewähren oder nicht, traten ihre Macht an die »Klassenfeinde« ab unter der Bedingung, daß diese ihnen Agitationsfreiheit zusicherten. Rodsjanko fürchtete sich, zum Telegraphenamt zu gehen und sprach zu Tschcheidse und Suchanow: »Ihr habt die Macht, ihr könnt uns alle verhaften.« Tschcheidse und Suchanow antworteten ihm: »Nehmt die Macht, aber verhaftet uns nur nicht wegen Propaganda.« Studiert man die Verhandlungen der Versöhnler mit den Liberalen und all die Episoden aus den gegenseitigen Beziehungen des linken und des rechten Flügels des Taurischen Palais in jenen Tagen, so scheint einem, als benutze eine Gruppe Provinzschauspieler auf einer gewaltigen Bühne, auf der ein historisches Volksdrama spielt, ein freies Eckchen und eine kleine Pause, um ein banales Vaudeville mit Verkleidungen zu geben.

Die Führer der Bourgeoisie waren, man muß ihnen Gerechtigkeit widerfahren lassen, auf derartiges nicht gefaßt gewesen. Sie hätten die Revolution wohl weniger gefürchtet, wenn sie mit einer solchen Politik ihrer Führer gerechnet hätten. Sie würden sich allerdings auch in diesem Falle verrechnet haben, doch dann gemeinsam mit jenen. Aus der Befürchtung heraus, die Bourgeoisie könnte auch unter den angebotenen Bedingungen die

Macht ablehnen, stellt Suchanow das bedrohliche Ultimatum: »Die entfesselten Elemente können nur wir bändigen, niemand sonst ... Es gibt nur einen Ausweg: unsere Bedingungen annehmen.« Mit anderen Worten: akzeptiert das Programm, das ja euer Programm ist; wir aber versprechen euch dafür, die Massen, die uns die Macht anvertraut haben, zu bändigen. Arme Bändiger der Naturgewalten!

Miljukow war erstaunt. »Er dachte nicht daran«, schreibt Suchanow, »seine Genugtuung und seine angenehme Überraschung zu verbergen.« Als aber die Sowjetdelegierten, um ihren Worten noch mehr Nachdruck zu verleihen, hinzufügten, ihre Bedingungen seien »endgültig«, wurde Miljukow sentimental und machte ihnen mit dem Satz Mut: »Ja, ich hörte ihnen zu und dachte darüber nach, wie weit unsere Arbeiterbewegung seit dem Jahre 1905 vorwärtsgeschritten ist ...« In diesem Tone eines gutmütigen Krokodils unterhielt sich die Hohenzollernsche Diplomatie in Brest-Litowsk mit den Delegierten der Ukrainer Rada, deren staatsmännischer Reife die nötige Anerkennung zollend, bevor sie sie verschluckte. Daß die Bourgeoisie die Sowjetdemokratie nicht verschluckt hat, ist weder Suchanows Verdienst noch Miljukows Schuld.

Die Bourgeoisie erhielt hinter dem Rücken des Volkes die Macht. Sie besaß in den werktätigen Klassen keine Stütze. Doch zusammen mit der Macht bekam sie aus zweiter Hand so etwas wie einen Stützpunkt. Die Menschewiki und die Sozialrevolutionäre, von der Masse emporgehoben, händigten von sich aus der Bourgeoisie das Vertrauensmandat aus. Betrachtet man diese Operation im Querschnitt der formalen Demokratie, dann entsteht das Bild einer Zweiklassenwahl, bei der Menschewiki und Sozialrevolutionäre in der technischen Rolle eines Mittelgliedes auftreten, das heißt als Kadettenwähler. Nimmt man die Frage aber politisch, dann muß man sagen, die Versöhnler haben das Vertrauen der Massen getäuscht, indem sie an die Macht jene beriefen, gegen die sie gewählt worden waren. Und endlich vom tieferen sozialen Standpunkt aus betrachtet, stellt sich die Frage so dar: die kleinbürgerlichen Parteien, die unter den Bedingungen des Alltags außerordentlich anspruchsvoll und selbstzufrieden waren, bekamen, sobald die Revolution sie auf die Gipfel der Macht gehoben hatte, Angst vor ihrer eigenen Unzulänglichkeit und beeilten sich, den Vertretern des Kapitals das Steuer zu überlassen. In diesem Prostrationsakt offenbarte sich jäh die erschreckende Haltlosigkeit des neuen Mittelstandes und seine beschämende Abhängigkeit von der Großbourgeoisie. Im Bewußtsein oder bloß in der Vorahnung, daß sie die Macht ohnehin nicht lange zu halten imstande sein würden, sondern diese bald an rechts oder links abgeben müßten, beschlossen die Demokraten, es sei schon besser, sie heute den soliden Liberalen, als morgen den extremen Vertretern des Proletariats abzugeben. Auch in dieser Beleuchtung hört die Rolle der Versöhnler, trotz ihrer sozialen Bedingtheit, nicht auf, eine den Massen gegenüber treubrüchige zu sein.

Nachdem sie ihr Vertrauen den Sozialisten geschenkt hatten, sahen sich die Arbeiter und Soldaten, unerwartet für sie selbst, politisch expropriiert. Sie begriffen es nicht, waren beunruhigt, wußten aber nicht gleich einen Ausweg. Von ihren eigenen Beauftragten wurden sie durch Argumente betäubt, auf die sie zwar keine Antwort bereit hatten, die aber all ihren Gefühlen und Absichten widersprachen: die revolutionären Tendenzen der Massen fielen schon im Augenblick des Februarumsturzes nicht zusammen mit den versöhnlerischen Tendenzen der kleinbürgerlichen Parteien. Die Proletarier und Bauern gaben ihre Stimmen den Menschewiki und den Sozialrevolutionären nicht als Versöhnlern, sondern als Feinden des Zaren, des Gutsbesitzers und des Kapitalisten. Doch indem sie sie wählten, schufen sie eine Scheidewand zwischen sich und ihren Zielen. Sie konnten jetzt nicht mehr vorrücken, ohne auf die von ihnen selbst errichtete Scheidewand zu stoßen und ohne diese zuvor niederzureißen. Das war das erstaunliche qui pro quo, das in den Klassenbeziehungen enthalten war, wie sie durch die Februarrevolution aufgedeckt wurden.

Dem Hauptparadoxon gesellte sich sogleich eine Ergänzung hinzu. Die Liberalen erklärten sich nur unter der Bedingung bereit, die Macht aus den Händen der Sozialisten zu übernehmen, daß sich die Monarchie bereit erklären würde, die Macht aus ihren Händen entgegenzunehmen.

Während Gutschkow mit dem uns bereits bekannten Monarchisten Schulgin zur Rettung der Dynastie nach Pskow reiste, wurde das Problem der konstitutionellen Monarchie Mittelpunkt der Verhandlungen der zwei Komitees des Taurischen Palais. Miljukow bemühte sich, die Demokraten, die ihm die Macht auf der flachen Hand darbrachten, zu überzeugen, die Romanows könnten jetzt keine Gefahr mehr sein, Nikolaus müsse natürlich abgesetzt werden, dagegen aber könnte der Zarewitsch Alexej unter der Regentschaft Michails das Wohl des Landes sichern: »Der eine ein krankes Kind, der andere ein ganz dummer Mensch.« Fügen wir noch die Charakteristik bei, die der liberale Monarchist Schidlowski von dem Kandidaten für den Zarenthron gab: »Michail Alexandrowitsch entzog sich auf jede Weise jeglicher Einmischung in die Staatsgeschäfte und widmete sich restlos dem Pferdesport.« Eine seltsame Empfehlung, wollte man sie vor den Massen wiederholen. Nach der Flucht Ludwigs XVI. nach Varennes proklamierte Danton im Jakobinerklub, daß ein Mann, der schwachsinnig, nicht mehr König sein könne. Die russischen Liberalen dagegen glaubten, ein schwachsinniger Monarch sei die beste Zierde des konstitutionellen Regimes. Das war allerdings ein ungezwungenes Argument, berechnet auf die Psychologie der linken Einfaltspinsel, doch auch für diese zu plump. Den breiten Kreisen der liberalen Bürger wurde suggeriert, Michail sei »Anglomane«, ohne genau anzugeben, ob die Rede um Pferderennen oder um Parlamentarismus ging. Hauptsache bleibt, man hat ein »gewohntes Machtsymbol«, sonst könnte das Volk sich einbilden, die Zeit der Herrschaftslosigkeit sei gekommen.

Die Demokraten hörten zu, staunten höflich und versuchten zu überreden ... die Republik zu proklamieren? Nein, nur die Frage nicht vorwegzunehmen. Punkt 3 der Bedingungen des Exekutivkomitees lautete: »Die Provisorische Regierung darf keinerlei Schritte unternehmen, die die zukünftige Regierungsform im voraus festlegen.« Miljukow machte aus der Frage der Monarchie ein Ultimatum. Die Demokraten waren verzweifelt. Da aber kamen die Massen zu Hilfe. Auf den Meetings im Taurischen Palais wollte niemand, weder die Arbeiter noch die Soldaten, einen Zaren, und es gab kein Mittel, ihnen diesen aufzuzwingen. Trotzdem versuchte Miljukow gegen den Strom zu schwimmen und über die Köpfe der linken Verbündeten hinweg Thron und Dynastie zu retten. In seiner Geschichte der Revolution verzeichnet er zurückhaltend selbst, daß gegen Abend des 2. März die durch seine Mitteilung von der Regentschaft Michails hervorgerufene Aufregung »sich bedeutend steigerte«. Viel farbiger schildert Rodsjanko den Effekt, den die monarchistischen Manöver der Liberalen bei den Massen auslösten. Kaum aus Pskow mit dem Verzichtsakt Nikolaus' zugunsten Michails zurückgekehrt, begab sich Gutschkow auf Verlangen der Arbeiter vom Bahnhof in die Eisenbahnwerkstätten, schilderte das Vorgefallene, las den Verzichtsakt vor und schloß mit den Worten: »Es lebe Kaiser Michail!« Das Resultat war ein völlig unerwartetes. Der Redner wurde, nach Rodsjankos Bericht, von den Arbeitern unverzüglich verhaftet, angeblich sogar unter Androhung der Erschießung. »Mit großer Mühe gelang es, ihn mit Hilfe der Wachkompanie des nächsten Regiments zu befreien.« Wie stets, übertreibt Rodsjanko in manchen Punkten, doch die Darstellung ist im wesentlichen richtig. Das Land hatte die Monarchie so radikal erbrochen, daß sie dem Volk nicht mehr durch die Kehle gehen wollte. Die revolutionären Massen ließen den Gedanken an einen neuen Zaren nicht mehr aufkommen!

Angesichts dieser Konjunktur rückten die Mitglieder des Provisorischen Komitees eines nach dem andern von Michail ab, nicht endgültig, sondern »bis zur konstituierenden Versammlung«: da werde man schon sehen. Nur Miljukow und Gutschkow verteidigten die Monarchie bis zuletzt und machten weiterhin ihre Beteiligung am Kabinett davon abhängig. Was tun? Die Demokraten meinten, man könne ohne Miljukow keine bürgerliche Regierung bilden und ohne bürgerliche Regierung die Revolution nicht retten. Es folgten endlose Wortwechsel und Unterredungen. In der Vormittagssitzung des 3. März obsiegte im Provisorischen Komitee fast durchgehend die Überzeugung, es sei notwendig, »den Großfürsten zur Abdankung zu bewegen« – er wurde mithin schon als Zar betrachtet! Der linke Kadett Nekrassow hatte bereits den Text der Abdankung fertig. Da aber Miljukow sich hartnäckig widersetzte, fand man nach neuem leidenschaftlichen Streit schließlich eine Lösung: »Beide Parteien bringen dem Großfürsten ihre motivierten Ansichten vor und überlassen, ohne in weitere Diskussionen einzugehen, dem Großfürsten die Entscheidung.« Auf diese Weise wurde der »ganz dumme Mensch«, dem sein durch den Aufstand gestürzter älterer Bruder, in Widerspruch selbst zu den dynastischen Statuten, den Thron unterzuschieben versucht hatte, zum Schiedsrichter über die Frage der Staatsform des revolutionären Landes. So unglaublich das scheinen mag, dieser Wettstreitprozeß um das Schicksal des Staates hat stattgefunden. Um den Großfürsten zu bewegen, sich des Thrones halber von den Ställen loszureißen, versicherte ihm Miljukow, es bestehe durchaus die Möglichkeit, außerhalb Petrograds eine Militärmacht zu sammeln zur Verteidigung seiner Rechte. Mit anderen Worten, kaum die Macht aus den Händen der Sozialisten erhalten, trat Miljukow mit dem Plan eines monarchistischen Staatsstreiches hervor. Doch nach Beendigung der Für- und Widerreden, deren es nicht wenige gab, erbat sich der Großfürst Bedenkzeit. Michail lud Rodsjanko in ein Nebenzimmer ein und stellte ihm unvermittelt die Frage: können die neuen Herrscher ihm nur die Krone oder auch den Kopf garantieren? Der unvergleichliche Kammerherr antwortete, er könne dem Monarchen nur versprechen, wenn nötig, mit ihm zusammen zu sterben. Dazu verstand sich der Prätendent keinesfalls. Als er nach Umarmungen mit Rodsjanko zu den ihn erwartenden Deputierten hinaustrat, erklärte Michail Romanow »ziemlich fest«, er verzichte auf das ihm angebotene hohe, aber gefahrvolle Amt. Da sprang Kerenski, der bei diesen Verhandlungen das Gewissen der Demokratie verkörperte, begeistert vom Stuhl auf mit den Worten: »Hoheit, Sie sind ein edler Mann!« und schwor, er werde dies von nun an überall verkünden. »Das Pathos Kerenskis«, kommentierte Miljukow trocken, »harmonierte schlecht mit der Prosa des getroffenen Entschlusses.« Das läßt sich nicht bestreiten. Für Pathos bot der Text dieses Zwischenspiels allerdings keinen Raum. Der oben angestellte Vergleich mit einer Posse im Winkel einer antiken Arena muß durch den Hinweis ergänzt werden, daß die Bühne durch einen Wandschirm in zwei Teile geteilt war: in dem einen bettelten die Revolutionäre die Liberalen an, die Revolution zu retten, in dem anderen flehten die Liberalen die Monarchie an, den Liberalismus zu retten.

Die Vertreter des Exekutivkomitees waren aufrichtig darüber

erstaunt, daß ein so aufgeklärter und weitsichtiger Mann wie Miljukow sich irgendeiner Monarchie wegen widerspenstig zeigte und sogar bereit war, auf die Macht zu verzichten, wenn man ihm nicht einen Romanow dazu gäbe. Miljukows Monarchismus war jedoch weder doktrinärer noch romantischer Art; im Gegenteil, er ergab sich aus der nackten Berechnung der erschrockenen Besitzenden. In ihrer Nacktheit bestand eben ihre hoffnungslose Schwäche. Der Geschichtsschreiber Miljukow konnte sich allerdings darauf berufen, daß der Führer der französischen revolutionären Bourgeoisie, Mirabeau, seinerzeit ebenfalls bestrebt war, die Revolution mit dem König auszusöhnen. Der Kern war auch dort Angst der Besitzenden um den Besitz: es war vorsichtiger, ihn durch die Monarchie zu decken, so wie die Monarchie sich mit der Kirche deckte.

Doch besaß die Tradition der königlichen Macht in Frankreich im Jahre 1789 noch die Anerkennung des ganzen Volkes, abgesehen davon, daß Europa ringsum noch monarchistisch war. Sich an den König haltend, stand die französische Bourgeoisie auf dem gleichen Boden mit dem Volke, mindestens in dem Sinne, daß sie dessen Vorurteile gegen diese ausnutzte. Ganz anders war die Lage im Jahre 1917 in Rußland. Abgesehen von den Katastrophen und Havarien des monarchistischen Regimes in verschiedenen Ländern, war schon im Jahre 1905 die russische Monarchie selbst in nicht wiedergutzumachender Weise angeschlagen worden. Nach dem 9. Januar verfluchte der Pope Gapon den Zaren und dessen »Schlangenbrut«. Der Sowjet der Arbeiterdeputierten des Jahres 1905 stand offen auf republikanischem Boden. Die monarchistischen Gefühle der Bauernschaft, auf die der Zarismus lange Zeit gebaut hatte und mit denen die Bourgeoisie ihren Monarchismus deckte, erwiesen sich einfach als nicht existierend. Die kriegerische Konterrevolution, die später den Kopf erheben wird, sagt sich bereits seit Kornilow, wenn auch heuchlerisch, dafür um so demonstrativer, von der Zarenmacht los: so wenig monarchistische Wurzeln waren im Volke geblieben. Doch die gleiche Revolution von 1905, die den Monarchismus derart tödlich traf, untergrub auch für immer die schwankenden republikanischen Tendenzen der »fortgeschrittenen« Bourgeoisie. Einander widersprechend, ergänzten sich diese zwei Prozesse. Von den ersten Stunden der Februarrevolution an ihren Untergang fühlend, griff die Bourgeoisie nach einem Strohhalm. Sie brauchte die Monarchie nicht deshalb, weil diese der Glaube war, den sie mit dem Volke gemein hatte; im Gegenteil, die Bougeoisie hatte dem Glauben des Volkes nichts mehr entgegenzuhalten vermocht als das gekrönte Phantom. Die »gebildeten« Klassen Rußlands haben die Arena der Revolution nicht als Verkünder eines rationellen Staates betreten, sondern als Verteidiger mittelalterlicher Institutionen. Da sie weder im Volke noch in sich selbst eine Stütze hatten, suchten sie sie oben, über sich. Archimedes wollte die Erde umwälzen, wenn man ihm einen Stützpunkt gäbe. Miljukow dagegen suchte einen Stützpunkt, um das Stückchen gutsherrlicher Erde vor einer Umwälzung zu bewahren. Er fühlte sich dabei den verschrumpftesten zaristischen Generalen und den Hierarchen der rechtgläubigen Kirche näher als den zahmen Demokraten, die um nichts so besorgt waren wie um das Wohlwollen der Liberalen. Ohnmächtig, die Revolution niederzuringen, entschloß sich Miljukow fest, sie zu überlisten. Er war vieles zu schlucken bereit: bürgerliche Freiheiten für die Soldaten, demokratische Munizipalitäten, die Konstituierende Versammlung, aber alles nur unter der einen Bedingung: daß man ihm den archimedischen Punkt in Form der Monarchie belasse. Er beabsichtigte, die Monarchie allmählich, Schritt für Schritt, zu der Achse zu machen, um die sich die Generalität, die aufgefrischte Bürokratie, die Fürsten der Kirche, die Besitzenden, alle mit der Revolution Unzufriedenen gruppieren könnten. Ein anderer Führer der Kadettenpartei, Nabokow, erklärte später, welcher Hauptvorteil durch die Thronannahme Michails erreicht worden wäre: »Die fatale Frage der Einberufung der Konstituierenden Versammlung während des Krieges wäre beseitigt gewesen.« Diese Worte muß man sich merken: der Kampf um die Fristen der Konstituierenden Versammlung nahm in der Zeit zwischen dem Februar und dem Oktober einen großen Platz ein, wobei die Kadetten ihre Absicht, die Einberufung der Volksvertretung hinauszuziehen, kategorisch leugneten, in Wirklichkeit jedoch beharrlich und hartnäckig eine Verschleppungspolitik verfolgten. Aber sie mußten sich dabei auf sich selbst stützen: die monarchische Deckung war ihnen letzten Endes nicht zuteil geworden. Nach der Desertion Michails konnte sich Miljukow auch an einem Strohhalm nicht mehr festhalten.

Die neue Macht

Vom Volke getrennt, mit dem ausländischen Finanzkapital viel enger verbunden als mit den werktätigen Massen des eigenen Landes, der siegreichen Revolution feind, verspätet auf den Plan getreten, konnte die russische Bourgeoisie im eigenen Namen nicht ein einziges Argument zugunsten ihrer Machtansprüche geltend machen. Eine Begründung aber war unbedingt notwendig, denn die Revolution unterwirft nicht nur die vererbten Rechte einer unbarmherzigen Nachprüfung, sondern auch die neuen Ansprüche. Am wenigsten war der Vorsitzende des Provisorischen Komitees, Rodsjanko, der in den ersten Tagen nach dem Umsturz an die Spitze des revolutionären Landes gelangt war, fähig, für die Massen überzeugende Argumente vorzubringen.

Kammerpage unter Alexander II., Offizier des Kavalleriegarderegiments, Gouvernements-Adelsmarschall, Kammerherr Nikolaus' I., durch und durch Monarchist, reicher Gutsbesitzer und Semstwoführer, Mitglied der Oktobristenpartei, Deputierter der Reichsduma, war Rodsjanko später zu deren Vorsitzendem gewählt worden. Das geschah, nachdem Gutschkow, der als »Jungtürke« am Hofe verhaßt war, seine Vollmachten niedergelegt hatte: die Duma hoffte durch Vermittlung des Kammerherrn leichter zum Herzen des Monarchen Zutritt zu erlangen. Rodsjanko tat, was er konnte: offenherzig versicherte er dem Zaren, der Dynastie ergeben zu sein, erbat als Gnade, dem Thronfolger vorgestellt zu werden, und empfahl sich diesem als »der größte und dickste Mann Rußlands«. Trotz all dieser byzantinischen Gaukeleien gelang es dem Kammerherrn nicht, den Zaren für eine Konstitution zu gewinnen, und die Zarin nannte Rodsjanko in ihren Briefen kurz einen Schuft. Während des Krieges bereitete der Dumavorsitzende dem Zaren zweifellos nicht wenige unangenehme Minuten, wenn er ihn bei persönlichen Vorträgen durch schwungvolle Überredungsversuche, patriotische Kritik und düstere Prophezeiungen in die Ecke drängte. Rasputin sah in Rodsjanko einen persönlichen Feind. Der der Hofbande nahestehende Kurlow spricht von der Rodsjanko eigentümlichen »Frechheit bei unzweifelhafter Beschränktheit«. Witte äußerte sich über den Dumavorsitzenden nachsichtiger aber nicht viel günstiger: »Kein dummer Mensch, recht verständig; doch die Haupteigenschaft Rodsjankows besteht nicht in seinem Verstand, sondern in seiner Stimme: er hat einen vorzüglichen Baß.« Rodsjanko versuchte zuerst, die Revolution mit Hilfe der Feuerspritze zu besiegen; weinte dann, als er erfuhr, die Regierung des Fürsten Golizyn sei auf und davon gelaufen; er lehnte die Macht, die die Sozialisten ihm auftrugen, entsetzt ab; beschloß später, sie anzunehmen, aber nur als getreuer Untertan, um bei der ersten Gelegenheit dem Monarchen den verlorenen Gegenstand wieder zurückzugeben. Es ist nicht Rodsjankos Schuld, daß diese Möglichkeit sich nicht geboten hat. Dafür brachte die Revolution, mit Hilfe der gleichen Sozialisten, dem Kammerherrn die breite Möglichkeit, vor den aufständischen Regimentern seinen polternden Baß wirken zu lassen. Schon am 27. Februar hielt der Kavalleriegarderittmeister a. D. Rodsjanko folgende Ansprache an das Kavallerieregiment, das ins Taurische Palais gekommen war: »Rechtgläubige Krieger, hört meinen Rat. Ich bin ein alter Mann, ich werde euch nicht betrügen, hört auf die Offiziere, sie werden euch nichts Schlechtes lehren und werden in vollem Einverständnis mit der Reichsduma handeln. Es lebe das heilige Rußland!« Eine solche Revolution anzunehmen waren alle Gardeoffiziere bereit. Nur die Soldaten waren stutzig: wozu war es dann nötig gewesen, sie zu machen? Rodsjanko fürchtete sich vor den Soldaten, vor den Arbeitern; Tschcheidse und andere Linke hielt er für deutsche Agenten, und an die Spitze der Revolution gestellt, sah er sich alle Augenblicke um, ob der Sowjet ihn nicht verhaften wolle.

Die Figur Rodsjankos ist ein wenig lächerlich, aber nicht zufällig: der Kammerherr mit dem vorzüglichen Baß verkörperte das Bündnis der zwei regierenden Klassen Rußlands, Gutsbesitzer und Bourgeoisie, mitsamt der ihnen angeschlossenen fortschrittlichen Geistlichkeit: Rodsjanko selbst war sehr gottesfürchtig und des Kirchengesanges kundig; und die liberalen Bürger, unabhängig von ihrer Einstellung zur Orthodoxie, hielten das Bündnis mit der Kirche zur Erhaltung von Ruhe und Ordnung für ebenso notwendig wie das Bündnis mit der Monarchie.

Der ehrwürdige Monarchist, der von Verschwörern, Rebellen und Tyrannenmördern die Macht empfangen hatte, sah in jenen Tagen erbärmlich aus. Die übrigen Mitglieder des Komitees fühlten sich nicht viel besser. Manche von ihnen zeigten sich im Taurischen Palais überhaupt nicht, da sie die Lage für nicht genügend geklärt hielten. Die Weisesten gingen auf Zehenspitzen um den Scheiterhaufen der Revolution herum, husteten vom Rauche und sagten sich: mag es ausbrennen; dann werden wir versuchen, etwas fertig zu braten. Als das Komitee sich bereit erklärte, die Macht anzunehmen, entschloß es sich nicht gleich, das Ministerium zu bilden. »Abwartend, bis der Augenblick für die Regierungsbildung eintreten wird«, wie Miljukow sich ausdrückt, beschränkte sich das Komitee auf die Ernennung von Kommissaren aus Dumamitgliedern für die hohen Regierungsämter: das ließ noch die Möglichkeit zum Rückzug offen.

In das Innenministerium wurde der unbedeutende, doch vielleicht weniger als die anderen ängstliche Deputierte Karaulow entsandt, der am 1. März einen Haftbefehl erließ gegen alle Beamten der öffentlichen und der geheimen Polizei und des Gendarmeriekorps. Diese schreckliche revolutionäre Geste hatte einen rein platonischen Charakter, da die Polizei schon vor allen Befehlen verhaftet worden war und das Gefängnis für sie den einzigen Zufluchtsort vor einem Strafgericht darstellte. Viel später erblickte die Reaktion in dem Akt Karaulows den Beginn allen weiteren Unheils.

Zum Kommandanten von Petrograd wurde Oberst Engelhardt ernannt, Gardeoffizier, Rennstall- und Großgrundbesitzer. Anstatt den »Diktator« Iwanow, der von der Front zur Bändigung der Hauptstadt eingetroffen war, zu verhaften, schickte Engelhardt einen reaktionären Offizier als Stabschef zu dessen Verfügung: schließlich waren es ja die eigenen Leute.

In das Justizministerium wurde die Leuchte der Moskauer liberalen Advokatur entsandt, der beredte und hohle Maklakow, der vor allem den reaktionären Bürokraten zu verstehen gab, daß er nicht wünsche, Minister von Gnaden der Revolution zu sein, und »mit einem Blick auf den hereintretenden Genossen Kurier« auf französisch sagte: »Le danger est à gauche.«

Die Arbeiter und Soldaten brauchten kein Französisch zu lernen, um in all diesen Herren ihre grimmigsten Feinde zu fühlen.

Rodsjanko polterte jedoch nicht lange an der Spitze des Komitees. Seine Kandidatur zum Vorsitzenden der revolutionären Regierung erledigte sich von selbst: der Mittler zwischen Besitz und Monarchie war zu offensichtlich ungeeignet zum Mittler zwischen Besitz und Revolution. Doch trat er nicht von der Bühne ab, ohne hartnäckig versucht zu haben, als Gegengewicht zum Sowjet die Duma wieder zu beleben und im Zentrum aller Vereinigungsexperimente der bürgerlich-gutsherrlichen Konterrevolution zu verharren. Wir werden von ihm noch hören.

Am 1. März schritt das Provisorische Komitee zur Bildung eines Ministeriums, wobei es die gleichen Leute ernannte, die die Duma seit 1915 wiederholt dem Zaren als Männer empfohlen hatte, die das Vertrauen des Landes besäßen: es waren Großagrarier und Industrielle, oppositionelle Dumadeputierte, Führer des progressiven Blocks. Tatsache ist, daß der von den Arbeitern und Soldaten vollzogene Umsturz sich in der Zusammensetzung der revolutionären Regierung mit einer Ausnahme überhaupt nicht widerspiegelte. Die Ausnahme war Kerenski. Die Schwingungsweite Rodsjanko-Kerenski ist die offizielle Schwingungsweite der Februarrevolution.

Kerenski trat in das Ministerium ein gleichsam als deren bevollmächtigter Gesandter. Sein Verhalten zur Revolution war jedoch das Verhalten eines Provinzadvokaten, der in politischen Prozessen auftritt. Kerenski war kein Revolutionär, er hatte sich nur an der Revolution gerieben. Als er, dank seiner legalen Lage, in die vierte Duma gelangte, wurde er der Vorsitzende der grauen, jedes Gesichts entbehrenden Fraktion der Trudowiki, die die anämische Frucht einer politischen Kreuzung zwischen Liberalismus und Narodnikitum darstellte. Er besaß weder theoretische Vorbereitung, noch politische Schulung, noch Fähigkeit zu verallgemeinerndem Denken, noch politischen Willen. Alle diese Eigenschaften ersetzten flüchtige Aufnahmefähigkeit, leichte Entzündbarkeit und jene Rednergabe, die nicht auf Verstand oder Willen wirkt, sondern auf die Nerven. Sein Auftreten in der Duma im Geiste deklamatorischen Radikalismus, für den es an Anlässen nicht mangelte, machten Kerenski wenn nicht populär, so doch bekannt. Im Kriege hielt er als Patriot, gemeinsam mit den Liberalen, allein schon den Gedanken an eine Revolution für verderbenbringend. Er erkannte die Revolution an, als sie gekommen war und ihn, am Scheine seiner Popularität festgehakt, so mühelos nach oben hob. Der Umsturz identifizierte sich für ihn natürlicherweise mit der neuen Macht. Das Exekutivkomitee hatte jedoch beschlossen, die Macht müsse in einer bürgerlichen Revolution dem Bürgertum gehören. Diese Formel erschien Kerenski schon allein deshalb falsch, weil sie vor ihm die Türen des Ministeriums zuschlug. Kerenski war begründeterweise davon überzeugt, daß sein Sozialismus die bürgerliche Revolution so wenig behindern könne, wie diese seinen Sozialismus beeinträchtigen. Das provisorische Dumakomitee beschloß zu versuchen, den radikalen Deputierten vom Sowjet loszureißen, und erreichte dies ohne Schwierigkeiten, indem es ihm das Justizportefeuille anbot, auf das Maklakow bereits verzichtet hatte. Kerenski fing in den Couloirs Freunde ab und befragte sie: nehmen oder nicht nehmen? Die Freunde zweifelten nicht, daß er entschlossen war, zu nehmen. Suchanow, der zu jener Zeit Kerenski wohlwollte, entdeckte an ihm, allerdings nach späteren Erinnerungen, die Überzeugung von irgendeiner seiner harrenden Mission ... »und höchste Gereiztheit gegen alle, die diese Mission noch nicht erraten hatten«. Schließlich empfahlen die Freunde, darunter auch Suchanow, Kerenski, das Portefeuille anzunehmen: so sei es immerhin sicherer; durch einen der Unseren könnte man erfahren, was dort, bei den schlauen Liberalen, geschieht. Aber während die Führer des Exekutivkomitees im stillen Kerenski zu diesem Sündenfall stießen, zu dem es ihn ohnehin aus allen Kräften zog, verweigerten sie ihm die offizielle Sanktion. Suchanow erinnerte Kerenski daran, daß das Exekutivkomitee sich ja bereits geäußert habe und daß es »nicht ungefährlich« sei, die Frage noch einmal im Sowjet aufzurollen, da dieser einfach antworten könnte: »Die Macht muß der Sowjetdemokratie gehören.« Dies ist der wörtliche Bericht Suchanows – eine unglaubliche Mischung von Naivität und Zynismus. Der Inspirator des ganzen Mysteriums der Machtschöpfung gesteht hier offen, daß die Stimmung des Petrograder Sowjets bereits am 2. März für die formale Übernahme der Macht gewesen war, die ihm faktisch seit dem 27. Februar gehörte, und daß die sozialistischen Führer nur hinter dem Rücken der Arbeiter und Soldaten, ohne deren Wissen und gegen deren wirklichen Willen, die Macht zugunsten der Bourgeoisie expropriieren konnten. Der Schacher der Demokraten mit den Liberalen gewinnt in der Erzählung Suchanows alle notwendigen juristischen Merkmale eines Verbrechens gegen die Revolution, und zwar einer Geheimverschwörung gegen die Herrschaft des Volkes und dessen Rechte.

Anläßlich der Ungeduld Kerenskis tuschelten die Führer des Exekutivkomitees, daß es sich für einen Sozialisten nicht schicke, offiziell ein Zipfelchen Macht aus den Händen der Dumamitglieder entgegenzunehmen, die soeben aus den Händen der Sozialisten die gesamte Macht empfangen hatten. Kerenski möge es lieber auf seine eigene Verantwortung tun. Wahrhaftig, diese Herren fanden mit untrüglichem Instinkt aus jeder Situation einen möglichst verzwickten und falschen Ausweg. Kerenski jedoch wollte nicht in der Jacke eines radikalen Deputierten in die Regierung gehen; er brauchte den Mantel eines Bevollmächtigten der siegreichen Revolution. Um nicht auf Widerstand zu stoßen, wandte er sich um die Sanktion weder an die Partei, zu der er sich bekannte, noch an das Exekutivkomitee, als dessen stellvertretender Vorsitzender er galt. Ohne die Führer darauf vorbereitet zu haben, nahm er in der Plenarsitzung des Sowjets, der in den ersten Tagen noch ein chaotisches Meeting darstellte, das Wort zu einer außerordentlichen Erklärung, und in einer Rede, die die einen als wirr, die anderen als hysterisch bezeichneten, was allerdings miteinander nicht in Widerspruch steht, forderte er für sich das Vertrauen, sprach von seiner allgemeinen Bereitschaft, für die Revolution zu sterben, und von der unmittelbaren Bereitschaft, das Portefeuille des Justizministers anzunehmen. Es genügte die Erwähnung der Notwendigkeit einer vollständigen politischen Amnestie und des Gerichtes über die zaristischen Würdenträger, um bei der unerfahrenen und von niemandem geleiteten Versammlung stürmischen Applaus hervorzurufen. »Diese Farce«, schrieb später Schljapnikow, »löste bei vielen tiefe Entrüstung und Ekel gegen Kerenski aus.« Aber niemand widersprach ihm: nachdem sie die Macht der Bourgeoisie ausgeliefert hatten, vermieden es die Sozialisten, wie wir wissen, diese Frage vor den Massen zu stellen. Eine Abstimmung fand nicht statt. Kerenski beschloß, den Applaus als Vertrauensmandat zu deuten. Auf seine Weise hatte er recht. Der Sowjet war zweifellos für den Eintritt der Sozialisten in das Ministerium, weil er darin einen Schritt zur Liquidierung der bürgerlichen Regierung erblickte, mit der er sich keinen Augenblick abfinden konnte. So oder so, die offizielle Machtdoktrin umstoßend, nahm Kerenski am 2. März den Posten des Justizministers an. »Mit seiner Ernennung«, erzählt der Oktobrist Schidlowski, »war er sehr zufrieden, und ich erinnere mich sehr gut, wie er im Raume des Provisorischen Komitees, in einen Stuhl gelehnt, leidenschaftlich davon sprach, auf welch unerreichbar hohes Piedestal er Rußlands Justiz stellen werde.« Das hat er in der Tat einige Monate später im Prozeß gegen die Bolschewiki bewiesen.

Der Menschewik Tschcheidse, dem die Liberalen, geleitet von allzu durchsichtiger Berechnung und der internationalen Tradition, im schwierigen Augenblick das Arbeitsministerium aufzwingen wollten, lehnte kategorisch ab und blieb Vorsitzender des Sowjets der Deputierten. Weniger glänzend als Kerenski, war Tschcheidse doch aus ernsterem Material gemacht.

Die Achse der Provisorischen Regierung, wenn auch nicht formell ihr Haupt, wurde Miljukow, der unbestrittene Führer der Kadettenpartei. »Miljukow war mit seinen übrigen Ministerkollegen überhaupt nicht zu vergleichen«, schrieb der Kadett Nabokow, nachdem er bereits mit Miljukow gebrochen hatte, »sowohl als geistige Kraft, wie als Mann von ungeheurem, fast unerschöpflichem Wissen und weitem Horizont.« Suchanow, der Miljukow für den Zusammenbruch des russischen Liberalismus persönlich verantwortlich machte, schrieb gleichzeitig: »Miljukow war damals die zentrale Figur, Herz und Hirn aller bürgerlichen politischen Kreise ... Ohne ihn würde es in der ersten Periode der Revolution keine bürgerliche Politik gegeben haben.« Bei all ihrer übermäßigen Geschraubtheit kennzeichnen diese Aussprüche die unbestrittene Überlegenheit Miljukows vor den übrigen Politikern der russischen Bourgeoisie. Seine Stärke bestand in dem, was auch seine Schwäche ausmachte: vollständiger und vollkommener als die anderen drückte er in der Sprache der Politik das Schicksal der russischen Bourgeoisie aus, das heißt ihre historische Ausweglosigkeit. Wenn die Menschewiki jammerten, Miljukow habe den russischen Liberalismus zugrunde gerichtet, so kann man mit mehr Recht behaupten, der Liberalismus habe Miljukow zugrunde gerichtet.

Trotz seines für die imperialistischen Zwecke aufgewärmten Neoslawismus blieb Miljukow stets ein bürgerlicher Westler. Das Ziel seiner Partei sah er im Siege der europäischen Zivilisation in Rußland. Doch je weiter, um so mehr fürchtete er sich vor jenen revolutionären Wegen, die die Westvölker gegangen waren. Von seinem Westlertum blieb daher nichts als ein ohnmächtiger Neid auf den Westen.

Die englische und französische Bourgeoisie hatten die neue Gesellschaft nach ihrem eigenen Ebenbilde errichtet. Die deutsche ist später gekommen, und sie mußte lange Zeit bei dem Haferabsud der Philosophie sitzen. Die Deutschen haben das Wort »Weltanschauung« ausgedacht, das weder die Engländer noch die Franzosen besitzen: während die westlichen Nationen eine neue Welt schufen, beschauten die Deutschen sie. Aber die in bezug auf politische Tätigkeit so dürftige deutsche Bourgeoisie schuf die klassische Philosophie – und dies ist keine geringe Einlage. Die russische Bourgeoisie kam noch später. Zwar hatte sie das deutsche Wort »Weltanschauung« ins Russische übersetzt, sogar in mehreren Varianten, aber damit zeigte sie nur noch krasser zugleich mit ihrer politischen Impotenz ihre tödliche philosophische Dürftigkeit. Sie importierte Ideen wie auch Technik, richtete für die letztere hohe Zölle ein und für die ersteren eine Quarantäne der Angst. Diesen Zügen seiner Klasse politischen Ausdruck zu geben, war Miljukow berufen.

Miljukow, ehemaliger Moskauer Geschichtsprofessor, Autor bedeutender wissenschaftlicher Arbeiten, später Begründer der aus dem Bunde liberaler Gutsbesitzer und dem Bund linker Intellektueller zusammengeschlossenen Kadettenpartei, war des unerträglichen, teils herrenhaften, teils intellektuellen Zuges jenes politischen Dilettantismus völlig bar, der die Mehrzahl der russischen liberalen Politiker kennzeichnet. Er nahm seinen Beruf sehr ernst, und schon das allein hob ihn hervor.

In der Regel schämten sich die russischen Liberalen bis zum Jahre 1905, Liberale zu sein. Ein Anflug von Narodnikitum und später von Marxismus diente ihnen lange als unentbehrliche Schutzfarbe. In dieser schamhaften, im Wesen oberflächlichen Kapitulation ziemlich breiter bürgerlicher Kreise, darunter auch einer Reihe jüngerer Industrieller vor dem Sozialismus, zeigte sich der Mangel innerer Sicherheit einer Klasse, die rechtzeitig genug gekommen war, um Millionen in ihren Händen zu konzentrieren, aber zu spät, um sich an die Spitze der Nation zu stellen. Die bärtigen Väter, reichgewordene Bauern und Krämer, häuften Besitz an, ohne über ihre gesellschaftliche Rolle nachzudenken. Die Söhne absolvierten die Universitäten in der Periode der vorrevolutionären Ideengärung, und als sie versuchten, ihren Platz in der Gesellschaft zu finden, zögerten sie, sich unter das in fortgeschrittenen Ländern bereits verbrauchte, verblaßte und geflickte Banner des Liberalismus zu stellen. Eine Zeitlang gaben sie einen Teil ihrer Seele und sogar ein Teilchen ihrer Einkünfte den Revolutionären hin. In noch höherem Maße betrifft das die Vertreter der freien Berufe: zu einem großen Teil machten sie in ihren jungen Jahren eine Periode sozialistischer Sympathien durch. Professor Miljukow aber hatte niemals an den Masern des Sozialismus gelitten. Er war ein organischer Bourgeois und schämte sich dessen nicht.

Allerdings gab Miljukow in der ersten Epoche der Revolution nicht ganz die Hoffnung auf, mittels der gezähmten sozialistischen Parteien sich auf die revolutionären Massen stützen zu können. Witte erzählt, auf eine Forderung, die er bei der Bildung seines konstitutionellen Kabinetts im Oktober 1905 an die Kadetten stellte: »den revolutionären Schwanz abzuhacken«, hätten ihm diese geantwortet, sie könnten ebensowenig auf die bewaffneten Kräfte der Revolution verzichten wie Witte selbst auf die Armee. Im Kern der Sache war das schon damals Hochstapelei: um ihren Preis zu steigern, schreckten die Kadetten Witte mit den Massen, vor denen sie selbst Angst hatten. Gerade auf Grund der Erfahrung des Jahres 1905 hatte Miljukow sich überzeugt: so stark die liberalen Sympathien der sozialistischen Gruppen der Intelligenz auch sein mochten, die wahren Kräfte der Revolution, die Massen, werden ihre Waffen niemals der Bourgeoisie ausliefern und, je besser bewaffnet, eine um so größere Gefahr für diese bilden. Indem er offen proklamierte, die rote Fahne sei ein roter Lappen, beendete Miljukow mit sichtbarer Erleichterung den Roman, den er eigentlich niemals ernstlich begonnen hatte.

Die Losgelöstheit der sogenannten »Intelligenz« vom Volke war eines der traditionellen Themen der russischen Journalistik, wobei die Liberalen, im Gegensatz zu den Sozialisten, unter Intelligenz alle »gebildeten«, das heißt besitzenden Klassen verstanden. Nachdem diese Losgelöstheit während der ersten Revolution sich den Liberalen in so katastrophaler Weise offenbart hatte, lebten die Ideologen der »gebildeten« Klassen gleichsam in ständiger Erwartung des Jüngsten Gerichts. Ein liberaler Schriftsteller, ein an die Konventionen der Politik nicht gebundener Philosoph, hat die Angst vor den Massen mit einer Besessenheit ausgesprochen, die an die reaktionäre Epilepsie Dostojewskis erinnert. »So wie wir sind, können wir nicht nur nicht an eine Verschmelzung mit dem Volke denken – fürchten müssen wir es, mehr als alle Hinrichtungen der Regierung, und jene Macht segnen, die uns durch ihre Bajonette und Gefängnisse vor der Volkswut schützt.« Konnten die Liberalen bei einem solchen politischen Selbstgefühl davon träumen, die revolutionäre Nation zu leiten? Die ganze Politik Miljukows ist vom Stempel der Hoffnungslosigkeit gezeichnet. Im Augenblick der nationalen Krise denkt die von ihm geführte Partei nur daran, wie dem Schlage auszuweichen, nicht aber, wie ihn zu führen.

Als Schriftsteller ist Miljukow schwerfällig, weitschweifig und ermüdend. Nicht anders auch als Redner. Dekorativ ist er nicht. Das könnte ein Plus sein, wenn die engherzige Politik Miljukows nicht so offensichtlich der Maskierung bedurft oder wenn er mindestens die objektive Deckung einer großen Tradition besessen hätte: doch er besaß nicht einmal die kleine. Die offizielle Politik in Frankreich, die Quintessenz bürgerlichen Egoismus und Verräterei, hat zwei mächtige Stützen: Tradition und Rhetorik. Miteinander multipliziert umgeben sie jeden bürgerlichen Politiker, selbst ein so prosaisches Faktotum des Großkapitals wie Poincaré, mit einer schützenden Hülle. Es ist nicht Miljukows Schuld, daß er keine pathetischen Vorfahren besaß und gezwungen war, die Politik des bürgerlichen Egoismus an der Grenze zwischen Europa und Asien durchzuführen.

»Neben den Sympathien für Kerenski«, lesen wir in den Erinnerungen des Sozialrevolutionärs Sokolow über die Februarrevolution, »existierte von Anfang an eine große, unverhüllte und in ihrer Art seltsame Antipathie gegen Miljukow. Mir war und ist es auch jetzt noch unverständlich, weshalb dieser ehrwürdige Politiker so unpopulär war.« Hätten die Philister den Grund ihrer Begeisterung für Kerenski und ihres Unwillens gegen Miljukow begreifen können, sie hätten aufgehört, Philister zu sein. Der Spießbürger liebte Miljukow deshalb nicht, weil dieser zu prosaisch und nüchtern, ohne Beschönigung, das politische Wesen der russischen Bourgeoisie wiedergab. Sich in dem Miljukowschen Spiegel betrachtend, sah der Bürger, daß er grau, eigennützig, feige war, und er fühlte sich, wie das üblich ist, durch den Spiegel beleidigt.

Miljukow, dem die unzufriedenen Grimassen des liberalen Bürgers nicht verborgen blieben, sagte seinerseits ruhig und sicher: »Der Spießer ist dumm.« Er brachte diese Worte ohne Gereiztheit vor, fast zärtlich, als wollte er sagen: »Wenn mich der Spießer heute noch nicht versteht, schadet es nichts, er wird es später.« In Miljukow lebte die gut fundierte Gewißheit, daß der Bürger ihn nicht verraten und ihm, der Logik der Dinge gehorchend, folgen werde, denn ihm blieb kein anderer Weg. Und tatsächlich: nach dem Februarumsturz folgten alle bürgerlichen Parteien, sogar, wenn auch schimpfend und mitunter fluchend, die rechten, dem Führer der Kadetten.

Anders verhielt es sich mit dem demokratischen Politiker sozialistischer Färbung, mit einem Suchanow. Das war kein gewöhnlicher Spießer, im Gegenteil, ein Berufspolitiker, in seinem kleinen Handwerk ziemlich gewitzt. »Gescheit« konnte dieser Politiker nicht erscheinen, denn zu augenfällig war der ständige Widerspruch zwischen dem, was er wollte, und dem, was er erreichte. Aber er klügelte, verwirrte, langweilte. Um ihn zum Mitgehen zu bewegen, mußte man ihn täuschen, indem man ihm nicht nur seine volle Selbständigkeit zubilligte, sondern ihn sogar des unmäßigen Kommandierens, der Eigenmächtigkeit beschuldigte. Das schmeichelte ihm und versöhnte ihn mit der Rolle des Handlangers. Im Gespräch mit ebendiesen sozialistischen Schlaubergern warf Miljukow den Satz hin: »Der Spießer ist dumm.« Das war eine feine Schmeichelei: »Gescheit sind nur wir zwei.« In Wirklichkeit zog Miljukow gerade in diesem Moment seinen demokratischen Freunden einen Ring durch die Nase. Mit diesem Ring sind sie später auch gestürzt worden.

Die persönliche Unpopularität erlaubte Miljukow nicht, sich an die Spitze der Regierung zu stellen: er übernahm die auswärtigen Angelegenheiten, die auch in der Duma seine Spezialität gewesen waren.

Kriegsminister der Revolution wurde der uns bereits bekannte Moskauer Großindustrielle Gutschkow, in seiner Jugend Liberaler, mit einem Einschlag ins Abenteuerliche, später Vertrauensperson der Großbourgeoisie bei Stolypin in der Periode der Niederschlagung der ersten Revolution. Die Auflösung der zwei ersten Dumas, in denen die Kadetten geherrscht hatten, führte zum Staatsstreich vom 3. Juni 1907, der das Ziel hatte, das Wahlrecht zugunsten der Partei Gutschkows abzuändern, die dann in den zwei letzten Dumas bis zur Revolution die Führung auch behielt. Im Jahre 1911 in Kiew bei der Enthüllung eines Denkmals für Stolypin, der von einem Terroristen getötet worden war, legte Gutschkow schweigend einen Kranz nieder und verneigte sich tief bis zur Erde: das war eine Geste im Namen einer Klasse. In der Duma widmete sich Gutschkow hauptsächlich den Fragen der »Kriegsmacht« und ging bei der Vorbereitung des Krieges Hand in Hand mit Miljukow. Als Vorsitzender des Zentralen Kriegsindustriekomitees vereinigte er die Industriellen unter dem Banner der patriotischen Opposition, wobei er gleichzeitig die

Häupter des progressiven Blocks, einschließlich Rodsjanko, keinesfalls hinderte, ihre Hände an Militärlieferungen zu wärmen. Eine revolutionäre Empfehlung für Gutschkow war die mit seinem Namen verbundene halbe Legende von der Vorbereitung der Palastrevolution. Der ehemalige Polizeichef behauptete darüber hinaus, Gutschkow »erlaubte sich, in Privatgesprächen höchst beleidigende Epitheta in bezug auf den Monarchen anzuwenden«. Das ist durchaus wahrscheinlich. Doch bildete Gutschkow in dieser Hinsicht keine Ausnahme. Die gottesfürchtige Zarin haßte Gutschkow, sparte in ihren Briefen nicht mit groben Schmähungen an seine Adresse und sprach die Hoffnung aus, er werde an »einem hohen Baume« aufgehängt werden. Übrigens hatte die Zarin dafür viele vorgesehen. So oder so: jener Mann, der sich vor dem Henker der ersten Revolution bis zur Erde verneigt hatte, wurde Kriegsminister der zweiten.

Zum Ackerbauminister wurde der Kadett Schingarew ernannt, ein Provinzarzt, der später Dumadeputierter geworden war. Seine nächsten Gesinnungsgenossen aus der Partei hielten ihn für eine ehrliche Mittelmäßigkeit oder, wie Nabokow sich ausdrückte, für »einen russischen Provinzintellektuellen, gemessen nicht mit dem Staats-, sondern einem Gouvernements- oder Kreismaßstab«. Der unbestimmte Radikalismus der Jugendjahre hatte längst Zeit gehabt, sich zu verflüchtigen, und Schingarews Hauptsorge wurde, den besitzenden Klassen seine Staatsreife zu zeigen. Obwohl das alte Programm der Kadetten von der »zwangsweisen Enteignung des gutsherrlichen Bodens nach einer gerechten Abschätzung« sprach, nahm doch keiner der Gutsbesitzer dieses Programm ernst, besonders jetzt nicht, in den Jahren der Kriegsinflation, und Schingarew sah seine Hauptaufgabe darin, die Lösung des Agrarproblems zu verschleppen und die Bauern mit dem Trugbild der Konstituierenden Versammlung zu vertrösten, die die Kadetten nicht einberufen wollten. An den Fragen des Grund und Bodens und des Krieges sich das Genick zu brechen, stand der Februarrevolution bevor; Schingarew half dabei, wie er nur konnte.

Das Portefeuille der Finanzen erhielt ein junger Mann namens Tereschtschenko. Wo haben sie den hergenommen? fragte man sich verwundert im Taurischen Palais. Unterrichtete Personen erklärten, er sei Besitzer von Zuckerfabriken, Gütern, Wäldern und anderen unzähligen Reichtümern, die man auf etwa 80 Millionen Goldrubel schätzte, Vorsitzender des Kriegsindustriekomitees in Kiew, mit guter französischer Aussprache und überdies Kenner des Balletts. Man fügte noch vielsagend hinzu, Tereschtschenko habe als Vertrauter Gutschkows fast an der großen Verschwörung teilgenommen, die Nikolaus II. absetzen sollte. Die Revolution, die die Verschwörung vereitelt hatte, half Tereschtschenko.

Während der fünf Februartage, als sich in den kalten Straßen der Hauptstadt Revolutionskämpfe abspielten, huschte einigemal wie ein Schatten die Figur des Liberalen aus hohem Hause an uns vorbei – der Sohn des ehemaligen zaristischen Ministers Nabokow, eine in ihrer selbstzufriedenen Korrektheit und egoistischen Engherzigkeit fast symbolische Gestalt. Die entscheidenden Tage des Aufstandes hatte Nabokow zwischen den vier Wänden der Kanzlei oder der Familie »in dumpfer und sorgenvoller Erwartung« verbracht. Jetzt war er Geschäftsführer der Provisorischen Regierung, faktisch Minister ohne Portefeuille. In der Berliner Emigration, wo ihn die unsinnige Kugel eines Weißgardisten tötete, hinterließ er nicht uninteressante Aufzeichnungen über die Provisorische Regierung. Möge ihm dies als Verdienst gebucht werden.

Doch wir vergaßen, den Premier zu erwähnen, den übrigens in ernsten Momenten seiner kurzen Amtstätigkeit alle vergaßen. Als am 2. März Miljukow bei einem Meeting im Taurischen Palais die neue Regierung empfahl, nannte er Fürst Lwow »die Verkörperung der vom zaristischen Regime verfolgten russischen Öffentlichkeit«. Später, in seiner Geschichte der Revolution, vermerkt Miljukow vorsichtig, »an die Spitze der Regierung wurde der den meisten Mitgliedern des Provisorischen Komitees wenig bekannte« Fürst Lwow gestellt. Der Historiker bemüht sich hier, den Politiker der Verantwortung für die Wahl zu entheben. In Wirklichkeit zählte der Fürst schon längst zur Kadettenpartei, zu ihrem rechten Flügel. Nach der Auflösung der ersten Duma, auf der berühmten Deputiertentagung in Wyborg, die sich mit dem rituellen Aufruf des beleidigten Liberalismus an die Bevölkerung wandte, keine Steuern zu zahlen, war Fürst Lwow zwar anwesend, unterschrieb aber den Aufruf nicht. Nabokow erzählt in seinen Erinnerungen, der Fürst wäre gleich nach Ankunft in Wyborg erkrankt, wobei seine Krankheit »der Erregung zugeschrieben wurde, in der er sich befand«. Offenbar war der Fürst für revolutionäre Erschütterungen nicht geschaffen. Sehr gemäßigt, duldete Fürst Lwow, kraft seiner politischen Gleichgültigkeit, die nach politischer Weitherzigkeit aussah, in allen von ihm geleiteten Organisationen linke Intellektuelle, ehemalige Revolutionäre, sozialistische Patrioten, die sich vor dem Kriege drückten. Sie arbeiteten nicht schlechter als die anderen Beamten, stahlen nicht und brachten dem Fürsten gleichzeitig eine Art Popularität ein. Ein Fürst, ein reicher Mann und Liberaler – das imponierte dem Durchschnittsbürger. Man hatte deshalb Fürst Lwow schon unter dem Zaren für den Premierposten vorgemerkt. Alles in allem muß man zugeben, das Regierungshaupt der Februarrevolution war zwar ein erlauchter, aber ein notorisch leerer Fleck. Rodsjanko wäre jedenfalls farbenprächtiger gewesen.

Die Chronik der legendären Geschichte des Russischen Staates beginnt mit der Erzählung, wie Abgesandte der slawischen Stämme sich zu den skandinavischen Fürsten begaben mit der Bitte: »Kommt, besitzt und regiert uns.« Die unglückseligen Vertreter der sozialistischen Demokratie verwandelten die historische Legende in eine wahre Begebenheit, nicht im 19., sondern im 20. Jahrhundert, nur mit dem Unterschiede, daß sie sich nicht an überseeische, sondern an inländische Fürsten wandten. So gerieten als Resultat des siegreichen Aufstandes der Arbeiter und Soldaten einige schwerreiche Gutsbesitzer und Industrielle an die Macht, durch nichts bemerkenswerte, politische Dilettanten ohne Programm, mit einem Fürsten an der Spitze, der keine Aufregungen vertrug.

Die Zusammensetzung der Regierung rief bei den verbündeten Gesandtschaften, in den bürgerlichen und bürokratischen Salons, wie in den breiteren Schichten des mittleren Bürgertums, und teils auch des Kleinbürgertums, Befriedigung hervor. Fürst Lwow, der Oktobrist Gutschkow, der Kadett Miljukow – diese Namen klangen beruhigend. Der Name Kerenski veranlaßte vielleicht die Alliierten zu einer Grimasse, aber er schreckte sie nicht. Die Weiterblickenden begriffen: im Lande ist immerhin Revolution; bei einem so sicheren Deichselpferd wie Miljukow kann ein mutwilliges Begleitpferd nur nützlich sein. So mußte der französische Gesandte Paléologue denken, der russische Metaphern liebte.

Unter den Arbeitern und Soldaten erweckte die Zusammensetzung der Regierung von Anfang an feindliche Gefühle, bestenfalls dumpfes Staunen. Die Namen Miljukow oder Gutschkow konnten keine Zustimmung hervorrufen, weder in der Fabrik noch in der Kaserne. Dafür sind nicht wenige Zeugnisse vorhanden. Der Offizier Mstislawski berichtet von der düsteren Sorge der Soldaten, daß die Macht vom Zaren an einen Fürsten übergegangen sei: hat es sich gelohnt, deshalb Blut zu vergießen? Stankewitsch, der zum intimen Kerenski-Kreise gehörte, machte am 3. März einen Rundgang durch sein Sappeurbataillon, von Kompanie zu Kompanie, und pries die neue Regierung an, die er selbst für die bestmögliche hielt und von der er mit großer Begeisterung sprach. »Aber man fühlte im Auditorium eine Kühle.« Nur wenn der Redner Kerenski erwähnte, »entflammten« die Soldaten »in wahrer Befriedigung«. Zu dieser Zeit hatte bereits die öffentliche Meinung der Spießbürger der Hauptstadt Kerenski in einen Haupthelden der Revolution verwandelt. Die Soldaten wollten in höherem Maße als die Arbeiter in Kerenski ein Gegengewicht zur bürgerlichen Regierung sehen und wunderten sich nur darüber, daß er dort allein war. Doch Kerenski war kein Gegengewicht, sondern eine Ergänzung, eine Deckung, eine Verzierung. Er verteidigte die gleichen Interessen wie Miljukow, nur beim Aufblitzen von Magnesium.

Wie war die reale Konstitution des Landes nach der Aufrichtung der neuen Macht?

Die monarchistische Reaktion verkroch sich in die Löcher. Sobald nur die ersten Wasser der Sintflut zurückwichen, gruppierten sich die Besitzenden aller Arten und Richtungen um das Banner der Kadettenpartei, die mit einem Male die einzige nichtsozialistische Partei und gleichzeitig die äußerste Rechte in der offenen Arena geworden war.

Die Massen strömten in Scharen zu den Sozialisten, die im Bewußtsein des Volkes mit den Sowjets verschmolzen waren. Nicht nur die Arbeiter und Soldaten der großen Garnisonen des Hinterlandes, sondern auch all das bunte Kleinvolk der Städte: Handwerker, Straßenverkäufer, kleine Beamte, Droschkenkutscher, Portiers, Hausangestellte aller Art mieden die Provisorische Regierung mit deren Kanzleien und suchten eine nähere, zugänglichere Macht. In immer größerer Zahl kamen Bauernabgesandte ins Taurische Palais. Die Massen ergossen sich in die Sowjets wie in ein Triumphtor der Revolution. Alles, was außerhalb der Sowjets blieb, fiel von der Revolution gleichsam ab und schien einer anderen Welt zugehörig. So war es auch: außerhalb der Sowjets blieb die Welt der Besitzenden, in der sich jetzt alle Farben zu einem graurosa Schutzkolorit vermengten.

Nicht die ganze werktätige Masse wählte die Sowjets, nicht mit einem Male erwachte sie, nicht alle Schichten der Unterdrückten wagten gleich zu glauben, daß der Umsturz auch sie betraf. Im Bewußtsein vieler regte sich nur schwerfällig unartikulierte Hoffnung. Den Sowjets wandten sich alle Aktiven aus den Massen zu, und während der Revolution siegt mehr denn je die Aktivität; da nun die Massenaktivität von Tag zu Tag wuchs, so erweiterte sich die Basis der Sowjets ununterbrochen. Dies war auch die einzige reale Basis der Revolution.

Im Taurischen Palais gab es zwei Hälften: Duma und Sowjet. Das Exekutivkomitee drängte sich ursprünglich in irgendwelchen engen Kanzleien, durch die ein ununterbrochener Menschenstrom flutete. Die Dumadeputierten waren bemüht, sich in ihren Paraderäumen als die Herren zu fühlen. Doch bald trug das Hochwasser der Revolution die Schranken hinweg. Trotz der ganzen Unentschlossenheit seiner Führer verbreiterte sich der Sowjet unaufhaltsam, während die Duma immer mehr in den Hintergrund gedrängt wurde. Das neue Kräfteverhältnis brach sich allenthalben Bahn.

Die Deputierten im Taurischen Palais, die Offiziere in ihren Regimentern, die Kommandeure in ihren Stäben, die Direktoren und Administratoren der Betriebe, Eisenbahnen, Telegraphenämter, die Gutsbesitzer oder Verwalter auf den Gütern, alle fühlten sich von den ersten Tagen der Revolution an unter der feindseligen und rastlosen Kontrolle der Masse. Der Sowjet war in den Augen dieser Masse der organisierte Ausdruck ihres Mißtrauens gegen all jene, die sie unterdrückt hatten. Die Setzer durchforschten eifrig den Text der Artikel, die sie zu setzen hatten, die Eisenbahnarbeiter beobachteten besorgt und wachsam die Militärzüge, die Telegraphisten lasen sich auf neue Art in die Telegramme hinein, die Soldaten sahen sich bei jeder verdächtigen Bewegung des Offiziers an, die Arbeiter warfen den als Schwarzhundertmann bekannten Meister aus dem Betrieb hinaus und hielten ein scharfes Auge auf den liberalen Direktor. Die Duma wurde von den ersten Stunden der Revolution und die Provisorische Regierung von ihren ersten Tagen an zum Reservoir, in das die Klagen und Beschwerden der Oberschichten der Gesellschaft, deren Proteste gegen »Exzesse«, ihre wehmütigen Beobachtungen und düsteren Vorahnungen zusammenströmten.

»Ohne die Bourgeoisie können wir den Staatsapparat nicht erobern«, meinte der sozialistische Kleinbürger mit einem ängstlichen Blick auf die Verwaltungsgebäude, aus denen mit leeren Augenhöhlen das Skelett des alten Staates starrte. Man fand einen Ausweg darin, daß man dem durch die Revolution enthaupteten Apparat irgendwie einen liberalen Kopf aufsetzte. Neue Minister begaben sich in die zaristischen Ministerien, nahmen dort Besitz von dem Apparat der Schreibmaschinen, Telephone, Kuriere, Stenotypistinnen und Beamten und überzeugten sich tagtäglich, daß die Maschine leer läuft.

Kerenski erinnerte sich später, wie die Provisorische Regierung »am dritten Tage der allrussischen Anarchie die Macht in ihre Hände nahm, als es auf der ganzen Fläche der russischen Erde nicht nur keine Macht gab, sondern buchstäblich kein einziger Schutzmann übriggeblieben war«. Die Sowjets der Arbeiter- und Soldatendeputierten, die Millionenmassen leiteten, zählen nicht: das sind doch nur Elemente der Anarchie. Die Verwahrlosung des Landes wird durch das Verschwinden des Schutzmannes charakterisiert. In diesem Glaubensbekenntnis des allerlinksten Ministers liegt der Schlüssel zur gesamten Politik der Regierung.

Die Gouverneurposten wurden, auf Verfügung des Fürsten Lwow, durch Vorsitzende der Gouvernementsemstwoverwaltungen besetzt, die sich nicht viel von ihren Vorgängern unterschieden; nicht selten waren es Gutsbesitzer von der Art der alten Leibeigenenherren, die sogar in den Gouverneuren Jakobiner erblickten. An die Spitze der Kreise kamen die Vorsitzenden der Kreissemstwoverwaltungen. Unter der frischen Bezeichnung »Kommissare« erkannte die Bevölkerung ihre alten Feinde. »Dieselben alten Popen, nur unter hochtrabenden Namen«, wie einst Milton von der ängstlichen Reformation der Presbyterianer sagte. Die Gouvernement- und Kreiskommissare bemächtigten sich der Schreibmaschinen, Schreibmaschinenschreiberinnen und Beamten der Gouverneure und Isprawniks, um sich davon zu überzeugen, daß diese ihnen keinerlei Macht vererbt hatten. Das Leben in den Gouvernements und in den Kreisen konzentrierte sich um die Sowjets. Auf diese Weise durchsetzte die Doppelherrschaft alles von oben bis unten. Aber die örtlichen Sowjetleiter, die gleichen Sozialrevolutionäre und Menschewiki, waren doch simpler und warfen durchaus nicht immer die Macht, die sich ihnen aus der ganzen Situation heraus von selbst aufdrängte, von sich. Infolgedessen bestand die Tätigkeit der Provinzkommissare hauptsächlich in Beschwerden über die völlige Unmöglichkeit, ihre Vollmachten geltend zu machen.

Am Tage nach der Bildung des liberalen Ministeriums fühlte die Bourgeoisie, daß sie die Macht nicht erlangt, sondern im Gegenteil verloren hatte. Bei der ganzen phantastischen Willkür der Rasputinschen Clique bis zum Umsturze hatte deren reale Macht einen beschränkten Charakter. Der Einfluß der Bourgeoisie auf die Staatsgeschäfte war gewaltig. Auch Rußlands Beteiligung am Kriege war in höherem Maße eine Angelegenheit der Bourgeoisie als der Monarchie. Die Hauptsache aber bestand darin, daß die zaristische Macht den Besitzenden die Fabriken, Ländereien, Banken, Häuser und Zeitungen gesichert hatte und mithin in der lebenswichtigsten Frage *ihre* Regierung gewesen war. Die Februarrevolution veränderte die Lage nach zwei einander entgegengesetzten Richtungen: sie händigte der Bourgeoisie feierlichst die äußerlichen Machttribute aus, nahm ihr aber gleichzeitig jenen Teil der realen Herrschaft, die sie vor der Revolution besessen hatte. Die gestrigen Angestellten des Semstwoverbandes, wo Fürst Lwow der Gebieter war, und des Kriegsindustriekomitees, wo Gutschkow kommandierte, wurden heute unter dem Namen Sozialrevolutionäre und Menschewiki die Herren der Lage im Lande und an der Front, in Stadt und Dorf, ernannten Lwow und Gutschkow zu Ministern und stellten ihnen dabei Bedingungen, wie wenn sie sie als Gehilfen dingen wollten.

Andererseits konnte das Exekutivkomitee, nachdem es die bürgerliche Regierung geschaffen hatte, sich nicht, dem biblischen Gott gleich, entschließen, kundzutun, die Schöpfung sei gut. Im Gegenteil, es beeilte sich, sofort die Distanz zwischen sich und dem Werke seiner Hand zu vergrößern, indem es erklärte, die neue Macht nur insoweit unterstützen zu wollen, als diese treu der demokratischen Revolution dienen würde. Die Provisorische Regierung war sich dessen durchaus bewußt, daß sie sich ohne die Unterstützung der offiziellen Demokratie nicht eine Stunde würde halten können; diese Unterstützung war ihr indes nur als Lohn für gutes Benehmen versprochen, das heißt für die Durchführung von Aufgaben, die ihr fremd waren und deren Lösung die Demokratie selbst eben noch ausgewichen war. Die Regierung wußte niemals, bis zu welchen Grenzen sie ihre Macht, die halb Konterbande war, äußern dürfte. Nicht immer konnten ihr dies die Häupter des Exekutivkomitees von vornherein sagen, denn auch ihnen war es schwer, zu erraten, bei welcher Grenze die Unzufriedenheit in den eigenen Reihen als Abbild des Unwillens der Massen durchbrechen würde. Die Bourgeoisie tat so, als hätten die Sozialisten sie betrogen. Die Sozialisten ihrerseits fürchteten, die Liberalen würden durch ihre vorzeitigen Ansprüche die Massen erregen und die ohnehin schwierige Lage verschlechtern. »*Insoweit – wie*« –, diese Zweideutigkeit drückte der ganzen Voroktoberperiode ihren Stempel auf, indem sie die juristische Formel für die innere Lüge wurde, die im Zwitterregime der Februarrevolution enthalten war.

Um auf die Regierung einen Druck auszuüben, wählte das Exekutivkomitee eine besondere Kommission, die es höflicher-, aber lächerlicherweise »Kontaktkommission« nannte. Die Bildung der revolutionären Macht war also offiziell auf den Prinzipien der gegenseitigen Überredung aufgebaut. Der nicht unbekannte mystische Schriftsteller Mereschkowski konnte einen Präzedenzfall für ein solches Regime nur im Alten Testament finden: die Zaren Israels hielten sich Propheten. Die biblischen Propheten jedoch, wie auch der Prophet des letzten Romanow, empfingen wenigstens ihre Eingebungen unmittelbar vom Himmel, und die Zaren wagten keine Widerrede: das sicherte die Einheitlichkeit der Macht. Ganz anders die Propheten des Sowjets: sie predigten nur unter der Eingebung der eigenen Beschränktheit. Die liberalen Minister aber waren der Meinung, es könne überhaupt nichts Gutes von dem Sowjet kommen. Tschcheidse, Skobeljew, Suchanow und andere gingen zu der Regierung und redeten ihr lang und breit zu, nachzugeben; die Minister sträubten sich; die Delegierten kehrten zum Exekutivkomitee zurück; übten hier einen Druck mittels der Autorität der Regierung aus; traten wieder in Verbindung mit den Ministern und – begannen wieder vom Anfang. Diese komplizierte Mühle mahlte nichts aus.

In der Kontaktkommission beklagten sich alle. Besonders Gutschkow jammerte vor den Demokraten über Unordnung in der Armee, hervorgerufen durch das Gewährenlassen des Sowjets. Manchmal vergoß der Kriegsminister der Revolution »in direktem und buchstäblichen Sinne ... Tränen, mindestens wischte er sich eifrig die Augen mit dem Taschentuch«. Er meinte nicht ohne Grund, die Tränen der Gesalbten zu trocknen, sei die direkte Funktion der Propheten.

Am 9. März telegraphierte General Alexejew, der an der Spitze des Hauptquartiers stand, an den Kriegsminister: »Das deutsche Joch ist nahe, wenn wir dem Sowjet weiter nachgeben.« Gutschkow antwortete ihm höchst weinerlich: die Regierung verfügt leider über keine reale Macht, in den Händen des Sowjets sind Truppen, Eisenbahn, Post und Telegraph. »Man kann geradezu sagen, die Provisorische Regierung existiert nur, solange der Sowjet es zuläßt.«

Eine Woche nach der anderen verging, die Lage aber besserte sich nicht im geringsten. Als die Provisorische Regierung Anfang April Dumadeputierte an die Front sandte, schärfte sie ihnen zähneknirschend ein, keine Meinungsverschiedenheiten mit den Sowjetdelegierten erkennen zu lassen. Die liberalen Deputierten fühlten sich während der ganzen Reise gleichsam unter Eskorte, doch waren sie sich bewußt, daß sie sonst, trotz all ihren hohen Vollmachten, nicht nur nicht vor den Soldaten erscheinen, sondern auch keinen Platz im Wagen finden könnten. Dieses prosaische Detail aus den Erinnerungen des Fürsten Mansyrew ergänzt vorzüglich den Briefwechsel Gutschkows mit dem Hauptquartier über das Wesen der Februarkonstitution. Ein reaktionärer Witzbold charakterisierte nicht ohne Berechtigung die Lage folgendermaßen: »Die alte Regierung sitzt in der Peter-Paul-Festung und die neue unter Hausarrest.«

Besaß denn die Provisorische Regierung keine andere Stütze außer der fragwürdigen Hilfe der Sowjetführer? Wo waren die besitzenden Klassen hingeraten? Eine begründete Frage. In ihrer Vergangenheit mit der Monarchie verbunden, hatten es die besitzenden Klassen nach der Umwälzung eilig, sich um eine neue Achse zu gruppieren. Der Rat für Industrie und Handel, die Vertretung des vereinigten Kapitals des gesamten Landes, hatte sich bereits am 2. März »vor der großen Tat der Reichsduma verbeugt« und sich »völlig zur Verfügung« ihres Komitees gestellt. Die Semstwos und die Stadtdumas beschritten denselben Weg. Am 10. März rief sogar der Rat des vereinigten Adels, die Stütze des Thrones, in der Sprache pathetischer Feigheit das ganze russische Volk auf, »sich um die Provisorische Regierung, als die heute einzige gesetzliche Macht in Rußland, zusammenzuschließen«. Fast zu gleicher Zeit begannen die Institutionen und Organe der besitzenden Klassen die Doppelherrschaft zu tadeln und schoben, zuerst schüchtern, dann immer kühner, die Verantwortung für die Unordnung den Sowjets zu. Hinter den Herren her zogen die Spitzen der Angestellten, die Vereinigungen der liberalen Berufe, die Staatsbeamten. Von der Armee trafen in den Stäben fabrizierte Telegramme, Denkschriften und Resolutionen gleichen Charakters ein. Die liberale Presse eröffnete eine Kampagne »für die Einheitsregierung«, die in den weiteren Monaten den Charakter eines Trommelfeuers gegen die Sowjetführer annahm. Alles zusammen sah äußerst imposant aus. Die große Anzahl der Organisationen, bekannte Namen, Resolutionen, Artikel, der entschiedene Ton, all das wirkte unfehlbar auf die empfänglichen Lenker des Exekutivkomitees. Nichtsdestoweniger stand hinter der dräuenden Parade der besitzenden Klassen keine ernsthafte Macht. »Und die Macht des Besitzes?« erwiderten den Bolschewiki die kleinbürgerlichen Sozialisten. Besitz ist das Verhältnis zwischen Menschen. Er stellt eine riesige Macht dar, solange er allgemeine Anerkennung findet, die durch das Zwangssystem, das sich Recht und Staat nennt, aufrechterhalten wird. Aber darin bestand ja das Wesen der Lage, daß der alte Staat jäh zusammengebrochen und von den Massen hinter das gesamte alte Recht ein Fragezeichen gestellt war. In den Fabriken betrachteten sich die Arbeiter immer mehr als die Herren, den Herrn aber als den ungebetenen Gast. Noch weniger sicher fühlten sich die Gutsbesitzer auf dem Lande, von Angesicht zu Angesicht mit den finsteren, haßerfüllten Bauern, fern von der Macht, an deren Existenz die Gutsbesitzer, der weiten Entfernung halber, anfangs noch glaubten. Aber die Besitzenden, der Möglichkeit beraubt, über ihren Besitz zu verfügen und sogar, ihn zu schützen, hörten auf, wahre Besitzer zu sein, und wurden stark erschrockene Spießbürger, die ihrer Regierung keine Hilfe leisten konnten, denn sie selbst bedurften ihrer am meisten. Gar bald begannen sie, die Regierung ihrer Schwäche wegen zu verfluchen. Doch in der Gestalt der Regierung verfluchten sie nur ihr eigenes Schicksal.

Indes machten sich Exekutivkomitee und Ministerium in gemeinsamer Tätigkeit gleichsam zur Aufgabe, nachzuweisen, daß während einer Revolution die Kunst des Regierens in wortreichem Zeitvergeuden besteht. Bei den Liberalen war es Sache bewußter Berechnung. Ihrer festen Überzeugung nach verlangten alle Fragen eine Vertagung, außer der einen: Ablegung des Treueeids für die Entente.

Miljukow machte seine Kollegen mit den Geheimverträgen bekannt. Kerenski überhörte sie. Es scheint, nur der Oberprokureur des Heiligen Synods, der an Überraschungen reiche Lwow, des Premiers Namensvetter, aber nicht Fürst, empörte sich stürmisch und bezeichnete die Verträge sogar als »räuberisch und schwindelhaft«, womit er sicherlich bei Miljukow ein nachsichtiges Lächeln (»der Spießer ist dumm«) und den Antrag hervorgerufen haben mag, einfach zur Tagesordnung überzugehen. Die offizielle Regierungsdeklaration versprach die Einberufung der Konstituierenden Versammlung in kürzester Frist, die aber absichtlich nicht festgesetzt wurde. Von der Staatsform war keine Rede: die Regierung hoffte noch, das verlorene Paradies der Monarchie wiederherstellen zu können. Doch bestand der wirkliche Sinn der Deklaration in der Verpflichtung, den Krieg bis zum siegreichen Ende zu führen und »unentwegt die mit den Alliierten geschlossenen Vereinbarungen zu erfüllen«. Hinsichtlich des bedrohlichsten Problems im Dasein des Volkes hatte sich die Revolution scheinbar nur vollzogen, um zu erklären: alles bleibt beim alten.

Am 8. kam endlich aus dem Ministerlaboratorium das Dekret über die Amnestie heraus. Zu dieser Zeit waren bereits die Türen der Gefängnisse im ganzen Lande vom Volk geöffnet worden, politische Verbannte kehrten zurück im dichten Strom von Versammlungen, Enthusiasmus, Militärmusik, Reden und Blumen. Das Amnestiedekret klang wie ein verspätetes Echo der Kanzleien. Am 12. wurde die Abschaffung der Todesstrafe proklamiert. Vier Monate später die Todesstrafe für Soldaten wieder eingeführt.

Kerenski hatte versprochen, die Rechtspflege auf eine nie dagewesene Höhe zu heben. In der Hitze des Gefechts hatte er tatsächlich den Antrag zur Annahme gebracht, der Vertreter von Arbeitern und Soldaten als Mitglieder der Friedensgerichte einführte. Das war die einzige Maßnahme, in der man den Pulsschlag der Revolution verspürte und die darum bei allen Eunuchen der Justiz Entsetzen hervorrief. Damit aber endete die Sache. Der unter Kerenski einen hohen Ministerposten innehabende Advokat Demjanow, ebenfalls »Sozialist«, beschloß, nach seinen eigenen Worten, sich an das Prinzip zu halten, alle alten Beamten auf ihren Plätzen zu belassen: »Die Politik der revolutionären Regierung darf niemanden ohne Notwendigkeit kränken.« Das war im wesentlichen die Regel der gesamten Provisorischen Regierung, die am meisten Angst hatte, jemand aus der Mitte der herrschenden Klassen zu kränken, sogar die zaristische Bürokratie. Nicht nur die Richter, sondern auch die Staatsanwälte des Zarismus blieben auf ihren Posten. Gewiß, die Massen konnten sich deswegen gekränkt fühlen. Das aber ging die Sowjets an: die Massen blieben außerhalb des Gesichtsfeldes der Regierung.

Etwas wie einen frischen Strahl brachte nur der bereits erwähnte temperamentvolle Oberprokureur Lwow hinein, der offiziell über die »Idioten und Schufte«, die im Heiligen Synod saßen, berichtete. Nicht ohne Besorgnis lauschten die Minister diesen saftigen Charakteristiken, der Synod aber blieb als Staatsinstitution und die Orthodoxie als Staatsreligion weiter bestehen. Sogar die Zusammensetzung des Synods blieb erhalten: die Revolution darf es sich mit keinem verderben.

Die Mitglieder des Staatsrates, treue Diener zweier oder dreier Kaiser, fuhren fort zu tagen, zumindest ihr Gehalt zu beziehen. Diese Tatsache gewann bald symbolische Bedeutung. In den Fabriken und Kasernen protestierte man laut. Das Exekutivkomitee war erregt. Die Regierung verwendete zwei Tage auf die Beratung über Schicksal und Gehalt der Mitglieder des Staatsrates und konnte zu keinem Entschluß kommen. Wie sollte man auch ehrwürdige Männer beunruhigen, unter denen zudem nicht wenige gute Bekannte waren?

Die Rasputinschen Minister saßen noch in der Festung, aber die Provisorische Regierung beeilte sich bereits, den ehemaligen Ministern eine Pension auszusetzen. Das klang wie eine Verhöhnung oder wie eine Stimme aus dem Jenseits. Die Regierung jedoch wollte sich's mit ihren Vorgängern nicht verderben, wenn man diese auch ins Gefängnis gesetzt hatte.

Die Senatoren schlummerten weiter in ihren betreßten Uniformen, und als der von Kerenski neu ernannte linke Senator Sokolow es wagte, im schwarzen Gehrock zu erscheinen, wurde er einfach aus der Sitzung entfernt: die zaristischen Senatoren fürchteten sich vor einem Streit mit der Februarrevolution nicht, nachdem sie sich überzeugt hatten, daß deren Regierung zahnlos war.

Die Ursache für den Zusammenbruch der Märzrevolution in Deutschland erblickte einst Marx darin, daß sie »nur die politische Spitze reformierte, während sie alle Schichten unterhalb dieser Spitze unangetastet ließ – die alte Bürokratie, die alte Armee, die alten, im Dienste des Absolutismus geborenen, erzogenen und ergrauten Richter«. Die Sozialisten vom Typ Kerenskis suchten Rettung darin, worin Marx die Ursache des Unterganges sah. Die menschewistischen Marxisten gingen mit Kerenski, nicht mit Marx.

Das einzige Gebiet, auf dem die Regierung Initiative und revolutionäres Tempo an den Tag legte, war die Gesetzgebung für Aktiengesellschaften: ein Reformdekret wurde bereits am 17. März erlassen. Nationale Beschränkungen wie die des Glaubens wurden erst drei Tage später abgeschafft. In der Regierung gab es nicht wenige Personen, die unter dem alten Regime an nichts weiter als an den Mängeln des Aktienwesens gelitten hatten.

Die Arbeiter forderten ungeduldig den Achtstundentag. Die Regierung stellte sich taub auf beiden Ohren. Jetzt sei doch Krieg, alle müßten sich für das Wohl des Vaterlandes aufopfern. Überdies sei es Sache des Sowjets: möge er die Arbeiter beruhigen.

Noch bedrohlicher stand die Bodenbesitzfrage. Hier mußte unbedingt etwas geschehen. Von den Propheten angetrieben, verfügte der Ackerbauminister Schingarew die Schaffung von lokalen Landkomitees, vorsichtigerweise ohne deren Funktionen und Aufgaben zu bestimmen. Die Bauern bildeten sich ein, die Komitees müßten ihnen Land geben. Die Gutsbesitzer waren der Ansicht, die Komitees hätten den Besitz zu schützen. So zog sich um den Hals des Februarregimes von Anfang an die bäuerliche Schlinge zusammen, unerbittlicher als alle anderen.

Der offiziellen Doktrin gemäß wurden alle Fragen, die die Revolution aufgeworfen hatte, bis zur Konstituierenden Versammlung vertagt. Konnten denn die untadeligen konstitutionellen Demokraten dem Volkswillen vorgreifen, nachdem es ihnen – ach! – nicht gelungen war, Michail Romanow rittlings auf diesen Willen zu setzen? Die Vorbereitung der zukünftigen Nationalvertretung wurde indes mit so bürokratischer Solidität und berechneter Saumseligkeit getroffen, daß die Konstituierende Versammlung sich in ein Trugbild verwandelte. Erst am 25. März, fast einen Monat nach dem Umsturz – ein Monat Revolution! –, ordnete die Regierung zur Ausarbeitung eines Wahlgesetzes die Bildung eines schwerfälligen Besonderen Ausschusses an. Doch trat dieser nicht in Funktion. In seiner durch und durch unwahren »Geschichte der Revolution« teilt Miljukow verlegen mit, daß infolge verschiedener Verzögerungen »der Besondere Ausschuß unter der ersten Regierung seine Arbeit nicht begonnen hat«. Die

Verschleppungen gehörten zur Konstitution des Ausschusses und zu seinen Pflichten. Die Aufgabe bestand darin, die Konstituierende Versammlung auf bessere Zeiten zu verzögern: bis zum Siege, zum Frieden oder zum Kornilowschen Kalender.

Die russische Bourgeoisie, die zu spät zur Welt gekommen war, haßte die Revolution tödlich. Ihrem Haß fehlte jedoch die Kraft. Es hieß abwarten und manövrieren. Da sie die Möglichkeit nicht besaß, die Revolution niederzuwerfen und zu ersticken, hoffte die Bourgeoisie darauf, sie zu ermatten.

Doppelherrschaft

Worin besteht das Wesen der Doppelherrschaft? Man darf an dieser Frage nicht vorbeigehen, deren Beleuchtung wir in der historischen Literatur bisher nicht begegnet sind. Indes ist die Doppelherrschaft ein eigenartiger Zustand der gesellschaftlichen Krise, der durchaus nicht nur für die russische Revolution von 1917 allein charakteristisch ist, wenn er auch hier am deutlichsten beobachtet werden konnte.

Antagonistische Klassen existierten in der Gesellschaft stets, und die von der Macht ausgeschlossene Klasse ist unvermeidlich bestrebt, den Staatskurs in diesem oder jenem Grade in ihre Richtung zu lenken. Das bedeutet jedoch noch keinesfalls, daß in der Gesellschaft eine Doppel- oder Vielherrschaft besteht. Der Charakter eines politischen Regimes wird unmittelbar bestimmt von dem Verhältnis der unterdrückten Klassen zu den herrschenden. Die Einzelherrschaft, die notwendige Bedingung der Widerstandsfähigkeit eines jeden Regimes, kann nur so lange bestehen, wie es der herrschenden Klasse gelingt, ihre ökonomischen und politischen Formen als die einzig möglichen der ganzen Gesellschaft aufzuzwingen.

Die gleichzeitige Herrschaft des Junkertums und der Bourgeoisie – in der hohenzollernschen oder in der republikanischen Form – ist, so stark zeitweilig die Konflikte zwischen den beiden Partnern der Macht auch sein mögen, noch keine Doppelherrschaft: sie haben eine gemeinsame soziale Basis, ihre Zusammenstöße drohen nicht den Staatsapparat zu spalten. Das Regime der Doppelherrschaft entsteht nur aus dem unversöhnlichen Zusammenprall der Klassen, ist demzufolge nur in einer revolutionären Epoche möglich und bildet eines ihrer wesentlichen Elemente.

Die politische Mechanik der Revolution besteht in dem Übergang der Macht von der einen Klasse zur anderen. Die gewaltsame Umwälzung an sich kommt gewöhnlich innerhalb einer kurzen Frist zustande. Aber keine historische Klasse erhebt sich aus der unterdrückten Lage zur herrschenden mit einem Male, sozusagen über Nacht, mag es auch die Nacht einer Revolution sein. Sie muß schon am Vorabend in bezug auf die offiziell herrschende Klasse eine höchst unabhängige Stellung eingenommen haben; mehr noch, sie muß die Hoffnungen der Zwischenklassen und -schichten, der mit dem Bestehenden Unzufriedenen, aber für eine selbständige Rolle Unfähigen, auf sich konzentriert haben. Die historische Vorbereitung einer Umwälzung führt in der vorrevolutionären Periode zu einer Situation, in der die Klasse, die das neue Gesellschaftssystem zu verwirklichen berufen ist, ohne bereits Herr im Lande zu sein, faktisch einen bedeutenden Teil der Staatsmacht in Händen hält, während der offizielle Staatsapparat noch im Besitz der alten Machthaber verbleibt. Dieses ist der Ausgangspunkt der Doppelherrschaft in einer jeden Revolution.

Doch das ist nicht ihre einzige Form. Falls die neue Klasse, die durch die Revolution, die sie nicht gewollt, an die Macht gestellt wird, eine alte, historisch verspätete Klasse ist; falls sie sich etwa vor ihrer offiziellen Krönung verbraucht hat; falls sie, zur Macht gekommen, ihren Widerpartner bereits hinreichend reif, den Arm nach dem Staatssteuer ausgestreckt, vorfindet, – dann führt die politische Umwälzung zum Ersatz der einen Doppelherrschaft mit sehr schwankendem Gleichgewicht durch eine andere, mitunter noch weniger widerstandsfähige. Im Siege über die »Anarchie« der Doppelherrschaft besteht eben auf jeder neuen Etappe die Aufgabe der Revolution oder – der Konterrevolution.

Die Doppelherrschaft setzt die Teilung der Macht in gleiche Hälften oder überhaupt irgendein formales Gleichgewicht der beiden Mächte nicht nur nicht voraus, sondern schließt sie, allgemein gesprochen, völlig aus. Das ist keine konstitutionelle, sondern eine revolutionäre Tatsache. Sie beweist, daß die Störung des sozialen Gleichgewichts den Staatsüberbau bereits gespalten hat. Eine Doppelherrschaft entsteht dort, wo feindliche Klassen sich bereits ihrem Wesen nach miteinander nicht zu vereinbarende staatliche Organisationen stützen – eine im Ableben und eine im Entstehen begriffene –, die auf dem Gebiet der Staatsleitung einander auf jedem Schritt bedrängen. Der Teil der Macht, der hierbei jeder der kämpfenden Klassen zufällt, wird vom Kräfteverhältnis und dem Gang des Kampfes bestimmt.

Ein solcher Zustand kann seinem ganzen Wesen nach nicht beständig sein. Die Gesellschaft verlangt Konzentration der Macht und strebt in Gestalt der herrschenden Klasse, oder in diesem Falle der zwei halbherrschenden Klassen, unversöhnlich dahin. Die Spaltung der Macht kündet nichts anderes an als den Bürgerkrieg. Jedoch bevor sich die rivalisierenden Klassen und Parteien zu diesem entschließen, können sie, besonders wenn sie die Einmischung einer dritten Macht fürchten, gezwungen sein, das System der Doppelherrschaft ziemlich lange zu dulden und sogar gewissermaßen zu sanktionieren. Aber doch wird es unvermeidlich gesprengt werden. Der Bürgerkrieg verleiht der Doppelherrschaft einen augenfälligen, und zwar einen territorialen Ausdruck: indem sich jede Macht einen befestigten Punkt schafft, führt sie den Kampf um das übrige Territorium, das nicht selten eine Doppelherrschaft in Form des aufeinanderfolgenden Einfalls der beiden kriegführenden Mächte erduldet, bis eine von ihnen sich endgültig festsetzt.

Die englische Revolution des 17. Jahrhunderts zeigt, gerade weil sie eine große Revolution war, die die Nation bis in die Tiefen aufwühlte, ein deutliches Abwechseln von Doppelherrschaftregimes, mit scharfen Übergängen von dem einen zum anderen, in Form des Bürgerkrieges.

Zuerst stehen der Königsmacht, die sich auf die privilegierten Klassen oder die Oberschichten dieser Klassen, Aristokraten und Bischöfe, stützt, Bourgeoisie und dieser nahestehende Schichten des kleinen Landadels gegenüber. Die Regierung der Bourgeoisie ist das Presbyterianer-Parlament, das sich auf die Londoner City stützt. Der andauernde Kampf dieser zwei Regimes wird im offenen Bürgerkrieg entschieden. Zwei Regierungszentren, London und Oxford, schaffen sich ihre Armeen, die Doppelherrschaft nimmt eine territoriale Form an, wenn auch die territorialen Abgrenzungen, wie stets im Bürgerkriege, sehr schwankend sind. Das Parlament obsiegt. Der König ist gefangen und harrt seines Geschicks.

Es könnte scheinen, die Bedingungen für die Einzelherrschaft der presbyterianischen Bourgeoisie seien im Entstehen. Aber bevor noch die Königsmacht gebrochen ist, verwandelt sich die Armee des Parlaments in eine selbständige politische Kraft. Sie vereinigt in ihren Reihen die Independenten, fromme und entschlossene Kleinbürger, Handwerker und Ackerbauer. Die Armee mischt sich machtvoll in das öffentliche Leben ein, aber nicht einfach als bewaffnete Gewalt, auch nicht als Prätorianergarde, sondern als politische Vertretung einer neuen Klasse, die sich der reichen und wohlhabenden Bourgeoisie entgegenstellt. Dementsprechend schafft die Armee ein neues Staatsorgan, das sich über das militärische Kommando erhebt: den Rat der Soldaten und Offiziersdeputierten (»Agitatoren«). Es beginnt eine neue Periode der Doppelherrschaft: die des presbyterianischen Parlaments und der Independenten-Armee. Die Doppelherrschaft führt zum offenen Zusammenstoß. Die Bourgeoisie erweist sich als ohnmächtig, der »mustergültigen Armee« Cromwells, das heißt den bewaffneten Plebejern, eine eigene Armee entgegenzustellen. Der Konflikt endet mit einer Säuberung des presbyterianischen Parlaments mit Hilfe des Independentensäbels. Vom Parlament bleibt nur Spreu, es wird die Diktatur Cromwells errichtet. Die unteren Schichten der Armee versuchen unter Leitung der Leveller, des äußersten linken

Flügels der Revolution, der Herrschaft der militärischen Spitzen, der Granden der Armee ihr eigenes, wahrhaft plebejisches Regime entgegenzustellen. Doch die neue Doppelherrschaft kommt nicht zur Entwicklung: die Levellers, die untere Schicht der Kleinbürger, haben noch keinen eigenen historischen Weg und können ihn auch noch nicht haben. Cromwell wird mit den Gegnern bald fertig. Es entsteht für eine Reihe von Jahren ein neues, allerdings keinesfalls widerstandsfähiges politisches Gleichgewicht.

In der großen Französischen Revolution konzentriert die Konstituierende Versammlung, deren Rückgrat die oberste Schicht des dritten Standes ist, die Macht in ihren Händen, jedoch ohne dem König seine Vorrechte völlig zu nehmen. Die Periode der Konstituierenden Versammlung ist die Periode scharfer Doppelherrschaft, die mit der Flucht des Königs nach Varennes endet und formell erst mit der Gründung der Republik liquidiert wird.

Die erste französische Konstitution (1791), aufgebaut auf der Fiktion der voneinander völlig unabhängigen gesetzgebenden und ausführenden Gewalt, verschleierte in Wirklichkeit, oder suchte vor dem Volke zu verschleiern, die tatsächliche Doppelherrschaft: der Bourgeoisie, die sich nach der Einnahme der Bastille durch das Volk endgültig in der Nationalversammlung verschanzt hatte, und der alten Monarchie, die sich noch auf die Spitzen des Adels, des Klerus, der Bürokratie und der Militärs stützte, nicht zu reden von ihren Hoffnungen auf eine ausländische Intervention. In diesem widerspruchsvollen Regime lag die Unvermeidlichkeit seines Zusammenbruchs. Ein Ausweg konnte nur gefunden werden entweder in der Vernichtung der bürgerlichen Vertretung mit den Kräften der europäischen Reaktion oder in der Guillotine für den König und die Monarchie. Paris und Koblenz mußten ihre Kräfte messen.

Aber noch bevor es zu Krieg und Guillotine kommt, tritt auf die Bühne die Pariser Kommune, die sich auf die unteren Schichten des dritten Standes der Stadt stützt und den offiziellen Vertretern der bürgerlichen Nation die Herrschaft immer kühner streitig macht. Es entsteht eine neue Doppelherrschaft, deren erste Äußerungen wir bereits im Jahre 1790 wahrnehmen, zu einer Zeit, wo die Mittel- und Großbourgeoisie noch in Administrationen und Munizipalitäten festsitzt. Welch erstaunliches – und gleichzeitig niedrig verleumdetes! – Bild der Bemühungen der plebejischen Schichten, aus der Tiefe emporzusteigen, aus den sozialen Kellern und Katakomben, und jene verbotene Arena zu betreten, wo Menschen in Perücken und Culotten die Schicksale der Nation entscheiden. Es schien, als sei das Fundament selbst, getreten von den Füßen der aufgeklärten Bourgeoisie, lebendig geworden und in Bewegung geraten; aus der formlosen Masse erhoben sich menschliche Häupter, streckten sich schwielige Hände in die Höhe, heisere, aber mutige Stimmen wurden vernehmbar! Die Pariser Distrikte, die Bastarde der Revolution, begannen ihr eigenes Leben zu leben. Sie wurden anerkannt – sie nicht anzuerkennen war unmöglich! – und in Sektionen umgewandelt. Aber unentwegt rissen sie die Schranken der Legalität nieder, erhielten Zustrom frischen Blutes von unten und öffneten, dem Gesetz zuwider, den Entrechteten, Armen, den Sansculotten Zutritt in ihre Reihen. Gleichzeitig bieten die Landmunizipalitäten dem bäuerlichen Aufstand Deckung gegen die bürgerliche Gesetzlichkeit, die den Feudalbesitz begönnert. So erhebt sich unter den Füßen der zweiten Nation die dritte.

Die Pariser Sektionen verhielten sich anfangs der Kommune gegenüber, in der noch die ehrenwerte Bourgeoisie herrschte, oppositionell. Durch einen kühnen Vorstoß eroberten die Sektionen sie am 10. August 1792. Von nun an bildete die revolutionäre Kommune einen Gegensatz zur Gesetzgebenden Versammlung und später zum Konvent, die beide hinter dem Gang und den Aufgaben der Revolution zurückblieben, die die Ereignisse registrierten, aber nicht machten, weil sie nicht die Energie, die Kühnheit, die Einmütigkeit jener neuen Klasse besaßen, die inzwischen aus den Tiefen der Pariser Distrikte aufgestiegen war und einen Stützpunkt in den zurückgebliebensten Dörfern gefunden hatte. In gleicher Weise, wie die Sektionen die Kommune eroberten, eroberte die Kommune durch einen neuen Aufstand den Konvent. Jede dieser Etappen war von der scharf umrissenen Doppelherrschaft charakterisiert, deren beide Flügel bestrebt waren, eine einheitliche und starke Macht aufzurichten, der rechte Flügel auf dem Wege der Verteidigung, der linke auf dem des Angriffes. Das sowohl die Revolution wie die Konterrevolution kennzeichnende Bedürfnis nach einer Diktatur entspringt den unerträglichen Widersprüchen der Doppelherrschaft. Ihr Übergang von einer Form zur anderen wird auf dem Wege des Bürgerkrieges vollzogen. Große Revolutionsetappen, das heißt Verschiebungen der Macht an neue Klassen oder Schichten, fallen dabei ganz und gar nicht zusammen mit den Zyklen der Vertretungskörperschaften, die hinter der Dynamik der Revolution einherschreiten als verspätete Schatten. Zwar verschmilzt schließlich die revolutionäre Diktatur der Sansculotten mit der Diktatur des Konvents – aber welches? –, des durch die Hand des Terrors von den Girondisten, die noch gestern ihn beherrschten, gesäuberten, beschnittenen, der Herrschaft der neuen sozialen Kraft angepaßten Konvents. So erhebt sich über die Stufen der Doppelherrschaft im Laufe von vier Jahren die Französische Revolution zu ihrem Höhepunkt. Mit dem 9. Thermidor beginnt sie wiederum über die Stufen der Doppelherrschaft hinabzusteigen. Und wieder geht der Bürgerkrieg dem Abstieg voran, wie er früher den Aufstieg begleitete. So sucht die neue Gesellschaft ein neues Gleichgewicht der Kräfte.

Die russische Bourgeoisie, die gegen die Rasputinsche Bürokratie kämpfte und gleichzeitig mit ihr zusammenarbeitete, hatte im Kriege ihre politischen Positionen sehr stark gefestigt. Indem sie die Niederlagen des Zarismus ausbeutete, konzentrierte sie mittels der Semstwo- und Stadtverbände und der Kriegsindustriekomitees eine bedeutende Macht in ihren Händen, verfügte selbständig über gewaltige Staatsmittel und stellte im Grunde genommen eine Parallelregierung dar. Während des Krieges beklagten sich die zaristischen Minister, Fürst Lwow versorge die Armee, ernähre und heile sie und errichte sogar Friseurgeschäfte für Soldaten. »Man muß damit Schluß machen oder aber die ganze Macht in seine Hände geben«, sagte schon 1915 Minister Kriwoschejin. Er hat damals noch nicht geahnt, daß Fürst Lwow nach anderthalb Jahren tatsächlich »die ganze Macht« bekommen würde, nur nicht aus den Händen des Zaren, sondern aus denen Kerenskis, Tschcheidses und Suchanows. Doch am Tage nachdem dies geschehen war, entstand eine neue Doppelherrschaft: neben der gestrigen liberalen Halbregierung, heute formell gesetzlichen, erwuchs die inoffizielle, aber um so realere Regierung der werktätigen Massen in Gestalt der Sowjets. Mit diesem Augenblick beginnt die Russische Revolution ein Ereignis von welthistorischer Bedeutung zu werden.

Worin besteht nun die Eigenart der Doppelherrschaft der Februarrevolution? Bei den Ereignissen des 17. und 18. Jahrhunderts bildete die Doppelherrschaft jedesmal eine natürliche Kampfetappe, die sich den Beteiligten durch das zeitliche Kräfteverhältnis aufdrängte, wobei jede der Parteien bestrebt war, die Doppelherrschaft durch die eigene Einzelherrschaft zu ersetzen. In der Revolution von 1917 sehen wir, wie die offizielle Demokratie die Doppelherrschaft bewußt und vorbedacht schafft und sich mit allen Kräften dagegen stemmt, die Macht allein zu übernehmen. Die Doppelherrschaft entsteht – so mag es auf den ersten Blick scheinen – nicht als Resultat des Kampfes der Klassen um die Macht, sondern als Resultat des freiwilligen »Abtretens« der Macht durch die eine Klasse an die andere. Insofern die russische »Demokratie« einen Ausweg aus der Doppelherrschaft suchte, sah sie ihn im eigenen Rücktritt von der Macht. Ebendieses nannten wir das Paradoxon der Februarrevolution.

Eine gewisse Analogie kann man eventuell in dem Verhalten der deutschen Bourgeoisie in bezug auf die Monarchie im Jahre 1848 finden. Doch ist diese Analogie nicht vollständig. Die deutsche Bourgeoisie wollte zwar um jeden Preis auf der Grundlage einer Verständigung die Macht mit der Monarchie teilen, doch war sie nicht restlos im Besitze der Macht und wollte sie auch keinesfalls völlig der Monarchie abtreten. »Die preußische Bourgeoisie war nomineller Besitzer der Herrschaft, sie zweifelte keinen Augenblick, daß die Mächte des alten Staates ohne Hinterhalt sich ihr zu Gebote gestellt und in ebenso viele devote Ableger ihrer eigenen Allmacht verwandelt hätten« (Marx und Engels). Die russische Demokratie von 1917, die seit dem ersten Augenblick des Umsturzes die ganze Macht innehatte, strebte nicht einfach danach, sie mit der Bourgeoisie zu teilen, sondern dieser den Staat vollständig auszuliefern. Das könnte wohl bedeuten, daß die offizielle russische Demokratie im ersten Viertel des 20. Jahrhunderts Zeit gehabt hatte, sich politisch stärker zu zersetzen als die deutsche liberale Bourgeoisie der Mitte des 19. Es ist dies auch völlig gesetzmäßig, denn es bildet die Kehrseite jenes Aufstieges, den in diesen Jahrzehnten das Proletariat erlebte, das den Platz der Handwerker Cromwells und der Sansculotten Robespierres eingenommen hat.

Betrachtet man aber die Sache tiefer, so zeigt die Doppelherrschaft der Provisorischen Regierung und des Exekutivkomitees den Charakter einer bloßen Widerspiegelung. Prätendent auf die neue Macht konnte nur das Proletariat sein. Zaghaft sich auf die Arbeiter und Soldaten stützend, waren die Versöhnler gezwungen, der doppelten Buchführung der Zaren und der Propheten Beihilfe zu leisten. Die Doppelherrschaft der Liberalen und Demokraten spiegelte nur die vorläufig unterirdische Doppelherrschaft der Bourgeoisie und des Proletariats wider. Wenn die Bolschewiki die Versöhnler von der Spitze der Sowjets verdrängen werden – was nach einigen Monaten geschieht –, dann wird die unterirdische Doppelherrschaft nach außen dringen, und dies wird der Vorabend der Oktoberrevolution sein. Bis zu diesem Augenblick wird die Revolution in der Welt politischer Widerspiegelungen leben. Sich durch die Kannegießerei der sozialistischen Intelligenz brechend, verwandelte sich die Doppelherrschaft aus einer Etappe des Klassenkampfes in eine regulative Idee. Gerade das stellte sie ins Zentrum der theoretischen Diskussion. Nichts geht verloren. Der widerspiegelnde Charakter der Februar-Doppelherrschaft erlaubte uns, jene Etappen der Geschichte besser zu verstehen, in denen die Doppelherrschaft als vollblütige Episode im Kampfe zweier Regime hervortritt. So ermöglicht das reflektierte und kraftlose Licht des Mondes, wichtige Schlußfolgerungen über das Sonnenlicht zu machen.

In der unermeßlich höheren Reife des russischen Proletariats bestand eben, verglichen mit den Stadtmassen der alten Revolutionen, die grundlegende Eigenart der Russischen Revolution, die anfangs zum Paradoxon einer halb gespenstischen Doppelherrschaft geführt und dann den Abschluß der realen Doppelherrschaft zugunsten der Bourgeoisie verhindert hat. Denn die Frage stand so: entweder erobert die Bourgeoisie tatsächlich den alten Staatsapparat und erneuert ihn für ihre eigenen Ziele, wobei die Sowjets verschwinden müssen, oder die Sowjets werden zur Grundlage eines neuen Staates, wobei sie nicht nur den alten Apparat, sondern auch die Herrschaft jener Klassen, denen er gedient, liquidieren. Die Menschewiki und die Sozialrevolutionäre hielten den Kurs auf die erste Lösung. Die Bolschewiki auf die zweite. Die unterdrückten Klassen, denen es, nach Marats Worten, in der Vergangenheit an Wissen, Fertigkeit und Führung gefehlt hat, um das von ihnen begonnene Werk zu Ende zu bringen, waren in der Russischen Revolution des 20. Jahrhunderts mit dem einen, dem anderen und dem dritten ausgerüstet. Es siegten die Bolschewiki.

Ein Jahr nach ihrem Siege wiederholte sich die gleiche Frage, bei einem anderen Kräfteverhältnis, in Deutschland. Die Sozialdemokratie hielt den Kurs auf Errichtung der demokratischen Macht der Bourgeoisie und Liquidierung der Sowjets. Luxemburg und Liebknecht nahmen den Weg auf die Diktatur der Sowjets. Es siegten die Sozialdemokraten. Hilferding und Kautsky in Deutschland, Max Adler in Österreich schlugen vor, Demokratie und Sowjetsystem zu »kombinieren« und die Arbeitersowjets in die Verfassung einzubeziehen. Das hätte bedeutet, den potentiellen oder offenen Bürgerkrieg in einen Bestandteil des Staatsregimes zu verwandeln. Eine kuriosere Utopie läßt sich nicht ausdenken. Zu ihrer einzigen Rechtfertigung dient in deutschen Landen vielleicht die alte Tradition: schon die Württemberger Demokraten von 1848 wollten eine Republik mit einem Herzog an der Spitze.

Widerspricht die Erscheinung der Doppelherrschaft, bisher nicht genügend bewertet, der Marxschen Staatstheorie, die die Regierung als das Exekutivkomitee der herrschenden Klasse ansieht? Das wäre dasselbe, als wollte man sagen: widerspricht das Schwanken der Preise unter dem Einfluß von Nachfrage und Angebot der Werttheorie? Widerlegt die Selbstaufopferung des Weibchens, das sein Junges verteidigt, die Theorie vom Kampf ums Dasein? Nein, in diesen Erscheinungen finden wir nur eine komplizierte Kreuzung der gleichen Gesetze. Wenn der Staat die Organisation der Klassenherrschaft ist, die Revolution aber die Ablösung der herrschenden Klasse, so muß der Übergang der Macht von der einen Klasse zur anderen notwendigerweise widerspruchsvolle Staatszustände schaffen, vor allem in Form der Doppelherrschaft. Das Verhältnis der Klassenkräfte ist keine mathematische Größe, die sich von vornherein berechnen läßt. Wenn das alte Regime aus dem Gleichgewicht geschleudert ist, kann das neue Verhältnis der Kräfte sich nur als Resultat ihrer gegenseitigen Nachprüfung im Kampf ergeben. Das eben ist die Revolution.

Es könnte scheinen, daß diese theoretische Exkursion uns von den Ereignissen des Jahres 1917 abgelenkt hat. In Wirklichkeit führt sie uns zu ihrem innersten Kern. Gerade um das Problem der Doppelherrschaft drehte sich der dramatische Kampf der Parteien und Klassen. Nur von der theoretischen Warte herab kann man sie ganz übersehen und richtig begreifen.

Das Exekutivkomitee

Was am 27. Februar im Taurischen Palais unter dem Namen Exekutivkomitee des Sowjets der Arbeiterdeputierten entstanden war, hatte im wesentlichen wenig mit diesem Namen gemein. Der Sowjet der Arbeiterdeputierten von 1905, der Stammvater des Systems, war aus dem Generalstreik hervorgegangen. Er repräsentierte unmittelbar die Massen im Kampfe. Die Streikführer wurden Deputierte des Sowjets. Die Auswahl des Personenbestandes vollzog sich im Feuer. Das führende Organ wurde zur weiteren Leitung des Kampfes vom Sowjet gewählt. Gerade das Exekutivkomitee von 1905 war es gewesen, das den bewaffneten Aufstand auf die Tagesordnung gestellt hatte.

Die Februarrevolution siegte, dank dem Aufstand der Regimenter, bevor noch die Arbeiter Sowjets geschaffen hatten. Das Exekutivkomitee bildete sich eigenmächtig vor dem Sowjet, unabhängig von den Betrieben und Regimentern, nach dem Siege der Revolution. Wir sehen hier die klassische Initiative der Radikalen, die beim revolutionären Kampfe abseits stehen, aber bereit sind, seine Früchte zu ernten. Die wirklichen Arbeiterführer verließen die Straßen noch nicht, sie entwaffneten die einen, bewaffneten die anderen, befestigten den Sieg. Die Weiterblickenden unter ihnen waren durch die Nachrichten von der Entstehung irgendeines Sowjets der Arbeiterdeputierten im Taurischen Palais sogleich beunruhigt. Wie die liberale Bourgeoisie in Erwartung der Palastrevolution, die irgendwer vollziehen sollte, im Herbst 1916 eine Reserveregierung vorbereitet hatte, um sie im Falle des Gelingens dem neuen Zaren aufzudrängen, so hatten auch die radikalen Intellektuellen im Augenblick des Februarsieges ihre Reserve-Unterregierung gebildet. Und da sie alle, wenigstens in der Vergangenheit, mit der Arbeiterbewegung in Verbindung gewesen und mit deren Traditionen sich zu decken geneigt waren, gaben sie ihrem Kinde den Namen Exekutivkomitee des Sowjets. Das war eine jener halb beabsichtigten Fälschungen, an denen die Geschichte, darunter auch die Geschichte der Volksaufstände, reich ist. Bei einer revolutionären Wendung der Ereignisse und einem Riß in der Nachfolge greifen jene »gebildeten« Schichten, denen es bevorsteht, sich der Macht anzuschließen, willig zu Namen und Symbolen, die mit den heroischen Erinnerungen der Massen verbunden sind. Worte verschleiern oft das Wesen der Dinge, besonders, wenn dies die Interessen einflußreicher Schichten erfordern. Die riesige Autorität des Exekutivkomitees stützte sich schon am Tage seiner Entstehung auf seine angebliche Nachfolge des Sowjets von 1905. Das von der ersten chaotischen Versammlung des Sowjets bestätigte Komitee übte dann entscheidenden Einfluß sowohl auf die Zusammensetzung des Sowjets wie auf dessen Politik aus. Dieser Einfluß war um so konservativer, als es eine natürliche Auslese revolutionärer Vertreter, die durch die glühende Atmosphäre des Kampfes gewährleistet wird, nicht mehr gab. Der Aufstand lag bereits im Rücken, alle berauschten sich am Siege, machten Anstalten, sich auf neue Weise einzurichten, die Seelen waren weich, teils auch die Köpfe. Es waren Monate neuer Konflikte und Kämpfe nötig, unter neuen Bedingungen und der sich daraus ergebenden Menschenumschichtung, damit die Sowjets aus Organen, die den Sieg nachträglich gekrönt hatten, zu wahrhaften Organen des Kampfes und der Vorbereitung eines neuen Aufstandes wurden. Wir heben diese Seite der Sache um so mehr hervor, als sie bis jetzt völlig im Schatten geblieben ist.

Jedoch nicht nur die Entstehungsbedingungen des Exekutivkomitees und des Sowjets bestimmten deren gemäßigten und versöhnlerischen Charakter; es waren tiefere und nachhaltigere Ursachen vorhanden, die sich in gleicher Richtung auswirkten.

Soldaten gab es in Petrograd über 150000 Mann. Arbeiter und Arbeiterinnen aller Kategorien mindestens die vierfache Zahl. Und trotzdem kamen auf zwei Arbeiterdelegierte im Sowjet fünf Soldatendelegierte. Die Normen der Vertretung hatten einen sehr dehnbaren Charakter, man kam den Soldaten auf jede Weise entgegen. Während die Arbeiter einen Vertreter auf tausend wählten, schickten kleinere Truppenteile häufig zwei. Das graue Soldatenbuch wurde der Grundton der Sowjets.

Aber auch die Zivilisten waren lange nicht alle durch Arbeiter gewählt worden. Nicht wenige Menschen gerieten auf persönliche Einladung hin, durch Protektion oder einfach durch ihre Verschlagenheit in den Sowjet, radikale Advokaten und Ärzte, Studenten, Journalisten, die verschiedene problematische Gruppen und am häufigsten den eigenen Ehrgeiz vertraten. Diese offenbare Verfälschung des Charakters des Sowjets wurde von den Leitern gerne geduldet, die nicht abgeneigt waren, die allzu herbe Essenz der Fabriken und Kasernen mit dem lauwarmen Wässerchen des gebildeten Spießertums zu verdünnen. Viele dieser zufällig Daherkommenden, Abenteuersüchtigen, Usurpatoren und an die Tribüne gewöhnten Schwätzer verdrängten mit der Autorität ihrer Ellenbogen für lange die schweigsamen Arbeiter und die unentschlossenen Soldaten.

Wenn sich die Sache schon in Petrograd so verhielt, kann man sich leicht vorstellen, wie es in der Provinz aussah, wo der Sieg ganz ohne Kampf gekommen war. Das ganze Land wimmelte von Soldaten. Die Garnisonen von Kiew, Helsingfors und Tiflis standen zahlenmäßig hinter Petrograd nicht zurück, in Saratow, Samara, Tambow, Omsk standen je 70000 bis 80000 Soldaten, in Jaroslaw, Jekaterinoslaw, Jekaterinburg je 60000, in einer ganzen Reihe von Städten je 50000, 40000 und 30000. Die Sowjetvertretung war in den verschiedenen Orten verschieden aufgebaut, wies aber überall den Soldaten eine privilegierte Stellung zu. Politisch wurde dies hervorgerufen durch das Bestreben der Arbeiter selbst, den Soldaten so weit wie möglich entgegenzukommen. Ebenso gern erwiesen die Führer den Offizieren Entgegenkommen. Außer der bedeutenden Zahl der Leutnants und Fähnriche, die in der ersten Zeit von Soldaten gewählt wurden, bewilligte man häufig, vor allem in der Provinz, dem Kommandobestand besondere Vertreter. Im Resultat hatte das Militär in vielen Sowjets die überwältigende Mehrheit. Die Soldatenmassen, die noch keine Zeit gehabt hatten, sich eine politische Physiognomie anzueignen, bestimmten durch ihre Vertreter die Physiognomie der Sowjets.

Jede Vertretung verbirgt ein Element des Mißverständnisses in sich. Es ist besonders groß am Tage nach einem Umsturz. Als Deputierte politisch unbeholfener Soldaten figurierten in der ersten Zeit den Soldaten und der Revolution völlig fremde Personen, allerhand Intellektuelle und Halbintellektuelle, die sich in den Hinterlandsgarnisonen versteckt hielten und deshalb als extreme Patrioten auftraten. So entstand das Auseinanderklaffen der Stimmung der Kaserne und der der Sowjets. Der Offizier Stankewitsch, dem die Soldaten seines Bataillons nach dem Umsturze finster und mißtrauisch begegneten, konnte in der Soldatensektion erfolgreich zum akuten Thema, über Disziplin, sprechen. »Warum sind die Stimmungen im Sowjet«, fragte er sich, »milder und angenehmer als beim Bataillon?« Diese naive Ahnungslosigkeit beweist zum Überfluß, wie schwer es für die wahren Gefühle der unteren Schichten ist, sich einen Weg nach oben zu bahnen.

Nichtsdestoweniger begannen die Meetings der Soldaten und Arbeiter schon seit dem 3. März vom Sowjet zu fordern, unverzüglich die Provisorische Regierung der liberalen Bourgeoisie zu beseitigen und die Macht selbst in die Hand zu nehmen. Die Initiative gehörte auch hier dem Wyborger Bezirk. Konnte es auch eine Forderung geben, die den Massen verständlicher und näher gewesen wäre? Aber diese Agitation brach bald ab: nicht nur deshalb, weil die Vaterlandsverteidiger sie scharf zurückwiesen; schlimmer war, daß die bolschewistische Führung in der ersten Märzhälfte sich faktisch vor dem Regime der Doppelherrschaft beugte. Außer den Bolschewiki aber konnte niemand die Machtfrage auf die Spitze treiben. Die Wyborger Führer mußten den Rückzug antreten. Die Petrograder Arbeiter schenkten indes der neuen Regierung nicht eine Stunde Vertrauen und betrachteten sie nicht als die ihre. Doch horchten sie wachsam auf die Soldaten, bemüht, sich zu ihnen nicht zu schroff in Widerspruch zu stellen. Die Soldaten dagegen, die eben die ersten Sätze der Politik silbenweise entzifferten, trauten zwar nach Bauernart den Herren nicht, horchten aber aufmerksam auf ihre Vertreter, die ihrerseits ehrerbietig auf die autoritativen Häupter des Exekutivkomitees horchten; was die letzteren betrifft, so taten sie nichts anderes, als auf den Puls der liberalen Bourgeoisie zu horchen. Auf diesem Horchen von unten nach oben hielt sich eben alles – bis auf weiteres.

Doch die Stimmung der unteren Schichten brachen nach außen, und die künstlich abgesetzte Machtfrage drängte sich jedesmal vor, wenn auch in maskierter Form. »Die Soldaten wissen nicht, auf wen zu hören ist«, klagten Bezirke und Provinz, auf diese Weise die Unzufriedenheit mit der Doppelherrschaft dem Exekutivkomitee bekanntgebend. Die Delegationen der Baltischen und der Schwarzmeer-Flotte erklärten am 16. März, sie seien bereit, der Provisorischen Regierung in dem Maße Rechnung zu tragen, in dem diese mit dem Exekutivkomitee zusammengehen werde. Mit anderen Worten, sie hatten vor, mit ihr überhaupt nicht zu rechnen. Je weiter, um so beharrlicher klingt diese Note. »Armee und Bevölkerung haben nur den Anordnungen des Sowjets Folge zu leisten«, bestimmt das 172. Reserveregiment und formuliert sogleich das umgekehrte Theorem: »Befehlen der Provisorischen Regierung, die den Beschlüssen des Sowjets widersprechen, ist nicht Folge zu leisten.« Mit gemischten Gefühlen von Befriedigung und Besorgnis sanktionierte das Exekutivkomitee diesen Zustand. Mit Zähneknirschen duldete ihn die Regierung. Beiden blieb nichts anderes übrig.

Schon Anfang März entstehen Sowjets in allen wichtigen Städten und Industriezentren. Von dort aus verbreiten sie sich während der nächsten Wochen über das ganze Land. Das Dorf beginnen sie erst im April-Mai zu erfassen. Im Namen der Bauernschaft spricht anfangs hauptsächlich die Armee.

Das Exekutivkomitee des Petrograder Sowjets erhielt natürlicherweise gesamtstaatliche Bedeutung. Die übrigen Sowjets richteten sich nach der Hauptstadt und faßten einer nach dem andern Beschlüsse über die bedingte Unterstützung der Provisorischen Regierung. Obwohl sich in den ersten Monaten die Beziehungen zwischen dem Petrograder Sowjet und denen der Provinz reibungslos herausbildeten, ohne Konflikte und ernstliche Mißverständnisse, ergab sich die Notwendigkeit einer gesamtstaatlichen Organisation aus der ganzen Lage. Einen Monat nach der Niederwerfung des Selbstherrschertums wurde die erste Konferenz der Sowjets einberufen, sie war unvollständig und in ihrer Zusammensetzung einseitig. Obwohl von den 185 vertretenen Organisationen zwei Drittel den lokalen Sowjets gehörten, waren es doch vorwiegend Soldatensowjets; zusammen mit den Vertretern der Frontorganisationen hatten die Delegierten der Armee, hauptsächlich Offiziere, die erdrückende Mehrheit. Es ertönten Reden vom Krieg bis zum siegreichen Ende und Zurechtweisungen an die Adresse der Bolschewiki, trotz deren mehr als maßvollem Benehmen. Die Konferenz ergänzte das Petrograder

Exekutivkomitee durch 16 konservative Provinzler und legte so seinen gesamtstaatlichen Charakter fest.

Der rechte Flügel war noch mehr gefestigt worden. Von nun an schreckte man die Unzufriedenen immer häufiger mit der Provinz. Die Bestimmung über die Regelung der Zusammensetzung des Petrograder Sowjets, angenommen noch am 14. März, wurde fast nicht durchgeführt. Beschlüsse würden ja doch nicht vom lokalen Sowjet gefaßt, sondern vom Allrussischen Exekutivkomitee. Die offiziellen Führer nahmen eine fast unnahbare Position ein. Wichtigere Beschlüsse wurden im Exekutivkomitee, richtiger in seinem regierenden Kern getroffen, nach vorheriger Übereinkunft mit dem Kern der Regierung. Der Sowjet stand beiseite. Man behandelte ihn wie ein Meeting: »Nicht dort, nicht in den Vollversammlungen wird die Politik gemacht, und alle diese ›Plenums‹ haben nicht die geringste praktische Bedeutung« (Suchanow). Die selbstzufriedenen Vollstrecker der Geschicke waren der Ansicht, die Sowjets hätten, nachdem sie ihnen die Führung anvertraut, eigentlich ihre Rolle erfüllt. Die nächste Zukunft wird zeigen, daß dem nicht so war. Die Masse kann sehr geduldig sein, aber sie ist keineswegs Lehm, den man nach Belieben kneten kann. Und in revolutionären Epochen lernt sie schnell. Darin besteht eben die wesentliche Stärke der Revolution.

Um die weitere Entwicklung der Ereignisse besser zu verstehen, muß man bei der Charakteristik jener zwei Parteien verweilen, die seit dem Beginn der Revolution einen engen Block geschlossen hatten, in den Sowjets, den demokratischen Munizipalitäten, auf den Kongressen der sogenannten revolutionären Demokratie herrschten und sogar ihre, allerdings mehr und mehr dahinschmelzende Mehrheit hinüberretteten bis zur Konstituierenden Versammlung, die zum letzten Abglanz ihrer entschwundenen Macht wurde, wie die Abendröte auf einem Berggipfel noch leuchtet von der untergegangenen Sonne.

Kam die russische Bourgeoisie zu spät, um demokratisch zu sein, so wollte sich die russische Demokratie aus demselben Grunde als sozialistisch betrachten. Die demokratische Ideologie hatte sich im Verlauf des 19. Jahrhunderts hoffnungslos verausgabt. An der Grenze des 20. war für die russische radikale Intelligenz, wollte sie Zugang zu den Massen finden, eine sozialistische Färbung notwendig. Das ist die allgemeine historische Ursache, die zur Entstehung der Mittelparteien führte: der Menschewiki und der Sozialrevolutionäre. Jede von ihnen hatte indes ihre eigene Genealogie und ihre eigene Ideologie.

Die Ansichten der Menschewiki erwuchsen auf marxistischer Basis. Infolge der nämlichen historischen Verspätung Rußlands wurde hier der Marxismus anfänglich nicht so sehr Kritik der kapitalistischen Gesellschaft wie Begründung der Unvermeidlichkeit der bürgerlichen Entwicklung des Landes. Die Geschichte hat, als sie es brauchte, die kastrierte Theorie der proletarischen Revolution geschickt dazu benutzt, um mit ihrer Hilfe breite Kreise muffiger Narodniki-Intellektueller in bürgerlichem Geiste zu europäisieren. Den Menschewiki wurde in diesem Prozeß ein großer Platz zugewiesen. Den linken Flügel der bürgerlichen Intelligenz bildend, verbanden sie diese mit den gemäßigsten Zwischenschichten jener Arbeiter, die zur legalen Arbeit in der Duma und in den Gewerkschaften neigten.

Die Sozialrevolutionäre hingegen bekämpften, ihm teilweise erliegend, theoretisch den Marxismus. Sie hielten sich für die Partei, die das Bündnis zwischen Intelligenz, Arbeitern und Bauern verwirklichte, selbstverständlich unter Leitung der kritischen Vernunft. Auf ökonomischem Gebiet stellten ihre Ideen einen unverdaulichen Mischmasch verschiedener historischer Schichtungen dar, die die Gegensätze in den Daseinsbedingungen der Bauernschaften und die des in schneller kapitalistischer Entwicklung befindlichen Landes widerspiegelten. Die zukünftige Revolution dachten sich die Sozialrevolutionäre weder als bürgerlich noch als sozialistisch, sondern als »demokratisch«: den sozialen Inhalt ersetzten sie durch eine politische Formel. Sie zeichneten sich auf diese Weise einen Weg vor zwischen Bourgeoisie und Proletariat, folglich auch die Rolle eines Schiedsrichters über beide. Nach dem Februar konnte es scheinen, die Sozialrevolutionäre seien einer solchen Stellung sehr nahe gekommen.

Noch von der ersten Revolution her hatten sie Wurzeln in der Bauernschaft. In den ersten Monaten des Jahres 1917 machte sich die gesamte Dorfintelligenz die traditionelle Formel der Narodniki zu eigen: »Land und Freiheit.« Zum Unterschiede von den Menschewiki, die stets eine reine Stadtpartei geblieben waren, schienen die Sozialrevolutionäre im Dorf eine mächtige Stütze gefunden zu haben. Noch mehr, sie hatten auch in der Stadt die Vorherrschaft: sowohl in den Sowjets durch die Soldatensektionen, wie in den ersten demokratischen Munizipalitäten, wo sie die absolute Stimmenmehrheit besaßen. Die Macht der Partei schien unbegrenzt. In Wirklichkeit war es nur eine politische Verirrung. Eine Partei, für die alle stimmen, außer jener Minderheit, welche weiß, für wen sie zu stimmen hat, ist keine Partei, wie die Sprache, in der die Säuglinge aller Länder sprechen, keine nationale Sprache ist. Die Partei der Sozialrevolutionäre trat auf als die feierliche Bezeichnung für all das, was an der Februarrevolution unreif, ungeformt und wirr war. Jeder, der von der vorrevolutionären Vergangenheit keine genügenden Gründe geerbt hatte, für Kadetten oder Bolschewiki zu stimmen, stimmte für die Sozialrevolutionäre. Doch die Kadetten standen im geschlossenen Lager der Besitzenden. Die Bolschewiki aber waren noch gering an Zahl, unverständlich und sogar furchterweckend. Die Wahl der Sozialrevolutionäre bedeutete die Wahl der Revolution im großen und ganzen und verpflichtete zu nichts. In den Städten bedeutete sie das Bestreben der Soldaten, sich der Partei anzunähern, die zu den Bauern steht, das Bestreben des rückständigen Teiles der Arbeiter, sich näher an die Soldaten zu halten, das Bestreben des städtischen Kleinvolkes, sich von den Soldaten und Bauern nicht zu entfernen. In jener Periode war die Mitgliedskarte des Sozialrevolutionärs vorübergehend eine Anweisung auf das Recht, die Institutionen der Revolution zu betreten, und behielt ihre Kraft bis zum Austausch gegen eine andere Karte von ernsterem Charakter. Nicht zu Unrecht wurde von der großen Partei, die alles und alle erfaßte, gesagt, sie sei nur eine grandiose Null.

Bereits seit der ersten Revolution leiteten die Menschewiki die Notwendigkeit eines Bündnisses mit den Liberalen aus dem bürgerlichen Charakter der Revolution ab und stellten dieses Bündnis über die Zusammenarbeit mit der Bauernschaft, als einem unzuverlässigen Verbündeten. Die Bolschewiki dagegen bauten die ganze Perspektive der Revolution auf dem Bündnis von Proletariat und Bauernschaft gegen die liberale Bourgeoisie. Da die Sozialrevolutionäre sich vor allem für eine Bauernpartei hielten, so hätte man, könnte es scheinen, in der Revolution ein Bündnis zwischen Bolschewiki und Narodniki als Gegengewicht zum Bündnis der Menschewiki und liberalen Bourgeoisie erwarten dürfen. In Wirklichkeit sehen wir in der Februarrevolution die entgegengesetzte Gruppierung: Menschewiki und Sozialrevolutionäre treten in engstem Bündnis auf, das durch ihren Block mit der liberalen Bourgeoisie ergänzt wird. Die Bolschewiki sind auf dem offiziellen Feld der Politik völlig isoliert.

Diese auf den ersten Blick unerklärliche Tatsache ist in Wirklichkeit ganz gesetzmäßig. Die Sozialrevolutionäre waren keinesfalls eine Bauernpartei, trotz der allgemeinen Sympathien des Dorfes für ihre Parolen. Der grundlegende Kern der Partei, jener, der ihre wirkliche Politik bestimmte und aus seiner Mitte Minister und Beamte stellte, war viel mehr mit den liberalen und radikalen Kreisen der Stadt verbunden als mit den rebellierenden Bauernmassen. Dieser führende Kern, der infolge des Zustroms von ehrgeizigen Märzsozialrevolutionären ungeheurer angeschwollen war, bekam Todesangst vor dem Schwung der Bauernbewegung, die unter sozialrevolutionären Parolen ging. Die neugebackenen Narodniki wünschten freilich den Bauern alles Gute, aber den roten Hahn wollten sie nicht. Der Schrecken der Sozialrevolutionäre vor dem aufständischen Dorf geht parallel mit dem Schrecken der Menschewiki vor dem Vorstoß des Proletariats; in seiner Gesamtheit war der demokratische Schreck ein treues Abbild der vollkommen realen Gefahr, die die Bewegung der Unterdrückten den besitzenden Klassen brachte und diese zu einem einigen Lager bürgerlich-gutsherrlicher Reaktion zusammenschweißte. Der Block der Sozialrevolutionäre mit der Regierung des Gutsbesitzers Lwow kennzeichnete ihren Bruch mit der Agrarrevolution, wie der Block der Menschewiki mit den Industriellen und Bankiers vom Typ der Gutschkow, Tereschtschenko und Konowalow deren Bruch mit der proletarischen Bewegung gleichkam. Das Bündnis zwischen Menschewiki und Sozialrevolutionären bedeutete unter diesen Umständen nicht die Zusammenarbeit von Proletariat und Bauernschaft, sondern eine Koalition von Parteien, die zugunsten eines Blocks mit den besitzenden Klassen mit Proletariat und Bauernschaft gebrochen hatten.

Aus dem Dargelegten ist klar, wie fiktiv der Sozialismus der beiden demokratischen Parteien war; aber das heißt noch nicht, daß ihr Demokratismus echt war. Im Gegenteil, gerade die Saftlosigkeit des Demokratismus erforderte eben die sozialistische Maskierung. Das russische Proletariat führte den Kampf um Demokratie in unversöhnlichem Antagonismus zur liberalen Bourgeoisie. Die demokratischen Parteien, die im Blocke mit der liberalen Bourgeoisie waren, mußten unvermeidlich mit dem Proletariat in Konflikt geraten. Dies sind die sozialen Wurzeln des weiteren erbitterten Kampfes zwischen den Versöhnlern und den Bolschewiki.

Führt man die oben umrissenen Prozesse auf ihre nackte Klassenmechanik zurück, deren sich die Teilnehmer und sogar die Führer der beiden Versöhnlerparteien allerdings nicht restlos bewußt wurden, so entsteht etwa folgende Verteilung der historischen Funktionen. Die liberale Bourgeoisie vermochte die Massen bereits nicht mehr zu gewinnen. Darum fürchtete sie die Revolution. Aber die Revolution war für die bürgerliche Entwicklung notwendig. Von der Großbourgeoisie trennten sich zwei Abteilungen ab, die aus deren jüngeren Brüdern und Söhnen bestanden. Die eine Abteilung begab sich zu den Arbeitern, die andere zu den Bauern. Sie trachteten die einen wie die anderen an sich zu ziehen, indem sie aufrichtig und leidenschaftlich zu beweisen suchten, sie seien Sozialisten. Auf diese Weise gewannen sie tatsächlich bedeutenden Einfluß im Volke. Aber sehr bald waren die Auswirkungen ihrer Ideen ihnen über den Kopf gewachsen. Die Bourgeoisie empfand die tödliche Gefahr und gab das Alarmsignal. Die von ihr abgetrennten Abteilungen, Menschewiki und Sozialrevolutionäre, beantworteten einmütig den Zuruf des Familienältesten. Über die alten Meinungsverschiedenheiten hinwegschreitend, stellten sie sich Schulter an Schulter auf und stürzten, den Massen den Rücken zugekehrt, der bürgerlichen Gesellschaft zu Hilfe.

Sogar verglichen mit den Menschewiki verblüfften die Sozialrevolutionäre durch Schwammigkeit und Welkheit. Den Bolschewiki erschienen sie in allen wichtigen Augenblicken einfach als Kadetten dritter Sorte. Den Kadetten galten sie als drittklassige Bolschewiki. Den Platz der zweiten Sorte nahmen in beiden Fällen die Menschewiki ein. Die schwankende Basis und die Formlosigkeit der Ideologie führten zu einer entsprechenden Menschenauslese: alle sozialrevolutionären Führer trugen den Stempel der Unfertigkeit, Oberflächlichkeit und sentimentalen Unzuverlässigkeit. Man kann ohne jede Übertreibung sagen: ein Durchschnittsbolschewik bewies in der Politik, das heißt in den Klassenbeziehungen, mehr Scharfsinn als die berühmtesten sozialrevolutionären Führer.

Bar fester Kriterien, neigten die Sozialrevolutionäre zu ethischen Imperativen. Man braucht nicht zu beweisen, daß moralische Prätentionen sie nicht hinderten, in der großen Politik kleine Gaunereien zu begehen, was im allgemeinen charakteristisch ist für Mittelparteien ohne feste Basis, klare Doktrin und wahren sittlichen Kern.

Im Blocke der Menschewiki und Sozialrevolutionäre gehörte der führende Platz den Menschewiki, trotz der fraglos zahlenmäßigen Überlegenheit der Sozialrevolutionäre. In dieser Rollenverteilung äußerte sich auf ihre Weise die Hegemonie der Stadt über das Dorf, das Übergewicht der städtischen Kleinbourgeoisie über die ländliche, schließlich die geistige Überlegenheit der »marxistischen« Intelligenz über die Intelligenz, die sich an die echtrussische Soziologie hielt und auf die Dürftigkeit der alten russischen Geschichte stolz war.

In den ersten Wochen nach dem Umsturz hatte, wie wir wissen, keine der linken Parteien in der Hauptstadt ihren wirklichen Stab. Die allgemein anerkannten Führer der sozialistischen Parteien befanden sich in der Emigration. Die Führer zweiten Ranges waren vom Fernen Osten nach dem Zentrum unterwegs. Das erzeugte bei den jeweiligen Häuptern eine behutsame und abwartende Stimmung, die sie näher aneinanderstieß. Nicht eine der leitenden Gruppen führte in jenen Wochen ihre Gedanken zu Ende. Der Kampf der Parteien im Sowjet trug einen äußerst friedlichen Charakter: es war, als ginge es um Schattierungen innerhalb ein und derselben »revolutionären Demokratie«. Allerdings vollzog die Leitung der Sowjets mit der Ankunft Zeretellis aus der Verbannung (19. März) eine schroffe Wendung nach rechts, in die Richtung der direkten Verantwortung für die Regierung und den Krieg. Doch auch die Bolschewiki schwenkten Mitte März unter dem Einfluß der aus der Verbannung angekommenen Kamenew und Stalin schroff nach rechts, so daß die Distanz zwischen der Sowjetmehrheit und der linken Opposition Anfang April wohl geringer war als Anfang März. Die eigentliche Differenzierung begann etwas später. Man kann sogar ihr genaues

Datum nennen: am 4. April, dem Tag nach der Ankunft Lenins in Petrograd.

Die Partei der Menschewiki hatte an den Spitzen ihrer verschiedenen Richtungen eine Reihe hervorragender Gestalten, aber nicht einen revolutionären Führer. Der äußerste rechte Flügel, vertreten durch die alten Lehrer der russischen Sozialdemokratie, Plechanow, Wera Sassulitsch, Deutsch, stand schon unter dem Selbstherrschertum auf der patriotischen Position. Gerade am Vorabend der Februarrevolution schrieb Plechanow, der sich selbst jämmerlich überlebte, in einer amerikanischen Zeitung, Streiks und andere Kampfesarten der Arbeiter in Rußland wären jetzt ein Verbrechen. Breitere Kreise der alten Menschewiki, darunter Gestalten wie Martow, Dan, Zeretelli, zählten sich zum Lager von Zimmerwald und lehnten die Verantwortung für den Krieg ab. Doch der Internationalismus der linken Menschewiki wie der der linken Sozialrevolutionäre war in den meisten Fällen eine Deckung für ihre demokratisch-oppositionelle Stellung. Die Februarrevolution versöhnte die Mehrheit dieser »Zimmerwalder« mit dem Krieg, in dem sie von nun an die Verteidigung der Revolution entdeckten. Mit der größten Entschlossenheit betrat diesen Weg Zeretelli, der Dan und andere hinter sich herzog. Martow, der den Beginn des Krieges in Frankreich erlebte und erst am 9. Mai aus dem Ausland eintraf, konnte nicht übersehen, daß seine gestrigen Gesinnungsgenossen nach der Februarrevolution dort angelangt waren, wo Guesde, Sembat und andere im Jahre 1914 begonnen hatten, als sie die Verteidigung der bürgerlichen Republik gegen den deutschen Absolutismus auf sich nahmen. Sich an die Spitze des linken Flügels der Menschewiki stellend, dem es nicht gelang, sich zu irgendeiner ernsten Rolle in der Revolution zu erheben, blieb Martow in Opposition zu der Politik Zeretelli-Dan, wobei er gleichzeitig der Annäherung der linken Menschewiki an die Bolschewiki entgegenwirkte. Im Namen des offiziellen Menschewismus trat Zeretelli auf, hinter dem eine unbestrittene Mehrheit stand: die vorrevolutionären Patrioten vereinigten sich mühelos mit den Patrioten des Februaraufgebots. Plechanow hatte allerdings seine eigene, ganz chauvinistische Gruppe, die außerhalb der Partei und sogar außerhalb des Sowjets stand. Martows Fraktion, die die gemeinsame Partei nicht verließ, hatte keine eigene Zeitung, wie sie auch keine eigene Politik besaß. Wie stets während großer historischer Ereignisse, verlor Martow hoffnungslos den Kopf und hing in der Luft. Im Jahre 1917, wie im Jahre 1905, hat die Revolution diesen hervorragenden Menschen fast nicht bemerkt.

Zum Vorsitzenden des Petrograder Sowjets und später des Zentral-Exekutivkomitees wurde fast automatisch der Vorsitzende der menschewistischen Dumafraktion, Tschcheidse. Er war bestrebt, den ganzen Vorrat seiner Gewissenhaftigkeit in seine

Pflichten hineinzutragen, wobei er seine stete Unsicherheit durch eine simple Scherzhaftigkeit verschleierte. Auf ihm lag der unauslöschliche Stempel seiner Provinz. Das bergige Georgien, das Land der Sonne, der Weingärten, Bauern und des Kleinadels, mit einem geringen Prozent von Arbeitern, hat eine breite Schicht linker Intellektueller hervorgebracht, die, geschmeidig, temperamentvoll, sich jedoch in ihrer erdrückenden Mehrheit nicht über den kleinbürgerlichen Horizont erhob. In alle vier Dumas schickte Georgien Menschewiki als Deputierte, und in allen vier Fraktionen spielten seine Deputierten die Rolle von Führern. Georgien wurde die Gironde der Russischen Revolution. Beschuldigte man die Girondisten des 18. Jahrhunderts des Föderalismus, so endeten die Girondisten Georgiens, die mit der Verteidigung des einen und unteilbaren Rußlands begonnen hatten, beim Separatismus.

Die markanteste Figur, die die georgische Gironde hervorgebracht hat, war zweifellos der ehemalige Deputierte der zweiten Duma, Zeretelli, der sogleich nach seiner Ankunft aus der Verbannung nicht nur das Haupt der Menschewiki, sondern der gesamten damaligen Sowjetmehrheit wurde. Weder Theoretiker noch Journalist, aber hervorragender Redner, war und blieb Zeretelli der Radikale von südfranzösischem Typus. Unter den Bedingungen parlamentarischer Routine würde er sich wie ein Fisch im Wasser gefühlt haben. Doch er war in einer revolutionären Epoche geboren und hatte sich in seiner Jugend mit einer Dosis Marxismus vergiftet. Jedenfalls entwickelte er bei revolutionären Ereignissen von allen Menschewiki den größten Schwung und das Bestreben, konsequent zu sein. Gerade deshalb hat er mehr als die anderen zum Zusammenbruch des Februarregimes beigetragen. Tschcheidse unterwarf sich ihm ganz, wenn er auch in gewissen Augenblicken Angst bekam vor dessen doktrinärer Geradlinigkeit, die den gestrigen revolutionären Zuchthäusler den konservativen Vertretern der Bourgeoisie annäherte.

Der Menschewik Skobeljew, der seine frische Popularität der Stellung als Deputierter der letzten Duma verdankte, machte, nicht nur infolge seines jugendlichen Aussehens, den Eindruck eines Studenten, der auf einer Hausbühne die Rolle eines Staatsmannes spielt. Skobeljew spezialisierte sich auf das Löschen von »Exzessen«, Beseitigung lokaler Konflikte und überhaupt auf praktische Verkleisterung der Risse der Doppelherrschaft, bis er im Mai in der unglückseligen Rolle eines Arbeitsministers in die Koalitionsregierung geriet.

Eine einflußreichere Figur unter den Menschewiki war Dan, ein alter Parteiarbeiter, der stets als die zweite Person nach Martow galt. Wenn Sitten und Geist der deutschen Sozialdemokratie der Niedergangsepoche dem Menschewismus überhaupt in Fleisch und Blut eingegangen waren, so schien Dan nachgerade ein Mitglied der deutschen Parteileitung zu sein, ein Ebert kleineren Formats. Der deutsche Dan hat ein Jahr später in Deutschland erfolgreich jene Politik durchgeführt, die dem russischen Ebert in Rußland mißlungen war. Der Grund lag allerdings nicht in den Menschen, sondern in den Verhältnissen.

War die erste Geige im Orchester der Sowjetmehrheit Zeretelli, so spielte auf schriller Klarinette mit blutunterlaufenen Augen Liber aus aller Lungenkraft. Das war ein Menschewik aus dem jüdischen Arbeiterbund (Bund), mit langer revolutionärer Vergangenheit, sehr aufrichtig, sehr temperamentvoll, sehr beredt, sehr beschränkt und leidenschaftlich bestrebt, sich als unbeugsamer Patriot und eiserner Staatsmann zu zeigen. Liber verzehrte sich buchstäblich in Haß gegen die Bolschewiki.

Die Phalanx menschewistischer Führer kann man mit dem ehemaligen ultralinken Bolschewiki Wojtinski abschließen, einem angesehenen Teilnehmer der ersten Revolution, der die Katorga hinter sich hatte und im März auf dem Boden des Patriotismus mit der Partei brach. Nachdem er sich den Menschewiki angeschlossen hatte, wurde Wojtinski, wie es sich gehört, professioneller Bolschewikenfresser. Ihm fehlte nur das Temperament, um in der Hetze gegen seine früheren Gesinnungsgenossen es mit Liber aufnehmen zu können.

Der Stab der Narodniki war ebensowenig einheitlich, aber bei weitem nicht so bedeutend und farbig. Die sogenannten Volkssozialisten, die die äußerste rechte Flanke bildeten, führte der alte Emigrant Tschajkowski, der in seinem kämpferischen Chauvinismus Plechanow glich, ohne dessen Talente oder dessen Vergangenheit zu besitzen. Neben ihm stand die alte Breschko-Breschkowskaja, die die Sozialrevolutionäre Großmutter der Russischen Revolution nannten, die sich aber eifrig als Taufmutter der russischen Konterrevolution vordrängte. Der betagte Anarchist Krapotkin, der aus seiner Jugend eine Schwäche für die Narodniki behalten hatte, benutzte den Krieg, um all das zu desavouieren, was er fast ein halbes Jahrhundert gelehrt hatte: der Staatsverneiner unterstützte die Entente, und wenn er die russische Doppelherrschaft verurteilte, so nicht im Namen der Herrschaftslosigkeit, sondern im Namen der Alleinherrschaft der Bourgeoisie. Diese Alten spielten jedoch eher eine dekorative Rolle, wenn auch Tschajkowski später, im Kriege gegen die Bolschewiki, an der Spitze einer der weißen Regierungen stand, die von Churchill ausgehalten wurden.

Den ersten Platz unter den Sozialrevolutionären, allen anderen weit voran, aber nicht in der Partei, sondern über der Partei, nahm Kerenski ein, ein Mann ohne jegliche Parteivergangenheit. Wir werden im weiteren mehr als einmal dieser von der Vorsehung erkorenen Figur begegnen, deren Stärke in der Periode der Doppelherrschaft die Verbindung der Schwächen des Liberalismus mit den Schwächen der Demokratie bildete. Der formelle Eintritt in die Partei der Sozialrevolutionäre änderte nichts an Kerenskis verächtlichem Verhalten zu Parteien im allgemeinen: er hielt sich für den unmittelbar Auserwählten der Nation. Aber auch die sozialrevolutionäre Partei hatte ja zu jener Zeit aufgehört, eine Partei zu sein, und war eine grandiose, wahrhaft nationale Null. In Kerenski fand sie den ihr adäquaten Führer.

Der spätere Ackerbauminister und dann auch Vorsitzende der Konstituierenden Versammlung, Tschernow, war zweifellos die repräsentativste Figur der alten sozialrevolutionären Partei und galt nicht zufällig als deren Inspirator, Theoretiker und Führer. Mit bedeutenden, aber nicht zu einer Einheit verbundenen Kenntnissen, eher ein Bücherkundiger als ein gebildeter Mensch, hatte Tschernow stets eine unbeschränkte Auswahl passender Zitate zu seiner Verfügung, die lange auf die Phantasie der russischen Jugend gewirkt hatten, ohne sie viel zu lehren. Nur auf eine einzige Frage hatte dieser redselige Führer keine Antwort: wen und wohin führt er? Die eklektischen Formeln Tschernows, aufgeputzt mit Moral und Verschen, vereinigten bis zu einer bestimmten Zeit das bunteste Publikum, das in allen kritischen Stunden nach verschiedenen Richtungen hin zerrte. Es ist nicht weiter verwunderlich, wenn Tschernow seine Methode der Parteibildung selbstzufrieden dem Leninschen »Sektierertum« gegenüberstellte.

Tschernow kam fünf Tage nach Lenin in Petrograd an: England hatte ihn schließlich durchgelassen. Auf die vielen Begrüßungen im Sowjet antwortete der Führer der größten Partei mit der längsten Rede, über die sich Suchanow, ein halber Sozialrevolutionär, folgendermaßen äußerte: »Nicht ich allein, sondern auch viele sozialrevolutionäre Parteipatrioten runzelten die Stirn und schüttelten die Köpfe: was singt er da so unangenehm, was macht er für seltsame Grimassen und verdreht die Äuglein und spricht endlos ungereimtes Zeug.« Die gesamte weitere Tätigkeit Tschernows in der Revolution entwickelte sich im Grundton seiner ersten Rede. Nach einigen Versuchen, sich Kerenski und Zeretelli von links entgegenzustellen, ergab sich Tschernow, von allen Seiten eingeklemmt, kampflos, säuberte sich von seinem Zimmerwaldismus der Emigration, ging in die Kontaktkommission und später in die Koalitionsregierung. Alles, was er tat, traf daneben. Er beschloß daher, auszuweichen. Stimmenthaltung wurde für ihn die Form des politischen Daseins. Seine Autorität schmolz von April bis Oktober noch schneller als die Reihen seiner Partei. Bei allem Unterschied zwischen Tschernow und Kerenski, die einander haßten, wurzelten beide gänzlich in der vorrevolutionären Vergangenheit, in der alten russischen morschen Gesellschaft, in der saftlosen und prätentiösen Intelligenz, die darauf brannte, die Volksmassen zu belehren, zu bevormunden, ihnen Wohltaten zu erweisen, aber völlig unfähig war, sie anzuhören, zu begreifen und von ihnen zu lernen. Ohne dieses aber gibt es keine revolutionäre Politik.

Awksentjew, den die Partei auf die höchsten Posten der Revolution erhob – Vorsitzender des Exekutivkomitees der Bauerndeputierten, Minister des Innern, Vorsitzender des Vorparlaments –, stellte schon die völlige Karikatur eines Politikers dar: bezaubernder Literaturlehrer des Mädchengymnasiums in Orel – das ist alles, was man von ihm sagen kann. Allerdings – seine politische Tätigkeit war bei weitem bösartiger als seine Person.

Eine große Rolle, aber mehr hinter den Kulissen, spielte in der Fraktion der Sozialrevolutionäre und im regierenden Sowjetkern Goz. Terrorist aus einer bekannten revolutionären Familie, war Goz weniger anspruchsvoll und sachlicher als seine näheren politischen Freunde. Jedoch in der Eigenschaft eines sogenannten »Praktikers« beschränkte er sich auf die Angelegenheiten der Küche und überließ die großen Fragen den anderen. Man muß übrigens hinzufügen, daß er weder Redner noch Schriftsteller war und sein wichtigstes Hilfsmittel persönliche Autorität bildete, die er mit Jahren Zwangsarbeit erkauft hatte.

Wir haben im wesentlichen alle genannt, die man aus dem führenden Kreis der Narodniki nennen könnte. Es folgen nur noch ganz zufällige Gestalten, wie etwa Filippowski, bezüglich dessen niemand erklären konnte, wie er denn eigentlich auf den obersten Gipfel des Februarolymps geraten war: es bleibt nur anzunehmen, daß dabei die entscheidende Rolle seine Seeoffiziersuniform gespielt hat.

Neben den offiziellen Führern der zwei herrschenden Parteien gab es im Exekutivkomitee nicht wenig »Wilde«, Einzelgänger, in der Vergangenheit Teilnehmer der Bewegung auf deren verschiedenen Etappen, Menschen, die längst vor der Umwälzung vom Kampfe zurückgetreten waren und die jetzt, nach hastiger Rückkehr unter das Banner der siegreichen Revolution sich nicht beeilten, ins Parteijoch zu gehen. In allen Grundfragen gingen die Wilden die Linie der Sowjetmehrheit. In der ersten Zeit gehörte ihnen sogar die führende Rolle. Aber in dem Maße, wie die offiziellen Führer aus der Verbannung und Emigration zurückkehrten, wurden die Parteilosen auf die zweite Stelle verdrängt, die Politik bekam Form, das Parteimäßige trat in seine Rechte.

Die Gegner des Exekutivkomitees aus dem Lager der Reaktion haben später mehr als einmal auf die Übermacht der Fremdstämmigen im Komitee verwiesen: Juden, Georgier, Letten, Polen usw. Obwohl die Fremdstämmigen im Verhältnis zur ganzen Mitgliedermasse des Exekutivkomitees einen durchaus niedrigen Prozentsatz ausmachten, nahmen sie zweifellos im Präsidium, in verschiedenen Kommissionen, unter den Referenten usw. einen sehr sichtbaren Platz ein. Da die Intelligenz der unterdrückten

Nationalitäten, hauptsächlich in den Städten konzentriert, reichlich die revolutionären Reihen füllte, so ist es nicht weiter verwunderlich, daß die Zahl der Fremdstämmigen unter der älteren Generation der Revolutionäre besonders ansehnlich war. Ihre Erfahrung, obwohl nicht immer von hoher Qualität, machte sie unentbehrlich bei Errichtung der neuen gesellschaftlichen Formen. Ganz abgeschmackt sind aber die Versuche, die Politik der Sowjets und den Verlauf der gesamten Revolution aus der angeblichen Übermacht der Fremdstämmigen abzuleiten. Der Nationalismus enthüllt auch in diesem Falle Verachtung für die wirkliche Nation, das heißt das Volk, indem er es in der Periode seines großen nationalen Erwachens als einen völligen Tölpel in fremden und zufälligen Händen schildert. Weshalb aber und wie konnten die Fremdstämmigen eine solche wundertätige Macht über die eingeborenen Millionen erlangen? In der Tat stellt die Masse der Nation im Moment einer einschneidenden historischen Wendung nicht selten jene Elemente in ihren Dienst, die noch gestern unterdrückt waren und deshalb mit höchster Bereitschaft den neuen Aufgaben Ausdruck geben. Nicht die Fremdstämmigen führen die Revolution, sondern die Revolution benutzt die Fremdstämmigen. So geschah es sogar bei großen Reformen von oben. Die Politik Peters I. hörte nicht auf, national zu sein, als sie von den alten Wegen abbog und Fremdstämmige und Ausländer in ihren Dienst zog. Die Meister der Deutschen Vorstadt und die holländischen Schiffer drückten in jener Periode die Bedürfnisse der nationalen Entwicklung Rußlands besser aus als die russischen Popen, die ehemals von den Griechen herangeschleppt worden waren, oder die Moskauer Bojaren, die ebenfalls über die fremdländische Vergewaltigung klagten, obwohl sie selber von Fremden abstammten, die den russischen Staat gebildet hatten. Jedenfalls verteilte sich die fremdstämmige Intelligenz im Jahre 1917 auf die gleichen Parteien wie die echtrussische, litt an den gleichen Gebrechen und beging dieselben Fehler, wobei gerade die Fremdstämmigen unter den Menschewiki und Sozialrevolutionären mit besonderem Eifer für die Verteidigung und Einheit Rußlands paradierten.

So sah das Exekutivkomitee aus, das oberste Organ der Demokratie. Zwei Parteien, die ihre Illusionen verloren, aber die Vorurteile behalten hatten, mit einem Führerstab, der unfähig war, vom Wort zur Tat überzugehen, gelangten an die Spitze der Revolution, die berufen war, Jahrhunderte alte Ketten zu brechen und die Grundsteine einer neuen Gesellschaft zu legen. Die gesamte Tätigkeit der Versöhnler wurde eine Kette qualvoller Widersprüche, die die Volksmassen entkräfteten und die Konvulsionen des Bürgerkrieges vorbereiteten.

Die Arbeiter, die Soldaten, die Bauern nahmen die Ereignisse ernst. Sie meinten, daß die von ihnen geschaffenen Sowjets unverzüglich an die Beseitigung jener Nöte schreiten müßten, die die Revolution geboren hatten. Alle kamen zu den Sowjets. Jeder brachte, was ihn schmerzte. Und wen schmerzte nichts? Man verlangte Beschlüsse, erhoffte Hilfe, erwartete Gerechtigkeit, forderte Vergeltung. Fürsprecher, Beschwerdeführer, Bittsteller, Entlarver glaubten, daß nun endlich die feindliche Macht durch eine eigene ersetzt war. Das Volk vertraut dem Sowjet, das Volk ist bewaffnet, also ist der Sowjet die Regierung. So verstanden sie die Sache – und hatten sie etwa nicht recht? »Ein ununterbrochener Strom von Soldaten, Arbeitern, Soldatenfrauen, Kleinhändlern, Bediensteten, Müttern, Vätern öffnete und schloß die Türe, suchte, fragte, weinte, forderte, zwang Maßnahmen zu treffen – manchmal genau bezeichnend welche – und verwandelte den Sowjet tatsächlich in eine revolutionäre Macht. Das war durchaus nicht im Interesse und paßte keinesfalls in die Pläne des Sowjets selbst«, klagt der uns bekannte Suchanow, der selbstverständlich »nach Kräften gegen diesen Prozeß ankämpfte«. Ob mit Erfolg? Ach, er ist gezwungen, gleich zu gestehen: »Der Sowjetapparat begann unwillkürlich, automatisch, gegen den Willen des Sowjets die offizielle Staatsmaschinerie zu verdrängen, die immer mehr im Leerlauf ging.« Was aber taten die Doktrinäre der Kapitulation, die Mechaniker des Leerlaufs? »Man war gezwungen, sich damit abzufinden und einzelne Funktionen der Regierung zu übernehmen«, gesteht Suchanow melancholisch, »und gleichzeitig die Fiktion aufrechtzuerhalten, als hätte das Mariinski-Palais die Leitung.« Das ist es, womit sich diese Leute in einem verelendeten Lande beschäftigten, das in den Flammen des Krieges und der Revolution stand: durch maskeradenhafte Maßnahmen schützten sie das Prestige einer Regierung, die das Volk organisch ausgeschieden hatte. Möge die Revolution umkommen, aber es lebe die Fiktion! Gleichzeitig jedoch stieg die Macht, die diese Männer zur Türe hinausjagten, durchs Fenster zu ihnen zurück, wobei sie sie jedesmal überraschte und in eine lächerliche oder unwürdige Lage versetzte.

Noch in der Nacht zum 28. Februar hatte das Exekutivkomitee die monarchistische Presse geschlossen und für Zeitungen Erlaubnispflicht eingeführt. Proteste ertönten. Am lautesten schrien die, die gewohnt waren, allen den Mund zu verstopfen. Nach einigen Tagen stieß das Komitee wieder auf die Frage der Pressefreiheit: soll man reaktionäre Zeitungen erlauben oder nicht? Es entstanden Meinungsverschiedenheiten. Doktrinäre vom Typ Suchanow waren für absolute Pressefreiheit. Tschcheidse war anfangs nicht einverstanden: wie dürfe man die Waffen dem Todfeinde zur unkontrollierbaren Verwendung überlassen? Es war, nebenbei gesagt, keinem in den Sinn gekommen, die Entscheidung der Frage der Regierung anheimzustellen. Das wäre auch gegenstandslos gewesen: die Druckereiarbeiter erkannten nur die Verfügungen des Sowjets an. Am 5. März bestätigte das Exekutivkomitee: die rechte Presse ist zu schließen, das Erscheinen neuer Zeitungen ist von der Genehmigung des Sowjets abhängig zu machen. Aber schon am 10. wurde die Verordnung unter dem Ansturm der bürgerlichen Kreise wieder aufgehoben. »Drei Tage genügten, um zur Vernunft zu kommen«, triumphiert Suchanow. Ein unbegründeter Triumph! Die Presse steht nicht über der Gesellschaft. Ihre Existenzbedingungen geben in der Revolution den Gang der Revolution selbst wieder. Wenn diese den Charakter des Bürgerkrieges annimmt oder anzunehmen droht, wird keines der kämpfenden Lager die Existenz der feindlichen Presse auf dem Gebiete ihres Einflusses zulassen, wie es auch nicht die Kontrolle über Arsenale, Eisenbahnen oder Druckereien freiwillig aus der Hand gibt. Im revolutionären Kampfe ist die Presse nur eine der Waffengattungen. Das Recht auf das Wort steht jedenfalls nicht über dem Recht auf das Leben. Die Revolution jedoch eignet sich auch dieses an. Man kann als Gesetz aufstellen, revolutionäre Regierungen sind um so liberaler, um so duldsamer, um so »großmütiger« gegen die Reaktion, je nichtiger ihr Programm, je mehr sie mit der Vergangenheit verknüpft sind, je konservativer ihre Rolle ist. Und umgekehrt: Je grandioser die Aufgaben sind, je größer die Zahl der erworbenen Rechte und Interessen, die durch sie verletzt werden, um so konzentrierter ist die revolutionäre Macht, um so unverhüllter ihre Diktatur. Mag das nun gut oder schlecht sein, aber gerade auf diesen Wegen ist die Menschheit bisher vorwärtsgeschritten.

Der Sowjet hatte recht, als er die Kontrolle über die Presse in seinen Händen behalten wollte. Weshalb aber hat er so leicht darauf verzichtet? Weil er überhaupt auf einen ernsten Kampf verzichtet hatte. Er schwieg sich aus über Frieden, über Grund und Boden, sogar über die Republik. Nachdem er der konservativen Bourgeoisie die Macht übergeben hatte, blieb ihm weder Anlaß, die rechte Presse zu fürchten, noch die Möglichkeit, gegen sie zu kämpfen. Dafür aber begann die Regierung mit Hilfe des Sowjets bereits nach wenigen Monaten erbarmungslos gegen die linke Presse vorzugehen. Zeitungen der Bolschewiki wurden eine nach der anderen geschlossen.

Am 7. März deklamierte Kerenski in Moskau: »Nikolaus II. ist in meinen Händen ... Ein Marat der Russischen Revolution werde ich niemals sein ... Nikolaus II. wird sich unter meiner persönlichen Überwachung nach England begeben ...« Damen warfen Blumen, Studenten klatschten Beifall. Die Massen aber horchten auf. Noch nie hatte eine ernste Revolution, das heißt eine solche, die was zu verlieren hatte, den gestürzten Monarchen ins Ausland gelassen. Von den Arbeitern und Soldaten gingen ununterbrochen Forderungen ein: die Romanows zu verhaften. Das Exekutivkomitee fühlte, daß man in diesem Punkte nicht spaßen dürfe.

Es wurde beschlossen, die Angelegenheit der Romanows müsse der Sowjet in seine Hände nehmen: damit war offen anerkannt, daß die Regierung kein Vertrauen verdiene. Das Exekutivkomitee gab an alle Eisenbahnstrecken den Befehl, Romanow nicht durchzulassen: das war es, warum der Zarenzug unterwegs umherirrte. Eines der Exekutivkomiteemitglieder, der Arbeiter Gwosdjew, ein rechtsstehender Menschewiki, wurde entsandt, Nikolaus zu verhaften. Kerenski war desavouiert und mit ihm die Regierung. Sie trat aber nicht zurück, sondern unterwarf sich stillschweigend. Schon am 9. März berichtete Tschcheidse dem Exekutivkomitee, die Regierung hätte von dem Gedanken, Nikolaus nach England zu schicken, »Abstand« genommen. Die Zarenfamilie wurde im Winterpalais der Haft unterworfen. So stahl das Exekutivkomitee sich selbst die Macht unter dem Kissen hervor. Von der Front aber kamen immer eindringlichere Forderungen: den ehemaligen Zaren in die Peter-Paul-Festung überzuführen.

Revolutionen bedeuteten stets Besitzumschichtungen, nicht nur im Wege der Gesetzgebung, sondern auch im Wege von Expropriationen durch die Massen. Die Agrarrevolution vollzog sich in der Geschichte überhaupt nie anders: die legale Reform ging beständig in Begleitung des roten Hahnes. In den Städten war die Rolle der Expropriation kleiner: bürgerliche Revolutionen hatten nicht die Aufgabe, den bürgerlichen Besitz zu erschüttern. Doch gab es kaum eine Revolution, in der die Massen nicht für allgemeine Zwecke von Gebäuden Besitz ergriffen hätten, die den Feinden des Volkes gehörten. Gleich nach der Februarumwälzung tauchten Parteien aus der Illegalität hervor, entstanden Gewerkschaftsverbände, wurden ununterbrochen Meetings abgehalten, alle Stadtbezirke hatten ihre Sowjets – alle brauchten Räume. Die Organisationen nahmen Besitz von unbewohnten Villen der zaristischen Minister oder von leerstehenden Palästen der Zarenballerinen. Die Betroffenen erhoben Beschwerde, oder die Behörden griffen aus eigener Initiative ein. Da die Aneigner aber im Grunde die Macht besaßen, die offizielle Macht hingegen ein Gespenst war, so waren die Staatsanwälte letzten Endes gezwungen, sich an das Exekutivkomitee zu wenden mit dem Ersuchen um Wiederherstellung der verletzten Rechte der Ballerinen, deren unkomplizierte Funktionen von den Mitgliedern der Dynastie aus den Volksmitteln hoch bezahlt worden waren. Wie es sich gehört, setzte man die Kontaktkommission in Bewegung, die Minister tagten, das Exekutivkomitee beriet, es wurden Delegationen zu den Aneignern geschickt – die Sache zog sich monatelang hin.

Suchanow teilt mit, als »Linker« hätte er an sich nichts gegen die radikalsten gesetzgebenden Eingriffe in den Privatbesitz gehabt, dafür aber wäre er »ein heftiger Feind jeglicher gewaltsamen

Aneignungen«. Mit solchen Kniffen verhüllten die linken Pechvögel ihren Bankrott. Eine wahrhaft revolutionäre Regierung wäre zweifellos imstande gewesen, durch ein rechtzeitiges Dekret über die Requisitionen von Räumlichkeiten die Zahl der chaotischen Besitzergreifungen auf ein Minimum herabzusetzen. Doch die linken Versöhnler hatten die Macht an die Eigentumsfanatiker abgetreten, um hinterher den Massen vergeblich Achtung vor revolutionärer Gesetzlichkeit zu predigen ... unter freiem Himmel. Petrograds Klima begünstigt Platonismus nicht.

Die Brotschlangen gaben der Revolution den letzten Antrieb. Sie waren auch die erste Gefährdung des neuen Regimes. Schon in der konstituierenden Sitzung des Sowjets war beschlossen worden, eine Ernährungskommission zu schaffen. Die Regierung machte sich wenig Sorgen darüber, wie die Hauptstadt zu ernähren sei. Sie war nicht abgeneigt, sie durch Hunger zu zähmen. Das Ernährungsproblem fiel auch späterhin dem Sowjet zu. Zu seiner Verfügung standen Nationalökonomen und Statistiker mit einiger praktischer Erfahrung, die früher im Dienste wirtschaftlicher und administrativer Organe der Bourgeoisie gewesen waren. In den meisten Fällen waren das Menschewiki des rechten Flügels, wie Gromann und Tscherewanin, oder ehemalige weit nach rechts gerückte Bolschewiki, wie Basarow und Awilow. Aber kaum von Angesicht zu Angesicht vor das Ernährungsproblem der Hauptstadt gestellt, waren sie durch die ganze Situation gezwungen, radikalste Maßnahmen zur Bändigung der Spekulation und zur Organisierung des Marktes vorzuschlagen. In einer Reihe von Sitzungen des Sowjets wurde ein ganzes System von Maßnahmen »des Kriegssozialismus« bestätigt, das die Proklamierung aller Brotvorräte als Staatsgut, Festsetzung von Höchstpreisen für Brot entsprechend ebensolchen Preisen für Industrieprodukte, staatliche Produktionskontrolle und geordneten Warenaustausch mit dem Dorfe zum Inhalt hatte. Die Führer des Exekutivkomitees wechselten besorgte Blicke; da sie nichts vorzuschlagen wußten, schlossen sie sich den radikalen Resolutionen an. Die Mitglieder der Kontaktkommission übermittelten sie dann verlegen der Regierung. Die Regierung versprach, die Sache zu studieren. Aber weder Fürst Lwow noch Gutschkow noch Konowalow hatten Lust zu kontrollieren, zu requirieren, sich selbst und ihre Freunde einzuschränken. Alle wirtschaftlichen Verfügungen des Sowjets zerschellten an dem passiven Widerstand des Staatsapparates, soweit sie nicht durch die lokalen Sowjets eigenmächtig verwirklicht wurden. Die einzige praktische Maßnahme, die der Petrograder Sowjet auf dem Gebiete der Ernährung durchgeführt hatte, bestand in der Einschränkung des Konsumenten durch eine feste Ration: anderthalb Pfund Brot für physische Arbeiter, ein Pfund für die übrigen. Allerdings brachte diese Einschränkung noch fast keine Änderungen in das reale Ernährungsbudget der Hauptstadtbevölkerung: – ein Pfund beziehungsweise anderthalb Pfund – es läßt sich leben. Das Elend täglichen Hungerns steht noch bevor. Die Revolution wird gezwungen sein, nicht monate-, sondern jahrelang den Riemen am eingefallenen Leibe enger und enger zu ziehen. Sie wird diese Prüfung ertragen. Im Augenblick quält sie nicht Hunger, sondern die Ungewißheit, die Unbestimmtheit des Kurses, die Unsicherheit vor dem morgigen Tag. Ökonomische Schwierigkeiten, verschärft durch 32 Kriegsmonate, klopfen an Türen und Fenster des neuen Regimes. Zerrüttung des Transports, Mangel an verschiedenen Arten von Rohstoffen, Abgenutztheit eines großen Teiles des Inventars, bedrohliche Inflation, Desorganisation des Warenumsatzes, das alles erfordert kühne und unaufschiebbare Maßnahmen. Während sie auf der ökonomischen Linie zu diesen gelangten, machten die Versöhnler die Durchführung politisch unmöglich. Jedes Wirtschaftsproblem, dem sie sich verschlossen, verwandelte sich in eine Verurteilung der Doppelherrschaft, und jeder Beschluß, den sie unterzeichnet hatten, verbrannte ihnen unerträglich die Finger.

Zu einer großen Nachprüfung der Kräfte und Beziehungen wurde die Frage des 8-Stunden-Tages. Der Aufstand hat gesiegt, doch der Generalstreik geht weiter. Die Arbeiter sind ernstlich der Meinung, die Änderung des Regimes müsse eine Änderung auch in ihr Schicksal bringen. Das erregt sofort Besorgnis bei den neuen Herrschern, Liberalen wie Sozialisten. Patriotische Parteien und Zeitungen erheben den Ruf: »Soldaten in die Kasernen, Arbeiter an die Werkbank!« Also bleibt alles beim alten? fragen die Arbeiter. Bis auf weiteres, antworten verlegen die Menschewiki. Doch die Arbeiter begreifen: wenn es nicht sofort Änderungen gibt, später erst recht nicht. Die Sache mit den Arbeitern zu regeln, überläßt die Bourgeoisie den Sozialisten. Sich darauf berufend, daß der errungene Sieg »die Position der Arbeiterklasse in ihrem revolutionären Kampfe in genügendem Maße gesichert hat« – und in der Tat: stehen nicht liberale Gutsbesitzer an der Macht? –, beschließt das Exekutivkomitee am 5. März, die Arbeit im Petrograder Rayon wieder aufzunehmen. Arbeiter an die Werkbank! So stark war die Macht des gepanzerten Egoismus der gebildeten Klassen, der Liberalen gemeinsam mit ihren Sozialisten. Diese Menschen glaubten, daß Millionen Arbeiter und Soldaten, die sich unter dem unerbittlichen Druck von Unzufriedenheit und Hoffnung zum Aufstand erhoben hatten, sich nach dem Siege gehorsam mit den alten Lebensbedingungen bescheiden würden. Aus Geschichtsbüchern hatten diese Führer die Überzeugung gewonnen, so sei es auch in früheren Revolutionen geschehen. Aber nein, so war es sogar in der Vergangenheit nie gewesen. Wurden die Werktätigen in den alten Stall zurückgetrieben, so nur auf Umwegen, durch eine Reihe von Niederlagen und Überlistungen. Die grausame soziale Kehrseite politischer Umwälzungen hatte Marat scharf empfunden. Deshalb ist er auch von den offiziellen Geschichtsschreibern so verleumdet worden. »Die Revolution wird vollzogen und gestützt nur von den unteren Klassen der Gesellschaft, von all den Elenden, die der schamlose Reichtum als Canaille verachtet und die von den Römern, mit dem diesen eigenen Zynismus, einst Proletarier genannt wurden«, schrieb Marat einen Monat vor dem Umsturz des 10. August 1792. Was gibt nun die Revolution den Elenden? »Nachdem die Bewegung anfangs einen gewissen Erfolg erreicht hat, erweist sie sich schließlich als besiegt; es fehlt ihr stets noch an Wissen, Festigkeit, Mitteln, Waffen, Führern, an einem bestimmten Aktionsplan; sie bleibt schutzlos gegen die Verschwörer, welche Erfahrung, Geschicklichkeit und Schlauheit besitzen.« Ist es da verwunderlich, daß Kerenski kein Marat der Russischen Revolution sein wollte?

Einer der ehemaligen russischen Industriekapitäne, W. Auerbach, erzählt mit Entrüstung, daß »die Hefe die Revolution etwa wie einen Karneval verstanden hat: das Dienstmädchen, zum Beispiel, verschwand für ganze Tage, ging mit roten Schleifen spazieren, fuhr Auto, kehrte erst gegen Morgen heim; um sich zu waschen und wieder auf den Bummel zu gehen«. Es ist bemerkenswert, daß der Entlarver, der es unternimmt, die demoralisierende Wirkung der Revolution zu zeigen, das Benehmen des Dienstmädchens in jenen Zügen schildert, die, vielleicht außer der roten Schleife, am besten das Alltagsleben einer bürgerlichen Patrizierin wiedergeben. Ja, die Unterdrückten nehmen die Revolution wie einen Festtag auf, oder wie den Vorabend eines Festtages, und die erste Regung der durch sie geweckten Haussklavinnen besteht eben darin, das Joch der täglichen, erniedrigenden, beklemmenden, ausweglosen Unfreiheit abzuschwächen. Die Arbeiterklasse in ihrer Gesamtheit konnte und wollte sich nicht bloß mit den roten Schleifen allein, als Siegessymbol für andere, abfinden. In den Betrieben Petrograds herrschte Erregung. Eine nicht geringe Anzahl von Betrieben widersetzte sich offen den Beschlüssen des Sowjets. An die Werkbänke zu gehen sind die Arbeiter freilich bereit, denn sie sind dazu gezwungen; doch unter welchen Bedingungen? Die Arbeiter forderten den 8-Stunden-Tag. Die Menschewiki beriefen sich auf das Jahr 1905, wo die Arbeiter auf dem Wege der Gewalt den 8-Stunden-Tag einzuführen versucht und eine Niederlage erlitten hatten: »Der Kampf auf zwei Fronten – gegen Reaktion und Kapitalisten – geht über die Kräfte des Proletariats.« Das war ihre zentrale Idee. Allgemein gesprochen, anerkannten die Menschewiki für die Zukunft die Unvermeidlichkeit eines Bruches mit der Bourgeoisie. Doch dies rein theoretische Bekenntnis verpflichtete sie zu nichts. Sie meinten, man dürfe den Bruch nicht forcieren. Da aber die Bourgeoisie nicht durch leidenschaftliche Phrasen der Redner und Journalisten in das Lager der Reaktion zurückgeworfen wird, sondern durch die selbständige Bewegung der werktätigen Klassen, widersetzten sich die Menschewiki aus allen Kräften dem ökonomischen Kampfe der Arbeiter und Bauern. »Für die Arbeiterklasse«, lehrten sie, »stehen jetzt nicht die sozialen Fragen auf dem ersten Platz. Sie erkämpft sich jetzt die politische Freiheit.« Worin jedoch diese Freiheit bestand, konnten die Arbeiter nicht begreifen. Sie wollten vor allem etwas Freiheit für ihre Muskeln und Nerven. Und sie bedrängten die Unternehmer. Welche Ironie: gerade am 10. März, als die menschewistische Zeitung schrieb, der 8-Stunden-Tag stehe nicht auf der Tagesordnung, erklärte die Vereinigung der Fabrikanten, die am Vorabend bereits gezwungen gewesen war, mit dem Sowjet in offizielle Verhandlungen zu treten, ihre Zustimmung zur Einführung des 8-Stunden-Tages und zur Bildung von Fabrikkomitees. Die Industriellen bewiesen mehr Weitsicht als die Strategen des Sowjets. Das ist nicht verwunderlich: in den Fabriken standen die Unternehmer von Angesicht zu Angesicht den Arbeitern gegenüber, die mindestens in der Hälfte der Petrograder Betriebe, darunter vorwiegend der größten, nach 8stündiger Arbeit einmütig die Werkbänke verließen. Sie nahmen sich selbst, was ihnen Regierung und Sowjet versagten. Als die liberale Presse gerührt die Geste der russischen Industriellen vom 10. März 1917 mit der Geste des französischen Adels vom 4. August 1789 verglich, war sie der historischen Wahrheit viel näher, als sie es selbst geglaubt haben mag: ähnlich den Feudalen am Ende des 18. Jahrhunderts handelten die russischen Kapitalisten unter den Schlägen des Zwanges und hofften durch eine vorübergehende Konzession in die Lage zu kommen, später das Verlorene wieder einzuholen. Unter Verletzung der offiziellen Lüge gestand ein kadettischer Publizist offen: »Zum Unglück der Menschewiki haben die Bolschewiki die Vereinigung der Fabrikanten durch Terror bereits gezwungen, sich mit der sofortigen Einführung des 8-Stunden-Tages einverstanden zu erklären.« Worin der Terror bestand, wissen wir schon. Die Arbeiterbolschewiki nahmen in dieser Bewegung zweifellos den ersten Platz ein. Und wiederum ging, wie in den entscheidenden Tagen des Februar, die erdrückende Mehrheit der Arbeiter mit ihnen.

Mit sehr gemischten Gefühlen registrierte der von den Menschewiki geleitete Sowjet den gewaltigen Sieg, der eigentlich gegen ihn errungen worden war. Die beschämten Führer mußten jedoch einen Schritt weitergehen und der Provisorischen Regierung vorschlagen, noch vor der Konstituierenden Versammlung ein Dekret über den 8-Stunden-Tag für das ganze Land zu erlassen. Nach einer Übereinkunft mit den Unternehmern weigerte sich aber die Regierung, in Erwartung besserer

Tage, die ihr ohne jeglichen Nachdruck gestellte Forderung zu erfüllen.

Im Moskauer Bezirk begann der gleiche Kampf, nur nahm er einen schleichenderen Charakter an. Auch hier verlangte, entgegen dem Widerstande der Arbeiter, der Sowjet die Wiederaufnahme der Arbeit. In einer der größten Fabriken erhielt die Resolution gegen den Abbruch des Streiks 7000 von 13000 Stimmen. So ungefähr reagierten auch die anderen Betriebe. Am 10. März wiederholte der Sowjet den Beschluß, wonach die Arbeiter sofort in die Betriebe zurückgehen sollten. Obwohl daraufhin in den meisten Fabriken die Arbeit aufgenommen wurde, entbrannte fast überall der Kampf um die Verkürzung des Arbeitstages. Die Arbeiter korrigierten ihre Führer durch die Tat. Der sich lange sträubende Moskauer Sowjet war schließlich, am 21. März, gezwungen, durch einen eigenen Beschluß den 8-Stunden-Tag einzuführen. Die Industriellen unterwarfen sich unverzüglich. In der Provinz dauerte der Kampf noch bis in den April hinein. Fast überall bremsten die Sowjets anfangs die Bewegung und wirkten ihr entgegen; später traten sie, unter dem Druck der Arbeiter, mit den Unternehmern in Verhandlung; wo diese ihre Zustimmung verweigerten, waren die Sowjets gezwungen, den 8-Stunden-Tag eigenmächtig zu dekretieren. Welche Bresche im System!

Die Regierung hielt sich absichtlich beiseite. Inzwischen wurde, dirigiert von den liberalen Führern, eine wütende Kampagne gegen die Arbeiter eröffnet. Um sie mürbe zu machen, beschloß man, die Soldaten gegen sie aufzuhetzen. Eine Verkürzung des Arbeitstages bedeutete doch Schwächung der Front. Dürfe man etwa während des Krieges nur an sich denken? Würden etwa in den Schützengräben die Stunden gezählt? Wenn die besitzenden Klassen den Weg der Demagogie beschreiten, machen sie vor nichts halt. Die Agitation nahm einen wüsten Charakter an und wurde bald in die Schützengräben übertragen. Der Soldat Pirejko gesteht in seinen Fronterinnerungen, daß die Agitation, hauptsächlich von neugebackenen Sozialisten aus dem Offiziersstande geführt, nicht ohne Wirkung blieb. »Aber das ganze Pech des Offiziersstandes, der es versuchte, die Soldaten gegen die Arbeiter aufzuhetzen, bestand darin, daß sie Offiziere waren. Zu frisch war noch in der Erinnerung eines jeden Soldaten, was früher der Offizier bedeutet hatte.« Den schärfsten Charakter nahm die Arbeiterhetze in der Hauptstadt an. Im Verein mit dem Kadettenstab fanden die Industriellen unbeschränkte Mittel und Kräfte für die Agitation in der Garnison. »Um den 20. herum«, erzählt Suchanow, »konnte man an allen Straßenecken, in den Straßenbahnen, an jedem öffentlichen Platz Arbeiter und Soldaten in wütendem Wortgefecht miteinander antreffen.« Es kam auch zu Schlägereien. Die Arbeiter begriffen die Gefahr und wandten sie geschickt ab.

Es genügte ihnen, zu diesem Zwecke die Wahrheit zu erzählen, die Zahlen der Kriegsgewinne zu nennen, den Soldaten die Betriebe und Werkstätten mit ihrem Maschinenlärm, höllischen Flammen der Öfen zu zeigen – ihre ewige Front, an der sie ungezählte Opfer brachten. Auf Initiative der Arbeiter begannen regelmäßige Besuche der Betriebe durch Garnisonteile, besonders jener Betriebe, die für die Landesverteidigung arbeiteten. Der Soldat sah und hörte, der Arbeiter zeigte und erklärte. Die Besuche endeten mit feierlichen Verbrüderungen. Die sozialistischen Zeitungen veröffentlichten zahlreiche Resolutionen von Truppenteilen über deren unverbrüchliche Solidarität mit den Arbeitern. Um die Mitte des Monats April verschwand der Konfliktgegenstand restlos aus den Spalten der Zeitungen. Die bürgerliche Presse verstummte. So errangen die Arbeiter nach dem ökonomischen einen politischen und moralischen Sieg.

Die mit dem Kampf um den 8-Stunden-Tag verbundenen Ereignisse waren für die ganze weitere Entwicklung der Revolution von großer Bedeutung. Die Arbeiter gewannen einige freie Stunden in der Woche für Lektüre, Versammlungen, aber auch für Gewehrübungen, die mit der Schaffung der Arbeitermiliz einen geordneten Charakter bekamen. Nach einer so krassen Lehre fingen die Arbeiter an, sich die Sowjetleiter näher zu besehen. Die Autorität der Menschewiki hatte eine ernstliche Einbuße erlitten. Die Bolschewiki befestigten sich in den Betrieben, teils auch in den Kasernen. Der Soldat wurde aufmerksamer, nachdenklicher, vorsichtiger; er begriff, daß ihm jemand auflauere. Die verräterische Absicht der Demagogie wandte sich gegen deren Inspiratoren. Statt Entfremdung und Feindschaft entstand eine innigere Zusammenschweißung der Arbeiter und Soldaten.

Trotz des Kontaktidylls haßte die Regierung den Sowjet, seine Führer, seine Bevormundung. Sie bewies es bei der ersten sich bietenden Gelegenheit. Da der Sowjet reine Regierungsfunktionen ausübte, und zwar auf eigenes Ersuchen der Regierung, sobald es hieß, die Massen im Zaume zu halten, kam das Exekutivkomitee um einen bescheidenen Unkostenzuschuß ein. Die Regierung lehnte ab und beharrte, trotz wiederholten Drängens des Sowjets, bei ihrer Weigerung: sie könne einer »Privatorganisation« keine Staatsmittel bewilligen. Der Sowjet schwieg. Das Budget des Sowjets belastete die Arbeiter, die nicht müde wurden, Geldsammlungen für die Bedürfnisse der Revolution zu veranstalten.

Indes wahrten beide Parteien, Liberale und Sozialisten, den Schein restloser gegenseitiger Freundschaft. Auf der Allrussischen Konferenz der Sowjets wurde das Vorhandensein einer Doppelmacht für eine Erfindung erklärt. Kerenski versicherte den Delegierten der Armee, zwischen Regierung und Sowjet bestehe völlige Einigkeit über Aufgaben und Ziele. Nicht minder eifrig bestritten Zeretelli, Dan und andere Sowjethäupter die Existenz der Doppelherrschaft. Mit Hilfe der Lüge suchte man ein Regime zu festigen, das auf Lüge aufgebaut war.

Doch schwankte das Regime seit den ersten Wochen. Die Führer waren unermüdlich in organisatorischen Kombinationen: sie versuchten, sich gegen die Massen auf zufällige Vertreter zu stützen, auf die Soldaten gegen die Arbeiter, auf neue Dumas, Semstwos, Kooperationen gegen die Sowjets, auf die Provinz gegen die Hauptstadt und zum Schluß auf die Offiziere gegen das Volk.

Die Sowjetform enthält keinerlei mystische Kraft. Sie ist durchaus nicht von den Fehlern einer jeden Vertretungsform frei, die unvermeidlich bleiben, solange diese selbst unvermeidlich ist. Aber ihre Stärke besteht darin, daß sie diese Fehler auf das äußerste herabmindert. Man kann mit Bestimmtheit sagen – und die Erfahrung wird das bald bestätigen –, daß jede andere die Massen atomisierende Vertretung in der Revolution deren wirklichen Willen unvergleichlich schlechter und mit weitaus größerer Verspätung zum Ausdruck gebracht haben würde. Von allen revolutionären Vertretungsformen ist der Sowjet die biegsamste, unmittelbarste und klarste. Aber, doch ist es nur eine Form. Sie kann nicht mehr geben, als die Massen in jedem gegebenen Augenblick fähig sind, in sie hineinzulegen. Dafür aber kann sie den Massen das Verständnis für die begangenen Fehler und deren Richtigstellung erleichtern. Darin eben bestand eine der wichtigsten Bürgschaften für die Entwicklung der Revolution.

Wie aber waren die politischen Perspektiven des Exekutivkomitees? Es ist fraglich, ob einer seiner Führer bis zu Ende durchdachte Perspektiven besaß. Suchanow versicherte später, daß, nach seinem Plan, die Macht nur für eine kurze Frist an die Bourgeoisie abgetreten werden sollte, bis die Demokratie, stärker geworden, diese Macht um so sicherer übernehmen könne. Doch diese an sich naive Konstruktion hat einen durchsichtig retrospektiven Charakter. Jedenfalls wurde sie seinerzeit von niemandem formuliert. Unter der Leitung Zeretellis hörten zwar die Schwankungen des Exekutivkomitees nicht auf, wurden aber in ein System gebracht. Zeretelli verkündete offen, ohne eine feste bürgerliche Macht drohe der Revolution der unabwendbare Untergang. Die Demokratie müsse sich darauf beschränken, auf die liberale Bourgeoisie einen Druck auszuüben, und sich hüten, durch eine unvorsichtige Handlung sie in das Lager der Reaktion zu stoßen; im Gegenteil, sie müsse die liberale Bourgeoisie, insoweit diese die Errungenschaften der Revolution festigen werde, unterstützen. Letzten Endes mußte dieses unbestimmte Regime auf eine bürgerliche Republik mit den Sozialisten als parlamentarischer Opposition hinauslaufen.

Einen Stein des Anstoßes bildete für die Führer weniger die Perspektive als das laufende Aktionsprogramm. Die Versöhnler versprachen den Massen, auf dem Wege des »Drucks« von der Bourgeoisie eine demokratische Innen- und Außenpolitik zu erkämpfen. Zweifellos haben in der Geschichte die herrschenden Klassen mehr als einmal unter dem Druck der Volksmassen Konzessionen gemacht. Aber der »Druck« bedeutete letzten Endes die Drohung, die herrschende Klasse von der Macht zu verdrängen und deren Platz einzunehmen. Gerade diese Waffe jedoch hatte die Demokratie nicht in den Händen. Sie selbst hatte freiwillig die Macht der Bourgeoisie ausgeliefert. Bei Ausbruch von Konflikten drohte nicht die Demokratie mit der Wegnahme der Macht, sondern umgekehrt die Bourgeoisie schreckte mit ihrem Verzicht auf die Macht. So lag der Hauptthebel der Druckmechanik in den Händen der Bourgeoisie. Das erklärt auch, weshalb die Regierung bei ihrer ganzen Ohnmacht allen ernsten Bestrebungen der Sowjetspitzen mit Erfolg Widerstand leisten konnte.

Mitte April erweist sich sogar das Exekutivkomitee als ein zu breites Organ für die politischen Sakramente des führenden Kernes, der sein Gesicht endgültig den Liberalen zugewandt hatte. Es wurde ein Büro abgesondert, ausschließlich aus rechten Vaterlandsverteidigern. Von nun an machte man große Politik im eigenen Kreise. Alles schien ins Geleise zu kommen und sich zu festigen. Zeretelli herrschte in den Sowjets uneingeschränkt. Kerenski stieg höher und höher. Aber gerade in diesem Moment begannen unten, bei den Massen, die ersten beunruhigenden Anzeichen deutlich sichtbar zu werden. »Es ist erstaunlich«, schreibt Stankewitsch, der dem Kreise Kerenskis nahestand, »daß gerade in dem Augenblick, als das Komitee sich organisierte, als das Büro, gewählt ausschließlich aus Parteien der Vaterlandsverteidigung, die Verantwortung für die Arbeit übernahm, daß gerade zu dieser Zeit das Komitee aus seinen Händen die Leitung der Massen verlor, die sich von ihm abwandten.« Erstaunlich? Nein, nur gesetzmäßig.

Armee und Krieg

Schon in den der Revolution vorangegangenen Monaten war die Disziplin in der Armee merklich ins Wanken geraten. Man kann nicht wenige Klagen von Offizieren aus jener Zeit finden: die Soldaten benähmen sich ungebührlich gegen die Vorgesetzten, die Behandlung der Pferde, des Fiskusgutes, sogar der Waffen, sei unter jeder Kritik, in den Militärzügen herrsche Unordnung. Nicht überall war die Sache gleich schlecht. Doch bewegte sie sich überall in der gleichen Richtung: dem Zerfall zu.

Nun kam die Erschütterung durch die Revolution hinzu. Der Aufstand der Petrograder Garnison vollzog sich nicht nur ohne den Offiziersstand, sondern gegen ihn. In den kritischen Stunden versteckten die Kommandeure einfach die Köpfe. Der Oktobristendeputierte Schidlowski unterhielt sich am 27. Februar mit Offizieren des Preobraschenski-Regiments, offenbar in der Absicht, deren Einstellung zur Duma herauszufühlen, aber er traf bei den Gardearistokraten völliges Unverständnis für die Geschehnisse, was übrigens vielleicht zur Hälfte Verstellung war: waren es doch alles erschrockene Monarchisten. »Wie groß war meine Verwunderung«, berichtet Schidlowski, »als ich am nächsten Morgen auf der Straße das gesamte Preobraschenski-Regiment, in mustergültiger Ordnung in Reih und Glied marschierend, mit einem Orchester an der Spitze, ohne einen einzigen Offizier erblickte ...« Allerdings kamen einige Truppenteile ins Taurische Palais mit ihren Kommandeuren, genauer gesagt, sie führten diese mit sich. Die Offiziere fühlten sich bei diesem Festzug in der Lage von Gefangenen. Gräfin Kleinmichel, die als Verhaftete diese Szenen beobachtet hat, drückt sich bestimmter aus: die Offiziere ähnelten Hammeln, die man zur Schlachtbank führt.

Die Februarrevolution hat die Trennung zwischen Soldaten und Offizieren nicht geschaffen, sie hat sie nur aufgedeckt. Im Bewußtsein der Soldaten war der Aufstand gegen die Monarchie zuallererst ein Aufstand gegen die Vorgesetzten. »Seit dem Morgen des 28. Februar«, erinnert sich der Kadett Nabokow, der in jenen Tagen Offiziersuniform trug, »war es gefährlich, auszugehen, weil man den Offizieren die Achselstücke herunterriß.« So sah der erste Tag des neuen Regimes in der Garnison aus!

Die erste Sorge des Exekutivkomitees war, die Soldaten mit den Offizieren zu versöhnen. Das bedeutete nichts anderes, als die Truppenteile wieder den alten Kommandeuren zu unterstellen. Die Rückkehr der Offiziere zu den Regimentern sollte, nach Suchanows Worten, die Armee vor »allgemeiner Anarchie oder der Diktatur der finsteren und zersetzenden Soldateska« bewahren. Wie die Liberalen, fürchteten diese Revolutionäre die Soldaten und nicht die Offiziere. Indes erwarteten die Arbeiter gemeinsam mit der »finsteren Soldateska« alles Übel gerade von seiten der glanzvollen Offiziere. Die Versöhnung war deshalb nicht von Dauer.

Stankewitsch schildert das Verhalten der Soldaten gegenüber den nach der Umwälzung zu ihnen zurückgekehrten Offizieren in folgenden Zügen: »Es stellte sich heraus, daß die Soldaten, die unter Verletzung der Disziplin nicht nur ohne Offiziere, sondern ... in vielen Fällen trotz der Offiziere die Kasernen verlassen und jene Vorgesetzten, die ihre Pflicht erfüllten, sogar getötet, ein großes Heldenstück der Befreiung vollbracht hatten. Wenn dies eine Heldentat war und die Offiziere es jetzt selbst behaupteten, weshalb haben sie dann nicht selbst die Soldaten auf die Straße geführt – für sie wäre es doch leichter und gefahrloser gewesen? Jetzt, nach der Tatsache des Sieges, schließen sie sich der Heldentat an. Ob aber aufrichtig und für lange?« Diese Worte sind um so lehrreicher, als ihr Autor selbst zu jenen »linken« Offizieren gehörte, die nicht mal daran gedacht hatten, die Soldaten auf die Straße zu führen.

Am Morgen des 28. klärte auf dem Sampsonjewski-Prospekt der Kommandeur einer Genieabteilung seine Soldaten auf: »Die allen verhaßte Regierung ist gestürzt«, eine neue sei gebildet, mit dem Fürsten Lwow an der Spitze, folglich müsse man in alter Weise den Offizieren gehorchen. »Und jetzt – bitte jeder auf seinen Platz in die Kasernen.« Einige Soldaten riefen: »Zu Befehl«, die Mehrzahl blickte verwirrt drein: das ist alles? Diese Szene hatte Kajurow zufällig beobachtet. Es ging ihm durch und durch. »Gestatten Sie mir das Wort, Herr Kommandeur« ... Und ohne die Erlaubnis abzuwarten, stellte Kajurow die Frage: »Ist denn wegen der Ablösung des einen Gutsbesitzers durch den anderen drei Tage lang in den Straßen Petrograds Arbeiterblut geflossen?« Kajurow hatte auch hier den Stier bei den Hörnern gepackt. Die von ihm gestellte Frage bildete den Kampfinhalt der nächsten Monate. Der Antagonismus zwischen Soldat und Offizier war die Widerspiegelung der Feindschaft zwischen Bauer und Gutsbesitzer.

In der Provinz stellten die Kommandeure, die offenbar inzwischen Instruktionen erhalten hatten, die Ereignisse nach einem und demselben Muster dar: der Kaiser habe sich in Sorge um das Land erschöpft und sei gezwungen gewesen, die Last der Regierung seinem Bruder zu übertragen. Man las auf den Gesichtern der Soldaten, klagt ein Offizier aus einem entlegenen Winkel der Krim: Nikolaus oder Michail – alles einerlei. Als jedoch der gleiche Kommandeur gezwungen war, am nächsten Morgen dem Bataillon den Sieg der Revolution mitzuteilen, waren die Soldaten, nach seinen Worten, wie umgewandelt. Ihre Fragen, Gesten, Blicke zeugten klar von der »beharrlichen, langwierigen Arbeit, die jemand an diesen finsteren, grauen, des Denkens ungewohnten Hirnen vollbracht hatte«. Welche Kluft zwischen den Offizieren, deren Gehirne sich so mühelos dem letzten Petrograder Telegramm anpaßten, und diesen Soldaten, die zwar schwer, aber ehrlich ihr Verhältnis zu den Ereignissen bestimmten, sie selbständig auf der schwieligen Hand wägend!

Das Oberste Kommando, das die Umwälzung formell anerkannt hatte, beschloß, die Revolution überhaupt nicht an die Front durchzulassen. Der Stabschef des Hauptquartiers befahl den Oberkommandierenden der Fronten: falls auf den ihnen unterstellten Territorien revolutionäre Delegationen auftauchen sollten, die General Alexejew der Kürze halber Banden nannte, sie unverzüglich gefangenzunehmen und an Ort und Stelle vor ein Feldgericht zu stellen. Am nächsten Tage verlangte der gleiche General im Namen »Seiner Hoheit«, des Großfürsten Nikolai Nikolajewitsch, von der Regierung »Einstellung alles dessen, was heute in den Armeebezirken des Hinterlandes geschieht«, mit anderen Worten – der Revolution.

Das Kommando verschleppte es solange wie möglich, die aktive Armee über die Umwälzung zu unterrichten, weniger aus Treue für die Monarchie als aus Angst vor der Revolution. An einigen Fronten errichtete man wahre Quarantänen: Briefe aus Petrograd wurden nicht durchgelassen, ankommende Personen festgehalten, so stahl das alte Regime von der Ewigkeit einige überzählige Tage. Die Kunde von der Umwälzung erreichte die Kampflinie nicht vor dem 5.–6. März. Aber in welcher Gestalt? Wir haben es schon ungefähr vernommen: zum Höchstkommandierenden sei der Großfürst ernannt, der Zar habe zum Wohle des Vaterlandes auf den Thron verzichtet, sonst sei alles beim alten. In viele Schützengräben, vielleicht in die meisten, gelangten Nachrichten von der Revolution früher durch die Deutschen als aus Petrograd. Konnten bei den Soldaten da noch Zweifel bestehen, daß das gesamte Kommando eine Verschwörung zur Unterdrückung der Wahrheit gebildet hatte? Und konnten die Soldaten auch nur für einen Pfifferling jenen Offizieren Glauben schenken, die sich nach ein bis zwei Tagen rote Schleifchen ansteckten?

Der Stabschef der Schwarzmeerflotte erzählt, die Nachricht von den Ereignissen in Petrograd habe angeblich auf die Matrosen anfangs keinen merklichen Eindruck gemacht. Sobald aber aus der Hauptstadt die ersten sozialistischen Zeitungen angekommen waren, »veränderte sich die Stimmung der Kommandos im Nu, es begannen Meetings, aus den Löchern krochen verbrecherische Agitatoren heraus«. Der Admiral begriff einfach nichts von dem, was sich vor seinen Augen abspielte. Nicht die Zeitungen hatten den Stimmungswechsel hervorgerufen. Sie zerstreuten nur die Zweifel der Matrosen über den Ernst der Umwälzung und erlaubten ihnen, offen ihre wahren Gefühle zu zeigen, ohne Angst vor Strafe seitens der Vorgesetzten. Der gleiche Autor charakterisiert das politische Gesicht der Offiziere der Schwarzmeerflotte, darunter auch sein eigenes, durch einen Satz: »Die Mehrzahl der Offiziere glaubte, das Vaterland werde ohne Zaren zugrunde gehen.« Die Demokraten glaubten, das Vaterland werde ohne die Rückkehr solcher Leuchten zu den finsteren Matrosen zugrunde gehen.

Der Kommandobestand der Armee und der Flotte sonderte bald zwei Phalangen ab: die eine versuchte, ihre Posten zu behalten, indem sie sich bei der Revolution anbiederte, in die sozialrevolutionäre Partei eintrat; ein Teil von ihnen versuchte später sogar, bei den Bolschewiki unterzukriechen. Die anderen dagegen bäumten sich auf, versuchten, der neuen Ordnung Widerstand zu leisten, doch schon beim nächsten scharfen Konflikt zerschellten sie und wurden von der Soldatenüberschwemmung weggespült. Gruppierungen dieser Art sind so natürlich, daß sie sich in allen Revolutionen wiederholen. Die unversöhnlichen Offiziere der französischen Monarchie, jene, die, nach dem Ausdruck eines von ihnen, »gekämpft hatten, solange sie konnten«, litten weniger unter dem Ungehorsam der Soldaten als unter der Liebedienerei der adeligen Kollegen. Schließlich wurde die Mehrzahl des alten Kommandobestandes abgedrängt, unterdrückt, und nur ein kleiner Teil stellte sich um und assimilierte sich. Der Offiziersstand teilte nur in dramatischerer Form das Schicksal jener Klassen, denen er entstammte.

Die Armee stellt überhaupt ein Abbild der Gesellschaft dar, der sie dient, mit dem Unterschiede, daß sie den sozialen Beziehungen einen konzentrierteren Charakter verleiht, deren positive und negative Züge in ihr extremsten Ausdruck finden. Es ist kein Zufall, daß in Rußland der Krieg nicht einen Militär von Namen hervorgebracht hat. Der höchste Kommandobestand ist von einem aus seiner Mitte recht kraß charakterisiert worden. »Viel Abenteuertum, viel Unbildung, viel Egoismus, Intrigen, Karrierismus, Habsucht, Unfähigkeit und Kurzsichtigkeit«, schreibt General Salesski, »aber sehr wenig Kenntnisse, Begabungen, Bereitschaft, sich oder auch nur seinen Komfort oder seine Gesundheit zu riskieren.« Nikolai Nikolajewitsch, der erste Höchstkommandierende, zeichnete sich nur durch hohen Wuchs und allerdurchlauchtigste Grobheit aus. Die Stärke des Generals Alexejew, einer grauen Mittelmäßigkeit, des höheren Militärschreibers der Armee, war fester Hosenboden. Kornilow, den mutigen Draufgänger, hielten sogar seine Verehrer für einen Einfaltspinsel; Werchowski, Kerenskis Kriegsminister, äußerte sich später über Kornilow: ein Löwenherz mit einem Hammelkopf. Brussilow und Admiral Koltschak überragten wohl die anderen an Intelligenz, aber auch nur das. Denikin war nicht ohne Charakter, im übrigen aber ganz und gar ein Durchschnittsgeneral, der fünf oder sechs Bücher gelesen hatte. Danach folgten die Judenitsch, Dragomirow, Lukomski, mit und ohne Französisch, gewöhnliche Trinker, starke Trinker, aber völlige Nullen.

Im Offizierskorps war allerdings nicht nur das adelige, sondern auch das bürgerliche und demokratische Rußland stark vertreten. Der Krieg ergoß in die Reihen der Armee zu Zehntausenden die kleinbürgerliche Jugend, als Offiziere, Kriegsbeamte, Ärzte, Ingenieure. Diese Kreise, die fast durchweg für den Krieg bis zum Siege waren, empfanden die Notwendigkeit irgendwelcher weitgehender Maßnahmen, unterwarfen sich jedoch letzten Endes den reaktionären Oberschichten, unter dem Zarismus – aus Angst, nach der Umwälzung – aus Überzeugung, – wie sich die Demokratie im Hinterlande der Bourgeoisie unterwarf. Der versöhnlerische Teil der Offiziere teilte später das unselige Geschick der Versöhnlerparteien, mit dem Unterschiede, daß sich die Situation an der Front unvergleichlich schärfer gestaltete. Im Exekutivkomitee konnte man sich lange Zeit durch Zweideutigkeiten halten, unter den Augen der Soldaten war das schwieriger.

Mißgunst und Reibungen zwischen demokratischen und aristokratischen Offizieren, die nicht imstande waren, die Armee zu erneuern, trugen in diese nur noch ein weiteres Element der Zersetzung hinein. Die Physiognomie der Armee bestimmte das alte Rußland, und das war durch und durch die Physiognomie der Leibeigenschaft. Die Offiziere hielten in alter Weise für den besten Soldaten den gehorsamen, urteilslosen Bauernjungen, in dem das Bewußtsein der menschlichen Persönlichkeit noch nicht erwacht war. Dies bildete die »nationale« Suworowsche Tradition der russischen Armee, die sich auf primitiven Ackerbau, Leibeigenschaft und Dorfgemeinde stützte. Im 18. Jahrhundert vermochte Suworow mit diesem Material noch Wunder zu wirken. Leo Tolstoi idealisierte mit der Vorliebe eines Gutsherrn in seinem Platon Karatajew den alten Typ des russischen Soldaten, der sich widerstandslos der Natur, der Willkür und dem Tode unterwirft (»Krieg und Frieden«). Die Französische Revolution, die den glanzvollen Durchbruch des Individualismus auf allen Gebieten der menschlichen Tätigkeit ermöglichte, hat über die Suworowsche Kriegskunst ein Kreuz gemacht. Im Verlaufe des 19. wie des 20. Jahrhunderts, in der ganzen Epoche zwischen der Französischen und der Russischen Revolution, wurde die zaristische Armee, als eine Leibeigenenarmee, ständig geschlagen. Der auf diesem »nationalen« Boden herangebildete Kommandobestand zeichnete sich durch Verachtung für die Person des Soldaten aus, durch passiven Mandarinengeist, Unwissen in seinem Handwerk, völligen Mangel heroischen Elements und vollendetes Diebswesen. Die Autorität des Offiziersstandes stützte sich auf äußere Rangabzeichen, auf ein Ritual von Ehrenbezeigungen, ein System von Repressalien und sogar eine besonders festgelegte Sprache, die niederträchtige Mundart der Sklaverei – »Zu Befehl«, »Melde gehorsamst« –, in der der Soldat mit dem Offizier sprechen mußte. Indem sie die Revolution in Worten akzeptierten und der Provisorischen Regierung den Eid leisteten, unterschoben die zaristischen Marschälle einfach ihre eigenen Sünden der gefallenen Dynastie. Gnädig stimmten sie dem zu, daß Nikolaus zum Sündenbock für die ganze Vergangenheit gemacht wurde. Aber weiter – nicht einen Schritt! Wie sollten sie auch begreifen, daß das moralische Wesen der Revolution in der Vergeistigung jener Menschenmasse bestand, auf deren geistiger Unbeweglichkeit ihr ganzes Wohlergehen beruhte. Der zum Befehlshaber der Front ernannte Denikin erklärte in Minsk: »Ich akzeptiere die Revolution ganz und vorbehaltlos. Doch betrachte ich die Revolutionierung der Armee und das Hineintragen von Demagogie in ihre Reihen als verderblich für das Land.« Eine klassische Formel des Generalsstumpfsinns! Was die Durchschnittsgenerale betrifft, so verlangten sie, nach dem Ausdruck Salesskis, nur eines: »Rührt uns nur nicht an – alles andere ist uns gleichgültig!« Die Revolution jedoch konnte sie nicht unangerührt lassen. Abkömmlinge privilegierter Klassen, konnten sie nichts gewinnen, aber vieles verlieren. Ihnen drohte nicht nur der Verlust der Kommandoprivilegien, sondern auch des Bodenbesitzes. Unter dem Deckmantel der Loyalität gegen die Provisorische Regierung entfesselten die reaktionären Offiziere einen um so erbitterteren Kampf gegen die Sowjets. Als sie sich davon überzeugten, daß die Revolution unaufhaltsam in die Soldatenmassen und die Erbgüter drang, erblickten sie darin einen unerhörten Treubruch – seitens Kerenskis, Miljukows und sogar Rodsjankos. Von den Bolschewiken nicht erst zu sprechen.

Die Existenzbedingungen der Kriegsflotte bargen in viel höherem Maße als die der Armee ständig lebendige Keime des Bürgerkrieges in sich. Das Leben der Matrosen in den Stahlkisten, in die man sie gewaltsam für einige Jahre hineinpferchte, unterschied sich sogar in der Verpflegung wenig vom Leben der Zuchthäusler. Und daneben die Offiziere, meist aus privilegierten Kreisen, die den Seedienst freiwillig zu ihrem Beruf erwählt hatten, das Vaterland mit dem Zaren, den Zaren mit sich identifizierten und im Matrosen den wertlosesten Bestandteil des Kriegsschiffes erblickten. Zwei einander fremde Welten lebten in enger Berührung, ohne einander aus den Augen zu lassen. Die Schiffe der Flotte hatten ihren Standort in industriellen Hafenstädten mit großer Arbeiterzahl, die für Bau und Reparaturen der Schiffe notwendig war. Dazu gab es unter dem Maschinenpersonal und dem technischen Dienst auf den Schiffen selbst nicht wenig qualifizierte Arbeiter. Das waren die Bedingungen, die die Kriegsflotte in eine revolutionäre Mine verwandelten. In den Umwälzungen und militärischen Aufständen aller Länder bildeten die Matrosen den explosivsten Stoff; fast stets pflegten sie bei der ersten Gelegenheit mit ihren Offizieren grausam abzurechnen. Die russischen Matrosen bildeten keine Ausnahme.

In Kronstadt war die Umwälzung von einem blutigen Racheausbruch gegen die Kommandeure begleitet, die aus Entsetzen vor der eigenen Vergangenheit versucht hatten, die Revolution vor den Matrosen zu verbergen. Als eines der ersten Opfer fiel der Flottenkommandierende, Admiral Wieren, der wohlverdienten Haß genoß. Ein Teil des Kommandobestandes wurde von den Matrosen verhaftet. Die in Freiheit belassenen Offiziere wurden entwaffnet.

In Helsingfors und Sweaborg ließ Admiral Nepenin bis zur

Nacht des 4. März keine Nachrichten aus dem aufständischen Petrograd durch und bedrohte Matrosen und Soldaten mit Repressalien. Um so wütender entbrannte hier der Aufstand, der einen Tag und eine Nacht dauerte. Viele Offiziere wurden verhaftet. Die verhaßtesten ließ man unter dem Eis schwimmen. »Urteilt man nach Skobeljews Erzählung über das Verhalten der Vorgesetzten in Helsingfors und bei der Flotte«, schreibt der mit der »finsteren Soldateska« keinesfalls nachsichtige Suchanow, »so muß man sich nur wundern, daß die Exzesse hier so geringfügig waren.«

Aber auch bei den Landtruppen blieb es nicht ohne blutige Abrechnung, die sich in einigen Zwischenräumen abspielte. Anfangs war es Rache für die Vergangenheit, für die niederträchtigen Peinigungen der Soldaten. An Erinnerungen, brennend wie Wunden, bestand kein Mangel. Seit 1915 war in der zaristischen Armee offiziell die Disziplinarstrafe der Auspeitschung eingeführt. Die Offiziere ließen eigenmächtig Soldaten, nicht selten Familienväter, auspeitschen. Aber es ging nicht immer nur um die Vergangenheit. Auf der Allrussischen Sowjetkonferenz berichtete der Referent über die Lage in der Armee, daß noch in der Zeit vom 15. bis 17. März Befehle über die Anwendung körperlicher Strafen gegen Soldaten erlassen wurden. Ein von der Front zurückgekehrter Dumadeputierter erzählte, Kosaken hätten ihm in Abwesenheit der Offiziere erklärt: »Sie sprechen da von einem Befehl (offenbar der berühmte ›Befehl Nr. 1‹, von dem noch die Rede sein wird). Er ist gestern angekommen, und heute hat mich der Kommandant in die Fresse geschlagen.« Die Bolschewiki bemühten sich ebenso häufig wie die Versöhnler, die Soldaten von Exzessen zurückzuhalten. Doch blutige Vergeltungen waren ebenso unvermeidlich wie der Rückstoß nach dem Schuß. Jedenfalls hatten die Liberalen keinen anderen Grund, die Februarrevolution unblutig zu nennen, als den, daß sie ihnen die Macht gebracht hatte.

Einige Offiziere verstanden es, scharfe Konflikte heraufzubeschwören, der roten Schleifen wegen, die in den Augen der Soldaten das Symbol des Bruches mit der Vergangenheit waren. Aus diesem Anlaß wurde der Kommandeur des Sumaer Regiments getötet. Ein Korpskommandeur, der die neu eingetroffenen Reserven aufgefordert hatte, die roten Schleifen abzunehmen, wurde von den Soldaten verhaftet und auf die Hauptwache gebracht. Nicht wenige Zusammenstöße gab es auch wegen der Zarenporträts, die man aus den öffentlichen Räumen nicht entfernte. War das Ergebenheit für die Monarchie? In den meisten Fällen nur Unglaube an den Bestand der Revolution und persönliche Rückversicherung. Die Soldaten aber sahen nicht ohne Grund hinter den Porträts das lauernde Gespenst des alten Regimes.

Nicht überlegte Maßnahmen von oben, sondern stürmische

Bewegungen von unten begründeten das neue Regime in der Armee. Die Disziplinargewalt der Offiziere war weder abgeschafft noch eingeschränkt; sie erledigte sich im Laufe der ersten Märzwochen einfach von selbst. »Es war klar«, sagt der Stabschef der Schwarzmeerflotte, »hätte ein Offizier es unternommen, einem Matrosen eine Disziplinarstrafe aufzuerlegen, es wären keine Kräfte vorhanden gewesen, diese Strafe durchzuführen.« Darin besteht eines der Merkmale einer wahren Volksrevolution.

Mit dem Wegfall der Disziplinargewalt offenbarte sich unverhüllt die praktische Unzulänglichkeit der Offiziere. Stankewitsch, dem man weder Beobachtungsgabe noch Interesse für das Kriegshandwerk absprechen kann, gibt auch in dieser Hinsicht ein vernichtendes Urteil über den Kommandobestand: die Ausbildung vollzog sich immer noch nach den alten Statuten, die den Erfordernissen des Krieges absolut nicht entsprachen. »Solche Übungen waren nur Proben auf Geduld und Gehorsam der Soldaten.« Die Offiziere waren selbstverständlich bestrebt, die Schuld für die eigene Unzulänglichkeit auf die Revolution abzuwälzen.

Mit erbarmungsloser Abrechung schnell bei der Hand, neigten die Soldaten auch leicht zu kindlicher Vertrauensseligkeit und selbstaufopfernder Dankbarkeit. Für einen flüchtigen Augenblick erschien der Deputierte Filonenko, Geistlicher und Liberaler, den Frontsoldaten als Träger der Befreiungsideen und Seelenhirte der Revolution. Alte kirchliche Vorstellungen vermischten sich wundersam mit dem neuen Glauben. Die Soldaten trugen den Geistlichen auf Händen, hoben ihn hoch über die Köpfe, setzten ihn behutsam in den Schlitten, und er durfte später, vor Begeisterung sich überschlagend, in der Duma berichten: »Wir konnten nicht voneinander Abschied nehmen. Sie küßten uns Hände und Füße.« Dem Deputierten schien es, als genieße die Duma bei der Armee ungeheure Autorität. In Wirklichkeit besaß Autorität die Revolution, und sie war es, die ihren blendenden Abglanz auf einzelne zufällige Figuren warf.

Sie symbolische Säuberung, die Gutschkow an den Spitzen der Armee vorgenommen hatte – Absetzung einiger Dutzend Generale –, konnte die Soldaten nicht befriedigen und erzeugte gleichzeitig unter den höheren Offizieren einen Zustand der Unsicherheit. Jeder fürchtete, sich nicht zu bewähren, die Mehrzahl schwamm mit der Strömung, versuchte, sich einzuschmeicheln, – und machte die Faust in der Tasche. Noch schlimmer war es um den mittleren und den unteren Offiziersstand bestellt, der mit den Soldaten von Angesicht zu Angesicht zu tun hatte. Hier fand eine Säuberung seitens der Regierung überhaupt nicht statt. Auf der Suche nach legalen Wegen schrieben die Artilleristen einer Frontbatterie an das Exekutivkomitee und die Reichsduma über ihren Kommandeur: »Brüder ... wir bitten ergebenst, unseren inneren Feind Wantschechasa zu entfernen.« Da sie keine Antwort bekamen, gingen die Soldaten in der Regel mit eigenen Mitteln vor: Gehorsamsverweigerung, Hinausdrängung, sogar Verhaftungen. Erst dann schreckte die Behörde auf, entfernte die Verhafteten, versuchte manchmal, auch die Soldaten zu bestrafen, häufiger ließ sie sie straflos, um die Sache nicht noch mehr zu verwickeln. Das schuf eine unerträgliche Lage für die Offiziere, ohne Klarheit in die Lage der Soldaten zu bringen.

Sogar viele aktive Offiziere, die das Schicksal der Armee ernst nahmen, betonten die Notwendigkeit einer Generalsäuberung des Kommandobestandes: anders war, nach ihrer Versicherung, eine Erneuerung der Kampffähigkeit der Truppenteile undenkbar. Die Soldaten brachten den Dumadeputierten nicht weniger überzeugende Argumente vor. Waren sie früher beleidigt worden, so mußten sie bei den Vorgesetzten Beschwerde führen, die gewöhnlich unbeachtet blieb. Was wäre jetzt zu tun? Es seien doch die alten Vorgesetzten geblieben, und auch das Schicksal der Beschwerden werde also das alte bleiben. »Diese Frage war sehr schwer zu beantworten«, gesteht ein Deputierter. Indes umfaßte diese einfache Frage das ganze Schicksal der Armee und bestimmte deren Zukunft voraus.

Man darf sich die Wechselbeziehungen in der Armee nicht als einheitlich auf dem gesamten Territorium des Landes, bei allen Waffengattungen und Truppenteilen, vorstellen. Nein, die Mannigfaltigkeit war sehr beträchtlich. Reagierten die Matrosen der Baltischen Flotte bei der ersten Kunde von der Revolution mit einem Strafgericht an den Offizieren, so nahmen nebenan, in der Garnison von Helsingfors, die Offiziere noch Anfang April in den Soldatensowjets leitende Positionen ein, und bei Paraden trat hier im Namen der Sozialrevolutionäre ein achtunggebietender General auf. Solche Gegensätze von Haß und Vertrauensseligkeit gab es nicht wenige. Aber dennoch bildete die Armee ein System verbundener Gefäße, und die politischen Stimmungen der Soldaten und Matrosen gravitierten nach einer Ebene.

Die Disziplin hielt sich noch einigermaßen aufrecht, solange die Soldaten mit schnellen und entschiedenen Maßnahmen rechneten. »Als aber die Soldaten sahen, daß – nach den Worten eines Frontdelegierten – alles beim alten blieb, das alte Joch, Sklaverei und Finsternis, der alte Hohn, – begannen Unruhen.« Die Natur, die nicht darauf verfallen ist, die Mehrzahl der Menschheit mit Buckeln zu versorgen, hat zum Unglück die Soldaten mit einem Nervensystem versehen. Revolutionen dienen dazu, von Zeit zu Zeit an dieses doppelte Verfehlen zu erinnern.

Wie an der Front, führten auch im Hinterlande zufällige Anlässe leicht zu Konflikten. Den Soldaten war »gleich allen anderen Bürgern« das Recht des freien Besuches von Theatern, Versammlungen, Konzerten usw. eingeräumt worden. Viele Soldaten deuteten das als Recht unentgeltlichen Theaterbesuches. Der Minister setzte ihnen auseinander, daß man die »Freiheit« im bildlichen Sinne verstehen müsse. Aufständische Volksmassen jedoch haben noch niemals Neigung zu Platonismus oder Kantianismus bewiesen.

Das abgenutzte Gewebe der Disziplin zerriß erst allmählich, zu verschiedenen Zeitpunkten, in verschiedenen Garnisonen und verschiedenen Truppenteilen. Dem Kommandeur schien nicht selten, in seinem Regiment oder in seiner Division sei alles wohlbestellt gewesen bis zur Ankunft der Zeitungen oder eines Agitators von außen. In Wirklichkeit vollzog sich eine Arbeit tiefschürfender und unabwendbarer Kräfte.

Der liberale Deputierte Januschkewitsch brachte von der Front die Verallgemeinerung mit, die Desorganisation zeige sich am stärksten in den »grünen« Truppenteilen dort, wo es Bauern gäbe. »In den revolutionären Truppenteilen kommt man mit den Offizieren sehr gut aus.« In der Tat hielt sich die Disziplin am längsten auf den zwei Polen: bei der privilegierten Kavallerie, bestehend aus wohlhabenderen Bauern, und bei der Artillerie, überhaupt bei den technischen Truppen, mit einem hohen Prozentsatz von Arbeitern und Intellektuellen. Am längsten widerstanden die Kosaken, – Bodenbesitzer, die vor der Agrarrevolution, bei welcher die Mehrzahl von ihnen nur verlieren, nicht aber gewinnen konnte, Angst hatten. Einzelne Kosakentruppenteile haben auch nach der Umwälzung mehr als einmal Unterdrückungsarbeit geleistet. Im allgemeinen aber bestand der ganze Unterschied nur im Tempo und in den Fristen der Zersetzung.

Der dumpfe Kampf hatte seine Fluten und Ebben. Die Offiziere versuchten, sich anzupassen. Die Soldaten begannen, wieder abzuwarten. Doch durch die vorübergehenden Milderungen, durch die Tage und Wochen der Kampfpause erreichte der soziale Haß, der die Armee des alten Regimes zersetzte, immer höhere Spannung. Immer häufiger zuckte er in tragischem Wetterleuchten auf. In Moskau fand in einem Zirkus eine Versammlung von Kriegsinvaliden, Soldaten und Offizieren statt. Der Redner, ein Krüppel, sprach von der Tribüne herab scharf für die Offiziere. Da erhob sich ein Protestlärm, Poltern mit Füßen, Stöcken und Krücken. »Ist es denn lange her, ihr Herren Offiziere, daß ihr die Soldaten mit Ruten und Fäusten gedemütigt habt?« Verwundete, verkrüppelte Menschen standen wie eine Wand gegeneinander, verstümmelte Soldaten gegen verstümmelte Offiziere, Mehrheit gegen Minderheit, Krücken gegen Krücken. Diese wie ein Alpdruck wirkende Szene in der Arena des Zirkus enthielt bereits die künftige Wildheit des Bürgerkrieges.

Über allen Beziehungen und Widersprüchen in der Armee wie im Lande schwebte die eine Frage, die man mit dem kurzen Wort *Krieg* bezeichnete. Vom Baltischen bis zum Schwarzen

Merr, vom Schwarzen bis zum Kaspischen, und weiter in das Innere Persiens, auf der unübersehbaren Front, standen 68 Infanterie- und 9 Kavalleriekorps. Was sollte mit ihnen nun werden? Was mit dem Kriege?

Auf dem Gebiete der Kriegsausrüstung war die Armee zu Beginn der Revolution bedeutend gefestigt worden. Die einheimische Produktion für den Kriegsbedarf war gestiegen, gleichzeitig hatte sich über Murmansk und Archangelsk die Zufuhr an Kriegsmaterial seitens der Alliierten verstärkt, besonders für die Artillerie. Gewehre, Kanonen und Geschosse gab es in unvergleichlich größerer Zahl als in den ersten Kriegsjahren. Man ging an die Zusammenstellung von neuen Infanteriedivisionen. Die Elitetruppen wurden erweitert. Aus diesem Grund versuchten einige der verkrachten Feldherren später den Nachweis zu führen, daß Rußland am Vorabend des Sieges gestanden und nur die Revolution ihn verhindert habe. Zwölf Jahre vorher hatten Kuropatkin und Linewitsch mit der gleichen Begründung behauptet, Witte habe sie gehindert, die Japaner zu zertrümmern. In Wirklichkeit war Rußland zu Beginn des Jahres 1917 von einem Siege weiter entfernt als je. Neben der gesteigerten Kriegsausrüstung zeigte sich Ende 1916 bei der Armee scharfer Mangel an Lebensmitteln; Typhus und Skorbut verschlangen mehr Opfer als die Schlachten. Die Zerrüttung des Transports erschwerte immer stärker die Truppenverschiebungen, und das allein schon machte strategische Kombinationen zunichte, die mit bedeutenden Umgruppierungen der Truppenmassen verbunden waren. Schließlich verurteilte der große Mangel an Pferden die Artillerie oft zum Stillstand. Doch lag die Hauptsache nicht darin: hoffnungslos war der moralische Zustand der Armee. Man kann ihn so formulieren: die Armee als Armee gab es nicht mehr. Niederlagen, Rückzüge, Abscheulichkeiten der Regierenden hatten den Geist der Truppen völlig erschüttert. Das war nicht durch administrative Maßnahmen gutzumachen, wie man auch nicht das Nervensystem des Landes verändern konnte. Der Soldat blickte jetzt auf den Haufen der Geschosse mit gleichem Ekel wie auf einen Haufen wurmigen Fleisches: all das schien ihm überflüssig, unbrauchbar, Betrug und Diebstahl. Der Offizier konnte ihm nichts Überzeugendes sagen und wagte nicht mehr, ihm die Zähne einzuschlagen. Der Offizier wähnte sich selbst vom oberen Kommando betrogen und fühlte sich gleichzeitig nicht selten für die Oberen vor dem Soldaten verantwortlich. Die Armee war unheilbar krank. Sie war noch fähig, in der Revolution ihr Wort zu sprechen. Für den Krieg aber existierte sie nicht mehr. Niemand glaubte an den Sieg, Offiziere so wenig wie Soldaten. Niemand mehr wollte kämpfen, weder die Armee, noch das Volk.

Allerdings sprach man noch in den hohen Kanzleien, wo man ein eigenes Leben lebte, automatisch von großen Operationen, von der Frühlingsoffensive, der Eroberung der türkischen Meerengen. In der Krim stellte man für diesen Zweck sogar ein großes Detachement zusammen. Offizielle Nachrichten besagten, für die Landung seien die besten Elemente der Armee ausersehen. Aus Petrograd schickte man Gardetruppen. Nach der Darstellung des Offiziers jedoch, der am 25. Februar, das heißt zwei Tage vor der Umwälzung, sie auszubilden begann, war das Reservematerial unter jeder Kritik. Nicht die geringste Kampflust war in diesen gleichgültigen blauen, braunen und grauen Augen ... »All ihre Gedanken und ihre Wünsche waren einzig und allein – Friede.«

Solche und ähnliche Zeugnisse gibt es nicht wenige. Die Revolution hat nur an den Tag gebracht, was vor ihr entstanden war. Die Parole »Nieder mit dem Krieg« wurde deshalb eine der Hauptparolen der Februartage. Sie ging aus von den Frauendemonstrationen, von den Arbeitern des Wyborger Bezirks und den Gardekasernen.

Anfang März, bei den Rundreisen der Deputierten an der Front, wurde ihnen von Soldaten, besonders den älteren Jahrgängen, immer wieder die Frage gestellt: »Und was sagt man über den Boden?« Die Deputierten antworteten ausweichend, die Bodenfrage werde in der Konstituierenden Versammlung gelöst werden. Doch da ertönte eine Stimme, die den geheimen Gedanken aller verriet: »Was Boden! Wenn ich nicht mehr da sein werde, brauche ich auch keinen Boden.« Das war der Ausgangspunkt des Soldatenprogramms der Revolution: zuerst Frieden, dann Boden.

Auf der Allrussischen Sowjetkonferenz, Ende März, wo es nicht wenige patriotische Phrasen gab, berichtete ein Delegierter, der unmittelbar die Soldaten der Schützengräben vertrat, mit großer Aufrichtigkeit, wie die Front die Nachricht von der Revolution aufgenommen hatte: »Alle Soldaten sagten: Gott sei Dank, vielleicht wird es jetzt bald Frieden geben.« Die Schützengräben beauftragten diesen Delegierten, der Konferenz mitzuteilen: »Wir sind bereit, unser Leben für die Freiheit hinzugeben, aber dennoch, Genossen, wollen wir das Ende des Krieges.« Das war eine lebendige Stimme der Wirklichkeit, besonders in der zweiten Hälfte der Botschaft. »Gedulden, – wir wollen's schon ein wenig, aber, daß die oben sich mit dem Frieden beeilen!«

Die zaristischen Truppen in Frankreich, das heißt in einer für sie völlig fremden Umgebung, waren von denselben Gefühlen bewegt und machten die gleichen Zersetzungsetappen durch wie die Armee in der Heimat. »Als wir hörten, daß der Zar abgedankt habe«, erklärte in der Fremde ein älterer Soldat, ein bäuerlicher Analphabet, einem Offizier, »so dachten wir uns gleich, nun heißt es auch Schluß mit dem Kriege ... Hat uns doch der Zar in den Krieg geschickt ... Was nützt mir Freiheit, wenn ich weiter in den Schützengräben faulen muß?« Diese echte Soldatenphilosophie ist nicht von außen hineingetragen worden: solche einfache und überzeugende Worte kann kein Agitator ausdenken.

Die Liberalen und die halbliberalen Sozialisten versuchten nachträglich, die Revolution als einen patriotischen Aufstand darzustellen. Am 11. März erklärte Miljukow französischen Journalisten: »Die Russische Revolution wurde gemacht, um die Hindernisse, die auf dem Wege zum Siege Rußlands standen, zu beseitigen.« Hier geht Heuchelei Hand in Hand mit Selbstbetrug, obwohl, wie man annehmen kann, dabei immerhin die Heuchelei größer ist. Aufrichtige Reaktionäre sahen klarer. Von Struve, Panslawist deutscher Abstammung, rechtgläubiger Lutheraner und Monarchist marxistischer Herkunft, bezeichnete, wenn auch in der Sprache reaktionären Hasses, so doch genauer die wahren Quellen der Umwälzung. »Soweit an der Revolution Volksmassen, besonders Soldatenmassen beteiligt waren«, schrieb er, »war sie kein patriotischer Ausbruch, sondern eine eigenmächtige pogromartige Demobilisierung und direkt gegen die Fortsetzung des Krieges gerichtet, das heißt, sie wurde des Kriegsabbruchs wegen unternommen.«

Neben einem richtigen Gedanken enthalten diese Worte jedoch auch eine Verleumdung. Die pogromartige Demobilisierung erwuchs in Wirklichkeit aus dem Kriege selbst. Die Revolution hat sie nicht geschaffen, sondern im Gegenteil sogar unterbrochen. Die am Vorabend der Revolution außerordentlich häufige Desertion ließ in den ersten Wochen nach der Umwälzung nach. Die Armee wartete ab. In der Hoffnung, die Revolution werde Frieden bringen, war der Soldat bereit, die Front mit seiner Schulter noch zu stützen: andernfalls könnte ja die neue Regierung auch den Frieden nicht schließen.

»Die Soldaten äußern die bestimmte Ansicht«, berichtet am 23. März der Chef einer Grenadierdivision, »daß wir uns nur verteidigen, nicht aber angreifen können.« Militärische Rapporte und politische Berichte wiederholen diesen Gedanken in verschiedenen Variationen. Der Fähnrich Krylenko, ein alter Revolutionär und später Oberstkommandierender bei den Bolschewiki, bezeugt, daß die Soldaten in jener Zeit die Frage des Krieges durch die Formel lösten: »Die Front halten, keinen Angriff unternehmen.« In einer feierlichen, aber völlig aufrichtigen Sprache hieß das auch, die Freiheit verteidigen.

»Man darf die Bajonette nicht in die Erde stecken!« Unter dem Einfluß verworrener und widerspruchsvoller Stimmungen weigerten sich die Soldaten in jener Zeit nicht selten, die Bolschewiki auch nur anzuhören. Sie glaubten, vielleicht unter dem Einfluß einzelner ungeschickter Reden, die Bolschewiki kümmerten sich nicht um die Verteidigung der Revolution und könnten die Regierung hindern, Frieden zu schließen. Darin bekräftigten die sozialpatriotischen Zeitungen und Agitatoren sie immer mehr.

Aber wenn sie auch mitunter die Bolschewiki am Sprechen hinderten, lehnten die Soldaten doch von den ersten Tagen der Revolution an jeden Gedanken an eine Offensive entschieden ab. Den Hauptstadtpolitikern erschien dies als eine Art Mißverständnis, das man durch gebührenden Druck auf die Soldaten beseitigen könnte. Die Agitation für die Fortsetzung des Krieges wuchs in außerordentlichem Umfange an. Die bürgerliche Presse schilderte in Millionen von Exemplaren die Aufgaben der Revolution im Lichte des Krieges bis zum Siege. Die Versöhnler sangen bei dieser Agitation mit, anfangs leise, dann kühner. Der Einfluß der Bolschewiki, sehr schwach im Augenblick der Umwälzung, verkleinerte sich noch, als die Tausende Arbeiter, die wegen Streiks an die Front geschickt worden waren, die Reihen der Armee verließen. Das Streben nach Frieden fand auf diese Weise keinen offenen und klaren Ausdruck gerade dort, wo es am gespanntesten war. Den Kommandeuren und Kommissaren, die tröstende Illusionen suchten, ermöglichte diese Situation, sich über den wirklichen Stand der Dinge hinwegzutäuschen. In Artikeln und Reden aus jener Zeit gibt es häufig Behauptungen, die Soldaten verweigerten die Offensive angeblich ausschließlich aus falscher Deutung der Formel »ohne Annexionen und Kontributionen« heraus. Die Versöhnler wurden nicht müde, zu beweisen, daß der Verteidigungskrieg den Angriff nicht ausschließe, ihn manchmal sogar erfordere. Als ob es um die Scholastik ging! Eine Offensive bedeutete Wiederaufnahme des Krieges. Das abwartende Halten der Front bedeutete Waffenstillstand. Die soldatische Theorie und Praxis des Verteidigungskrieges war die Form der stillschweigenden und späterhin auch offenen Verständigung mit den Deutschen: »Laßt uns in Ruhe, und wir werden euch in Ruhe lassen.« Mehr vermochte die Armee dem Krieg schon nicht zu geben.

Die Soldaten fielen auf die kriegerischen Ermahnungen um so weniger herein, als die reaktionären Offiziere unter dem Schein der Vorbereitung der Offensive sich offensichtlich bemühten, die Zügel stramm zu ziehen. Ein unter Soldaten üblicher Satz war: »Das Bajonett gegen den Deutschen, den Kolben gegen den inneren Feind.« Das Bajonett bedeutete hier jedenfalls die Verteidigung. An die Meerengen dachten die Soldaten in den Schützengräben nicht. Die Friedenssehnsucht bildete eine mächtige, unterirdische Strömung, die bald nach außen dringen sollte.

Ohne zu leugnen, daß in der Armee schon vor der Revolution negative Erscheinungen »beobachtet« worden waren, versuchte Miljukow dennoch längere Zeit nach der Umwälzung zu behaupten, die Armee wäre fähig gewesen, die ihr von der Entente vorgeschriebenen Aufgaben zu erfüllen. »Die bolschewistische Propaganda«, schrieb er in der Eigenschaft eines Historikers, »drang nicht sogleich an die Front. Den ersten Monat oder die ersten anderthalb Monate nach der Revolution blieb die Armee gesund.« Die ganze Frage wird in der Ebene der Propaganda betrachtet, als wäre mit dieser der historische Prozeß erschöpft. Unter dem Schein des verspäteten Kampfes gegen die Bolschewiki, denen er eine mystische Kraft zuschreibt, führt Miljukow einen Kampf gegen Tatsachen. Wir haben bereits gesehen, wie es mit der Armee in Wirklichkeit bestellt war. Jetzt wollen wir sehen, wie die Kommandeure selbst ihre Kampffähigkeit in den ersten Wochen und sogar Tagen nach der Umwälzung einschätzten.

Am 6. März teilt der Oberstkommandierende der Nordfront, General Russki, dem Exekutivkomitee mit, die Soldaten verweigerten den Vorgesetzten vollständig den Gehorsam; die Ankunft populärer Führer an der Front sei unbedingt notwendig, um irgendwie Beruhigung in die Armee zu bringen.

Der Chef des Stabes der Schwarzmeerflotte erzählt in seinen Erinnerungen: »Seit den ersten Tagen der Revolution war es mir klar geworden, daß man den Krieg nicht weiterführen könne, daß er verloren sei.« Der gleichen Ansicht war, nach seinen Worten, auch Koltschak, und wenn er im Amte des Frontkommandierenden verblieb, so nur, um die Offiziere gegen Gewalttaten zu schützen.

Graf Ignatjew, der einen hohen Kommandoposten bei der Garde innehatte, schrieb im März an Nabokow: Man muß sich klar Rechenschaft darüber geben, daß der Krieg zu Ende ist, daß wir nicht mehr kämpfen können und nicht kämpfen werden. Kluge Männer müßten ein Mittel ersinnen, den Krieg schmerzlos zu liquidieren, andernfalls naht eine Katastrophe ... Gutschkow sagte damals zu Nabokow, er erhalte Briefe solcher Art in Massen.

Einzelne, sehr seltene, äußerlich günstigere Urteile werden in der Regel durch ergänzende Erklärungen umgestoßen. »Der Wunsch der Truppe nach einem Sieg ist geblieben«, berichtett der Kommandierende der 2. Armee, Danilow, »bei einzelnen Truppenteilen sogar gewachsen.« Aber er vermerkt sogleich: »Die Disziplin ist gesunken ... Es ist wünschenswert, Offensivaktionen so lange zu vertagen, bis die zugespitzte Situation vorüber sein wird (1–3 Monate).« Danach ein überraschender Nachtrag: »Von dem Nachschub kommen nur 50 Prozent an; wenn sie weiter so hinschmelzen und sich so undiszipliniert benehmen sollten, ist mit einer erfolgreichen Offensive nicht zu rechnen.«

»Zu Defensivaktionen ist die Division durchaus fähig«, meldet der wackere Befehlshaber der 51. Infanteriedivision – und fügt sofort hinzu: »Es ist unbedingt notwendig, die Armee von dem Einfluß der Soldaten- und Arbeiterdeputierten zu befreien.« Das jedoch war nicht so einfach!

Der Befehlshaber der 182. Division meldete dem Korpskommandeur: »Mit jedem Tag entstehen immer häufiger Mißverständnisse, eigentlich wegen Nichtigkeiten, aber bedrohlichen Charakters; die Soldaten, und noch mehr die Offiziere, werden immer nervöser gemacht.«

Hier handelt es sich noch immer um vereinzelte, wenn auch zahlreiche Zeugnisse. Aber am 18. März fand im Hauptquartier eine Beratung der höheren Kommandos über den Zustand der Armee statt. Die Schlußfolgerungen der zentralen Verwaltungen stimmten überein. »Die Mannschaftsauffüllung durch Abgabe der nötigen Zahl an die Front ist in den nächsten Monaten unmöglich, denn bei allen Reservetruppenteilen herrscht Gärung. Die Armee macht eine Krankheit durch. Die Beziehungen zwischen Offizieren und Soldaten in Ordnung zu bringen, wird wahrscheinlich erst in zwei bis drei Monaten gelingen. (Die Generale begreifen nicht, daß die Krankheit nur noch fortschreiten wird.) Gegenwärtig bemerkt man ein Sinken des Mutes bei den Offizieren, Gärung bei den Truppen, beträchtliche Desertionen. Die Schlagfähigkeit der Armee ist gemindert, und es ist schwer damit zu rechnen, daß die Truppen in dieser Zeit vorwärtsgehen würden.« Schlußfolgerung: »Heute die für den Frühling vorgemerkten aktiven Operationen durchzuführen, ist unmöglich.«

In den folgenden Wochen verschlimmert sich die Lage schnell, wofür sich die Beweise endlos mehren.

Ende März schreibt der Kommandierende der 5. Armee, General Dragomirow, an General Russki: »Die Kampfstimmung ist gesunken. Den Soldaten fehlt nicht nur jede Lust zum Angriff, sondern auch das einfache Ausharren in der Verteidigung ist bis zu einem Grade hinabgemindert, der den Ausgang des Krieges bedroht ... Die Politik, die alle Schichten der Armee breit erfaßt hat, ... zwingt die Masse der Truppen nur das eine zu wünschen – Abbruch des Krieges und Heimkehr.«

General Lukomski, eine der Stützen des reaktionären Hauptquartiers, sattelte, unzufrieden mit der neuen Ordnung, zu Beginn der Revolution zum Korpskommandeur um und fand, nach seinem Bericht, daß die Disziplin sich nur noch bei den Artillerie- und den Elitetruppen hielte, in denen es viel Kaderoffiziere und -soldaten gab. »Was die drei Infanteriedivisionen betrifft, so waren sie auf dem Wege zum völligen Zerfall.«

Die Desertion, die unter dem Einfluß der Hoffnungen nach dem Umsturz abgenommen hatte, nahm unter dem Einfluß der Enttäuschung wieder zu. In einer Woche, vom 1. bis zum 7. April, desertierten, nach den Mitteilungen General Alexejews, etwa 8000 Soldaten der Nord- und Westfront. »Mit großem Erstaunen«, schrieb er an Gutschkow, »lese ich die Berichte unverantwortlicher Männer über die ›vorzügliche‹ Stimmung in der Armee. Wozu? Die Deutschen werden wir nicht täuschen, und für uns ist es ein verhängnisvoller Selbstbetrug.«

Man muß sich merken, daß es vorläufig noch nirgendwo einen Hinweis auf die Bolschewiki gibt: die Mehrzahl der Offiziere hatte sich kaum diesen seltsamen Namen gemerkt. Ist in den Rapporten von den Ursachen der Zersetzung in der Armee die Rede, so nennt man Zeitungen, Agitatoren, Sowjets, die »Politik« überhaupt, mit einem Wort, die Februarrevolution.

Man begegnet noch einzelnen optimistischen Befehlshabern, die da hoffen, es werde noch alles gut werden. Es gab allerdings mehr solche, die absichtlich die Augen vor den Tatsachen verschlossen, um der neuen Macht keine Unannehmlichkeiten zu bereiten. Wie auch umgekehrt eine bedeutende Zahl der Kommandeure, besonders der höheren, bewußt die Anzeichen des Zerfalls übertrieb, um von der Regierung entschiedene Maßnahmen zu erreichen, die sie aber selbst nicht bei Namen nennen konnten oder wollten. Das wesentliche Bild bleibt unbestritten. Die Umwälzung fand eine kranke Armee vor und kleidete den Prozeß ihres unabwendbaren Zerfalls in politische Formen, die mit jeder Woche eine immer unbarmherzigere Deutlichkeit bekamen. Die Revolution steigerte nicht nur die leidenschaftliche Sehnsucht nach Frieden auf höchste, sondern auch den Haß der Soldatenmasse gegen den Kommandobestand und die herrschenden Klassen überhaupt.

Mitte April erstattete Alexejew persönlich der Regierung Bericht über die Stimmung der Armee, wobei er sichtlich mit Farben nicht sparte. »Ich erinnere mich gut«, schreibt Nabokow, »welches Gefühl des Grauens und der Hoffnungslosigkeit mich erfaßte.« Es ist anzunehmen, daß bei dieser Berichterstattung, die sich ja nur auf die ersten 6 Wochen nach der Revolution beziehen kann, auch Miljukow anwesend war; es ist sehr wahrscheinlich, daß gerade er Alexejew auftreten ließ, um seinen Kollegen und durch sie den sozialistischen Freunden Angst einzujagen. Gutschkow hatte tatsächlich danach eine Unterredung mit Vertretern des Exekutivkomitees. »Es haben katastrophale Veränderungen begonnen«, klagte er. »Es sind Fälle von offenem Ungehorsam registriert worden. Befehle werden zuerst in Armeeorganisationen und auf offenen Meetings diskutiert. Von aktiven Operationen will man in solchen Truppenteilen nichts hören ... Wenn Menschen hoffen, es werde morgen Frieden sein«, sagte nicht unberechtigt Gutschkow, »dann kann man nicht erwarten, daß sie heute geneigt sein werden, ihren Kopf zu lassen.« Daraus zog der Kriegsminister die Schlußfolgerung: »Man muß aufhören, laut vom Frieden zu sprechen.« Da aber gerade die Revolution die Menschen gelehrt hat, laut auszusprechen, was sie früher nur für sich gedacht, so bedeutet das: man muß die Revolution ersticken.

Der Soldat hatte freilich auch am ersten Kriegstage weder sterben noch kämpfen wollen. Aber er hatte es ebenso nicht gewollt, wie das Artilleriepferd ein schweres Geschütz nicht durch den Morast ziehen will. So wenig wie das Pferd hatte er gedacht, sich der ihm aufgebürdeten Last entledigen zu können. Zwischen seinem Willen und den Kriegsereignissen bestand keine Beziehung. Die Revolution hatte ihm diese Beziehung eröffnet. Für Millionen von Soldaten bedeutete sie das Recht auf ein besseres Leben, vor allem das Recht auf Leben überhaupt, das Recht, sein Leben vor Kugeln und Geschossen zu schützen und gleichzeitig auch sein Gesicht vor der Offiziersfaust. In diesem Sinne ist auch oben gesagt, daß der grundlegende psychologische Prozeß in der Armee im Erwachen der Persönlichkeit bestand. In dem vulkanischen Ausbruch des Individualismus, der nicht selten anarchische Formen annahm, sahen die gebildeten Klassen Verrat an der Nation. Während sich in Wirklichkeit die Nation in dem stürmischen Auftreten der Soldaten, in ihren ungezähmten Protesten, sogar in ihren blutigen Exzessen aus dem rohen unpersönlichen prähistorischen Material erst formierte. Die der Bourgeoisie so verhaßte Überschwemmung des Massenindividualismus war durch den Charakter der Februarrevolution hervorgerufen worden, und zwar als einer *bürgerlichen* Revolution.

Doch das war nicht ihr einziger Inhalt. Denn außer dem Bauern und seinem Sohn, dem Soldaten, war auch der Arbeiter an der Revolution beteiligt. Er fühlte sich längst als Persönlichkeit, ging in den Krieg nicht nur mit Haß gegen diesen, sondern auch mit dem Gedanken des Kampfes gegen ihn, und die Revolution bedeutete für den Arbeiter nicht nur die nackte Tatsache des Sieges, sondern auch den teilweisen Triumph seiner Ideen. Die Niederwerfung der Monarchie war für ihn nur die erste Stufe, und er hielt sich bei ihr nicht auf, anderen Zielen zueilend. Für ihn bestand die ganze Frage darin, wie weit Soldat und Bauer ihn unterstützen werden. »Was nützt mir Boden, wenn ich nicht mehr sein werde?« fragte der Soldat. »Was nützt mir Freiheit«, sprach er dem Arbeiter nach, vor den für ihn verschlossenen Türen des Theaters, »wenn die Schlüssel zur Freiheit bei den Herren sind?« So leuchteten durch das unübersichtliche Chaos der Februarrevolution hindurch bereits die stählernen Umrisse des Oktobers.

Die Regierenden und der Krieg

Was gedachten die Provisorische Regierung und das Exekutivkomitee mit diesem Krieg und dieser Armee zu beginnen?

Vor allem muß man die Politik der liberalen Bourgeoisie begreifen, da diese die erste Geige spielte. Äußerlich blieb die Politik des Liberalismus aggressiv-patriotisch, annexionistisch, unversöhnlich. In Wirklichkeit war sie widerspruchsvoll, treubrüchig und wurde schnell defätistisch.

»Auch wenn es keine Revolution gegeben hätte, der Krieg wäre dennoch verloren und wahrscheinlich ein Separatfrieden geschlossen worden«, schrieb später Rodsjanko, dessen Urteile sich nicht durch Selbständigkeit auszeichneten, gerade deshalb aber die Durchschnittsmeinung der liberalkonservativen Kreise gut ausdrückten. Der Aufstand der Gardebataillone kündete den besitzenden Klassen nicht den äußeren Sieg an, sondern die innere Niederlage. Die Liberalen konnten sich darüber um so weniger Illusionen machen, als sie die Gefahr vorausgesehen und nach Kräften gegen sie gekämpft hatten. Der unerwartete revolutionäre Optimismus Miljukows, der die Umwälzung als eine Stufe zum Siege erklärte, war eigentlich die letzte Zuflucht der Verzweiflung. Die Frage nach Krieg und Frieden hatte für die Liberalen zu drei Vierteln aufgehört, eine selbständige Frage zu sein. Sie fühlten, daß es ihnen nicht gegeben sein würde, die Revolution für den Krieg auszunutzen. Um so gebieterischer erstand vor ihnen die andere Aufgabe: den Krieg gegen die Revolution auszunutzen.

Die Fragen der internationalen Lage Rußlands nach dem Kriege: Schulden und neue Anleihen, Kapital- und Absatzmärkte, standen selbstverständlich auch jetzt vor den Führern der russischen Bourgeoisie. Aber nicht diese Fragen bestimmten unmittelbar ihre Politik. Heute ging es nicht um die Sicherung der vorteilhaftesten internationalen Bedingungen für das bürgerliche Rußland, sondern um Rettung des bürgerlichen Regimes selbst, wenn auch um den Preis einer weiteren Schwächung Rußlands. »Zuerst muß man gesunden«, sagte die schwer verwundete Klasse, »und erst später die Angelegenheiten in Ordnung bringen.« Gesunden bedeutete, mit der Revolution fertigwerden.

Die Aufrechterhaltung der Kriegshypnose und der chauvinistischen Stimmungen gab der Bourgeoisie die einzige Möglichkeit eines politischen Bandes mit den Massen, vor allem mit der Armee, gegen die sogenannten Vorwärtstreiber der Revolution. Die Aufgabe bestand darin, den vom Zarismus vererbten Krieg, mit den bisherigen Verbündeten und Zielen, dem Volke als einen neuen Krieg, als Verteidigung der revolutionären Errungenschaften und Hoffnungen, darzustellen. Es hätte genügt, dies zu erreichen – aber wie? –, und der Liberalismus rechnete fest damit, gegen die Revolution jene ganze Organisation der patriotischen öffentlichen Meinung richten zu können, die ihm gestern gegen die Rasputinsche Clique Dienste geleistet hat. Wenn es nicht gelungen war, die Monarchie gegen den Willen des Volkes als höchste Instanz zu retten, dann mußte man sich um so mehr an die Alliierten halten: für die Dauer des Krieges bildete die Entente jedenfalls eine unvergleichlich mächtigere Appellationsinstanz, als es die eigene Monarchie hätte sein können.

Die Fortsetzung des Krieges sollte die Aufrechterhaltung des alten militärischen und bürokratischen Apparates rechtfertigen, die Vertagung der Konstituierenden Versammlung, die Unterwerfung des revolutionären Landes unter die Front, das heißt unter die Generalität, die sich mit der liberalen Bourgeoisie zusammengeschlossen hatte. Alle inneren Fragen, vor allem die Agrarfrage und die gesamte soziale Gesetzgebung, vertagte man bis zum Ende des Krieges, dieses wiederum bis zum Siege, an den die Liberalen nicht glaubten. Krieg bis zur Ermattung des Feindes verwandelte sich in Krieg zur Ermattung der Revolution. Mag sein, daß dies kein fertiger, im voraus in offiziellen Sitzungen beratener und erwogener Plan war. Aber das war auch nicht nötig. Der Plan ergab sich aus der gesamten vorangegangenen Politik des Liberalismus und aus der durch die Revolution geschaffenen Lage.

Gezwungen, den Weg des Krieges zu gehen, hatte Miljukow selbstverständlich keine Veranlassung, auf den Beuteanteil zu verzichten. Waren doch die Hoffnungen auf den Sieg der Alliierten ganz realer Natur und mit dem Eintritt Amerikas in den Krieg erheblich gestiegen. Allerdings war die Entente eines, und Rußland ein anderes. Die Führer der russischen Bourgeoisie hatten während des Krieges begreifen gelernt, daß der Sieg der Entente über die Zentralmächte bei der ökonomischen und militärischen Schwäche Rußlands unvermeidlich zu einem Sieg über Rußland werden müsse, das bei allen denkbaren Möglichkeiten geschlagen und geschwächt aus dem Krieg herausgehen würde. Dennoch beschlossen die liberalen Imperialisten, vor dieser Perspektive bewußt die Augen zu schließen. Es blieb ihnen auch nichts anderes übrig. Gutschkow hatte in seinem Kreise offen erklärt, daß nur ein Wunder Rußland retten könne, und die Hoffnung auf ein Wunder bilde sein, des Kriegsministers, Programm. Miljukow brauchte für die Innenpolitik den Mythos des Sieges. In welchem Maße er selber an ihn glaubte, ist unwesentlich. Aber hartnäckig behauptete er: Konstantinopel müsse uns gehören. Dabei verfuhr er mit dem ihm eigenen Zynismus. Am 20. März versuchte der russische Außenminister die Botschafter der Alliierten zu überreden, Serbien zu verraten, um mit diesem Preise den Verrat Bulgariens an die Zentralmächte zu erkaufen. Der französische Gesandte runzelte die Stirn. Miljukow aber bestand auf »der Notwendigkeit, von sentimentalen Erwägungen in dieser Frage abzusehen« und unter anderem auch von jenem Neoslawismus, den er seit der Niederwerfung der ersten Revolution gepredigt hatte. Nicht umsonst schrieb Engels noch im Jahre 1882 an Bernstein: »Worauf läuft die ganze russische panslawistische Scharlatanerie hinaus? Auf die Einnahme von Konstantinopel – auf weiter nichts.«

Die noch gestern gegen die Hofkamarilla erhobenen Beschuldigungen des Germanophilentums und sogar der Käuflichkeit durch Deutschland wurden heute mit ihrer vergifteten Spitze gegen die Revolution gerichtet. Je weiter, um so kühner, lauter und frecher klang diese Note in den Reden und Artikeln der Kadettenpartei. Bevor er an die Eroberung der türkischen Gewässer ging, trübte der Liberalismus die Quellen und vergiftete die Brunnen der Revolution.

Bei weitem nicht alle liberalen Führer haben in der Frage des Krieges eine unversöhnliche Position eingenommen, jedenfalls nicht sogleich nach der Umwälzung. Viele befanden sich noch in der Atmosphäre der vorrevolutionären Stimmungen, die mit der Perspektive des Separatfriedens verbunden waren. Einzelne führende Kadetten erzählten es später ganz offenherzig. Nabokow hatte, nach seinem eigenen Geständnis, bereits am 7. März mit Regierungsmitgliedern Besprechungen über einen Separatfrieden. Einige Mitglieder des Kadettenzentrums versuchten kollektiv, ihren Führer von der Unmöglichkeit der Fortsetzung des Krieges zu überzeugen. »Mit der ihm eigenen kalten Präzision bemühte sich Miljukow, nach den Worten des Barons Nolde, zu beweisen, daß die Ziele des Krieges erreicht werden müßten.« General Alexejew, der sich um diese Zeit den Kadetten näherte, unterstützte Miljukow und behauptete, »die Armee kann in Bewegung gebracht werden«. Sie in Bewegung zu bringen, fühlte sich wohl dieser Generalstabsorganisator allen Unheils berufen.

Mancher Naivere unter den Liberalen und Demokraten begriff den Kurs Miljukows nicht und hielt diesen selbst für den Ritter der Treue gegen die Alliierten, für den Don Quichotte der Entente. Welcher Unsinn! Nachdem die Bolschewiki die Macht übernommen hatten, zögerte Miljukow nicht eine Minute, sich in das von den Deutschen besetzte Kiew zu begeben und seine Dienste der Hohenzollernregierung anzubieten, die sich allerdings nicht übereilte, davon Gebrauch zu machen. Miljukows nächstes Ziel dabei war, für den Kampf gegen die Bolschewiki das nämliche deutsche Gold zu erhalten, mit dessen Gespenst er vorher die Revolution zu beschmutzen gesucht hatte. Miljukows Appell an Deutschland schien im Jahre 1918 vielen Liberalen ebenso unverständlich wie in den ersten Monaten des Jahres 1917 sein Programm der Zerschmetterung Deutschlands. Doch waren es nur zwei Seiten der gleichen Medaille. Im Begriffe, die Alliierten, wie früher Serbien, zu verraten, verriet Miljukow weder sich selbst noch seine Klasse. Er verfolgte ein und dieselbe Politik, und es war nicht seine Schuld, wenn sie nicht schön aussah. Ob er nun unter dem Zarismus die Wege zum Separatfrieden abtastete, um der Revolution auszuweichen, ob er den Krieg bis ans Ende forderte, um mit der Februarrevolution fertigzuwerden, ob er später ein Bündnis mit den Hohenzollern suchte, um die Oktoberrevolution zu stürzen, Miljukow blieb stets in gleicher Weise den Interessen der Besitzenden treu. Wenn er ihnen nicht helfen konnte und jedesmal an eine neue Wand anrannte, so deshalb, weil seine Auftraggeber sich in einer Sackgasse befanden.

Was Miljukow in der ersten Zeit nach der Umwälzung besonders gefehlt hat, war ein feindlicher Angriff, ein guter deutscher Schlag gegen den Schädel der Revolution. Zum Unglück waren die Monate März und April aus klimatischen Gründen für Operationen größeren Maßstabs an der russischen Front ungünstig gewesen. Und die Hauptsache war, daß die Deutschen, deren Lage immer schwieriger wurde, nach großen Schwankungen beschlossen hatten, die Russische Revolution ihren inneren Prozessen zu überlassen. Nur der General Linsingen bewies am 20.–21. März am Stochod Privatinitiative. Sein Erfolg erschreckte die deutsche Regierung und erfreute gleichzeitig die russische. Mit der gleichen Unverschämtheit, mit der das Hauptquartier unter dem Zaren den geringsten Erfolg übertrieben hatte, bauschte es jetzt die Niederlage am Stochod auf. Ihm folgte die liberale Presse. Fälle von Rückzügen, Panik und Verlusten der russischen Truppen wurden mit dem gleichen Behagen ausgemalt wie früher Gefangene und Trophäen. Bourgeoisie und Generalität gingen sichtbar auf die Position des Defätismus über. Linsingen aber wurde auf einen Befehl von oben her zurückgehalten, und die Front erstarrte wieder in Frühlingsschlamm und Abwarten.

Die Absicht, sich gegen die Revolution auf den Krieg zu stützen, hätte nur Erfolg haben können, wenn die Mittelparteien, hinter denen die Volksmassen hergingen, bereit gewesen wären, die Rolle der Transmission der liberalen Politik auf sich zu nehmen. Die Idee des Krieges mit der Idee der Revolution zu verbinden, ging über die Kraft des Liberalismus: noch gestern predigte er, die Revolution bedeute die Katastrophe des Krieges. Es war nötig, diese Aufgabe der Demokratie zuzuschieben. Doch durfte man freilich das »Geheimnis« vor ihr nicht enthüllen. Man durfte sie nicht in den Plan einweihen, sondern mußte sie ködern. Man mußte an ihren Vorurteilen, ihrer Prahlerei mit der Staatsweisheit, ihrer Angst vor Anarchie, ihrer abergläubischen Anbetung der Bourgeoisie einhaken.

In den ersten Tagen wußten die Sozialisten – wir sind gezwungen, die Menschewiki und Sozialrevolutionäre der Kürze halber so zu nennen – nicht, was sie mit dem Kriege anfangen sollten. Tschcheidse seufzte: »Wir haben die ganze Zeit hindurch gegen den Krieg gesprochen, wie kann ich denn jetzt zur Fortsetzung des Krieges aufrufen?« Am 10. März beschloß das Exekutivkomitee, Franz Mehring ein Begrüßungstelegramm zu schicken. Mit dieser kleinen Demonstration versuchte der linke Flügel, sein nicht sehr anspruchsvolles sozialistisches Gewissen zu beruhigen. Über den Krieg selbst fuhr der Sowjet fort, zu schweigen. Die Führer fürchteten in dieser Frage einen Konflikt mit der Provisorischen Regierung heraufzubeschwören und die Honigwochen des »Kontaktes« zu trüben. Nicht weniger Angst hatten sie vor Meinungsverschiedenheiten in der eigenen Mitte. Es gab unter ihnen Landesverteidiger und Zimmerwalder. Die einen wie die anderen überschätzten ihre Meinungsverschiedenheiten. Breite Kreise der revolutionären Intelligenz hatten während des Krieges eine gründliche bürgerliche Umwandlung durchgemacht. Der offene oder verschleierte Patriotismus verband die Intelligenz mit den regierenden Klassen und trennte sie von den Massen. Das Banner von Zimmerwald, mit dem sich der linke Flügel umhüllte, verpflichtete wenig, verbarg aber immerhin seine auffällige patriotische Solidarität mit der Rasputinschen Clique. Nun aber war das Romanowsche Regime gestürzt. Rußland war ein demokratisches Land geworden. Seine in allen Farben schimmernde Freiheit hob sich grell vom Polizeihintergrunde des in der Militärdiktatur eingeklemmten Europa ab. Sollen wir etwa unsere Revolution nicht gegen den Hohenzollern schützen? schrien die alten und die neuen Patrioten, die sich an die Spitze des Exekutivkomitees gestellt hatten. Die Zimmerwalder vom Typ Suchanows und Steklows beriefen sich unsicher darauf, der Krieg sei imperialistisch geblieben: erklären doch die Liberalen, die Revolution müsse die vom Zaren vorgemerkten Annexionen sichern. »Wie kann ich da jetzt zur Fortsetzung des Krieges aufrufen?« beunruhigte sich Tschcheidse. Da aber die Zimmerwalder selbst die Initiatoren der Machtübergabe an die Liberalen gewesen waren, hingen ihre Einwendungen in der Luft. Nach einigen Wochen Schwankens und Sträubens war mit Zeretellis Hilfe der erste Teil des Miljukowschen Planes glücklich gelöst: Schlechte Demokraten, die sich für Sozialisten hielten, spannten sich in das Geschirr des Krieges ein und bemühten sich, unter der Knute der Liberalen aus allen ihren schwachen Kräften den Sieg zu sichern ... der Entente über Rußland, Amerikas über Europa.

Die Hauptfunktion der Versöhnler bestand darin, die revolutionäre Energie der Massen auf die Leitung des Patriotismus umzuschalten. Sie strebten einerseits danach, die Kampffähigkeit der Armee wiederzubeleben – das war schwer; sie versuchten andererseits, die Regierungen der Entente zu bewegen, auf den Raub zu verzichten – das war lachhaft. In beiden Richtungen gingen sie von Illusionen zu Enttäuschungen und von Fehlern zu Demütigungen.

In den Stunden seiner kurzwährenden Größe hatte Rodsjanko Zeit gefunden, einen Befehl zu erlassen, wonach die Soldaten sofort in die Kasernen zurückzukehren und ihren Offizieren Gehorsam zu leisten hätten. Die dadurch hervorgerufene Erregung der Garnison zwang den Sowjet, eine seiner ersten Sitzungen der Frage des weiteren Schicksals der Soldaten zu widmen. In der heißen Atmosphäre jener Stunden, im Chaos der Sitzung, die eher einem Meeting glich, unter dem direkten Diktat der Soldaten, die von den abwesenden Führern nicht behindert werden konnten, entstand der berühmte »Befehl Nr. 1«, das einzige würdige Dokument der Februarrevolution, die Freiheitscharta der revolutionären Armee. Seine kühnen Paragraphen, die den Soldaten den organisierten Ausweg auf eine neue Bahn wiesen, verfügten: bei allen Truppenteilen Wahlkomitees zu schaffen; Soldatenvertreter in den Sowjet zu wählen; bei allen politischen Auftritten, sich dem Sowjet und den eigenen Komitees unterzuordnen; die Waffen unter Kontrolle der Kompanie- und Bataillonskomitees zu halten und sie »unter keinen Umständen den Offizieren auszuliefern«; im Dienste strenge militärische Disziplin, außerhalb des Dienstes alle Bürgerrechte; Ehrenbezeigungen und Titulierungen der Offiziere außerhalb des Dienstes werden abgeschafft; grobes Benehmen gegen Soldaten, insbesondere die Anrede mit »Du« ist verboten usw.

Dies waren die Schlußfolgerungen der Petrograder Soldaten aus ihrer Teilnahme an der Umwälzung. Hätten es auch andere sein können? Sich zu widersetzen wagte niemand. Während der Ausarbeitung des »Befehls« waren die Häupter der Sowjets durch erhabenere Sorgen abgelenkt: sie führten Verhandlungen mit den Liberalen. Dieses ermöglichte ihnen, sich auf ihr Alibi zu berufen, als sie gezwungen waren, sich vor der Bourgeoisie und dem Kommandobestand zu rechtfertigen.

Gleichzeitig mit dem »Befehl Nr. 1« schickte das Exekutivkomitee, das Zeit gefunden hatte, sich zu besinnen, in die Druckerei als Gegengift einen Appell an die Soldaten, der unter dem Scheine der Verurteilung der Selbstjustiz gegen Offiziere Unterordnung gegenüber dem alten Kommandobestand forderte. Die Setzer weigerten sich einfach, dieses Dokument zu setzen. Die demokratischen Autoren waren vor Empörung außer sich: Wohin führt das? Es wäre jedoch falsch anzunehmen, die Setzer hätten blutige Strafgerichte gegen die Offiziere angestrebt. Der Aufruf zur Unterordnung am Tage nach dem Umsturz schien ihnen gleichbedeutend mit dem Öffnen der Tore für die Konterrevolution. Gewiß, die Setzer hatten ihre Befugnisse überschritten. Doch sie fühlten sich nicht nur als Setzer. Es ging ihrer Meinung nach um den Kopf der Revolution.

In jenen ersten Tagen, als das Schicksal der zu den Regimentern zurückkehrenden Offiziere sowohl Soldaten wie Arbeiter äußerst heftig erregte, hatte die »interrayonale« sozialdemokratische Organisation, die den Bolschewiki nahestand, die heikle Frage mit revolutionärer Kühnheit gestellt. »Damit euch der Adel und die Offiziere nicht betrügen können«, lautete der von ihr erlassene Aufruf an die Soldaten, »wählt selbst Zug-, Kompanie- und Regimentskommandeure. Nehmt nur die Offiziere auf, die ihr als Freunde des Volkes kennt.« Aber was geschah? Die den Verhältnissen völlig entsprechende Proklamation wurde sofort vom Exekutivkomitee beschlagnahmt, und Tschcheidse bezeichnete sie in seiner Rede als Provokation. Wie wir sehen, scheuten sich die Demokraten gar nicht, die Pressefreiheit einzuschränken, wenn es galt, Schläge nach links auszuteilen. Glücklicherweise war ihre eigene Freiheit genügend eingeschränkt. Während die Arbeiter und Soldaten das Exekutivkomitee als ihr höchstes Organ unterstützten, korrigierten sie in allen wichtigsten Momenten die Politik der Leitung durch unmittelbare Einmischung.

Schon nach wenigen Tagen versuchte das Exekutivkomitee durch einen »Befehl Nr. 2« den ersten zu widerrufen, indem es seine Gültigkeit auf den Petrograder Militärbezirk einschränkte. Vergeblich! Der Befehl Nr. 1 war nicht zu erschüttern, denn er hatte nichts erfunden, sondern nur das bekräftigt, was im Hinterlande und an der Front nach außen drängte und Anerkennung verlangte. Den Soldaten von Angesicht zu Angesicht gegenüberstehend, deckten sich sogar die liberalen Deputierten bei Fragen und Vorwürfen mit dem »Befehl Nr. 1«. In der großen Politik aber wurde der mutige Befehl zum Hauptargument der Bourgeoisie gegen die Sowjets. Die geschlagenen Generale hatten nunmehr in dem »Befehl Nr. 1« das Haupthindernis entdeckt, das ihnen verwehrt habe, die deutschen Truppen zu zerschmettern. Als Ursprungsort des Befehls wurde Deutschland bezeichnet. Die Versöhnler wurden nicht müde, sich für Getanes zu rechtfertigen, und erregten die Soldaten, indem sie versuchten, mit der rechten Hand das zu nehmen, was der linken entglitten war.

Inzwischen verlangte im Sowjet bereits die Mehrheit der Deputierten Wählbarkeit der Kommandeure. Die Demokraten wurden unruhig. Suchanow, der keine besseren Argumente finden konnte, drohte, die Bourgeoisie, der die Macht übergeben war, würde auf Wählbarkeit nicht eingehen. Die Demokraten versteckten sich ungeniert hinter Gutschkows Rücken. Bei diesem Spiel nahmen die Liberalen den gleichen Platz ein, den beim Spiel des Liberalismus die Monarchie einnehmen sollte. »Als ich vom Podium zu meinem Platze ging«, erzählt Suchanow, »stieß ich auf einen Soldaten, der mir den Weg versperrte und, vor meinen Augen mit den Fäusten fuchtelnd, wutentbrannt gegen die Herren wetterte, die niemals in der Soldatenhaut gesteckt hätten.« Nach diesem »Exzeß« lief unser Demokrat, der seine Fassung endgültig verloren hatte, Kerenski zu suchen, und erst mit dessen Hilfe »wurde die Frage dann irgendwie verwischt«. Diese Menschen taten nichts anderes, als Fragen zu verwischen.

Zwei Wochen lang war es ihnen gelungen, so zu tun, als bemerkten sie den Krieg nicht. Schließlich wurde ein weiteres Hinausschieben unmöglich. Am 14. März brachte das Exekutivkomitee im Sowjet den von Suchanow geschriebenen Entwurf eines Manifestes »An die Völker der ganzen Welt« ein. Die liberale Presse nannte sehr bald dieses Dokument, das die rechten und linken Versöhnler vereinigte, den »Befehl Nr. 1 auf dem Gebiet der Außenpolitik«. Doch diese schmeichelhafte Bezeichnung war ebenso unwahrhaftig wie das Dokument, auf das sie sich bezog. Der »Befehl Nr. 1« war eine ehrliche, direkte Antwort der unteren Schichten auf jene Fragen, die die Revolution vor der Armee aufgerichtet hatte. Das Manifest vom 14. März war eine treubrüchige Antwort der oberen Schichten auf Fragen, die ihnen von den Soldaten und Arbeitern ehrlich gestellt worden waren.

Das Manifest drückte allerdings das Streben nach Frieden aus, und zwar nach einem demokratischen, ohne Annexionen und Kontributionen. Aber diese Phraseologie hatten die Imperialisten des Westens lange vor der Februarrevolution anzuwenden gelernt. Gerade im Namen eines gesicherten, ehrlichen, »demokratischen« Friedens schickte sich Wilson in jenen Tagen an, in den Krieg einzutreten. Der fromme Asquith gab im Parlament eine gelehrte Klassifizierung der Annexionen, aus der sich unzweifelhaft ergab, daß alle jene Annexionen als unsittlich zu verurteilen waren, die den Interessen Großbritanniens widersprachen. Was die französische Diplomatie betrifft, so bestand ihr ganzes Wesen darin, der Gier des Krämers und Wucherers einen möglichst freiheitlichen Ausdruck zu verleihen. Das Sowjetdokument, dem man eine gewisse simple Aufrichtigkeit der Beweggründe nicht absprechen kann, geriet fatalerweise auf das ausgefahrene Gleis der offiziellen französischen Heuchelei. Das Manifest versprach »standhaft unsere eigene Freiheit zu verteidigen« gegen den ausländischen Militarismus. Gerade damit aber gingen die französischen Sozialpatrioten seit August 1914 rückwärts. »Es ist für die Völker die Zeit gekommen, über die Frage des Krieges und des Friedens selbst zu entscheiden«, verkündete das Manifest, deren Verfasser soeben im Namen des russischen Volkes die Lösung dieser Frage der Großbourgeoisie überlassen hatten. Die Arbeiter Deutschlands und Österreich-Ungarns forderte das Manifest auf: »Weigert euch, ein Werkzeug der Eroberungen und Vergewaltigungen in den Händen der Könige, Gutsbesitzer und Bankiers zu sein!« In diesen Worten lag die Quintessenz der Lüge, denn die Häupter des Sowjets dachten nicht daran, ihr eigenes Bündnis mit den Königen von Großbritannien, Belgien, mit dem Kaiser von Japan, mit den Gutsbesitzern und Bankiers, ihren eigenen sowohl wie denen der Ententeländer, zu zerreißen. Nachdem sie die Leitung der Außenpolitik an Miljukow abgetreten hatten, der sich vor kurzem noch anschickte, Ostpreußen in ein russisches Gouvernement zu verwandeln, riefen die Führer des Sowjets die deutschen und österreich-ungarischen Arbeiter auf, dem Beispiel der russischen Revolution zu folgen. Die theatralische Verurteilung des Krieges änderte nichts: auch der Papst beschäftigte sich damit. Mit Hilfe pathetischer Phrasen, gerichtet gegen die Schatten von Bankier, Gutsbesitzer und König, verwandelten die Versöhnler die Februarrevolution in ein Werkzeug der realen Könige, Gutsbesitzer und Bankiers. Schon in seinem Begrüßungstelegramm an die Provisorische Regierung bewertete Lloyd George die Russische Revolution als einen Beweis dafür, daß »der gegenwärtige Krieg in seinem Wesen ein Kampf um Volksregierung und Freiheit ist«. Das Manifest vom 14. März solidarisierte sich »in seinem Wesen« mit Lloyd George und leistete der militaristischen Propaganda in Amerika wertvolle Hilfe. Dreifach Recht hatte die Zeitung Miljukows, als sie schrieb, daß »der Aufruf, der mit so typisch pazifistischen Tönen beginnt, im wesentlichen auf die uns mit allen unseren Verbündeten gemeinsame Ideologie hinausläuft«. Wenn die russischen Liberalen trotzdem mehr als einmal das Manifest wütend angriffen und die französische Zensur es überhaupt nicht passieren ließ, so war das von der Angst vor jener Deutung hervorgerufen, die diesem Dokument die revolutionären, aber noch vertrauensseligen Massen gaben.

Das von einem Zimmerwalder verfaßte Manifest kennzeichnete den prinzipiellen Sieg des patriotischen Flügels. In der Provinz griffen die Sowjets das Signal auf. Die Losung »Krieg dem Kriege« wurde als unzulässig erklärt. Sogar am Ural und in Kostroma, wo die Bolschewiki stark waren, erhielt das patriotische Manifest einstimmige Billigung. Nicht verwunderlich: hatten doch auch im Petrograder Sowjet die Bolschewiki diesem verlogenen Dokument keinen Widerstand geleistet.

Nach einigen Wochen war man gezwungen, eine Teilzahlung auf den Wechsel zu leisten. Die Provisorische Regierung gab eine Kriegsanleihe heraus, die allerdings »Freiheitsanleihe« genannt wurde. Zeretelli wies nach, daß, da die Regierung »im großen und ganzen« ihren Verpflichtungen nachkomme, die Demokratie die Anleihe unterstützen müsse. Im Exekutivkomitee vereinigte der oppositionelle Flügel mehr als ein Drittel der Stimmen auf sich. Doch im Plenum des Sowjets stimmten am 22. April gegen die Anleihe nur 112 von annähernd 2000 Deputierten. Daraus zog man manchmal den Schluß: das Exekutivkomitee sei linker als der Sowjet. Das war aber falsch. Der Sowjet war nur ehrlicher als das Exekutivkomitee. Ist der Krieg die Verteidigung der Revolution, dann muß man Geld für den Krieg geben, muß man die Anleihe unterstützen. Das Exekutivkomitee war nicht revolutionärer, sondern verschlagener. Es lebte von Zweideutigkeiten und Ausreden. Die von ihm geschaffene Regierung unterstützte es »im großen und ganzen« und übernahm die Verantwortung für den Krieg nur »insofern wie«. Diese kleinen Schlauheiten waren den Massen fremd. Die Soldaten konnten weder kämpfen »insofern wie« noch sterben »im großen und ganzen«.

Um den Sieg des Staatsgedankens über die Wahnidee zu festigen, wurde General Alexejew, der am 5. März geplant hatte, die Propagandistenbanden zu erschießen, am 1. April offiziell an die

Spitze der bewaffneten Macht gestellt. Von nun an war alles in Ordnung. Der Inspirator der Außenpolitik des Zarismus, Miljukow, war Minister des Auswärtigen. Der Befehlshaber der Armee unter dem Zaren, Alexejew, Oberkommandierender der Revolution. Die Nachfolgeschaft war damit vollständig hergestellt.

Gleichzeitig waren die Sowjetführer durch die Logik der Lage gezwungen, die Maschen des Netzes aufzulösen, das sie selbst geflochten. Die offizielle Demokratie hatte eine Todesangst vor jenen Kommandeuren, die sie duldete und stützte. Sie konnte nicht anders, als diesen eine Kontrolle entgegenzustellen, wobei sie bestrebt war, sie in den Soldaten zu verankern und gleichzeitig möglichst unabhängig von diesen zu machen. In der Sitzung vom 6. März erklärte das Exekutivkomitee es als wünschenswert, bei allen Truppenteilen und militärischen Ämtern eigene Kommissare einzuführen. So entstand eine dreifache Verbindung: die Truppenteile delegierten ihren Vertreter in den Sowjet; das Exekutivkomitee schickte seine Kommissare in die Truppenteile, und schließlich wurde an die Spitze jedes Truppenteils ein gewähltes Komitee gestellt, das so etwas wie eine untere Zelle des Sowjets bildete.

Eine der wichtigsten Aufgaben der Kommissare bestand in der Überwachung der politischen Zuverlässigkeit der Stäbe und des Kommandobestandes. »Das demokratische Regime hat bald das selbstherrliche übertroffen«, entrüstet sich Denikin und fügt prahlend gleich hinzu, wie geschickt sein Stab die chiffrierte Korrespondenz der Kommissare mit Petrograd abfing und ihm übermittelte. Monarchisten und Verteidiger der Leibeigenschaft auf die Finger zu schauen – was kann es Empörenderes geben? Etwas anderes ist, die Korrespondenz der Kommissare mit der Regierung zu stehlen. Wie es auch mit der Moral bestellt gewesen sein mag, die inneren Beziehungen des leitenden Armeeapparates treten in aller Kraßheit hervor: beide Parteien fürchten einander und überwachen sich feindselig. Sie verbindet nur die gemeinsame Angst vor den Soldaten. Selbst die Generale und Admirale, wie ihre weiteren Pläne und Hoffnungen auch gewesen sein mochten, sahen klar, daß es ihnen ohne demokratische Deckung nicht gut gehen würde. Die Bestimmungen über die Komitees bei der Flotte wurden von Koltschak ausgearbeitet. Er rechnete damit, sie später zu erdrosseln. Da man aber heute keinen Schritt ohne die Komitees machen konnte, kam Koltschak beim Hauptquartier um deren Bestätigung ein. In ähnlicher Weise schickte General Markow, einer der späteren weißen Heerführer, Anfang April an das Ministerium einen Entwurf betreffend die Einsetzung von Kommissaren zur Überwachung der Loyalität des Kommandobestandes. So brachen unter dem Ansturm der Revolution die »uralten Gesetze der Armee«, das heißt die Traditionen des militärischen Bürokratismus, wie Strohhalme zusammen.

Die Soldaten gingen vom anderen Ende an die Komitees heran und schlossen sich um sie zusammen gegen den Kommandobestand. Und wenn auch die Komitees die Kommandeure gegen die Soldaten schützen, so doch nur bis zu einer bestimmten Grenze. Die Lage des Offiziers, der mit dem Komitee in Konflikt geraten war, wurde unerträglich. So entstand das ungeschriebene Gesetz der Soldaten, die Befehlshaber absetzen zu können. An der Westfront mußten nach Denikins Bericht bis Anfang Juli an die sechzig alte Befehlshaber, vom Korpskommandeur bis zum Regimentskommandeur, abtreten. Ähnliche Absetzungen erfolgten auch innerhalb der Regimenter.

Inzwischen ging im Kriegsministerium, im Exekutivkomitee, in den Sitzungen der Kontaktkommission eine mühselige Kanzleiarbeit vonstatten, die die Aufgabe hatte, »vernünftige« Formen der Beziehungen in der Armee zu schaffen und die Autorität der Vorgesetzten zu heben durch Herabminderung der Bedeutung der Armeekomitees auf eine untergeordnete, hauptsächlich wirtschaftliche Rolle. Aber während die erhabenen Führer mit dem Schatten eines Besens den Schatten der Revolution säuberten, entfalteten sich die Komitees zu einem mächtigen zentralisierten System, das bis zum Petrograder Exekutivkomitee hinaufreichte und diesem organisatorisch die Macht über die Armee sicherte. Diese Macht nutzte jedoch das Exekutivkomitee hauptsächlich dazu aus, um die Armee mittels der Kommissare und der Komitees wieder in den Krieg einzuspannen. Die Soldaten sind immer häufiger gezwungen, über die Frage nachzudenken, wie es denn komme, daß die von ihnen gewählten Komitees häufig nicht das aussprechen, was sie, die Soldaten, denken, sondern das, was von ihnen, den Soldaten, die Vorgesetzten wünschen.

Die Schützengräben schicken in immer größerer Zahl Deputierte in die Hauptstadt, um zu erfahren, was denn los sei. Seit Anfang April besteht eine ununterbrochene Verbindung mit der Front, jeden Tag finden im Taurischen Palais Kollektivbesprechungen statt, die von draußen ankommenden Soldaten bewegen schwer ihre Hirne in dem Bemühen, sich in den Geheimnissen der Politik des Exekutivkomitees zurechtzufinden, das auf keine ihrer Fragen klare Antwort geben kann. Die Armee geht mühselig auf die Position der Sowjets über, um sich so klarer von der Unzulänglichkeit der Sowjetleitung zu überzeugen.

Die Liberalen, die nicht wagen, sich dem Sowjet offen entgegenzustellen, versuchen dennoch einen Kampf um die Armee zu führen. Als politisches Band mit ihr muß natürlich der Chauvinismus herhalten. In einer der Unterredungen mit Abgesandten aus den Schützengräben verteidigte der kadettische Minister Schingarew den Befehl Gutschkows gegen die »übermäßige Nachsicht« mit den Gefangenen, verweisend auf die »deutschen Greueltaten«. Der Minister fand nicht die geringste Zustimmung. Die

Versammlung sprach sich entschieden für die Erleichterung des Schicksals der Gefangenen aus. Das waren die gleichen Männer, die die Liberalen beständig der Exzesse und Greueltaten beschuldigten. Aber die graue Frontmasse hatte ihre Maßstäbe. Sie betrachtete es als erlaubt, Rache zu nehmen an einem Offizier für Quälereien der Soldaten; aber sie betrachtete es als eine Niedrigkeit, Rache zu nehmen an einem gefangenen deutschen Soldaten wegen tatsächlicher oder angeblicher Greueltaten Ludendorffs. Die ewigen Normen der Moral blieben, ach, diesen knorrigen und verlausten Bauern fremd.

Aus den Versuchen der Bourgeoisie, die Armee in ihre Hände zu bekommen, entstand auf der Delegiertenkonferenz der Westfront vom 7.–10. April zwischen den Liberalen und den Versöhnlern ein übrigens nicht zur Entfaltung gelangter Wettstreit. Die erste Konferenz einer der Fronten sollte die entscheidende politische Nachprüfung der Armee werden, und beide Parteien schickten ihre besten Kräfte nach Minsk. Der Sowjet: Zeretelli, Tschcheidse, Skobeljew, Gwosdjew; die Bourgeoisie: Rodsjanko höchstselbst, den Kadettendemosthenes Roditschjew und andere. Leidenschaftliche Spannung herrschte in dem überfüllten Theatergebäude zu Minsk und verbreitete sich von dort aus wellenartig über die Stadt. Die Berichte der Delegierten ergaben ein Bild dessen, was ist. An der ganzen Front geht die Verbrüderung vor sich, die Soldaten ergreifen immer kühner die Initiative, das Kommando vermag an Repressalien nicht einmal zu denken. Was konnten da die Liberalen sagen? Angesichts dieses leidenschaftlichen Auditoriums verzichteten sie sogleich auf den Gedanken, ihre Resolutionen denen der Sowjets entgegenzustellen. Sie beschränkten sich auf patriotische Töne in ihren Begrüßungsreden und wurden bald völlig hinweggespült. Die Schlacht war von den Demokraten ohne Kampf gewonnen. Sie brauchten die Massen nicht gegen die Bourgeoisie zu führen, sondern mußten sie zurückhalten. Die Losung des Friedens, zweideutig mit der Losung der Verteidigung der Revolution im Geiste des Manifestes vom 14. März verflochten, beherrschte den Kongreß. Die Sowjetresolution über den Krieg wurde mit 610 gegen 8 Stimmen bei 46 Stimmenthaltungen angenommen. Die letzte Hoffnung der Liberalen, dem Hinterland die Front, dem Sowjet die Armee entgegenstellen zu können, zerstob in Asche. Doch auch die demokratischen Führer kehrten vom Kongreß zurück, mehr verängstigt als begeistert über ihren Sieg. Sie hatten die Geister erblickt, die die Revolution erweckt hatte, und sie fühlten, daß sie diesen Geistern nicht gewachsen waren.

Am 3. April kam aus der Emigration Lenin in Petrograd an. Erst mit diesem Moment beginnt die bolschewistische Partei mit voller, und was noch wichtiger, mit eigener Stimme zu sprechen.

Der erste Monat der Revolution war für den Bolschewismus eine Zeit der Fassungslosigkeit und Schwankungen. Im »Manifest« des Zentralkomitees der Bolschewiki, verfaßt gleich nach dem Siege des Aufstandes, hieß es, »die Arbeiter der Fabriken und Werkstätten wie auch die aufständischen Truppen müssen sofort ihre Vertreter in die revolutionäre Provisorische Regierung wählen«. Das Manifest war im offiziellen Organ des Sowjets ohne Kommentare und Widerreden abgedruckt worden, als betreffe es nur eine akademische Frage. Doch auch die leitenden Bolschewiki verliehen ihrer Losung rein demonstrative Bedeutung. Sie handelten nicht wie Vertreter einer proletarischen Partei, die sich zum selbständigen Kampf um die Macht vorbereitet, sondern als linker Flügel der Demokratie, der, seine Prinzipien verkündend, die Absicht hat, während einer unbestimmt langen Zeit die Rolle der loyalen Opposition zu spielen.

Suchanow behauptet, daß in der Sitzung des Exekutivkomitees vom 1. März im Zentrum der Beratungen nur die Bedingungen der Machtübergabe standen: gegen die Tatsache der Bildung einer bürgerlichen Regierung selbst hätte sich keine einzige Stimme erhoben, ungeachtet dessen, daß im Exekutivkomitee von den 39 Mitgliedern 11 zu den Bolschewiki und den diesen Nahestehenden zählten, darunter drei Mitglieder des Zentrums, Salutzki, Schljapnikow und Molotow.

Am nächsten Tage stimmten im Sowjet, nach einem Bericht Schljapnikows selbst, von den anwesenden 400 Deputierten im ganzen 19 Mann gegen die Übergabe der Macht an die Bourgeoisie, während die bolschewistische Fraktion bereits an die 40 Mann zählte. Die Abstimmung an sich verlief vollkommen unbemerkt, in formell-parlamentarischer Ordnung, ohne klare Gegenvorschläge seitens der Bolschewiki, ohne Kampf und ohne jegliche Agitation in der bolschewistischen Presse.

Am 4. März beschloß das Büro des Zentralkomitees eine Resolution über den konterrevolutionären Charakter der Provisorischen Regierung und die Notwendigkeit, den Kurs auf die demokratische Diktatur des Proletariats und der Bauernschaft zu halten. Das Petrograder Komitee, das nicht ohne Grund diese Resolution als akademisch bezeichnete, da sie überhaupt nicht sagte, was im Augenblick zu tun sei, ging an das Problem vom entgegengesetzten Ende heran. »Der vom Sowjet angenommenen Resolution über die Provisorische Regierung Rechnung tragend«, erklärte es, »der Macht der Provisorischen Regierung nicht entgegenzuwirken, insofern wie ...« Im wesentlichen war es die Position der

Menschewiki und Sozialrevolutionäre, nur auf die zweite Schützengrabenlinie zurückverlegt. Die offen opportunistische Resolution des Petrograder Komitees widersprach nur der Form nach der Position des Zentralkomitees, deren akademischer Charakter nichts anderes bedeutete als die politische Versöhnung mit der vollzogenen Tatsache.

Die Bereitschaft, sich schweigend oder mit einem Vorbehalt vor der Regierung der Bourgeoisie zu verneigen, fand keineswegs ungeteilte Sympathie in der Partei. Die bolschewistischen Arbeiter stießen sogleich auf die Provisorische Regierung wie auf eine feindliche Feste, die sich plötzlich auf ihrem Wege erhob. Das Wyborger Komitee führte tausendköpfige Versammlungen von Arbeitern und Soldaten durch, die fast einstimmig Resolutionen über die Notwendigkeit der Machtergreifung durch den Sowjet annahmen. Ein aktiver Teilnehmer dieser Agitation, Dingelstedt, bezeugt: »Es gab kein Meeting, keine Arbeiterversammlung, die unsere Resolutionen dieses Inhalts abgelehnt haben würde, wenn nur irgend jemand dagewesen wäre, sie einzubringen.« Menschewiki und Sozialrevolutionäre fürchteten sich in der ersten Zeit, mit ihrer Fragestellung die Macht betreffend vor einem Arbeiter- und Soldatenauditorium offen aufzutreten. Die Resolution der Wyborger wurde in Anbetracht ihres Erfolges gedruckt und plakatiert. Das Petrograder Komitee aber belegte diese Resolution mit einem direkten Verbot, und die Wyborger mußten nachgeben.

In der Frage des sozialen Inhalts der Revolution und der Perspektiven ihrer Entwicklung war die Position der bolschewistischen Leitung nicht minder verworren. Schljapnikow berichtet: »Wir waren mit den Menschewiki darin einig, daß wir den Moment eines revolutionären Bruches der Feudal- und Leibeigenschaftsverhältnisse durchleben und daß diese durch verschiedene, den bürgerlichen Verhältnissen eigene ›Freiheiten‹ abgelöst werden.« Die »Prawda« schrieb in ihrer ersten Nummer: »Die Grundaufgabe ist ... Einführung des demokratisch-republikanischen Regimes.« In seiner Weisung an die Arbeiterdeputierten verkündete das Moskauer Komitee: »Das Proletariat ist bestrebt, die Freiheit für den Kampf um den Sozialismus – das Endziel – zu erlangen.« Der traditionelle Hinweis auf das »Endziel« unterstreicht zur Genüge die historische Distanz in bezug auf den Sozialismus. Weiter ging niemand. Die Befürchtung, die Grenzen der demokratischen Revolution zu überschreiten, diktierte die Politik des Abwartens, der Anpassung und des faktischen Rückzuges vor den Versöhnlern.

Wie drückend die politische Charakterlosigkeit des Zentrums sich auf die Provinz auswirkte, ist nicht schwer zu begreifen. Begnügen wir uns mit dem Zeugnis eines Leiters der Saratower Organisation: »Unsere Partei, die an dem Aufstand aktiv beteiligt gewesen war, hatte offenbar den Einfluß auf die Massen verloren, und er wurde von den Menschewiki und Sozialrevolutionären aufgefangen. Welches die Parolen der Bolschewiki waren, wußte niemand ... Ein sehr unangenehmes Bild.«

Die linken Bolschewiki, vor allem die Arbeiter, waren aus allen Kräften bestrebt, die Quarantäne zu durchbrechen. Doch auch sie wußten nicht, wie die Argumente vom bürgerlichen Charakter der Revolution und den Gefahren der Isolierung für das Proletariat zu parieren. Mit innerer Überwindung unterwarfen sie sich den Direktiven der Leitung. Verschiedene Strömungen im Bolschewismus prallten vom ersten Tag an ziemlich heftig aneinander, aber nicht eine führte ihre Gedanken zu Ende. Die »Prawda« spiegelte diesen verworrenen und schwankenden Ideenzustand der Partei wider, ohne eine Einheit hineinzubringen. Die Lage wurde noch verwickelter Mitte März, nach der Ankunft Kamenews und Stalins aus der Verbannung, die das Steuer der offiziellen Parteipolitik schroff nach rechts warfen.

Bolschewik fast seit der Entstehung des Bolschewismus, stand Kamenew stets auf dem rechten Flügel der Partei. Nicht ohne theoretische Vorbereitung und politischen Instinkt, mit großer Erfahrung im russischen Fraktionskampfe und einem Vorrat an politischen Beobachtungen im Westen, griff er besser als viele andere Bolschewiki Lenins Gesamtideen auf, aber nur, um ihnen in der Praxis eine möglichst friedliche Deutung zu geben. Weder Selbständigkeit des Entschlusses noch Initiative der Tat durfte man von ihm erwarten. Hervorragender Propagandist, Redner, kein glänzender, aber ein nachdenklicher Journalist, war Kamenew besonders wertvoll für Verhandlungen mit anderen Parteien und sogar für die Erforschung anderer Gesellschaftskreise, wobei er von solchen Exkursionen stets ein Partikel parteifremder Stimmungen mitbrachte. Diese Eigenschaften Kamenews traten derart klar zutage, daß sich fast niemand in bezug auf seine politische Figur täuschte. Suchanow vermerkt an ihm das Fehlen »scharfer Kanten«: er »muß stets ins Schlepptau genommen werden, und wenn er sich mitunter auch widersetzt, so doch nicht heftig«. In gleichem Sinne schreibt auch Stankewitsch: Die Beziehungen Kamenews zu den Gegnern »waren so milder Art, daß es schien, als schämte er sich selbst über die Unversöhnlichkeit seiner Position: im Komitee war er zweifellos nicht Feind, sondern nur Opposition«. Dem ist fast nichts hinzuzufügen.

Stalin stellte sowohl seiner psychologischen Verfassung wie dem Charakter seiner Parteiarbeit nach, einen ganz anderen Bolschewikentyp dar: den des festen, theoretisch und politisch primitiven Organisators. Blieb Kamenew in der Eigenschaft eines Publizisten eine Reihe von Jahren mit Lenin in der Emigration, wo sich der Herd der theoretischen Arbeit der Partei befand, so war Stalin als sogenannter Praktiker ohne theoretischen Horizont, ohne breite politische Interessen und ohne Kenntnis fremder Sprachen vom russischen Boden nicht zu trennen. Solche Arbeiter tauchten im Auslande nur vorübergehend auf, um Instruktionen zu erhalten und wieder nach Rußland zurückzukehren. Stalin zeichnete sich unter den Praktikern durch Energie, Beharrlichkeit und Erfindungsgabe für Kulissenkombinationen aus. Wenn Kamenew aus seiner Natur heraus sich der praktischen Folgerungen des Bolschewismus »schämte«, so neigte im Gegenteil Stalin dazu, einmal erfaßte praktische Folgerungen ohne jede Milderung zu verteidigen, mit einer Mischung von Beharrlichkeit und Grobheit.

Ungeachtet der Gegensätzlichkeit ihrer Charaktere haben Kamenew und Stalin nicht zufällig zu Beginn der Revolution eine gemeinsame Position eingenommen: sie ergänzten einander. Revolutionäre Konzeption ohne revolutionären Willen ist dasselbe wie eine Uhr mit zerbrochener Feder: der politische Zeiger Kamenews blieb stets hinter den revolutionären Aufgaben zurück. Doch das Fehlen einer breiten politischen Konzeption verurteilt den willensstärksten Politiker zur Unentschiedenheit beim Eintreten großer und komplizierter Ereignisse. Der Empiriker Stalin ist fremden Einflüssen ausgesetzt nicht von seiten des Willens, sondern des Denkens. So brachten der Publizist ohne Entschlußkraft und der Organisator ohne Horizont im März ihren Bolschewismus bis hart an die Grenze des Menschewismus. Stalin zeigte sich dabei noch weniger befähigt als Kamenew, im Exekutivkomitee, in das er eintrat, als Vertreter der Partei eine selbständige Position zu entwickeln. In den Protokollen wie in der Presse ist nicht ein Antrag, eine Erklärung, ein Protest enthalten, in denen Stalin, im Gegensatz zur Kriecherei der »Demokratie« vor dem Liberalismus, dem bolschewistischen Standpunkt Ausdruck verliehen hätte. Suchanow sagt in seinen Aufzeichnungen: »Bei den Bolschewiki tauchte außer Kamenew zu dieser Zeit im Exekutivkomitee Stalin auf ... Während seiner bescheidenen Tätigkeit im Exekutivkomitee machte (er) – nicht nur auf mich – den Eindruck eines grauen Flecks, der manchmal trübe schimmerte. Mehr ist über ihn eigentlich nicht zu sagen.« Wenn Suchanow Stalin im großen und ganzen sichtlich unterschätzt, so charakterisiert er doch richtig dessen politische Gesichtslosigkeit im versöhnlerischen Exekutivkomitee.

Am 14. März wurde das Manifest »An die Völker der ganzen Welt«, das die Februarrevolution im Interesse der Entente deutete und den Triumph des neuen, republikanischen Sozialpatriotismus französischer Marke darstellte, im Sowjet *einstimmig* angenommen. Das war zweifellos ein Sieg Kamenew-Stalin, der offensichtlich ohne großen Kampf erreicht worden war. Die »Prawda« schrieb darüber als von einem »bewußten Kompromiß zwischen den verschiedenen im Sowjet vertretenen Strömungen«. Es hätte nur hinzugefügt werden müssen, daß der Kompromiß einen offenen Bruch mit der Strömung Lenins bedeutete, die im Sowjet überhaupt nicht vertreten war.

Das Mitglied der ausländischen Redaktion des Zentralorgans, Kamenew, das Mitglied des Zentralkomitees, Stalin, und der Dumadeputierte Muranow, ebenfalls aus Sibirien zurückgekehrt, schoben die alte, zu »linke« Redaktion der »Prawda« beiseite und nahmen, auf ihre problematischen Rechte gestützt, am 15. März die Zeitung in ihre Hände. Im Programmartikel der neuen Redaktion wurde verkündet, die Bolschewiki würden die Provisorische Regierung entschieden unterstützen, »insofern sie gegen Reaktion und Konterrevolution kämpft«. In der Frage des Krieges sprachen sich die neuen Leiter nicht weniger kategorisch aus: solange die deutsche Armee ihrem Kaiser gehorcht, müßte der russische Soldat »fest auf seinem Posten stehen, Kugel mit Kugel und Geschoß mit Geschoß beantworten«. »Nicht das inhaltlose ›Nieder mit dem Krieg‹ ist unsere Losung. Unsere Losung ist – der Druck auf die Provisorische Regierung mit dem Ziele, sie zu zwingen ... mit einem Versuch hervorzutreten, alle kämpfenden Länder zur sofortigen Aufnahme von Friedensverhandlungen zu bewegen .... Bis dahin bleibt aber jeder auf seinem Kampfposten!« Idee wie Formulierung sind durch und durch im Geiste der Landesverteidigung. Das Programm des Druckes auf die imperialistische Regierung mit dem Ziele, diese zur friedlichen Handlungsweise »zu bewegen«, war das Programm Kautskys in Deutschland, Jean Longuets in Frankreich, Macdonalds in England, keinesfalls aber das Programm Lenins, der zur Niederwerfung der imperialistischen Herrschaft aufrief. In ihrer Verteidigung vor der patriotischen Presse ging die »Prawda« noch weiter: »Jeglicher ›Defätismus‹«, schrieb sie, »oder richtiger das, was die nicht wählerische Presse unter dem Schutze der zaristischen Zensur mit diesem Namen brandmarkte, starb in dem Augenblick, als in den Straßen Petrograds das erste revolutionäre Regiment erschien.« Das war direkt Abgrenzung gegen Lenin. Der »Defätismus« war keinesfalls eine Erfindung der feindlichen Presse unter dem Schutze der Zensur, er wurde von Lenin mit der Formel gegeben: »Die Niederlage Rußlands ist das kleinere Übel.« Das Erscheinen des ersten revolutionären Regiments und sogar der Sturz der Monarchie änderte an dem imperialistischen Charakter des Krieges nichts. »Der Tag des Erscheinens der ersten Nummer der umgestalteten ›Prawda‹ – am 15. März –«, erzählt Schljapnikow, »war ein Triumphtag für die Landesverteidiger. Das ganze Taurische Palais, von den Geschäftemachern des Komitees der Reichsduma bis zum Herzen der revolutionären Demokratie – dem Exekutivkomitee –, waren von der Neuigkeit erfüllt: dem Siege der gemäßigten, vernünftigen Bolschewiki über die Extremen. Im Exekutivkomitee selbst empfing man uns mit giftigem Lächeln ... Als diese Nummer der ›Prawda‹ in die Fabriken gelangte, rief sie unter den Mitgliedern unserer Partei und den mit ihr Sympathisierenden tiefes Erstaunen hervor und höhnende Freude bei den Gegnern ... Die Empörung in den Bezirken war groß, und als die Proletarier erfuhren, daß die ›Prawda‹ von drei aus Sibirien angekommenen früheren Leitern des Blattes eigenmächtig übernommen worden sei, verlangten sie deren Ausschluß aus der Partei.«

Die »Prawda« war bald gezwungen, einen scharfen Protest der Wyborger abzudrucken: »Wenn sie (die Zeitung) nicht das Vertrauen der Arbeiterviertel verlieren will, so muß und wird sie das Licht des revolutionären Bewußtseins tragen, so grell es den bürgerlichen Eulen auch sein mag.« Proteste von unten veranlaßten die Redaktion, etwas vorsichtiger in den Ausdrücken zu sein, nicht aber die Politik zu ändern. Sogar Lenins erster Artikel, der inzwischen aus dem Auslande angekommen war, berührte das Bewußtsein der Redaktion nicht. Der Kurs ging auf der ganzen Linie nach rechts. »In unserer Agitation«, erzählt Dingelstedt, ein Vertreter des linken Flügels, »mußten wir dem Prinzip der Doppelherrschaft Rechnung tragen ... und die Unvermeidlichkeit dieses Umweges jener Arbeiter- und Soldatenmasse nachzuweisen suchen, die während eines halben Monats intensiven politischen Lebens in einem ganz anderen Begriff ihrer Aufgaben erzogen worden war.«

Die Politik der Partei im ganzen Lande glich sich naturgemäß der »Prawda« an. In vielen Sowjets wurden jetzt Resolutionen über grundlegende Fragen einstimmig angenommen: die Bolschewiki beugten sich einfach der Sowjetmehrheit. Auf der Sowjetkonferenz des Moskauer Bezirks schlossen sich die Bolschewiki der Resolution der Sozialpatrioten über den Krieg an. Schließlich stimmten die Bolschewiki auf der Allrussischen Konferenz der Vertreter von 82 Sowjets in Petrograd, Ende März und Anfang April, für die offizielle, von Dan befürwortete Resolution über die Macht. Diese merkwürdige politische Annäherung an die Menschewiki lag im Wesen der breit herausgebildeten Vereinigungstendenzen. In der Provinz vereinigten sich Bolschewiki und Menschewiki in gemeinsamen Organisationen. Die Fraktion Kamenew-Stalin verwandelte sich immer mehr in die linke Flanke der sogenannten revolutionären Demokratie und schloß sich der Mechanik des parlamentarischen Hinter-den-Kulissen-»Drucks« auf die Bourgeoisie an, diesen durch einen Druck hinter den Kulissen auf die Demokratie ergänzend.

Der ausländische Teil des Zentralkomitees und die Redaktion des Zentralorgans »Sozialdemokrat« bildeten das geistige Zentrum der Partei. Lenin, mit Sinowjew als Helfer, trug die ganze leitende Arbeit. Äußerst verantwortliche Sekretärpflichten erfüllte Lenins Frau, Krupskaja. In der praktischen Arbeit stützte sich dieses kleine Zentrum auf die Hilfe einiger Dutzend zu den Bolschewiki gehörender Emigranten. Die Abgetrenntheit von Rußland wurde im Kriege um so unerträglicher, je enger die Militärpolizei der Entente ihre Kreise zog. Der Ausbruch der Revolution, den man lange und gespannt erwartet hatte, kam überraschend. England lehnte kategorisch die Durchlassung der Emigranten-Internationalisten, über die es sorgfältigst Listen führte, nach Rußland ab. Lenin raste im Züricher Käfig, nach einem Ausweg suchend. Unter Hunderten von Plänen, die einander ablösten, gab es auch den, auf den Paß eines taubstummen Skandinaviers zu reisen. Gleichzeitig läßt Lenin keine Gelegenheit vorübergehen, seine Stimme aus der Schweiz hören zu lassen. Schon am 6. März telegraphiert er über Stockholm nach Petrograd: »Unsere Taktik: restloses Mißtrauen, keinerlei Unterstützung der neuen Regierung; Kerenski mißtrauen wir besonders; Bewaffnung des Proletariats die einzige Garantie; unverzüglich Wahlen in die Petrograder Duma; keine Annäherung an andere Parteien.« Allein die Erwähnung der Wahlen für die Duma, statt für den Sowjet, hatte in dieser ersten Direktive episodischen Charakter und kam bald in Wegfall; die übrigen Punkte, mit telegraphischer Bestimmtheit ausgedrückt, geben schon vollständig die allgemeine Richtung der Politik wieder. Gleichzeitig beginnt Lenin, an die »Prawda« seine »Briefe aus der Ferne« zu senden, die, auf Bruchteile ausländischer Informationen gestützt, eine fertige Analyse der revolutionären Situation enthalten. Die Nachrichten der ausländischen Presse ermöglichen ihm bald den Schluß, daß die Provisorische Regierung unter direkter Beihilfe nicht nur Kerenskis, sondern auch Tschcheidses die Arbeiter mit Erfolg betrügt, indem sie den imperialistischen Krieg für einen Landesverteidigungskrieg ausgibt. Am 17. März schickt Lenin durch Vermittlung der Freunde in Stockholm einen von Sorge erfüllten Brief. »Unsere Partei würde sich für ewig mit Schande bedecken, politisch umbringen, wenn sie auf einen solchen Betrug einginge ... Ich werde sogar einen sofortigen Bruch, mit wem auch immer aus unserer Partei, vorziehen, als dem Sozialpatriotismus nachgeben ...« Nach dieser dem Anschein nach unpersönlichen, jedoch auf bestimmte Personen berechneten Drohung beschwört Lenin: »Kamenew muß begreifen, daß auf ihm welthistorische Verantwortung ruht.« Kamenew wird deshalb genannt, weil es sich um prinzipielle Fragen der Politik handelt. Würde Lenin die praktische Kampfaufgabe meinen, er würde eher an Stalin denken. Doch gerade in jenen Stunden, als Lenin bestrebt war, durch das rauchende Europa hindurch die Spannkraft seines Willens nach Petrograd zu leiten, schwenkte Kamenew unter Mitwirkung Stalins schroff in die Richtung zum Sozialpatriotismus ab.

All die Pläne von Schminke, Perücken, fremden und falschen Pässen fielen einer nach dem anderen als undurchführbar weg. Gleichzeitig trat immer konkreter die Idee der Reise durch

Deutschland hervor. Dieser Plan erschreckte die Mehrzahl der Emigranten, und zwar nicht nur die Patrioten. Martow und andere Menschewiki wagten nicht, sich der kühnen Initiative Lenins anzuschließen, und fuhren fort, vergeblich an die Türen der Entente zu klopfen. Vorwürfe wegen der Reise durch Deutschland wurden später sogar von vielen Bolschewiken erhoben, infolge der Schwierigkeiten, die der »plombierte Wagen« für die Agitation geschaffen hatte. Lenin schloß von Anfang an die Augen nicht vor den späteren Schwierigkeiten. Krupskaja schrieb kurz vor der Abreise aus Zürich: »Gewiß werden die Patrioten in Rußland ein Geheul anstimmen, aber man muß darauf gefaßt sein.« Die Frage stand so: entweder in der Schweiz bleiben oder durch Deutschland reisen. Andere Wege gab es überhaupt nicht. Konnte Lenin da auch nur einen Moment zweifeln? Genau einen Monat später mußten Martow, Axelrod und andere Lenins Spuren folgen.

In der Organisation dieser ungewöhnlichen Reise durch feindliches Land während des Krieges äußern sich die grundlegenden Züge Lenins als Politiker: Kühnheit des Vorhabens und umsichtige Sorgfalt der Durchführung. In diesem großen Revolutionär lebte ein pedantischer Notar, der jedoch seinen Platz kannte und zur Aufnahme seines Akts in dem Moment schritt, wo dies der Sache der Vernichtung sämtlicher Notariatsakte dienen konnte. Äußerst sorgfältig ausgearbeitete Bedingungen der Reise durch Deutschland bildeten die Basis eines eigenartigen internationalen Vertrages zwischen der Redaktion der Emigrantenzeitung und dem Reiche der Hohenzollern. Lenin fordert für die Durchfahrt volle Exterritorialität: keine Kontrolle über die personale Zusammensetzung der Durchreisenden, ihrer Pässe und ihres Gepäcks, kein Mensch durfte unterwegs den Wagen betreten (daher die Legende vom »plombierten« Wagen). Ihrerseits verpflichtete sich die Emigrantengruppe, in Rußland auf die Freilassung einer entsprechenden Anzahl von Zivilgefangenen, Deutschen und Österreichern, zu dringen.

Gemeinsam mit einigen ausländischen Revolutionären wurde eine Deklaration ausgearbeitet. »Die russischen Internationalisten, die ... sich jetzt nach Rußland begeben, um dort der Sache der Revolution zu dienen, werden uns helfen, die Proletarier der anderen Länder, insbesondere die Proletarier Deutschlands und Österreich-Ungarns, zur Erhebung gegen ihre Regierungen zu bringen.« So lautete das Protokoll, das von Loriot und Guilbeaux für Frankreich, Paul Levi für Deutschland, Platten für die Schweiz, von den schwedischen linken Deputierten und anderen mehr unterschrieben wurde. Unter diesen Bedingungen und Vorsichtsmaßregeln reisten Ende März dreißig russische Emigranten aus der Schweiz ab, selbst unter den Frachten des Krieges eine Fracht von außerordentlicher Explosivkraft.

In dem Abschiedsbrief an die Schweizer Arbeiter erinnerte

Lenin an die Erklärung des Zentralorgans der Bolschewiki vom Herbst 1915: Sollte die Revolution in Rußland eine republikanische Regierung an die Macht bringen, die den imperialistischen Krieg fortsetzen will, werden die Bolschewiki gegen die Verteidigung des republikanischen Vaterlandes sein. Heute ist diese Situation eingetreten. »Unsere Losung: keine Unterstützung der Regierung Gutschkow-Miljukow.« Mit diesen Worten betrat jetzt Lenin das Territorium der Revolution.

Die Mitglieder der Provisorischen Regierung sahen jedoch keinen Grund zur Beunruhigung. Nabokow erzählt: »In einer Märzsitzung der Provisorischen Regierung, in der Pause, vor der Fortsetzung eines Gesprächs über die anwachsende bolschewistische Propaganda, erklärte Kerenski, wie üblich hysterisch kichernd: ›Wartet nur, Lenin selbst ist unterwegs, da wird es erst richtig beginnen‹ ...« Kerenski hatte recht: das Richtige sollte erst beginnen. Doch sahen die Minister, nach den Worten Nabokows, keinen Grund zu Beunruhigung: »Allein die Tatsache, sich an Deutschland gewandt zu haben, wird Lenins Autorität dermaßen untergraben, daß man ihn nicht zu fürchten haben wird.« Wie üblich, waren die Minister auch hier sehr scharfsichtig.

Freunde und Schüler reisten nach Finnland, Lenin abzuholen. »Kaum hatte er das Coupé betreten und Platz genommen«, erzählt Raskolnikow, ein junger Seeoffizier und Bolschewik, »fiel Wladimir Iljitsch auch schon über Kamenew her: ›Was wird bei euch in der Prawda geschrieben? Wir haben einige Nummern gesehen und tüchtig auf euch geschimpft‹ ...« Das war die Begegnung nach einigen Jahren der Trennung. Doch das hinderte nicht, daß sie herzlich war.

Unter Mitwirkung der militärischen Organisation mobilisierte das Petrograder Komitee einige tausend Arbeiter und Soldaten für den festlichen Empfang Lenins. Eine befreundete Panzerwagendivision ordnete für diesen Zweck alle vorhandenen Panzerautos ab. Das Komitee beschloß, in Begleitung der Panzerwagen zum Bahnhof zu gehen: die Revolution hatte bereits die Leidenschaft für diese massigen Ungeheuer geweckt, die in den Straßen der Stadt auf seiner Seite zu haben so vorteilhaft ist.

Die Beschreibung des offiziellen Empfanges, der im sogenannten Zarenzimmer des Finnländischen Bahnhofs stattfand, bildete eine sehr lebendige Seite der vielbändigen und sonst recht schläfrigen Aufzeichnungen Suchanows. »Ins Zarenzimmer kam oder richtiger stürzte Lenin herein, im runden Hut, mit erfrorenem Gesicht und – einem prächtigen Bukett in der Hand. Als er bis zur Mitte des Zimmers gelaufen war, blieb er plötzlich vor Tschcheidse stehen, als sei er auf ein ganz unerwartetes Hindernis gestoßen. Da trug Tschcheidse, ohne sein bisheriges mürrisches Aussehen zu verändern, folgende nicht nur im Geist und Text, sondern auch im Ton einer Belehrung gehaltene ›Begrüßungs‹-Rede vor:

›Genosse Lenin, im Namen des Petersburger Sowjets und der gesamten Revolution begrüßen wir Sie in Rußland ... *Aber* wir sind der Ansicht, daß die Hauptaufgabe der revolutionären Demokratie jetzt in der Verteidigung unserer Revolution gegen alle Anschläge, von innen wie von außen, besteht ... Wir hoffen, daß Sie gemeinsam mit uns diese Ziele verfolgen werden.‹ Tschcheidse schwieg. Ich war außer mir vor Überraschung ... Lenin aber wußte sichtlich gut, wie sich all dem gegenüber zu verhalten. Er stand da mit einem Ausdruck, als betreffe all das Geschehene ihn nicht im geringsten: er blickte nach allen Seiten, betrachtete die Gesichter ringsum und sogar die Decke des ›Zaren‹zimmers, ordnete sein Bukett (das recht wenig mit seiner ganzen Figur harmonierte), und dann, von der Delegation des Exekutivkomitees schon völlig abgewandt, ›antwortete‹ er: ›Liebe Genossen, Soldaten, Matrosen und Arbeiter! Ich bin glücklich, in eurer Person die siegreiche Russische Revolution zu begrüßen, euch als die Avantgarde der proletarischen Weltarmee zu begrüßen ... Die Stunde ist nicht fern, wo auf den Ruf unseres Genossen Karl Liebknecht die Völker die Waffen gegen ihre Ausbeuter, die Kapitalisten, richten werden ... Die Russische Revolution, von euch vollbracht, hat eine neue Epoche eingeleitet. Es lebe die sozialistische Weltrevolution ...‹«

Suchanow hat recht, – das Bukett harmonierte schlecht mit Lenins Figur, es behinderte ihn zweifellos und beengte ihn durch die Deplaziertheit auf dem grauen Hintergrunde der Ereignisse. Überhaupt liebte Lenin Blumen nicht im Bukett. Doch noch viel mehr mußte ihn dieser offizielle heuchlerisch-belehrende Empfang im Paradezimmer des Bahnhofs beengen. Tschcheidse war besser als seine Begrüßungsrede. Er fürchtete Lenin ein wenig. Doch war ihm sicher eingeflößt worden, man müsse diesen »Sektierer« von Anfang an zurechtweisen. Als Ergänzung zu der Rede Tschcheidses, die das traurige Niveau der Führung demonstrierte, verfiel ein junger Flottenequipagekommandeur, der im Namen der Matrosen sprach, darauf, den Wunsch zu äußern, Lenin möge Mitglied der Provisorischen Regierung werden. So empfing die Februarrevolution, zerfahren, wortreich und einfältig den Mann, der in der festen Absicht gekommen war, ihr Sinn und Willen einzuflößen. Schon diese ersten Eindrücke, die mitgebrachte Besorgnis verzehnfachend, riefen ein schwer zurückzuhaltendes Protestgefühl hervor. Nur schnell die Ärmel hochkrempeln! Appellierend von Tschcheidse an die Matrosen und Arbeiter, von der Vaterlandsverteidigung an die internationale Revolution, von der Provisorischen Regierung an Liebknecht, machte Lenin auf dem Bahnhof nur eine kleine Probe seiner ganzen weiteren Politik durch.

Und dennoch hatte diese plumpe Revolution den Führer sogleich und fest in ihren Schoß aufgenommen. Die Soldaten verlangten, daß Lenin auf einem Panzerwagen Platz nähme, und es blieb ihm nichts übrig, als diese Forderung zu erfüllen. Die herabgesunkene Nacht gestaltete den Zug besonders imposant. Bei gelöschten Lichtern der übrigen Panzerwagen durchschnitt der Scheinwerfer des Autos, in dem Lenin fuhr, grell die Finsternis. Der Lichtstrahl entriß dem Dunkel der Straßen die erregten Scharen der Arbeiter, Soldaten und Matrosen, der gleichen, die die größte Umwälzung vollbracht hatten, die Macht aber zwischen den Fingern entgleiten ließen. Das Militärorchester mußte unterwegs mehrere Male schweigen, um Lenin die Möglichkeit zu geben, vor immer neuen und neuen Hörern seine Bahnhofsrede zu variieren. »Der Triumph war glänzend«, sagt Suchanow, »und sogar recht symbolisch.«

Im Kschesinskaja-Palais, dem bolschewistischen Stab im Atlasnest der Hofballerina – diese Vermischung muß der stets wachen Ironie Lenins Spaß gemacht haben –, begannen die Begrüßungen von neuem. Das war schon zuviel. Lenin erduldete die Ströme von Lobreden wie ein ungeduldiger Passant den Regen unter einem zufälligen Tor. Er fühlte die aufrichtige Freude über seine Ankunft heraus, aber es ärgerte ihn, daß diese Freude so redselig war. Der ganze Ton der offiziellen Begrüßungen kam ihm nachgeahmt, affektiert vor, mit einem Wort, der kleinbürgerlichen Demokratie entlehnt, deklamatorisch, sentimental und falsch. Er sah, daß die Revolution ihrer Aufgaben und Wege noch nicht bestimmt, aber bereits ihre ermüdende Etikette geschaffen hatte. Er lächelte gutmütig-vorwurfsvoll, blickte auf die Uhr und gähnte wohl von Zeit zu Zeit ungezwungen. Noch waren die letzten Begrüßungsworte nicht verklungen, als der ungewöhnliche Gast über dieses Auditorium mit einem reißenden Strom leidenschaftlicher Gedanken herfiel, die sehr häufig wie Geißelhiebe klangen. In jener Periode war die Stenographiekunst dem Bolschewismus noch nicht geläufig. Niemand machte Notizen, alle waren zu stark vom Geschehen ergriffen. Die Rede ist nicht erhalten geblieben, es blieb nur der allgemeine Eindruck von ihr in den Erinnerungen der Zuhörer, aber auch er unterlag der Bearbeitung der Zeit: Die Begeisterung wurde vergrößert, die Angst verkleinert. In Wirklichkeit war der Eindruck der Rede, selbst bei den Allernächsten, vorwiegend gerade der der Angst. Alle gewohnten Formeln, die während des Monats, wie es schien, durch endlose Wiederholungen unerschütterliche Festigkeit gewonnen hatten, explodierten eine nach der andern vor den Augen des Auditoriums. Die kurze Leninsche Replik auf dem Bahnhof, hingeworfen über den Kopf des fassungslosen Tschcheidse, wurde hier zu einer zweistündigen Rede entwickelt, unmittelbar an die Petrograder Kader des Bolschewismus gerichtet.

Zufällig war in dieser Versammlung als Gast, eingelassen durch Kamenews Gutmütigkeit – Lenin duldete solche Nachsicht nicht –, der parteilose Suchanow anwesend. Diesem Umstand verdanken wir die von einem Außenstehenden stammende, halb feindliche, halb begeisterte Schilderung der ersten Begegnung Lenins mit den Petrograder Bolschewiki.

»Unvergeßlich ist mir die donnerähnliche Rede, die nicht allein mich, einen zufällig hierher geratenen Häretiker, erschütterte und verblüffte, sondern auch alle Rechtgläubigen. Ich behaupte, niemand hatte so etwas erwartet. Es schien, als hätten sich alle Elemente aus ihren Höhlen erhoben, und der Geist der Vernichtung, der keine Grenzen, keine Zweifel, keine menschlichen Schwierigkeiten, keine menschlichen Berechnungen kennt, schwebe im Saale der Kschesinskaja über den Häuptern der verzauberten Schüler.«

Menschliche Berechnungen und Schwierigkeiten, das sind für Suchanow hauptsächlich die Schwankungen des Redaktionskreises um die »Nowaja Schisn«, während des Tees bei Maxim Gorki. Die Berechnungen Lenins waren tieferer Natur. Nicht Elemente schwebten im Saale, sondern der menschliche Gedanke, vor den Elementen nicht erschrocken, sondern bestrebt, sie zu begreifen, um sie zu beherrschen. Aber immerhin: der Eindruck ist grell wiedergegeben.

»Als ich mit den Genossen hierher fuhr«, sagte Lenin nach Suchanows Wiedergabe, »dachte ich, man würde uns vom Bahnhof direkt in die Peter-Paul-Festung bringen. Wie wir sehen, sind wir sehr weit davon entfernt. Doch wollen wir die Hoffnung nicht verlieren, daß das an uns nicht vorbeigehen wird, daß wir es nicht werden vermeiden können.« Während für die anderen die Entwicklung der Revolution gleichbedeutend mit der Befestigung der Demokratie war, führte für Lenin die nächste Perspektive direkt in die Peter-Paul-Festung. Das klang wie ein unheilkündender Scherz. Doch dachte Lenin, und gemeinsam mit ihm die Revolution, durchaus nicht daran, zu scherzen.

»Die Agrarreform auf gesetzgebendem Wege«, klagt Suchanow, »schleuderte er ebenso weg wie die übrige feste Politik des Sowjets. Er verkündete die organisierte Aneignung des Landes durch die Bauern, ohne auf irgendwelche Staatsmacht . . . zu warten.«

»Wir brauchen keine parlamentarische Republik, wir brauchen keine bürgerliche Demokratie, wir brauchen keinerlei Regierung außer den Sowjets der Arbeiter, Soldaten und Landarbeiterdeputierten!«

Gleichzeitig grenzte sich Lenin schroff gegen die Sowjetmehrheit ab, diese in das feindliche Lager verweisend. »Dies allein genügte in jener Zeit, daß den Zuhörern schwindlig wurde!«

»Nur die Zimmerwalder Linke steht auf der Wacht der proletarischen Interessen und der Weltrevolution«, gibt Suchanow empört die Leninschen Gedanken wieder. »Die übrigen sind die gleichen Opportunisten, die gute Worte sprechen, in der Tat aber ... die Sache des Sozialismus und der Arbeitermassen verraten.«

»Entschieden geißelte er die Taktik, die die leitenden Parteigruppen und einzelne Genossen bis zu seiner Ankunft verfolgt hatten«, ergänzt Raskolnikow Suchanow. »Hier waren die verantwortlichsten Parteiarbeiter vertreten. Aber auch ihnen kam die Rede Iljitschs als eine wahre Offenbarung. Sie hatte den Rubikon gezogen zwischen der Taktik des gestrigen und des heutigen Tages.«

Diskussionen über das Referat gab es nicht: alle waren zu betäubt, und jeder wollte erst seine Gedanken sammeln. »Ich ging auf die Straße hinaus«, schließt Suchanow, »ich hatte das Gefühl, als wäre ich in dieser Nacht mit Ketten auf den Kopf geschlagen worden. Klar war nur das eine: nein, mit Lenin habe ich, der Wilde, keinen gemeinsamen Weg!« Allerdings!

Am nächsten Tage präsentierte Lenin der Partei eine kurze schriftliche Darstellung seiner Ansichten, die, unter dem Namen »Thesen vom 4. April«, eines der wichtigsten Dokumente der Revolution geworden sind. Die Thesen gaben einfache Gedanken in einfachen, allen verständlichen Worten wieder. Die Republik, die aus dem Februaraufstand hervorgegangen ist, ist nicht unsere Republik, und der Krieg, den sie führt, nicht unser Krieg. Die Aufgabe der Bolschewiken besteht darin, die imperialistische Regierung zu stürzen. Doch hält diese sich durch die Unterstützung der Sozialrevolutionäre und Menschewiki, die sich auf das Vertrauen der Volksmassen stützen. Wir sind in der Minderheit. Unter diesen Bedingungen kann von Gewalt unsererseits nicht die Rede sein. Man muß die Massen lehren, den Versöhnlern und Landesverteidigern zu mißtrauen. »Man muß geduldig aufklären.« Der Erfolg einer solchen Politik, die sich aus der gesamten Situation ergibt, ist gesichert und wird uns zur Diktatur des Proletariats führen, also folglich über die Grenzen des bürgerlichen Regimes hinaus. Wir wollen restlos mit dem Kapital brechen, seine Geheimverträge veröffentlichen und die Arbeiter der ganzen Welt zum Bruch mit der Bourgeoisie und zur Liquidierung des Krieges aufrufen. Wir beginnen die internationale Revolution. Nur ihr Erfolg wird unseren Erfolg festigen und den Übergang zum sozialistischen Regime sichern.

Lenins Thesen wurden in seinem eigenen und nur in seinem Namen veröffentlicht. Die zentralen Parteiinstitutionen begegneten ihnen mit Feindseligkeit, die nur durch Fassungslosigkeit gemildert war. Niemand – weder eine Organisation, noch eine Gruppe, noch eine Person – schloß sich ihnen durch Unterschrift an. Sogar Sinowjew, der gemeinsam mit Lenin aus dem Auslande angekommen war, wo sich seine Gedanken im Laufe von zehn Jahren unter Lenins unmittelbarem und täglichem Einfluß geformt hatten, trat schweigend beiseite. Und dieser Abgang kam dem Lehrer, der seinen nächsten Schüler nur zu gut kannte, nicht unerwartet. Wenn Kamenew Propagandist und Popularisator war, so war Sinowjew Agitator und sogar, nach Lenins Ausdruck, nur Agitator. Um Führer zu sein, fehlte ihm vor allem Verantwortungsgefühl. Aber nicht nur dies. Sein jeder inneren Disziplin bares Denken ist zu theoretischer Arbeit völlig unfähig und geht auf in der formlosen Intuition des Agitators. Dank einem besonders geschärften Instinkt, erfaßte er stets im Fluge die ihm notwendigen Formulierungen, das heißt solche, die auf die Massen die effektvollste Wirkung erleichterten. Als Journalist wie als Redner blieb er unveränderlich Agitator, mit dem Unterschiede, daß in den Artikeln hauptsächlich seine schwachen Seiten hervortreten, während in der mündlichen Rede die starken überwiegen. Verwegener und ungezähmter in der Agitation als sonst jemand von den Bolschewiki, ist Sinowjew noch weniger als Kamenjew zu revolutionärer Initiative fähig. Er ist unentschlossen wie alle Demagogen. Aus der Arena fraktioneller Zusammenstöße in die Arena der unmittelbaren Massenkämpfe hinübergetreten, trennte sich Sinowjew fast unwillkürlich von seinem Lehrer.

In den letzten Jahren hat es nicht an Versuchen gefehlt, zu beweisen, daß die Aprilkrise der Partei eine flüchtige und fast zufällige Verwirrung gewesen sei. Doch alle zerstäuben sie zu Asche bei der ersten Berührung mit den Tatsachen.*

Schon das, was wir über die Tätigkeit der Partei im Laufe des März wissen, deckt uns den tiefsten Gegensatz zwischen Lenin und der Petrograder Parteileitung auf. Gerade im Augenblick des Eintreffens Lenins erreichte der Gegensatz höchste Spannung. Gleichzeitig mit der Allrussischen Konferenz der Vertreter von 82 Sowjets, wo Kamenew und Stalin für die von den Sozialrevolutionären und Menschewiki eingebrachte Resolution über die Macht stimmten, fand in Petrograd die Parteikonferenz der aus ganz Rußland zusammengekommenen Bolschewiki statt. Für die Charakteristik der Stimmungen und Meinungen der Partei, richtiger ihrer Oberschicht, wie sie aus dem Krieg hervorgegangen war, ist die Konferenz, an deren Schluß Lenin eintraf, von ganz besonderem Interesse. Die Lektüre der Protokolle, die bis auf den heutigen Tag nicht veröffentlicht worden sind, ruft nicht selten Zweifel hervor: soll tatsächlich die Partei, von diesen Delegierten vertreten, in sieben Monaten mit eiserner Hand die Macht ergreifen?

Nach der Umwälzung war schon ein Monat vergangen – für einen Krieg wie für eine Revolution eine lange Frist. In der Partei

* In der großen Kollektivarbeit unter der Redaktion Prof. Pokrowskis »Abrisse zur Geschichte der Oktoberrevolution« (Bd. II, Moskau 1927) ist der April-»Verwirrung« die apologetische Arbeit eines gewissen Bajewski gewidmet, die man nach ihrem ungenierten Umspringen mit Tatsachen und Dokumenten zynisch nennen müßte, wenn sie nicht so kindlich unbeholfen wäre.

aber waren noch die Ansichten über die grundlegenden Fragen der Revolution nicht geklärt. Extreme Patrioten, von der Art Wojtinskis, Eliawas und anderer, beteiligten sich an der Konferenz Seite an Seite mit denen, die sich für Internationalisten hielten. Der Prozentsatz der offenen Patrioten, unvergleichlich geringer als bei den Menschewiki, war immerhin bedeutend. Die Konferenz in ihrer Gesamtheit ließ die Frage unentschieden: Spaltung mit den eigenen Patrioten oder Vereinigung mit den Patrioten des Menschewismus. In den Pausen zwischen den Sitzungen der bolschewistischen Konferenz fanden gemeinsame Sitzungen von Bolschewiki und Menschewiki, Delegierten der Sowjetkonferenz, statt, um die Frage des Krieges zu erörtern. Der wütendste menschewistische Patriot, Liber, erklärte auf dieser gemeinsamen Konferenz: »Die frühere Teilung in Bolschewiki und Menschewiki muß beiseitegestellt und es soll nur von unserer Stellung zum Kriege gesprochen werden.« Der Bolschewik Wojtinski zögerte nicht, seine Bereitschaft zu proklamieren, jedes Wort Libers zu unterschreiben. Alle zusammen, Bolschewiki und Menschewiki, Patrioten und Internationalisten, suchten eine gemeinsame Formel für ihre Stellung zum Kriege.

Die Ansichten der bolschewistischen Konferenz fanden ihren zweifellos adäquatesten Ausdruck in Stalins Referat über die Stellung zur Provisorischen Regierung. Es ist nötig, hier den zentralen Gedanken des Referats wiederzugeben, das, wie die Protokolle im ganzen, bis heute nirgendwo veröffentlicht wurde. »Die Macht ist auf zwei Organe aufgeteilt, von denen aber keines die volle Macht innehat. Reibungen und Kampf zwischen ihnen bestehen und müssen bestehen. Die Rollen sind verteilt. Der Sowjet hat faktisch die Initiative revolutionärer Umgestaltungen ergriffen. Der Sowjet ist der revolutionäre Führer des aufständischen Volkes, ein die Provisorische Regierung kontrollierendes Organ. Die Provisorische Regierung dagegen hat faktisch die Rolle des Befestigers der Errungenschaften des revolutionären Volkes übernommen. Der Sowjet mobilisiert und kontrolliert die Kräfte. Die Provisorische Regierung dagegen erfüllt widerstrebend und irrend die Rolle des Befestigers jener Errungenschaften des Volkes, die dieses sich bereits faktisch genommen hat. Dieser Zustand hat positive, aber auch negative Seiten: es ist für uns jetzt nicht von Vorteil, die Ereignisse zu forcieren, indem wir den Prozeß der Abstoßung bürgerlicher Schichten beschleunigen, die sich in der Folge unvermeidlich von uns trennen müssen.«

Das Verhältnis zwischen Bourgeoisie und Proletariat stellt der Referent, der sich über die Klassen erhebt, als einfache Arbeitsteilung dar. Die Arbeiter und Soldaten vollbringen die Revolution, Gutschkow und Miljukow »festigen« sie. Wir erkennen hier die traditionelle Konzeption des Menschewismus, eine schlechte Kopie der Ereignisse des Jahres 1789. Gerade den Führern des

Menschewismus ist dieses inspektorhafte Herangehen an den historischen Prozeß eigen, die Erteilung von Befehlen an verschiedene Klassen und die gönnerhafte Kritik an deren Ausführung. Der Gedanke, daß es unvorteilhaft sei, den Rückzug der Bourgeoisie von der Revolution zu beschleunigen, war stets das höchste Kriterium der gesamten Politik der Menschewiki gewesen. In der Tat bedeutete es: Abstumpfung und Schwächung der Massenbewegung, um die liberalen Verbündeten nicht abzuschrecken. Schließlich deckten sich Stalins Folgerungen in bezug auf die Provisorische Regierung völlig mit der zweideutigen Formel der Versöhnler: »Sofern die Provisorische Regierung die Schritte der Revolution festigt, ist sie zu unterstützen; sofern sie konterrevolutionär ist, ist eine Unterstützung der Provisorischen Regierung unzulässig.«

Das Referat Stalins wurde am 29. März gehalten. Am nächsten Tage entwarf der offizielle Berichterstatter der Sowjetkonferenz, der parteilose Sozialdemokrat Stecklow, zur Verteidigung der gleichen bedingten Unterstützung der Provisorischen Regierung in der Hitze der Ekstase ein solches Bild von der Tätigkeit der »Befestiger« der Revolution – Widerstand gegen soziale Reformen, Neigung zur Monarchie, Begönnerung konterrevolutionärer Kräfte, annexionistische Appetite –, daß die Konferenz der Bolschewiki vor der Formel der Unterstützung beunruhigt zurückprallte. Der rechte Bolschewik Nogin erklärte: »Das Referat Stecklows hat einen neuen Gedanken hineingebracht: es ist offenbar, daß jetzt nicht von einer *Unterstützung*, sondern vom *Widerstand* die Rede sein muß.« Skrypnik kam ebenfalls zu dem Schluß, nach dem Referat von Stecklow »hat sich vieles verändert: von der Unterstützung der Regierung kann nicht mehr gesprochen werden. Es gibt eine Verschwörung der Provisorischen Regierung gegen Volk und Revolution«. Stalin, der tags zuvor ein idyllisches Bild der »Arbeitsteilung« zwischen Regierung und Sowjet gemalt hatte, sah sich gezwungen, den Punkt der Unterstützung zu streichen. Die kurzen und sehr wenig tiefen Diskussionen drehten sich um die Frage: ist die Provisorische Regierung »insofern wie«, oder sind nur ihre revolutionären Aktionen zu unterstützen. Der Delegierte von Saratow, Wassiljew, erklärte nicht ohne Grund: »Die Stellung zur Provisorischen Regierung ist bei allen die gleiche.« Krestinski formulierte die Situation noch krasser: »In praktischen Schritten gibt es zwischen Stalin und Wojtinski keine Meinungsverschiedenheiten.« Obwohl Wojtinski sogleich nach der Konferenz zu den Menschewiki überging, hatte Krestinski gar nicht so unrecht: indem Stalin die offene Erwähnung der Unterstützung zurücknahm, strich er die Unterstützung an sich nicht. Prinzipiell die Frage zu stellen, versuchte nur Krassikow, einer jener alten Bolschewiki, die für eine Reihe von Jahren die Partei verlassen hatten und jetzt, von Lebenserfahrung recht belastet, versuchten, in ihre Reihen zurückzukehren. Krassikow fürchtete sich nicht, den Stier bei den Hörnern zu packen: beabsichtigt ihr etwa, die Diktatur des Proletariats aufzurichten? fragte er ironisch. Die Resolution der Konferenz rief die revolutionäre Demokratie auf, die Provisorische Regierung »zum energischen Kampfe für die völlige Liquidierung des alten Regimes« zu bewegen, das heißt, sie wies der proletarischen Partei die Rolle einer Gouvernante der Bourgeoisie zu.

Am nächsten Tage kam der Antrag Zeretellis über die Vereinigung von Bolschewiki und Menschewiki zur Beratung. Stalin verhielt sich dem Antrag gegenüber absolut positiv: »Wir müssen darauf eingehen. Es ist notwendig, unsere Vorschläge über die Linie der Vereinigung festzulegen. Eine Vereinigung auf der Linie Zimmerwald-Kienthal ist möglich.« Molotow, von Kamenew und Stalin wegen zu radikaler Richtung der Zeitung aus der Redaktion der »Prawda« entfernt, trat mit dem Einwand auf: Zeretelli wolle die gemischtesten Elemente vereinigen, nenne sich selbst auch einen Zimmerwalder, die Vereinigung auf dieser Linie sei falsch. Stalin jedoch blieb bei seiner Meinung: »Man darf nicht vorauseilen«, sagte er, »und den Meinungsverschiedenheiten vorgreifen. Ohne Meinungsverschiedenheiten gibt es kein Parteileben. Innerhalb der Partei werden wir die kleinen Meinungsverschiedenheiten austragen.« Der ganze Kampf, den Lenin in den Jahren des Krieges gegen Sozialpatriotismus und dessen pazifistische Maskierung geführt hatte, war wie ausgelöscht. Im September 1916 schrieb Lenin mit besonderem Nachdruck an Schljapnikow nach Petrograd: »Versöhnlertum und Vereinigungsidee sind für die Arbeiterpartei in Rußland das Schädlichste, nicht nur Idiotie, sondern Ruin der Partei ... Verlassen können wir uns nur auf jene, die den ganzen Betrug der Idee der Vereinigung und die ganze Notwendigkeit des Bruches mit dieser Kumpanei (Tschcheidse & Co.) in Rußland begriffen haben.« Diese Warnung blieb unverstanden. Die Meinungsverschiedenheiten mit Zeretelli, dem Führer des regierenden Sowjetblocks, wurden von Stalin für »kleine« Meinungsverschiedenheiten erklärt, die man innerhalb einer gemeinsamen Partei austragen könne. Dieses Kriterium gibt die beste Bewertung der damaligen Ansichten Stalins.

Am 4. April erscheint auf der Parteikonferenz Lenin. Seine Rede, die die »Thesen« kommentiert, fährt über alle Arbeiten der Konferenz hinweg wie der feuchte Schwamm des Lehrers, der von der Tafel alles auswischt, was ein irrender Schuljunge darauf schrieb.

»Warum wurde die Macht nicht genommen?« fragt Lenin. Auf der Sowjetkonferenz hatte Stecklow kurz vorher die Gründe für die Machtenthaltung wirr auseinanderzusetzen versucht: eine bürgerliche Revolution –, erste Etappe –, Krieg und so weiter. »Das ist Unsinn«, erklärt Lenin, »es handelt sich darum, daß das

Proletariat nicht genügend aufgeklärt und nicht genügend organisiert ist. Das muß man zugeben. Die materielle Macht ist in den Händen des Proletariats, aber die Bourgeoisie zeigte sich aufgeklärt und vorbereitet. Das ist eine ungeheuerliche Tatsache, doch muß man sie offen und geradeheraus zugeben und dem Volke erklären, daß man die Macht nicht übernommen habe, weil man unorganisiert und unaufgeklärt ist.«

Aus der Ebene des falschen Objektivismus, hinter dem sich die politischen Kapitulanten verstecken, rückte Lenin die Frage auf die subjektive Ebene. Das Proletariat hat im Februar die Macht nicht ergriffen, weil die Partei der Bolschewiki nicht auf der Höhe der objektiven Aufgaben war und die Versöhnler nicht zu hindern vermochte, die Volksmassen zugunsten der Bourgeoisie politisch zu expropriieren.

Am Vorabend hatte der Advokat Krassikow herausfordernd gesagt: »Glauben wir, daß die Zeit für die Verwirklichung der Diktatur des Proletariats gekommen ist, dann muß man die Frage auch dementsprechend stellen. Die physische Kraft im Sinne der Machtergreifung besitzen wir zweifellos.« Der Vorsitzende hatte daraufhin Krassikow das Wort mit der Begründung entzogen, es handle sich um praktische Aufgaben, und die Frage der Diktatur stehe nicht zur Diskussion. Lenin aber meinte, die einzige praktische Aufgabe sei gerade die Frage der Vorbereitung der Diktatur des Proletariats. »Die Eigentümlichkeit des gegenwärtigen Momentes in Rußland«, sagte er in den Thesen, »besteht im *Übergang* von der ersten Etappe der Revolution, die infolge der mangelnden Aufgeklärtheit und Organisiertheit des Proletariats, die Macht der Bourgeoisie ausgeliefert hat – zu ihrer *zweiten* Etappe, die die Macht in die Hände des Proletariats und der ärmsten Schicht der Bauernschaft geben muß.«

Nach der »Prawda« beschränkte die Konferenz die Aufgaben der Revolution auf demokratische Umwandlungen, zu verwirklichen durch die Konstituierende Versammlung. Im Gegensatz dazu erklärte Lenin: »Das Leben und die Revolution rücken die Konstituierende Versammlung in den Hintergrund ... Die Diktatur des Proletariats existiert, aber man weiß nicht, was mit ihr anfangen.«

Die Delegierten tauschten Blicke aus, flüsterten einander zu, Iljitsch hätte zu lange im Auslande gesessen, habe sich nicht umgesehen, kenne sich nicht aus. Aber Stalins Referat über die weise Arbeitsteilung zwischen Regierung und Sowjet versank sogleich und für immer in die nie wiederkehrende Vergangenheit. Stalin selbst schwieg. Hinfort wird er lange schweigen müssen. Verteidigen wird sich nur Kamenew.

Schon von Genf aus hatte Lenin in Briefen gewarnt, daß er bereit sei, mit jedem zu brechen, der in den Fragen des Krieges, des Chauvinismus und des Versöhnlertums der Bourgeoisie Konzessionen machen sollte. Jetzt, angesichts der führenden Schicht der Partei, eröffnet Lenin den Angriff auf der ganzen Linie. Anfangs nennt er noch keinen der Bolschewiki beim Namen. Braucht er ein lebendes Beispiel der Falschheit oder Halbheit, dann zeigt er mit dem Finger auf die außerhalb der Partei Stehenden, Stecklow oder Tschcheidse. Das ist die übliche Art Lenins: niemand vorzeitig auf eine Position festzunageln, um den Vorsichtigen Zeit zu lassen, schweigend das Feld zu räumen, und damit die späteren offenen Gegner von vornherein zu schwächen. Kamenew und Stalin meinten, nach dem Februar verteidigen der Soldat und der Arbeiter durch Teilnahme am Kriege die Revolution. Lenin meint, Soldat und Arbeiter nähmen am Kriege, wie bisher, als unterjochte Sklaven des Kapitals teil. »Sogar unsere Bolschewiki«, sagt Lenin, die Kreise um die Gegner enger ziehend, »beweisen Vertrauensseligkeit gegenüber der Regierung. Das kann man nur mit dem Rausch der Revolution erklären. Das ist der Zusammenbruch des Sozialismus ... Wenn dem so ist, trennen sich unsere Wege. Dann bliebe ich lieber in der Minderheit!« Das ist keine leere oratorische Drohung. Das ist ein klar und bis zu Ende überlegter Weg.

Ohne Kamenew und Stalin beim Namen zu nennen, ist Lenin jedoch gezwungen, die Zeitung zu erwähnen: »Die ›Prawda‹ fordert von der Regierung, sie solle auf Annexionen verzichten. Von einer Regierung der Kapitalisten verlangen, sie soll auf Annexionen verzichten – ist Unsinn, schreiender Hohn ...« Die zurückgehaltene Empörung bricht hier auf einer hohen Note durch. Doch der Redner nimmt sich sofort wieder zusammen: er will nicht weniger sagen als nötig, aber auch nicht mehr. Beiläufig, flüchtig gibt Lenin unvergleichliche Regeln revolutionärer Politik: »Wenn die Massen erklären, sie wollen keine Eroberungen, glaube ich ihnen. Wenn Gutschkow und Lwow sagen, sie wollen keine Eroberungen – sind sie Betrüger. Wenn der Arbeiter sagt, er wolle die Verteidigung des Landes, spricht aus ihm der Instinkt des unterdrückten Menschen.«

Über den Aufruf des Sowjets »An die Völker der ganzen Welt«, der seinerzeit der liberalen Zeitung »Rjetsch« Anlaß gegeben hatte, zu erklären, das Thema Pazifismus entwickle sich bei uns zu einer uns und unseren Verbündeten gemeinsamen Ideologie, drückte sich Lenin präziser und krasser aus: »Was in Rußland eigenartig ist, das ist der gigantisch schnelle Übergang von rohester Willkür zu feinstem Betrug.«

»Dieser Aufruf«, schrieb Stalin über das Manifest, »wird, wenn er die breiten Massen (des Westens) erreicht, zweifellos Hunderte und Tausende Arbeiter bewegen, zu der in Vergessenheit geratenen Parole ›Proletarier aller Länder, vereinigt euch‹ zurückzukehren.«

»In dem Aufruf des Sowjets«, erwiderte Lenin, »ist kein Wort, das von Klassenbewußtsein durchdrungen ist. Es ist eine einzige Phrase.« Das Dokument, auf das die hausbackenen Zimmerwalder so stolz waren, ist in Lenins Augen eine Waffe »feinsten Betruges«.

Bis zu Lenins Ankunft hatte die »Prawda« die Zimmerwalder Linke überhaupt nicht erwähnt. Sprach sie von der Internationale, sagte sie nicht, welche. Das eben nannte Lenin »den Kautskyanismus« der »Prawda«. »In Zimmerwald und Kienthal«, sagt er auf der Konferenz, »erhielt das Zentrum das Übergewicht ... Wir erklären, daß wir eine Linke gebildet und mit dem Zentrum gebrochen haben ... Die Richtung des linken Zimmerwald existiert in allen Ländern der Welt. Die Massen sollen erfahren, daß der Sozialismus in der ganzen Welt gespalten ist ...«

Drei Tage zuvor hatte Stalin auf der gleichen Konferenz seine Bereitschaft verkündet, die Meinungsverschiedenheiten mit Zeretelli auf der Basis von Zimmerwald-Kienthal auszutragen, das heißt auf der Basis des Kautskyanismus. »Ich höre, daß in Rußland eine Vereinigungstendenz besteht«, sagte Lenin, »eine Vereinigung mit den Landesverteidigern, – das ist Verrat am Sozialismus. Ich glaube, es ist besser, allein zu bleiben, wie Liebknecht. Einer gegen 116!« Die Beschuldigung des Verrats am Sozialismus, vorläufig noch namenlos, ist hier nicht einfach ein starkes Wort: sie drückt vollständig die Stellung Lenins gegen jene Bolschewiki aus, die den Sozialpatrioten einen Finger entgegenstrecken. Im Gegensatz zu Stalin, der es für möglich erachtet, sich mit den Menschewiki zu vereinigen, hält Lenin es für unzulässig, noch weiterhin mit ihnen den Namen Sozialdemokratie gemeinsam zu tragen. »Für meine Person«, sagt er, »schlage ich vor, den Namen unserer Partei zu ändern und uns *Kommunistische Partei* zu nennen.« »Für meine Person« – das bedeutet, daß niemand, kein einziger Teilnehmer der Konferenz, mit dieser symbolischen Geste des endgültigen Bruchs mit der Zweiten Internationale einverstanden war.

»Ihr fürchtet, alten Erinnerungen untreu zu werden«, sagt der Redner den betretenen, bestürzten, teils auch entrüsteten Delegierten. Doch die Zeit ist da, »die Wäsche zu wechseln, – man muß das schmutzige Hemd ausziehen und ein sauberes anziehen.« Und wieder und wieder drängt er: »Klammert euch nicht an ein altes Wort, das durch und durch verfault ist. Habt den Willen, eine neue Partei aufzubauen ... – und es werden alle Unterdrückten zu euch kommen.«

Die Größe der bevorstehenden Aufgaben, die geistige Verwirrung in den eigenen Reihen, der scharfe Gedanke an die wertvolle Zeit, die sinnlos vergeudet wird für Empfänge, Begrüßungen, rituale Resolutionen, entreißt dem Redner den Schrei: »Genug der Begrüßungen und Resolutionen – es ist Zeit, zur Sache zu schreiten, man muß zur sachlichen, nüchternen Arbeit übergehen!«

Eine Stunde später ist Lenin gezwungen, in der allgemeinen

Versammlung der Bolschewiki und Menschewiki seine Rede zu wiederholen, wo sie die Mehrzahl der Zuhörer als ein Mittelding zwischen Hohn und Fieberwahn erscheint. Die Nachsichtigeren zucken die Achseln. Dieser Mann ist offenbar vom Monde gefallen: nach zehn Jahren Abwesenheit, kaum die Stufen des Finnländischen Bahnhofs heruntergestiegen, predigt er die Machteroberung durch das Proletariat. Die weniger Gutmütigen unter den Patrioten erwähnen den plombierten Wagen. Stankewitsch bezeugt, daß das Auftreten Lenins dessen Gegner sehr erfreut habe: »Ein Mann, der solche Dummheiten spricht, ist ungefährlich. Gut, daß er gekommen ist, jetzt ist er allen sichtbar . . ., jetzt widerlegt er sich selbst.«

Indes ist bei aller Kühnheit ihres revolutionären Elans, bei der unbeugsamen Entschlossenheit, sogar mit alten Gesinnungs- und Kampfgenossen zu brechen, sollten sie sich als unfähig erweisen, mit der Revolution Schritt zu halten, Lenins Rede, deren Teile alle gegeneinander abgewogen sind, von tiefem Realismus und untrüglichem Masseninstinkt erfüllt. Und gerade deshalb mußte sie den an der Oberfläche gleitenden Demokraten phantastisch erscheinen.

Die Bolschewiki sind eine kleine Minderheit in den Sowjets, und Lenin plant die Eroberung der Macht. Ist denn das nicht Abenteurertum? Nicht ein Schatten von Abenteurertum war in der Leninschen Fragestellung. Keinen Augenblick schließt er die Augen vor dem Vorhandensein einer »ehrlichen« Landesverteidigungsstimmung unter der breiten Masse. Ohne in ihr aufzugehen, beabsichtigt er auch nicht, hinter ihrem Rücken zu handeln. »Wir sind keine Scharlatane«, wirft er den zu erwartenden Einwänden und Beschuldigungen entgegen, »wir müssen uns nur auf das Bewußtsein der Massen stützen. Und wenn wir sogar gezwungen sein sollten, in der Minderheit zu bleiben – sei's drum. Es lohnt sich, für eine Zeit auf die führende Stellung zu verzichten, man darf sich nicht davor fürchten, in der Minderheit zu bleiben.« Sich nicht fürchten, in der Minderheit zu bleiben – selbst allein, wie Liebknecht, gegen 110 – das ist das Leitmotiv der Rede.

»Die gegenwärtige Regierung, das ist der Sowjet der Arbeiterdeputierten . . . Im Sowjet ist unsere Partei in der Minderheit . . . Nichts zu machen! Es bleibt uns nur das Irrige ihrer Taktik nachzuweisen, geduldig, beharrlich, systematisch. Solange wir in der Minderheit sind, leisten wir die Arbeit der Kritik, um die Massen vor Betrug zu bewahren. Wir wollen nicht, daß die Massen uns aufs Wort glauben. Wir sind keine Scharlatane. Wir wollen, daß die Massen durch Erfahrung sich von ihren Irrtümern befreien.« Nicht fürchten, in der Minderheit zu bleiben! Nicht für immer, nur für eine Zeit. Die Stunde des Bolschewismus wird schlagen. »Unsere Linie wird sich als richtig erweisen . . . Zu uns wird jeder

Unterdrückte kommen, weil der Krieg ihn zu uns bringen wird. Einen anderen Ausweg hat er nicht.«

»Auf der ›Vereinigungs‹konferenz«, berichtet Suchanow, »erschien Lenin als lebendige Verkörperung der Spaltung ... Ich erinnere mich an Bogdanow (ein angesehener Menschewik), der zwei Schritt entfernt von der Rednertribüne saß. ›Das ist ja Fieberwahn‹, unterbrach er Lenin, ›der Fieberwahn eines Irrsinnigen! ... Es ist eine Schande, diesem Gallimathias zu applaudieren‹, schrie er, zum Auditorium gewandt, blaß vor Zorn und Verachtung, ›ihr schändet euch selbst! Marxisten!‹«

Das ehemalige Mitglied des bolschewistischen Zentralkomitees, Goldenberg, der zu jener Zeit außerhalb der Partei stand, bewertete in der Diskussion Lenins Thesen mit folgenden vernichtenden Worten: »Viele Jahre blieb der Platz Bakunins in der Russischen Revolution unbesetzt, jetzt ist er von Lenin besetzt worden.«

»Sein Programm wurde damals nicht so sehr mit Entrüstung wie mit Hohn aufgenommen«, schrieb später der Sozialrevolutionär Sensinow, »derart sinnlos und ausgeklügelt erschien es allen.«

Am Abend desselben Tages kam bei einer Unterhaltung zweier Sozialisten mit Miljukow, vor der Türe der Kontaktkommission, das Gespräch auf Lenin. Skobeljew schätzte ihn ein als »einen vollkommen erledigten, außerhalb der Bewegung stehenden Menschen«. Suchanow schloß sich der Skobeljewschen Bewertung an und fügte hinzu, »Lenin ist in solchem Maße für keinen akzeptabel, daß er im Augenblick meinem Gesprächspartner Miljukow ganz ungefährlich ist«. Die Rollenverteilung bei dieser Unterhaltung war jedoch ganz nach Lenin: Sozialisten wachten über die Ruhe der Liberalen und bewahrten sie vor Sorgen, die diesen aus dem Bolschewismus erwachsen konnten.

Sogar bis zum britischen Gesandten gelangten die Gerüchte darüber, daß Lenin als schlechter Marxist erkannt worden war. »Unter den neu eingetroffenen Anarchisten ...«, schreibt Buchanan, »war Lenin, der im plombierten Wagen aus Deutschland kam. Er erschien öffentlich zum erstenmal in der Versammlung der Sozialdemokratischen Partei und wurde schlecht empfangen.«

Nachsichtiger als die anderen verhielt sich zu Lenin in jenen Tagen wohl Kerenski, der im Kreise der Mitglieder der Provisorischen Regierung plötzlich erklärte, er gedenke Lenin aufzusuchen, und auf die erstaunten Fragen erläuterte: »Er lebt doch in einer völlig isolierten Atmosphäre, er weiß nichts, sieht alles durch die Brille seines Fanatismus, niemand ist um ihn, der ihm auch nur einigermaßen helfen könnte, sich darüber, was geschieht, zu orientieren.« So die Zeugenaussage Nabokows. Aber Kerenski fand dann doch nicht die freie Zeit, Lenin darüber, was geschah, zu orientieren.

Lenins Aprilthesen hatten nicht nur die erstaunte Entrüstung der Feinde und Gegner hervorgerufen. Sie stießen eine Reihe alter Bolschewiki in das Lager des Menschewismus ab oder in die Zwischengruppe, die sich um die Zeitung Gorkis zusammenschloß. Ernste politische Bedeutung hat dieser Abgang nicht gehabt. Unermeßlich wichtiger ist der Eindruck, den Lenins Stellung auf die führende Parteischicht ausübte. »In den ersten Tagen nach seiner Ankunft«, schreibt Suchanow, »war seine völlige Isoliertheit unter den aufgeklärten Parteigenossen zweifellos.« »Sogar seine Parteigenossen, die Bolschewiki«, bestätigt der Sozialrevolutionär Sensinow, »wandten sich verlegen von ihm ab.« Die Autoren dieser Gutachten kamen mit den führenden Bolschewiki täglich im Exekutivkomitee zusammen und besaßen Nachrichten aus erster Hand.

Doch herrscht auch kein Mangel an ähnlichen Zeugenaussagen aus bolschewistischen Reihen. »Als Lenins Thesen erschienen«, erinnert sich später Zichon, wie die Mehrzahl der alten Bolschewiki, die über die Februarrevolution gestolpert sind, die Farben stark mildernd, »machten sich in unserer Partei gewisse Schwankungen fühlbar, viele Genossen wiesen darauf hin, Lenin habe eine syndikalistische Abweichung, er sei Rußland entfremdet, berechne den gegebenen Moment nicht usw.« Ein angesehener bolschewistischer Parteiarbeiter in der Provinz, Lebedew, schreibt: »Nach Lenins Ankunft in Rußland wurde seine Agitation – die anfangs auch uns Bolschewiken nicht ganz verständlich war, utopisch schien und mit seiner langen Trennung vom russischen Leben erklärt wurde – von uns allmählich erfaßt und ging uns, wie man zu sagen pflegt, in Fleisch und Blut über.« Saleschski, ein Mitglied des Petrograder Komitees und Organisator des Empfanges, äußert sich offener: »Die Thesen Lenins machten den Eindruck einer platzenden Bombe.« Saleschski bestätigt durchaus die vollkommene Isoliertheit Lenins nach dem so heißen und eindrucksvollen Empfang. »An jenem Tage (dem 4. April) fand Genosse Lenin sogar in unseren Reihen keine offenen Anhänger.«

Noch wichtiger sind jedoch die Angaben der »Prawda«. Am 8. April, vier Tage nach Bekanntgabe der Thesen, als man sich bereits auseinanderzusetzen und zu verständigen vermochte, schrieb die Redaktion der »Prawda«: »Was das allgemeine Schema des Genossen Lenin betrifft, so erscheint es uns unannehmbar, insofern es von der Einschätzung der bürgerlich-demokratischen Revolution als einer abgeschlossenen ausgeht und mit der sofortigen Umwandlung dieser Revolution in eine sozialistische Revolution rechnet.« Das Zentralorgan der Partei erklärte auf diese Weise vor dem Angesicht der Arbeiterklasse und deren Feinden offen das Auseinandergehen mit dem allgemein anerkannten Führer der Partei in der Kernfrage der Revolution, auf die die bolschewistischen Kader sich während einer langen Reihe von Jahren vorbereitet hatten. Dies allein genügt, um die ganze Tiefe der

Aprilkrise der Partei richtig einzuschätzen, die aus dem Zusammenstoß zweier unversöhnlicher Linien erwachsen war. Ohne Überwindung dieser Krise konnte die Revolution nicht weiterschreiten.

Die Umbewaffnung der Partei

Womit ist nun Lenins außerordentliche Isoliertheit Anfang April zu erklären? Wie konnte eine solche Lage überhaupt entstehen? Und wie wurde die Umbewaffnung der Kader des Bolschewismus erreicht?

Seit 1905 führt die bolschewistische Partei den Kampf gegen das Selbstherrschertum unter der Losung: »Demokratische Diktatur des Proletariats und der Bauernschaft.« Die Losung wie ihre theoretische Begründung gingen von Lenin aus. Im Gegensatz zu den Menschewiki, deren Theoretiker Plechanow einen unversöhnlichen Kampf führte gegen den »irrigen Gedanken von der Möglichkeit, die bürgerliche Revolution ohne Bürgertum zu vollbringen«, meinte Lenin, die russische Bourgeoisie sei bereits unfähig, ihre eigene Revolution zu leiten. Die demokratische Revolution gegen Monarchie und Gutsbesitzer zu Ende führen, könnten nur Proletariat und Bauernschaft in engem Bündnis. Der Sieg dieses Bündnisses würde, nach Lenin, die demokratische Diktatur herbeiführen, die sich keinesfalls mit der Diktatur des Proletariats identifizieren ließe, vielmehr ihr entgegengesetzt sein würde, denn die Aufgabe sei nicht Errichtung der sozialistischen Gesellschaft, auch nicht Schaffung von Übergangsformen zu dieser, sondern nur unerbittliche Säuberung der Augiasställe des Mittelalters. Das Ziel des revolutionären Kampfes war durch drei Kampfparolen genau festgelegt – demokratische Republik, Konfiskation des gutsherrlichen Bodens, Achtstundentag –, die in der Volkssprache die drei Walfische des Bolschewismus hießen, nach der Analogie zu jenen Walfischen, auf denen, nach einer alten Volkssage, die Welt ruht.

Die Frage der Durchführbarkeit der demokratischen Diktatur des Proletariats und der Bauernschaft wurde gelöst im Zusammenhang mit der Befähigung der Bauernschaft, ihre eigene Revolution zu vollbringen, das heißt, eine neue Macht aufzustellen, fähig, Monarchie und Adelsgrundbesitz zu liquidieren. Allerdings setzte die Parole der demokratischen Diktatur auch die Beteiligung von Arbeitervertretern an der revolutionären Regierung voraus. Doch wurde diese Beteiligung im voraus eingeschränkt durch die Rolle des Proletariats als linken Verbündeten bei der Lösung der Aufgaben der Bauernrevolution. Die populäre und sogar offiziell anerkannte Idee der *Hegemonie* des Proletariats in der demokratischen Revolution konnte folglich nichts anderes bedeuten, als daß die Arbeiterpartei mit dem politischen Rüstzeug aus ihrem Arsenal den Bauern helfen, ihnen die besten Mittel und Methoden zur Liquidierung der Feudalgesellschaft eingeben und deren Anwendung in der Praxis zeigen würde. Jedenfalls bedeuteten die Reden von der führenden Rolle des Proletariats in der bürgerlichen Revolution niemals, daß das Proletariat den Bauernaufstand benutzen sollte, um, auf ihn gestützt, seine eigenen historischen Aufgaben, d. h. den direkten Übergang zur sozialistischen Gesellschaft auf die Tagesordnung zu stellen. Die Hegemonie des Proletariats in der demokratischen Revolution unterschied sich scharf von der Diktatur des Proletariats und wurde dieser auch polemisch entgegengehalten. Auf diese Ideen war die bolschewistische Partei seit dem Frühling 1905 ausgerichtet worden.

Der tatsächliche Verlauf der Februarumwälzung hatte das gewohnte Schema des Bolschewismus übertreten. Allerdings war die Revolution durch das Bündnis der Arbeiter und Bauern vollzogen worden. Daß die Bauern hauptsächlich als Soldaten aufgetreten waren, änderte an der Sache nichts. Das Verhalten der bäuerlichen Armee des Zarismus wäre auch in dem Falle von entscheidender Bedeutung gewesen, wenn sich die Revolution in Friedenszeit entfaltet hätte. Um so natürlicher ist es, daß unter den Bedingungen des Krieges die Millionenarmee in der ersten Zeit die Bauernschaft gänzlich verdeckt hat. Nach dem Siege des Aufstandes erwiesen sich Arbeiter und Soldaten als Herren der Lage. Es sollte scheinen, daß man in diesem Sinne hätte sagen können, die demokratische Diktatur der Arbeiter und Bauern sei hergestellt. In Wirklichkeit aber hatte die Februarumwälzung zu einer bürgerlichen Regierung geführt, wobei die Macht der besitzenden Klassen durch die nicht zur Vollendung geführte Macht der Arbeiter- und Soldatensowjets eingeschränkt war. Alle Karten waren vermengt. An Stelle der revolutionären Diktatur, das heißt der konzentriertesten Macht, entstand ein wackliges Regime der Doppelherrschaft, wo die kümmerliche Energie der regierenden Kreise fruchtlos zur Überwindung der inneren Reibungen unfruchtbar verausgabt wurde. Dieses Regime hatte niemand vorausgesehen. Man kann auch von einer Prognose nicht verlangen, daß sie nicht nur die grundlegenden Tendenzen, sondern auch deren episodische Verquickungen aufzeige. »Wer hat jemals wirklich eine große Revolution vollbringen und im voraus wissen können, wie sie zu Ende zu führen?« fragte später Lenin. »Woher könnte man solches Wissen nehmen? Es ist nicht aus Büchern zu schöpfen. Solche Bücher gibt es nicht. Nur aus der Erfahrung der Massen konnte unser Entschluß geboren werden.«

Doch das menschliche Denken ist konservativ, und das Denken der Revolutionäre ist es mitunter besonders. Die bolschewistischen Kader in Rußland fuhren fort, an dem alten Schema festzuhalten, und sahen in der Februarrevolution, obwohl in ihr klar zwei nicht zu vereinbarende Regime enthalten waren, nur die erste Etappe der bürgerlichen Revolution. Ende März schickte Rykow aus Sibirien im Namen der Sozialdemokraten an die »Prawda« ein Begrüßungstelegramm anläßlich des Sieges der »nationalen Revolution«, deren Aufgabe »die Eroberung der politischen Freiheit« sei. Sämtliche führenden Bolschewiki, ohne Ausnahme – wir kennen keine einzige – glaubten, die demokratische Diktatur stünde noch bevor. Nachdem die Provisorische Regierung »sich erschöpft haben wird«, würde die demokratische Diktatur der Arbeiter und Bauern erstehen, als Vorstufe des bürgerlich-parlamentarischen Regimes. Das war eine völlig falsche Perspektive. Das aus der Februarumwälzung hervorgegangene Regime leitete die demokratische Diktatur nicht nur nicht ein, sondern war der lebendige und erschöpfende Beweis dafür, daß sie überhaupt nicht möglich ist. Daß die Versöhnlerdemokratie nicht zufällig, nicht durch Kerenskis Leichtsinn oder Tschcheidses Beschränktheit, die Macht an die Liberalen ausgeliefert hatte, bewies sie dadurch, daß sie während acht weiterer Monate aus allen Kräften für die Erhaltung der bürgerlichen Regierung kämpfte, Arbeiter, Bauern und Soldaten unterdrückte und am 25. Oktober auf dem Posten einer Verbündeten und Schützerin der Bourgeoisie fiel. Und es war von Anfang an klar: wenn die Demokratie, die vor sich gigantische Aufgaben und in den Massen uneingeschränkte Unterstützung hatte, freiwillig auf die Macht verzichtete, geschah dies nicht aus politischen Prinzipien oder Vorurteilen heraus, sondern infolge der Hoffnungslosigkeit der Lage des Kleinbürgertums in der kapitalistischen Gesellschaft, besonders in der Periode von Krieg und Revolution, wo es um die grundlegenden Existenzfragen von Ländern, Völkern und Klassen geht. Indem es Miljukow das Zepter aushändigte, sagte das Kleinbürgertum: nein, diese Aufgaben gehen über meine Kraft.

Die Bauernschaft, die auf ihrem Rücken die Versöhnlerdemokratie emporgehoben hatte, schließt alle Klassen der bürgerlichen Gesellschaft in deren Urform ein. Gemeinsam mit dem städtischen Kleinbürgertum, das jedoch in Rußland niemals eine ernsthafte Rolle gespielt hat, bildete sie jenes Protoplasma, aus dem sich in der Vergangenheit die neuen Klassen differenzierten und in der Gegenwart weiter differenzieren. Die Bauernschaft hat immer zwei Gesichter: eines dem Proletariat zugewandt, das andere der Bourgeoisie. Die zwischenstufliche, vermittelnde, versöhnlerische Position »bäuerlicher« Parteien, von der Art der Sozialrevolutionäre, kann sich nur unter den Bedingungen eines relativen politischen Stillstandes halten; in einer revolutionären Epoche tritt unvermeidlich der Moment ein, wo das Kleinbürgertum wählen muß. Die Sozialrevolutionäre und Menschewiki trafen ihre Wahl in der ersten Stunde. Sie liquidierten im Keime die »demokratische

Diktatur«, um sie zu hindern, eine Brücke zur Diktatur des Proletariats zu werden. Doch gerade damit hatten sie der letzteren den Weg geöffnet, nur vom anderen Ende: nicht durch sie, sondern gegen sie.

Die weitere Entwicklung der Revolution konnte offenbar nur von neuen Tatsachen, nicht aber von alten Schemen ausgehen. Durch ihre Vertretung wurden die Massen, halb gegen ihren Willen, halb ohne ihr Wissen in die Mechanik der Doppelherrschaft hineingezogen. Sie mußten von nun an durch diese hindurchgehen, um sich durch Erfahrung zu überzeugen, daß sie ihnen weder Frieden noch Land geben könne. Vom Regime der Doppelherrschaft sich abzuwenden, bedeutet für die Massen von nun an, mit den Sozialrevolutionären und Menschewiki zu brechen. Es ist aber ganz offensichtlich, daß die politische Wendung der Arbeiter und Soldaten zu den Bolschewiki den ganzen Bau der Doppelherrschaft umwarf und nichts anderes mehr bedeuten konnte als die Errichtung der Diktatur des Proletariats, die sich auf das Bündnis der Arbeiter und Bauern stützte. Im Falle einer Niederlage der Volksmassen konnte auf den Ruinen der bolschewistischen Partei nur die Militärdiktatur des Kapitals entstehen. Die »demokratische Diktatur« war in beiden Fällen ausgeschlossen. Auf sie den Blick gerichtet, wandten die Bolschewiki faktisch das Gesicht dem Gespenst der Vergangenheit zu. In dieser Lage fand sie Lenin, der mit der unbeugsamen Absicht gekommen war, die Partei auf einen neuen Weg zu führen.

Die Formel der demokratischen Diktatur hatte allerdings auch Lenin selbst bis zum Beginn der Februarrevolution durch keine andere ersetzt, weder bedingt noch hypothetisch. War das richtig? Wir glauben, nein. Was in der Partei nach der Umwälzung vor sich ging, enthüllte allzu bedrohlich die Verspätung der Umbewaffnung, die noch dazu unter den gegebenen Umständen nur Lenin vornehmen konnte. Er hatte sich darauf vorbereitet. Im Feuer des Krieges seinen Stahl bis zur Weißglut erhitzt und wiederholt umgeschmiedet. Es veränderte sich in seinen Augen die Gesamtperspektive des historischen Prozesses. Die Erschütterungen des Krieges hatten die möglichen Fristen der sozialistischen Revolution im Westen stark verkürzt. Die für Lenin noch immer demokratisch gebliebene Russische Revolution sollte der sozialistischen Umwälzung in Europa einen Anstoß geben, die dann auch das zurückgebliebene Rußland in ihren Strudel hineinziehen müßte. Das war die allgemeine Konzeption Lenins, als er Zürich verließ. Der von uns bereits zitierte Brief an die Schweizer Arbeiter lautet: »Rußland ist ein Bauernland, eines der rückständigsten europäischen Länder. Unmittelbar kann der Sozialismus dort nicht sofort siegen. Doch der bäuerliche Charakter des Landes kann angesichts des heute noch erhalten gebliebenen gewaltigen Bodenbestandes der adligen Gutsbesitzer, auf der Basis der Erfahrung von 1905, der bürgerlich-demokratischen Revolution in Rußland einen ungeheuren Schwung verleihen und unsere Revolution in den Prolog zur sozialistischen Weltrevolution verwandeln, in eine Stufe zu dieser.« In diesem Sinne schrieb Lenin jetzt zum erstenmal, daß das russische Proletariat die sozialistische Revolution *beginnen* werde.

Dies war das Bindeglied zwischen der alten Position des Bolschewismus, die die Revolution auf demokratische Ziele begrenzte, und der neuen Position, die Lenin in seinen Thesen vom 4. April zum erstenmal der Partei bekanntgab. Die Perspektive des unmittelbaren Überganges zur Diktatur des Proletariats kam ganz überraschend, der Tradition widersprechend, und wollte einfach in die Köpfe nicht hinein. Es ist notwendig, hier daran zu erinnern, daß man bis zum Ausbruch der Februarrevolution und in der ersten Zeit danach unter Trotzkismus nicht den Gedanken verstand, daß man innerhalb der nationalen Grenzen Rußlands keine sozialistische Gesellschaftsordnung aufzubauen vermag (der Gedanke an eine solche »Möglichkeit« wurde bis zum Jahre 1924 überhaupt von niemand ausgesprochen und kam wohl keinem in den Sinn), – Trotzkismus nannte man den Gedanken, daß das Proletariat Rußlands früher als das Proletariat des Westens zur Macht gelangen und in diesem Falle sich nicht im Rahmen der demokratischen Diktatur halten kann, sondern an die ersten sozialistischen Maßnahmen herangehen muß. Es ist nicht verwunderlich, daß man die Aprilthesen Lenins als trotzkistisch brandmarkte.

Die Einwände der »alten Bolschewiki« bewegten sich auf verschiedenen Linien. Der Hauptstreit ging um die Frage, ob die bürgerlich-demokratische Revolution abgeschlossen sei. Da die Agrarumwälzung sich noch nicht vollzogen hatte, konnten Lenins Gegner mit vollem Recht behaupten, die demokratische Revolution sei nicht zu Ende geführt, und daraus folgern, es gäbe für die Diktatur des Proletariats auch dann keinen Platz, wenn die sozialen Verhältnisse Rußlands diese in einer mehr oder weniger nahen Zukunft ermöglichen sollten. Gerade so hatte die Redaktion der »Prawda« in dem von uns bereits angeführten Zitat die Frage gestellt. Später, auf der Aprilkonferenz, wiederholte Kamenew: »Lenin hat nicht recht, wenn er sagt, die bürgerlich-demokratische Revolution sei abgeschlossen ... Der klassische Rest des Feudalismus – der gutsherrliche Bodenbesitz – ist noch nicht liquidiert ... Der Staat nicht in eine demokratische Gesellschaft umgewandelt ... Es ist verfrüht zu sagen, die bürgerliche Demokratie habe alle ihre Möglichkeiten erschöpft.«

»Die demokratische Diktatur«, erwiderte Tomski, »das ist unsere Basis ... Wir müssen die Macht des Proletariats und der Bauernschaft organisieren und sie von der Kommune trennen, da dort die Macht nur dem Proletariat gehört.«

»Vor uns stehen gewaltige revolutionäre Aufgaben«, stimmte ihnen Rykow bei. »Aber die Verwirklichung dieser Aufgaben führt uns über den Rahmen des bürgerlichen Regimes noch nicht hinaus.«

Lenin sah gewiß nicht weniger scharf als seine Opponenten, daß die demokratische Revolution nicht abgeschlossen war, richtiger, daß sie, kaum angefangen, schon zurückzurollen begann. Aber eben daraus folgte, daß sie lediglich unter der Herrschaft der neuen Klasse zu Ende zu führen war und daß man dazu nur gelangen könnte, wenn man die Massen dem Einfluß der Menschewiki und Sozialrevolutionäre entriß, das heißt dem indirekten Einfluß der liberalen Bourgeoisie. Die Verbindung dieser Parteien mit den Arbeitern und insbesondere mit den Soldaten wurde durch die Idee der Verteidigung genährt – der »Verteidigung des Landes« oder der »Verteidigung der Revolution«. Lenin forderte deshalb: unversöhnliche Politik in Beziehung auf alle Schattierungen des Sozialpatriotismus, Trennung der Partei von den rückständigen Massen, um dann diese Massen von ihrer Rückständigkeit zu befreien. »Den alten Bolschewismus muß man aufgeben«, sagte er wiederholt. »Es ist notwendig, die Scheidelinie zwischen Kleinbürgertum und Lohnproletariat zu ziehen.«

Einem oberflächlichen Blick mochte es scheinen, alte Gegner hätten ihr Rüstzeug getauscht. Menschewiki und Sozialrevolutionäre vertraten jetzt die Mehrheit der Arbeiter und Soldaten und verwirklichten gleichsam in der Tat das politische Bündnis zwischen Proletariat und Bauernschaft, das die Bolschewiki stets im Gegensatz zu den Menschewiki verkündet hatten. Lenin aber forderte, die proletarische Avantgarde solle sich von diesem Bündnis lostrennen. In Wirklichkeit blieb jede Partei sich treu. Die Menschewiki betrachteten, wie stets, ihre Mission in der Unterstützung der liberalen Bourgeoisie. Ihr Bündnis mit den Sozialrevolutionären war nur ein Mittel zur Verbreiterung und Festigung dieser Unterstützung. Dagegen bedeutete der Bruch der proletarischen Avantgarde mit dem kleinbürgerlichen Block die Vorbereitung des Bündnisses zwischen Arbeitern und Bauern unter Führung der bolschewistischen Partei, das heißt die Diktatur des Proletariats.

Einwände anderer Art ergaben sich aus der Rückständigkeit Rußlands. Die Macht der Arbeiterklasse bedeute unabwendbar Übergang zum Sozialismus. Die Ökonomik und Kultur Rußlands sei dafür aber nicht reif. Wir müßten die demokratische Revolution zu Ende führen. Nur die sozialistische Revolution im Westen könne die Diktatur des Proletariats bei uns rechtfertigen. Das waren die Einwände Rykows auf der Aprilkonferenz. Daß die kulturökonomischen Bedingungen Rußlands an sich für den Aufbau der sozialistischen Gesellschaft ungenügend sind, war für Lenin das Abc. Doch die Gesellschaft ist durchaus nicht so rationell aufgebaut, daß die Fristen für die Diktatur des Proletariats gerade in dem Moment eintreten, wenn die ökonomischen und kulturellen Bedingungen für den Sozialismus gereift sind. Würde sich die Menschheit so planmäßig entwickeln, dann bestände keine Notwendigkeit für die Diktatur, wie für Revolutionen überhaupt. Es geht eben darum, daß die lebendige historische Gesellschaft durch und durch disharmonisch ist, und zwar um so mehr, je verspäteter ihre Entwicklung. Einen Ausdruck dieser Disharmonie bildet eben die Tatsache, daß in einem so rückständigen Lande wie Rußland die Bourgeoisie bereits vor dem vollen Siege des bürgerlichen Regimes gänzlich verfault ist und außer dem Proletariat niemand sie als Führer der Nation ersetzen kann. Rußlands ökonomische Rückständigkeit befreit die Arbeiterklasse nicht von der Pflicht, die ihr zukommende Aufgabe zu erfüllen, sie gestaltet nur diese Erfüllung äußerst schwierig. Rykow, der betont hatte, Sozialismus müsse aus Ländern mit entwickelterer Industrie kommen, erhielt von Lenin eine einfache, aber erschöpfende Antwort: »Es läßt sich nicht sagen, wer beginnen und wer beenden wird.«

Im Jahre 1921, als die Partei, von bürokratischer Verknöcherung noch weit entfernt, mit der gleichen Freimütigkeit ihre Vergangenheit beurteilte, wie sie ihre Zukunft vorbereitet hatte, beschäftigte sich einer der älteren Bolschewiki, Olminski, der an der Parteipresse auf allen Etappen ihrer Entwicklung leitenden Anteil genommen hatte, mit der Frage, wie die Tatsache zu erklären sei, daß die Partei im Moment der Februarrevolution auf den opportunistischen Weg geraten war. Und was ihr dann so schnell ermöglichte, auf die Oktoberbahn abzubiegen. Die Quelle der Märzirrungen sieht der genannte Autor ganz richtig in der Tatsache, daß die Partei den Kurs auf demokratische Diktatur »zu lange gehalten hat«. »›Die bevorstehende Revolution kann nur eine bürgerliche Revolution sein‹ ... Das war«, sagt Olminski, »für jedes Parteimitglied ein obligatorisches Urteil, die offizielle Meinung der Partei, ihre ständige und unveränderliche Losung bis zur Februarrevolution 1917 und sogar einige Zeit danach.« Zur Illustration könnte Olminski darauf verweisen, daß die »Prawda« noch vor Stalin und Kamenew, das heißt unter der »linken« Redaktion, einschließlich Olminskis, am 7. März wie selbstverständlich geschrieben hat: »Gewiß handelt es sich bei uns noch nicht um den Sturz der Herrschaft des Kapitals, sondern um den Sturz der Herrschaft des Absolutismus und Feudalismus« ... Durch die zu kurze Visierung des Ziels geriet die Partei in die Märzgefangenschaft der bürgerlichen Demokratie. »Wie ist es dann zur Oktoberrevolution gekommen«, fragt der Autor weiter, »wie konnte es geschehen, daß die Partei, von den Führern bis zum letzten Mitglied, so ›plötzlich‹ sich von dem lossagte, was sie fast zwei Jahrzehnte hindurch als unumstößliche Wahrheit betrachtet hatte?«

Suchanow stellt als Gegner die gleiche Frage auf andere Weise: »Wie und wodurch hatte es Lenin verstanden, seine Bolschewiki zu besiegen?« In der Tat, Lenins Sieg innerhalb der Partei war nicht nur voll, sondern auch in sehr kurzer Frist errungen. Die Gegner ironisierten aus diesem Anlaß überhaupt nicht wenig das persönliche Regime in der bolschewistischen Partei. Auf die von ihm aufgeworfene Frage gibt Suchanow selbst die Antwort ganz im Geiste des heroischen Prinzips: »Der geniale Lenin war eine historische Autorität – das ist die eine Seite der Sache. Die andere ist die, daß es außer Lenin in der Partei niemand und nichts gegeben hat. Einige bedeutendere Generale waren ohne Lenin – nichts, wie einige unerreichbare Planeten ohne die Sonne (ich lasse hier Trotzki außer acht, der damals noch nicht in den Reihen des Ordens stand).« Diese kuriosen Zeilen versuchen, den Einfluß Lenins durch dessen Einfluß zu erklären, wie wenn etwa die Eigenschaft des Opiums, schläfrig zu machen, mit seiner einschläfernden Kraft erklärt wird.

Der tatsächliche Einfluß Lenins in der Partei war zweifellos sehr groß, aber doch keinesfalls unbeschränkt. Er blieb auch später nicht uneingeschränkt, nach dem Oktober, als Lenins Autorität außerordentlich gewachsen war, da die Partei seine Kraft an dem Metermaß der Weltereignisse nachgeprüft hatte. Um so unzureichender sind die nackten Hinweise auf die persönliche Autorität Lenins im April 1917, als die ganze führende Parteischicht bereits Zeit gefunden hatte, eine Position einzunehmen, die der Leninschen entgegengesetzt war.

Viel näher an die Lösung der Frage geht Olminski heran, wenn er beweist, daß die Partei, trotz ihrer Formel der bürgerlich-demokratischen Revolution, sich durch ihre gesamte Politik der Bourgeoisie und Demokratie gegenüber faktisch seit langer Zeit darauf vorbereitet hatte, an die Spitze des Proletariats im unmittelbaren Kampfe um die Macht zu treten. »Wir (oder viele von uns)«, sagt Olminski, »hielten unbewußt den Kurs auf die proletarische Revolution, während wir vermeinten, den Kurs auf die bürgerlich-demokratische Revolution zu halten. Mit anderen Worten, wir bereiteten den Oktober vor, während wir glaubten, die Februarrevolution vorzubereiten.« Eine sehr wertvolle Verallgemeinerung, die gleichzeitig eine einwandfreie Zeugenaussage ist!

In der theoretischen Erziehung der revolutionären Partei war ein Element des Widerspruches enthalten, der seinen Ausdruck in der zweideutigen Formel »demokratische Diktatur« des Proletariats und der Bauernschaft fand. Eine Delegierte, die auf der Konferenz zum Referat Lenins Stellung nahm, äußerte den Gedanken Olminskis noch einfacher: »Die Prognose, die die Bolschewiki aufgestellt hatten, erwies sich als falsch, aber die Taktik war richtig.«

In den Aprilthesen, die so paradox schienen, stützte sich Lenin gegenüber der alten Formel auf die lebendige Tradition der Partei: ihre Unversöhnlichkeit gegen die herrschenden Klassen und ihre Feindseligkeit gegen alle Halbheiten, während die »alten Bolschewiki« der konkreten Entwicklung des Klassenkampfes zwar frische, aber bereits den Archiven gehörende Erinnerungen entgegenstellten. Lenin besaß eine zu sichere Stütze, die durch die ganze Geschichte des Kampfes der Bolschewiki und Menschewiki vorbereitet war. Es ist hier angebracht, zu erinnern, daß das offizielle sozialdemokratische Programm in jener Zeit bei Bolschewiki und Menschewiki noch gemeinsam war und die praktischen Aufgaben der demokratischen Revolution auf dem Papier bei beiden Parteien gleich aussahen. Doch waren sie in der Wirklichkeit durchaus nicht gleich. Die bolschewistischen Arbeiter ergriffen sofort nach der Umwälzung die Initiative des Kampfes um den Achtstundentag; die Menschewiki erklärten diese Forderung für unzeitgemäß. Die Bolschewiki leiteten die Verhaftung der zaristischen Beamten, die Menschewiki widersetzten sich »Exzessen«. Die Bolschewiki gingen energisch an die Schaffung der Arbeitermiliz, die Menschewiki bremsten die Bewaffnung des Proletariats, da sie es sich mit der Bourgeoisie nicht zu verderben wünschten. Noch ehe sie den Kreis der bürgerlichen Demokratie überschritten hatten, waren die Bolschewiki aus allen Kräften bestrebt, wenn auch durch die Führung vom Weg abgelenkt, wie unversöhnliche Revolutionäre zu handeln. Dagegen opferten die Menschewiki bei jedem Schritt das demokratische Programm im Interesse des Bündnisses mit den Liberalen. Bei völligem Fehlen demokratischer Verbündeter mußten Kamenew und Stalin unvermeidlich in der Luft hängenbleiben.

Der Aprilzusammenstoß Lenins mit dem Generalstab der Partei ist nicht der einzige gewesen. In der ganzen Geschichte des Bolschewismus unter Abzug einzelner Episoden, die im Wesen die Regel nur bestätigen, standen alle Führer der Partei in allen wichtigen Momenten der Entwicklung *rechts* von Lenin. Zufällig? Nein! Lenin ist gerade darum der unbestrittene Führer der in der Weltgeschichte revolutionärsten Partei geworden, weil sein Denken und Wille letzten Endes den grandiosen revolutionären Möglichkeiten des Landes und der Epoche angemessen waren. Den anderen fehlten bald ein, bald zwei Zoll, oft aber auch mehr.

Fast die gesamte Führerschicht der bolschewistischen Partei befand sich in den Monaten und Jahren, die der Revolution vorangegangen waren, außerhalb der aktiven Arbeit. Viele hatten die lastenden Eindrücke der ersten Kriegsmonate in die Gefängnisse und die Verbannung mitgenommen und den Zusammenbruch der Internationale einsam oder in kleinen Gruppen erlebt. Wenn sie in den Reihen der Partei auch hinreichende Aufnahmefähigkeit für die Ideen der Revolution gezeigt hatten, was sie ja auch an den Bolschewismus fesselte, so besaßen sie, isoliert, doch nicht die Kraft, dem Drucke der Umgebung Widerstand zu leisten und selbständig die Ereignisse marxistisch einzuschätzen. Der ungeheure Umschwung, der sich in den Massen in den zweieinhalb Kriegsjahren vollzogen hatte, war fast außerhalb ihres Gesichtsfeldes geblieben. Die Umwälzung aber hatte sie nicht nur der Isoliertheit entrissen, sondern sie kraft ihrer autoritativen Stellung auf entscheidende Posten in der Partei gestellt. Ihren Stimmungen nach waren diese Elemente nicht selten der »Zimmerwalder« Intelligenz viel näher als den revolutionären Arbeitern aus den Betrieben.

Die »alten Bolschewiki«, die ihren Ruf im April 1917 mit so viel aufgeblähtem Selbstbewußtsein nachlebten, waren zur Niederlage verurteilt, denn sie verteidigten gerade jenes Element der Parteitradition, das der geschichtlichen Nachprüfung nicht standgehalten hatte. »Ich gehöre zu den alten Bolschewiki-Leninisten«, sagte zum Beispiel auf der Petrograder Konferenz am 14. April Kalinin, »und vertrete die Ansicht, der alte Leninismus hat sich im gegenwärtigen, eigenartigen Moment keinesfalls als untauglich erwiesen, und ich kann über die Erklärung des Genossen Lenin nur staunen, daß die alten Bolschewiki im gegenwärtigen Moment ein Hemmnis geworden seien.« Solche gekränkte Stimmen mußte Lenin in jenen Tagen nicht selten vernehmen. Mit der traditionellen Formel der Partei brechend, hörte Lenin indes nicht im geringsten auf, »Leninist« zu sein: er warf die abgenutzte Schale des Bolschewismus beiseite, um dessen Kern zu neuem Leben zu erwecken.

Gegen die alten Bolschewiki fand Lenin in einer anderen, bereits gestählten, aber frischeren und mehr mit den Massen verbundenen Parteischicht eine Stütze. In der Februarrevolution hatten die bolschewistischen Arbeiter, wie wir wissen, die entscheidende Rolle gespielt. Sie betrachteten es als selbstverständlich, daß jene Klasse die Macht übernehmen müsse, die den Sieg errungen hatte. Diese Arbeiter hatten stürmisch gegen den Kurs Kamenew–Stalin protestiert und der Wyborger Bezirk sogar mit dem Ausschluß der »Führer« aus der Partei gedroht. Das gleiche war in der Provinz zu beobachten. Fast überall gab es linke Bolschewiki, die man des Maximalismus und sogar des Anarchismus beschuldigte. Den revolutionären Arbeitern fehlten nur die theoretischen Mittel, um ihre Positionen zu verteidigen. Doch waren sie bereit, den ersten Zuruf mit Widerhall zu beantworten.

Nach dieser Arbeiterschicht, die während des Aufschwungs der Jahre 1912–1914 sich endgültig hochgerichtet hatte, orientierte sich Lenin. Schon zu Beginn des Krieges, als die Regierung durch die Zerschlagung der bolschewistischen Dumafraktion der Partei einen schweren Hieb zugefügt hatte, verwies Lenin, über die fernere revolutionäre Arbeit sprechend, auf die von der Partei erzogenen »Tausende klassenbewußte Arbeiter, aus denen, allen

Schwierigkeiten zum Trotz, ein neues Führerkollektiv entstehen wird«. Durch zwei Fronten von ihnen getrennt, fast ohne Verbindung, riß sich Lenin von ihnen doch niemals los. »Mag sie Krieg, Gefängnis, Sibirien, Katorga fünffach, zehnfach zerschlagen. Diese Schicht zu vernichten, ist unmöglich. Sie lebt. Sie ist von revolutionärem Geist und Antichauvinismus durchdrungen.« In Gedanken erlebte Lenin die Ereignisse gemeinsam mit diesen Arbeiterbolschewiki, zog gemeinsam mit ihnen die notwendigen Schlüsse, nur breiter und kühner als sie. Zum Kampfe gegen die Unentschlossenheit des Stabes und der breiten Offiziersschicht der Partei stützte sich Lenin sicher auf die Unteroffiziersschicht, die den einfachen Arbeiterbolschewiken besser widerspiegelte.

Die zeitweilige Macht der Sozialpatrioten und die verhüllte Schwäche des opportunistischen Flügels der Bolschewiki bestanden darin, daß die ersteren sich auf die damaligen Vorurteile und Illusionen der Massen stützten und die anderen sich ihnen anpaßten. Die Hauptstärke Lenins war, daß er die innere Logik der Bewegung begriff und danach seine Politik richtete. Er zwang den Massen seinen Plan nicht auf. Er half den Massen, ihren eigenen Plan zu erkennen und zu verwirklichen. Als Lenin alle Probleme der Revolution auf das eine Problem zurückführte: »Geduldig aufklären«, hieß dies, das Bewußtsein der Massen mit jener Situation in Übereinstimmung zu bringen, in die der historische Prozeß sie hineingetrieben hatte. Arbeiter oder Soldat mußte, enttäuscht von der Politik der Versöhnler, auf Lenins Position übergehen, ohne sich auf der Zwischenetappe Kamenew–Stalin aufzuhalten.

Sobald die Leninschen Formeln gegeben waren, erhellten sie vor den Bolschewiki die Erfahrung des verflossenen Monats und die Erfahrung jedes neuen Tages im neuen Lichte. Unter der breiten Parteimasse begann eine schnelle Differenzierung: nach links! nach links! zu den Thesen Lenins!

»Bezirk auf Bezirk«, sagte Saleschski, »schloß sich ihnen an, und auf der am 24. April versammelten Allrussischen Parteikonferenz sprach sich die Petrograder Organisation in ihrer Gesamtheit für die Thesen aus.«

Der Kampf um die Umbewaffnung der bolschewistischen Kader, der am Abend des 3. April begonnen hatte, war gegen Ende des Monats im wesentlichen bereits beendet*. Die Parteikonfe-

* Am gleichen Tage, als Lenin in Petrograd ankam, holte jenseits des Atlantischen Ozeans, bei Halifax, die britische Seepolizei fünf Emigranten von dem norwegischen Dampfer »Christianiafjord« herunter, die auf der Rückkehr aus New York nach Rußland waren: Trotzki, Tschudnowski, Melnitschanski, Muchin, Fischelew und Romantschenko. Diese Personen erhielten erst am 4. Mai die Möglichkeit, nach Petrograd zu kommen, als die politische Umbewaffnung der bolschewistischen Partei mindestens im gröbsten beendet war. Wir erachten es deshalb für nicht angebracht, in den Text unseres Berichtes die Darstellung jener Ansichten über die Revolution einzufügen, die Trotzki in der damals in

renz, die in Petrograd vom 24.–29. April tagte, zog das Fazit des März, des Monats opportunistischer Schwankungen, und des Aprils, des Monats der scharfen Krise. Zu dieser Zeit war die Partei sehr stark gewachsen, sowohl zahlenmäßig wie politisch. 149 Delegierte vertraten 79000 Parteimitglieder, davon 15000 aus Petrograd. Für die gestern noch illegale und heute antipatriotische Partei eine imposante Zahl, und Lenin wiederholte sie mehrere Male mit Genugtuung. Die politische Physiognomie der Konferenz wurde schon bei der Wahl des fünfgliedrigen Präsidiums bestimmt: weder Kamenew noch Stalin, die Hauptschuldigen des Märzunheils, kamen hinein.

Trotzdem die Streitfragen für die Partei im ganzen bereits fest entschieden waren, blieben viele Führer, an den gestrigen Tag gebunden, auf dieser Konferenz in Opposition oder Halbopposition zu Lenin. Stalin bewahrte Schweigen und wartete ab. Dserschinski forderte im Namen »vieler«, die »mit den Thesen des Referenten prinzipiell nicht einverstanden sind«, ein Korreferat seitens »der Genossen, die gemeinsam mit uns die Revolution praktisch erlebt haben«. Das war eine deutliche Anspielung auf den Emigrantencharakter der Leninschen Thesen. Kamenew trat tatsächlich auf der Konferenz mit einem Korreferat auf zur Verteidigung der bürgerlich-demokratischen Diktatur. Rykow, Tomski und Kalinin versuchten mehr oder weniger, bei ihren Märzpositionen zu verharren. Kalinin fuhr fort, auf der Vereinigung mit den Menschewiki zu bestehen, im Interesse des Kampfes gegen den Liberalismus. Ein angesehener Moskauer Parteiarbeiter, Smidowitsch, führte leidenschaftlich Klage: »Wo immer wir auftreten, wird gegen uns ein Schreckgespenst in Gestalt der Thesen des Genossen Lenin gerichtet.« Früher, solange die Moskauer für die Resolutionen der Menschewiki stimmten, ließ es sich viel ruhiger leben.

Als Schüler Rosa Luxemburgs trat Dserschinski gegen das Selbstbestimmungsrecht der Nationen auf und beschuldigte Lenin der Förderung separatistischer Tendenzen, die das Proletariat Rußlands schwächten. Auf die Gegenanklage wegen Unterstützung des großrussischen Chauvinismus antwortete Dserschinski: »Ich kann ihm (Lenin) den Vorwurf machen, daß er auf dem Standpunkt polnischer, ukrainischer und anderer Chauvinisten steht.« Dieser Dialog entbehrt nicht politischer Pikanterie: der Groß-

New York erschienenen russischen Tageszeitung entwickelte. Da andererseits die Kenntnis dieser Ansichten dem Leser das Verständnis für die weiteren Parteigruppierungen und insbesondere für den Ideenkampf am Vorabend des Oktobers erleichtern dürfte, so halten wir es für zweckmäßig, die darauf bezügliche Auskunft auszusondern und sie am Ende des Buches als Anhang beizugeben. Der Leser, der sich an einem detaillierteren Studium der theoretischen Vorbereitung der Oktoberrevolution desinteressiert glaubt, mag ruhig an diesem Anhang vorübergehen. (Anhang Nr. 2) russe Lenin beschuldigt den Polen Dserschinski des großrussischen, gegen die Polen gerichteten Chauvinismus und wird von diesem des polnischen Chauvinismus beschuldigt. Das politische Recht war auch in diesem Streitfall völlig auf seiten Lenins. Seine nationale Politik ging als wichtiges Grundelement in die Oktoberrevolution ein.

Die Opposition erlosch merklich. In den strittigen Fragen brachte sie nicht mehr als sieben Stimmen zusammen. Es gab jedoch eine bemerkenswerte und krasse Ausnahme, die die internationalen Verbindungen der Partei betraf. Knapp vor Schluß der Arbeiten, in der Abendsitzung des 29. April, brachte Sinowjew im Namen einer Kommission folgenden Resolutionsentwurf ein: »An der auf den 18. Mai anberaumten internationalen Konferenz der Zimmerwalder teilzunehmen« (in Stockholm). Das Protokoll lautet: »Angenommen mit allen Stimmen gegen eine.« Diese eine Stimme war Lenin. Er verlangte den Bruch mit Zimmerwald, wo die Mehrheit endgültig bei den deutschen Unabhängigen und den neutralen Pazifisten vom Schlag des Schweizers Grimm angelangt war. Für die russischen Parteikader jedoch war Zimmerwald während des Krieges fast identisch mit dem Bolschewismus geworden. Die Delegierten weigerten sich, sowohl auf den Namen Sozialdemokratie zu verzichten, wie mit Zimmerwald zu brechen, das ihnen immer noch als eine Verbindung mit den Massen der Zweiten Internationale erschien. Lenin versuchte, die Beteiligung an der bevorstehenden Konferenz wenigstens auf rein informatorische Zwecke zu begrenzen. Sinowjew trat dagegen auf. Der Antrag Lenins ging nicht durch. Darauf stimmte er gegen die ganze Resolution. Niemand unterstützte ihn. Das war letztes Aufflackern der »März«-Stimmungen, Festklammern an die gestrigen Positionen, Angst vor »Isolierung«. Die Konferenz fand jedoch überhaupt nicht statt, und zwar infolge der gleichen inneren Krankheiten von Zimmerwald, die Lenin gerade bewogen hatten, mit ihm zu brechen. Die gegen eine Stimme abgelehnte Boykottpolitik wurde auf diese Weise doch verwirklicht.

Der schroffe Charakter der Wendung, die in der Politik der Partei vorgenommen worden war, wurde für alle offenbar. Schmidt, Arbeiterbolschewik, später Volkskommissar für Arbeit, sagte auf der Aprilkonferenz: »Lenin hat dem Charakter der Parteitätigkeit eine neue Richtung gegeben.« Nach dem, allerdings einige Jahre später geschriebenen Ausdruck Raskolnikows hat Lenin im April 1917 »die Oktoberrevolution im Bewußtsein der Parteileiter vollzogen ... Die Taktik unserer Partei bildet keine gerade Linie, nach der Ankunft Lenins machte sie eine schroffe Kurve nach links.« Unmittelbarer und gleichzeitig präziser beurteilt die alte Bolschewistin Ludmilla Stahl die Änderung: »Alle Genossen haben bis zur Ankunft Lenins im Dunkeln getappt«, sagte sie am 14. April auf der Stadtkonferenz. »Es gab nur die

Formeln von 1905. Angesichts seiner selbständigen Schöpfung vermochten wir nicht das Volk zu lehren ... Unsere Genossen konnten sich nur auf die Vorbereitung zur Konstituierenden Versammlung mit parlamentarischen Mitteln beschränken und nicht die Möglichkeit berechnen, weiter zu schreiten. Wenn wir die Parolen Lenins akzeptieren, tun wir nur, was uns das Leben selbst eingibt. Man darf sich vor der Kommune, weil das ja schon eine Arbeiterregierung ist, nicht fürchten. Die Pariser Kommune war nicht ausschließlich eine Arbeiterkommune, sondern auch kleinbürgerlich.« Man kann Suchanow zustimmen, daß die Umbewaffnung der Partei »der wichtigste und grundlegende Sieg Lenins, abgeschlossen Anfang Mai, gewesen ist.« Allerdings, Suchanow meinte, Lenin habe bei dieser Operation die marxistischen Waffen mit den anarchistischen vertauscht.

Es bleibt zu fragen, und es ist keine unwichtige Frage, obwohl sie leichter zu stellen als zu beantworten ist: welche Entwicklung würde die Revolution genommen haben, wenn Lenin im April 1917 Rußland nicht erreicht hätte? Wenn unsere Darstellung überhaupt etwas beweist und nachweist, so ist es, hoffen wir, dies, daß Lenin nicht Schöpfer des revolutionären Prozesses war, sondern sich nur in die Kette der objektiven historischen Kräfte eingegliedert hat. Doch war er in dieser Kette ein großes Glied. Die Diktatur des Proletariats ergab sich aus der ganzen Situation. Aber man mußte sie erst errichten. Sie war ohne die Partei nicht zu errichten. Die Partei jedoch konnte ihre Mission nur erfüllen, nachdem sie sie erkannt hatte. Dazu war eben Lenin notwendig. Bis zu seiner Ankunft war nicht einer der bolschewistischen Führer imstande gewesen, die Diagnose der Revolution zu stellen. Die Führung Kamenew-Stalin wurde durch den Lauf der Dinge nach rechts geschleudert, zu den Sozialpatrioten: zwischen Lenin und dem Menschewismus ließ die Revolution keinen Raum für Mittelpositionen. Der innere Kampf in der bolschewistischen Partei war vollkommen unvermeidlich. Lenins Ankunft hat den Prozeß nur beschleunigt. Sein persönlicher Einfluß hat die Krise verkürzt. Kann man aber mit Bestimmtheit sagen, die Partei würde auch ohne ihn ihren Weg gefunden haben? Dies zu behaupten, könnten wir uns keinesfalls entschließen. Der Faktor Zeit entscheidet hier, und hinterher läßt sich schwer auf die Uhr der Geschichte blicken. Dialektischer Materialismus hat jedenfalls nichts mit Fatalismus gemein. Die Krise, die die opportunistische Leitung unvermeidlich hervorrufen mußte, würde ohne Lenin einen besonders scharfen und langwierigen Charakter angenommen haben. Die Bedingungen des Krieges und der Revolution ließen aber der Partei für die Erfüllung ihrer Mission keine langen Fristen. Es ist deshalb ganz und gar nicht ausgeschlossen, daß die desorientierte und zerrissene Partei die revolutionäre Situation auf viele Jahre hinaus verpassen konnte. Die Rolle der Persönlichkeit tritt hier vor uns in wahrhaft gigantischem Maßstabe auf. Nur muß man diese Rolle richtig begreifen und die Persönlichkeit als ein Glied der historischen Kette betrachten.

Lenins »plötzliche« Ankunft aus dem Auslande nach langer Abwesenheit, der wilde Lärm der Presse um seinen Namen, der Zusammenstoß Lenins mit allen Führern der eigenen Partei und sein schneller Sieg über sie – kurz die äußere Hülle der Ereignisse hat in diesem Falle stark zur mechanischen Gegenüberstellung von Person, Held, Genie, objektiven Verhältnissen, Masse, Partei beigetragen. In Wirklichkeit ist eine solche Gegenüberstellung völlig einseitig. Lenin war kein zufälliges Element der historischen Entwicklung, sondern Produkt der gesamten vergangenen russischen Geschichte. Er war tief in ihr verwurzelt. Gemeinsam mit den fortgeschrittenen Arbeitern hatte er während des vorangegangenen Vierteljahrhunderts ihren ganzen Kampf mitgemacht. »Zufall« war nicht sein Eingreifen in die Ereignisse, sondern eher jener Strohhalm, mit dem Lloyd George ihm den Weg zu sperren versucht hatte. Lenin stand der Partei nicht von außen gegenüber, sondern er war ihr vollendetster Ausdruck. Indem er sie erzog, erzog er sich an ihr. Sein Auseinandergehen mit der Führerschicht der Bolschewiki bedeutete den Kampf des morgigen Tages der Partei mit ihrem gestrigen Tage. Wäre Lenin nicht künstlich durch Emigration und Krieg von der Partei getrennt gewesen, so wäre die äußere Mechanik der Krise nicht so dramatisch und die innere Kontinuität der Parteientwicklung nicht so verhüllt. Aus jener besonderen Bedeutung, die Lenins Ankunft erhalten hat, ergibt sich nur, daß Führer nicht zufällig erstehen, daß ihre Auslese und Erziehung Jahrzehnte erfordern, daß sie nicht willkürlich zu ersetzen sind, daß ihre mechanische Ausschaltung aus dem Kampfe der Partei eine offene Wunde zufügen und unter Umständen die Partei für lange Zeit paralysieren kann.

»Apriltage«

Am 23. März traten die Vereinigten Staaten in den Krieg ein. Am gleichen Tage fand in Petrograd die Beisetzung der Opfer der Februarrevolution statt. Die traurige, doch ihrer Stimmung nach festlich-lebensfreudige Kundgebung war ein mächtiger Schlußakkord der Symphonie der fünf Tage. Zur Beisetzung kamen alle: sowohl jene, die Seite an Seite mit den Gemordeten gekämpft, wie jene, die vom Kampfe zurückgehalten, und wahrscheinlich auch jene, die sie gemordet hatten, am zahlreichsten aber die, die beim Kampfe abseits geblieben waren. Neben Arbeitern, Soldaten und städtischem Kleinvolk waren hier Studenten, Minister, Gesandte, solide Bürger, Journalisten, Redner, Häupter aller Parteien. Rote Särge schwebten auf den Händen der Arbeiter und Soldaten aus den Stadtbezirken dem Marsfelde zu. Als man die Särge in die Gruft senkte, ertönte von der Peter-Paul-Festung her, die gewaltigen Volksmassen erschütternd, der erste Trauersalut. Die Kanonen donnerten auf neue Art: *Unsere* Kanonen, *unser* Salut. Der Wyborger Bezirk trug 51 rote Särge. Das war nur ein Teil der Opfer, auf die er stolz war. Im Zuge der Wyborger, dem dichtesten von allen, ragten zahlreiche bolschewistische Fahnen hervor. Doch wehten sie friedlich neben den anderen. Auf dem Marsfeld selbst blieben nur die Mitglieder der Regierung des Sowjets und der bereits verblichenen, aber ihrer eigenen Beisetzung hartnäckig widerstrebenden Reichsduma. An den Gräbern defilierten mit Bannern und Musikorchestern im Laufe des Tages wenigstens achthunderttausend Mann vorbei. Und obwohl nach Ansicht der höchsten militärischen Autoritäten in der vorgesehenen Zeit eine solche Menschenmasse nicht ohne größtes Chaos und katastrophale Wirbel hätte vorbeigehen können, verlief die Manifestation dennoch in vollster Ordnung, wie sie für solche revolutionäre Umzüge charakteristisch ist, bei denen das befriedigende Bewußtsein zum erstenmal vollbrachter großer Taten herrscht, verbunden mit der Hoffnung, nun werde alles besser sein. Nur diese Stimmung hielt die Ordnung aufrecht, denn die Organisation war noch schwach, unerfahren und ihrer selbst nicht sicher.

Die Tatsache der Beerdigung war, sollte man meinen, eine genügende Widerlegung der Legende von der unblutigen Revolution. Und doch gab die bei der Beerdigung herrschende Stimmung teilweise jene Atmosphäre der ersten Tage wieder, aus der diese Legende entstanden war.

Nach 25 Tagen – in dieser Zeit hatten die Sowjets viel an Erfahrung und Sicherheit gewonnen – fand die Feier des 1. Mai nach europäischer Zeitrechnung (am 18. April nach dem alten Stil) statt. Alle Städte im Lande waren von Versammlungen und Demonstrationen überschwemmt. Nicht nur die Industriebetriebe, sondern auch die Staats-, Stadt-, und die Semstwo-Institutionen feierten. In Mohilew, wo sich das Hauptquartier befand, schritten die Ritter des Georgskreuzes an der Spitze der Demonstration. Die Kolonne des Stabes mit den nicht abgesetzten Zarengeneralen trug ihre Maiplakate. Das Fest des proletarischen Antimilitarismus verschmolz mit der revolutionär gefärbten Manifestation des Patriotismus. Die verschiedenen Schichten der Bevölkerung brachten in das Fest ihre Note, doch alles zusammen vereinigte sich noch zu einem zwar äußerst verschwommenen, teils unwahren, aber im allgemeinen großartigen Ganzen.

In den beiden Hauptstädten und den Industriezentren waren bei dem Fest die Arbeiter vorherrschend, und in ihrer Masse hoben sich schon deutlich – durch Banner, Plakate, Reden und Zwischenrufe – die festen Kerne des Bolschewismus ab. Über die riesige Fassade des Mariinski-Palais, der Unterkunft der Provisorischen Regierung, spannte sich ein herausfordernder roter Streifen mit der Aufschrift: »Es lebe die Dritte Internationale!« Die Behörden, die ihre administrative Schüchternheit noch nicht abgeworfen hatten, konnten sich nicht entschließen, dieses unangenehme und besorgniserregende Plakat zu entfernen. Es schien, als feierten alle. Soweit sie konnte, feierte auch die aktive Armee. Berichte trafen ein über Versammlungen, Reden, Fahnen und revolutionäre Lieder in den Schützengräben. Es gab auch Widerhall von deutscher Seite.

Der Krieg ging noch nicht dem Ende zu, im Gegenteil, er erweiterte seine Kreise. War doch vor kurzem, gerade am Tage der Beisetzung der Revolutionsopfer, ein ganzer Kontinent dem Kriege beigetreten, um ihm einen neuen Schwung zu verleihen. Zur gleichen Zeit nahmen in allen Gegenden Rußlands mit den Soldaten auch Kriegsgefangene an den Kundgebungen teil, unter gemeinsamem Banner, manchmal auch mit gemeinsamer Hymne in verschiedenen Sprachen. In diesem unübersehbaren Fest, einem Hochwasser ähnlich, das Klassen-, Partei- und Ideenumrisse überschwemmte, war die gemeinsame Demonstration der russischen Soldaten und der österreichischen und deutschen Gefangenen ein greller hoffnungserregender Faktor, der den Glauben weckte, die Revolution verbürge trotz allem irgendeine bessere Welt.

Gleich der Märzbeisetzung verlief auch die Maifeier in völliger Ordnung, ohne Zusammenstöße und Opfer, wie ein »allnationales« Fest. Das aufmerksame Ohr jedoch konnte mühelos aus den Reihen der Soldaten und Arbeiter eine ungeduldige und sogar drohende Note vernehmen. Das Leben werde immer schwerer. Und in der Tat: die Preise wuchsen bedrohlich, die Arbeiter forderten feste Minimallöhne, die Unternehmer widersetzten sich, die Konflikte in den Betrieben nahmen ununterbrochen zu. Die Ernährungslage verschlechterte sich, die Brotration wurde kleiner, sogar für Graupen führte man Karten ein. Auch in der Garnison wuchs die Unzufriedenheit. Der Kreisstab beabsichtigte, durch Entfernung der revolutionären Truppenteile aus Petrograd die Soldaten unschädlich zu machen. In der Versammlung der gesamten Garnison vom 17. April verlangten Soldaten, die die feindliche Absicht errieten, Einstellung des Abtransports von Truppenteilen: diese Forderung wird sich künftig bei jeder neuen Krise der Revolution in immer schärferer Form erheben. Doch die Wurzel allen Unheils bleibt der Krieg, dessen Ende nicht abzusehen ist. Wann wird die Revolution Frieden bringen? Warum schauen Kerenski und Zeretelli zu? Immer aufmerksamer lauschten die Massen den Bolschewiki, lauernd, abwartend blickten sie zu ihnen hin, die einen noch halb feindselig, die anderen bereits vertrauensvoll. Unter der Feiertagsdisziplin verbarg sich eine gespannte Stimmung; in den Massen gärte es.

Aber niemand, auch nicht die Autoren des Transparentes am Mariinski-Palais, ahnte, daß schon die nächsten zwei, drei Tage die Hülle nationaler Einheit, die die Revolution umgab, erbarmungslos zerreißen würden. Die bedrohlichen Ereignisse, deren Unvermeidlichkeit viele vorausgesehen, niemand aber so bald erwartet hatte, brachen überraschend herein. Den Anstoß dazu gab die Außenpolitik der Provisorischen Regierung, das heißt das Problem des Krieges. Kein anderer als Miljukow hat das Zündholz an den Docht gelegt.

Die Geschichte des Zündholzes und des Dochtes: Am Tage des Eintritts Amerikas in den Krieg entwickelte der Außenminister der Provisorischen Regierung, der nun Mut geschöpft hatte, den Journalisten sein Programm: Eroberung Konstantinopels, Eroberung Armeniens, Aufteilung Österreichs und der Türkei, Eroberung Nordpersiens und darüber hinaus selbstverständlich das Recht der Nationen auf Selbstbestimmung. »Bei jedem Hervortreten«, deutet Historiker Miljukow den Minister Miljukow, »unterstrich er entschieden die pazifistischen Ziele des Befreiungskrieges, aber er brachte sie stets in engste Verbindung mit den nationalen Aufgaben und Interessen Rußlands.« Das Interview scheuchte die Versöhnler auf. »Wann wird die Außenpolitik der Provisorischen Regierung sich endlich von Heuchelei befreien?« entrüstete sich die Zeitung der Menschewiki. »Weshalb verlangt die Provisorische Regierung von den alliierten Regierungen nicht den offenen und entschiedenen Verzicht auf Annexionen?« Als Heuchelei betrachteten diese Menschen die offene Sprache des Räubers. Sie wären bereit gewesen, in einer pazifistischen Verschleierung des Appetits die Befreiung von Heuchelei zu erblicken. Der über die Erregung der Demokratie erschrockene Kerenski beeilte sich, mittels des Pressebüros verlauten zu lassen: das Programm Miljukows sei dessen persönliche Ansicht. Daß der Autor dieser persönlichen Ansicht Außenminister war, galt offenbar als purer Zufall.

Zeretelli, der das Talent besaß, jede Frage zu einem Gemeinplatz zu machen, bestand nun auf der Notwendigkeit einer Regierungserklärung, daß der Krieg für Rußland ausschließlich ein Verteidigungskrieg sei. Der Widerstand Miljukows und zum Teil Gutschkows wurde gebrochen, und am 27. März kam die Regierung mit folgender Deklaration nieder: »Das Ziel des freien Rußland ist nicht Herrschaft über andere Völker, nicht Enteignung ihres Nationalbesitzes, nicht gewaltsame Eroberung fremden Territoriums«, sicher aber »restlose Einhaltung der unseren Alliierten gegenüber übernommenen Verpflichtungen«. Auf diese Weise verkündeten die Zaren und Propheten der Doppelherrschaft ihre Absicht, zusammen mit den Vatermördern und Ehebrechern ins

Himmelreich zu kommen. Diesen Herren fehlte neben allem anderen das Gefühl für das Lächerliche. Die Erklärung vom 27. März wurde nicht nur von der gesamten Versöhnlerpresse begrüßt, sondern auch von der »Prawda« Kamenew-Stalins, die vier Tage vor Lenins Ankunft in einem Leitartikel schrieb: »Klar und deutlich hat die Provisorische Regierung ... vor dem ganzen Volke erklärt, daß das Ziel des freien Rußland nicht die Herrschaft über andere Völker ist« usw. Die englische Presse legte sofort mit Befriedigung den Verzicht Rußlands auf Annexionen als Verzicht auf Konstantinopel aus, wobei sie natürlich keinesfalls daran dachte, die Enthaltungsformel auch auf sich zu beziehen. Der russische Gesandte in London schlug Alarm und verlangte von Moskau dahingehende Erläuterungen, daß das Prinzip »Frieden ohne Annexionen von Rußland nicht bedingungslos angenommen wird, sondern nur insofern es unseren Lebensinteressen nicht widerspricht«. Aber das war ja gerade Miljukows Formel: das Versprechen, nicht zu rauben, was wir nicht brauchen können. Im Gegensatz zu London unterstützte Paris nicht nur Miljukow, sondern trieb ihn durch Paléologue an zu einer entschlosseneren Politik den Sowjets gegenüber.

Der damalige Premier Ribot, außer sich über die kläglichen Litaneien Petrograds, befragte London und Rom, ob »sie es nicht für notwendig erachten, die Provisorische Regierung aufzufordern, mit jeglicher Zweideutigkeit (équivoque) ein Ende zu machen«. London erwiderte, es sei klüger, »den nach Rußland entsandten französischen und englischen Sozialisten Zeit zu lassen, auf ihre Gesinnungsgenossen einzuwirken«.

Die Entsendung der alliierten Sozialisten nach Rußland war auf Initiative des russischen Hauptquartiers, das heißt der alten zaristischen Generalität, unternommen worden. »Wir rechnen auf ihn«, schrieb Ribot über Albert Thomas, »um den Beschlüssen der Provisorischen Regierung einige Festigkeit zu verleihen.« Miljukow jedoch beklagte sich, Thomas halte sich zu eng an die Sowjetführer. Ribot antwortete darauf, Thomas sei »aufrichtig bestrebt«, den Standpunkt Miljukows zu unterstützen, versprach aber, seinen Abgesandten zu einer noch aktiveren Unterstützung zu veranlassen.

Die durch und durch leere Deklaration vom 27. März beunruhigte immerhin die Alliierten, die in ihr eine Konzession an den Sowjet erblickten. Aus London drohte man, den Glauben »an die Kampfkraft Rußlands« zu verlieren. Paléologue beschwerte sich über die »Schüchternheit und Unbestimmtheit« der Deklaration. Gerade das brauchte Miljukow. In der Hoffnung auf Hilfe der Alliierten ließ sich Miljukow in ein großes Spiel ein, das seine Geldmittel weit überstieg. Sein Leitgedanke war, den Krieg gegen die Revolution zu wenden, die nächste Aufgabe auf diesem Wege – die Demokratie zu demoralisieren. Doch begannen die Versöhnler gerade im April in Fragen der Außenpolitik immer nervöser und betriebsamer zu werden, denn man bedrängte sie unablässig von unten. Die Regierung brauchte eine Anleihe. Die Massen jedoch waren bei aller Stimmung zugunsten der Landesverteidigung nur bereit, eine Friedensanleihe, nicht aber eine Kriegsanleihe zu unterstützen. Man mußte ihnen mindestens den Schein einer Friedensperspektive zeigen.

Indem er die Rettungspolitik der Gemeinplätze entwickelte, schlug Zeretelli vor, von der Provisorischen Regierung zu fordern, daß sie an die Alliierten eine der innerpolitischen Erklärung vom 27. März analoge Note richte. Dafür verpflichtete sich das Exekutivkomitee, im Sowjet die Abstimmung für eine »Freiheitsanleihe« vorzunehmen. Miljukow ging auf den Betrug ein: Anleihe gegen Note, – beschloß aber, den Handel doppelt auszunutzen. Unter dem Schein einer Erläuterung zu der »Erklärung« desavouierte die Note diese. Sie betonte, daß die Friedensphrasen der neuen Macht »nicht den geringsten Vorwand geben, zu glauben, daß die Rolle Rußlands im Gesamtkampfe der Alliierten durch die vollzogene Umwälzung eine Schwächung erlitten hat. Ganz im Gegenteil, – das allgemeine Bestreben des Volkes, den Weltkrieg bis zum endgültigen Siege zu führen, hat sich nur verstärkt« ... Die Note sprach ferner die Überzeugung aus, daß die Sieger »das Mittel finden werden, jene *Garantien* und *Sanktionen* zu erlangen, die notwendig sind zur Vermeidung neuer blutiger Zusammenstöße in der Zukunft«. Die Worte »Garantien« und »Sanktionen«, die auf Drängen Thomas' aufgenommen wurden, bedeuteten in der Diebessprache der Diplomatie, besonders der französischen, nichts anderes als Annexionen und Kontributionen. Am Tage der Maifeier übergab Miljukow seine unter dem Diktat der alliierten Diplomatie verfaßte Note telegraphisch an die Regierungen der Entente, und erst danach wurde sie dem Exekutivkomitee übermittelt und gleichzeitig – den Zeitungen. Die Kontaktkommission war von der Regierung übergangen worden, und die Führer des Exekutivkomitees gerieten in die Lage einfacher Bürger. Erfuhren die Versöhnler aus der Note auch nichts, was sie nicht schon vorher von Miljukow gehört hatten, so konnten sie doch den mit Vorbedacht feindlichen Akt nicht übersehen. Die Note entwaffnete sie vor den Massen und stellte sie direkt vor die Wahl zwischen Bolschewismus und Imperialismus. Lag nicht gerade darin Miljukows Absicht? Alles spricht dafür, daß seine Absicht noch weiter ging.

Schon seit März war Miljukow mit allen Mitteln bestrebt, den unglückseligen Plan der Eroberung der Dardanellen durch eine russische Landung wieder aufleben zu lassen. Er führte darüber zahlreiche Verhandlungen mit General Alexejew und suchte diesen zur energischen Durchführung der Operation zu bewegen, die, seiner Meinung nach, die gegen Annexionen protestierende

Demokratie vor eine vollendete Tatsache stellen würde. Die Note Miljukows vom 18. April war gleichsam eine Parallellandung auf dem schlecht verteidigten Ufer der Demokratie. Zwei Aktionen – die militärische und die politische – ergänzten sich und rechtfertigten einander für den Fall eines Sieges. Mit Siegern wird im allgemeinen nicht gerechtet. Doch Miljukow war es nicht beschieden, Sieger zu bleiben. Zur Landung waren 200 000 bis 300 000 Soldaten nötig. Die Sache scheiterte indes an einer Kleinigkeit: der Weigerung der Soldaten. Die Revolution zu verteidigen waren sie bereit, nicht aber anzugreifen. Das Dardanellenattentat Miljukows erlitt Fiasko. Und dies untergrub alle seine weiteren Pläne. Man muß zugeben, sie waren nicht schlecht berechnet ... unter der Voraussetzung des Sieges.

Am 17. April fand in Petrograd eine grauenerregende patriotische Demonstration der Kriegsinvaliden statt: eine riesige Zahl Verwundeter aus den Lazaretten der Hauptstadt, beinlose, armlose, bandagierte Soldaten, bewegte sich zum Taurischen Palais. Die nicht gehen konnten, wurden in Lastautos gefahren. Auf den Fahnen stand: »Krieg bis zum Ende.« Das war eine Verzweiflungsdemonstration der menschlichen Überreste des imperialistischen Krieges, die nicht wollten, daß die Revolution die von ihnen gebrachten Opfer für sinnlos erkläre. Doch hinter den Demonstranten stand die Kadettenpartei, genauer gesagt Miljukow, der für morgen seinen großen Schlag vorbereitete.

Am 19., nachts, beriet das Exekutivkomitee in einer außerordentlichen Sitzung die am Vorabend den alliierten Regierungen übermittelte Note. »Nach der ersten Lesung«, berichtet Stankewitsch, »wurde von allen einmütig und ohne Diskussion anerkannt, die Note sei etwas ganz anderes, als das Exekutivkomitee erwartet hatte.« Für die Note aber war die Regierung in ihrer Gesamtheit, einschließlich Kerenskis, verantwortlich. Man mußte folglich zuallererst die Regierung retten. Zeretelli begann, die unchiffrierte Note zu »dechiffrieren« und immer mehr und mehr Vorzüge an ihr zu entdecken. Skobeljew wies tiefsinnig nach, man könne »völlige Übereinstimmung« zwischen den Bestrebungen der Demokratie und der Regierung überhaupt nicht verlangen. Die Weisen quälten sich bis zum Morgengrauen, fanden aber keine Lösung. Gegen Morgen ging man auseinander, um sich nach einigen Stunden wieder zu versammeln. Man rechnete offenbar mit der Fähigkeit der Zeit, jegliche Wunden zu heilen.

Am Morgen erschien die Note in allen Zeitungen. Die »Rjetsch« kommentierte sie im Geiste reiflich erwogener Provokation. Die sozialistische Presse äußerte sich höchst gereizt. Die menschewistische »Rabotschaja Gaseta« (»Arbeiterzeitung«), die gemeinsam mit Zeretelli und Skobeljew noch nicht Zeit gefunden hatte, sich von dem Dunst der nächtlichen Empörung zu erholen, schrieb, die Provisorische Regierung veröffentliche einen »Akt, der ein

Hohn auf die Bestrebungen der Demokratie ist«, und forderte vom Sowjet entschlossene Maßnahmen, »um seine schrecklichen Folgen abzuwenden«. In diesen Sätzen war der wachsende Druck der Bolschewiki deutlich fühlbar.

Das Exekutivkomitee nahm seine Sitzung wieder auf, jedoch nur, um sich wieder von seiner Unfähigkeit, irgendeinen Entschluß zu fassen, zu überzeugen. Es wurde beschlossen, eine außerordentliche Plenarsitzung des Sowjets »zur Information« einzuberufen, in Wirklichkeit aber, um den Grad der Unzufriedenheit in den unteren Schichten herauszufühlen und Zeit zu gewinnen für die eigenen Schwankungen. In der Zwischenzeit plante man allerhand Kontaktsitzungen, die die Frage zunichte machen sollten.

Doch in dieses rituale Getriebe der Doppelherrschaft mischte sich unerwartet eine dritte Macht ein: die Massen gingen mit Waffen in den Händen auf die Straße. Zwischen den Bajonetten der Soldaten tauchten Plakate auf: »Nieder mit Miljukow!« Auf anderen Plakaten prangte Gutschkow. Es war schwer, in den entrüsteten Kolonnen die Demonstranten vom 1. Mai wiederzuerkennen.

Die Geschichtsschreiber nennen diese Bewegung »elementar« in dem bedingten Sinne, daß keine Partei die Initiative der Aktion ergriffen hatte. Der unmittelbare Aufruf, auf die Straße zu gehen, stammte von einem gewissen Linde, der damit seinen Namen in die Geschichte der Revolution eingetragen hat. »Der Gelehrte, Mathematiker und Philosoph« Linde stand außerhalb jeder Partei, war mit ganzer Seele auf seiten der Revolution und wünschte heiß, daß sie erfülle, was sie verhieß. Miljukows Note und der Artikel der »Prawda« hatten ihn empört. »Ohne sich mit jemand beraten zu haben«, erzählt sein Biograph, »schritt er sofort zu Taten ... begab sich zum Finnländischen Regiment, rief das Komitee zusammen und schlug vor, mit dem ganzen Regiment sogleich zum Mariinski-Palais zu ziehen ... Der Vorschlag Lindes fand Zustimmung, und bereits um 3 Uhr nachmittags bewegte sich eine imposante Demonstration der Finnländer mit herausfordernden Plakaten durch die Straßen Petrograds.« Dem Finnländischen folgten die Soldaten des 180. Reserveregiments, der Moskauer, Pawlowsker, Kexholmer Regimenter, die Matrosen der 2. Baltischen Flottenequipage, insgesamt 25000–30000 Mann, alle in Waffen. In den Arbeitervierteln entstand Bewegung, man stellte die Arbeit ein und ging betriebsweise hinter den Regimentern her auf die Straßen.

»Die Mehrzahl der Soldaten wußte nicht, weshalb sie gekommen war«, versicherte Miljukow, als habe er Zeit gehabt, sie zu befragen. »Außer den Truppen beteiligten sich an der Demonstration halbwüchsige Arbeiter, welche laut (!) erklärten, man habe jedem von ihnen 10 bis 15 Rubel dafür bezahlt.« Die Quelle der Bezahlung ist klar: »Die Aufgabe, die beiden Minister (Miljukow und Gutschkow) zu entfernen, war direkt von Deutschland gestellt worden.« Miljukow gab diese tiefsinnige Erklärung nicht in der Hitze des Aprilkampfes ab, sondern drei Jahre nach den Oktoberereignissen, die zur Genüge gezeigt haben, daß für niemand die Notwendigkeit bestand, den Haß der Volksmassen gegen Miljukow mit hohem Tageslohn zu bezahlen.

Die überraschende Schärfe der Aprildemonstration läßt sich mit der Unmittelbarkeit der Massenreaktion auf den Betrug von oben erklären. »Solange die Regierung den Frieden nicht erlangt hat, muß man sich verteidigen.« Das wurde ohne Enthusiasmus, aber mit Überzeugung gesagt. Man nahm an, oben werde alles getan, um den Frieden herbeizuführen. Allerdings wurde seitens der Bolschewiki behauptet, die Regierung wolle die Fortsetzung des Krieges zu räuberischen Zwecken. Ist das aber denkbar? Und Kerenski? »Wir kennen die Sowjetführer vom Februar her, sie sind als erste zu uns in die Kasernen gekommen, sie sind für Frieden. Lenin ist aus Berlin eingetroffen, Zeretelli aber war in der Katorga. Man muß sich gedulden ...« Gleichzeitig nahmen die fortgeschrittenen Betriebe und Regimenter immer energischer die bolschewistischen Parolen der Friedenspolitik auf: Veröffentlichung der Geheimverträge und Bruch mit den Eroberungsplänen der Entente, offenes Angebot eines sofortigen Friedens an alle kriegführenden Länder. In diese verwickelten und schwankenden Stimmungen fiel die Note des 18. April. Wie? Man ist also oben nicht für Frieden, sondern für die alten Kriegsziele? Also wir warten und leiden vergeblich? Nieder! ... Aber mit wem nieder? Haben tatsächlich die Bolschewiki recht? Unmöglich. Aber was ist dann mit der Note? Verkauft wirklich jemand unsere Haut an die Verbündeten des Zaren? Aus der einfachen Gegenüberstellung der kadettischen und versöhnlerischen Presse ergab sich, daß Miljukow das allgemeine Vertrauen täuschte und gemeinsam mit Lloyd George und Ribot Eroberungspolitik treiben wollte. Auch Kerenski hatte ja erklärt, das Attentat auf Konstantinopel sei Miljukows »persönliche Ansicht«. So entstand die Bewegung.

Doch war sie nicht einheitlich. Einzelne Hitzköpfe aus der Mitte der Revolutionäre überschätzten Umfang und politische Reife der Bewegung um so mehr, je greller und überraschender sie durchbrach. Bei den Truppenteilen und in den Betrieben entwickelten die Bolschewiki große Energie. Die Forderung »Hinweg mit Miljukow«, die gewissermaßen das Minimalprogramm der Bewegung war, ergänzten sie durch Plakate gegen die Provisorische Regierung überhaupt, wobei verschiedene Elemente es verschieden verstanden: die einen als eine Propagandalosung, die anderen als Aufgabe des Tages. Die von den bewaffneten Soldaten und Matrosen auf die Straßen getragene Losung »Nieder mit der Provisorischen Regierung« mußte unvermeidlich in die Demonstration eine Strömung des bewaffneten Aufstandes hineinbringen. Beträchtliche Arbeiter- und Soldatengruppen waren nicht abgeneigt, die Provisorische Regierung sofort hinwegzufegen. Von ihnen stammten die Versuche, in das Mariinski-Palais einzudringen, seine Ausgänge zu besetzen und die Minister zu verhaften. Zu deren Rettung wurde Skobeljew abkommandiert, der seine Mission um so erfolgreicher erfüllen konnte, als das Mariinski-Palais leer war.

Infolge Gutschkows Erkrankung tagte die Regierung dieses Mal in seiner Privatwohnung. Doch nicht dieser Zufall hatte die Minister vor Verhaftung bewahrt; sie waren von ihr gar nicht ernstlich bedroht gewesen. Die Armee von 25000 bis 30000 Soldaten, die auf die Straßen gegangen war, um gegen die Kriegsverlängerer zu kämpfen, hätte vollständig genügt, auch eine solidere Regierung zu stürzen, als die, an deren Spitze Fürst Lwow stand. Die Demonstranten aber hatten sich dieses Ziel nicht gestellt. Sie beabsichtigten eigentlich nur, mit der Faust durch das Fenster zu drohen, damit die hohen Herren aufhören, die Zähne gegen Konstantinopel zu fletschen, und ernstlich an die Friedensfrage herangehen. Damit glaubten die Soldaten, Kerenski und Zeretelli gegen Miljukow zu unterstützen.

In der Sitzung der Regierung erschien General Kornilow, berichtete über die bewaffneten Demonstrationen und erklärte als Kommandierender des Petrograder Militärbezirks, über hinreichend Kräfte zu verfügen, um mit bewaffneter Hand die Meuterei niederzuwerfen: es hänge nur von dem Befehl ab. Koltschak, der zufällig in dieser Regierungssitzung anwesend war, bekundete später in dem Prozeß, der seiner Erschießung voranging, Fürst Lwow und Kerenski seien gegen den Versuch eines militärischen Strafgerichtes über die Demonstranten gewesen. Miljukow sprach es nicht direkt aus, zog aber seine Schlußfolgerung in dem Sinne, die Herren Minister mochten über die Lage urteilen wie immer, das würde ihre Übersiedlung ins Gefängnis nicht verhindern. Es konnte kein Zweifel darüber bestehen, daß Kornilow in Übereinstimmung mit dem Kadettenzentrum handelte.

Den versöhnlerischen Führern gelang es mühelos, die demonstrierenden Soldaten zur Räumung des Platzes vor dem Mariinski-Palais zu bewegen und sie sogar in die Kasernen zurückzuleiten. Die in der Stadt entstandene Erregung ging jedoch nicht in ihre Ufer zurück. Es versammelten sich Massen, Meetings wurden abgehalten, an den Straßenkreuzungen gab es Diskussionen, in den Trams teilte man sich in Anhänger und Gegner Miljukows. Auf dem Newskij-Prospekt und in den anliegenden Straßen agitierten bürgerliche Redner gegen Lenin, der von Deutschland geschickt worden sei, den großen Patrioten Miljukow zu stürzen. In den Randbezirken und den Arbeitervierteln bemühten sich die

Bolschewiki, die Empörung gegen die Note und ihren Autor auf die gesamte Regierung auszudehnen.

Um 7 Uhr abends versammelte sich das Plenum des Sowjets. Die Führer wußten nicht, was sie dem vor leidenschaftlicher Spannung bebenden Auditorium sagen sollten. Tschcheidse berichtete weitschweifend, es stehe nach der Sitzung eine Zusammenkunft mit der Provisorischen Regierung bevor. Tschernow schreckte mit dem nahenden Bürgerkrieg. Feodorow, ein Metallarbeiter, das Mitglied des Zentralkomitees der Bolschewiki, erwiderte, der Bürgerkrieg sei bereits da, es bleibe den Sowjets nur übrig, sich auf ihn zu stützen und die Macht zu übernehmen. »Das waren neue und damals sehr schreckliche Worte«, schreibt Suchanow. »Sie trafen den Kern der Stimmungen und fanden diesmal einen solchen Widerhall, wie ihn die Bolschewiki weder früher, noch lange Zeit nachher zu verzeichnen hatten.«

Zum Höhepunkt der Sitzung wurde, unerwartet für alle, die Rede des Vertrauten Kerenskis, des liberalen Sozialisten Stankewitsch: »Weshalb, Genossen, sollen wir ›aufmarschieren‹?« fragte er. »Gegen wen sollen wir Gewalt anwenden? Die ganze Macht, das seid ja ihr und die Massen, die hinter euch stehen ... Schaut hin, es fehlen jetzt noch fünf Minuten bis 7 Uhr (Stankewitsch streckt die Hand nach der Wanduhr aus, der ganze Saal blickt in die gleiche Richtung). Verfügt, daß die Provisorische Regierung verschwinde, daß sie demissioniere. Wir geben es telephonisch weiter, und in fünf Minuten wird sie ihre Vollmachten niederlegen. Wozu da Gewalt, Aktionen, Bürgerkrieg?« Im Saal stürmischer Applaus, begeisterte Zwischenrufe. Der Redner wollte den Sowjet durch die extremen Folgerungen aus der entstandenen Lage schrecken, erschrak aber selbst vor dem Effekt seiner Rede. Die unverhoffte Wahrheit der Worte über die Macht der Sowjets hob die Versammlung hoch über das klägliche Getriebe der Führer, die am meisten darum besorgt waren, den Sowjet zu hindern, irgendeinen Beschluß zu fassen. »Wer wird die Regierung ersetzen?« erwiderte auf den Applaus einer der Redner. »Wir? Aber uns zittern die Hände ...« Das war eine unvergleichliche Charakteristik der Versöhnler, der hochtrabenden Führer mit den zitternden Händen.

Der Vorsitzende des Ministerrats, Ministerpräsident Lwow, gab, gleichsam um Stankewitsch von der anderen Seite zu ergänzen, am nächsten Tage folgende Erklärung ab: »Die Provisorische Regierung fand bis jetzt unablässig Unterstützung seitens des führenden Organs des Sowjets. In den letzten zwei Wochen ... ist die Regierung unter Verdacht gestellt. Unter solchen Bedingungen ... ist es für die Provisorische Regierung das beste, zurückzutreten.« Wieder sehen wir, welches die reale Verfassung des Februar-Rußland gewesen ist!

Im Mariinski-Palais fand die Zusammenkunft des Exekutivkomitees mit der Provisorischen Regierung statt. In seiner Einführungsrede beklagte sich Fürst Lwow über den Feldzug, den die sozialistischen Kreise gegen die Regierung begonnen hätten, und sprach halb beleidigt, halb drohend von Demission. Der Reihe nach schilderten die Minister die Schwierigkeiten, zu deren Anhäufung sie aus allen Kräften beigetragen hatten. Dem Kontaktredeschwall den Rücken kehrend, sprach Miljukow vom Balkon aus zu kadettischen Demonstrationen: »Als ich die Plakate mit den Aufschriften ›Nieder mit Miljukow‹ sah ... fürchtete ich nicht für Miljukow. Ich fürchtete für Rußland.« So gibt der Historiker Miljukow die schlichten Worte wieder, die der Minister Miljukow vor der auf dem Platze versammelten Menge sprach. Zeretelli forderte von der Regierung eine neue Note. Tschernow fand einen genialen Ausweg, indem er Miljukow vorschlug, in das Ministerium für Volksbildung überzugehen. Als Objekt der Geographie war Konstantinopel jedenfalls ungefährlicher denn als Objekt der Diplomatie. Miljukow weigerte sich aber entschieden, sowohl zur Wissenschaft zurückzukehren, wie eine neue Note zu schreiben. Die Führer des Sowjets ließen sich jedoch nicht lange bitten und gaben sich mit einer »Erläuterung« der alten Note zufrieden. Es blieb nur noch übrig, einige Phrasen zu finden, deren Verlogenheit hinreichend demokratisch verbrämt war, um die Lage – und damit gleichzeitig das Portefeuille Miljukows – als gerettet zu betrachten.

Doch der unruhige Dritte wollte sich nicht beruhigen. Der Tag des 21. April brachte eine neue Erregungswelle, eine mächtigere als die des vorigen Tages. Jetzt rief bereits das Petrograder Komitee der Bolschewiki zur Demonstration auf. Trotz der Gegenagitation der Menschewiki und Sozialrevolutionäre setzten sich ungeheuere Arbeitermassen von der Wyborger Seite und dann auch von anderen Bezirken nach dem Zentrum in Bewegung. Das Exekutivkomitee schickte autoritative Ruhestifter, mit Tschcheidse an der Spitze, den Demonstranten entgegen. Doch die Arbeiter wollten entschieden ihr Wort sprechen, und sie hatten was zu sagen. Ein bekannter liberaler Journalist beschrieb in der »Rjetsch« die Arbeiterdemonstration auf dem Newskij: »Voran etwa 100 Bewaffnete; hinter ihnen geordnete Reihen unbewaffneter Männer und Frauen – Tausende von Menschen. Zu beiden Seiten lebende Ketten. Gesang. Ihre Gesichter verblüfften mich. Diese Tausende hatten *ein* Gesicht, das besessene, mönchische Gesicht der ersten Jahrhunderte des Christentums, unversöhnlich, erbarmungslos bereit zu Mord, Inquisition und Tod.« Der liberale Journalist hatte der Arbeiterrevolution in die Augen geschaut und einen Moment deren konzentrierte Entschlossenheit gespürt. Wie unähnlich sind diese Arbeiter den Miljukowschen – für 15 Rubel pro Tag von Ludendorff gekauften Halbwüchsigen!

Wie am Vorabend gingen auch diesmal die Demonstranten

nicht darauf aus, die Regierung zu stürzen, obwohl die Mehrzahl von ihnen sicherlich über diese Aufgabe schon ernstlich nachdachte und ein Teil bereit war, die Demonstration schon heute über die Stimmung der Mehrzahl hinaus mitzureißen. Tschcheidse ermahnte die Demonstranten, in ihre Stadtviertel umzukehren. Die Anführer aber antworteten barsch, die Arbeiter wüßten selbst, was sie zu tun hätten. Das war ein neuer Ton, und Tschcheidse wird sich in den nächsten Wochen an ihn gewöhnen müssen.

Während die Versöhnler beschwichtigten und löschten, provozierten und schürten die Kadetten. Obwohl Kornilow gestern die Sanktion zur Waffenanwendung nicht erhalten hatte, gab er seinen Plan nicht nur nicht auf, sondern traf im Gegenteil gerade heute seit dem frühen Morgen Maßnahmen, um den Demonstranten Kavallerie und Artillerie entgegenzustellen. Im festen Vertrauen auf die Bravour des Generals hatten die Kadetten durch ein Flugblatt ihre Anhänger auf die Straße gerufen, offen bestrebt, die Sache zum entscheidenden Konflikt zu treiben. Wenn auch ohne erfolgreiche Landung an der Dardanellenküste, setzte Miljukow mit Kornilow als Avantgarde und der Entente als schwere Reserve seine Offensive fort. Die hinter dem Rücken des Sowjets abgesandte Note und der Leitartikel der »Rjetsch« sollten die Rolle der Emser Depesche des liberalen Kanzlers der Februarrevolution spielen. »Alle, die für Rußland und dessen Freiheit sind, müssen sich um die Provisorische Regierung zusammenschließen und sie unterstützen«, lautete der Aufruf des Zentralkomitees der Kadetten, der alle guten Bürger zum Kampf gegen die Anhänger des sofortigen Friedens auf die Straße rief.

Der Newskij-Prospekt, die Hauptader der Bourgeoisie, verwandelte sich in ein kompaktes kadettisches Meeting. Eine große Demonstration mit den Mitgliedern des kadettischen Zentralkomitees an der Spitze bewegte sich zum Mariinski-Palais. Man sah überall neue, soeben aus der Werkstatt gekommene Plakate: »Volles Vertrauen zur Provisorischen Regierung«, »Hoch Miljukow!« Die Minister sahen wie Geburtstagskinder aus: es hatte sich herausgestellt, daß auch sie ihr »Volk« hatten, was um so mehr auffiel, als die Abgesandten des Sowjets aus allen Kräften bemüht waren, die revolutionären Meetings aufzulösen, die Arbeiter- und Soldatendemonstrationen aus dem Zentrum in die Randbezirke abzuleiten und Kasernen und Fabriken vom Ausmarsch zurückzuhalten.

Unter der Flagge der Verteidigung der Regierung fand die erste offene und breite Mobilisierung der konterrevolutionären Kräfte statt. Im Zentrum der Stadt tauchten Lastautos mit bewaffneten Offizieren, Junkern, Studenten auf. Es marschierten die Ritter des Georgskreuzes. Die goldene Jugend organisierte auf dem Newskij ein Tribunal, das gleich an Ort und Stelle die

Leninisten und »deutschen Spione« überführte. Es gab bereits Zusammenstöße und Opfer. Wie man berichtete, kam es zum ersten blutigen Zusammenprall, als Offiziere versuchten, Arbeitern ein Banner mit der Parole gegen die Provisorische Regierung zu entreißen. Die Zusammenstöße wurden immer erbitterter, es entstand eine Schießerei, die fast den ganzen Nachmittag dauerte. Niemand wußte genau, wer schoß und weshalb geschossen wurde. Aber es gab bereits Opfer dieser planlosen, teils böswilligen, teils panischen Schießerei. Die Temperatur erhitzte sich.

Nein, dieser Tag ähnelte keinesfalls einer Manifestation nationaler Einheit. Zwei Welten standen einander gegenüber. Die patriotischen Kolonnen, von der Kadettenpartei gegen die Arbeiter und Soldaten auf die Straße gerufen, entstammten ausschließlich bürgerlichen Bevölkerungsschichten, dem Offiziersstande, der Beamtenschaft und der Intelligenz. Zwei Menschenströme, für Konstantinopel und für den Frieden, kamen aus verschiedenen Stadtteilen hervor, verschieden ihrer sozialen Zusammensetzung nach, schon äußerlich einander in nichts ähnlich, mit feindlichen Aufschriften auf den Plakaten prallten sie aneinander und setzten Fäuste, Stöcke, sogar Feuerwaffen in Bewegung.

Das Exekutivkomitee erhielt die sensationelle Nachricht, Kornilow lasse auf dem Schloßplatz Kanonen auffahren. Aus eigener Initiative des Kreiskommandierenden? Nein, der Charakter und die weitere Laufbahn Kornilows bezeugen, daß den wackeren General stets irgendwer an der Nase herumführte – eine Funktion, die diesmal die Kadettenführer ausübten. Nur im Hinblick auf die Einmischung Kornilows und um diese Einmischung notwendig zu machen, hatten sie auch ihre Massen auf die Straße gerufen. Ein junger Historiker hebt richtig hervor, daß Kornilows Versuch, die Militärschulen auf dem Schloßplatze zusammenzuziehen, nicht mit der wirklichen oder scheinbaren Notwendigkeit zusammenfiel, das Mariinski-Palais gegen eine feindliche Menge zu verteidigen, sondern mit dem Moment des höchsten Aufschwunges der kadettischen Manifestation.

Der Plan Miljukow-Kornilow scheiterte jedoch, und zwar überaus schmählich. So einfältig die Führer des Exekutivkomitees auch waren, so konnte ihnen doch nicht verborgen bleiben, daß es um ihre Köpfe ging. Schon vor dem Eintreffen der Nachricht von den blutigen Zusammenstößen auf dem Newskij hatte das Exekutivkomitee an alle Truppenteile Petrograds und Umgebung telegraphischen Befehl gegeben, ohne Verfügung des Sowjets keine Truppen auf die Straße zu schicken. Jetzt, nachdem die Absichten Kornilows zutage getreten waren, legte das Exekutivkomitee, entgegen all seinen feindlichen Deklarationen, beide Hände an das Steuer, indem es nicht nur vom Kommandierenden sofortige Abberufung der Truppen forderte, sondern außerdem Skobeljew und Filippowski beauftragte, die ausmarschierten

Truppen im Namen des Sowjets in die Kasernen zurückzuführen. »Geht in diesen unruhigen Tagen, ohne Aufforderung des Exekutivkomitees, nicht mit Waffen in der Hand auf die Straße. *Nur das Exekutivkomitee hat das Recht, über euch zu verfügen.*« Von nun an muß jeder Befehl über Truppenentsendungen außer der üblichen Order auf einem offiziellen Dokument des Sowjets erteilt und mit der Unterschrift mindestens zweier dazu Bevollmächtigter bekräftigt sein. Es sollte scheinen, daß der Sowjet damit Kornilows Vorgehen unzweideutig als Versuch der Konterrevolution, den Bürgerkrieg zu entfesseln, erläutert hatte. Aber obgleich das Exekutivkomitee durch seinen Befehl das Kreiskommando lahmlegte, dachte es dennoch nicht daran, Kornilow selbst abzusetzen: Durfte man die Vorrechte der Macht antasten? »Es zitterten die Hände.« Das junge Regime war von Fiktionen umgeben, wie ein Kranker von Kissen und Kompressen. Vom Standpunkte des Kräfteverhältnisses ist jedoch die Tatsache am lehrreichsten, daß, noch bevor sie Tschcheidses Befehl erhielten, nicht nur die Truppenteile, sondern auch die Offiziersschulen sich geweigert hatten, ohne Sanktion des Sowjets auszurücken. Die hintereinander hagelnden, von den Kadetten nicht vorausgesehenen Unannehmlichkeiten waren die unvermeidliche Folge davon, daß die russische Bourgeoisie zur Zeit der nationalen Revolution eine antinationale Klasse war, – dies ließ sich für kurze Zeit durch die Doppelherrschaft verschleiern, ändern aber konnte man es nicht.

Die Aprilkrise sollte anscheinend eine unentschiedene Partie werden. Dem Exekutivkomitee gelang es, die Massen an der Schwelle der Doppelherrschaft festzuhalten. Ihrerseits erläuterte die erkenntliche Regierung, unter »Garantien« und »Sanktionen« seien internationale Tribunale, Einschränkung der Rüstungen und andere herrliche Dinge zu verstehen. Das Exekutivkomitee benutzte schleunigst diese terminologischen Konzessionen, um mit 34 gegen 19 Stimmen die Frage als erledigt zu erklären. Zur Beschwichtigung seiner aufgescheuchten Reihen wurden von der Mehrheit noch diese Bestimmungen angenommen: die Kontrolle über die Tätigkeit der Provisorischen Regierung sei zu verstärken; ohne vorherige Verständigung des Exekutivkomitees dürfte kein wichtiger Akt erlassen werden; die Zusammensetzung der diplomatischen Vertretung sei radikal zu ändern. Die faktische Doppelherrschaft wurde in die juristische Sprache der Konstitution übersetzt. Die Natur der Dinge blieb jedoch unberührt. Dem linken Flügel gelang es nicht einmal, von der Versöhnler-Mehrheit die Verabschiedung Miljukows durchzusetzen. Alles sollte beim alten bleiben. Über die Provisorische Regierung erhob sich die weit wirksamere Kontrolle der Entente, die anzutasten sich das Exekutivkomitee nicht einmal einfallen ließ.

Am Abend des 21. zog der Petrograder Sowjet das Fazit. Zereteli berichtete von dem neuen Sieg der weisen Führer, der allen falschen Deutungen der Note vom 27. März ein Ende bereitet habe. Kamenew beantragte im Namen der Bolschewiki die Bildung einer reinen Sowjet-Regierung. Kolontay, eine populäre Revolutionärin, die während des Krieges von den Menschewiki zu den Bolschewiki übergegangen war, schlug vor, in den Bezirken und Vororten Petrograds eine Volksabstimmung über die Regierungsfrage vorzunehmen. Diese Vorschläge gingen jedoch an dem Bewußtsein des Sowjets fast unmerklich vorüber: die Frage schien beigelegt. Mit großer Mehrheit, gegen 13 Stimmen, fand die tröstliche Resolution des Exekutivkomitees Annahme. Allerdings war die Mehrzahl der bolschewistischen Deputierten noch in den Betrieben, auf den Straßen, bei Demonstrationen. Immerhin bleibt unzweifelhaft, daß in der ausschlaggebenden Masse des Sowjets noch kein Umschwung zum Bolschewismus eingetreten war.

Der Sowjet verfügte, in den nächsten zwei Tagen sich jeglicher Straßendemonstrationen zu enthalten. Der Beschluß wurde einstimmig angenommen. Es konnte bei keinem auch nur der Schatten eines Zweifels entstehen, daß sich alle dem Beschluß unterwerfen würden. Und tatsächlich, Arbeiter, Soldaten, bürgerliche Jugend, der Wyborger Bezirk und der Newskij-Prospekt – niemand wagte sich der Weisung des Sowjets zu widersetzen. Die Beruhigung trat ohne irgendwelche Zwangsmaßnahmen ein. Es genügte dem Sowjet, sich als Herr der Lage zu fühlen, um es in der Tat zu sein.

In die Redaktionen der linken Zeitungen strömten inzwischen zu Dutzenden in Betrieben und Regimentern angenommene Resolutionen mit der Forderung der sofortigen Verabschiedung Miljukows, mitunter auch der gesamten Provisorischen Regierung. Nicht nur Petrograd war in Wallung gekommen. In Moskau verließen Arbeiter die Werkbank, Soldaten die Kasernen und erfüllten die Straßen mit stürmischen Protesten. Das Exekutivkomitee erhielt in den folgenden Tagen Dutzende von Telegrammen von örtlichen Sowjets mit Protesten gegen die Politik Miljukows und der Versicherung restloser Unterstützung des Sowjets. Ähnliche Erklärungen trafen von der Front ein. Dennoch sollte alles beim alten bleiben.

»Während des 21. April«, behauptete Miljukow später, »überwog auf den Straßen eine der Regierung wohlwollende Stimmung.« Er meinte offenbar die Straßen, die er von seinem Balkon aus überblicken konnte, nachdem die Mehrzahl der Arbeiter und Soldaten in ihre Quartiere zurückgekehrt war. In Wirklichkeit war die Regierung vollkommen entblößt. Es stand keinerlei ernstliche Macht hinter ihr. Wir haben es schon von Stankewitsch und dem Fürsten Lwow selbst vernommen. Was aber bedeuteten Kornilows Versicherungen, er besäße Kräfte genug, um mit den Meuterern fertigzuwerden? Nichts als des ehrenwerten Generals äußersten Leichtsinn. Er wird im August seinen Gipfel erreichen, wenn der Verschwörer Kornilow nichtexistierende Truppen gegen Petrograd anrücken lassen wird. Die Sache lag nämlich so, daß Kornilow noch immer versuchte, vom Kommandobestand auf die Truppen zu schließen. Die Offiziere standen in ihrer Mehrzahl zweifellos hinter ihm; das heißt, sie waren bereit, unter dem Vorwand, die Provisorische Regierung zu schützen, dem Sowjet die Rippen zu brechen. Die Soldaten jedoch hielten zum Sowjet, wobei sie ihrer Stimmung nach unvergleichlich weiter links standen als der Sowjet. Da aber der Sowjet selbst für die Provisorische Regierung eintrat, ergab sich, daß Kornilow zum Schutze der Provisorischen Regierung Sowjetsoldaten mit reaktionären Offizieren an der Spitze hinausführen konnte. Dank dem Regime der Doppelherrschaft spielten alle miteinander Blindekuh. Kaum jedoch hatten die Sowjetführer den Truppen befohlen, die Kasernen nicht zu verlassen, blieb Kornilow mitsamt der Provisorischen Regierung in der Luft hängen.

Trotzdem stürzte die Regierung nicht. Die Massen die den Angriff begonnen hatten, waren keineswegs darauf vorbereitet, ihn zu Ende zu führen. Die Versöhnler durften deshalb noch versuchen, das Februarregime auf seinen Ausgangspunkt zurückzubringen. Als hätten sie vergessen oder als wollten sie bloß die anderen vergessen machen, daß das Exekutivkomitee gezwungen gewesen war, offen gegen die »gesetzliche« Macht Hand auf die Armee zu legen, klagten die »Mitteilungen« des Sowjets vom 22. April: »Die Sowjets haben die Ergreifung der Macht nicht angestrebt. Indes trugen viele Banner der Sowjetanhänger Aufschriften, die den Sturz der Regierung und die Übertragung der gesamten Macht an die Sowjets forderten« ... Ist es denn nicht in der Tat empörend, daß Arbeiter und Soldaten die Versöhnler zur Übernahme der Macht zu verführen versucht, das heißt jene Herren ernstlich für fähig gehalten hatten, von der Macht revolutionären Gebrauch zu machen?

Nein, die Sozialrevolutionäre und die Menschewiki wollten die Macht nicht. Die bolschewistische Resolution, die die Übertragung der Macht an die Sowjets verlangte, erhielt, wie wir gesehen haben, im Petrograder Sowjet eine verschwindende Stimmenzahl. In Moskau erhielt die von den Bolschewiki am 22. April eingebrachte Resolution, mit dem Mißtrauensvotum für die Provisorische Regierung, nur 74 von vielen hundert Stimmen. Allerdings hatte der Helsingforser Sowjet, obgleich dort Sozialrevolutionäre und Menschewiki in der Mehrheit waren, an diesem Tage eine für jene Zeit ausnahmsweise mutige Resolution angenommen, in der er dem Petrograder Sowjet zur Beseitigung der »imperialistischen Provisorischen Regierung« seine bewaffnete Hilfe anbot. Doch bildete diese unter dem direkten Druck der Matrosen angenommene Resolution eine Ausnahme. In ihrer überwiegenden

Mehrheit verharrte die Sowjetvertretung der gestern noch einem Aufstand gegen die Provisorische Regierung so nahe gewesenen Massen durchaus auf dem Boden der Doppelherrschaft. Was bedeutete das?

Der in die Augen springende Widerspruch zwischen der Entschlossenheit des Massenangriffs und der Halbheit seiner politischen Widerspiegelung ist nicht zufällig. In einer revolutionären Epoche werden die unterdrückten Massen leichter und schneller in eine direkte Aktion hineingezogen als geübt, durch eigene Vertretung ihren Wünschen und Forderungen geformten Ausdruck zu verleihen. Je abstrakter das System einer Vertretung ist, um so weiter bleibt es hinter dem Rhythmus der Ereignisse zurück, der die Handlungen der Massen bestimmt. Die Sowjetvertretung, von allen Vertretungsformen die am wenigsten abstrakte, bietet unter den Bedingungen der Revolution unermeßliche Vorzüge: es genügt, daran zu erinnern, daß die demokratischen Dumas, gewählt auf Grund der Bestimmungen vom 17. April, durch nichts und durch keinen eingeschränkt, sich völlig unfähig zeigten, mit den Sowjets zu konkurrieren. Doch bei allen Vorzügen ihrer organischen Verbindung mit den Betrieben und den Regimentern, das heißt mit den handelnden Massen, bleiben die Sowjets immerhin eine Vertretung und folglich von den Konventionen und Verfälschungen des Parlamentarismus nicht frei. Der Widerspruch jeder Vertretung, auch der des Sowjets, besteht darin, daß sie einerseits für die Massenaktionen notwendig ist, andererseits aber leicht zu einem konservativen Hindernis für die Aktion wird. Der praktische Ausweg aus dem Widerspruch besteht in der jeweiligen Erneuerung der Vertretung. Doch diese keinesfalls so einfache Operation ist, besonders in der Revolution, die Folge der aktiven Aktion und bleibt daher hinter ihr zurück. Jedenfalls saßen am nächsten Tag nach dem halben oder richtiger viertel Aufstand vom April – der halbe wird erst im Juli kommen – im Sowjet die gleichen Deputierten wie am Vorabend und, wieder in die gewohnte Umgebung geraten, stimmten für die Anträge der gewohnten Führer.

Doch bedeutet das keinesfalls, daß der Aprilsturm an den Sowjets und am Februarsystem überhaupt, geschweige an den Massen selbst, spurlos vorübergegangen war. Das grandiose, wenn auch nicht zu Ende geführte Eingreifen der Arbeiter und Soldaten in die politischen Ereignisse verändert die politische Situation, gibt der Gesamtbewegung der Revolution einen Anstoß, beschleunigt die unvermeidlichen Umgruppierungen und zwingt die Stuben- und Hintertreppenpolitiker, ihre gestrigen Pläne zu vergessen und ihr Vorgehen der neuen Lage anzupassen.

Nachdem die Versöhnler das Aufflackern des Bürgerkrieges liquidiert hatten, wobei sie sich einbildeten, alles kehre auf die alten Positionen zurück, begann erst in Wirklichkeit die Regierungskrise. Die Liberalen wollten nicht mehr ohne direkte Teilnahme der Sozialisten regieren. Durch die Logik der Doppelherrschaft gezwungen, dieser Bedingung entgegenzukommen, verlangten die Sozialisten ihrerseits die demonstrative Liquidierung des Dardanellenprogramms, was unabwendbar zur Liquidierung Miljukows führen mußte. Am 2. Mai war Miljukow gezwungen, die Reihen der Regierung zu verlassen. Die Losung der Demonstration vom 20. April wurde auf diese Weise mit einer Verspätung von 12 Tagen und gegen den Willen der Sowjetführer verwirklicht.

Doch hatten die Verschleppungen und Verschiebungen die Ohnmacht der Regierenden nur noch krasser unterstrichen. Miljukow, der mit Hilfe seines Generals eine schroffe Wendung im Kräfteverhältnis herbeizuführen geplant hatte, sprang – wie ein Pfropfen – mit einem Knall aus der Regierung. Der Haudegengeneral war gezwungen, seine Demission zu nehmen. Die Minister waren gar nicht mehr Geburtstagskindern ähnlich. Die Regierung flehte den Sowjet um eine Koalition an. Und all das, weil die Massen auf das lange Ende des Hebels gedrückt hatten.

Doch bedeutet das nicht, daß die Versöhnlerparteien den Arbeitern und Soldaten nähergekommen waren. Im Gegenteil, die Aprilereignisse, die entlarvt hatten, welche Überraschungen die Massen in sich bargen, stießen die demokratischen Führer noch weiter nach rechts, in die Richtung einer engeren Anlehnung an die Bourgeoisie. Von nun an gewinnt die patriotische Linie endgültig Oberhand. Die Mehrheit des Exekutivkomitees schließt sich enger zusammen. Formlose Radikale, wie Suchanow, Stecklow usw., die vor kurzem noch die Sowjetpolitik inspirierten und bestrebt waren, irgendwelche Traditionen des Sozialismus zu wahren, werden beiseite geschoben. Zeretelli steuert einen festen konservativen und patriotischen Kurs, der die Anpassung der Miljukowschen Politik an die Vertretung der werktätigen Massen bedeutet.

Die Haltung der bolschewistischen Partei in den Apriltagen war nicht einheitlich. Die Ereignisse kamen der Partei überraschend. Die innere Krise ging erst ihrem Abschluß entgegen, die Parteikonferenz wurde eifrig vorbereitet. Unter dem Eindruck der starken Erregung in den Bezirken sprachen sich einige Bolschewiki für den Sturz der Provisorischen Regierung aus. Das Petrograder Komitee, das noch am 5. März die Resolution des bedingten Vertrauens zur Provisorischen Regierung angenommen hatte, schwankte. Es wurde beschlossen, am 21. eine Demonstration zu veranstalten, deren Ziel jedoch nicht klar bestimmt war. Ein Teil des Petrograder Komitees führte die Arbeiter und Soldaten auf die Straße mit der allerdings nicht ausgesprochenen Absicht, nebenbei den Versuch zu machen, die Provisorische Regierung zu stürzen. In der gleichen Richtung wirkten einzelne linke Elemente außerhalb der Partei. Es mischten sich anscheinend auch die nicht zahlreichen aber betriebsamen Anarchisten ein. Einzelne Personen wandten sich an die Truppenteile mit Ersuchen um Panzerautos oder Verstärkung überhaupt, bald zum Zwecke der Verhaftung der Provisorischen Regierung, bald für Straßenkampf gegen den Feind im allgemeinen. Aber die mit den Bolschewiki sympathisierende Panzerdivision erklärte, sie würde ohne Befehl des Exekutivkomitees niemand Wagen zur Verfügung stellen.

Die Kadetten bemühten sich aus allen Kräften, die Schuld für die blutigen Zusammenstöße auf die Bolschewiki abzuwälzen. Doch wurde durch eine besondere Kommission des Sowjets unwiderlegbar festgestellt, daß die Schießerei nicht von der Straße her, sondern aus Haustoren und Fenstern begonnen hatte. Die Zeitungen veröffentlichten einen Bericht des Staatsanwalts: »Die Schießerei ist von dem Auswurf der Gesellschaft inszeniert worden, um Unruhen und Verwirrung zu stiften, was den Rowdies stets zum Vorteil gereicht.«

Die Feindseligkeit gegen die Bolschewiki seitens der regierenden Sowjetparteien hatte noch lange nicht jene Spannung erreicht, die zwei Monate später, im Juli, Vernunft und Gewissen restlos verdunkelte. Die Gerichtsbarkeit, wenngleich in alter Zusammensetzung, nahm sich vor dem Antlitz der Revolution zusammen und erlaubte sich im April noch nicht, gegen die extreme Linke Methoden der zaristischen Ochrana anzuwenden. Die Attacke Miljukows war auch auf dieser Linie mühelos zurückgeschlagen worden.

Das Zentralkomitee wies den linken Flügel der Bolschewiki zurecht und erklärte am 21. April, es erachte das vom Sowjet erlassene Verbot von Straßenkundgebungen für durchaus richtig, und es sei unbedingt zu befolgen. »Die Losung ›Nieder mit der Provisorischen Regierung‹ ist momentan unrichtig«, lautete die Resolution des Zentralkomitees, »weil eine solche Losung beim Fehlen einer festen (das heißt bewußten und organisierten) Mehrheit des Volkes seitens des revolutionären Proletariats entweder Phrase ist oder objektiv auf Unternehmen abenteuerlicher Art hinausläuft.« Als Aufgaben des Augenblicks nennt die Resolution: Kritik, Propaganda und, als Voraussetzung der Machtergreifung, Eroberung der Mehrheit in den Sowjets. Die Gegner erblickten in dieser Erklärung einen Rückzug erschrockener Führer oder aber ein schlaues Manöver. Aber wir kennen bereits Lenins Grundeinstellung zur Frage der Macht; jetzt lehrte er die Partei, die »Aprilthesen« in der Praxis anzuwenden.

Drei Wochen zuvor hatte Kamenew erklärt, er sei »glücklich«, gemeinsam mit den Menschewiki und Sozialrevolutionären für die einheitliche Resolution über die Provisorische Regierung stimmen zu können, während Stalin die Theorie der Arbeitsteilung zwischen Kadetten und Bolschewiki entwickelte. In welch weite

Ferne waren diese Tage und diese Theorien gerückt! Nach der Lehre der Apriltage trat Stalin nun zum ersten Male gegen die Theorie der wohlwollenden »Kontrolle« über die Provisorische Regierung auf, behutsam vor seinem eigenen gestrigen Tag zurückweichend. Doch blieb dieses Manöver unbeachtet.

Worin bestand das Element des Abenteurertums in der Politik einiger Teile der Partei? fragte Lenin auf der Konferenz, die gleich nach den ernsten Tagen stattfand. In dem Versuch, dort mit Gewalt vorzugehen, wo es für revolutionäre Gewalt noch nicht oder nicht mehr Platz gibt. »Man kann jemand stürzen, der dem Volke als Gewalthaber bekannt ist. Jetzt gibt es keine Gewalthaber, die Kanonen und Gewehre sind bei den Soldaten, nicht bei den Kapitalisten; die Kapitalisten gehen jetzt nicht mit Gewalt vor, sondern mit Betrug, und jetzt nach Gewalt zu schreien, ist Unsinn ... Wir hatten die Parole friedlicher Demonstrationen ausgegeben. Wir beabsichtigten nur eine friedliche Auskundschaftung der Kräfte des Feindes, nicht aber eine Schlacht zu liefern, das Petrograder Komitee jedoch steuerte ein bißchen zu sehr nach links ... Gleichzeitig mit der richtigen Parole: ›Hoch die Sowjets‹ wurde eine unrichtige gegeben: ›Nieder mit der Provisorischen Regierung.‹ Im Augenblick der Aktion war es unangebracht, ›ein bißchen zu sehr nach links‹ zu steuern. Wir betrachten das als das größte Verbrechen, als Desorganisation.«

Was liegt den dramatischen Ereignissen der Revolution zugrunde? Verschiebungen im Kräfteverhältnis. Wodurch werden sie hervorgerufen? Hauptsächlich durch die Schwankungen der Zwischenklassen, der Bauernschaft, des Kleinbürgertums, der Armee. Ein gigantischer Abstand der Schwankungen – vom kadettischen Imperialismus bis zum Bolschewismus. Diese Schwankungen gehen gleichzeitig nach zwei entgegengesetzten Richtungen. Die politische Vertretung des Kleinbürgertums, dessen Spitzen, die versöhnlerischen Führer, neigen immer mehr nach rechts, zur Bourgeoisie. Die unterdrückten Massen werden immer schärfer und mutiger nach links schwingen. Während Lenin gegen das von den Leitern der Petrograder Organisation bekundete Abenteurertum auftritt, macht er den Vorbehalt: würde sich die Zweischichten-Masse ernstlich, entschlossen und dauerhaft zu uns bekennen, wir würden keinen Augenblick zaudern, die Regierung aus dem Mariinski-Palais hinauszusetzen. Das aber ist noch nicht der Fall. Die Aprilkrise, die sich auf den Straßen abspielte, ist »nicht das erste und nicht das letzte Schwanken der kleinbürgerlichen und halbproletarischen Masse«. Unsere Aufgabe ist vorläufig noch: »geduldig aufklären«, die nächste, tiefere, bewußtere Schwenkung der Massen auf unsere Seite vorbereiten.

Was das Proletariat betrifft, so bekam seine Wendung zu den Bolschewiki im Laufe des April klar ausgeprägten Charakter. Es erschienen Arbeiter bei den Parteikomitees und fragten, wie man sich von der menschewistischen Partei in die bolschewistische umschreiben könnte. In den Betrieben bedrängte man die eigenen Deputierten mit Fragen über Außenpolitik, Krieg, Doppelherrschaft, Ernährung, und als Folge solcher Prüfungen wurden die sozialrevolutionären oder menschewistischen Deputierten immer häufiger durch bolschewistische ersetzt. Die schroffe Wendung begann bei den Bezirkssowjets, als den den Betrieben am nächsten stehenden. In den Sowjets der Wyborger Seite der Wassiljewski-Insel und des Narwskij-Bezirks waren die Bolschewiki Ende April wie mit einem Schlage in der Mehrheit. Das war von größter Bedeutung, aber die von der hohen Politik in Anspruch genommenen Führer des Exekutivkomitees betrachteten nur hochmütig das Treiben der Bolschewiki in den Arbeitervierteln. Die Bezirke jedoch bedrängten das Zentrum immer stärker. Ohne Zutun des Petrograder Komitees begann in den Betrieben eine energische und erfolgreiche Kampagne für Neuwahlen zum Stadtsowjet der Arbeiterdeputierten. Suchanow glaubt, daß Anfang Mai ein Drittel des Petrograder Proletariats hinter den Bolschewiki stand. Keinesfalls weniger, und außerdem das aktivste Drittel. Die Formlosigkeit des März verschwand, die politischen Linien bekamen Umrisse, die »phantastischen« Thesen Lenins füllten sich in den Bezirken Petrograds mit Fleisch und Blut.

Jeder Schritt der Revolution vorwärts wird hervorgerufen oder erzwungen durch direktes Eingreifen der Massen, das in den meisten Fällen für die Sowjetparteien ganz unerwartet erfolgt. Die Führer des Exekutivkomitees betrachteten die Rolle der Massen nach der Februarumwälzung, nachdem die Arbeiter und Soldaten die Monarchie gestürzt hatten, als erledigt. Doch war dies ein fataler Irrtum. Die Massen dachten nicht daran, von der Bühne zu verschwinden. Bereits Anfang März, während der Kampagne um den Achtstundentag, und trotzdem die Menschewiki und Sozialrevolutionäre sich an ihre Schultern hängten, war es den Arbeitern geglückt, den Kapitalisten eine Konzession zu entreißen. Der Sowjet war gezwungen, den Sieg, der ohne ihn und gegen ihn errungen worden war, zu registrieren. Die Aprildemonstration war eine Korrektur ähnlicher Art. Jedes Auftreten der Massen ist, abgesehen von seinen unmittelbaren Zielen, eine Warnung an die Adresse der Sowjetleiter. Die Warnung trägt anfangs milden Charakter, doch wird sie immer energischer. Im Juli verwandelt sie sich in Drohung. Im Oktober kommt die Lösung.

In allen kritischen Momenten greifen die Massen »elementar« ein, mit anderen Worten, ihren eigenen aus der politischen Erfahrung gewonnenen Erkenntnissen und ihren offiziell noch nicht anerkannten Führern folgend. Indem die Massen gewisse Elemente der Agitation in sich aufnehmen, übersetzen sie diese selbständig in die Sprache der Tat. Die Bolschewiki als Partei haben noch nicht die Kampagne für den Achtstundentag geleitet. Die Bolschewiki haben auch nicht im April die Massen zur Demonstration aufgerufen. Die Bolschewiki werden auch nicht im Juli die bewaffneten Massen auf die Straße führen. Erst im Oktober wird es der Partei gelingen, den Schritt auszugleichen, und sie wird dann an der Spitze der Massen schon nicht zur Demonstration, sondern zur Umwälzung marschieren.

Erste Koalition

Entgegen allen offiziellen Theorien, Deklarationen und Aushängeschildern besaß die Provisorische Regierung die Macht nur auf dem Papier. Ungeachtet des Widerstandes der sogenannten Demokratie, schritt die Revolution vorwärts, hob neue Massen empor, stärkte die Sowjets, bewaffnete, wenn auch in beschränktem Maße, die Arbeiter. Die lokalen Regierungskommissare und die ihnen beigeordneten »öffentlichen Komitees«, in denen in der Regel Vertreter der bürgerlichen Organisationen vorherrschten, wurden naturnotwendig und mühelos von den Sowjets verdrängt. In den Fällen, wo die Agenten der Zentralmacht Widerstand zu leisten versuchten, entbrannten heftige Konflikte. Die Kommissare beschuldigten die lokalen Sowjets der Mißachtung der Zentralmacht. Die bürgerliche Presse heulte auf: Kronstadt, Schlüsselburg und Zarizyn seien von Rußland abgefallen, hätten sich in selbständige Republiken verwandelt. Die lokalen Sowjets protestierten gegen solchen Unsinn. Die Minister gerieten in Erregung. Regierungssozialisten reisten in die Provinz, versuchten zu überreden, drohten, rechtfertigten sich vor der Bourgeoisie. Doch all das änderte das Kräfteverhältnis nicht. Die Unabwendbarkeit der Prozesse, die die Doppelherrschaft untergruben, kam schon darin zum Ausdruck, daß sie, wenn auch nicht überall im gleichen Tempo, im ganzen Lande vor sich gingen. Aus Kontrollorganen verwandelten sich die Sowjets in Verwaltungsorgane. Sie wollten von keiner Theorie der Machtteilung etwas wissen und mischten sich in die Verwaltung der Armee ein, in Wirtschaftskonflikte, Ernährungs- und Transportfragen und sogar Gerichtsangelegenheiten. Unter dem Druck der Arbeiter dekretierten die Sowjets den Achtstundentag, setzten übereifrige reaktionäre Administratoren ab, entließen die unerträglichsten Kommissare der Provisorischen Regierung, nahmen Verhaftungen und Haussuchungen vor, untersagten das Erscheinen feindlicher Zeitungen. Unter dem Einfluß der ständig anwachsenden Ernährungsschwierigkeiten und des Warenhungers griffen die Provinzsowjets zu Preisregulierungen, Ausfuhrverboten für bestimmte

Gouvernements und zur Requisition von Vorräten. Dabei standen überall an der Spitze der Sowjets Sozialrevolutionäre und Menschewiki, die mit Entrüstung die bolschewistische Parole »Alle Macht den Sowjets« ablehnten.

Sehr lehrreich war in dieser Beziehung die Tätigkeit des Sowjets in Tiflis, dem Herzen der menschewistischen Gironde, die der Februarrevolution Führer wie Zeretelli und Tschcheidse gegeben und später, nachdem sie sich in Petrograd rettungslos verbraucht, ihnen Asyl gewährt hat. Der von Jordania, dem späteren Haupt des unabhängigen Georgiens geleitete Tifliser Sowjet, mußte auf Schritt und Tritt die Prinzipien der darin herrschenden Menschewiki verletzen und wie eine Regierungsmacht handeln. Der Sowjet konfiszierte für seine Bedürfnisse eine Privatdruckerei, nahm Verhaftungen vor, leitete Untersuchung und Gerichtsverfahren in politischen Prozessen, setzte die Brotration fest, bestimmte Preise für Nahrungsmittel und unentbehrliche Bedarfsartikel. Der Widerspruch, der sich von den ersten Tagen an zwischen offizieller Doktrin und Leben ergab, fand erst im Laufe des März und April eine Steigerung.

In Petrograd wurde mindestens das Dekorum gewahrt, wenn auch, wie wir gesehen haben, nicht immer. Die Apriltage jedoch hatten zu eindeutig die Ohnmacht der Provisorischen Regierung entschleiert und gezeigt, daß sie auch in der Hauptstadt keine ernstliche Stütze besaß. Im letzten Drittel des April führte die Regierung nur noch ein qualvolles, im Erlöschen begriffenes Leben. »Mit Wehmut sprach Kerenski davon, daß es keine Regierung mehr gäbe, sie arbeite nicht, sondern bespräche nur noch ihre Lage« (Stankewitsch). Von dieser Regierung kann man im allgemeinen sagen, daß sie bis zu den Oktobertagen in schwierigen Momenten Krisen durchmachte und in den Pausen zwischen den Krisen . . . existierte. Indem sie fortwährend »ihre Lage besprach«, hatte sie ohnehin keine Zeit, sich der Arbeit zu widmen.

Aus der Krise, die durch die Aprilprobe der kommenden Kämpfe entstanden war, waren theoretisch drei Auswege denkbar. Entweder mußte die Macht gänzlich an die Bourgeoisie übergehen: das war nicht anders als durch Bürgerkrieg zu verwirklichen; Miljukow hatte es versucht, war aber gescheitert. Oder die Macht mußte völlig an die Sowjets abgetreten werden: das war ohne jeden Bürgerkrieg zu erreichen, durch eine Handbewegung, es hieß nur wollen. Doch die Versöhnler wollten nicht wollen, während die Massen noch immer den Glauben an die Versöhnler bewahrten – wenn er auch bereits einen Riß hatte. Auf diese Weise waren die beiden Hauptauswege – sowohl auf der bürgerlichen wie auf der proletarischen Linie – versperrt. Es blieb die dritte Möglichkeit: der verworrene, geteilte, ängstliche Halbausweg des Kompromisses, sein Name – Koalition.

Am Ausgang der Apriltage dachten die Sozialisten an eine

Koalition nicht im entferntesten: diese Menschen vermochten überhaupt nie etwas vorauszusehen. Mit der Resolution vom 21. April verwandelte das Exekutivkomitee die Doppelherrschaft offiziell aus einer Tatsache in ein konstitutionelles Prinzip. Aber die Weisheitseule hatte auch diesmal ihren Flug zu spät unternommen: die juristische Weihe der Märzform der Doppelherrschaft – Zaren und Propheten – wurde in dem Augenblick vollzogen, als diese Form bereits durch das Auftreten der Massen gesprengt war. Die Sozialisten bemühten sich, vor dieser Tatsache die Augen zu schließen. Miljukow erzählt, daß Zeretelli, als seitens der Regierung die Frage der Koalition gestellt wurde, erklärt habe: »Welchen Nutzen habt ihr davon, wenn wir in eure Reihen eintreten? Wir würden ja ..., falls ihr euch unnachgiebig zeigen solltet, gezwungen sein, mit Lärm aus dem Ministerium auszutreten.« Zeretelli versuchte, die Liberalen mit seinem künftigen »Lärm« zu schrecken. Zur Begründung ihrer Haltung appellierten die Menschewiki, wie stets, an die Interessen der Bourgeoisie. Doch das Wasser stieg an die Kehle. Kerenski schreckte das Exekutivkomitee: »Die Regierung befindet sich augenblicklich in einer unerträglich schwierigen Situation; die Demissionsgerüchte sind kein politisches Spiel.« Gleichzeitig setzte ein Druck seitens der bürgerlichen Kreise ein. Die Moskauer Stadtduma erklärte sich in einer Resolution für die Koalition. Am 26. April, als der Boden genügend vorbereitet war, verkündete die Provisorische Regierung in einem besonderen Aufruf die Notwendigkeit, »jene aktiven schöpferischen Kräfte des Landes, die sich bisher nicht daran beteiligt hatten«, zur Staatsarbeit heranzuziehen. Die Frage war in aller Schärfe gestellt.

Immerhin war die Stimmung gegen die Koalition noch recht stark. Gegen den Eintritt der Sozialisten in die Regierung äußerten sich Ende April die Sowjets von Moskau, Tiflis, Odessa, Jekaterinburg, Nishnij Nowgorod, Twer und anderen Orten. Ihre Beweggründe drückte ein menschewistischer Führer in Moskau kraß aus: wenn die Sozialisten in die Regierung eintreten, wird niemand vorhanden sein, die Massenbewegung »in bestimmte Fahrwasser« zu leiten. Aber es war schwer, diese Erwägung den Arbeitern und Soldaten zu suggerieren, gegen die sie gerichtet war. Soweit die Massen noch nicht mit den Bolschewiki gingen, waren sie durchweg für den Eintritt der Sozialisten in die Regierung. Wenn es gut ist, daß Kerenski Minister ist, dann sind sechs Kerenski noch besser. Die Massen wußten nicht, daß dies Koalition mit der Bourgeoisie hieß und daß die Bourgeoisie sich durch die Sozialisten gegen das Volk decken wollte. Von der Kaserne aus betrachtet, sah die Koalition anders aus als vom Mariinski-Palais. Die Massen wollten durch die Sozialisten die Bourgeoisie aus der Regierung verdrängen. So verquickten sich zwei in entgegengesetzte Richtungen gehende Druckwirkungen für einen kurzen Augenblick in eins.

In Petrograd stimmte eine Reihe von Truppenteilen, darunter auch die den Bolschewiken freundliche Panzerdivision, für eine Koalitionsregierung. Desgleichen in überwiegender Mehrheit die Provinz. Bei den Sozialrevolutionären herrschte die Koalitionsstimmung vor, nur fürchteten sie sich, ohne die Menschewiki in die Regierung zu gehen. Für die Koalition war schließlich auch die Armee. Später, auf dem Rätekongreß im Juni, hat ein Delegierter die Stellung der Front zur Frage der Macht recht gut wiedergegeben: »Wir glaubten, jener Seufzer, den die Armee ausstieß, als sie erfuhr, daß die Sozialisten nicht ins Ministerium wollten, zur Zusammenarbeit mit Menschen, denen sie nicht vertrauten, indes doch die gesamte Armee gezwungen war, weiter mit Menschen zu sterben, denen sie nicht traute – wir glaubten, jener Seufzer habe Petrograd erreicht.«

Von entscheidender Bedeutung war in dieser Frage, wie in allen anderen, der Krieg. Die Sozialisten hatten anfangs die Absicht, die Frage des Krieges wie die der Macht zu übergehen und zu warten. Doch der Krieg wartete nicht. Die Verbündeten warteten nicht. Und auch die Front wollte nicht länger warten. Gerade während der Regierungskrise kamen Frontdelegierte zum Exekutivkomitee und stellten den Führern die Frage: Führen wir Krieg oder nicht? Das hieß: übernehmt ihr die Verantwortung für den Krieg oder nicht? Nicht zu antworten war unmöglich. Die gleiche Frage stellte in der Sprache halber Drohungen die Entente.

Die Apriloffensive an der westeuropäischen Front kam die Alliierten teuer zu stehen und brachte keine Resultate. Die französische Armee geriet unter dem Einfluß der Russischen Revolution und des Mißerfolges der Offensive, von der man so viel erhofft hatte, ins Schwanken. Die Armee »wand sich unter den Händen« – nach den Worten des Marschalls Pétain. Um diesen bedrohlichen Prozeß aufzuhalten, benötigte die französische Regierung unbedingt eine russische Offensive, und bis dahin – mindestens das feste Versprechen der Offensive. Außer der materiellen Erleichterung, die auf diese Weise geschaffen werden sollte, mußte man so schnell wie möglich von der russischen Revolution die Friedensaureole herunterreißen, die Hoffnung aus den Herzen der französischen Soldaten tilgen, die Revolution durch Beteiligung an den Ententeverbrechen kompromittieren, das Banner des Aufstandes der russischen Arbeiter und Soldaten durch Blut und Schmutz der imperialistischen Schlächterei zerren.

Um dieses hehre Ziel zu erreichen, wurden alle Hebel in Bewegung gesetzt. Nicht an letzter Stelle wirkten dabei die patriotischen Ententesozialisten mit. Die erprobtesten von ihnen kommandierte man in das revolutionäre Rußland ab. Sie trafen in der vollen Rüstung eines stabilen Gewissens und loser Zunge ein. »Die ausländischen Sozialpatrioten empfing man im Mariinski-

Palais mit offenen Armen ...«, schreibt Suchanow. »Branting, Cachin, O'Grady, de Brouckère und andere mehr fühlten sich dort in heimischer Atmosphäre und bildeten mit unseren Ministern eine Einheitsfront gegen den Sowjet.« Man muß gestehen, daß sogar dem Versöhnlersowjet mit diesen Herren nicht immer wohl zumute war.

Die alliierten Sozialisten bereisten die Fronten. »General Alexejew«, schrieb Vandervelde, »tat alles, um unsere Bemühungen jenen hinzuzufügen, die etwas früher von Delegierten der Schwarzmeerflotte, von Kerenski, Albert Thomas aufgewandt worden waren, um zu vollenden, was er moralische Vorbereitung der Offensive nannte.« Der Vorsitzende der Zweiten Internationale und der ehemalige Generalstabschef Nikolaus II. fanden auf diese Weise eine gemeinsame Sprache im Kampfe um die erhabenen Ideale der Demokratie. Renaudel, einer der Führer des französischen Sozialismus, konnte erleichtert ausrufen: »Jetzt können wir, ohne zu erröten, vom Kriege ums Recht sprechen.« Mit dreijähriger Verspätung erfuhr die Menschheit, daß diese Herren irgendeinen Grund gehabt hatten, zu erröten.

Am 1. Mai beschloß endlich das Exekutivkomitee, nachdem es alle nur denkbaren Stadien der Schwankung durchgemacht hatte, mit 41 gegen 18 Stimmen bei 3 Stimmenthaltungen, die Teilnahme an der Koalitionsregierung. Dagegen stimmten nur die Bolschewiki und ein Häuflein Menschewiki-Internationalisten.

Es ist nicht uninteressant, daß der anerkannte Führer der Bourgeoisie, Miljukow, als Opfer des engeren Anschlusses der Demokratie an das Bürgertum fiel. »Ich bin nicht gegangen, ich bin gegangen worden«, sagte er später. Gutschkow hatte sich schon am 30. April entfernt, nachdem er es abgelehnt hatte, die »Deklaration der Rechte des Soldaten« zu unterzeichnen. Wie düster es schon damals in den Herzen der Liberalen ausgesehen haben mag, läßt sich daraus folgern, daß das Zentralkomitee der Kadettenpartei zur Rettung der Koalition den Beschluß gefaßt hatte, nicht auf Miljukows Verbleiben in der Regierung zu bestehen. »Die Partei hat ihren Führer verraten«, schreibt der rechte Kadett Isgojew. Es war ihr allerdings keine große Wahl geblieben. Derselbe Isgojew erklärt vollkommen richtig: »Ende April war die Partei der Kadetten aufs Haupt getroffen. Sie erhielt einen moralischen Schlag, von dem sie sich nie mehr erholen konnte.«

Aber auch über das Schicksal Miljukows gebührte das letzte Wort der Entente. England war mit der Ablösung des Dardanellenpatrioten durch einen disziplinierteren »Demokraten« völlig einverstanden. Henderson, der nach Petrograd mit Vollmachten gekommen war, nötigenfalls Buchanan auf dem Gesandtenposten abzulösen, betrachtete einen solchen Wechsel, nachdem er sich über die Lage orientiert hatte, für überflüssig. Tatsächlich war gerade Buchanan am rechten Platze, denn er erwies sich als ein entschiedener Gegner von Annexionen, sofern diese mit dem Appetit Großbritanniens nicht übereinstimmten: »Wenn Rußland Konstantinopel nicht braucht«, flüsterte er Tereschtschenko zart ein, »dann um so besser, je schneller es dies verkündet.« Frankreich unterstützte anfangs Miljukow. Doch war hier die Rolle Albert Thomas' von Bedeutung, der nach Buchanan und den Führern des Sowjets sich gleichfalls gegen Miljukow aussprach. So wurde der den Massen verhaßte Politiker von den Alliierten, Demokraten und schließlich von der eigenen Partei verlassen.

Miljukow hatte im Grunde genommen eine so grausame Hinrichtung nicht verdient, mindestens nicht von diesen Händen. Die Koalition aber forderte ein läuterndes Opfer. Miljukow wurde den Massen als der böse Geist hingestellt, der den allgemeinen Triumphzug zum demokratischen Frieden getrübt hatte. Indem sie Miljukow opferte, läuterte sich die Koalition mit einem Schlage von den Sünden des Imperialismus.

Der Petrograder Sowjet bestätigte am 5. Mai die Zusammensetzung der Koalitionsregierung und deren Programm. Die Bolschewiki brachten gegen die Koalition im ganzen 100 Stimmen auf. »Die Versammlung begrüßte stürmisch die Ministerreden ...«, berichtet Miljukow ironisch. »Mit den gleichen stürmischen Ovationen war jedoch erst am Vorabend der aus Amerika eingetroffene Trotzki, ›der alte Führer der ersten Revolution‹, empfangen worden, der den Eintritt der Sozialisten in das Ministerium in scharfen Worten verurteilt und behauptet hatte, die ›Doppelherrschaft‹ sei nicht aufgehoben, sondern nunmehr ›lediglich ins Ministerium verlegt‹ und die wahre Einzelherrschaft, die Rußland ›retten‹ solle, werde erst dann eintreten, wenn der ›nächste Schritt – die Übergabe der Macht in die Hände der Arbeiter- und Soldatendeputierten‹, getan sein würde. Dann werde eine ›neue Epoche anbrechen – eine Epoche von Blut und Eisen, doch nicht mehr als Kampf der Nationen gegen Nationen, sondern der leidenden, unterdrückten Klasse gegen die herrschenden Klassen‹.« So die Darstellung Miljukows. Zum Schluß seiner Rede formulierte Trotzki drei Regeln für die Politik der Massen: »Drei revolutionäre Gebote: der Bourgeoisie mißtrauen; die Führer kontrollieren; nur auf die eigene Kraft bauen.« Über dieses Auftreten bemerkt Suchanow: »Auf Zustimmung zu seiner Rede hatte er von vornherein nicht rechnen können.« Und tatsächlich, der Redner wurde am Schluß seiner Ansprache viel kühler behandelt als zu Beginn. Suchanow, überaus feinfühlig für intellektuelle Couleurs, fügt hinzu: »Es kursierten über ihn, der sich der bolschewistischen Partei noch nicht angeschlossen hatte, bereits Gerüchte, er sei ›noch schlimmer als Lenin‹.«

Die Sozialisten nahmen sich von fünfzehn Ministerportefeuilles sechs. Sie wollten in der Minderheit sein. Selbst nachdem sie sich entschlossen hatten, offen der Regierung anzugehören, setzten sie das Schlagdamespiel fort. Fürst Lwow blieb Premier, Kerenski wurde Kriegs- und Marineminister, Tschernow Ackerbauminister. Miljukows Posten als Außenminister besetzte der Kenner des Balletts, Tereschtschenko, der gleichzeitig Kerenskis und Buchanans Vertrauensperson wurde. Alle drei einigten sich dahingehend, Rußland könne auch ohne Konstantinopel vorzüglich auskommen. An die Spitze des Justizministeriums geriet der unbedeutende Advokat Perewersew, der später im Zusammenhang mit dem Juliprozeß gegen die Bolschewiki zu vorübergehender Berühmtheit gelangte. Zeretelli begnügte sich, um seine Zeit dem Exekutivkomitee nicht zu entziehen, mit dem Ministerium für Post- und Telegraphenwesen, Skobeljew, der Arbeitsminister wurde, versprach im ersten Überschwang, die Gewinne der Kapitalisten um sämtliche hundert Prozent einzuschränken – was bald zu einem geflügelten Wort wurde. Der Symmetrie halber ernannte man den Moskauer Großunternehmer Konowalow zum Minister für Handel und Industrie. Er führte einige Gestalten der Moskauer Börse ein, denen man wichtige Staatsposten anvertraute. Konowalow nahm allerdings bereits nach zwei Wochen seine Entlassung, um damit seinen Protest gegen die »Anarchie« in der Wirtschaft auszudrücken, während Skobeljew schon vorher seinen Attentatsplan auf den Gewinn aufgegeben und sich dem Kampfe gegen die Anarchie gewidmet hatte: er würgte Streiks ab und rief die Arbeiter zur Selbsteinschränkung auf.

Die Regierungsdeklaration bestand, wie es sich für eine Koalition geziemt, aus Gemeinplätzen. Sie sprach von aktiver Außenpolitik zugunsten des Friedens, Lösung der Ernährungsfrage und Vorbereitung der Lösung der Bodenbesitzfrage. Das waren durchweg aufgeblasene Phrasen. Der einzige wenigstens den Absichten nach ernsthafte Punkt sprach von der Vorbereitung der Armee »für defensive und offene Aktionen zur Abwendung einer etwaigen Niederlage Rußlands und seiner Verbündeten«. In dieser Aufgabe bestand im wesentlichen der tiefere Sinn der Koalition, die als letzter Einsatz der Entente in Rußland zustande gekommen war.

»Die Koalitionsregierung«, schrieb Buchanan, »ist unsere letzte und fast einzige Hoffnung auf Rettung der Kriegslage an dieser Front.« So stand hinter den Grundsätzen, Reden, Abkommen und Abstimmungen der liberalen und demokratischen Führer der Februarrevolution der imperialistische Regisseur in Gestalt der Entente. Gezwungen, im Interesse der der Revolution feindlichen Ententefront eiligst in die Regierung einzutreten, nahmen die Sozialisten etwa ein Drittel der Macht und den ganzen Krieg auf sich.

Der neue Außenminister mußte zwei Wochen lang die Veröffentlichung der Antworten der alliierten Regierungen auf die

Deklaration vom 27. März zurückhalten, um solche stilistische Änderungen zu erwirken, die die Polemik gegen die Deklaration des Koalitionskabinetts genügend verschleierten. Die »aktive Außenpolitik zugunsten des Friedens« bestand nunmehr darin, daß Tereschtschenko eifrigst die Texte der diplomatischen Telegramme, die die alten Kanzleien für ihn aufsetzten, redigierte, »Ansprüche« ausstrich, »Forderungen der Gerechtigkeit« darüber schrieb oder für »Sicherung der Interessen«, »Wohl der Völker« setzte. Mit leisem Zähneknirschen sagt Miljukow von seinem Nachfolger: »Die alliierten Diplomaten wußten, daß die ›demokratische‹ Terminologie seiner Depeschen eine unfreiwillige Konzession an die Forderungen des Augenblicks war, und übten Nachsicht mit ihr.«

Thomas und der kurz vorher eingetroffene Vandervelde legten unterdes die Hände nicht in den Schoß: eifrigst waren sie damit beschäftigt, dem »Wohl der Völker« eine den Bedürfnissen der Entente angepaßte Deutung zu geben und die Einfaltspinsel aus dem Exekutivkomitee erfolgreich zu bearbeiten. »Skobeljew und Tschernow«, meldete Vandervelde, »protestierten energisch gegen jeden Gedanken an einen vorzeitigen (prématurée) Frieden.« Es ist nicht verwunderlich, wenn Ribot, auf solche Helfershelfer gestützt, schon am 9. Mai dem französischen Parlament erklären konnte, er beabsichtige, »ohne auf irgend etwas zu verzichten«, Tereschtschenko eine befriedigende Antwort zu erteilen.

Ja, die wahren Herren der Lage hatten nicht die Absicht, auf irgend etwas zu verzichten, was man erwischen konnte. Gerade in jenen Tagen hatte Italien die Unabhängigkeit Albaniens proklamiert und – es sogleich unter italienisches Protektorat gestellt. Das war kein schlechter Anschauungsunterricht. Die Provisorische Regierung plante einen Protest, weniger im Namen der Demokratie, als wegen des verletzten »Gleichgewichts« auf dem Balkan, doch zwang ihre Ohnmacht sie rechtzeitig, sich auf die Zunge zu beißen.

Neu an der Außenpolitik der Koalition war nur die hastige Annäherung an Amerika. Diese frische Freundschaft bot drei nicht unwichtige Bequemlichkeiten: die Vereinigten Staaten waren weniger durch militärische Niederträchtigkeiten kompromittiert als Frankreich und England; die transatlantische Republik eröffnete vor Rußland weite Perspektiven in bezug auf Anleihen und militärische Ausrüstung; endlich kam Wilsons Diplomatie – eine Mischung von demokratischer Bigotterie und Gaunerei – den stilistischen Bedürfnissen der Provisorischen Regierung sehr gelegen. Wilson schickte die Mission des Senators Root nach Rußland und richtete eine seiner Pastorbotschaften an die Provisorische Regierung, wobei er erklärte: »Es darf kein Volk gewaltsam einer Herrschaft unterworfen werden, unter der es nicht leben will.« Das Kriegsziel selbst bezeichnete der amerikanische Präsident zwar nicht sehr bestimmt, aber verlockend: »Der Welt dauerhaften Frieden und den Völkern künftigen Wohlstand und Glück zu sichern.« Was konnte es Besseres geben? Gerade das hatten Tereschtschenko und Zeretelli nötig: frische Kredite und pazifistische Gemeinplätze. Mit Hilfe der ersteren und unter dem Schleier der anderen konnte man an die Vorbereitung der Offensive gehen, die der Shylock an der Seine, wie besessen mit allen seinen Wechseln fuchtelnd, forderte.

Schon am 11. Mai reiste Kerenski an die Front ab und begann die Agitationskampagne für die Offensive. »Die Welle des Enthusiasmus in der Armee wächst und verbreitert sich«, berichtete der neue Kriegsminister der Provisorischen Regierung, sich vor Enthusiasmus über die eigenen Reden verschluckend. Am 14. Mai erläßt Kerenski einen Armeebefehl: »Ihr werdet gehen, wohin eure Führer euch leiten werden«, und um diese dem Soldaten gut bekannte und wenig verlockende Perspektive auszuschmücken, fügt er hinzu: »Ihr werdet auf den Spitzen eurer Bajonette den Frieden tragen.« Am 22. Mai wurde der vorsichtige, übrigens reichlich unbegabte General Alexejew seiner Eigenschaft als Oberkommandierender enthoben und durch den elastischeren und unternehmungslustigeren General Brussilow ersetzt. Die Demokraten bereiteten mit aller Kraft die Offensive, das heißt die große Katastrophe der Februarrevolution, vor.

Der Sowjet war das Organ der Arbeiter und Soldaten, das heißt Bauern. Die Provisorische Regierung war das Organ der Bourgeoisie. Die Kontaktkommission war das Organ der Versöhnung. Die Koalition vereinfachte die Mechanik, indem sie die Provisorische Regierung selbst in eine Kontaktkommission verwandelte. Die Doppelherrschaft war damit aber keinesfalls beseitigt. Ob Zeretelli Mitglied der Kontaktkommission oder Postminister war – nicht diese Frage entschied. Im Lande existierten zwei nicht zu vereinbarende Staatsorganisationen: die Hierarchie der von oben herab ernannten alten und neuen Beamten, gekrönt durch die Provisorische Regierung, und das System der gewählten Sowjets, die bis zur fernsten Kompanie an der Front hinabreichten. Diese zwei Regierungssysteme stützten sich auf verschiedene Klassen, die sich erst anschickten, ihre historische Rechnung zu regeln. Indem sie auf die Koalition eingingen, wähnten die Versöhnler, das Rätesystem allmählich friedlich abschaffen zu können. Sie waren davon überzeugt, die Macht der in ihrer Person konzentrierten Sowjets werde nunmehr in die offizielle Regierung hinüberströmen. Kerenski versicherte Buchanan kategorisch, »die Sowjets werden eines natürlichen Todes sterben«. Diese Hoffnung wurde bald zur offiziellen Doktrin der Versöhnler. Ihr Gedanke war, das Schwergewicht des Lebens müsse sich überall von den Sowjets zu den neuen demokratischen Selbstverwaltungsorganen verschieben. Den Platz des Zentralexekutivkomitees sollte die Konstituierende Versammlung einnehmen. Die Koalitionsregierung schickte sich somit an, die Brücke zum Regime der bürgerlich parlamentarischen Republik zu bilden.

Die Revolution aber wollte und konnte diesen Weg nicht gehen. Das Schicksal der neuen Stadtdumas war in diesem Sinne eine unzweideutige Voraussage. Die Dumas waren auf der Basis des weitestgehenden Wahlrechtes entstanden. Soldaten hatten gleiches Wahlrecht wie Zivilbevölkerung, Frauen wie Männer. Am Kampfe nahmen vier Parteien teil. Die »Nowoje Wremja« (»Neue Zeit«), das alte offizielle Organ der zaristischen Regierung, eine der ehrlosesten Zeitungen der Welt – und das will was besagen! –, forderte die Rechten, Nationalisten, Oktobristen auf, für die Kadetten zu stimmen. Als aber die politische Ohnmacht der besitzenden Klassen klar zutage trat, stellte die Mehrzahl der bürgerlichen Zeitungen die Losung auf: »Wählt, wen ihr wollt, nur keine Bolschewiki!« In allen Dumas und Semstwos bildeten die Kadetten den rechten Flügel, die Bolschewiki die wachsende linke Minderheit. Die Mehrheit, in der Regel eine überwiegende, gehörte den Sozialrevolutionären und Menschewiki.

Es könnte scheinen, die neuen Dumas, die sich von den Sowjets durch größere Vollständigkeit der Vertretung unterschieden, hätten die größere Autorität genießen müssen. Als öffentlichrechtliche Institutionen besaßen die Dumas außerdem den gewaltigen Vorteil offizieller staatlicher Unterstützung. Miliz, Verpflegung, städtischer Transport, Volksbildung unterstanden offiziell den Dumas. Die Sowjets besaßen als »Privat«-Institutionen weder Budget noch Rechte. Und trotzdem blieb die Macht in den Händen der Sowjets. Die Dumas waren im wesentlichen nur Munizipalkommissionen der Sowjets. Der Wettstreit zwischen Sowjetsystem und formaler Demokratie war in seinem Endergebnis um so verblüffender, als er sich unter Leitung der gleichen Parteien, Sowjetrevolutionären und Menschewiki, vollzog, die, in Dumas wie Sowjets vorherrschend, tief davon überzeugt waren, daß die Sowjets den Dumas Platz zu machen hätten, und in dieser Richtung zu tun suchten, was sie nur konnten.

Die Erklärung für diese bemerkenswerte Erscheinung, über die man im Strudel der Ereignisse im allgemeinen wenig nachdachte, ist einfach: Munizipalitäten, wie jegliche Einrichtungen der Demokratie überhaupt, können ihre Tätigkeit nur auf der Grundlage stabiler gesellschaftlicher Beziehungen, das heißt eines bestimmten Eigentumssystems ausüben. Das Wesen der Revolution besteht aber darin, daß sie eben diese Grundlage aller Grundlagen in Frage stellt, die zu beantworten lediglich die offene revolutionäre Nachprüfung des Verhältnisses der Klassenkräfte imstande ist. Die Sowjets waren, entgegen der Politik ihrer Leiter, Kampforganisationen der unterdrückten Klassen, die sich teils bewußt, teils halbbewußt zusammenschlossen, um die Grundlagen der Gesellschaftsordnung zu ändern. Die Munizipalitäten dagegen gaben allen Bevölkerungsklassen, auf die Abstraktion Bürger gebracht, gleichmäßige Vertretung und ähnelten unter den Bedingungen der Revolution sehr einer diplomatischen Konferenz, die sich in konventioneller, heuchlerischer Sprache zu verständigen sucht, indes die in ihr vertretenen feindlichen Lager sich fieberhaft auf den Kampf vorbereiten. Im Alltagstrott der Revolution konnten die Munizipalitäten noch ihr Scheindasein fristen. Jedoch an Wendepunkten, wo das Eingreifen der Massen die weitere Richtung der Ereignisse bestimmte, mußten die Munizipalitäten auffliegen und ihre Bestandteile auf verschiedenen Seiten der Barrikade stehen. Es genügte, die parallelen Rollen der Sowjets und Munizipalitäten in der Zeit von Mai bis Oktober gegenüberzustellen, um das Schicksal der Konstituierenden Versammlung beizeiten vorauszusehen.

Mit der Einberufung der Konstituierenden Versammlung übereilte sich die Koalitionsregierung nicht. Die Liberalen, die, entgegen der demokratischen Arithmetik, in der Regierung in der Mehrzahl waren, hatten es gar nicht eilig, in der späteren Konstituierenden Versammlung, wie jetzt in den neuen Dumas, den ohnmächtigen rechten Flügel zu bilden. Die ›Sonderberatung über die Einberufung der Konstituierenden Versammlung‹ begann erst Ende Mai, drei Monate nach der Umwälzung, ihre Tätigkeit. Die liberalen Juristen spalteten jedes Haar in sechzehn Teile, rührten und schüttelten in Kolben den ganzen demokratischen Bodensatz, stritten endlos über das Wahlrecht der Armee, und darüber, ob Deserteure, die nach Millionen zählten und Mitglieder der früheren Zarenfamilie, die einige Dutzend ausmachten, Stimmrecht zu bekommen hätten oder nicht. Über den Termin der Einberufung wurde nach Möglichkeit geschwiegen. Diese Frage in der Beratungskommission aufzuwerfen, galt überhaupt als Taktlosigkeit, deren nur die Bolschewiki fähig waren.

Wochen vergingen, aber entgegen den Hoffnungen und Voraussagen der Versöhnler starben die Sowjets nicht ab. Durch ihre Führer eingeschläfert und verwirrt, verfielen allerdings auch sie zeitweilig hochgradiger Erschöpfung, doch das erste Gefahrensignal stellte sie wieder auf die Beine und erwies damit für alle unbestreitbar die Sowjets als die Herren der Lage. Obgleich sie dauernd versuchten, die Sowjets zu sabotieren, waren die Sozialrevolutionäre und Menschewiki in allen wichtigen Fällen doch gezwungen, deren Priorität anzuerkennen. Das fand seinen Ausdruck unter anderem darin, daß die besten Kräfte beider Parteien in den Sowjets konzentriert waren. Die Munizipalitäten und Semstwos überließen sie zweitrangigen Männern, Technikern, Administratoren. Das gleiche konnte man auch bei den Bolschewiki beobachten. Nur die Kadetten, die zu den Sowjets keinen

Zutritt hatten, konzentrierten ihre besten Kräfte in den Organen der Selbstverwaltung. Aber die hoffnungslose bürgerliche Minderheit vermochte nicht, sie zu ihrem Stützpunkt zu machen.

Die Munizipalitäten betrachtete somit niemand als sein Organ. Über den wachsenden Antagonismus zwischen Arbeitern und Fabrikanten, Soldaten und Offizieren, Bauern und Gutsbesitzern konnte in den Munizipalitäten und Semstwos nicht so offen diskutiert werden wie im eigenen Kreise, im Sowjet einerseits und in den Privatsitzungen der Reichsduma und sonstigen Beratungen der bürgerlichen Politiker andererseits. Man kann sich mit dem Gegner wohl über Kleinigkeiten, nicht aber über Leben und Tod verständigen.

Nimmt man die Marxsche Formel, daß die Regierung das Komitee der herrschenden Klasse ist, so muß man sagen, die wahren »Komitees« der um die Macht ringenden Klassen befanden sich außerhalb der Koalitionsregierung. In bezug auf den Sowjet, der in der Regierung als Minderheit vertreten war, wurde das besonders offensichtlich. Doch traf das nicht weniger auf die bürgerliche Mehrheit zu. Die Liberalen hatten keine Möglichkeit, in Gegenwart der Sozialisten ernst und sachlich jene Fragen zu besprechen, die die Bourgeoisie am meisten berührten. Die Verdrängung Miljukows, des anerkannten und unbestrittenen Führers der Bourgeoisie, um den sich der Stab der Besitzenden scharte, hatte symbolischen Charakter, indem sie vollends offenbarte, daß die Regierung exzentrisch in jedem Sinne dieses Wortes war. Das Leben drehte sich um zwei Brennpunkte, von denen der eine rechts, der andere links vom Mariinski-Palais lag.

Ohne zu wagen, innerhalb der Regierung auszusprechen, was sie dachten, lebten die Minister in einer Atmosphäre selbstgeschaffener Konventionen. Die durch die Koalition verhüllte Doppelherrschaft wurde zur Schule für Doppelsinn, Doppelmoral und jegliche Zweideutigkeit überhaupt. Die Koalitionsregierung machte in den nächsten sechs Monaten eine Reihe von Krisen, Umgestaltungen und Umschichtungen durch, doch ihre Wesenszüge der Ohnmacht und Falschheit bewahrte sie bis zu ihrem Todestage.

Die Offensive

In der Armee wie im Lande vollzog sich eine ununterbrochene Umgruppierung der Kräfte: die unteren Schichten verschoben sich nach links, die oberen nach rechts. In dem Maße, wie das Exekutivkomitee ein Werkzeug der Entente zur Zähmung der Revolution wurde, verwandelten sich die Armeekomitees, geschaffen als Vertretung der Soldaten gegen den Kommandobestand, in Helfershelfer des Kommandobestandes gegen die Soldaten.

Die Zusammensetzung der Komitees war sehr bunt. Es gab da nicht wenig patriotische Elemente, die aufrichtig den Krieg mit der Revolution identifizierten, mutig in die ihnen von oben aufgedrängte Offensive gingen und ihr Leben für eine fremde Sache ließen. In einer Reihe mit ihnen standen die Phrasenhelden, die Divisions- und Regiments-Kerenskis. Schließlich gab es auch nicht wenig Schlaumeier und Kriecher, die, nach Privilegien haschend, sich in die Komitees vor dem Schützengraben retteten. Jede Massenbewegung trägt, besonders in ihrem ersten Stadium, all diese menschlichen Spielarten an die Oberfläche. Nur war die Versöhnlerperiode an Schwätzern und Chamäleons besonders reich. Wenn Menschen das Programm formen, so formt das Programm auch die Menschen. Die Schule des Kontaktes wird in einer Revolution die Schule der Kniffe und Intrigen.

Das Regime der Doppelherrschaft schloß die Möglichkeit der Schaffung einer Militärmacht aus. Die Kadetten hatten sich den Haß der Volksmassen zugezogen und waren gezwungen, sich in der Armee als Sozialrevolutionäre auszugeben. Die Demokratie dagegen konnte die Armee aus dem gleichen Grunde nicht erneuern, aus dem sie die Macht nicht zu übernehmen vermochte: das eine ist vom anderen untrennbar. Als Kuriosität, die jedoch die Lage grell beleuchtet, vermerkt Suchanow, daß die Provisorische Regierung in Petrograd nicht eine Truppenparade abgehalten hat: die Liberalen und die Generale wollten die Beteiligung des Sowjets an einer Parade nicht, waren sich aber dessen bewußt, daß ohne den Sowjet eine Parade undenkbar war.

Die höheren Offiziere schlossen sich immer enger den Kadetten an – und warteten, bis wieder reaktionärere Parteien das Haupt erheben würden. Die kleinbürgerliche Intelligenz vermochte in bedeutender Zahl den unteren Offiziersbestand der Armee zu stellen, wie früher unter dem Zarismus. Aber sie war unfähig, ein Kommandokorps nach ihrem Ebenbilde zu schaffen, denn sie besaß kein eigenes Gesicht. Wie der ganze weitere Verlauf der Revolution gezeigt hat, konnte man das Kommandokorps entweder fertig von Adel und Bourgeoisie übernehmen, wie das die Weißen taten, oder aber es auf der Grundlage proletarischer Auslese schaffen und erziehen, wie es später die Bolschewiki vollbrachten. Den kleinbürgerlichen Demokraten war die eine wie die andere Möglichkeit versagt. Sie waren gezwungen, alle zu überreden, anzuflehen, zu betrügen, und als dabei nichts herauskam, übergaben sie verzweifelt die Macht den reaktionären Offizieren, damit diese dem Volk die richtigen revolutionären Ideen einflößen sollten.

Die Wunden der alten Gesellschaft brachen eine nach der anderen auf und zerstörten den Organismus der Armee. Die nationale

Frage in all ihren Variationen – und Rußland war an ihnen reich – erfaßte immer tiefer die Soldatenmasse, die mehr als zur Hälfte aus Nichtgroßrussen bestand. Auf verschiedenen Linien verflochten und kreuzten sich die nationalen Gegensätze mit den Klassen-Antagonismen. Die Regierungspolitik war auf dem nationalen Gebiet wie auf allen anderen schwankend und wirr und wirkte deshalb doppelt verräterisch. Einzelne Generale spielten mit nationalen Formationen in der Art des »muselmännischen Korps mit französischer Disziplin« an der rumänischen Front. Und tatsächlich bewiesen die neuen nationalen Truppenteile in der Regel größere Widerstandsfähigkeit als die der alten Armee, denn sie wurden um eine neue Idee und um ein neues Banner formiert. Diese nationale Lötung hielt jedoch nicht lange: sie wurde bald durch die Entwicklung des Klassenkampfes gesprengt. Schon der Prozeß der nationalen Formierungen, der die Hälfte der Armee zu erfassen drohte, brachte diese in einen flüssigen Zustand, zersetzte ihre alten Teile, noch bevor die neuen sich heranbilden konnten. So kam das Unheil von allen Seiten.

Miljukow schreibt in seiner Geschichte, die Armee sei durch den »Ideenkonflikt zwischen ›revolutionärer‹ und normal-militärischer Disziplin, zwischen ›Demokratisierung‹ der Armee und Erhaltung ihrer Kampffähigkeit« zerstört worden, wobei unter »normaler« Disziplin jene zu verstehen ist, die unter dem Zarismus bestand. Man sollte meinen, ein Historiker müßte es wissen, daß noch jede große Revolution die Vernichtung der alten Armee mit sich brachte, nicht als Folge des Zusammenpralls abstrakter Prinzipien der Disziplin, sondern lebendiger Klassen. Die Revolution läßt nicht nur strenge Disziplin in der Armee zu, sie schafft sie auch. Aber diese Disziplin können nicht Vertreter der Klasse herstellen, die durch die Revolution gestürzt wurde.

»Es ist eine evidente Tatsache«, schrieb am 26. September 1851 ein kluger Deutscher dem anderen, »daß die Desorganisierung der Armeen und die gänzliche Lösung der Disziplin sowohl Bedingung wie Resultat jeder bisher siegreichen Revolution war.« Die gesamte Geschichte der Menschheit hat dieses einfache und unbestreitbare Gesetz festgestellt. Aber mit den Liberalen haben dies auch die russischen Sozialisten, die das Jahr 1905 im Rücken hatten, nicht begriffen, obwohl sie wiederholt als ihre Lehrer jene beiden Deutschen nannten, von denen der eine Friedrich Engels hieß, der andere Karl Marx. Die Menschewiki glaubten allen Ernstes, daß die Armee, die eine Umwälzung vollbracht hatte, den alten Krieg unter dem alten Kommando fortsetzen werde. Und diese Menschen verschrien die Bolschewiki als Utopisten.

General Brussilow hatte Anfang Mai in einer Konferenz des Hauptquartiers den Zustand des Kommandobestandes sehr genau charakterisiert: 15–20 Prozent paßten sich der neuen Ordnung aus Überzeugung an; ein Teil der Offiziere begann, mit den Soldaten zu liebäugeln und hetzte sie gegen den Kommandobestand auf, die Mehrzahl dagegen, etwa 75 Prozent, vermochte sich nicht anzupassen, fühlte sich beleidigt, hatte sich in ihre Schale verkrochen und wußte nicht, was zu beginnen. Die erdrückende Mehrheit der Offiziere war überdies auch vom rein militärischen Standpunkt aus gesehen vollständig unfähig.

Bei der Beratung mit den Generalen entschuldigten sich Kerenski und Skobeljew aus allen Kräften, der Revolution wegen, die – ach – »fortdauert« und der man Rechnung tragen müsse. Darauf erwidert der Schwarzhundertgeneral Gurko, die Minister Moral lehrend: »Ihr sagt, die Revolution ›dauert fort‹. Hört auf uns ... Stellt die Revolution ein und laßt uns, Militärs, unsere Pflicht bis ans Ende erfüllen.« Kerenski war mit allem Eifer bemüht, den Generalen entgegenzukommen, – bis einer von ihnen, der wackere Kornilow, ihn mit seinen Umarmungen beinahe erdrückte.

Während der Revolution bedeutet das Versöhnlertum die Politik fieberhaften Pendelns zwischen den Klassen. Kerenski war das verkörperte Pendeln. An die Spitze der Armee gestellt, die ohne klares und eindeutiges Regime überhaupt undenkbar ist, wurde Kerenski zum unmittelbaren Werkzeug ihrer Zersetzung. Denikin führt eine interessante Liste von Personen des höheren Kommandobestandes an, deren Absetzung das Ziel verfehlt hätte, obwohl eigentlich niemand und am wenigsten Kerenski wußte, wo dieses Ziel sich befand. Alexejew entließ den Hauptkommandierenden der Front, Russki, und den Armeekommandeur Radko-Dmitrjew wegen Schwäche und Nachgiebigkeit den Komitees gegenüber. Brussilow entfernte aus dem gleichen Grunde den verängstigten Judenitsch. Kerenski entließ Alexejew selbst und die Hauptkommandierenden der Fronten, Gurko und Dragomirow, wegen Widerstand gegen die Demokratisierung der Armee. Aus dem gleichen Grunde entfernte Brussilow General Kaledin und wurde in der Folge selbst wegen übermäßiger Nachsicht mit den Komitees abgesetzt. Kornilow legte wegen seiner Unfähigkeit, sich mit der Demokratie zu vertragen, das Kommando des Petrograder Militärkreises nieder. Das verhinderte nicht seine Ernennung zum Kommandierenden der Front und später zum Höchstkommandierenden. Denikin wurde seines Postens als Chef beim Stabe Alexejews wegen offener Leibeigenschaftstendenzen enthoben, bald darauf aber zum Oberkommandierenden der Westfront ernannt. Dieses Bockspringen, das bewies, daß man oben nicht wußte, was man wollte, ging stufenweise abwärts bis zur Kompanie und beschleunigte den Zerfall der Armee.

Während die Kommissare von den Soldaten Gehorsam für die Offiziere forderten, mißtrauten sie diesen selbst. Auf der Höhe der Offensive erklärte in der Sowjetsitzung in Mohilew, der Hauptstadt des Hauptquartiers, in Gegenwart Kerenskis und Brussilows ein Mitglied des Sowjets: »88 Prozent der Offiziere des Hauptquartiers schaffen durch ihre Handlungen die Gefahr konterrevolutionärer Vorgänge.« Für die Soldaten war das kein Geheimnis. Sie hatten vor der Umwälzung Zeit genug gehabt, ihre Offiziere kennenzulernen.

Im Laufe des ganzen Mai variierten die Berichte der oberen wie der unteren Kommandobestände den gleichen Gedanken: »Das Verhalten zur Offensive ist im allgemeinen ablehnend, besonders bei der Infanterie.« Manchmal wird hinzugefügt: »etwas besser bei der Kavallerie und recht lebhaft bei der Artillerie.«

Ende Mai, als die Truppen sich bereits zur Offensive aufstellten, telegraphierte der Kommissar der 7. Armee an Kerenski: »Bei der 12. Division sind das 48. Regiment in ganzer, das 45. und 46. Regiment in halber Frontstärke ausgerückt, das 47. Regiment weigert sich, auszurücken. Von den Regimentern der 13. Division ist das 50. Regiment annähernd in voller Stärke ausgerückt. Das 51. Regiment verspricht, morgen auszurücken, das 49. ist nicht vorschriftsmäßig ausgerückt, das 52. weigert sich, auszurücken und hat alle seine Offiziere verhaftet.« Ein solches Bild war fast überall zu beobachten. Auf die Meldung des Kommissars hin erfolgte die Antwort der Regierung: »Das 45., 46., 47. und 52. Regiment auflösen. Offiziere und Soldaten, die zum Ungehorsam aufreizten, vor Gericht stellen.« Das klang bedrohlich, schreckte aber nicht. Die Soldaten, die nicht mehr Krieg führen wollten, hatten weder vor der Auflösung noch vor dem Gericht Furcht. Bei der Aufstellung der Truppen war man nicht selten gezwungen, einen Truppenteil gegen den anderen zu verwenden. Als Werkzeug der Repression dienten am häufigsten, wie unter dem Zaren, die Kosaken, jetzt aber wurden sie von Sozialisten geleitet: ging es doch um die Verteidigung der Revolution.

Am 4. Juni, weniger als vierzehn Tage vor Beginn der Offensive, meldete der Stabschef des Hauptquartiers: »Die Nordfront befindet sich noch immer im Zustand der Gärung, die Verbrüderung geht weiter, das Verhalten der Infanterie zur Offensive ist ablehnend ... An der Westfront ist die Lage ungewiß. An der Südwestfront ist eine gewisse Besserung der Stimmung zu verzeichnen ... Von der rumänischen Front ist keine besondere Besserung zu melden, die Infanterie will nicht angreifen ...«

Am 11. Juni 1917 schreibt der Kommandeur des 61. Regiments: »Mir und den Offizieren bleibt nur noch übrig, uns zu retten, da aus Petrograd ein Soldat der 5. Kompanie angekommen ist, ein Leninist ... Viele der besten Soldaten und Offiziere sind bereits davongelaufen.« Das Erscheinen eines einzigen Leninisten im Regiment genügte, die Offiziere zum Davonlaufen zu bringen. Es ist klar, daß der betreffende Soldat die Rolle des ersten Kristalls in gesättigter Lösung spielte. Man braucht übrigens nicht zu glauben, daß es sich unbedingt um einen Bolschewiken handelte. Zu jener Zeit nannte der Kommandobestand jeden Soldaten, der kühner als die anderen die Stimme gegen die Offensive erhob, einen Leninisten. Viele dieser »Leninisten« glaubten noch aufrichtig, Lenin sei von Wilhelm geschickt worden. Der Kommandeur des 61. Regiments versuchte, seine Soldaten mit Strafen seitens der Regierung zu schrecken. Ein Soldat gab ihm zur Antwort: »Wir haben die alte Regierung gestürzt, wir werden auch Kerenski hinausstochern.« Das waren neue Töne. Sie nährten sich von der Agitation der Bolschewiki, liefen ihr aber weit voraus.

Von der Schwarzmeerflotte, die unter Leitung der Sozialrevolutionäre stand und, im Gegensatz zu den Kronstädtern, als Stütze des Patriotismus galt, wurde bereits Ende April eine Delegation von 300 Mann, mit dem flinken Studenten Batkin an der Spitze, der sich als Matrose verkleidet hatte, ins Land geschickt. An dieser Delegation roch vieles nach Maskerade; doch gab es auch aufrichtige Begeisterung. Die Delegation trug die Idee des Krieges bis zum Siege ins Land, doch benahmen sich die Zuhörer von Woche zu Woche feindseliger. Während die Schwarzmeerler den Ton ihrer Offensive-Predigt immer leiser stimmten, kam eine baltische Delegation nach Sewastopol, den Frieden zu propagieren. Die Nordländer hatten im Süden einen größeren Erfolg als die Südländer im Norden. Unter dem Einfluß der Kronstädter entwaffneten die Sewastopoler Matrosen am 8. Juni den Kommandobestand und verhafteten die verhaßtesten Offiziere.

In der Sitzung des Rätekongresses vom 9. Juni fragte Trotzki, wie es geschehen konnte, daß »in dieser mustergültigen Schwarzmeerflotte, die über das ganze Land patriotische Deputationen geschickt hat, in diesem Nest des organisierten Patriotismus zu einem so kritischen Moment ein derartiger Ausbruch erfolgen konnte? Was beweist das?«. Eine Antwort wurde ihm nicht zuteil.

Unordnung und Kopflosigkeit in der Armee rieben alle auf, Mannschaft, Kommandeure und Komiteevertreter. Alle brauchten unverzüglich irgendeinen Ausweg. Die Spitzen wähnten, die Offensive würde die Unordnung überwinden und Klarheit schaffen. In gewissem Sinne war diese Annahme berechtigt. Wenn Zeretelli und Tschernow in Petrograd, unter Verwendung aller Modulationen der demokratischen Rhetorik, für die Offensive plädierten, so mußten die Komitees an der Front Hand in Hand mit den Offizieren den Kampf gegen das neue Regime in der Armee aufnehmen, ohne das die Revolution zwar undenkbar, das aber mit dem Krieg nicht zu vereinbaren war. Die Folgen der Wendung stellten sich bald ein. »Mit jedem Tage wurden die Komitees immer rechter«, berichtet ein Seeoffizier, »gleichzeitig jedoch machte sich das Sinken ihrer Autorität unter den Soldaten und Matrosen immer mehr bemerkbar.« Für den Krieg aber waren gerade Soldaten und Matrosen notwendig.

Mit Zustimmung Kerenskis ging Brussilow daran, Stoßbataillone aus Freiwilligen zu bilden, womit er die Kampfunfähigkeit der Armee offen eingestand. Diesem Werk schlossen sich unverzüglich die verschiedensten, meist recht abenteuerlichen Elemente an, wie Kapitän Murawjew, der später, nach dem Oktoberumsturz, zu den linken Sozialrevolutionären überlief, um dann, nach stürmischen und in ihrer Art glänzenden Taten, die Sowjetmacht zu verraten und von bolschewistischer oder eigener Kugel zu fallen. Es ist überflüssig zu sagen, daß die konterrevolutionären Offiziere gierig zu den Stoßbataillonen, als der legalen Form zur Sammlung ihrer Kräfte, Zuflucht nahmen. Die Idee fand jedoch bei der Soldatenmasse fast keinen Widerhall. Abenteuerlustige Mädchen schufen Frauenbataillone, »schwarze Todeshusaren«. Eines dieser Bataillone bildete im Oktober Kerenskis letzte bewaffnete Stütze bei der Verteidigung des Winterpalais. Doch all dies konnte der Sache der Vernichtung des deutschen Militarismus wenig dienen.

Die Offensive, die das Hauptquartier den Alliierten für die ersten Frühlingstage versprochen hatte, wurde von Woche zu Woche verschoben. Nun aber lehnte die Entente weitere Vertagungen energisch ab. Die Alliierten waren in den Mitteln, den sofortigen Angriff zu erpressen, nicht wählerisch. Neben den pathetischen Beschwörungen Vanderveldes wurden auch Drohungen, die Lieferung von Munition einzustellen, angewandt. Der italienische Generalkonsul in Moskau erklärte, und zwar nicht in der italienischen, sondern in der russischen Presse, die Alliierten würden im Falle eines Separatfriedens seitens Rußlands Japan volle Aktionsfreiheit in Sibirien gewähren. In patriotischer Begeisterung druckten liberale Zeitungen, nicht etwa in Rom, sondern in Moskau, diese frechen Drohungen ab, wobei sie den Schwerpunkt der Frage vom Separatfrieden auf die Verzögerung der Offensive verschoben. Die Alliierten legten sich auch in anderer Hinsicht keinen Zwang auf; so sandten sie zum Beispiel der Artillerie bewußt Ausschußmaterial: 35% der Geschütze, die das Ausland geliefert hatte, waren nach einem zweiwöchigen, mäßigen Schießen unbrauchbar. England machte Schwierigkeiten mit den Anleihen. Dagegen eröffnete der neue Gönner, Amerika, ohne Wissen Englands, der Provisorischen Regierung für die kommende Offensive einen Kredit von 75 Millionen Dollar.

Während die russische Bourgeoisie die Erpressungen der Alliierten unterstützte und eine wilde Agitation für die Offensive führte, schenkte sie selbst dieser Offensive kein Vertrauen; sie zeichnete nicht einmal die Freiheitsanleihe. Die gestürzte Monarchie benutzte inzwischen die Gelegenheit, um sich in Erinnerung zu bringen: in einer Erklärung an die Provisorische Regierung äußerten die Romanows den Wunsch, die Anleihe zu zeichnen, wobei sie hinzufügten: »Die Höhe der Zeichnung wird davon abhängen, ob die Staatskasse den Mitgliedern der Zarenfamilie Unterhaltungsgelder geben wird.« All das las die Armee, der bekannt war, daß die Mehrheit der Provisorischen Regierung wie auch die Mehrheit des höheren Offiziersstandes wie bisher auf die Wiedererrichtung der Monarchie hoffte.

Die Gerechtigkeit erfordert, zu verzeichnen, daß nicht alle im Lager der Alliierten mit den Vandervelde, Thomas und Cachin, die die russische Armee in den Abgrund stießen, einverstanden waren. Es gab auch warnende Stimmen. »Die russische Armee ist nur eine Fassade«, sagte General Pétain, »sie wird zerfallen, sobald sie sich vom Platz rührt.« Im gleichen Sinne äußerte sich ferner die amerikanische Mission. Es siegten jedoch andere Erwägungen. Man mußte der Revolution die Seele herausprügeln. »Die deutsch-russische Verbrüderung«, erklärte später Painlevé, »schuf solche Verwüstungen (faisait de tels ravages), daß es das Risiko ihrer schnellsten Auflösung bedeutete, wollte man die russische Armee ohne Bewegung lassen.«

Die Vorbereitung der Offensive auf der politischen Linie führten Kerenski und Zeretelli, anfangs in Heimlichkeit sogar vor den nächsten Gesinnungsgenossen. Während die halb eingeweihten Führer noch weiterhin von der Verteidigung der Revolution faselten, betonte Zeretelli immer entschiedener die Notwendigkeit, die Armee für aktive Handlungen bereitzuhalten. Länger als die anderen widersetzte sich, das heißt kokettierte Tschernow. In der Sitzung der Provisorischen Regierung vom 17. Mai unterwarf man den »Bauernminister«, wie er sich nannte, einem hochnotpeinlichen Verhör, ob es wahr sei, daß er in einer Versammlung von der Offensive ohne die nötige Sympathie gesprochen habe. Es ergab sich, daß Tschernow sich so ausgedrückt hatte: Die Offensive gehe ihn, den Politiker, nichts an, das sei Sache der Strategen an der Front. Diese Menschen spielten Versteck sowohl mit dem Krieg wie mit der Revolution. Allerdings nur bis zu einem bestimmten Zeitpunkt.

Die Vorbereitung der Offensive war selbstverständlich vom gesteigerten Kampf gegen die Bolschewiki begleitet. Immer häufiger wurden diese der Bestrebungen für Separatfrieden beschuldigt. Die Erkenntnis, daß der Separatfrieden der Ausweg sein werde, war in der Situation von selbst gegeben, das heißt in der Schwäche und Erschöpfung Rußlands im Vergleich mit den übrigen kriegführenden Ländern. Doch hatte noch niemand die Kraft des neuen Faktors, der Revolution, zu ermessen vermocht. Die Bolschewiki meinten, daß man der Perspektive des Separatfriedens nur dann ausweichen könne, wenn man mutig und restlos die Kraft und Autorität der Revolution dem Kriege entgegenstelle. Dazu war vor allem notwendig, das Bündnis mit der eigenen Bourgeoisie zu zerreißen. Am 9. Juni erklärte Lenin auf dem Rätekongreß: »Wenn man behauptet, daß wir den Separatfrieden anstreben, so ist das unwahr. Wir sagen: keinen Separatfrieden, mit keinen Kapitalisten, vor allem nicht mit den russischen. In der Provisorischen Regierung dagegen herrscht Separatfrieden mit den russischen Kapitalisten. Nieder mit diesem Separatfrieden!« »Beifall«, vermerkt das Protokoll. Das war der Beifall einer kleinen Kongreßminderheit, und gerade deshalb ein besonders heißer.

Im Exekutivkomitee fehlte den einen noch die Entschlossenheit, die anderen wollten sich zuvor mit einem autoritativsten Organ decken. Im letzten Moment wurde beschlossen, Kerenski zur Kenntnis zu bringen, daß es unerwünscht sei, den Befehl zur Offensive zu erteilen, bevor der Rätekongreß die Frage gelöst hätte. Die von der Fraktion der Bolschewiki in der ersten Sitzung des Kongresses eingebrachte Erklärung lautete, »die Offensive kann die Armee nur endgültig desorganisieren, da sie ihre Teile gegeneinander stellen wird«, der »Kongreß muß dem gegenrevolutionären Druck Widerstand leisten, oder aber die Verantwortung für diese Politik offen und restlos übernehmen«.

Der Beschluß des Rätekongresses zugunsten der Offensive war nur eine demokratische Formalität. Alles war schon bereit. Die Artilleristen hielten die feindlichen Positionen längst unter Visier. In dem Befehl an Armee und Flotte vom 16. Juni setzte Kerenski unter Berufung auf den höchstkommandierenden, »von Siegen umwobenen Führer« die Notwendigkeit eines »sofortigen und entschlossenen Hiebes« auseinander und endete mit den Worten: »Ich befehle euch – vorwärts!«

In dem am Vorabend der Offensive geschriebenen und die Erklärung der bolschewistischen Fraktion auf dem Rätekongreß kommentierenden Artikel schrieb Trotzki: »Die Regierungspolitik untergräbt die Möglichkeit erfolgreicher militärischer Aktionen in der Wurzel ... Die materiellen Voraussetzungen der Offensive sind äußerst ungünstig. Die Ernährungsorganisation der Armee spiegelt den allgemeinen Wirtschaftszerfall wider, gegen den auch nur eine radikale Maßnahme zu treffen die Regierung in ihrer heutigen Zusammensetzung außerstande ist. Die geistigen Voraussetzungen der Offensive sind in noch höherem Maße ungünstig ... Die Regierung ... hat ihre Unfähigkeit, Rußlands Politik unabhängig von den imperialistischen Alliierten zu bestimmen, ... vor der Armee entblößt. Die Massendesertion ... hört unter den heutigen Bedingungen auf, einfach das Resultat bösen Einzelwillens zu sein, und wird der Ausdruck der völligen Unfähigkeit der Regierung, die revolutionäre Armee durch innere Einheitlichkeit der Ziele zusammenzuschweißen ...« Indem er weiter darauf verwies, daß die Regierung die »sofortige Abschaffung des gutsherrlichen Bodenbesitzes, das heißt die einzige Maßnahme, die den rückständigsten Bauern überzeugen könnte, daß diese Revolution seine Revolution« ist, nicht zu beschließen wage, endet der Artikel mit den Worten: »Unter solchen materiellen und geistigen Bedingungen muß die Offensive unvermeidlich den Charakter eines Abenteuers erhalten.«

Der Kommandobestand glaubte fast durchweg, daß die in militärischer Hinsicht hoffnungslose Offensive ausschließlich aus politischen Erwägungen erforderlich sei. Nachdem Denikin seine Front bereits hatte, meldete er Brussilow: »Ich glaube an keinen Erfolg der Offensive.« Das letzte Element der Hoffnungslosigkeit brachte die Untauglichkeit des Kommandobestandes selbst hinein. Der Offizier und Patriot Stankewitsch bezeugt, daß ein Sieg vom Standpunkt der technischen Vorbereitung ausgeschlossen war, unabhängig von der moralischen Verfassung der Truppen: »Die Offensive war unter aller Kritik organisiert.« Eine Offiziersdelegation mit dem Vorsitzenden des Offiziersverbandes, dem Kadetten Nowosilzew, an der Spitze, suchte die Führer der Kadettenpartei auf und warnte sie, die Offensive werde zu einem Mißerfolg verurteilt sein und zur Vernichtung der besten Truppenteile führen. Die höheren Stellen entledigten sich der Warnungen mit allgemeinen Phrasen: »Es glimmte die Hoffnung«, sagte der Stabschef des Hauptquartiers, der reaktionäre General Lukomski, »daß der Beginn der erfolgreichen Kämpfe die Massenpsychologie vielleicht verändern und den Vorgesetzten die Möglichkeit geben werde, die ihren Händen entfallenen Zügel wieder straffzuziehen.« Darin eben bestand das eigentliche Ziel: die Zügel straffzuziehen.

Entsprechend einem längst ausgearbeiteten Plane bestand ursprünglich die Absicht, mit den Kräften der Südwestfront den Hauptschlag in der Richtung auf Lemberg zu führen; der Nord- und Westfront waren Hilfsaufgaben zugedacht. Der Angriff sollte gleichzeitig an allen Fronten beginnen. Bald aber wurde offenbar, daß dieser Plan die Kräfte des Kommandos weit überstieg. Es wurde deshalb beschlossen, an den einzelnen Fronten, beginnend mit den weniger wichtigen, der Reihe nach loszuschlagen. Aber auch dies erwies sich als undurchführbar. »Nunmehr beschloß das Oberste Kommando«, sagte Denikin, »auf jede strategische Planmäßigkeit zu verzichten und gezwungenermaßen den Fronten zu überlassen, die Operationen nach Maßgabe ihrer Bereitschaft zu beginnen.« Alles wurde der Vorsehung anheimgestellt. Es fehlten nur noch die Heiligenbilder der Zarin. Man versuchte sie durch die Heiligenbilder der Demokratie zu ersetzen. Kerenski reiste umher, beschwor, segnete. Die Offensive begann: am 16. Juni an der Südwestfront; am 7. Juli an der Westfront; am 8. an der Nordfront, am 9. an der rumänischen Front. Das Losschlagen der letzten drei Fronten, im Wesen fiktiv, traf bereits zusammen mit dem Beginn des Zusammenbruches der wichtigsten, das heißt der Südwestfront.

Kerenski meldete der Provisorischen Regierung: »Heute ist das große Fest der Revolution. Am 18. Juni ist die russische revolutionäre Armee mit höchster Begeisterung zum Angriff übergegangen.« »Das langersehnte Ereignis ist eingetreten«, schrieb die »Rjetsch«, das Blatt der Kadetten, »das die guten Tage der russischen Revolution mit einem Schlage zurückbrachte.« Am 19. Juni deklamierte der Greis Plechanow bei einer patriotischen Kundgebung: »Bürger! Wenn ich euch frage, welcher Tag heute ist, werdet ihr mir sagen: Montag. Aber das ist ein Irrtum: heute ist Sonntag, ein Sonntag für unser Land und für die Demokratie der ganzen Welt. Rußland, das das Joch des Zarismus abgeschüttelt hat, hat beschlossen, auch das Joch des Feindes abzuschütteln.« Zeretelli erklärte am selben Tage auf dem Rätekongreß: »Es beginnt eine neue Seite in der Geschichte der großen Russischen Revolution ...« Nicht allein die russische Demokratie muß die Erfolge unserer revolutionären Armee begrüßen, sondern auch ... alle jene, die einen Kampf gegen den Imperialismus wirklich anstreben.« Die patriotische Demokratie hatte alle ihre Schleusen geöffnet.

Die Zeitungen brachten inzwischen die freudige Nachricht: »Die Pariser Börse begrüßt die russische Offensive mit dem Steigen aller russischen Wertpapiere.« Die Sozialisten versuchten, die Festigkeit der Revolution am Kurszettel zu prüfen. Die Geschichte aber lehrt, daß die Börse sich um so besser fühlt, je schlechter es der Revolution geht.

Die Arbeiter und die Garnison der Hauptstadt waren keinen Augenblick von der Welle des künstlich aufgewärmten Patriotismus erfaßt. Sein Schauplatz blieb der Newskij-Prospekt. »Wir gingen auf den Newskij«, erzählt der Soldat Tschinenow in seinen Erinnerungen, »und versuchten gegen die Offensive zu agitieren. Da stürzten sich die Bourgeois mit Schirmen auf uns ... Wir ergriffen die Bourgeois, schleppten sie in die Kasernen ... und sagten ihnen, sie würden morgen an die Front geschickt werden.« Das waren schon Zeichen des heranziehenden Ausbruches des Bürgerkrieges: es nahten die Julitage.

Am 21. Juni beschloß das Maschinengewehrregiment in Petrograd in allgemeiner Versammlung: »Wir werden in der Zukunft nur dann Kommandos an die Front schicken, wenn der Krieg einen revolutionären Charakter tragen wird« ... Auf die Drohung mit Auflösung antwortete das Regiment, es werde vor der Auflösung »der Provisorischen Regierung und der sie unterstützenden Organisationen« nicht haltmachen. Wir vernehmen hier wiederum eine Note der Drohung, die der Agitation der Bolschewiki weit vorauslief.

Die Chronik der Ereignisse vermerkt unter dem 23. Juni: »Teile der II. Armee erobern die erste und die zweite Schützengrabenlinie des Feindes« ... Und gleich danach: »In der Fabrik von Baranowski (6000 Arbeiter) sind Neuwahlen für den Petrograder Sowjet vorgenommen worden. An Stelle der drei Sozialrevolutionäre wurden drei Bolschewiki gewählt.«

Gegen Ende des Monats war die Physiognomie des Petrograder Sowjets bereits bedeutend verändert. Allerdings nahm er am 20. Juni noch eine Begrüßungsdelegation für die im Vormarsch begriffene Armee an. Aber mit welcher Mehrheit? 472 gegen 271 Stimmen bei 39 Stimmenthaltungen. Das ist ein völlig neues Kräfteverhältnis, dem wir bisher nicht begegneten. Zusammen mit den linken Grüppchen der Menschewiki und Sozialrevolutionäre bilden die Bolschewiki bereits zwei Fünftel des Sowjets. Das bedeutet, in Betrieben und Kasernen sind die Gegner der Offensive eine unbestrittene Mehrheit.

Der Wyborger Bezirkssowjet nahm am 24. Juni eine Resolution an, in der jedes Wort ein Hammerschlag ist: »Wir ... protestieren gegen die Abenteuer der Provisorischen Regierung, die für alte Raubverträge die Offensive führt ... und wir schieben der Provisorischen Regierung und den sie unterstützenden Parteien der Menschewiki und Sozialrevolutionäre die ganze Verantwortung für diese Politik der Offensive zu.« Der nach der Februarumwälzung zurückgedrängte Wyborger Bezirk rückte jetzt zuversichtlich auf den ersten Platz vor. Im Wyborger Sowjet herrschten die Bolschewiki bereits völlig.

Jetzt hing alles vom Schicksal der Offensive ab, das heißt von den Schützengrabensoldaten. Welche Veränderungen rief die Offensive im Bewußtsein jener hervor, die sie zu vollziehen hatten? Unbewußt strebten sie nach Frieden. Doch gelang es den Regierenden, gerade dieses Streben bis zu einem gewissen Grade, mindestens bei einem Teil der Soldaten und für ganz kurze Zeit, in die Bereitschaft zum Angriff umzuwandeln.

Die Soldaten hatten nach der Umwälzung von der neuen Macht den baldigen Friedensschluß erwartet und bis dahin sich bereit gefunden, die Front zu halten. Der Frieden jedoch kam nicht. Teils unter dem Einfluß der Bolschewiki, hauptsächlich aber auf der Suche nach eigenen Wegen zum Frieden, begannen die Soldaten Verbrüderungsversuche mit den Deutschen und Österreichern. Nun setzte jedoch gegen die Verbrüderung eine Hetze von allen Seiten ein. Außerdem ergab sich, daß die deutschen Soldaten ihren Offizieren noch lange nicht den Gehorsam verweigerten. So wurde die Verbrüderung, die zu keinem Frieden geführt hatte, stark eingedämmt.

An der Front herrschte inzwischen faktisch Waffenstillstand, den die Deutschen zu riesigen Truppenverschiebungen an die Westfront benutzten. Die russischen Soldaten beobachteten, wie die feindlichen Schützengräben sich leerten, die Maschinengewehre entfernt, die Kanonen abtransportiert wurden. Darauf eben baute man den Plan der moralischen Vorbereitung der Offensive auf. Man flößte den Soldaten systematisch den Gedanken ein, der Feind sei völlig geschwächt, seine Kraft reiche nicht mehr aus, im Westen werde er von Amerika bedrängt, und es genüge unsererseits ein leichter Stoß, damit die feindliche Front auseinanderfalle und wir Frieden bekämen. Die Regierenden glaubten daran nicht eine einzige Stunde. Aber sie verließen sich darauf, daß die Armee, die Hand erst einmal in die Kriegsmaschine hineingesteckt, nicht mehr imstande sein würde, sie zurückzuziehen.

Da weder die Diplomatie der Provisorischen Regierung noch die Verbrüderung zum Ziele geführt hatten, neigte ein Teil der Soldaten zweifellos zum dritten Weg: den Stoß zu geben, durch den der Krieg in Asche zerfallen müsse. Auf dem Rätekongreß gab ein Frontdelegierter die Stimmung der Soldaten gerade so wieder: »Vor uns liegt die jetzt stark gelichtete deutsche Front, vor uns stehen jetzt keine Kanonen; gehen wir los und werfen den Feind um, dann sind wir dem ersehnten Frieden nähergekommen.«

Der Feind erwies sich anfangs tatsächlich als sehr schwach und zog sich zurück, ohne den Kampf anzunehmen, den zu liefern die Angreifer allerdings auch nicht imstande gewesen wären. Der Feind zerfiel aber durchaus nicht, sondern gruppierte sich um und zog seine Kräfte zusammen. Nachdem sie 20–30 Kilometer vorgegangen waren, eröffnete sich den russischen Soldaten ein Bild, das ihnen aus der Erfahrung der vergangenen Jahre nur zu gut bekannt war: der Feind erwartete sie auf neuen, befestigten Positionen. Und da offenbarte sich auch, daß, wenn die Soldaten auch noch einverstanden gewesen waren, einen Stoß zugunsten des Friedens zu führen, sie keinesfalls den Krieg wollten. Durch Gewalt, moralischen Druck und hauptsächlich Täuschung in diesen hineingezogen, machten sie um so entrüsteter kehrt.

»Nach einer artilleristischen Vorbereitung, wie man sie ihrer Stärke und Größe nach russischerseits noch nie gesehen hatte«, schreibt der russische Geschichtsschreiber des Weltkrieges, General Sajontschkowski, »besetzten die Truppen fast ohne Verluste die feindlichen Positionen und wollten nicht weiter vorgehen. Es begann eine Massendesertion, ganze Truppenteile verließen die Stellungen.«

Der ukrainische Politiker Doroschenko, ehemaliger Kommissar der Provisorischen Regierung in Galizien, erzählt, nach der Einnahme der Städte Galitsch und Kalusch »erfolgte in Kalusch sofort ein furchtbarer Pogrom gegen die Bevölkerung, ausschließlich Ukrainer und Juden, – die Polen tastete man nicht an. Den Pogrom leitete irgendeine erfahrene Hand, die besonders auf die ukrainischen kulturell aufklärenden Institutionen in der Stadt hinwies.« Am Pogrom beteiligten sich »die besten, durch die Revolution am wenigsten demoralisierten« Truppenteile, die für die Offensive sorgfältigst ausgesucht worden waren. Aber noch offener enthüllten dabei ihr Antlitz die Führer der Offensive, die alten zaristischen Kommandeure, erprobte Pogromorganisatoren.

Am 9. Juli telegraphierten Komitees und Kommissare der II. Armee an die Regierung: »Die am 6. Juli an der Front der II. Armee begonnene deutsche Offensive wächst sich zu einem unermeßlichen Unglück aus ... In der Stimmung der Truppenteile, die vor kurzem mit heroischer Anstrengung der Minderheit in Bewegung gebracht wurden, vollzieht sich ein schroffer und katastrophaler Umschwung. Der Angriffselan hat sich schnell erschöpft. Die Mehrzahl der Truppenteile befindet sich im Zustande stetig wachsender Auflösung. Von Vorgesetzten und Gehorsam kann nicht mehr die Rede sein, Überredungen und Ermahnungen haben ihre Kraft verloren, – sie werden mit Bedrohungen oder auch mit Erschießung beantwortet.«

Der Oberkommandierende der Südwestfront erließ mit Zustimmung der Kommissare und Komitees einen Befehl, auf Fliehende zu schießen.

Am 12. Juli kehrte der Oberkommandierende der Westfront, Denikin, zu seinem Stab zurück »mit Verzweiflung im Herzen und mit dem klaren Bewußtsein des völligen Zusammenbruchs der letzten noch glimmenden Hoffnung auf ... ein Wunder«.

Die Soldaten wollten nicht kämpfen. Die Truppen in der Etappe, an die sich die geschwächten Truppenteile nach Besetzung der feindlichen Schützengräben um Ersatz wandten, antworteten: »Weshalb seid ihr zum Angriff übergegangen? Wer hat es euch befohlen? Beenden soll man den Krieg, aber nicht angreifen.« Der Kommandeur des 1. Sibirischen Korps, das als eines der besten galt, meldete, daß die Soldaten mit Einbruch der Nacht in Scharen, kompanieweise, die nicht attackierte erste Linie zu verlassen begannen. »Ich begriff, daß wir Vorgesetzten ohnmächtig waren, die elementare Psychologie der Soldatenmasse zu ändern, – und habe bitter, bitter und lange geweint.«

Eine Kompanie weigerte sich sogar, dem Gegner ein Flugblatt über die Einnahme Galitschs zuzuwerfen, solange nicht ein Soldat da sei, der zuvor den deutschen Text ins Russische übersetzen könnte. Diese Tatsache zeigt den ganzen Umfang des Mißtrauens der Soldatenmasse zur Führung, sei es jetzt die alte, sei es die neue vom Februar. Die jahrhundertelang erduldeten Verhöhnungen und Mißhandlungen drangen vulkanisch nach außen. Die Soldaten fühlten sich wiederum betrogen. Die Offensive führte nicht zum Frieden, sondern zum Krieg. Die Soldaten aber wollten keinen Krieg. Und sie hatten recht. Die im Hinterlande verkrochenen Patrioten hetzten und brandmarkten die Soldaten als Drückeberger. Doch die Soldaten hatten recht. Es leitete sie ein richtiger nationaler Instinkt, hervorgebrochen aus dem Bewußtsein unterjochter, betrogener, geschundener, von revolutionärer Hoffnung aufgerichteter und wieder in den blutigen Trog hinabgestürzter Menschen. Die Soldaten hatten recht. Die Fortsetzung des Krieges konnte dem russischen Volke nichts bringen als neue Opfer,

Erniedrigungen, Nöte, nichts als Verschärfung der inneren und äußeren Knechtschaft.

Die patriotische Presse, nicht nur die kadettische, sondern auch die sozialistische, war im Jahre 1917 darin unermüdlich, den russischen Soldaten, den Deserteuren und Feiglingen die heroischen Bataillone der Großen Französischen Revolution gegenüberzustellen. Diese Gegenüberstellungen verraten nicht nur Unverständnis für die Dialektik des revolutionären Prozesses, sondern auch völlige historische Unbildung.

Die hervorragenden Feldherren der Französischen Revolution und des Imperiums begannen stets als Disziplinbrecher und Desorganisatoren; Miljukow würde sagen, als Bolschewiki. Der spätere Marschall Davoust zersetzte als Leutnant D'Avoust in den Jahren 1789–1790 monatelang die »normale« Disziplin in der Garnison Aisdenne, indem er die Vorgesetzten verjagte. In ganz Frankreich vollzog sich bis Mitte des Jahres 1790 der Prozeß des völligen Verfalls der alten Armee. Die Soldaten des Vincenner Regiments zwangen die Offiziere, gemeinsam mit ihnen zu speisen. Die Flotte jagte ihre Offiziere davon. In 20 Regimentern wurden Gewaltakte gegen den Kommandobestand verübt. In Nancy sperrten drei Regimenter ihre Offiziere ins Gefängnis. Seit 1790 wurden die Führer der Französischen Revolution nicht müde, anläßlich der militärischen Exzesse zu wiederholen: »Die Exekutivmacht trägt die Schuld, da sie die Offiziere, die der Revolution feindlich sind, nicht absetzt.« Es ist bemerkenswert, daß für die Auflösung des alten Offizierskorps sowohl Mirabeau wie Robespierre plädierten. Der eine beabsichtigte, so schnell wie möglich die feste Disziplin aufzurichten. Der andere wollte die Konterrevolution entwaffnen. Beide aber hatten begriffen: das Leben der alten Armee war zu Ende.

Allerdings vollzog sich die Russische Revolution zum Unterschiede von der Französischen während des Krieges. Daraus aber ergibt sich keineswegs eine Ausnahme für das von Engels abgeleitete historische Gesetz. Im Gegenteil, die Bedingungen des langwierigen und unglücklichen Krieges vermochten den Prozeß der revolutionären Auflösung der Armee nur zu beschleunigen und zu verschärfen. Die mißglückte und verbrecherische Offensive der Demokratie tat das übrige. Jetzt sagten die Soldaten bereits allgemein: »Genug des Blutvergießens! Wozu Freiheit und Boden, wenn wir nicht da sein werden?« Wenn die erleuchteten Pazifisten den Versuch unternehmen, den Krieg mittels rationalistischer Argumente abzuschaffen, wirken sie einfach lächerlich. Wenn aber die bewaffneten Massen beginnen, Argumente der Vernunft gegen den Krieg anzuführen, dann bedeutet dies das Ende des Krieges.

Die Bauernschaft

Das Fundament der Revolution bildete die Agrarfrage. In den archaischen Rechtsverhältnissen auf dem Lande, die unmittelbar aus der Leibeigenschaft hervorgegangen waren, in der traditionellen Gewalt des Gutsbesitzers, in den engen Banden zwischen Gutsbesitzer, Lokaladministration und ständischer Landesverwaltung wurzelten die barbarischsten Erscheinungen des russischen Lebens, gekrönt durch die Rasputinsche Monarchie. Der Muschik, der die Stütze des jahrhundertealten Asiatentums darstellte, war gleichzeitig eines seiner ersten Opfer.

In den ersten Wochen nach der Februarumwälzung blieb das Dorf fast völlig reglos. Die aktivsten Jahrgänge befanden sich an der Front. Die älteren Generationen, die zu Hause geblieben waren, erinnerten sich nur zu gut an die Strafexpeditionen als das Ende der Revolution. Das Dorf schwieg, deshalb schwieg auch die Stadt über das Dorf. Doch das Gespenst des Bauernkrieges schwebte schon von den Märztagen an über den Gutsnestern. Aus den überwiegend adligen, das heißt rückständigsten und reaktionärsten Gouvernements erscholl der Hilferuf, bevor noch die wirkliche Gefahr sich offenbart hatte. Die Liberalen spiegelten trefflich die Ängste der Gutsbesitzer wider. Die Versöhnler die Stimmung der Liberalen. »Das Agrarproblem in den nächsten Wochen zu forcieren«, räsonierte der »linke« Suchanow nach der Umwälzung, »ist schädlich, und es besteht nicht die geringste Notwendigkeit dafür.« Genauso wähnte Suchanow, wie wir wissen, daß es schädlich wäre, die Friedensfrage und den Achtstundentag zu forcieren. Sich vor Schwierigkeiten verkriechen war einfacher. Überdies schreckten die Gutsbesitzer noch damit, daß eine Erschütterung der Rechtszustände auf dem Lande sich auf Aussaat und Versorgung der Städte schädlich auswirken würde. Das Exekutivkomitee schickte warnende Telegramme ins Land, man möge sich »nicht zu Agrarakten zuungunsten der Städteversorgung hinreißen lassen«.

An vielen Orten hielten die Gutsbesitzer, durch die Revolution erschrocken, mit der Frühjahrsaussaat zurück. Bei der schwierigen Ernährungslage des Landes schrie der unbestellte Boden gleichsam nach einem neuen Herrn. Die Bauernschaft rührte sich dumpf. Da sie der neuen Macht nicht vertrauten, schritten die Gutsbesitzer an die schleunige Liquidierung ihrer Besitztümer. In der Berechnung, daß die Zwangsexpropriationen sich auf sie, als Bauern, nicht erstrecken würden, kauften die Kulaken in großem Maße Gutsländereien auf. Zahlreiche Bodenverkäufe trugen vorsätzlich fiktiven Charakter. Man ging davon aus, daß der Privatbesitz unter einer bestimmten Norm verschont bleiben würde; in Anbetracht dessen teilten die Gutsbesitzer ihre Ländereien in kleine Reviere ein, die sie auf vorgeschobene Besitzer übertrugen. Nicht selten wurde der Boden auf Ausländer, Bürger der alliierten oder neutralen Länder, überschrieben. Die Spekulationen der Kulaken und die Machenschaften der Gutsbesitzer drohten, vom Bodenfonds bis zur Einberufung der Konstituierenden Versammlung nichts übrigzulassen.

Das Dorf sah diese Manöver. Daher die Forderung: durch ein Dekret jeglichen Bodentransaktionen Einhalt zu gebieten. Von überall strömten Fürsprecher der Bauern in die Stadt, zu der neuen Behörde, Land und Wahrheit zu suchen. Nach erhabenen Disputen oder Ovationen stießen die Minister nicht selten beim Ausgang auf die grauen Gestalten der Bauerndeputierten. Suchanow erzählt, wie ein Bauernfürsprecher mit Tränen in den Augen die Bürger-Minister anflehte, ein Gesetz zu erlassen, das den Bodenfonds gegen Ausverkäufe schützen sollte. »Ungeduldig unterbrach ihn der erregte und blasse Kerenski: Ich habe gesagt, es wird gemacht, folglich wird es gemacht ... Und es ist nicht nötig, mich mit mißtrauischen Augen anzuschauen.« Suchanow, der dieser Szene beiwohnte, fügt hinzu: »Ich zitiere wörtlich, – und Kerenski hatte recht: mit mißtrauischen Augen blickten die Muschiks auf den berühmten Volksminister und Führer.« In diesem kurzen Dialog zwischen dem Bauern, der noch bittet, aber nicht mehr vertraut, und dem radikalen Minister, der das Mißtrauen des Bauern abwehrt, liegt die Unvermeidlichkeit des Zusammenbruchs des Februarregimes.

Die Bestimmungen über die Landkomitees, als Vorbereitungsorgane für die Agrarreform, waren vom ersten Ackerbauminister, dem Kadetten Schingarow, erlassen worden. Das oberste Landkomitee, mit dem liberal-bürokratischen Professor Postnikow an der Spitze, bestand hauptsächlich aus Narodniki, die sich besonders davor fürchteten, weniger gemäßigt zu erscheinen als ihr Vorsitzender. Die lokalen Landkomitees wurden in den Gouvernements, Kreisen und Bezirken errichtet. Galten die Sowjets, die sich im Dorfe nur schwer durchsetzten, als Privatorgane, so hatten die Landkomitees Regierungscharakter. Je unbestimmter der Lage nach ihre Funktionen waren, um so schwerer konnten sie dem Druck der Bauernschaft Widerstand leisten. Je niedriger auf der hierarchischen Leiter ein Komitee stand, je näher es dem Lande war, um so eher wurde es zum Werkzeug der Bauernbewegung.

Ende März tauchten in der Hauptstadt die ersten beunruhigenden Nachrichten auf über das Erscheinen von Bauern auf dem Schauplatz. Der Nowgoroder Kommissar gibt telegraphisch Nachricht über Unruhen, die ein Fähnrich Panasjuk stifte, über »unbegründete Verhaftungen von Gutsbesitzern« usw. Im Tambower Gouvernement wird von einer Bauernmenge mit einigen entlassenen Soldaten an der Spitze ein Gutshof geplündert. Die ersten Meldungen sind zweifellos übertrieben, die Gutsbesitzer bauschen in ihren Beschwerden offensichtlich die Zusammenstöße auf und greifen den Ereignissen vor. Was aber keinem Zweifel unterliegt, ist die führende Teilnahme von Soldaten an der Bauernbewegung, die von der Front und den Stadtgarnisonen Initiativgeist mitbringen.

Ein Bezirkskomitee im Gouvernement Charkow beschließt am 5. April, bei den Bodenbesitzern Haussuchungen nach Waffen vorzunehmen. Dies ist bereits eine deutliche Vorahnung des Bürgerkrieges. Die Entstehung von Unruhen im Skopinski-Kreis, Gouvernement Rjasan, erklärt der Kommissar damit, daß das Exekutivkomitee des Nachbarkreises die Zwangsverpachtung des gutsherrlichen Bodens an die Bauern verfügte. »Die Agitation der Studenten für die Wahrung der Ruhe bis zur Einberufung der Konstituierenden Versammlung hat keinen Erfolg.« So erfahren wir, daß »Studenten«, die in der ersten Revolution zum Agrarterror aufgerufen hatten – das war zu jener Zeit die Taktik der Sozialrevolutionäre –, im Jahre 1917 dagegen Ruhe und Gesetzlichkeit, allerdings erfolglos predigten.

Der Kommissar des Gouvernements Simbirsk zeichnet ein Bild der anschwellenden Bauernbewegung: die Bezirks- und Dorfkomitees – von ihnen wird noch im weiteren die Rede sein – verhaften Gutsbesitzer, weisen sie aus dem Gouvernement aus, entfernen die Arbeiter von den gutsherrlichen Feldern, beschlagnahmen den Boden und bestimmen eigenmächtig den Pachtzins. »Die vom Exekutivkomitee entsandten Delegierten gehen auf die Seite der Bauern über.« Gleichzeitig setzt die Bewegung der Gemeindemitglieder gegen die Siedler ein, das heißt gegen die Großbauern, die auf Grund des Stolypinschen Gesetzes vom 9. November 1906 sich mit selbständigen Landstücken ausgesondert hatten. »Die Lage im Gouvernement gefährdet die Feldbestellung.« Der Simbirsker Gouvernementskommissar sieht bereits im April keinen anderen Ausweg, als die unverzügliche Proklamierung des Bodens zum Nationaleigentum mit der Bestimmung, daß die Art der Landbenutzung später von der Konstituierenden Versammlung festgelegt werden solle.

Aus dem Kreise Kaschirski, dicht bei Moskau, kommen Klagen, das Exekutivkomitee verleite die Bevölkerung zur Aneignung kirchlicher, klösterlicher und gutsherrlicher Ländereien. Im Gouvernement Kursk holen die Bauern die Kriegsgefangenen von der Arbeit auf den Gütern heraus und setzen sie sogar im Ortsgefängnis fest. Nach den Bauernkongressen beginnen die Bauern des Gouvernements Pensa – geneigt, die Resolutionen der Sozialrevolutionäre über Land und Freiheit wörtlich zu nehmen – die kürzlich mit den Bodenbesitzern abgeschlossenen Verträge zu verletzen. Gleichzeitig eröffnen sie einen Feldzug gegen die neuen Regierungsorgane. »Bei der Bildung der Bezirks- und Kreisexekutivkomitees im Monat März wurden in der Mehrzahl Vertreter der Intelligenz gewählt; später jedoch«, berichtet der Pensaer Kommissar, »wurden Stimmen gegen sie laut, und schon Mitte April bestanden die Komitees überall ausschließlich aus Bauern, die in der Bodenfrage offen ungesetzliche Tendenzen vertraten.«

Eine Gruppe des benachbarten Kasaner Gouvernements erhob bei der Provisorischen Regierung Beschwerde über die Unmöglichkeit, die Wirtschaft fortzuführen, da die Bauern die Feldarbeiter verjagen, die Saat wegnehmen, an vielen Orten die ganze Habe von den Gehöften wegtragen, den Gutsbesitzer hindern, in seinem Walde Holz zu fällen, mit Gewalt und Tod drohen. »Es gibt kein Recht, alle tun, was sie wollen, der vernünftige Teil wird terrorisiert.« Die Kasaner Gutsbesitzer wissen bereits, wer die Schuld an der Anarchie hat: »Die Verfügungen der Provisorischen Regierung sind im Dorfe unbekannt, dafür aber sind die Flugblätter der Bolschewiki sehr verbreitet.«

Indes herrschte an Verfügungen der Provisorischen Regierung kein Mangel. Durch ein Telegramm vom 20. März stellte Fürst Lwow den Kommissaren anheim, Bezirkskomitees als Organe der Ortsbehörde zu schaffen, und empfahl ihnen, zur Arbeit »die örtlichen Bodenbesitzer und alle intellektuellen Kräfte des Dorfes hinzuzuziehen«. Es war beabsichtigt, das gesamte Staatsregime nach dem System der Friedenskammern zu organisieren. Die Kommissare jedoch waren bald gezwungen, über die Verdrängung der »intellektuellen Kräfte« zu klagen, der Muschik mißtraute offensichtlich den Kreis- und Dorfkerenskis.

Am 3. April dekretiert Fürst Lwows Stellvertreter, Fürst Urussow – das Innenministerium war, wie wir sehen, mit hohen Titeln ausgestattet –, keine Willkür zu dulden und insbesondere »die Freiheit jedes Bodenbesitzers, über sein Land unbeschränkt zu verfügen«, das heißt, die süßeste aller Freiheiten, zu schützen. Nach zehn Tagen hält es Fürst Lwow für nötig, sich selbst zu bemühen und den Kommissaren anzuordnen, »mit der ganzen Kraft des Gesetzes jegliche Äußerung von Gewalt und Plünderung zu unterdrücken«. Nach weiteren zwei Tagen befiehlt Fürst Urussow einem Gouvernementskommissar, »Maßnahmen zu treffen zum Schutze der Gestüte gegen Willkürakte, indem man den Bauern auseinandersetzt« ... und so weiter. Am 18. April ist Fürst Urussow darüber besorgt, daß die Kriegsgefangenen, die auf den Gütern arbeiten, maßlose Forderungen zu stellen beginnen, und er schreibt den Kommissaren vor, die Vermessenen auf Grund der Vollmachten, über die früher die zaristischen Gouverneure verfügten, zu bestrafen. Zirkulare, Verfügungen, telegraphische Anordnungen rinnen in ununterbrochenem Regen von oben nach unten. Am 12. Mai zählt Fürst Lwow in einem neuen Telegramm die Ausschreitungen auf, die »im ganzen Lande nicht aufhören wollen: willkürliche Verhaftungen, Haussuchungen, Entsetzung aus Ämtern, Besitzverwaltungen, Fabrikleitungen; Plünderungen, Räubereien, Freibeutertum; Gewaltakte an Amtspersonen; Belegung der Bevölkerung mit Steuern; Aufhetzung eines Teiles der Bevölkerung gegen den anderen, usw. usw. »Alle Akte solcher Art haben als offen rechtswidrig, in gewissen Fällen sogar als anarchistisch zu gelten« ... Die Qualifizierung ist nicht sehr klar, wohl aber die Schlußfolgerung: »die energischsten Maßnahmen zu treffen«. Die Gouvernementskommissare leiteten die Zirkulare energisch weiter an die Kreise, die Kreiskommissare drückten auf die Bezirkskomitees, und alle gemeinsam offenbarten sie ihre Ohnmacht vor dem Muschik.

Fast überall greifen die in der Nähe liegenden Truppenteile ein. Sehr häufig machen sie den Anfang. Die Bewegung nimmt äußerst mannigfaltige Formen an, je nach den lokalen Verhältnissen und dem Grade der Kampfverschärfung. In Sibirien, wo es keine Gutsbesitzer gibt, eignen sich die Bauern Kirchen- und Klostergüter an. Übrigens ist die Geistlichkeit auch in anderen Landesteilen übel dran. Im frommen Gouvernement Smolensk setzt man, unter dem Einfluß von der Front zurückgekehrter Soldaten, die Popen und Mönche gefangen. Die örtlichen Organe sehen sich oft gezwungen, weiterzugehen, als sie es möchten, um der Anwendung radikalerer Maßnahmen seitens der Bauern vorzubeugen. Ein Kreisexekutivkomitee des Gouvernements Samara bestimmte Anfang Mai die öffentliche Vormundschaft über das Gut des Grafen Orlow-Dawydow, um diesen so gegen die Bauern zu schützen. Da das von Kerenski versprochene Dekret über das Verbot von Landverkäufen doch nicht herauskam, begannen die Bauern den Ausverkauf der Besitzungen auf eigene Faust zu verhindern, indem sie Landvermessungen nicht zuließen. Die Beschlagnahme von Waffen, sogar Jagdgewehren, bei den Gutsbesitzern greift immer mehr um sich. Die Bauern des Gouvernements Minsk, klagt der Kommissar, »betrachten die Resolutionen des Bauernkongresses als Gesetz«. Wie konnte man sie auch anders verstehen? Waren doch diese Kongresse die einzige reale Macht auf dem Lande. So enthüllt sich das große Mißverständnis zwischen der sozialrevolutionären Intelligenz, die sich an Worten verschluckt, und der Bauernschaft, die Taten fordert.

Ende Mai geriet die große asiatische Steppe in Bewegung. Die Kirgisen, denen die Zaren zugunsten ihrer Lakaien die besten Ländereien weggenommen hatten, erheben sich jetzt gegen die Gutsbesitzer, indem sie sie auffordern, ihre Diebesgüter schnellstens zu liquidieren. »Diese Ansicht festigt sich in der Steppe«, meldet der Kommissar von Akmolinsk.

Am anderen Ende des Landes, im Gouvernement Livland, entsandte das Kreis-Exekutivkomitee eine Untersuchungskommission in Sachen der Plünderung auf dem Gute des Barons Stahl von Holstein. Die Kommission fand die Unruhen unbedeutend, die Anwesenheit des Barons im Kreise die Ruhe gefährdend und verfügte: ihn mitsamt der Baronin zur Verfügung der Provisorischen Regierung nach Petrograd zu schaffen. So entstand einer der zahllosen Konflikte zwischen Ortsbehörde und Zentralmacht, zwischen Sozialrevolutionären unten und Sozialrevolutionären oben.

Der Bericht vom 27. Mai aus dem Pawlograder Kreise im Gouvernement Jekaterinoslaw schildert fast idyllische Zustände: die Mitglieder des Landkomitees klären die Bevölkerung über alle Mißverständnisse auf, womit sie »jeglichen Exzessen vorbeugen«. Aber ach, dieses Idyll wird nur kurze Wochen währen.

Der Vorsteher eines der Klöster in Kostroma beschwert sich Ende Mai bei der Provisorischen Regierung bitter über die Requisition eines Drittels des klösterlichen Hornviehs durch die Bauern. Der ehrwürdige Mönch sollte bescheidener sein: bald wird er auch von den übrigen zwei Dritteln Abschied nehmen müssen.

Im Gouvernement Kursk beginnen Verfolgungen gegen die Siedler, die sich weigerten, in die Dorfgemeinschaft zurückzukehren. Die Bauernschaft will vor der großen Agrarumwälzung, vor der schwarzen Neuverteilung als ein Ganzes auftreten. Innere Scheidungen könnten ein Hindernis werden. Der Mir* muß wie ein Mann auftreten. Der Kampf um das gutsherrliche Land wird deshalb von Gewaltakten gegen die Siedler, das heißt die Bodenindividualisten, begleitet.

Am letzten Maitag wird im Gouvernement Perm der Soldat Samojlow verhaftet, der zur Steuerverweigerung aufgefordert hatte. Bald wird der Soldat Samojlow andere verhaften. Bei der Kirchenprozession in einem Dorfe des Charkower Gouvernements zerhackte der Bauer Grizenko vor den Augen des ganzen Dorfes mit einem Beil das geweihte Bild des heiligen Nikolaus. So entstehen die verschiedenartigsten Formen des Protestes und verwandeln sich in Taten.

Ein Seeoffizier und Gutsbesitzer gibt in den anonymen »Aufzeichnungen eines Weißgardisten« ein interessantes Bild der Evolution des Dorfes während der ersten Monate nach der Umwälzung. Auf alle Posten »wurden fast überall Menschen aus bürgerlichen Schichten gewählt. Alle waren nur um das eine bemüht, – die Ordnung aufrechtzuerhalten«. Zwar erhoben die Bauern die Forderung nach Land, aber in den ersten zwei, drei Monaten ohne Gewaltanwendung. Im Gegenteil, man konnte immer Worte hören wie »wir wollen nicht plündern, wir wünschen im Einvernehmen zu bekommen« usw. In diesen beruhigenden Versicherungen vernahm jedoch das Ohr des Leutnants eine »versteckte Drohung«. In der Tat, wenn auch die Bauernschaft in der ersten Periode nicht zur Gewalt griff, so begann sie doch, den Kräften der sogenannten Intelligenz »mit einem Male ihre

* »Mir« bedeutet Russisch sowohl die »Dorfgemeinschaft« wie die »Welt«.

Mißachtung zu bezeigen«. Die halbabwartende Stimmung dauerte, nach den Worten des Weißgardisten, bis Mai/Juni, »wonach sich bald eine schroffe Wendung bemerkbar machte, die Tendenz auftauchte, den Gouvernementsbestimmungen zu widersprechen, die Angelegenheiten nach eigenem Ermessen zu erledigen« ... Mit anderen Worten, die Bauernschaft ließ der Februarrevolution eine Frist von ungefähr drei Monaten zur Begleichung der sozialrevolutionären Wechsel, um dann selbständig zur Eintreibung überzugehen.

Der Soldat Tschinenow, der sich den Bolschewiki angeschlossen hatte, reiste nach der Umwälzung zweimal von Moskau nach seinem Heimatort im Gouvernement Orel. Im Mai herrschten im Bezirk die Sozialrevolutionäre. An vielen Orten zahlten die Muschiks den Gutsbesitzern noch die Pacht. Tschinenow organisierte eine bolschewistische Zelle aus Soldaten, Landarbeitern und Landarmen. Die Zelle predigte Einstellung der Steuerzahlungen und Zuteilung von Boden an Landlose. Man machte sofort eine Aufstellung der gutsherrlichen Wiesen, verteilte sie unter den Dörfern und mähte sie ab. »Die Sozialrevolutionäre, die im Bezirkskomitee saßen, schrien über die Ungesetzlichkeit unserer Handlungen, verzichteten aber nicht auf ihren Teil Heu.« Da die Bezirksvertreter aus Angst vor der Verantwortung ihre Vollmachten niederlegten, wählten die Bauern andere, entschlossenere. Das waren bei weitem nicht immer Bolschewiki. Durch ihren unmittelbaren Druck spalteten die Bauern die sozialrevolutionäre Partei, indem sie die revolutionären Elemente von den Bürokraten und Karrieremachern trennten. Nachdem sie das Gras der Gutsherren abgemäht hatten, machten sich die Muschiks an die Brachfelder und verteilten den Boden für die Wintersaat. Die bolschewistische Zelle faßte den Beschluß, die Speicher der Gutsbesitzer zu untersuchen und die Brotvorräte in das hungernde Zentrum zu senden. Die Verfügungen der Zelle wurden ausgeführt, da sie den Stimmungen der Bauern entsprachen. Tschinenow brachte bolschewistische Literatur nach Hause, von der dort bisher niemand eine Ahnung gehabt hatte. »Die Ortsintelligenz und die Sozialrevolutionäre verbreiteten das Gerücht, ich brächte viel deutsches Gold mit und besteche die Bauern.« In verschiedenen Maßstäben entwickeln sich überall die gleichen Prozesse. Jeder Bezirk hatte seine Miljukows, seine Kerenskis und – seine Lenins.

Im Gouvernement Smolensk verstärkte sich der Einfluß der Sozialrevolutionäre nach dem Gouvernementskongreß der Bauerndeputierten, der sich, wie üblich, für den Übergang des Bodens in die Hände des Volkes ausgesprochen hatte. Die Bauern nahmen diesen Beschluß restlos an, aber, zum Unterschiede von den Führern, ernsthaft. Nunmehr wächst die Zahl der Sozialrevolutionäre im Dorfe ununterbrochen. »Wer bei irgendeinem Kongreß in der Fraktion der Sozialrevolutionäre gewesen war«, berichtet ein Politiker jener Gegend, »hielt sich für einen Sozialrevolutionär oder ähnliches« ... In der Kreisstadt standen zwei Regimenter, die sich gleichfalls unter dem Einfluß der Sozialrevolutionäre befanden. Die Bezirkskomitees begannen, den gutsherrlichen Acker zu bestellen und die Wiesen abzumähen. Der Gouvernementskommissar, der Sozialrevolutionär Jefimow, schickte Drohbefehle. Das Dorf stutzte: der gleiche Kommissar hatte doch auf dem Gouvernementskongreß gesagt, die Bauern seien jetzt selbst die Macht, und Nutznießer des Bodens dürfe nur der sein, der ihn bearbeite. Aber man mußte den Tatsachen Rechnung tragen. Auf Anordnung des sozialrevolutionären Kommissars Jefimow wurden in den nächsten Monaten allein im Jelninski-Kreis von 17 Bezirkskomitees 16 wegen Aneignung gutsherrlicher Länder vor Gericht gestellt. Auf diese eigenartige Weise ging der Roman der Volkstümler-Intelligenz mit dem Volke seiner Lösung entgegen. Im ganzen Kreise gab es drei, vier Bolschewiki, nicht mehr. Ihr Einfluß war jedoch im schnellen Wachsen und verdrängte oder spaltete die Sozialrevolutionäre.

Anfang Mai wurde ein allrussischer Bauernkongreß nach Petrograd einberufen. Die Vertretung trug einen repräsentativen und in vielen Fällen rein zufälligen Charakter. Blieben schon die Arbeiter- und Soldatenkongresse hinter den Ereignissen und der politischen Evolution der Massen ständig zurück, so braucht nicht erst gesagt zu werden, wie weit die Vertretung der zersplitterten Bauernschaft hinter den wirklichen Stimmungen der Dörfer zurück war. Als Delegierte fungierten einerseits Narodniki-Intelligenzler rechtester Spielart, Menschen, die mit der Bauernschaft hauptsächlich durch Handelskooperation oder Jugenderinnerungen verbunden waren. Das echte »Volk« war durch die wohlhabenderen Spitzen des Dorfes, Kulaken, Krämer, Bauerngenossenschaftler, vertreten. Die Sozialrevolutionäre herrschten auf diesem Kongreß uneingeschränkt, und zwar in Gestalt ihres rechtesten Flügels. Mitunter jedoch hielten auch sie inne, erschreckt durch die verblüffende Mischung von Landgier und politischem Schwarzhunderttum der anderen Deputierten. In bezug auf den gutsherrlichen Landbesitz war die allgemeine Position des Kongresses sehr radikal: »Übergang des gesamten Bodens in den Besitz des Volkes zur ausgleichenden werktätigen Benutzung ohne jegliche Ablösung.« Natürlich verstanden die Kulaken unter Ausgleichung nur ihre Gleichstellung mit den Gutsbesitzern, keinesfalls aber mit den Landarbeitern. Dieses kleine Mißverständnis zwischen dem fiktiven Narodniki-Sozialismus der Narodniki und dem agrarischen Muschik-Demokratismus aufzudecken, war der Zukunft vorbehalten.

Ackerbauminister Tschernow, der vor Verlangen brannte, dem Bauernkongreß ein Osterei zu schenken, trug sich vergeblich mit einem Dekretentwurf über das Verbot von Landverkäufen. Der Justizminister Perewersew, der ebenfalls für eine Art Sozialrevolutionär galt, hatte gerade in den Tagen des Kongresses verfügt, daß die Ortsbehörden den Landverkäufen keine Hindernisse in den Weg legen dürften. Die Bauerndeputierten brummten deshalb ein wenig darüber. Die Sache kam aber keinen Schritt vorwärts. Die Provisorische Regierung des Fürsten Lwow war nicht gewillt, auf die gutsherrlichen Länder Hand zu legen. Die Sozialisten wollten nicht auf die Provisorische Regierung Hand legen. Die Zusammensetzung des Kongresses war indes am allerwenigsten fähig, aus den Widersprüchen zwischen ihrem Appetit auf Land und ihrem Reaktionarismus einen Ausweg zu finden.

Am 20. Mai sprach auf dem Bauernkongreß Lenin. Es konnte scheinen, sagt Suchanow, daß Lenin in ein Lager von Krokodilen geraten sei. »Aber die Muschiks hörten aufmerksam und wohl nicht ohne Sympathie zu. Nur wagten sie sie nicht zu zeigen.« Das gleiche wiederholte sich in der den Bolschewiki äußerst feindlichen Soldatensektion. Nach den Sozialrevolutionären und Menschewiki versucht auch Suchanow, der Leninschen Taktik in der Agrarfrage eine anarchistische Färbung zu geben. Das ist gar nicht so fern vom Fürsten Lwow, der geneigt war, die Attentate auf die gutsherrlichen Rechte als anarchistische Handlungen anzusehen. Nach dieser Logik ist die Revolution in ihrer Gesamtheit gleichbedeutend mit Anarchie. In Wirklichkeit war die Leninsche Fragestellung viel tiefer, als sie seinen Kritikern erschien. Organe der Agrarrevolution, in erster Linie zur Liquidierung des gutsherrlichen Bodenbesitzes, sollten die Sowjets der Bauerndeputierten mit den ihnen unterstellten Landkomitees werden. Lenin erblickte in den Sowjets Organe der morgigen Staatsmacht, und zwar der allerkonzentriertesten, nämlich der revolutionären Diktatur. Das ist jedenfalls von Anarchismus, das heißt von Theorie und Praxis der Herrschaftslosigkeit, weit entfernt. »Wir sind«, sagte Lenin am 23. April, »für die sofortige Übergabe des Bodens an die Bauern bei maximalster Organisiertheit. Wir sind absolut gegen anarchische Aneignungen.« Weshalb wir nicht auf die Konstituante warten wollen? »Für uns ist die revolutionäre Initiative wichtig, das Gesetz aber muß deren Resultat sein. Wenn ihr warten werdet, bis das Gesetz geschrieben wird, selbst aber keine revolutionäre Energie entfaltet, werdet ihr weder Gesetz noch Boden haben.« Ist in diesen einfachen Worten nicht die Stimme aller Revolutionen?

Nach einem Monat Verhandlungen wählte der Bauernkongreß ein Exekutivkomitee als ständige Institution, bestehend aus zweihundert robusten dörfischen Kleinbourgeois und Narodniki vom Professoren- oder Krämertyp und stellte vor diese Gesellschaft die dekorativen Gestalten der Breschkowskaja, Tschajkowski, Wera Figner und Kerenski. Zum Vorsitzenden wurde Awksentjew gewählt, geschaffen für Gouvernementsbankette, aber nicht für den Bauernkrieg.

Von nun an wurden die wichtigsten Fragen in gemeinsamen Sitzungen zweier Exekutiven: der der Arbeiter und Soldaten und der der Bauern behandelt. Diese Verbindung bedeutete eine außerordentliche Stärkung des rechten Flügels, der sich unmittelbar an die Kadetten anlehnte. In allen Fällen, wo man einen Druck auf die Arbeiter ausüben, über die Bolschewiki herfallen, der »unabhängigen Kronstädter Republik« mit Peitschen und Skorpionen drohen wollte, erhoben sich wie eine Mauer die zweihundert Hände oder richtiger Fäuste der Bauernexekutive. Diese Menschen stimmten mit Miljukow darin völlig überein, daß man mit den Bolschewiki »Schluß machen« müsse. Aber in Beziehung auf das gutsherrliche Land hatten sie Muschikansichten und nicht liberale Theorien, und dies brachte sie in einen Gegensatz zur Bourgeoisie und zur Provisorischen Regierung.

Kaum hatte der Bauernkongreß Zeit gehabt auseinanderzugehen, als auch schon Beschwerden zu hageln begannen, man nehme auf dem Lande seine Resolutionen ernst, was zur Wegnahme von Boden und Inventar bei den Gutsbesitzern führe. Es war absolut unmöglich, den starrsinnigen Muschikschädeln den Unterschied zwischen Wort und Tat einzuhämmern.

Die Sozialrevolutionäre gaben erschrocken Rückzugssignale. Auf ihrem Kongreß Anfang Mai in Moskau verurteilten sie feierlichst jede eigenmächtige Landaneignung: man müsse auf die Konstituierende Versammlung warten. Doch war diese Resolution außerstande, die Agrarbewegung aufzuhalten oder auch nur abzuschwächen. Die Sache wurde noch dadurch außerordentlich verzwickt, daß es in der sozialrevolutionären Partei nicht wenig Elemente gab, die tatsächlich bereit waren, bis zu Ende mit dem Muschik gegen den Gutsbesitzer zu gehen, wobei diese linken Sozialrevolutionäre, die sich noch nicht entschließen konnten, offiziell mit der Partei zu brechen, den Muschiks halfen, die Gesetze zu umgehen oder auf eigene Art zu deuten.

Im Gouvernement Kasan, wo die Bauernbewegung einen besonders stürmischen Schwung erhielt, machten sich die linken Sozialrevolutionäre früher als anderswo unabhängig. An ihrer Spitze stand Kalegajew, der spätere Volkskommissar für Ackerbau in der Sowjetregierung während der Periode des Blokkes der Bolschewiki mit den linken Sozialrevolutionären. Seit Mitte Mai beginnt im Gouvernement Kasan die systematische Übergabe des Bodens an die Bezirkskomitees. Am kühnsten wurde diese Maßnahme im Kreise Spassk durchgeführt, wo an der Spitze der Bauernorganisationen ein Bolschewik stand. Die Gouvernementsbehörden führen bei der Zentralbehörde Beschwerde über die Agraragitation, die von den aus Kronstadt zugereisten Bolschewiki betrieben werde, wobei diese die fromme Nonne Tamara angeblich »wegen Widerrede« verhaftet hätten.

Aus dem Gouvernement Woronesch meldete der Kommissar am 2. Juni: »Fälle von Rechtsbeugungen und ungesetzlichen Akten häufen sich im Gouvernement mit jedem Tage mehr, besonders auf dem Agrargebiete.« Landaneignungen im Gouvernement Pensa mehrten sich. Ein Dorfkomitee im Gouvernement Kaluga nahm einem Kloster die Hälfte der Heuernte; auf Beschwerde des Vorstehers hin entschied das Kreiskomitee: die ganze Heuernte sei wegzunehmen. Das ist kein Sonderfall, daß die obere Instanz radikaler ist als die untere. Die Äbtissin Maria aus dem Gouvernement Pensa klagte über Enteignung klösterlichen Besitzes. »Die Lokalbehörden sind ohnmächtig.« Im Gouvernement Wjatka belegten die Bauern das Gut der Skoropadskis, der Familie des späteren ukrainischen Hetmans, mit Beschlag und verfügten, »bis zur Lösung der Frage über den Bodenbesitz«: den Wald nicht anzutasten und die Einkünfte aus dem Gut an die Staatskasse abzuführen. An vielen anderen Orten setzen die Landkomitees nicht nur den Pachtzins um das Fünf- bis Sechsfache herab, sondern verfügten außerdem, ihn nicht an die Gutsbesitzer, sondern bis zur Lösung der Frage durch die Konstituierende Versammlung an die Komitees abzuführen. Das war keine Advokaten-, sondern eine Muschik-, das heißt ernste Antwort zur Frage des Nichtvorgreifens der Bodenreform bis zur Konstituierenden Versammlung. Im Gouvernement Saratow begannen die Bauern, die noch gestern den Gutsbesitzern Wald zu fällen verboten hatten, ihn selbst abzuholzen. Immer häufiger eignen sich die Bauern dort, wo es wenig gutsherrlichen Boden gibt, kirchliche und klösterliche Ländereien an. Gemeinsam mit den Soldaten des lettischen Bataillons griffen die lettischen Landarbeiter in Livland zur planmäßigen Aneignung der Güter der Barone.

Im Gouvernement Witebsk jammern die Waldhändler, daß die Maßnahmen der Landkomitees den Waldhandel ruinieren und die Versorgung der Front gefährden. Nicht minder uneigennützige Patrioten, die Gutsbesitzer des Gouvernements Poltawa, trauern, daß die Agrarunruhen sie hindern, die Armee mit Proviant zu beliefern. Schließlich warnt der Kongreß der Pferdezüchter in Moskau, daß die Aneignungen der Bauern die vaterländische Pferdezüchterei unheilvoll bedrohen. Gleichzeitig beschwert sich der Oberprokureur des Synods, der nämliche, der die Mitglieder der heiligen Institution als »Idioten und Schufte« bezeichnet hatte, bei der Regierung darüber, daß im Gouvernement Kasan die Bauern den Mönchen nicht nur Land und Vieh wegnehmen, sondern auch das für die Hostie nötige Mehl. Im Petrograder Gouvernement, zwei Schritt von der Hauptstadt entfernt, verjagten die Bauern den Pächter von einem Gut und übernahmen die Bewirtschaftung selbst. Der wachsame Fürst Urussow telegraphiert am 2. Juni wieder an alle Enden des Landes: »Trotz meinen Forderungen ...« usw., usw. »Ich ersuche erneut, entschiedenste Maßnahmen zu treffen.« Der Fürst vergaß nur anzugeben, welche.

Während sich im ganzen Lande die gigantische Arbeit der Ausrodung der tiefsten Wurzeln von Mittelalter und Leibeigenschaft vollzog, sammelte Ackerbauminister Tschernow in seinen Kanzleien Material für die Konstituierende Versammlung. Er hatte sich vorgenommen, die Reform nicht anders als auf Grund genauester Angaben über die Bodenverhältnisse und allerhand anderer Statistiken durchzuführen, und redete deshalb den Bauern mit süßester Stimme zu, das Ende seiner Exerzitien abzuwarten. Das hinderte übrigens die Gutsbesitzer nicht, den Bauernminister von seinem Posten zu stürzen, lange bevor er mit seinen sakramentalen Tabellen fertig war.

Auf Grund der Archive der Provisorischen Regierung haben junge Forscher berechnet, daß die Agrarbewegung, die im Monat März mit größerer oder geringerer Heftigkeit nur in 34 Kreisen einsetzte, im April bereits 174, im Mai 236, im Juni 280, im Juli 325 Kreise erfaßt hatte. Diese Zahlen geben jedoch kein vollständiges Bild von dem wirklichen Wachsen der Bewegung, da der Kampf in jedem Kreise von Monat zu Monat einen breiteren und hartnäckigeren Massencharakter annimmt.

In dieser ersten Periode, von März bis Juli, enthalten sich die Bauern in ihrer überwiegenden Mehrheit noch der Gewaltanwendung gegen die Gutsbesitzer und offener Landaneignungen. Jakowlew, der die erwähnten Forschungen leitete, erklärt die verhältnismäßig friedliche Taktik der Bauern mit ihrer Vertrauensseligkeit zur Bourgeoisie. Diese Erklärung muß man als unzulänglich bezeichnen. Die Regierung Fürst Lwows konnte aber den Bauern keinesfalls Vertrauen einflößen, selbst wenn man von dem ständigen Argwohn der Muschiks gegen Stadt, Behörde, gebildete Gesellschaft absieht. Daß die Bauern in der ersten Periode noch keine Zuflucht in offenen Gewaltmaßnahmen suchen, sondern bestrebt sind, ihren Handlungen die Form des legalen oder fast legalen Druckes zu geben, läßt sich eben mit dem Mißtrauen gegen die Regierung bei mangelndem Vertrauen auf die eigenen Kräfte erklären. Die Bauern beginnen erst sich zu rühren, tasten den Boden ab, messen den Widerstand des Feindes, und während sie den Gutsbesitzer auf der ganzen Linie bedrängen, sagen sie: »Wir wollen nicht plündern, wir wollen alles gütlich ordnen.« Sie eignen sich die Wiesen nicht an, sie mähen nur ab. Sie nehmen den Boden zwangsweise in Pacht, bestimmen selbst den Pachtzins, oder »kaufen«, ebenso zwangsweise, Boden zu gleichfalls von ihnen festgesetzten Preisen. Alle diese legalen Verschleierungen sind für den Gutsbesitzer wie für den liberalen Juristen wenig überzeugend und in Wirklichkeit von tiefem aber verstecktem Mißtrauen gegen die Regierung diktiert: im Guten erhältst du es nicht, denkt sich der Muschik, mit Gewalt ist es gefährlich, also muß man es mit List versuchen. Er hätte vorgezogen, den Gutsbesitzer mit dessen Zustimmung zu expropriieren.

»In allen diesen Monaten«, schlußfolgerte Jakowlew, »überwogen ganz eigenartige, in der Geschichte nicht dagewesene Mittel des ›friedlichen‹ Kampfes gegen den Gutsbesitzer, die sich aus dem bäuerlichen Vertrauen zur Bourgeoisie und zur Regierung der Bourgeoisie ergaben.« Die Mittel, die hier als in der Geschichte noch nicht dagewesen proklamiert werden, sind in Wirklichkeit ganz typisch, unvermeidlich und geschichtlich allgemein gültig für das Anfangsstadium des Bauernkrieges unter allen Breitengraden. Das Bestreben, die ersten aufrührerischen Schritte durch Gesetzlichkeit, kirchliche oder weltliche, zu decken, charakterisiert seit alters her den Kampf jeder revolutionären Klasse, bevor sie genügend Kraft und Zuversicht gesammelt hat, um die Nabelschnur, die sie mit der alten Gesellschaft verbindet, zu zerreißen. Das bezieht sich auf die Bauernschaft in noch höherem Maße als auf jede andere Klasse, denn selbst in ihren besten Perioden bewegt sie sich im Halbdunkel vorwärts und betrachtet ihre städtischen Freunde mit mißtrauischen Augen. Sie hat dafür Gründe genug. Bei den ersten Schritten der Agrarbewegung sind deren Freunde Agenten der liberalen und radikalen Bourgeoisie. Während sie Teile der Bauernansprüche fördern, sind diese Freunde jedoch um das Schicksal des bürgerlichen Besitztums besorgt und deshalb aus allen Kräften bemüht, den Bauernaufstand in das Bett bürgerlicher Legalität zu lenken.

In gleicher Richtung wirkten lange vor der Revolution noch andere Faktoren. Aus der Mitte des Adels selbst erstehen Prediger der Versöhnung. Leo Tolstoi hat tiefer als sonst einer in die Seele des Muschiks geblickt. Seine Philosophie des dem Übel Nichtwiderstrebens war die Verallgemeinerung der ersten Etappe der Muschik-Revolution. Tolstoi träumte davon, daß alles »ohne Raub, in beiderseitigem Einvernehmen« geschehen möge. Diese Taktik unterbaute er mit einem religiösen Fundament, in der Form eines geläuterten Christentums. Mahatma Ghandi erfüllte in Indien die gleiche Mission, nur in einer praktischeren Form. Gehen wir weit in die Vergangenheit zurück, dann finden wir mühelos eben diese angeblich in der Geschichte »nie dagewesenen« Erscheinungen unter den verschiedensten religiösen, nationalen, philosophischen und politischen Hüllen, angefangen mit der biblischen Zeit und vor ihr.

Die Eigenart des Bauernaufstandes von 1917 bestand höchstens darin, daß als Agenten der bürgerlichen Gesetzlichkeit Menschen auftraten, die sich Sozialisten, ja sogar Revolutionäre nannten.

Doch nicht sie bestimmten den Charakter der Bauernbewegung und ihren Rhythmus. Die Bauern gingen mit den Sozialrevolutionären nur insofern, als sie von diesen fertige Formeln für die Abrechnung mit dem Gutsbesitzer entlehnten. Gleichzeitig dienten ihnen die Sozialrevolutionäre als juristische Deckung. War es doch die Partei Kerenskis, des Justiz- und dann Kriegsministers, und Tschernows, des Ackerbauministers. Die Verzögerung des Erlasses notwendiger Dekrete erklärten die Sozialrevolutionäre der Bezirks- und Kreiskomitees mit dem Widerstand der Gutsbesitzer und Liberalen und versicherten den Bauern, daß »Unsere« in der Regierung sich alle Mühe gäben. Dagegen vermochte der Muschik natürlich nichts einzuwenden. Da er aber keinesfalls an rührender Vertrauensseligkeit litt, hielt er es für nötig, den »Unseren« von unten nachzuhelfen, und er tat das so gründlich, daß »Unseren« oben bald alle Gelenke krachten.

Die Schwäche der Bolschewiki in Beziehung zur Bauernschaft war vorübergehend und dadurch hervorgerufen, daß sie die Illusionen der Bauern nicht teilten. Das Dorf konnte nur durch Erfahrung und Enttäuschungen zum Bolschewismus kommen. Die Stärke der Bolschewiki bestand darin, daß bei ihnen in der Agrarfrage, wie auch in den anderen, kein Widerspruch zwischen Wort und Tat herrschte.

Allgemeine soziologische Erwägungen erlaubten nicht, a priori zu entscheiden, ob die Bauernschaft als Ganzes fähig sei, sich gegen die Gutsbesitzer zu erheben. Das Anwachsen der kapitalistischen Tendenzen in der Landwirtschaft in der Periode zwischen den zwei Revolutionen; die Aussonderung einer festen Farmerschicht aus der Urgemeinschaft; die außerordentliche Zunahme der von wohlhabenden und reichen Bauern geleiteten Dorfkooperationen, all das erlaubte nicht, von vornherein mit Bestimmtheit zu sagen, welche der zwei Tendenzen in der Revolution überwiegen werde: der ständisch-ländliche Antagonismus zwischen Bauernschaft und Adel oder der Klassenantagonismus innerhalb der Bauernschaft selbst.

Lenin nahm nach seiner Ankunft eine äußerst vorsichtige Position in dieser Frage ein. »Die Agrarbewegung«, sagte er am 14. April, »ist nur Prognose, aber keine Tatsache ... Man muß aber mit der Möglichkeit rechnen, daß die Bauernschaft sich mit der Bourgeoisie verbündet.« Das ist kein zufällig hingeworfener Gedanke. Im Gegenteil, Lenin wiederholt ihn beharrlich, bei verschiedenen Anlässen: auf der Parteikonferenz äußert er sich am 24. April in seiner Rede gegen die »alten Bolschewiki«, die ihn der Unterschätzung der Bauernschaft beschuldigten: »Es ist einer proletarischen Partei nicht erlaubt, jetzt Hoffnungen auf die Gemeinsamkeit der Interessen mit der Bauernschaft zu setzen. Wir kämpfen dafür, daß die Bauernschaft auf unsere Seite trete, sie steht aber, bis zu einem gewissen Grade bewußt, auf seiten der

Kapitalisten.« Das zeigt übrigens, wie weit Lenin entfernt war von der Theorie der ewigen Interessenharmonie zwischen Proletariat und Bauernschaft, die die Epigonen ihm später zuschrieben. Indem er mit der Möglichkeit rechnete, daß die Bauernschaft »als Stand« noch als revolutionärer Faktor auftreten werde, bereitete sich Lenin jedoch im April auf die schlimmere Variante, den stabilen Block der Gutsbesitzer, Bourgeoisie und breiten Bauernschichten vor. »Den Muschik jetzt gewinnen wollen«, sagte er, »heißt, sich der Gnade Miljukows ausliefern.« Daraus die Schlußfolgerung: »Das Schwergewicht auf die Sowjets der Landarbeiterdeputierten verlegen.«

Doch es hat sich die bessere Variante verwirklicht. Die Agrarbewegung wurde aus einer Prognose Tatsache und zeigte für einen kurzen Augenblick, dafür aber mit außerordentlicher Schärfe, das Übergewicht der ständisch-bäuerlichen Beziehungen über den kapitalistischen Antagonismus. Die Sowjets der Landarbeiterdeputierten gewannen nur an wenigen Orten Bedeutung, hauptsächlich in den baltischen Provinzen. Dagegen wurden die Landkomitees zu Organen der gesamten Bauernschaft, die sie durch den Druck ihres Schwergewichts aus Friedenskammern in Werkzeuge der Agrarrevolution umwandelten.

Die Tatsache, daß die Bauernschaft in ihrer Gesamtheit noch einmal, zum letztenmal in ihrer Geschichte, die Möglichkeit erhielt, als revolutionärer Faktor aufzutreten, beweist gleichzeitig sowohl die Schwäche der kapitalistischen Beziehungen im Dorfe, wie auch deren Stärke. Die bürgerliche Ökonomik hatte bei weitem noch nicht Zeit gefunden, die mittelalterlich-knechtischen Bodenbeziehungen aufzusaugen. Gleichzeitig aber schritt die kapitalistische Entwicklung so weit vorwärts, daß sie die alten Formen des Bodenbesitzes für alle Schichten des Dorfes gleichermaßen unerträglich gestaltete. Die Verflechtung der gutsherrlichen Besitztümer mit den bäuerlichen, nicht selten mit Vorbedacht so konstruiert, daß die gutsherrlichen Rechte zu einer Falle für die ganze Gemeinde wurden, die erschreckende Zerrissenheit des Ackerlandes, schließlich der neue Antagonismus zwischen Bodengemeinschaft und Individualsiedlern, – das alles zusammen schuf den unerträglichen Wirrwarr der Bodenbeziehungen, aus dem es auf dem Wege gesetzlicher Teilmaßnahmen kein Entrinnen gab. Die Bauern fühlten das besser als alle Agrartheoretiker. Die Lebenserfahrung, sich wandelnd in der Reihe der Generationen, führte sie alle zum gleichen Schluß: man muß die ererbten und erworbenen Rechte auf Land austilgen, alle Marksteine umwerfen und diesen von historischen Überlieferungen gereinigten Boden jenen übergeben, die ihn bearbeiten. Dies war der Sinn der Muschik-Aphorismen: das Land gehört niemand, das Land ist Gott, – und im gleichen Sinne deutete die Bauernschaft das sozialrevolutionäre Programm der *Sozialisierung des Bodens*. Den Theorien der Narodniki zuwider gab es hier keine Spur von Sozialismus. Die kühnste Agrarrevolution ging an und für sich über den Rahmen der bürgerlichen Gesellschaftsordnung nicht hinaus. Die Sozialisierung, die angeblich jedem Werktätigen »Recht auf Land« sichern sollte, bildete bei Aufrechterhaltung uneingeschränkter Marktbeziehungen eine offensichtliche Utopie. Der Menschewismus kritisierte diese Utopie unter bürgerlich-liberalem Gesichtswinkel. Der Bolschewismus dagegen deckte jene progressiv-demokratische Tendenz auf, die in der Theorie der Sozialrevolutionäre einen utopischen Ausdruck fand. Die Aufdeckung des wahren historischen Sinnes des russischen Agrarproblems bildet eines der größten Verdienste Lenins.

Miljukow schrieb, daß für ihn, als »Soziologen und Forscher der russischen historischen Evolution«, das heißt als Menschen, der die Geschehnisse von großen Höhen herab betrachtet, »Lenin und Trotzki eine Bewegung verkörpern, die Pugatschew, Rasin und Bolotnikow – dem 17. und 18. Jahrhundert unserer Geschichte – viel näher steht als den letzten Worten des europäischen Anarchosyndikalismus«. Jenes Körnchen Wahrheit, das in dieser Behauptung des liberalen Soziologen enthalten ist – läßt man den unbekannt wozu herangezogenen »Anarchosyndikalismus« beiseite –, richtet sich nicht gegen die Bolschewiki, sondern eher schon gegen die russische Bourgeoisie, ihr Zuspätkommen, ihre politische Bedeutungslosigkeit. Es ist nicht Schuld der Bolschewiki, daß die grandiosen Bauernbewegungen der vergangenen Jahrhunderte nicht zur Demokratisierung der sozialen Verhältnisse in Rußland geführt hatten – ohne die Führung der Städte konnte dies nicht verwirklicht werden! –, wie es nicht Schuld der Bolschewiki ist, daß die sogenannte Bauernbefreiung im Jahre 1861 durch Diebstahl von Gemeindeboden, Versklavung der Bauern an den Staat und völlige Aufrechterhaltung der Ständeordnung vollzogen wurde. Eines ist richtig: die Bolschewiki waren gezwungen, im ersten Viertel des 20. Jahrhunderts das zu Ende zu führen, was im 17., 18. und 19. Jahrhundert nicht zu Ende geführt oder überhaupt nicht unternommen worden war. Bevor die Bolschewiki an ihre eigene große Aufgabe herangehen konnten, mußten sie den Boden vom historischen Schutt der alten herrschenden Klassen und alten Jahrhunderte säubern, wobei sie sich dieser dringenden Aufgabe jedenfalls sehr gewissenhaft entledigten. Dies wird wohl auch Miljukow jetzt kaum zu bestreiten wagen.

Verschiebungen in den Massen

Im vierten Monat seines Bestehens würgte das Februarregime bereits an seinen eigenen Widersprüchen. Der Juni begann mit dem Allrussischen Rätekongreß, der die Aufgabe hatte, politische Deckung für die Offensive an der Front zu schaffen. In Petrograd fiel der Beginn der Offensive mit einer grandiosen Demonstration der Arbeiter und Soldaten zusammen, die von den Versöhnlern gegen die Bolschewiki organisiert worden war, aber in eine bolschewistische Demonstration gegen die Versöhnler umschlug. Die wachsende Empörung der Massen rief zwei Wochen später eine neue Demonstration hervor, die, ohne Aufforderung von oben ausgebrochen, zu blutigen Zusammenstößen führte und unter dem Namen »Julitage« in die Geschichte eingegangen ist. Der halbe Aufstand vom Juli, der genau in der Mitte zwischen Februar- und Oktoberrevolution liegt, schließt die erstere ab und ist gewissermaßen die Generalprobe zur zweiten. An der Schwelle der »Julitage« beenden wir diesen Band. Bevor wir aber zu den Ereignissen übergehen, deren Schauplatz Petrograd im Juni war, ist es notwendig, die Prozesse, die sich in den Massen vollzogen, zu untersuchen.

Einem Liberalen, der Anfang Mai behauptet hatte, daß je linker die Regierung, um so rechter das Land werde – unter Land verstand der Liberale selbstredend die besitzenden Klassen –, erwiderte Lenin: »Ich versichere Ihnen, Bürger, das ›Land‹ der Arbeiter und armen Bauern ist an die tausend Mal linker als die Tschernow und Zeretelli und an die hundert Mal linker als wir. Wenn Sie leben werden, werden Sie es sehen.« Lenin war der Meinung, daß die Arbeiter und Bauern »an die hundert Mal« linker waren als die Bolschewiki. Das konnte zumindest unbegründet erscheinen: die Arbeiter und Soldaten unterstützten doch noch die Versöhnler und hielten sich in ihrer Mehrheit von den Bolschewiki zurück. Lenin aber schürfte tiefer. Die sozialen Interessen der Massen, ihr Haß und ihre Hoffnungen suchten erst einen Ausdruck. Das Versöhnlertum war für sie die erste Etappe. Die Massen waren unermeßlich linker als die Tschernow und Zeretelli, aber ihres Radikalismus' noch selbst nicht bewußt. Lenin hatte auch darin recht, daß die Massen linker waren als die Bolschewiki, denn in ihrer überwiegenden Mehrheit legte die Partei sich nicht Rechnung über die Wucht der revolutionären Leidenschaften ab, die in den Tiefen des erwachten Volkes brodelten. Die Empörung der Massen wurde durch die Verschleppung des Krieges, den Wirtschaftsverfall und die böswillige Untätigkeit der Regierung genährt.

Die unendliche europäisch-asiatische Ebene war nur dank den Eisenbahnen zu einem Lande geworden. Der Krieg hatte am allerschwersten diese getroffen. Der Transport verfiel immer mehr. Die Zahl der kranken Lokomotiven erreichte auf gewissen Strekken 50%. Im Hauptquartier wurden von gelehrten Ingenieuren Referate darüber gehalten, daß der Eisenbahntransport in spätestens einem halben Jahre den Zustand völliger Paralyse erreicht haben werde. Diese Berechnungen enthielten zu nicht geringem Teil die vorsätzliche Absicht, Panik zu säen. Immerhin hatte der Zerfall des Transportes bedrohliche Dimensionen erreicht, versperrte die Strecken, desorganisierte den Warenverkehr und schürte die Teuerung.

Immer schwieriger gestaltete sich die Verpflegung der Städte. Die Agrarbewegung hatte bereits 43 Gouvernements erfaßt. Der Brotzustrom für Armee und Stadt verringerte sich katastrophal. In den fruchtbarsten Landgebieten gab es allerdings noch Dutzende und Hunderte Millionen Pud überflüssigen Getreides. Doch die Einkaufsoperationen zu festen Preisen ergaben äußerst unzureichende Resultate; selbst das bereitgestellte Getreide war infolge der Transportzerrüttung schwer in die Zentren zu schaffen. Seit Herbst 1916 erhielt die Front durchschnittlich nur die Hälfte der festgelegten Proviantfrachten. Auf Petrograd, Moskau und andere Industriezentren entfielen nicht mehr als 10% des Notwendigen. Vorräte gab es fast nicht. Das Lebensniveau der städtischen Massen schwankte zwischen Unterernährung und Hunger. Der Antritt der Koalitionsregierung tat sich durch das demokratische Verbot kund, Weißbrot zu backen. Mehrere Jahre werden nun vergehen, bis das »französische Brot« wieder in der Hauptstadt auftaucht. Es fehlte Butter. Im Juni wurde der Zuckerverbrauch durch Rationierung im ganzen Lande eingeschränkt.

Der durch den Krieg zerschlagene Marktmechanismus war nicht durch jene staatliche Regulierung ersetzt worden, zu der die fortgeschrittensten kapitalistischen Staaten hatten Zuflucht nehmen müssen und die es allein Deutschland ermöglichte, die vier Kriegsjahre durchzuhalten.

Katastrophale Symptome des Wirtschaftszerfalls zeigten sich bei jedem Schritt. Das Sinken der Produktivität der Betriebe wurde hervorgerufen, abgesehen von der Transportzerrüttung, durch Abnutzung der Maschinen, Mangel an Rohstoffen und Hilfsmaterial, Fluktuation des Menschenbestandes, unregelmäßige Finanzierung und schließlich durch allgemeine Unsicherheit. In alter Weise arbeiteten die wesentlichsten Betriebe für den Krieg. Die Aufträge waren für zwei, drei Jahre im voraus verteilt worden. Die Arbeiter indes wollten nicht an eine Fortdauer des Krieges glauben. Zeitungen brachten schwindelerregende Zahlen über Kriegsgewinne. Das Leben verteuerte sich. Die Arbeiter erwarteten Änderungen. Das technische und administrative Betriebspersonal schloß sich in Verbänden zusammen und stellte seine Forderungen auf; in diesen Kreisen herrschten die Menschewiki und Sozialrevolutionäre. Die Ordnung in den Betrieben ging in die Brüche. Alle Bande erschlafften. Die Perspektiven des Krieges und der Wirtschaft wurden nebelhaft, die Eigentumsrechte unsicher, die Gewinne sanken, die Gefahren stiegen, die Unternehmer verloren unter den Bedingungen der Revolution die Lust zur Produktion. In ihrer Gesamtheit beschritt die Bourgeoisie den Weg des ökonomischen Defätismus. Sie betrachtete die vorübergehenden Verluste und Nachteile durch die Wirtschaftsparalyse als Unkosten des Kampfes mit der Revolution, die die Grundlagen der »Kultur« bedrohte. Gleichzeitig beschuldigte die wohlgesinnte Presse die Arbeiter tagein tagaus, sie sabotierten böswillig die Industrie, plünderten das Material, vergeudeten sinnlos den Heizstoff, um Stillegungen herbeizuführen. Die Lügenhaftigkeit der Beschuldigungen überstieg alle Grenzen. Und da es die Presse der Partei war, die faktisch an der Spitze der Koalitionsregierung stand, übertrug sich die Empörung der Arbeiter natürlich auf die Provisorische Regierung.

Die Industriellen hatten die Erfahrung der Revolution von 1905 nicht vergessen, wo die richtig organisierte Aussperrung bei aktiver Unterstützung der Regierung nicht nur den Kampf der Arbeiter um den Achtstundentag zum Scheitern gebracht, sondern auch der Monarchie bei der Niederschlagung der Revolution unschätzbare Dienste geleistet hatte. Die Frage der Aussperrung wurde auch diesmal im Rat der Tagungen von Handel und Industrie – diesen harmlosen Namen trug das Kampforgan des Trust- und Syndikatkapitals – zur Diskussion gestellt. Einer der Industrieführer, Ingenieur Auerbach, erklärte später in seinen Memoiren, weshalb der Aussperrungsgedanke abgelehnt worden war: »Das hätte den Schein eines Dolchstoßes in den Rücken der Armee gehabt ... Die meisten sahen die Folgen eines solchen Schrittes bei *fehlender Unterstützung seitens der Regierung* in recht düsteren Farben.« Das ganze Unglück bestand im Fehlen einer »richtigen« Macht. Die Provisorische Regierung war durch die Sowjets, die vernünftigen Sowjetführer durch die Massen paralysiert; die Arbeiter in den Betrieben waren bewaffnet; außerdem hatte fast jede Fabrik in der Nachbarschaft ein befreundetes Regiment oder Bataillon. Unter solchen Bedingungen schien den Herren Industriellen die Aussperrung in »nationaler Beziehung odiös«. Doch verzichteten sie keinesfalls auf den Angriff, sondern paßten ihn nur den Umständen an, indem sie ihm nicht einen zeitlich-einheitlichen, sondern einen schleichenden Charakter verliehen. Nach Auerbachs diplomatischem Ausdruck kamen die Industriellen »schließlich zu dem Ergebnis, daß der Anschauungsunterricht vom Leben selber erteilt werden wird: durch die unvermeidliche, sukzessive Schließung der Fabriken, sozusagen nacheinander – was man tatsächlich bald beobachten konnte«. Mit anderen Worten, indem der Rat der vereinigten Industriellen die Aussperrung, weil »mit riesiger Verantwortung« verbunden, ablehnte, empfahl er seinen Mitgliedern, die Betriebe unter passenden Vorwänden einzeln zu schließen.

Der Plan der schleichenden Aussperrung wurde mit bemerkenswerter Systematik durchgeführt. Die Vertreter des Kapitals, wie der Kadett Kutler, ehemals Minister im Kabinett Witte, hielten eindrucksvolle Referate über die Vernichtung der Industrie, wobei sie die Schuld nicht den drei Kriegsjahren, sondern den drei Revolutionsmonaten zuschoben. »Es werden zwei, drei Wochen vergehen«, prophezeite der ungeduldige »Rjetsch«, »und die Fabriken und Werkstätten werden eine nach der anderen zu schließen beginnen.« Hier war eine Drohung in die Form der Prophezeiung gehüllt. Ingenieure, Professoren und Journalisten eröffneten in der allgemeinen Presse wie in den Fachorganen eine Kampagne, bei der die Zügelung der Arbeiter als Vorbedingung der Rettung dargestellt wurde. Der Minister Konowalow, Industrieller, erklärte am 17. Mai, dem Vorabend seines demonstrativen Austritts aus der Regierung: »Wenn in der allernächsten Zeit nicht eine Ernüchterung der benebelten Köpfe stattfinden wird, werden wir Zeugen dutzender und hunderter Betriebsschließungen sein.«

Mitte Juni fordert die Tagung für Handel und Industrie von der Provisorischen Regierung »radikalen Bruch mit dem System der Weitertreibung der Revolution«. Wir haben die Forderung schon seitens der Generale gehört: »Stellt die Revolution ein.« Die Industriellen aber präzisieren die Frage: »Die Wurzel des Übels liegt nicht nur bei den Bolschewiki, sondern auch bei den sozialistischen Parteien. Nur eine feste, eiserne Hand kann Rußland retten.«

Nachdem sie die politische Situation vorbereitet hatten, gingen die Industriellen vom Wort zur Tat über. Im März und April wurden 129 kleinere Unternehmen mit 9000 Arbeitern geschlossen; im Mai 108 Unternehmen mit der gleichen Arbeiterzahl; im Juni bereits 125 Unternehmen mit 38000 Arbeitern; im Juli werfen 206 Unternehmen 48000 Arbeiter auf die Straße. Die Aussperrung entwickelt sich in geometrischer Progression. Aber das war erst der Anfang. Das Textilmoskau folgte Petrograd; die Provinz – Moskau. Die Unternehmer beriefen sich auf den Mangel an Brennstoff, Rohmaterial und Krediten. Die Betriebskomitees griffen ein und stellten in vielen Fällen böswillige Desorganisierung der Produktion zum Zwecke eines Druckes auf die Arbeiter oder der Erpressung von Staatssubsidien unbestritten fest. Besonders unverschämt benahmen sich die ausländischen Kapitalisten, die durch Vermittlung ihrer Gesandtschaften vorgingen. In einigen Fällen war die Sabotage so offensichtlich, daß die Industriellen infolge der Enthüllungen der Betriebskomitees gezwungen wurden, die Fabriken wieder zu öffnen. So gelangte die Revolution, indem sie einen sozialen Widerspruch nach dem anderen aufdeckte, bald zu dem wichtigsten: dem zwischen Gesellschaftscharakter der Produktion und Privatbesitz an den Produktionsmitteln. Im Interesse des Sieges über die Arbeiter schließt der Unternehmer die Fabrik, als handele es sich um seine Tabaksdose, nicht aber um ein für das Leben der gesamten Nation notwendiges Unternehmen. Die Banken, die erfolgreich die Freiheitsanleihe boykottierten, stellten sich in Kampfposition gegen die Attentate des Fiskus auf das Großkapital. In einem an den Finanzminister gerichteten Brief »prophezeiten« die Bankiers für den Fall radikaler Finanzreformen den Kapitalabfluß ins Ausland und die Abwanderung der Devisen in die Safes. Mit anderen Worten, die Bankpatrioten drohten mit finanzieller Aussperrung als Ergänzung zur industriellen. Die Regierung zog sich eiligst aus dem Spiel: waren doch die Organisatoren der Sabotage solide Männer, die wegen Krieg und Revolution Kapital riskieren mußten, nicht aber irgendwelche Kronstädter Matrosen, die außer ihren eigenen Köpfen nichts zu riskieren hatten.

Das Exekutivkomitee mußte einsehen, daß die Verantwortung für die ökonomischen Geschicke des Landes, besonders nach dem offenen Anschluß der Sozialisten an die Macht, in den Augen der Massen auf der regierenden Sowjetmacht ruhte. Die Wirtschaftsabteilung des Exekutivkomitees arbeitete ein weitgehendes Programm der staatlichen Regulierung des Wirtschaftslebens aus. Unter dem Druck der bedrohlichen Lage erwiesen sich die Vorschläge der sehr gemäßigten Ökonomisten weit radikaler als ihre Autoren. »Für gewisse Industriezweige«, lautete das Programm, »ist die Zeit für ein staatliches Handelsmonopol (Brot, Fleisch, Salz, Leder) reif; die anderen sind reif für die Bildung staatlich regulierter Trusts (Kohle, Petroleum, Metall, Zucker, Papier), und schließlich erfordern unter den heutigen Verhältnissen fast sämtliche Industriezweige die regulierende Beteiligung des Staates an der Verteilung des Rohstoffes und der zu bearbeitenden Produkte wie auch an der Preisfixierung ... Gleichzeitig ist erforderlich, alle Kreditinstitutionen unter Kontrolle zu stellen.«

Bei der Kopflosigkeit der politischen Führer nahm das Exekutivkomitee am 16. Mai die Vorschläge seiner Ökonomisten fast ohne Diskussion an und bekräftigte sie durch eine eigenartige Warnung an die Adresse der Regierung: sie müsse »die Aufgabe der planmäßigen Organisierung der Volkswirtschaft und der Arbeit« übernehmen, in Erinnerung daran, daß infolge der Nichterfüllung dieser Aufgabe »das alte Regime fallen und die Provisorische Regierung umgebildet werden mußte«. Um sich Mut zu machen, machten die Versöhnler sich Angst.

»Das Programm ist großartig«, schrieb Lenin, »sowohl Kontrolle wie Verstaatlichung der Trusts, wie Bekämpfung der Spekulation, wie Arbeitspflicht ... Man ist gezwungen, sich zum Programm des ›schrecklichen‹ Bolschewismus zu bekennen, denn es kann kein anderes Programm, keinen Ausweg aus der tatsächlich drohenden schrecklichen Katastrophe geben ...« Die Frage war nur, wer dies großartige Programm verwirklichen sollte? Vielleicht die Koalition? Die Antwort erfolgte unverzüglich. Am Tage nach der Annahme des ökonomischen Programms durch das Exekutivkomitee demissionierte, die Türe laut hinter sich zuschlagend, der Minister für Handel und Industrie, Konowalow. Ihn ersetzte vorübergehend der Ingenieur Paltschinski, ein nicht weniger getreuer, doch energischerer Vertreter des Großkapitals. Die Ministersozialisten wagten nicht einmal, ihren liberalen Kollegen das Programm des Exekutivkomitees ernstlich vorzuschlagen. Hatte doch Tschernow vergeblich versucht, das Verbot von Landverkäufen bei der Regierung durchzusetzen!

In Beantwortung der wachsenden Schwierigkeiten stellte die Regierung ihrerseits ein Programm zur Entlastung Petrograds auf, das heißt, Fabriken und Werkstätten ins Innere des Landes zu verlegen. Das Programm wurde sowohl mit militärischen Erwägungen – der Gefahr der Besetzung der Hauptstadt durch die Deutschen – wie mit ökonomischen – der großen Entfernung Petrograds von den Brenn- und Rohstoffquellen – begründet. Die Entlastung hätte die Liquidierung der Petrograder Industrie für eine Reihe von Monaten und Jahren bedeutet. Der politische Zweck bestand darin, die Avantgarde der Arbeiterklasse über das ganze Land zu zerstreuen. Parallel damit erfand die Militärbehörde Vorwand auf Vorwand für die Entfernung der revolutionären Truppenteile aus Petrograd.

Paltschinski bemühte sich aus allen Kräften, die Arbeitersektion des Sowjets von den Vorzügen der Entlastung zu überzeugen. Diese Aufgabe ohne oder gegen die Arbeiter zu verwirklichen, war unmöglich; die Arbeiter aber willigten nicht ein. Die Entlastung kam ebensowenig vorwärts wie die Regulierung der Industrie. Der Zerfall vertiefte sich, die Preise stiegen, die stille Aussperrung verbreiterte sich und gleichzeitig damit die Arbeitslosigkeit. Die Regierung kam nicht vom Fleck. Miljukow schrieb später: »Das Ministerium schwamm einfach mit dem Strom, der Strom aber führte in das bolschewistische Bett.« Ja, der Strom führte in das bolschewistische Bett.

Das Proletariat war die hauptsächliche Triebkraft der Revolution. Gleichzeitig formte die Revolution das Proletariat. Das aber brauchte es sehr notwendig.

Vor uns hat sich die entscheidende Rolle der Petrograder Arbeiter in den Februartagen abgespielt. Die stärksten Kampfpositionen nahmen die Bolschewiki ein. Nach der Umwälzung jedoch rücken sie plötzlich irgendwohin in den Hintergrund. Die politische Rampe besetzen die Versöhnlerparteien. Sie übergeben die Macht der liberalen Bourgeoisie. Das Banner des Blocks ist der Patriotismus. Sein Druck ist so stark, daß die Führung der bolschewistischen Partei, mindestens zur Hälfte, vor ihm kapituliert. Mit der Ankunft Lenins ändert sich der Kurs der Partei schroff, und gleichzeitig wächst ihr Einfluß schnell. In der bewaffneten Aprildemonstration versuchen bereits die fortgeschrittenen Abteilungen der Arbeiter und Soldaten, die Ketten des Versöhnlertums zu sprengen. Doch nach der ersten Anstrengung ziehen sie sich zurück. Die Versöhnler bleiben am Steuer.

Später, nach der Oktoberumwälzung, wurde nicht wenig über das Thema geschrieben, die Bolschewiki verdankten ihren Sieg der kriegsmüden Bauernarmee. Das ist eine sehr oberflächliche Erklärung. Die entgegengesetzte Behauptung käme der Wahrheit näher: wenn die Versöhnler in der Februarrevolution den vorherrschenden Platz einzunehmen vermochten, so vor allem dank der besonderen Stellung, die die Bauernarmee im Leben des Landes innehatte. Würde sich die Revolution in Friedenszeiten entwickelt haben, die führende Rolle des Proletariats hätte von Anfang an einen krasser ausgesprochenen Charakter erhalten. Ohne Krieg wäre der revolutionäre Sieg später gekommen und, sieht man von den Kriegsopfern ab, teurer erkauft worden. Doch für die Überschwemmung mit Versöhnler- und Patriotenstimmungen hätte er keinen Platz übriggelassen. Die russischen Marxisten, die die Eroberung der Macht durch das Proletariat im Verlaufe der bürgerlichen Revolution lange vor den Ereignissen vorausgesagt hatten, waren jedenfalls nicht von vorübergehenden Stimmungen der Bauernarmee, sondern von der Klassenstruktur der russischen Gesellschaft ausgegangen. Diese Prognose hatte sich restlos bestätigt. Nur erlitt das grundlegende Klassenverhältnis eine Brechung durch den Krieg und verschob sich vorübergehend unter dem Druck der Armee, das heißt, der Organisation deklassierter und bewaffneter Bauern. Gerade diese künstliche soziale Formation hatte die Positionen des kleinbürgerlichen Versöhnlertums außerordentlich gefestigt und ihm die Möglichkeit zu acht Monate währenden Experimenten geschaffen, die Land und Revolution schwächten.

Die Frage nach den Wurzeln des Versöhnlertums ist jedoch nicht mit dem Hinweis auf die Bauernarmee erschöpfend beantwortet. Im Proletariat selbst, in seiner Zusammensetzung, seinem politischen Niveau, muß man die ergänzenden Ursachen der vorübergehenden Übermacht der Menschewiki und Sozialrevolutionäre suchen. Der Krieg hatte ungeheure Veränderungen in die Zusammensetzung und Stimmung der Arbeiterklasse hineingebracht. Waren die vorangegangenen Jahre eine Zeit steigender revolutionärer Brandung, so hatte der Krieg diesen Prozeß jäh unterbrochen. Die Mobilisierung war nicht nur unter militärischem, sondern in erster Linie polizeilichem Gesichtspunkte ausgedacht und durchgeführt worden. Die Regierung hatte sich beeilt, die industriellen Bezirke von der aktivsten und unruhigsten

Arbeiterschicht zu säubern. Man kann als feststehend betrachten, daß die Mobilisierung in den ersten Kriegsmonaten bis zu 40% hauptsächlich qualifizierter Arbeiter der Industrie entriß. Ihr Fehlen beeinflußte den Gang der Produktion sehr stark und rief um so leidenschaftlichere Proteste bei den Industriellen hervor, je höhere Gewinne die Kriegsindustrie eintrug. Der weiteren Vernichtung der Arbeiterkader wurde Einhalt getan. Von der Industrie benötigte Arbeiter stellte man als Kriegsdienstpflichtige zurück. Die durch die Mobilisierung entstandene Bresche ersetzte man durch Zugewanderte aus dem Dorfe, städtisches Kleinvolk, wenig qualifizierte Arbeiter, Frauen, Halbwüchsige. Der Prozentsatz der Frauen in der Industrie stieg von 32 auf 40.

Der Erneuerungs- und Verdünnungsprozeß des Proletariats vollzog sich gerade in der Hauptstadt in besonderem Ausmaße. In den Kriegsjahren von 1914–1917 stieg die Zahl der Großbetriebe mit über 500 Arbeitern im Petrograder Gouvernement fast um das Doppelte. Infolge der Liquidierung der Fabriken und Werkstätten in Polen und besonders im Baltikum, hauptsächlich jedoch infolge der allgemeinen Zunahme der Kriegsindustrie, waren in Petrograd um 1917 in den Fabriken etwa 400000 Arbeiter konzentriert. Davon entfielen 335000 auf 140 Großbetriebe. Die kampffähigsten Elemente des Petrograder Proletariats haben an der Front bei Herausbildung der revolutionären Stimmung in der Armee keine geringe Rolle gespielt. Doch die sie ersetzenden gestrigen Dörfler, häufig wohlhabende Bauern und Krämer, die sich in der Fabrik vor der Front drückten, ferner die Frauen und Jugendlichen waren viel zahmer als die Kaderarbeiter. Es muß noch hinzugefügt werden, daß die qualifizierten Arbeiter, in die Lage von Kriegsdienstpflichtigen geraten – und solcher gab es Hunderttausende –, wegen der Gefahr, an die Front geworfen zu werden, äußerste Vorsicht übten. Dies ist die soziale Basis der patriotischen Stimmungen, die einen Teil der Arbeiter noch unter dem Zaren erfaßt hatte.

Doch war dieser Patriotismus ohne Beständigkeit. Erbarmungsloser militärisch-polizeilicher Druck, verdoppelte Ausbeutung, Niederlagen an der Front und Zerrüttung der Wirtschaft stießen die Arbeiter in den Kampf. Aber während des Krieges trugen die Streiks hauptsächlich ökonomischen Charakter und zeichneten sich durch größere Mäßigkeit als vor dem Kriege aus. Die Schwächung der Klasse verschlimmerte sich noch durch die Schwächung ihrer Partei. Nach der Verhaftung und Verbannung der bolschewistischen Deputierten wurde mit Hilfe einer im voraus vorbereiteten Provokateurhierarchie die Zerstörung der bolschewistischen Organisationen vorgenommen, von der die Partei sich bis zur Februarumwälzung nicht zu erholen vermochte. Während der Jahre 1915 und 1916 mußte die verdünnte Arbeiterklasse die Elementarschule des Kampfes durchmachen, bevor die ökonomischen Teilstreiks und Demonstrationen hungernder Frauen im Februar 1917 in einen Generalstreik münden und die Armee in den Aufstand hineinziehen konnten.

Auf diese Weise ging das Petrograder Proletariat in die Februarrevolution nicht nur in einer äußerst verschiedenartigen, noch nicht amalgamierten Zusammensetzung hinein, sondern auch mit einem herabgeminderten politischen Niveau, sogar seiner fortgeschrittensten Schichten. In der Provinz stand die Sache noch schlimmer. Nur dieser durch den Krieg verursachte Rückfall in politischen Analphabetismus und Halbanalphabetismus des Proletariats schuf die zweite Bedingung für die vorübergehende Herrschaft der Versöhnlerparteien.

Eine Revolution lehrt, und zwar schnell. Darin besteht ihre Kraft. Jede Woche brachte den Massen etwas Neues. Jeder zweite Monat schuf eine Epoche. Ende Februar – der Aufstand. Ende April – Auftreten bewaffneter Arbeiter und Soldaten in Petrograd! Anfang Juli – ein neues Auftreten in viel breiterem Maßstab und unter entschiedeneren Parolen. Ende August – der Kornilowsche Staatsstreichversuch, von den Massen zurückgeschlagen. Ende Oktober – Machteroberung durch die Bolschewiki. Unter diesen durch die Gesetzmäßigkeit ihrer Rhythmen verblüffenden Ereignissen vollzogen sich tiefe, molekulare Prozesse, die die verschiedenartigen Teile der Arbeiterklasse in ein politisches Ganzes verschmolzen. Die entscheidende Rolle spielte dabei wiederum der Streik.

Eingeschüchtert vom Donner der Revolution, der mitten in das Bacchanal von Kriegsgewinnen eingeschlagen hatte, ließen sich die Industriellen in den ersten Wochen auf Zugeständnisse an die Arbeiter ein. Die Petrograder Fabrikbesitzer erklärten sich sogar unter Vorbehalten und Einschränkungen mit dem Achtstundentag einverstanden. Doch brachte das keine Beruhigung, da das Lebensniveau unablässig sank. Im Mai war das Exekutivkomitee gezwungen, festzustellen, daß die Lage der Arbeiter bei der wachsenden Teuerung »für viele Kategorien an chronischen Hunger grenzt«. In den Arbeitervierteln wurde die Stimmung nervöser und gespannter. Am meisten bedrückte das Fehlen einer Perspektive. Die Massen sind schwerste Entbehrungen zu tragen imstande, wenn sie wissen, wofür. Das neue Regime enthüllte sich ihnen aber immer mehr als Verschleierung der alten Verhältnisse, gegen die sie sich im Februar erhoben hatten. Dies wollten sie nicht dulden.

Besonders stürmischen Charakter nehmen die Streiks unter den rückständigsten und ausgebeutetsten Arbeiterschichten an. Waschfrauen, Anstreicher, Böttcher, Handelsangestellte, Bauarbeiter, Sattler, Maler, Tagelöhner, Schuhmacher, Papparbeiter, Wurstmacher, Schreiner streiken Schlag auf Schlag während des ganzen Juni. Die Metallarbeiter dagegen beginnen, eine bremsende Haltung einzunehmen. Die fortgeschrittenen Arbeiter kamen immer mehr zu der Einsicht, daß ökonomische Teilstreiks unter den Bedingungen von Krieg, Wirtschaftszerfall und Inflation keine ernstliche Besserung bringen können, daß irgendwelche Veränderungen der Grundlagen selbst notwendig sind. Die Aussperrung machte die Arbeiter nicht nur für die Forderung der Kontrolle über die Industrie empfänglich, sondern brachte sie auch auf den Gedanken von der Notwendigkeit der Übernahme der Fabriken in Staatshände. Diese Schlußfolgerung erschien um so natürlicher, als die Mehrzahl der Privatbetriebe für den Krieg arbeitete und daneben bereits Staatsunternehmen solcher Art existierten. Schon im Sommer 1917 kommen aus allen Enden Rußlands Arbeiter- und Angestelltendelegationen in die Hauptstadt mit Gesuchen um Übernahme von Betrieben durch den Fiskus, da die Aktionäre die Zahlungen eingestellt hatten. Die Regierung wollte jedoch nichts davon hören. Folglich mußte man die Regierung auswechseln. Die Versöhnler wirkten dem entgegen. Die Arbeiter machten Front gegen die Versöhnler.

Das Putilow-Werk mit seinen 40000 Arbeitern schien in den ersten Revolutionsmonaten die Feste der Sozialrevolutionäre zu sein. Doch hielt seine Garnison den Bolschewiki nicht lange stand. An der Spitze der Angreifer konnte man am häufigsten Wolodarski sehen. Früher Schneider, Jude, der viele Jahre in Amerika verbracht und die englische Sprache gut erlernt hatte, war Wolodarski ein glänzender Massenredner, logisch, schlagfertig und kühn. Die amerikanische Betonung machte seine klangvolle Stimme, die in vieltausendköpfigen Versammlungen klar ertönte, eigenartig ausdrucksvoll. »Mit seinem Erscheinen im Narwski-Bezirk«, erzählt der Arbeiter Minitschew, »begann im Putilow-Werk der Boden unter den Füßen der Herren Sozialrevolutionäre zu schwanken, und nach kaum zwei Monaten gingen die Putilow-Arbeiter mit den Bolschewiki.«

Das Anwachsen der Streiks und des Klassenkampfes überhaupt steigerte fast automatisch den Einfluß der Bolschewiki. In allen Fällen, wo es sich um Lebensinteressen handelte, mußten sich die Arbeiter überzeugen, daß die Bolschewiki keine Hintergedanken hatten, nichts verheimlichten und daß man sich auf sie verlassen konnte. In Stunden der Konflikte strebten alle Arbeiter, Parteilose, Sozialrevolutionäre, Menschewiki, den Bolschewiki zu. Dies erklärt jene Tatsache, daß die Betriebskomitees, die den Kampf für die Existenz ihrer Betriebe gegen die Sabotage der Administration und der Besitzer führten, lange vor dem Sowjet zu den Bolschewiki übergegangen waren. Auf der Konferenz der Betriebskomitees von Petrograd und Umgebung stimmten Anfang Juni von 421 Delegierten 335 für die bolschewistische Resolution. Diese Tatsache blieb von der großen Presse ganz unbemerkt. Indes bedeutete sie, daß das Petrograder Proletariat, bevor es noch mit den

Versöhnlern gebrochen hatte, in allen Kernfragen des ökonomischen Lebens faktisch auf die Seite der Bolschewiki übergegangen war.

Auf der Junikonferenz der Gewerkschaften wurde festgestellt, daß es in Petrograd über fünfzig Gewerkschaftsverbände mit einer Gesamtzahl von mindestens 250000 Mitgliedern gab. Der Metallarbeiterverband zählte annähernd 100000 Arbeiter. Im Laufe des einen Monats Mai hatte sich seine Mitgliederzahl verdoppelt. Noch schneller wuchs der Einfluß der Bolschewiki in den Gewerkschaften.

Alle partiellen Neuwahlen in die Sowjets brachten den Bolschewiki Siege. Am 1. Juni waren im Moskauer Sowjet bereits 206 Bolschewiki gegen 172 Menschewiki und 110 Sozialrevolutionäre. Die gleichen Verschiebungen, wenn auch langsamer, vollzogen sich in der Provinz. Die Zahl der Parteimitglieder stieg ununterbrochen. Ende April zählte die Petrograder Organisation etwa 15000 Mitglieder, Ende Juni über 32000.

Die Arbeitersektion des Petrograder Sowjet besaß zu dieser Zeit bereits eine bolschewistische Mehrheit. Jedoch bei den vereinigten Sitzungen beider Sektionen erdrückten die Soldatendeputierten die Bolschewiki. Die »Prawda« forderte immer dringlicher allgemeine Neuwahlen: »500000 Petrograder Arbeiter haben im Sowjet nur ein Viertel soviel Vertreter wie 150000 Soldaten der Petrograder Garnison.«

Auf dem Rätekongreß im Juni forderte Lenin ernste Maßnahmen gegen die Aussperrung, Ausplünderung und die planmäßige Zersetzung des Wirtschaftslebens seitens der Industriellen und Bankiers. »Veröffentlicht die Gewinne der Herren Kapitalisten, verhaftet fünfzig oder hundert der reichsten Millionäre. Es genügt, sie einige Wochen in Haft zu halten – und sei es auch unter ebensolchen Vergünstigungen, wie sie Nikolai Romanow genießt –, mit dem einfachen Zwecke, sie zu zwingen, die Fäden, die Betrugsmanöver, den Schmutz und Eigennutz aufzudecken, die auch unter der neuen Regierung unser Land Millionen kosten.« Lenins Vorschlag erschien den Sowjetführern ungeheuerlich. »Ist es denn möglich, mit Hilfe von Gewalt an einzelnen Kapitalisten die Gesetze des ökonomischen Lebens zu ändern?« Der Umstand, daß die Industriellen mit Hilfe einer Verschwörung gegen die Nation ihre Gesetze diktierten, schien sie nicht zu stören. Kerenski, der Lenin mit polternder Empörung überfiel, hatte vor einem Monat nicht davor zurückgescheut, viele Tausende Arbeiter zu verhaften, die über die »Gesetze des ökonomischen Lebens« anderer Meinung waren als die Industriellen.

Die Verbindung zwischen Ökonomik und Politik kam immer stärker zum Vorschein. Der Staat, der als mystisches Prinzip aufzutreten gewohnt war, wirkte jetzt immer häufiger in seiner primitivsten Form, das heißt in Gestalt von Abteilungen bewaffneter

Menschen. Unternehmer, die sich weigerten, Zugeständnisse zu machen oder auch nur in Verhandlungen einzutreten, wurden von den Arbeitern an verschiedenen Orten des Landes bald gewaltsamer Vorführung vor den Sowjet, bald dem Hausarrest unterworfen. Es ist nicht verwunderlich, daß die Arbeitermiliz zum Gegenstand besonderen Hasses der besitzenden Klassen wurde.

Der ursprüngliche Beschluß des Exekutivkomitees über die Bewaffnung von zehn Prozent der Arbeiter war nicht erfüllt worden. Aber es gelang den Arbeitern dennoch, sich teilweise zu bewaffnen, wobei die aktivsten Elemente die Reihen der Miliz füllten. Die Leitung der Arbeitermiliz konzentrierte sich in den Händen der Betriebskomitees, und die Leitung der Betriebskomitees ging immer mehr in die Hände der Bolschewiki über. Ein Arbeiter der Moskauer Fabrik »Postawschtschik« erzählt: »Am 1. Juni, gleich nachdem das neue Betriebskomitee, in der Mehrzahl aus Bolschewiki bestehend, gewählt war, wurde eine Abteilung von 80 Mann formiert, die unter Leitung eines alten Soldaten, des Genossen Lewakow, mangels Waffen mit Stöcken ausgebildet wurde.«

Die Presse beschuldigte die Miliz der Gewaltakte, Requisitionen und ungesetzlicher Verhaftungen. Zweifellos wandte die Miliz Gewalt an: gerade dazu war sie ja gebildet worden. Ihr Verbrechen jedoch bestand darin, daß sie Gewalt gegen Vertreter jener Klasse anwandte, die nicht gewohnt war und sich nicht gewöhnen wollte, Objekt der Gewalt zu sein.

Auf dem Putilow-Werk, das im Kampfe um die Erhöhung des Arbeitslohnes die Führerrolle spielte, versammelte sich am 23. Juni eine Konferenz unter Beteiligung von Vertretern des Zentralsowjets der Betriebskomitees, des Zentralbüros der Gewerkschaften und 73 Fabriken. Unter dem Einfluß der Bolschewiki nahm die Konferenz eine Resolution an, wonach der Streik des Betriebes unter den gegebenen Verhältnissen zu einem »unorganisierten politischen Kampf der Petrograder Arbeiter« führen könne, und schlug deshalb den Putilow-Arbeitern vor, »ihre berechtigte Empörung zurückzuhalten« und sich auf ein allgemeines Hervortreten vorzubereiten.

Am Vorabend dieser wichtigen Konferenz warnte die bolschewistische Fraktion das Exekutivkomitee: »Eine vierzigtausendköpfige Masse ... kann jeden Tag in den Streik treten und auf die Straße gehen. Sie wäre bereits auf die Straße gegangen, wenn unsere Partei sie nicht davon zurückgehalten hätte, wobei keine Garantie besteht, daß es auch fernerhin gelingen wird, sie zurückzuhalten. Das Hervortreten der Putilow-Arbeiter würde unvermeidlich – daran kann kein Zweifel bestehen – das Hervortreten der Mehrheit der Arbeiter und Soldaten zur Folge haben.«

Die Führer des Exekutivkomitees betrachteten solche Warnungen als Demagogie oder überhörten sie einfach; sie wollten in ihrer Ruhe nicht gestört werden. Sie selbst hatten fast völlig aufgehört, Fabriken und Kasernen zu besuchen, da die Arbeiter und Soldaten in ihnen nur noch feindselige Gestalten erblickten. Nur die Bolschewiki genossen jene Autorität, die ihnen gestattete, die Arbeiter und Soldaten von zersplitterten Aktionen zurückzuhalten. Doch die Ungeduld der Massen wandte sich manchmal auch schon gegen die Bolschewiki.

In den Fabriken und in der Flotte tauchten Anarchisten auf. Wie immer angesichts großer Ereignisse und großer Massen, enthüllten sie ihre organische Unzulänglichkeit. Sie konnten um so leichter die Staatsmacht verneinen, da sie die Bedeutung der Sowjets als Organe des neuen Staates ganz und gar nicht begriffen. Übrigens schwiegen sie sich, von der Revolution betäubt, zumeist über die Staatsfrage einfach aus. Ihre Selbständigkeit offenbarten sie hauptsächlich auf dem Gebiet kleiner Raketenschüsse. Die ökonomische Sackgasse und die wachsende Erbitterung der Petrograder Arbeiter verschafften den Anarchisten einige Stützpunkte. Unfähig, ernsthaft das Kräfteverhältnis im Staatsmaßstabe einzuschätzen, bereit, jeden Stoß von unten als den letzten rettenden Schlag zu betrachten, beschuldigten sie häufig die Bolschewiki der Zaghaftigkeit und sogar des Versöhnlertums. Doch über Murren gingen sie gewöhnlich nicht hinaus. Der Widerhall der Massen auf die anarchistischen Aktionen diente den Bolschewiki mitunter als Gradmesser des Kräftedrucks des revolutionären Dampfes.

Die Matrosen, die Lenin auf dem Finnländischen Bahnhof einen Empfang bereitet hatten, erklärten zwei Wochen später unter dem patriotischen Ansturm, der von allen Seiten auf sie eindrang: »Hätten wir gewußt ... auf welchem Wege er zu uns gelangt ist, es wären anstatt begeisterter ›Hurra‹-Schreie unsere empörten Rufe ertönt: ›Nieder! Zurück in das Land, durch das du zu uns gekommen bist‹ ...« Die Soldatensowjets in der Krim drohten einer nach dem anderen, das Eindringen Lenins auf die patriotische Halbinsel, wohin zu reisen er gar nicht beabsichtigte, mit bewaffneter Hand zu verhindern. Das Wolynski-Regiment, der Koryphäe des 27. Februar, beschloß sogar in der Erregung, Lenin zu verhaften, so daß das Exekutivkomitee sich veranlaßt fühlte, Maßnahmen dagegen zu treffen. Stimmungen dieser Art hatten sich bis zur Junioffensive nicht restlos verloren, und ihre Rückfälle flammten nach den Julitagen grell auf. Gleichzeitig redeten die Soldaten der entlegensten Garnisonen und der fernsten Frontabschnitte immer kühner in der Sprache des Bolschewismus, zumeist, ohne es zu ahnen. Es gab bei den Regimentern nur vereinzelte Bolschewiki, doch die bolschewistischen Losungen drangen immer tiefer ein. Gleichsam von selbst erstanden sie in allen Teilen des Landes. Die liberalen Beobachter sahen darin nichts als

Unbildung und Chaos. Die »Rjetsch« schrieb: »Unsere Heimat verwandelt sich buchstäblich in irgendein Irrenhaus, wo Besessene das Heft und das Kommando in der Hand halten, Menschen aber, die den Verstand nicht verloren haben, treten erschrocken beiseite und drücken sich an die Wände.« Mit genau den gleichen Worten haben die »Gemäßigten« aller Revolutionen ihre Seele erleichtert. Die Versöhnlerpresse tröstete sich damit, daß die Soldaten, trotz aller Mißverständnisse, von den Bolschewiki nichts wissen wollten. Indes bildete der unbewußte Bolschewismus der Massen, die Logik der Entwicklung widerspiegelnd, die unverbrüchliche Kraft der Leninschen Partei.

Der Soldat Pirejko erzählt, bei den Wahlen an der Front seien nach dreitägigen Diskussionen nur Sozialrevolutionäre zum Rätekongreß durchgekommen, die Soldatendeputierten hätten aber trotz der Proteste der Führer gleichzeitig eine Resolution angenommen über die Notwendigkeit, den gutsherrlichen Boden zu enteignen, ohne die Konstituierende Versammlung abzuwarten. »Überhaupt waren die Soldaten in Fragen, die sie begreifen konnten, linker gestimmt als die radikalsten der radikalen Bolschewiki.« Dasselbe meinte auch Lenin, als er sagte, die Massen seien »an die hundert Mal linker als wir«.

Der Schreiber einer Motorradwerkstatt irgendwo im Taurischen Gouvernement erzählt, daß die Soldaten häufig nach der Lektüre der bürgerlichen Zeitungen auf die unbekannten Bolschewiki schimpften und gleich danach zu Diskussionen über die Notwendigkeit des Kriegsabbruchs und die Wegnahme des gutsherrlichen Bodens übergingen. Das waren die gleichen Patrioten, die geschworen hatten, Lenin nicht in die Krim zu lassen.

Die Soldaten der riesigen Hinterlandgarnisonen waren ruhelos. Die große Anhäufung feiernder, ungeduldig die Änderung ihres Schicksals erwartender Menschen erzeugte eine Nervosität, die sich in der ständigen Bereitschaft, ihre Unzufriedenheit auf die Straße zu tragen, in massenweisem Herumfahren in den Straßenbahnen und in epidemischem Knabbern von Sonnenblumenkernen äußerte. Der Soldat mit umgehängtem Mantel und den Schalen von Sonnenblumenkernen auf den Lippen wurde zur verhaßtesten Gestalt der bürgerlichen Presse. Er, den man während des Krieges so grob umschmeichelt und immer nur Held genannt hatte – was nicht hinderte, an der Front den Helden auszupeitschen –, er, den man nach der Februarumwälzung als Befreier verherrlichte, war plötzlich Drückeberger, Verräter, Gewalttäter und deutscher Mietling. Es gab tatsächlich keine Gemeinheit, die die patriotische Presse den russischen Soldaten und Matrosen nicht zugeschrieben hätte.

Das Exekutivkomitee tat nichts anderes als sich rechtfertigen, gegen Anarchie kämpfen, Exzesse löschen, verängstigte Anfragen und Moralpredigten verschicken. Der Sowjetvorsitzende in

Zarizyn – diese Stadt galt als das Nest des »Anarchobolschewismus« – beantwortete die Frage des Zentrums über die Lage mit dem lapidaren Satz: »Je linker die Garnison wird, um so rechter wird der Bürger.« Die Zarizyner Formel ließ sich auf das ganze Land anwenden. Der Soldat wird linker, der Bourgeois rechter.

Jeden Soldaten, der mutiger als die anderen äußerte, was alle fühlten, schalt man so lange von oben Bolschewik, bis er es schließlich selbst glauben mußte. Von Frieden und Land wandte sich der Gedanke des Soldaten der Frage der Macht zu. Der Widerhall auf verschiedene Losungen des Bolschewismus verwandelte sich in bewußte Sympathie für die bolschewistische Partei. Im Wolynski-Regiment, das sich im April angeschickt hatte, Lenin zu verhaften, schlug die Stimmung zwei Monate später zugunsten der Bolschewiki um. Desgleichen in dem Jäger- und dem Litauer-Regiment. Die lettischen Schützen waren vom Selbstherrschertum ins Leben gerufen worden, um den Haß der Parzellenbauern und Landarbeiter gegen die livländischen Barone auszunutzen. Die Regimenter schlugen sich ausgezeichnet. Aber der Geist der Klassenfeindschaft, auf den sich die Monarchie stützen wollte, bahnte sich eigene Wege. Die lettischen Schützen waren unter den ersten, die mit der Monarchie gebrochen hatten und später mit den Versöhnlern. Schon am 17. Mai schlossen sich die Vertreter acht lettischer Regimenter der bolschewistischen Losung »Alle Macht den Sowjets« an. Im weiteren Verlauf der Revolution werden sie noch eine große Rolle spielen.

Ein unbekannter Soldat schreibt von der Front: »Heute, am 13. Juni, hielt unser Kommando eine kleine Versammlung ab, und man sprach über Lenin und Kerenski; die Soldaten sind meistens für Lenin, aber die Offiziere sagen, daß Lenin selbst ein Bourgeois ist.« Nach der Katastrophe der Offensive wurde Kerenskis Name in der Armee völlig verhaßt.

Am 21. Juni marschierten durch die Straßen Peterhofs Junker mit Bannern und Plakaten: »Nieder mit den Spionen«, »Hoch Kerenski und Brussilow.« Die Junker waren selbstredend für Brussilow. Die Soldaten des 4. Bataillons überfielen die Junker, verprügelten sie und zerstreuten die Demonstration. Den stärksten Haß rief das Plakat zu Ehren Kerenskis hervor.

Die Junioffensive hatte die politische Evolution der Armee außerordentlich beschleunigt. Die Popularität der Bolschewiki, der einzigen Partei, die im voraus die Stimme gegen die Offensive erhoben hatte, war in rapidem Steigen begriffen. Allerdings fanden die bolschewistischen Zeitungen nur unter großen Schwierigkeiten Eingang bei der Armee. Ihre Auflage war sehr gering im Vergleich mit den Auflagen der liberalen und überhaupt der patriotischen Presse. ». . . Nirgendwo ist auch nur eine eurer Zeitungen zu sehen«, schreibt eine rauhe Soldatenhand nach Moskau, »es kommen nur Gerüchte von eurer Zeitung zu uns. Wir werden hier kostenlos mit bürgerlichen Zeitungen überschüttet, man trägt sie an der Front paketweise herum.« Aber gerade die patriotische Presse schuf den Bolschewiki eine unvergleichliche Popularität. Alle Rufe der Unterdrückten nach Landaneignung, nach Abrechnung mit den verhaßten Offizieren schrieben die Zeitungen den Bolschewiki zu. Die Soldaten zogen die Schlußfolgerung: die Bolschewiki sind ein gerechtes Volk.

Anfang Juli berichtete der Kommissar der 12. Armee an Kerenski über die Stimmung der Soldaten: »Als Endresultat wird alles auf die Bourgeois-Minister und den Sowjet, der sich den Bourgeois verkauft habe, geschoben. Aber im allgemeinen herrscht in der großen Masse undurchdringliche Finsternis; ich muß leider feststellen, daß in der letzten Zeit sogar Zeitungen schwach gelesen werden, absolutes Mißtrauen zum gedruckten Wort: ›süß schreiben sie‹, ›um den Mund gehen sie‹ . . .« In den ersten Monaten waren die Berichte der patriotischen Kommissare gewöhnlich Hymnen auf die revolutionäre Armee, ihre Aufgeklärtheit und Disziplin. Als aber nach vier Monaten fortdauernder Enttäuschungen die Armee das Vertrauen zu den Regierungsrednern und Zeitungsschreibern verloren hatte, entdeckten die gleichen Kommissare in ihr undurchdringliche Finsternis.

Je linker die Garnison wird, um so rechter wird der Bürger. Unter dem Anstoß der Offensive entstanden in Petrograd konterrevolutionäre Verbände wie Pilze nach dem Regen. Sie wählten sich Namen, einen klangvoller als den anderen: Bund der Heimatehre, Bund der Kriegspflicht, Freiheitsbataillon, Organisierung des Geistes, und so weiter. Diese großartigen Schilder deckten Ambitionen und Ansprüche des Adels, des Offiziersstandes, der Bürokratie, der Bourgeoisie. Einige dieser Organisationen, wie die Kriegsliga, der Bund der Kavaliere des Georgskreuzes oder die Freiwilligen-Division, bildeten fertige Zellen militärischer Verschwörung. Indem sie als glühende Patrioten auftraten, öffneten die Ritter der »Ehre« und des »Geistes« nicht nur mit Leichtigkeit die Türen der alliierten Missionen, sondern erhielten mitunter auch Regierungssubsidien, die seinerzeit dem Sowjet als einer »Privatorganisation« abgelehnt worden waren.

Ein Sprößling der Familie des Zeitungsmagnaten Suworin ging inzwischen an die Herausgabe der »Kleinen Zeitung«, die als das Organ des »unabhängigen Sozialismus« eiserne Diktatur predigte und als Kandidaten den Admiral Koltschak empfahl. Die solidere Presse sorgte, ohne den letzten Punkt auf das I zu setzen, auf jede Weise für die Popularität Koltschaks. Das weitere Schicksal des Admirals beweist, daß es sich schon seit dem Frühsommer 1917 um einen großangelegten Plan in Verbindung mit seinem Namen handelte und daß hinter Suworin einflußreiche Kreise standen.

Der einfachsten taktischen Berechnung gehorchend, gab sich die Reaktion, rechnet man vereinzelte Schnitzer ab, den Anschein, als richte sie ihre Schläge ausschließlich gegen die Leninisten. Das Wort »Bolschewik« wurde das Synonym für alles höllischen Ursprungs. Wie die zaristischen Kommandeure vor der Revolution die Verantwortung für alle Mißgeschicke, darunter auch für die eigene Dummheit, auf deutsche Spione und besonders auf die Juden abwälzten, so wurde jetzt, nach dem Zusammenbruch der Junioffensive, die Schuld für alle Mißerfolge und Niederlagen auf die Bolschewiki geschoben. Darin unterschieden sich die Demokraten vom Typ Kerenskis und Zeretellis fast nicht von den Liberalen vom Typ Miljukows und den offenen Leibeigenschaftsanhängern von der Art des Generals Denikin.

Wie immer, wenn die Widersprüche bis zum äußersten gespannt sind, der Moment der Explosion jedoch noch nicht gekommen ist, zeigte sich die politische Kräftegruppierung unverhüllter und krasser nicht an grundlegenden, sondern an zufälligen und nebensächlichen Fragen. Als einer der Blitzableiter der politischen Leidenschaften diente in jenen Wochen Kronstadt. Die alte Festung, die der treueste Wachtposten am Seetore der kaiserlichen Hauptstadt sein sollte, hatte in der Vergangenheit mehr als einmal das Banner des Aufstandes erhoben. Trotz der unbarmherzigen Strafen erlosch in Kronstadt die Flamme des Aufruhrs nie. Sie entbrannte bedrohlich nach der Umwälzung. Der Name der Seefestung wurde in den Spalten der patriotischen Presse bald das Synonym für die schlechtesten Seiten der Revolution, das heißt für Bolschewismus. In Wirklichkeit war der Kronstädter Sowjet noch nicht bolschewistisch: im Mai setzte er sich aus 107 Bolschewiki, 112 Sozialrevolutionären, 30 Menschewiki und 97 Parteilosen zusammen. Allerdings waren es Kronstädter Sozialrevolutionäre und Kronstädter Parteilose, die unter hohem Druck lebten: in ihrer Mehrzahl gingen sie in wichtigen Fragen mit den Bolschewiki.

Auf dem Gebiete der Politik neigten die Kronstädter Matrosen weder zu Manövern noch zu Diplomatie. Sie hatten eine eigene Regel: gesagt – getan. Es ist darum nicht verwunderlich, daß sie in bezug auf die gespensterhafte Regierung für vereinfachte Aktionsmethoden waren. Am 13. Mai bestimmte der Sowjet: »Die einzige Macht in Kronstadt bildet der Sowjet der Arbeiter- und Soldatendeputierten.«

Die Entfernung des Regierungskommissars, des Kadetten Pepelajew, der die Rolle eines fünften Rades am Wagen spielte, vollzog sich in der Festung vollkommen unbeachtet. Musterhafte Ordnung blieb bewahrt. In der Stadt wurde das Kartenspiel verboten, die Spelunken geschlossen oder ausgehoben. Unter Strafe der »Konfiszierung des Eigentums und der sofortigen Abschiebung zur Front« verbot der Sowjet, in betrunkenem Zustande auf der Straße zu erscheinen. Diese Strafe wurde mehrmals angewandt.

Unter dem schrecklichen Regime der zaristischen Flotte und der

Seefestung gestählt, an schwere Arbeit, an Opfer, aber auch an Exzesse gewöhnt, spannten die Matrosen jetzt, wo sich vor ihnen der Vorhang eines neuen Lebens geöffnet hatte, in dem sie sich als die zukünftigen Herren fühlten, alle ihre Kräfte an, um sich der Revolution würdig zu erweisen. Gierig stürzten sie sich in Petrograd auf Freunde und Gegner und schleppten sie fast gewaltsam nach Kronstadt, um ihnen zu zeigen, wie revolutionäre Seeleute in Wirklichkeit sind. Eine solche moralische Anspannung konnte selbstverständlich nicht ewig dauern, aber sie reichte für lange Zeit. Die Kronstädter Seeleute verwandelten sich in eine Art Kampforden der Revolution. Aber welcher? Jedenfalls nicht jener, die Minister Zeretelli mit seinem Kommissar Pepelajew verkörperte. Kronstadt stand da wie ein Verkünder der heranrückenden zweiten Revolution. Deshalb wurde es von all jenen gehaßt, die übergenug an der ersten hatten.

Die friedliche und unauffällige Absetzung Pepelajews schilderte die Ordnungspresse fast wie einen bewaffneten Aufstand gegen die Staatseinheit. Die Regierung beschwerte sich beim Sowjet. Der Sowjet entsandte sofort zur Beeinflussung der Matrosen eine Delegation. Knarrend kam die Maschine der Doppelherrschaft in Bewegung. Unter Teilnahme von Zeretelli und Skobeljew erklärte sich der Kronstädter Sowjet am 24. Mai auf Drängen der Bolschewiki bereit, anzuerkennen, daß er, den Kampf um die Sowjetmacht fortsetzend, praktisch verpflichtet sei, sich der Provisorischen Regierung zu fügen, solange die Sowjetmacht nicht im ganzen Lande errichtet sei. Aber bereits am nächsten Tage erklärte der Sowjet unter dem Druck der über diese Nachgiebigkeit empörten Matrosen, daß den Ministern nur eine »Erläuterung« des Standpunktes Kronstadts, der unabänderlich bleibe, gegeben worden sei. Das war ein offensichtlich taktischer Fehler, hinter dem sich jedoch nichts anderes als revolutionäre Ambition verbarg.

Die Spitzen beschlossen, den Glücksfall auszunutzen, den Kronstädtern eine Lektion zu erteilen und sie gleichzeitig für die früheren Sünden büßen zu lassen. Als Ankläger trat selbstverständlich Zeretelli auf. Mit pathetischer Berufung auf seine eigenen Gefängnisse zeterte er besonders deshalb gegen die Kronstädter, weil sie in den Festungskasematten 80 Offiziere festhielten. Die ganze wohlgesinnte Presse stimmte ihm bei. Jedoch mußten auch die Versöhnler-, das heißt die Ministerzeitungen zugeben, daß es sich »um richtige Staatsschatzräuber« handle und um »Menschen, die das Faustrecht bis zum Entsetzen ausgeübt hatten« ... Selbst nach den »Iswestja« (»Mitteilungen«), dem Offiziosus Zeretellis, machten als Zeugen vernommene Matrosen »Angaben über die Unterdrückung des Aufstandes von 1906 (durch die verhafteten Offiziere), über Massenerschießungen, über mit Leichen Hingerichteter vollgepfropfte und ins Meer versenkte Schaluppen und über andere Greuel ... sie berichteten das so einfach, als handelte es sich um die geläufigsten Dinge«.

Die Kronstädter weigerten sich hartnäckig, die Verhafteten einer Regierung auszuliefern, der die Henker und Staatsschatzräuber von adligem Stande viel näher waren als die im Jahre 1906 und in anderen Jahren zu Tode gequälten Matrosen. Nicht zufällig befreite der Justizminister Perewersew, den Suchanow milde »eine der verdächtigsten Gestalten der Koalitionsregierung« nennt, systematisch die niederträchtigsten Vertreter der zaristischen Gendarmerie aus der Peter-Paul-Festung. Die demokratischen Parvenus waren hauptsächlich bemüht, von der reaktionären Bürokratie als edelmütig anerkannt zu werden.

Die Anklagen Zeretellis beantworteten die Kronstädter in ihrem Aufruf: »Die in den Tagen der Revolution von uns verhafteten Offiziere, Gendarmen und Polizisten haben den Regierungsvertretern selbst erklärt, daß sie sich über die Behandlung durch die Gefängnisaufsicht nicht zu beklagen haben. Allerdings sind die Gefängnisgebäude in Kronstadt schrecklich. Es sind aber die gleichen Gefängnisse, die der Zarismus für uns erbaut hat. Andere haben wir nicht. Und wenn wir die Feinde des Volkes in diesen Gefängnissen festhalten, so nicht aus Rache, sondern aus Erwägungen revolutionärer Selbsterhaltung.«

Am 27. Mai saß der Petrograder Sowjet über die Kronstädter zu Gericht. In einer Rede zu ihrer Verteidigung wies Trotzki Zeretelli warnend darauf hin, daß im Falle der Gefahr, das heißt, »wenn ein konterrevolutionärer General versuchen wird, der Revolution die Schlinge um den Hals zu werfen, die Kadetten den Strick einseifen, während die Kronstädter Matrosen zur Stelle sein werden, um gemeinsam mit uns zu kämpfen und zu sterben«. Diese warnende Voraussage sollte sich nach drei Monaten mit überraschender Genauigkeit verwirklichen: als General Kornilow den Aufstand entfesselte und Truppen gegen die Hauptstadt heranführte, riefen Kerenski, Zeretelli und Skobeljew zum Schutze des Winterpalais die Kronstädter Matrosen herbei. Doch was folgt daraus? Im Juni verteidigten die Herren Demokraten die Ordnung gegen Anarchie; keine Argumente und Warnungen hatten da Macht über sie. Mit einer Mehrheit von 580 gegen 162 Stimmen, bei 74 Stimmenthaltungen, setzte Zeretelli im Petrograder Sowjet die Resolution durch, die den Abfall des »anarchistischen« Kronstadts von der revolutionären Demokratie verkündete. Sobald das ungeduldig wartende Mariinski-Palais von der Annahme der Lossagungsbulle benachrichtigt worden war, unterbrach die Regierung unverzüglich die telephonische Verbindung zwischen Hauptstadt und Festung für den Privatverkehr, um dem bolschewistischen Zentrum die Beeinflussung der Kronstädter unmöglich zu machen, befahl gleichzeitig, sofort alle Lehrschiffe aus Kronstadt zu entfernen und verlangte vom Sowjet

»unbedingten Gehorsam«. Der zur gleichen Zeit tagende Kongreß der Bauerndeputierten versuchte es mit der Drohung, »den Kronstädtern die Bedarfsprodukte zu verweigern«. Die hinter dem Rücken der Versöhnler lauernde Reaktion suchte eine entscheidende und nach Möglichkeit blutige Lösung.

»Der übereilte Schritt des Kronstädter Sowjets«, schreibt ein junger Historiker, Jugow, »konnte unerwünschte Folgen heraufbeschwören. Man mußte aus der entstandenen Lage einen passenden Ausweg finden. Zu eben diesem Zwecke reiste Trotzki nach Kronstadt, wo er im Sowjet auftrat und eine Deklaration verfaßte, die vom Sowjet und später, von Trotzki eingebracht, vom Meeting auf dem Ankerplatz einstimmig angenommen wurde.« Die Kronstädter wahrten ihre prinzipielle Position und gaben in praktischen Fragen nach.

Die friedliche Beilegung des Konfliktes brachte die bürgerliche Presse ganz außer Rand und Band: in der Festung herrsche Anarchie, die Kronstädter druckten eigenes Geld – phantastische Abbildungen wurden in den Zeitungen reproduziert –, Staatsgut werde gestohlen, Frauen vergesellschaftet, Plünderungen und Trinker-Orgien veranstaltet. Die Seeleute, auf ihre strenge Ordnung stolz, ballten die schwieligen Fäuste beim Lesen der Zeitungen, die in Millionen Exemplaren die Verleumdungen gegen sie über ganz Rußland verbreiteten.

Perewersews Gerichtsorgane entließen die ihnen übergebenen Kronstädter Offiziere einen nach dem anderen. Es wäre sehr lehrreich, festzustellen, wer von den Freigelassenen später am Bürgerkrieg teilnahm und wie viele Matrosen, Soldaten, Arbeiter und Bauern von ihnen erschossen und aufgehängt wurden. Leider sind wir nicht in der Lage, diese lehrreiche Statistik hier aufzustellen.

Die Autorität der Regierung war gerettet. Doch erhielten die Matrosen bald Genugtuung für die erlittenen Kränkungen. Von allen Enden des Landes trafen Begrüßungsresolutionen an das rote Kronstadt ein: von einzelnen linkeren Sowjets, von Betrieben, Regimentern, Meetings. Das erste Maschinengewehrregiment demonstrierte in den Straßen Petrograds in voller Stärke seine Achtung für die Kronstädter, »für ihre standhafte Position des Mißtrauens gegen die Provisorische Regierung«.

Kronstadt aber bereitete sich auf ernsthaftere Revanche vor. Die Hetze der bürgerlichen Presse machte es zu einem Faktor von gesamtstaatlicher Bedeutung. »In Kronstadt sich verschanzend«, schreibt Miljukow, »warf der Bolschewismus mit Hilfe sachgemäß ausgebildeter Agitatoren seine Propagandanetze weit über Rußland aus. Kronstädter Emissäre wurden auch an die Front geschickt, wo sie die Disziplin untergruben, in die Etappe und aufs Land, wo sie Pogrome gegen die Güter anzettelten. Der Kronstädter Sowjet versah die Emissäre mit besonderen Legitimationen: ›N. N. wird in das ... Gouvernement geschickt, um an den

Sitzungen der Kreis-, Bezirks- und Dorfkomitees mit beschließender Stimme teilzunehmen, wie auch Meetings zu besuchen und solche an beliebigem Ort nach eigenem Ermessen einzuberufen‹, mit ›dem Recht des Waffentragens und freier und unentgeltlicher Fahrt auf allen Eisenbahnen und Dampfern‹. Wobei die ›Unantastbarkeit der Person des bezeichneten Agitators vom Sowjet der Stadt Kronstadt garantiert wird‹.«

Indem er die Wühlarbeit der baltischen Seeleute entlarvt, vergißt Miljukow nur, zu erklären, wie und weshalb es kommen konnte, daß einzelne Matrosen, ausgerüstet mit dem seltsamen Mandat des Kronstädter Sowjets, trotz des Vorhandenseins allweiser Behörden, Institutionen und Zeitungen unbehelligt im ganzen Lande herumreisten, allerorts Tisch und Herd fanden, zu jeglichen Volksversammlungen zugelassen, überall aufmerksam angehört wurden und den historischen Ereignissen den Stempel der Matrosenhand aufdrückten. Der die liberale Politik bedienende Historiker stellt sich diese einfache Frage erst gar nicht. Indes war das Kronstädter Wunder nur deshalb denkbar, weil die Matrosen viel tiefer die Bedürfnisse der historischen Entwicklung ausdrückten als die sehr gescheiten Professoren. Das halbanalphabetische Mandat erwies sich, um mit Hegel zu sprechen, wirksam, weil es vernünftig war. Die subjektiv klügsten Pläne dagegen erwiesen sich als illusorisch, denn die Vernunft der Geschichte hatte in ihnen auch nicht einmal übernachtet.

Die Sowjets blieben hinter den Betriebskomitees zurück. Die Betriebskomitees hinter den Massen. Die Soldaten hinter den Arbeitern. In noch höherem Maße blieb die Provinz hinter der Hauptstadt zurück. Dies ist die unvermeidliche Dynamik des revolutionären Prozesses, die tausend Widersprüche erzeugt, um sie dann gleichsam zufällig, im Vorbeigehen, spielend zu überwinden und sogleich neue zu erzeugen. Hinter der revolutionären Dynamik blieb auch die Partei zurück, das heißt jene Organisation, die am allerwenigsten das Recht besitzt, zurückzubleiben, besonders in der Revolution. In Arbeiterzentren wie Jekaterinburg, Perm, Tula, Nishnij-Nowgorod, Sormowo, Kolomna, Jusowka hatten sich die Bolschewiki erst Ende Mai von den Menschewiki getrennt. In Odessa, Nikolajew, Jelissawetgrad, Poltawa und an anderen Punkten der Ukraine besaßen die Bolschewiki auch Mitte Juni noch keine selbständigen Organisationen. In Baku, Slatoust, Beschezk, Kostroma trennten sich die Bolschewiki erst Ende Juni endgültig von den Menschewiki. Diese Tatsachen müssen erstaunlich erscheinen, berücksichtigt man, daß den Bolschewiki bevorstand, schon nach vier Monaten die Macht zu ergreifen. Wie weit war die Partei während des Krieges hinter dem Molekularprozeß in den Massen zurückgeblieben, und wie weit die Märzleitung Kamenew-Stalin hinter den großen historischen Aufgaben!

Die revolutionärste Partei, die die menschliche Geschichte bis jetzt überhaupt gekannt hat, wurde dennoch von den Revolutionsereignissen überrascht. Sie baute sich im Feuer um und ordnete ihre Reihen unter dem Ansturm der Ereignisse. Die Massen erwiesen sich im Augenblick der Wendung »an die hundert Mal« linker als die linkste Partei.

Das Steigen des Einflusses der Bolschewiki, das mit der Gewalt eines naturnotwendigen Prozesses vor sich ging, zeigt bei näherer Betrachtung seine Widersprüche und Zickzacks, seine Ebben und Fluten. Die Massen sind nicht homogen, und überdies lernen sie nicht anders mit dem Feuer der Revolution umzugehen, als daß sie sich die Hände daran verbrennen und zurückprallen. Die Bolschewiki vermochten nur den Lehrprozeß der Massen zu beschleunigen. Sie klärten geduldig auf. Im übrigen hat die Geschichte diesmal ihre Geduld nicht lange mißbraucht.

Während die Bolschewiki unaufhaltsam Werkstätten, Fabriken und Regimenter eroberten, ergaben die Wahlen zur demokratischen Duma ein großes und scheinbar wachsendes Übergewicht der Versöhnler. Das war einer der schärfsten und rätselhaftesten Widersprüche der Revolution. Allerdings war die Duma des rein proletarischen Wyborger Bezirks auf ihre bolschewistische Mehrheit stolz. Doch das war eine Ausnahme. Bei den Stadtwahlen in Moskau konnten die Sozialrevolutionäre im Juni noch über 60% der Stimmen auf sich vereinigen. Diese Zahl verblüffte sie selbst: es konnte ihnen nicht verborgen bleiben, daß ihr Einfluß im raschen Sinken war. Für das Verständnis des Verhältnisses zwischen der realen Entwicklung der Revolution und ihrem Abbild im Spiegel der Demokratie sind die Moskauer Wahlen von höchstem Interesse. Die fortgeschrittenen Schichten der Arbeiter und Soldaten schüttelten bereits eilig die versöhnlerischen Illusionen von sich, während die breitesten Massen des städtischen Kleinvolkes erst begannen, sich in Bewegung zu setzen. Für diese zerstäubte Masse waren die demokratischen Wahlen vielleicht die erste, jedenfalls eine seltene Möglichkeit, sich politisch zu äußern. Während der Arbeiter, der gestrige Menschewik oder Sozialrevolutionär, seine Stimme der Partei der Bolschewiki gab und den Soldaten mitriß, traten der Droschkenkutscher, der Briefträger, der Portier, die Händlerin, der Krämer, dessen Kommis und der Lehrer durch einen so heroischen Akt wie die Stimmabgabe für den Sozialrevolutionär zum ersten Male aus ihrem politischen Nichtsein hervor. Mit Verspätung stimmten die kleinbürgerlichen Schichten für Kerenski, weil dieser in ihren Augen die Februarrevolution, die sie erst heute erreicht hatte, verkörperte. Mit ihren 60 Prozent sozialrevolutionärer Mehrheit leuchtete die Moskauer Duma in dem letzten Lichte eines erlöschenden Gestirns. Ebenso verhielt es sich mit den anderen Organen der demokratischen Selbstverwaltung. Kaum entstanden, wurden sie von der Ohnmacht des Zuspätgekommenseins ereilt. Das bedeutet, daß der Gang der Revolution von den Arbeitern und Soldaten abhing, nicht aber von dem menschlichen Staub, den die Stürme der Revolution erhoben und aufwirbelten.

Das ist die tiefe und zugleich einfache Dialektik des revolutionären Erwachens der unterdrückten Klassen. Die gefährlichste unter den Aberrationen der Revolution besteht darin, daß der mechanische Zähler der Demokratie den gestrigen, heutigen und morgigen Tag summiert und damit formelle Demokraten darauf stößt, den Kopf der Revolution dort zu suchen, wo sich in Wirklichkeit ihr gewichtiger Schwanz befindet. Lenin lehrte seine Partei, zwischen Kopf und Schwanz zu unterscheiden.

Sowjetkongreß und Junidemonstration

Der erste Sowjetkongreß, der Kerenski die Sanktion zur Offensive erteilte, versammelte sich am 3. Juni im Gebäude des Kadettenkorps zu Petrograd. Insgesamt gab es auf dem Kongreß 820 Delegierte mit beschließender und 268 mit beratender Stimme. Sie vertraten 305 Ortssowjets, 53 Bezirks- und Distriktssowjets, ferner Frontorganisationen, Armeeinstitutionen des Hinterlandes und einige Bauernorganisationen. Beschließende Stimme hatten Sowjets, die mindestens 25000 Menschen vertraten. Sowjets, die 10000–25000 vereinigten, hatten beratende Stimme. Auf Grund dieser Normen, die übrigens wohl kaum sehr streng gewahrt wurden, darf man folgern, daß hinter dem Kongreß über zwanzig Millionen Menschen standen. Von 777 Delegierten, die über ihre Parteizugehörigkeit Auskunft gaben, waren 285 Sozialrevolutionäre, 248 Menschewiki, 105 Bolschewiki; weiter folgten kleinere Gruppen. Der linke Flügel, das heißt Bolschewiki zusammen mit den ihnen eng angeschlossenen Internationalisten, bildete weniger als ein Fünftel der Delegierten. Der Kongreß bestand in seiner Mehrheit aus Personen, die sich im März als Sozialisten eingeschrieben hatten und im Juni bereits der Revolution müde waren. Petrograd mußte ihnen als eine Stadt von Besessenen erscheinen.

Der Kongreß begann mit der Billigung der Ausweisung Grimms, des kläglichen Schweizer Sozialisten, der versucht hatte, durch Kulissenverhandlungen mit der Hohenzollerndiplomatie die Russische Revolution und die deutsche Sozialdemokratie zu retten. Die Forderung des linken Flügels, unverzüglich die Frage der sich vorbereitenden Offensive zur Diskussion zu stellen, wurde mit erdrückender Mehrheit abgelehnt. Die Bolschewiki sahen wie ein kleines Häuflein aus. Aber am gleichen Tage und vielleicht zur gleichen Stunde nahm die Konferenz der Petrograder Betriebskomitees, ebenfalls mit erdrückender Mehrheit, eine Resolution an, wonach nur die Sowjetmacht das Land retten könne.

So kurzsichtig die Versöhnler auch waren, es konnte ihnen nicht verborgen bleiben, was sich täglich ringsherum abspielte. Der Bolschewikenhasser Liber brandmarkte, offenbar unter dem Einfluß der Provinzler, in der Sitzung vom 4. Juni die untauglichen Regierungskommissare, denen man im Lande die Macht nicht zugestehen wollte. »Eine Reihe von Funktionen der Regierungsorgane ging infolgedessen in die Hände der Sowjets über, auch dann, wenn diese es nicht verlangten.« Die Versöhnler führten Beschwerde gegen sich selbst.

Einer der Delegierten, ein Pädagoge, erzählte auf dem Kongreß, daß auf dem Gebiete der Volksbildung in den vier Revolutionsmonaten nicht die geringsten Änderungen eingetreten seien. Alle alten Lehrer, Inspektoren, Direktoren, Kreisschulräte, nicht selten frühere Mitglieder der Schwarzhundertorganisationen, alle alten Schulpläne, reaktionären Lehrbücher, sogar die alten Ministergehilfen wären unbehelligt auf ihren Plätzen verblieben. Nur die Zarenporträts wären auf den Boden geschafft worden, könnten aber jeden Augenblick auf ihren früheren Platz zurückgebracht werden.

Der Kongreß konnte sich nicht entschließen, die Hand gegen Reichsduma und Staatsrat zu erheben. Seine Schüchternheit vor der Reaktion verhüllte der menschewistische Redner Bogdanow damit, daß Duma und Staatsrat »ohnehin tote, nicht existierende Institutionen sind«. Mit dem ihm eigenen polemischen Witz antwortete darauf Martow: »Bogdanow schlägt vor, die Duma als nicht existierend zu betrachten, aber ihre Existenz nicht anzutasten.«

Trotz der so kompakten Regierungsmehrheit verlief der Kongreß in einer Atmosphäre von Unruhe und Unsicherheit. Das patriotische Stroh war feucht geworden und flackerte nur träge auf. Es war klar, daß die Massen unzufrieden und die Bolschewiki im Lande, vor allem in der Hauptstadt, unermeßlich stärker waren als auf dem Kongreß. Auf seinen Ursprung zurückgeführt, drehte sich der Streit zwischen Bolschewiki und Versöhnlern unverändert um die Frage: mit wem hat die Demokratie zu gehen, mit den Imperialisten oder mit den Arbeitern? Der Schatten der Entente schwebte über dem Kongreß. Die Entscheidung über die Offensive war bereits vorausbestimmt, der Demokratie blieb nur übrig, sich zu beugen.

»In diesem kritischen Moment«, belehrte Zeretelli, »darf nicht eine einzige öffentliche Kraft, solange sie von der Volkssache auszunutzen ist, von der Waage hinuntergeworfen werden.« Dies war die Begründung der Koalition mit der Bourgeoisie. Da Proletariat, Armee und Bauernschaft mit jedem Schritt die Pläne der Demokraten störten, sah man sich gezwungen, unter dem Schein des Krieges gegen die Bolschewiki einen Krieg gegen das Volk zu eröffnen. So verhängte Zeretelli den Bann über die Kronstädter Matrosen, um von seiner Waage nicht den Kadetten Pepelajew hinunterwerfen zu müssen. Die Koalition wurde mit einer Mehrheit von 543 gegen 126 Stimmen bei 52 Enthaltungen gutgeheißen.

Die Arbeit der großen und zähen Versammlung im Kadettenkorps-Gebäude war voller Schwung, was Deklarationen anbelangt, von konservativer Kargheit in Beziehung auf die praktischen Aufgaben. Das drückte allen Beschlüssen den Stempel der Hoffnungslosigkeit und Heuchelei auf. Der Kongreß erkannte allen Nationen Rußlands das Selbstbestimmungsrecht zu, den Schlüssel zu diesem problematischen Recht händigte er jedoch nicht den unterdrückten Nationen selbst, sondern der künftigen Konstituierenden Versammlung aus, in der die Versöhnler in der Mehrheit zu sein hofften und vor den Imperialisten genauso zu kapitulieren vorhatten, wie sie es jetzt in der Regierung taten.

Der Kongreß lehnte es ab, das Dekret über den Achtstundentag anzunehmen. Das Herumstampfen der Koalition auf einer Stelle erklärte Zeretelli mit der Schwierigkeit, die Interessen der verschiedenen Bevölkerungsschichten in Einklang zu bringen. Als sei auch nur eine einzige große Sache in der Geschichte durch »das in Einklangbringen der Interessen« und nicht durch den Sieg der fortschrittlichen Interessen über die reaktionären geschehen!

Der Sowjetwirtschaftler Gromann brachte am Schluß seine unvermeidliche Resolution ein: über die heranrückende Wirtschaftskatastrophe und die Notwendigkeit staatlicher Regulierung. Der Kongreß nahm diese Ritualresolution an, jedoch nur zu dem Zwecke, um alles beim alten zu belassen.

»Grimm ist ausgewiesen worden«, schrieb Trotzki am 7. Juni, »der Kongreß ging zur Tagesordnung über. Der kapitalistische Profit aber bleibt für Skobeljew und dessen Kollegen in alter Weise unantastbar. Die Ernährungskrise verschärft sich mit jeder Stunde. Auf dem diplomatischen Gebiet erhält die Regierung einen Schlag nach dem anderen. Schließlich droht die so hysterisch verkündete Offensive allem Anschein nach bald als ungeheuerliches Abenteuer über das Volk zusammenzustürzen.

Wir sind geduldig und wären bereit, die sichtbare Tätigkeit des Ministeriums Lwow-Tereschtschenko-Zeretelli noch eine Reihe von Monaten ruhig weiter zu beobachten. Wir brauchen Zeit – für unsere Vorbereitung. Doch der unterirdische Maulwurf wühlt gar schnell. Und unter Beihilfe der ›sozialistischen‹ Minister kann das Problem der Macht viel schneller über die Teilnehmer dieses Kongresses hereinbrechen, als wir alle es ahnen.«

Bestrebt, sich vor den Massen mit einer höheren Autorität zu decken, zogen die Führer den Kongreß in alle schwebenden Konflikte hinein, wodurch sie ihn vor den Augen der Petrograder

Arbeiter und Soldaten schonungslos kompromittierten. Eine der lärmendsten Episoden dieser Art war die Geschichte mit der Villa Durnowos, eines alten zaristischen Würdenträgers, der in der Eigenschaft eines Innenministers durch die Niederschlagung der Revolution von 1905 berühmt geworden war. Die leerstehende Villa des verhaßten Bürokraten, dessen Hände obendrein nicht ganz sauber waren, hatten Arbeiterorganisationen des Wyborger Bezirkes besetzt, hauptsächlich des großen Gartens wegen, der ein beliebter Spielplatz der Kinder wurde. Die bürgerliche Presse schilderte die Villa als einen Schlupfwinkel von Pogromisten und Banditen, als ein Kronstadt des Wyborger Bezirks. Niemand unterzog sich der Mühe, nachzuprüfen, wie sich die Sache in Wirklichkeit verhielt. Die Regierung, die allen großen Fragen sorgsamst auswich, stürzte sich mit unverbrauchter Leidenschaft auf die Rettung der Villa. Vom Exekutivkomitee wurde eine Sanktion der heroischen Maßnahmen verlangt, die Zeretelli selbstverständlich nicht verweigerte. Der Staatsanwalt erließ einen Befehl, in 24 Stunden die Gruppe der Anarchisten aus der Villa hinauszusetzen. Die Arbeiter, die von den bevorstehenden Kriegsoperationen erfuhren, schlugen Alarm. Die Anarchisten ihrerseits drohten mit bewaffnetem Widerstand. 28 Werkstätten proklamierten einen Proteststreik. Das Exekutivkomitee erließ einen Aufruf, in dem es die Wyborger Arbeiter als Helfershelfer der Konterrevolution brandmarkte. Nach dieser Vorbereitung drangen die Vertreter von Justiz und Miliz in die Löwenhöhle ein. Es zeigte sich jedoch, daß in der Villa, die eine Reihe kultureller Arbeiterorganisationen beherbergte, völlige Ordnung herrschte. Man mußte, und zwar nicht ohne Schmach, den Rückzug antreten. Diese Geschichte hatte aber noch eine weitere Entwicklung.

Am 9. Juni platzte auf dem Kongreß eine Bombe: die Morgenausgabe der »Prawda« hatte einen Aufruf zur Demonstration für den nächsten Tag gebracht. Tschcheidse, der leicht zu erschrecken pflegte und deshalb andere zu erschrecken geneigt war, verkündete mit Grabesstimme: »Wenn der Kongreß keine Maßnahmen ergreift, wird der morgige Tag verhängnisvoll werden.« Die Delegierten horchten unruhig auf.

Der Gedanke, die Petrograder Arbeiter und Soldaten mit dem Kongreß zu konfrontieren, hatte sich durch die ganze Situation von selbst aufgedrängt. Die Massen bestürmten die Bolschewiki. Besonders brodelte die Garnison, die befürchtete, man würde sie im Zusammenhang mit der Offensive zerstückeln und an die Fronten verstreuen. Dazu kam die starke Unzufriedenheit mit der »Deklaration der Rechte des Soldaten«, die im Vergleich mit dem Befehl Nr. 1 und dem Regime, das sich in der Armee faktisch durchgesetzt hatte, einen großen Schritt rückwärts bedeutete. Die Initiative zur Demonstration ging von der Militärischen Organisation der Bolschewiki aus. Ihre Leiter behaupteten, und wie die

Ereignisse zeigen werden, durchaus mit Recht, daß die Soldaten von sich aus auf die Straße gehen würden, falls die Partei die Leitung nicht übernehme. Der schroffe Umschwung der Massenstimmungen war jedoch nicht ohne weiteres zu berechnen, und dies erzeugte ein gewisses Schwanken bei den Bolschewiki selbst. Wolodarski war nicht überzeugt, daß die Arbeiter auf die Straße gehen würden. Es herrschten auch Befürchtungen über den Charakter, den die Demonstration annehmen könnte. Die Vertreter der militärischen Organisation erklärten, daß die Soldaten, einen Überfall und eine Abrechnung befürchtend, nicht unbewaffnet auf die Straße gehen wollten. »Welche Formen wird die Demonstration annehmen?« fragte der vorsichtige Tomski und verlangte eine ergänzende Besprechung. Stalin meinte: »Die Gärung unter den Soldaten ist Tatsache; bei den Arbeitern aber herrscht eine so klar ausgesprochene Stimmung nicht«, dennoch fand er, daß es notwendig sei, der Regierung Widerstand zu leisten. Der stets eher zum Ausweichen als zum Kampfe neigende Kalinin sprach sich entschieden gegen die Demonstration aus, wobei er sich auf das Fehlen eines zwingenden Vorwandes, besonders bei den Arbeitern, berief: »Die Demonstration wird nur eine erklügelte Sache sein.« In der Beratung mit Vertretern der Bezirke erhoben sich am 8. Juni nach einer Reihe vorangegangener Abstimmungen schließlich 131 Hände für die Demonstration, 6 dagegen, 22 enthielten sich der Abstimmung. Die Demonstration wurde auf Sonntag, den 10. Juni, festgesetzt.

Die Vorbereitungsarbeit war bis zum letzten Moment geheim geführt worden, um den Sozialrevolutionären und Menschewiki nicht die Möglichkeit zu verschaffen, eine Gegenagitation zu entfalten. Diese berechtigte Vorsichtsmaßnahme wurde später als Beweis für eine militärische Verschwörung gedeutet. Der Zentralsowjet der Betriebskomitees stimmte dem Beschluß, die Demonstration zu organisieren, zu. »Unter dem Druck Trotzkis und gegen den opponierenden Lunatscharski«, schreibt Jugow, »beschloß das Komitee der ›Interrayonisten‹ (›Meschrayonzy‹*), an der Demonstration teilzunehmen.« Die Vorbereitung wurde mit glühendem Eifer durchgeführt.

Die Kundgebung sollte das Banner der Sowjetmacht erheben. Die Kampflosung lautete: »Nieder mit den zehn Minister-Kapitalisten.« Das war der einfachste Ausdruck für die Forderung des Bruches der Koalition mit der Bourgeoisie. Der Zug sollte zum Kadettenkorps, wo der Kongreß tagte, marschieren. Damit wollte man unterstreichen, daß es nicht um den Sturz der Regierung, sondern um einen Druck auf die Sowjetführer gehe.

Freilich wurden bei den Vorberatungen der Bolschewiki auch andere Stimmen laut. So beantragte Smilga, damals ein junges

* Siehe Fußnote S. 398.

Mitglied des Zentralkomitees, »auf die Besetzung von Post, Telegraphenamt und Waffenlager nicht zu verzichten, falls sich die Ereignisse zu einem Zusammenstoß entwickeln«. Ein anderer Teilnehmer der Beratung, Lazis, Mitglied des Petrograder Komitees, trug über die Ablehnung des Antrages Smilga in sein Tagebuch ein: »Ich kann mich nicht damit abfinden ... werde mich mit den Genossen Semaschko und Rachja verständigen, um nötigenfalls, gestützt auf das Maschinengewehrregiment, gerüstet zu sein, Bahnhöfe, Waffenlager, Banken, Post- und Telegraphenamt zu besetzen.« Semaschko war Offizier des Maschinengewehrregiments, Rachja ein Arbeiter und wahrer bolschewistischer Kämpfer.

Daß solche Stimmungen vorhanden waren, ist selbstverständlich. Der gesamte Parteikurs ging auf die Machteroberung, die Frage bestand nur in der Einschätzung der Situation. In Petrograd vollzog sich ein offensichtlicher Umschwung zugunsten der Bolschewiki; in der Provinz entwickelte sich der gleiche Prozeß, nur langsamer; schließlich brauchte die Front noch die Lehre der Offensive, um das Mißtrauen gegen die Bolschewiki abzuschütteln. Lenin beharrte deshalb auf seiner Aprilposition: »Geduldig aufklären.«

In seinen Aufzeichnungen schildert Suchanow den Demonstrationsplan vom 10. Juni als direkte Absicht Lenins, »unter günstigen Umständen« die Macht zu ergreifen. In Wirklichkeit hatten nur einzelne Bolschewiki, die, nach der ironischen Bemerkung Lenins, »ein bißchen linker« als notwendig steuerten, die Frage so zu stellen versucht. Merkwürdigerweise bemüht Suchanow sich nicht einmal, seine willkürlichen Vermutungen mit der politischen Linie Lenins, die in zahlreichen Reden und Artikeln festgelegt war, zu vergleichen.*

Das Büro des Exekutivkomitees verlangte sofort von den Bolschewiki, die Demonstration abzusagen. Mit welchem Recht? Formell konnte die Demonstration offenbar nur durch die Staatsmacht verboten werden. Die aber wagte nicht, auch nur daran zu denken. Wie aber konnte der Sowjet, eine vom Block zweier politischer Parteien geleitete »Privatorganisation«, die Demonstration einer dritten Partei verbieten? Das Zentralkomitee der Bolschewiki weigerte sich, das Verlangen zu erfüllen, beschloß aber, den friedlichen Charakter der Demonstration noch schärfer zu betonen. Am 9. Juni wurde in den Arbeitervierteln eine Proklamation der Bolschewiki angeschlagen: »Wir sind freie Bürger, wir haben das Recht zu protestieren, und wir müssen dieses Recht ausnutzen, solange es nicht zu spät ist. Das Recht der friedlichen Demonstration bleibt uns erhalten.«

Die Versöhnler brachten die Frage vor den Kongreß. In diesem

* Ausführlicheres über diese Frage im Anhang Nr. 3.

Augenblick sprach Tschcheidse die Worte vom verhängnisvollen Ausgang und betonte, daß es nötig sein werde, die ganze Nacht zu tagen. Das Präsidiumsmitglied Gegetschkori, ebenfalls ein Sohn der Gironde, schloß seine Rede gegen die Bolschewiki mit dem plumpen Schrei: »Fort mit euren schmutzigen Händen von der großen Sache!« Trotz ihres Verlangens ließ man den Bolschewiki keine Zeit, in dieser Frage eine fraktionelle Beratung abzuhalten. Der Kongreß nahm einen Beschluß an, wonach für die Dauer von drei Tagen jegliche Demonstration verboten sei. Dieser Gewaltakt gegen die Bolschewiki war gleichzeitig ein Usurpationsakt gegen die Regierung: die Sowjets fuhren fort, sich selbst die Macht unter dem Kissen hervorzustehlen.

In den gleichen Stunden sprach Miljukow auf dem Kosakenkongreß und nannte die Bolschewiki »Hauptfeinde der Russischen Revolution«. Ihr Hauptfreund wurde nach der Logik der Dinge Miljukow selbst, der am Vorabend der Februarrevolution bereit gewesen war, eher eine Niederlage von den Deutschen als die Revolution vom russischen Volke hinzunehmen. Auf die Frage der Kosaken, wie man sich den Leninisten gegenüber zu verhalten habe, antwortete Miljukow: »Es ist Zeit, mit diesen Herren Schluß zu machen.« Der Führer der Bourgeoisie hatte es sehr eilig. Allerdings blieb ihm tatsächlich nicht viel Zeit zu verlieren.

Unterdes fanden in den Fabriken und bei den Regimentern Meetings statt, auf denen beschlossen wurde, morgen unter der Losung »Alle Macht den Sowjets« auf die Straße zu gehen. Im Lärm des Sowjet- und des Kosakenkongresses blieb die Tatsache unbeachtet, daß in die Wyborger Bezirksduma von den Bolschewiki 37, vom Block der Sozialrevolutionäre und Menschewiki 22 und von den Kadetten 4 Vertreter gewählt worden waren.

Vor den kategorischen Beschluß des Kongresses gestellt und noch dazu mit dem geheimnisvollen Hinweis auf den drohenden Schlag von rechts, beschlossen die Bolschewiki, die Frage erneut zu prüfen. Sie hatten eine friedliche Demonstration, nicht aber einen Aufstand beabsichtigt und keine Veranlassung, die verbotene Demonstration in einen halben Aufstand zu verwandeln. Das Kongreßpräsidium seinerseits entschied, Vorkehrungen zu treffen. Einige hundert Delegierte wurden in Zehnergruppen verteilt und in die Arbeiterviertel und Kasernen geschickt, um die Demonstration abzuwenden; gegen Morgen hatten sie im Taurischen Palais zu erscheinen und das Ergebnis zu prüfen. Dieser Expedition schloß sich das Exekutivkomitee der Bauerndeputierten an und stellte seinerseits 70 Mann.

Wenn auch auf unerwartete Weise, so hatten die Bolschewiki doch das, was sie wollten, erreicht: die Kongreßdelegierten waren gezwungen, mit den Arbeitern und Soldaten der Hauptstadt Bekanntschaft zu machen. Man ließ den Berg nicht zu den Propheten kommen, also mußten die Propheten zum Berge gehen. Die Begegnung erwies sich als höchst lehrreich. In der »Iswestja«, der Zeitung des Moskauer Sowjets, gibt ein menschewikischer Korrespondent folgendes Bild: »Die Mehrheit des Kongresses, über 500 seiner Mitglieder, hatte die ganze Nacht kein Auge geschlossen, in Zehnergruppen zerschlagen besuchte sie die Petrograder Fabriken und Truppenteile mit der Aufforderung, von der Demonstration abzusehen. Der Kongreß besitzt in einem großen Teil der Fabriken und Werkstätten und auch bei gewissen Teilen der Garnison keine Autorität ... Die Kongreßmitglieder wurden durchaus nicht immer freundlich, mitunter sogar feindselig empfangen und nicht selten im bösen verabschiedet.« Das offizielle Sowjetorgan übertreibt keinesfalls; im Gegenteil, es gibt ein sehr gemildertes Bild der nächtlichen Begegnung zweier Welten.

Die Petrograder Massen ließen jedenfalls die Delegierten nicht im Zweifel darüber, wer von nun an Demonstrationen ansetzen und absagen konnte. Die Arbeiter des Putilow-Werkes erklärten sich erst dann bereit, den Aufruf des Kongresses gegen die Demonstration anzuschlagen, nachdem sie sich aus der »Prawda« überzeugt haben würden, daß er dem Beschluß der Bolschewiki nicht widersprach. Das 1. Maschinengewehrregiment, das, wie das Putilow-Werk bei den Arbeitern, in der Garnison die erste Geige spielte, nahm nach den Referaten Tschcheidses und Awksentjews, der Vorsitzenden zweier Exekutivkomitees, folgende Resolution an: »Im Einverständnis mit dem Zentralkomitee der Bolschewiki und der Militärischen Organisation vertagt das Regiment sein Hervortreten ...«

Die Zähmungsbrigaden kamen nach einer schlaflosen Nacht im Zustande völliger Demoralisierung im Taurischen Palais an. Sie hatten damit gerechnet, daß die Autorität des Kongresses unbestreitbar sei, waren aber auf eine Mauer von Mißtrauen und Feindseligkeit gestoßen. »Die Massen sind in der Gewalt der Bolschewiki.« »Gegen Menschewiki und Sozialrevolutionäre verhält man sich feindselig.« »Man glaubt nur der ›Prawda‹.« Irgendwo hatte man gerufen: »Wir sind für euch keine Genossen.« So berichteten die Delegierten einer nach dem andern, wie sie, obwohl die Schlacht abgesagt worden war, die schwerste Niederlage erlitten hatten.

Die Massen unterwarfen sich dem Beschluß der Bolschewiki. Doch vollzog sich die Unterwerfung keinesfalls ohne Proteste und sogar Empörung. In einigen Betrieben wurden Resolutionen angenommen, die dem Zentralkomitee eine Mißbilligung aussprachen. Die hitzigsten Parteimitglieder in den Bezirken zerrissen ihre Mitgliedskarten. Das war eine ernste Warnung.

Die Versöhnler hatten das dreitägige Demonstrationsverbot mit dem Hinweis auf eine monarchistische Verschwörung motiviert, die an die Kundgebung der Bolschewiki anzuhaken beabsichtigte; man sprach davon, daß ein Teil des Kosakenkongresses in die Sache verwickelt sei und daß konterrevolutionäre Truppen sich Petrograd näherten. Es ist nicht weiter verwunderlich, daß die Bolschewiki nach der Absage der Demonstration Aufklärungen über die Verschwörung verlangten. Statt einer Antwort beschuldigten die Kongreßführer die Bolschewiki selbst der Verschwörung. So fand man einen glücklichen Ausweg aus der Lage.

Es sei zugegeben, daß in der Nacht zum 10. Juni die Versöhnler tatsächlich eine Verschwörung entdeckt hatten, die sie stark erschütterte: die Verschwörung der Massen mit den Bolschewiki gegen die Versöhnler. Jedoch die Unterwerfung der Bolschewiki unter den Kongreßbeschluß ermutigte die Versöhnler und erlaubte ihnen, ihre Panik in Raserei umzuwandeln. Die Menschewiki und Sozialrevolutionäre beschlossen nun, eiserne Energie zu entfalten. Am 10. Juni schrieb die menschewistische Zeitung: »Es ist Zeit, die Leninisten als Abtrünnige und Verräter der Revolution zu brandmarken.« Ein Vertreter des Exekutivkomitees trat auf dem Kosakenkongreß auf und bat die Kosaken, den Sowjet gegen die Bolschewiki zu unterstützen. Der Vorsitzende, der Uraler Ataman Dutow, antwortete ihm: »Wir Kosaken werden niemals gegen den Sowjet gehen.« Die Reaktionäre waren bereit, gegen die Bolschewiki sogar mit dem Sowjet zusammenzugehen, um ihn später um so sicherer erdrosseln zu können.

Am 11. Juni versammelt sich ein dräuendes Tribunal: das Exekutivkomitee, die Mitglieder des Kongreßpräsidiums, die Fraktionsführer, insgesamt etwa 100 Mann. Als Staatsanwalt tritt wie stets Zeretelli auf. Keuchend vor Wut fordert er strenges Gericht und wehrt Dan verächtlich ab, der, zur Hetze gegen die Bolschewiki stets bereit, sich noch nicht entschließen kann, gegen sie loszuschlagen. »Was die Bolschewiki jetzt treiben, ist nicht geistige Propaganda, sondern Verschwörung ... Die Bolschewiki mögen es uns nicht verübeln. Jetzt werden wir zu anderen Kampfmethoden greifen ... *Man muß die Bolschewiki entwaffnen.* Man darf jene großen technischen Mittel, über die sie bis jetzt verfügten, nicht länger in ihren Händen belassen. Man darf Maschinengewehre und Waffen nicht mehr in ihren Händen belassen. Wir werden Verschwörungen nicht dulden.« Das sind neue Töne. Was bedeutet das eigentlich, die Bolschewiki entwaffnen? Suchanow schreibt darüber: »Die Bolschewiki besitzen ja keine besonderen Waffenlager. Die gesamten Waffen sind ja bei den Soldaten und Arbeitern, die in ungeheurer Zahl mit den Bolschewiki gehen. Entwaffnung der Bolschewiki kann nur Entwaffnung des Proletariats bedeuten. Mehr noch – das ist die Entwaffnung der Truppen.«

Mit anderen Worten, es rückte jener klassische Moment der Revolution heran, wo die bürgerliche Demokratie auf Geheiß der Reaktion die Arbeiter entwaffnen möchte, die den Sieg der Umwälzung gesichert hatten. Stets sind die Sympathien der Herren Demokraten, unter denen es auch belesene Leute gibt, mit den

Entwaffneten und nicht mit den Entwaffnern, – sofern die Sache in alten Büchern spielt. Wenn aber die gleiche Frage in der Wirklichkeit vor ihnen steht, erkennen sie sie nicht wieder. Doch schon die bloße Tatsache, daß Zeretelli, ein Revolutionär, der viele Jahre in der Katorga verbracht hatte, ein gestriger Zimmerwalder, sich anschickte, die Arbeiter zu entwaffnen, wollte nicht so ohne weiteres in die Köpfe hinein. Der Saal erstarrte. Die Provinzdelegierten überkam wohl doch die Ahnung, daß man sie in einen Abgrund stürzte. Ein Offizier bekam einen hysterischen Anfall.

Nicht weniger bleich als Zeretelli, erhebt sich Kamenew von seinem Platz und ruft voll Würde, deren Kraft das ganze Auditorium fühlt: »Herr Minister, wenn Sie Ihre Worte nicht in den Wind streuen, haben Sie nicht das Recht, sich auf eine Rede zu beschränken. Verhaften Sie mich und lassen Sie mich aburteilen wegen Verschwörung gegen die Revolution.« Unter Protest verlassen die Bolschewiki die Sitzung und weigern sich, an der Verhöhnung ihrer eigenen Partei teilzunehmen. Die Spannung im Saal wird unerträglich.

Liber eilt Zeretelli zu Hilfe. Die verhaltene Wut wird auf der Tribüne von hysterischer Raserei abgelöst. Liber fordert erbarmungslose Maßnahmen. »Wollt ihr die Masse bekommen, die zu den Bolschewiki geht, dann brecht mit dem Bolschewismus.« Doch man hört ihn ohne Sympathie an, sogar halb feindselig.

Der wie immer empfindsame Lunatscharski versucht sofort mit der Mehrheit eine gemeinsame Sprache zu finden: obwohl die Bolschewiki ihm versichert hätten, nur eine friedliche Demonstration geplant zu haben, habe ihn die eigene Erfahrung überzeugt, daß es »ein Fehler war, die Demonstration zu veranstalten«. Man dürfe jedoch die Konflikte nicht überspitzen. Ohne die Gegner zu beruhigen, reizt Lunatscharski die Freunde.

»Wir kämpfen nicht gegen die linke Strömung«, versichert jesuitisch Dan, der erfahrenste, aber auch unfruchtbarste Führer des Sumpfes, »wir kämpfen gegen die Konterrevolution. Es ist nicht unsere Schuld, wenn hinter eurem Rücken die Handlanger Deutschlands stehen.« Der Hinweis auf die Deutschen löste einfach jegliche Argumentation ab. Diese Herren konnten selbstverständlich keine Handlanger Deutschlands aufzeigen.

Zeretellis Absicht war, einen Hieb zu versetzen. Dan riet, nur zum Schlage auszuholen. Das Exekutivkomitee in seiner Hilflosigkeit schloß sich Dan an. Die Resolution, die am nächsten Tag auf dem Kongreß eingebracht wurde, trug den Charakter eines Ausnahmegesetzes gegen die Bolschewiki, jedoch ohne unmittelbare praktische Folgerungen.

»Nach dem Besuch der Fabriken und Regimenter durch eure Delegierten«, lautete die schriftliche Erklärung der Bolschewiki an den Kongreß, »könnt ihr darüber nicht im Zweifel sein, daß, wenn die Demonstration unterblieb, so nicht infolge eures Verbotes, sondern weil unsere Partei sie abgesagt hat ... Die Fiktion einer militärischen Verschwörung ist von dem Mitglied der Provisorischen Regierung nur vorgeschoben worden, um die Entwaffnung des Petrograder Proletariats und die Auflösung der Petrograder Garnison durchzuführen ... Auch wenn die Staatsmacht bereits restlos in die Hände des Sowjets übergegangen wäre – was wir anstreben – und der Sowjet versuchen würde, unserer Agitation Ketten anzulegen, so könnte das uns nicht zu passiver Unterwerfung zwingen, sondern dazu, Gefängnis und anderen Strafen entgegenzugehen im Namen der Ideen des internationalen Sozialismus, die uns von euch trennen.«

Sowjetmehrheit und Sowjetminderheit standen in diesen Tagen Brust an Brust, wie zum entscheidenden Kampfe. Aber beide Parteien machten im letzten Moment einen Schritt zurück. Die Bolschewiki verzichteten auf die Demonstration; die Versöhnler auf die Entwaffnung der Arbeiter.

Zeretelli blieb unter den Seinen in der Minderheit. Indes hatte er auf seine Art recht. Die Bündnispolitik mit der Bourgeoisie hatte sich jenem Punkt genähert, wo es notwendig wurde, die Massen, die sich mit der Koalition nicht abfinden wollten, zu entkräften. Die Versöhnlerpolitik zum glücklichen Ende, das heißt zur Errichtung der parlamentarischen Herrschaft der Bourgeoisie zu führen, war nicht anders möglich als durch Entwaffnung der Arbeiter und Soldaten. Zeretelli hatte also recht. Darüber hinaus war er machtlos. Weder die Arbeiter noch die Soldaten hätten die Waffen abgegeben. Folglich hätte man Gewalt gegen sie anwenden müssen. Zeretelli besaß jedoch keine Macht mehr. Er konnte sie, wenn überhaupt, nur aus den Händen der Reaktion erhalten, die im Falle einer erfolgreichen Niederschlagung der Bolschewiki unverzüglich zur Niederschlagung der Versöhnlersowjets geschritten wäre und nicht versäumt hätte, Zeretelli daran zu erinnern, daß er nur ein ehemaliger Zuchthäusler sei und nichts mehr. Der weitere Verlauf der Dinge wird jedoch zeigen, daß auch die Reaktion eine solche Macht nicht besaß.

Die Notwendigkeit des Kampfes gegen die Bolschewiki begründete Zeretelli politisch damit, daß sie das Proletariat von der Bauernschaft trennten. Martow erwiderte ihm: »Nicht aus den Tiefen der Bauernschaft« schöpfte Zeretelli seine Leitgedanken, »die Gruppe rechter Kadetten, die Kapitalistengruppe, die Gutsbesitzergruppe, die Gruppe der Imperialisten, die Bourgeoisie des Westens«, sie sind es, die die Entwaffnung der Arbeiter und Soldaten fordern. Martow hatte recht: die besitzenden Klassen hatten mehr als einmal in der Geschichte ihre Ansprüche hinter dem Rücken der Bauernschaft verborgen.

Seit der Veröffentlichung der Aprilthesen Lenins wurde die Berufung auf die Gefahr der Isolierung des Proletariats von der Bauernschaft das Hauptargument aller jener, die die Revolution zurückzerren wollten. Nicht zufällig hatte Lenin Zeretelli mit den »alten Bolschewiki« auf eine Stufe gestellt.

In einer im Jahre 1917 veröffentlichten Arbeit schrieb Trotzki zu diesem Thema: »Die Isolierung unserer Partei von den Sozialrevolutionären und Menschewiki, selbst die äußerste, selbst auf dem Wege über Einzelzellen, bedeutet noch keinesfalls die Isolierung des Proletariats von den unterdrückten Bauern- und Stadtmassen. Im Gegenteil, nur die scharfe Gegenüberstellung der Politik des revolutionären Proletariats und der treubrüchigen Abtrünnigkeit der heutigen Sowjetführer ist imstande, die rettende politische Differenzierung in die Bauernmillionen hineinzutragen, die Dorfarmut der verräterischen Leitung der gesicherten sozialrevolutionären Bäuerlein zu entreißen und das sozialistische Proletariat in den wahren Führer der plebejischen, der Volksrevolution zu verwandeln.«

Aber das durch und durch falsche Argument Zeretellis hatte ein zähes Leben. Es erstand am Vorabend der Oktoberrevolution mit verdoppelter Kraft wieder als Argument vieler »alter Bolschewiki« gegen die Umwälzung. Einige Jahre später, als die geistige Reaktion gegen den Oktober einsetzte, wurde Zeretellis Formel zur wichtigsten theoretischen Waffe der Epigonenschule.

In der gleichen Kongreßsitzung, die über die Bolschewiki in deren Abwesenheit Gericht hielt, beantragte der Vertreter der Menschewiki völlig überraschend, am nächsten Sonntag, dem 18. Juni, in Petrograd und den wichtigsten Städten eine Kundgebung der Arbeiter und Soldaten zu veranstalten, um den Feinden die Einheit und Macht der Demokratie zu zeigen. Der Antrag wurde, wenn auch nicht ohne Staunen, angenommen. Nach mehr als einem Monat erklärte Miljukow ziemlich eingehend die unerwartete Wendung der Versöhnler: »Während sie auf dem Sowjetkongreß kadettische Reden hielten und die bewaffnete Demonstration am 10. Juni zum Scheitern brachten ... fühlten die Minister-Sozialisten, daß sie in der Annäherung an uns zu weit gegangen waren und daß der Boden unter ihren Füßen zu schwinden begann. Sie bekamen Angst und machten schroff kehrt in die Richtung der Bolschewiki.« Der Beschluß zur Demonstration vom 18. Juni war selbstverständlich keine Wendung zu den Bolschewiki hin, sondern der Versuch einer Wendung zu den Massen gegen die Bolschewiki. Die nächtliche Konfrontierung mit den Arbeitern und Soldaten hatte überhaupt zu einer gewissen Aufrüttelung der Sowjetspitzen geführt: so wurde, im Gegensatz zu dem, was beim Beginn des Kongresses geplant war, im Namen der Regierung eiligst eine Verfügung über die Auflösung der Reichsduma und die Einberufung der Konstituierenden Versammlung für den 30. September erlassen. Die Parolen für die Demonstration wurden mit der Berechnung gewählt, die Massen nicht zu reizen: »Allgemeiner Friede«, »Schnellste Einberufung der

Konstituierenden Versammlung«, »Demokratische Republik«. Sowohl über Offensive wie Koalition kein Wort. In der »Prawda« fragte Lenin: »Und wo bleibt das volle Vertrauen zur Provisorischen Regierung, ihr Herren? ... Weshalb bleibt euch die Zunge am Gaumen kleben?« Diese Ironie traf das Ziel: die Versöhnler hatten es nicht gewagt, von den Massen Vertrauen für jene Regierung zu fordern, der sie angehörten.

Sowjetdelegierte, die zum zweitenmal die Arbeiterviertel und Kasernen besuchten, erstatteten dem Exekutivkomitee am Vorabend der Demonstration zuversichtliche Berichte. Zeretelli, dem diese Berichte das Gleichgewicht und die Vorliebe für selbstzufriedene Belehrungen wiedergegeben hatten, wandte sich an die Bolschewiki: »Nunmehr stehen wir vor der offenen und ehrlichen Heeresschau der revolutionären Kräfte ... Jetzt werden wir alle sehen, mit wem die Mehrheit geht, mit uns oder mit euch.« Die Bolschewiki hatten die Herausforderung angenommen, noch ehe sie so unvorsichtig formuliert worden war. »Wir werden am 18. zur Demonstration gehen«, schrieb die »Prawda«, »um für die gleichen Ziele zu kämpfen, für die wir am 10. demonstrieren wollten.«

Offenbar in Erinnerung an die Beerdigungsprozession vom März, die wenigstens äußerlich die größte Kundgebung für die Einheit der Demokratie gewesen war, führte die Marschroute auch diesmal zum Marsfeld, zu den Gräbern der Februaropfer. Außer der Marschroute erinnerte aber nichts mehr an die fernen Märztage. Am Zuge beteiligten sich etwa 400000 Menschen, das heißt bedeutend weniger als an der Beerdigung: bei dieser Sowjetdemonstration fehlte nicht nur die Bourgeoisie, mit der die Sowjets in einer Koalition waren, sondern auch die radikale Intelligenz, die an den früheren Paraden der Demokratie so hervorragend beteiligt gewesen war. Es marschierten fast ausschließlich Betriebe und Kasernen.

Die auf dem Marsfeld versammelten Sowjetdelegierten lasen und zählten die Plakate. Die ersten bolschewistischen Parolen wurden halb ironisch aufgenommen. Hatte doch Zeretelli am Vorabend seine Herausforderung so zuversichtlich hingeworfen. Doch die gleichen Parolen wiederholten sich fortwährend. »Nieder mit den zehn Minister-Kapitalisten«, »Nieder mit der Offensive«, »Alle Macht den Sowjets«, das ironische Lächeln erstarrte auf den Gesichtern, um später völlig zu verschwinden. Die bolschewistischen Banner nahmen kein Ende. Die Delegierten gaben das undankbare Zählen auf. Der Sieg der Bolschewiki war zu offensichtlich. »Ab und zu«, schreibt Suchanow, »wurde die Kette der bolschewistischen Banner und Kolonnen durch spezifisch sozialrevolutionäre oder offizielle Sowjetparolen unterbrochen. Sie gingen aber in der Masse unter.« Der Sowjetoffiziosus berichtete am nächsten Tag, mit welcher »Wut man hie und da Banner mit den Parolen des Vertrauens für die Provisorische Regierung in

Stücke zerriß«. Diese Worte enthalten ein unverkennbares Element der Übertreibung. Plakate zu Ehren der Provisorischen Regierung wurden nur von drei kleineren Gruppen getragen: dem Kreis Plechanows, einer Kosakenabteilung und einem Häuflein jüdischer Intelligenz, das zum »Bund« gehörte. Dieses kombinierte Trio, das durch seine Zusammensetzung den Eindruck einer politischen Kuriosität machte, stellte sich gleichsam die Aufgabe, die Ohnmacht des Regimes zur Schau zu stellen. Die Plechanow-Leute und der »Bund« waren unter den feindlichen Rufen der Menge gezwungen, ihre Banner einzurollen. Den standhaft gebliebenen Kosaken hatten die Demonstranten das Banner tatsächlich entrissen und es vernichtet.

»Der dahingleitende Fluß«, so schildert es die »Iswestja«, »verwandelte sich in einen schwellenden, breiten Strom, der aus seinen Ufern zu treten drohte.« Das war der Wyborger Bezirk – ganz unter bolschewistischen Bannern: »Nieder mit den zehn Minister-Kapitalisten.« Ein Betrieb trug das Plakat: »Das Recht auf Leben steht über dem Recht auf Privatbesitz.« Diese Losung war von keiner Partei diktiert worden.

Die Augen der verängstigten Provinzler suchten die Führer. Diese hielten ihre Blicke gesenkt oder versteckten sich. Die Bolschewiki bedrängten die Provinzler. Ist denn das einem Häuflein Verschwörer ähnlich? Die Delegierten mußten zugeben: Nein, es sei nicht ähnlich. »In Petrograd seid ihr die Macht«, gestanden sie in einem von den offiziellen Sitzungen ganz verschiedenen Ton, »aber nicht in der Provinz und nicht an der Front. Petrograd kann nicht gegen das ganze Land gehen.« »Wartet ab«, antworteten ihnen die Bolschewiki, »bald kommt auch ihr an die Reihe, auch bei euch wird man die gleichen Plakate hochheben.«

»Während dieser Demonstration«, schrieb der Greis Plechanow, »stand ich neben Tschcheidse auf dem Marsfeld. Ich las auf seinem Gesicht, daß er sich über die Bedeutung der verblüffend großen Zahl der Plakate, die die Absetzung der kapitalistischen Minister forderten, keinen Illusionen hingab. Der befehlshaberische Ton, in dem sich einige Vertreter der Leninisten, wie wahrhafte Geburtstagskinder vorbeigehend, an ihn wandten, unterstrich diese Bedeutung.«

Die Bolschewiki hatten jedenfalls Grund für solch ein Selbstbewußtsein. »Nach den Plakaten und Parolen der Kundgebung zu urteilen«, schrieb Gorkis Zeitung, »erwies die Sonntagsdemonstration den völligen Triumph des Bolschewismus beim Petrograder Proletariat.« Das war ein großer Sieg, und dabei in jener Arena und mit jenen Waffen errungen, die vom Gegner gewählt worden waren. Nachdem er die Offensive gutgeheißen, die Koalition anerkannt und die Bolschewiki verurteilt hatte, berief der Sowjetkongreß die Massen auf die Straße. Sie erklärten ihm: Wir wollen weder die Offensive noch die Koalition, wir sind für die Bolschewiki. Das war das politische Ergebnis der Demonstration. Ist es da verwunderlich, wenn die Zeitung der Menschewiki, der Initiatoren der Demonstration, am nächsten Tag melancholisch fragte: wem ist dieser unglückselige Gedanke in den Sinn gekommen?

Gewiß hatten nicht alle Arbeiter und Soldaten der Hauptstadt an der Demonstration teilgenommen, und nicht alle Demonstranten waren Bolschewiki. Aber schon wollte keiner von ihnen die Koalition. Jene Arbeiter, die dem Bolschewismus noch feindlich gegenüberstanden, wußten ihm nichts entgegenzustellen. Das allein verwandelte ihre Feindseligkeit in abwartende Neutralität. Unter bolschewistischen Parolen marschierten nicht wenige Menschewiki und Sozialrevolutionäre, die mit ihren Parteien noch nicht gebrochen, aber den Glauben an deren Parolen bereits verloren hatten.

Die Demonstration vom 18. Juni übte einen gewaltigen Eindruck auf ihre Teilnehmer aus. Die Massen erkannten, daß der Bolschewismus eine Macht geworden war, und die Schwankenden fühlten sich von ihm angezogen. In Moskau, Kiew, Charkow, Jekaterinoslaw und vielen anderen Provinzstädten enthüllten die Demonstrationen das ungeheure Anwachsen des Einflusses der Bolschewiki. Überall wurden die gleichen Losungen aufgestellt, und sie trafen das Februarregime mitten ins Herz. Man mußte Schlußfolgerungen ziehen. Es schien, daß die Versöhnler keinen Ausweg hatten. Aber im letzten Augenblick half die Offensive.

Am 19. Juni fand auf dem Newskij-Prospekt unter Leitung von Kadetten und mit Bildern von Kerenski eine patriotische Kundgebung statt. Nach Miljukows Worten »sah das dem, was auf den gleichen Straßen am Tage zuvor geschehen war, so unähnlich, daß sich unwillkürlich dem Gefühl des Triumphes ein Gefühl des Mißtrauens zugesellte«. Ein berechtigtes Gefühl! Die Versöhnler aber atmeten erleichtert auf. Ihr Gedanke erhob sich sogleich als demokratische Synthese über beide Demonstrationen. Diese Menschen waren verurteilt, den Kelch der Illusionen und Erniedrigungen bis zur Neige zu leeren.

Im April waren zwei Demonstrationen, die revolutionäre und die patriotische, einander entgegengegangen, und ihr Zusammenstoß hatte an Ort und Stelle zu Opfern geführt. Die feindlichen Demonstrationen vom 18. und 19. Juni lösten einander ab. Zum unmittelbaren Zusammenstoß kam es diesmal nicht. Doch war es bereits nicht mehr möglich, ihn zu vermeiden. Er wurde um zwei Wochen verschoben.

Die Anarchisten, die nicht wußten, wie sie ihre Selbständigkeit beweisen sollten, benutzten die Demonstration vom 18. Juni zu einem Überfall auf das Wyborger Gefängnis. Die Sträflinge, in der Mehrzahl Kriminelle, wurden ohne Kampf und Opfer, und zwar gleichzeitig aus mehreren Gefängnissen, befreit. Offenbar hatte der Überfall die Administration nicht überrascht, denn sie zeigte sich den wirklichen und angeblichen Anarchisten gleich willig. Diese ganze rätselhafte Episode hatte zur Demonstration nicht die geringste Beziehung. Die patriotische Presse jedoch verband beides miteinander. Die Bolschewiki beantragten auf dem Sowjetkongreß strenge Untersuchung, auf welche Weise die 460 Kriminellen aus den verschiedenen Gefängnissen entlassen worden waren. Doch die Versöhnler konnten sich einen solchen Luxus nicht leisten, denn sie mußten befürchten, auf Vertreter der höheren Administration oder ihrer Blockverbündeten zu stoßen. Überdies verspürten sie nicht den geringsten Wunsch, die von ihnen veranstaltete Demonstration gegen böswillige Verleumdungen zu schützen.

Justizminister Perewersew, der sich einige Tage zuvor die Blamage mit der Villa Durnowos zugezogen hatte, beschloß, Rache zu nehmen und machte unter dem Vorwand, nach flüchtigen Sträflingen zu fahnden, einen neuen Überfall auf die Villa. Die Anarchisten leisteten Widerstand; im Feuergeplänkel wurde einer von ihnen getötet, die Villa demoliert. Die Arbeiter des Wyborger Bezirkes, die die Villa als ihr Eigentum betrachteten, wurden unruhig. Einige Betriebe stellten die Arbeit ein. Die Unruhe übertrug sich auf andere Bezirke und auch auf die Kasernen.

Die letzten Junitage verlaufen in ununterbrochener Siedestimmung. Das Maschinengewehrregiment steht zum sofortigen Angriff auf die Provisorische Regierung bereit. Die Arbeiter der streikenden Betriebe besuchen die Regimenter mit der Forderung, auf die Straße zu gehen. Bärtige, darunter viele schon ergraute Bauern in Soldatenuniformen durchziehen in protestierenden Prozessionen die Straßen: die 40jährigen fordern ihre Entlassung zur Feldarbeit. Die Bolschewiki agitieren gegen das Hervortreten: die Demonstration vom 18. Juni hat alles gesagt, was zu sagen möglich war, um Änderungen zu erreichen, genügt eine Demonstration nicht mehr, und die Stunde des Umsturzes hat noch nicht geschlagen. Am 22. Juni wenden sich die Bolschewiki schriftlich an die Garnison: »Folgt keinen Aufforderungen, die euch im Namen der militärischen Organisation auf die Straße rufen.« Von der Front treffen Delegierte mit Beschwerden über Gewaltakte und Strafen ein. Die Drohungen, ungehorsame Truppenteile aufzulösen, gießen Öl ins Feuer. »In vielen Regimentern schlafen die Soldaten mit der Waffe in der Hand«, lautet die Erklärung der Bolschewiki an das Exekutivkomitee. Patriotische Kundgebungen, häufig bewaffnete, führen zu Straßenzusammenstößen. Das sind kleine Entladungen der angehäuften Elektrizität. Keine der Parteien plant offen anzugreifen: die Reaktion ist zu schwach; die Revolution ihrer Kräfte noch nicht ganz sicher. Doch die Straßen der Stadt scheinen mit Sprengstoff gepflastert zu sein. Der Zusammenstoß hängt in der Luft. Die bolschewistische Presse klärt auf und bremst. Die patriotische Presse verrät ihre Unruhe in ungezähmter Bolschewikenhetze. Am 25. Juni schreibt

Lenin: »Das allgemeine wilde Geheul der Wut und Raserei gegen die Bolschewiki ist die gemeinsame Klage der Kadetten, Sozialrevolutionäre und Menschewiki über die eigene Zerfahrenheit. Sie sind die Mehrheit. Sie sind an der Macht. Sie bilden alle miteinander einen Block. Und sie sehen, daß nichts dabei herauskommt!! Wie soll man da nicht gegen die Bolschewiki wüten?«

Schlußbetrachtung

Auf den ersten Seiten dieser Arbeit haben wir uns bemüht zu zeigen, wie tief die Oktoberrevolution in den sozialen Verhältnissen Rußlands begründet war. Keinesfalls den vollzogenen Ereignissen nachträglich angepaßt, war unsere Analyse schon vor der Revolution und sogar schon vor ihrem Prolog im Jahre 1905 gegeben.

Auf den weiteren Seiten waren wir bestrebt nachzuweisen, wie sich die sozialen Kräfte Rußlands in den Revolutionsereignissen ausgewirkt haben. Wir registrierten die Tätigkeit der politischen Parteien in deren Verhältnis zu den Klassen. Die Sympathien und Antipathien des Autors können beiseite gelassen werden. Eine historische Darstellung hat das Recht, Anspruch auf Zuerkennung der Objektivität zu erheben, wenn sie, gestützt auf präzis festgestellte Tatsachen, deren inneren Zusammenhang auf Grundlage der realen Entwicklung der sozialen Beziehungen aufzeigt. Die innere Gesetzmäßigkeit des Prozesses, die dabei zum Vorschein kommt, ist an sich die beste Nachprüfung der Objektivität der Darstellung.

Die an dem Leser vorübergezogenen Ereignisse der Februarrevolution bestätigten die theoretische Prognose, vorläufig wenigstens zur Hälfte, durch die Methode aufeinanderfolgender Streichungen: noch bevor das Proletariat zur Macht kam, wurden alle anderen Varianten der politischen Entwicklung vom Leben nachgeprüft und als untauglich verworfen.

Die Regierung der liberalen Bourgeoisie mit der demokratischen Geisel Kerenski erweist sich als ein vollständiges Fiasko. Die »Apriltage« sind die erste offene Warnung seitens der Oktoberrevolution an die Adresse des Februar. Die bürgerliche Provisorische Regierung wird hierauf von der Koalition abgelöst, deren Fruchtlosigkeit sich mit jedem Tag ihres Bestehens neu enthüllt. In der vom Exekutivkomitee aus eigener Initiative, wenn auch nicht ganz freiwillig, anberaumten Junidemonstration, versucht die Februarrevolution mit der des Oktober ihre Kräfte zu messen und erleidet eine grausame Niederlage. Diese war um so fataler, als sie sich in der Arena von Petrograd abspielte und von den gleichen Arbeitern und Soldaten bereitet wurde, die die Februarumwälzung vollbracht hatten, die dann vom übrigen Lande übernommen worden war. Die Junidemonstration hatte gezeigt, daß die Arbeiter und Soldaten Petrograds einer zweiten Revolution entgegengingen, deren Ziele auf ihren Bannern geschrieben waren. Untrügbare Anzeichen bewiesen, daß sich das ganze übrige Land, wenn auch mit unvermeidlicher Verspätung, Petrograd anpaßte. Somit hatte sich die Februarrevolution am Ende des vierten Monats politisch erschöpft. Die Versöhnler verloren das Vertrauen der Arbeiter und Soldaten. Ein Zusammenstoß der führenden Sowjetparteien mit den Sowjetmassen wird von nun an unvermeidlich. Nach der Demonstration vom 18. Juni, die eine friedliche Nachprüfung des Kräfteverhältnisses zweier Revolutionen war, mußte der Gegensatz unvermeidlich offenen und gewaltsamen Charakter annehmen.

So erwuchsen die »Julitage«. Zwei Wochen nach der von oben organisierten Demonstration gingen die gleichen Arbeiter und Soldaten, nun aus eigener Initiative, auf die Straße und verlangten vom Zentral-Exekutivkomitee, daß es die Macht übernehme. Die Versöhnler lehnten rundweg ab. Die Julitage führten zu Straßenzusammenstößen und Opfern und endeten mit der Niederschlagung der Bolschewiki, die man für den Bankrott des Februarregimes verantwortlich erklärte. Der Antrag, die Bolschewiki außer Gesetz zu stellen und zu entwaffnen, den Zeretelli am 11. Juli eingebracht hatte und der damals abgelehnt worden war, wurde Anfang Juli restlos verwirklicht. Die bolschewistischen Zeitungen wurden verboten. Die bolschewistischen Truppenteile aufgelöst. Man nahm den Arbeitern die Waffen weg. Die Parteiführer wurden für Mietlinge des deutschen Generalstabs erklärt. Die einen mußten sich verbergen, die anderen saßen in Gefängnissen.

Aber gerade der »Juli«-Sieg der Versöhnler über die Bolschewiki enthüllte restlos die Ohnmacht der Demokratie. Die Demokraten mußten gegen Arbeiter und Soldaten offen konterrevolutionäre, nicht nur den Bolschewiki, sondern auch den Sowjets feindliche Truppen werfen: über eigene Truppen verfügte das Exekutivkomitee bereits nicht mehr.

Die Liberalen zogen daraus die richtige Schlußfolgerung, die Miljukow in der Alternative formulierte: Kornilow oder Lenin! Tatsächlich ließ die Revolution für die goldene Mitte keinen Platz mehr. Die Konterrevolution sagte sich: jetzt oder nie. Unter dem Vorwand eines Feldzuges gegen die Bolschewiki entfesselte der Oberkommandierende Kornilow die Rebellion gegen die Revolution. Wie vor der Umwälzung jede Form von legaler Opposition sich mit Patriotismus umhüllte, das heißt mit den Erfordernissen des Kampfes gegen die Deutschen, so deckte sich nach der Umwälzung jede Form von legaler Konterrevolution mit Erfordernissen des Kampfes gegen die Bolschewiki. Kornilow genoß die Unterstützung der besitzenden Klassen und deren Partei, der

Kadetten. Dies hat nicht nur nicht verhindert, sondern im Gegenteil dazu beigetragen, daß die von Kornilow gegen Petrograd gesandten Truppen ohne Kampf besiegt wurden, ohne Zusammenstoß kapitulierten, verdampften wie ein Wassertropfen auf einem glühenden Herd. Auf diese Weise wurde auch der Versuch einer Umwälzung von *rechts* ausprobiert, und zwar von einer Person, die an der Spitze der Armee stand; das Kräfteverhältnis zwischen den besitzenden Klassen und dem Volke wurde durch die Aktion nachgeprüft, und bei der Alternative »Kornilow oder Lenin« fiel Kornilow wie eine faule Frucht ab, obwohl Lenin zu jener Zeit noch gezwungen war, sich in tiefstem Unterschlupf zu verbergen.

Welche Variante blieb danach noch unausgenutzt, unerprobt, unversucht? Die Variante des Bolschewismus. Und in der Tat, nach dem Kornilowschen Versuch und dessen ruhmlosem Zusammenbruch wenden sich die Massen stürmisch und endgültig den Bolschewiki zu. Die Oktoberrevolution naht mit physischer Notwendigkeit. Zum Unterschiede von der Februarumwälzung, die man unblutig genannt hat, obwohl sie in Petrograd viele Opfer kostete, vollzieht sich die Oktoberumwälzung in der Hauptstadt tatsächlich unblutig. Haben wir da nicht das Recht zu fragen: welche Beweise für die tiefe Gesetzmäßigkeit der Oktoberrevolution sind noch zu erbringen notwendig? Und ist es nicht klar, daß sie nur jenen als Frucht von Abenteuer oder Demogogie erscheinen konnte, die sie an der empfindlichsten Stelle traf: am Geldbeutel. Der blutige Kampf begann erst nach der Eroberung der Macht durch die bolschewistischen Sowjets, als die gestürzten Klassen mit materieller Unterstützung der Ententeregierung verzweifelte Anstrengungen machten, das Verlorene zurückzugewinnen. Es beginnen die Jahre des Bürgerkrieges. Die Rote Armee wird aufgebaut. Das hungernde Land wird auf das Regime des Kriegskommunismus übergeleitet und in ein spartanisches Lager verwandelt. Schritt für Schritt bahnt sich die Oktoberrevolution den Weg, schlägt alle Feinde zurück, geht zur Lösung ihrer Wirtschaftsaufgaben über, heilt die schwersten Wunden des imperialistischen und des Bürgerkrieges, erringt größte Erfolge auf dem Gebiete der Industrieentwicklung. Vor ihr erstehen jedoch neue Schwierigkeiten, die sich aus ihrer isolierten Lage in der Umkreisung mächtiger kapitalistischer Länder ergeben. Die verspätete Entwicklung, die das russische Proletariat an die Macht brachte, hat diese Macht vor Aufgaben gestellt, die ihrem Wesen nach im Rahmen eines isolierten Staates nicht restlos gelöst werden können. Das Schicksal dieses Staates ist folglich ganz und gar mit dem weiteren Gang der Weltgeschichte verbunden.

Dieser erste, der Februarrevolution gewidmete Band beweist, wie und weshalb sie in nichts verrinnen mußte. Der zweite Band wird zeigen, wie die Oktoberrevolution siegte.

Anhang I

Zum Kapitel »Die Eigenarten der Entwicklung Rußlands«

Die Frage nach den Eigenarten der historischen Entwicklung Rußlands und in Zusammenhang damit nach seinen zukünftigen Schicksalen bildete fast während des ganzen 19. Jahrhunderts die Grundlage aller Streitigkeiten und Gruppierungen der russischen Intelligenz. Das Slawophilentum und das Westlertum entschieden diese Frage in entgegengesetzten Richtungen, aber in gleicher Weise kategorisch. Sie wurden von dem Narodnikitum und dem Marxismus abgelöst. Bevor das Narodnikitum unter dem Einfluß des bürgerlichen Liberalismus endgültig verblaßte, hatte es lange und beharrlich einen eigenartigen Entwicklungsweg Rußlands unter Umgehung des Kapitalismus verteidigt. In diesem Sinne setzten die Narodniki die slawophile Tradition fort, wobei sie sie jedoch von den monarchistisch-kirchlich-panslawistischen Elementen reinigten und ihr einen revolutionär-demokratischen Charakter verliehen.

Im wesentlichen waren die Konzeptionen des Slawophilentums, bei all ihrer reaktionären Phantasterei, wie auch die des Narodnikitums bei all ihrer demokratischen Illusion, keinesfalls nackte Spekulationen, sondern stützten sich auf unbestreitbare und dabei tiefe, bloß einseitig erfaßte und falsch bewertete Eigenarten der Entwicklung Rußlands. Der russische Marxismus, der die Identität der Entwicklungsgesetze für alle Länder nachwies, verfiel im Kampfe mit den Narodniki nicht selten in dogmatische Schablonisierung und zeigte dabei Neigung, mit dem Seifenwasser auch das Kind aus dem Bade zu schütten. Besonders kraß äußert sich diese Neigung in vielen Arbeiten des bekannten Professors Pokrowski.

Im Jahre 1922 fiel Pokrowski über die historische Konzeption des Autors dieses Buches, deren Grundlage die Theorie der permanenten Revolution bildet, her. Wir erachten es als nützlich, mindestens für Leser, die sich nicht nur für den dramatischen Verlauf der Ereignisse, sondern auch für die Doktrin der Revolution interessieren, die wesentlichsten Auszüge aus unserer Antwort an Professor Pokrowski, die in zwei Nummern des Zentralorgans der Partei, »Prawda« vom 1. und 2. Juli 1922, publiziert wurde, hier anzuführen.

Über die Eigenarten der historischen Entwicklung Rußlands

Pokrowski veröffentlichte einen meinem Buche »1905« gewidmeten Artikel, der ein – leider negatives! – Zeugnis dafür ist, welch komplizierte Sache die *Anwendung* der Methoden des historischen Materialismus auf die lebendige menschliche Geschichte darstellt und unter welche Schablonen sogar so weitgehend informierte Menschen wie Pokrowski nicht selten die Geschichte bringen.

Das Buch (das Pokrowski einer Kritik unterwarf) ist in der unmittelbaren Absicht entstanden, die Losung der Machteroberung durch das Proletariat sowohl im Gegensatz zur Losung der bürgerlich-demokratischen Republik wie auch zur Losung der demokratischen Regierung des Proletariats und der Bauernschaft historisch zu begründen und theoretisch zu rechtfertigen ...

Dieser Gedankengang hat bei einer nicht geringen Anzahl Marxisten, richtiger gesagt, bei der überwiegenden Mehrheit, die hellste theoretische Entrüstung hervorgerufen. Träger dieser Entrüstung waren nicht nur die Menschewiki, sondern auch Kamenew und Roschkow (ein bolschewistischer Historiker). Ihr Standpunkt war im großen und ganzen folgender: die politische Herrschaft der Bourgeoisie muß der politischen Herrschaft des Proletariats vorangehen; die bürgerlich-demokratische Republik muß eine lange historische Schule für das Proletariat sein; der Versuch, diese Stufe zu überspringen, ist Abenteurertum; wenn die Arbeiterklasse im Westen die Macht nicht erobert hat, wie darf dann das russische Proletariat sich diese Aufgabe stellen, usw. usw. Vom Standpunkte dieses Scheinmarxismus, der sich auf historische Schablonen und formale Analogien beschränkt, historische Epochen in eine logische Aufeinanderfolge unbeugsamer sozialer Kategorien verwandelt (Feudalismus, Kapitalismus, Sozialismus, Selbstherrschertum, bürgerliche Republik, Diktatur des Proletariats), – von diesem Standpunkte aus muß die Losung der Machteroberung durch die Arbeiterklasse in Rußland als ungeheuerlicher Verzicht auf den Marxismus erscheinen. Indes beweist schon eine ernsthafte empirische Bewertung der sozialen Kräfte, wie sie in den Jahren 1903–05 zum Ausdruck kamen, gebieterisch die ganze Lebensfülle des Kampfes der Arbeiterklasse um die Eroberung der Macht. Ist es eine Eigenart, oder ist es keine? Setzt sie tiefe Eigenarten der gesamten historischen Entwicklung voraus oder nicht? Auf welche Weise erstand eine solche Aufgabe vor dem Proletariat Rußlands, das heißt des (mit Pokrowskis Erlaubnis) rückständigsten Landes Europas?

Und worin besteht die Rückständigkeit Rußlands? Darin, daß Rußland die Geschichte der westeuropäischen Länder wiederholt, nur mit einer Verspätung? Aber konnte man dann von der Machteroberung durch das russische Proletariat sprechen? Diese Macht jedoch hat das Proletariat (wir nehmen uns die Freiheit, daran zu erinnern) erobert. Worum handelt es sich denn eigentlich? Darum, daß unter Druck und Einfluß der höheren Kultur des Westens die unzweifelhafte und unbestrittene Verspätung der Entwicklung Rußlands nicht eine einfache Wiederholung des westeuropäischen historischen Prozesses ergibt, sondern tiefe *Besonderheiten*, die ein selbständiges Studium erfordern.

Die tiefe Eigenart unserer politischen Situation, die vor Beginn der Revolution in Europa zur siegreichen Oktoberrevolution geführt hat, war in dem besonderen Kräfteverhältnis zwischen den verschiedenen Klassen und der Staatsmacht enthalten. Als Pokrowski und Roschkow sich mit Narodniki oder Liberalen herumstritten und nachwiesen, daß Organisation und Politik des Zarismus von der wirtschaftlichen Entwicklung und den Interessen der besitzenden Klassen bestimmt wurden, hatten sie im wesentlichen recht. Wenn aber Pokrowski dies gegen mich zu wiederholen versucht, trifft er einfach daneben.

Folge unserer *verspäteten* historischen Entwicklung unter den Bedingungen der imperialistischen Umkreisung war, daß unsere Bourgeoisie nicht Zeit fand, den Zarismus beiseite zu stoßen, bevor sich das Proletariat in eine selbständige revolutionäre Kraft verwandelt hatte.

Für Pokrowski jedoch existiert jene Frage, die für uns das zentrale Thema der Untersuchung bildet, überhaupt nicht ...

Pokrowski schreibt: »Auf dem Hintergrunde der gesamteuropäischen Beziehungen jener Zeit das moskowitische Rußland des 16. Jahrhunderts zu schildern, ist eine höchst verlockende Aufgabe. Durch nichts läßt sich das bis heute, sogar in marxistischen Kreisen, herrschende Vorurteil über die angebliche ›Primitivität‹ jener ökonomischen Basis, auf der das russische Selbstherrschertum entstanden ist, besser widerlegen.« Und ferner: »Dieses Selbstherrschertum in seinem wahren historischen Zusammenhang zu zeigen, als einen der Aspekte des handelskapitalistischen Europa ... das ist eine nicht nur für den Historiker äußerst interessante, sondern auch für das lesende Publikum pädagogisch sehr wichtige Aufgabe: es gibt kein radikaleres Mittel, mit der Legende von der ›Eigenart‹ des russischen historischen Prozesses Schluß zu machen.« Wie wir sehen, leugnet Pokrowski völlig die Primitivität und Rückständigkeit unserer wirtschaftlichen Entwicklung und führt gleichzeitig die Eigenart des russischen historischen Prozesses in das Reich der Legende zurück. Der Kern der ganzen Sache liegt aber darin, daß Pokrowski durch die von ihm wie auch von Roschkow beobachtete verhältnismäßig weitgehende Entwicklung des russischen Handels im 16. Jahrhundert völlig hypnotisiert ist. Es ist schwer begreiflich, wie Pokrowski in einen solchen Irrtum verfallen konnte. Man müßte tatsächlich annehmen, der Handel bilde die Basis des Wirtschaftslebens und dessen unfehlbaren Maßstab. Der deutsche Nationalökonom Karl Bücher hatte vor etwa zwanzig Jahren versucht, im Handel (dem Weg vom Produzenten zum Konsumenten) das Kriterium der gesamten Wirtschaftsentwicklung zu entdecken. Struve beeilte sich natürlich, diese »Entdeckung« in die russische ökonomische »Wissenschaft« zu verpflanzen. Büchers Theorie fand damals sofort eine ganz selbstverständliche Zurückweisung seitens der Marxisten. Wir suchen das Kriterium der ökonomischen Entwicklung in der Produktion – in der Technik und der gesellschaftlichen Organisierung der Arbeit –, während wir den Weg, den das Erzeugnis vom Produzenten zum Konsumenten durchmacht, als eine Erscheinung zweiter Ordnung betrachten, deren Wurzeln in der gleichen Produktion zu suchen sind.

Das wenigstens in räumlicher Hinsicht große Ausmaß des russischen Handels im 16. Jahrhundert läßt sich – so paradox das vom Standpunkte des Bücher-Struveschen Kriteriums auch erscheinen mag – gerade mit der außerordentlichen Primitivität und Rückständigkeit der russischen Wirtschaft erklären. Die westeuropäische Stadt beherrschten Handwerkszünfte und Handelsgilden. Bei uns waren die Städte in erster Linie administrativ-militärische, folglich konsumierende und nicht produzierende Zentren. Die handwerklich-zünftige Lebensform des Westens entstand auf einem verhältnismäßig hohen Niveau der Wirtschaftsentwicklung, als alle grundlegenden Prozesse der bearbeitenden Industrie sich vom Ackerbau getrennt, in selbständige Handwerkszweige verwandelt und eigene Organisationen, ein eigenes Zentrum gebildet hatten, die Stadt, mit einem, wenn auch in der ersten Zeit auf bestimmte Gebiete beschränkten, so doch festen Markt. Die Grundlage der mittelalterlich europäischen Stadt war folglich eine verhältnismäßig hohe Differenzierung der Wirtschaft, die zwischen dem Zentrum Stadt und seiner landwirtschaftlichen Peripherie geordnete Beziehungen schuf. Dagegen fand unsere wirtschaftliche Rückständigkeit ihren Ausdruck vor allem darin, daß sich Handwerk von Ackerbau nicht getrennt in Form von Heimarbeit bewahrt hatte. Hier sind wir Indien näher als Europa, wie unsere mittelalterlichen Städte den asiatischen näher waren als den europäischen, und wie unser Selbstherrschertum, zwischen europäischem Absolutismus und asiatischer Despotie stehend, sich in vielen Zügen der letzteren näherte.

Der Austausch der Erzeugnisse setzte bei der Unermeßlichkeit unseres Raumes und der Dünne der Bevölkerung (man sollte glauben, ein ebenfalls genügend objektives Merkmal der Rückständigkeit) die Vermittlerrolle des Handelskapitals in breitestem Ausmaße voraus. Dieses Ausmaß war eben dadurch möglich, daß der Westen auf einem viel höheren Entwicklungsniveau stand, seine komplizierten Bedürfnisse hatte, seine Kaufleute und seine Ware sandte und damit bei uns den Handelsumsatz auf unserer primitivsten und zum großen Teil barbarischen Wirtschaftsgrundlage vorwärtsstieß. Diese größte Eigenart unserer historischen Entwicklung außer acht lassen, heißt unsere ganze Geschichte übersehen.

Mein sibirischer Arbeitgeber (ich hatte bei ihm zwei Monate lang die Pud und Arschin in das Handelsbuch einzutragen) Jakow Andrejewitsch Tschernych – es war nicht im 16. sondern zu Beginn des 20. Jahrhunderts – herrschte vermittels seiner Handelsoperationen fast uneingeschränkt in den Grenzen des Kirenskischen Kreises. Jakow Andrejewitsch kaufte bei den Tungusen Rauchware auf, bei den Popen der entlegenen Dorfbezirke das Deputatgetreide, brachte von den Jahrmärkten in Irbit und Nishnij-Nowgorod Kattun heim und war hauptsächlich Lieferant von Schnaps (im Gouvernement Irkutsk war zu jener Zeit das Branntweinmonopol noch nicht eingeführt). Jakow Andrejewitsch war Analphabet, jedoch Millionär (nach dem damaligen, nicht nach dem heutigen Gewicht der »Nullen«). Seine »Diktatur« als des Vertreters des Handelskapitals war unbestritten. Er pflegte sogar nicht anders als von »meinen Tungus'chen« zu sprechen. Die Städte Kirensk, Wercholensk, wie Nischne-Ilimsk waren Hauptstädte der Isprawniks und Pristaws, der Kulaken von gegenseitiger hierarchischer Abhängigkeit, allerhand kleiner Beamter und irgendwelcher armseliger Handwerker. Ich konnte dort kein organisiertes Handwerk, als die Basis eines städtischen Wirtschaftslebens entdecken, weder Zünfte, noch Zunftfestlichkeiten, noch Gilden, obwohl Jakow Andrejewitsch als »Kaufmann zweiter Gilde« zählte. Wahrlich, dieses lebendige Stück sibirischer Wirklichkeit führt uns viel tiefer in das Verständnis für die historischen Eigenarten der Entwicklung Rußlands ein als das, was Pokrowski darüber sagt. In der Tat. Jakow Andrejewitschs Handelsoperationen erstreckten sich vom Mittellauf der Lena und ihren östlichen Nebenflüssen bis nach Nishnij-Nowgorod und sogar Moskau. Nicht viele Handelsfirmen des kontinentalen Europa sind in der Lage, solche Entfernungen auf ihrer Handelskarte zu verzeichnen. Indes war dieser Handelsdiktator – in der Sprache der sibirischen Bauern der »Kreuzkönig« – das vollendetste und überzeugendste Symbol unserer wirtschaftlichen Rückständigkeit, Barbarei, Primitivität, Bevölkerungsdünne, Verstreutheit der Bauerndörfer und Gemeinden, der unpassierbaren Landwege, die während des Hochwassers im Frühling und Herbst für die Dauer von zwei Monaten um ganze Kreise, Bezirke und Dörfer eine Sumpfblockade errichten, wie auch des allgemeinen Analphabetismus, usw. usw. Tschernych vermochte auf der Grundlage der sibirischen (Mittel-Lena) Barbarei zu seiner Handelsbedeutung emporzusteigen, weil der Westen – »Rußland«, »Moskau« – drückte und Sibirien ins Schlepptau nahm und so eine Mischung von wirtschaftlich-nomadenhaftem Urzustand und Warschauer Weckeruhr hervorbrachte.

Das Zunfthandwerk bildete das Fundament der mittelalterlichen Stadtkultur, die auch auf das Dorf ausstrahlte. Mittelalterliche Wissenschaft, Scholastik, religiöse Reformation erwuchsen auf dem Boden der Handwerkszunft. Bei uns gab es das nicht. Gewiß kann man Keime, Symptome, Anzeichen finden, im Westen aber waren es nicht Anzeichen, sondern gewaltige wirtschaftlich-kulturelle Formationen mit einem handwerkszünftigen Fundament. Darauf basierte die mittelalterliche europäische Stadt, darauf erwuchs sie, trat in Kampf gegen Kirche und Feudale und reichte der Monarchie die Hand gegen die Feudalen. Die gleiche Stadt schuf in Form von

Feuerwaffen auch die technischen Voraussetzungen für die stehenden Heere.

Wo gab es denn bei uns Städte mit Handwerkszünften, die auch nur im Entferntesten den Städten Westeuropas ähnelten? Wo ihren Kampf gegen die Feudalen? Oder hat der Kampf der gewerbe- und handeltreibenden Stadt gegen die Feudalen die Basis für die Entwicklung des russischen Selbstherrschertums geschaffen? Einen solchen Kampf hat es bei uns schon wegen des Charakters unserer Städte nicht gegeben, wie es bei uns keine Reformation gegeben hat. Ist das eine Eigenart, oder ist es keine?

Unser Handwerk verblieb auf dem Stadium der Heimarbeit, das heißt es sonderte sich vom bäuerlichen Ackerbau nicht ab. Die Reformation blieb im Stadium bäuerlicher Sekten, da sie keine Führung seitens der Städte fand. Primitivität und Rückständigkeit schreien hier zum Himmel ...

Der Zarismus als selbständige Staatsorganisation (und dies wiederum nur verhältnismäßig, in den Grenzen des Kampfes der lebendigen historischen Kräfte auf wirtschaftlicher Basis) wuchs empor nicht dank dem Kampfe mächtiger Städte gegen mächtige Feudale, sondern trotz der völligen industriellen Blutarmut unserer Städte und dank der Blutarmut unserer Feudalen.

Polen stand seiner sozialen Struktur nach zwischen Rußland und dem Westen, wie Rußland zwischen Asien und Europa. Den polnischen Städten war das Zunfthandwerk weitaus bekannter als den russischen. Aber es gelang ihnen nicht, sich derart zu erheben, um der Königsmacht zu helfen, die Feudalen zu besiegen. Die Staatsmacht blieb unmittelbar in den Händen des Adels. Die Folge: völlige Ohnmacht des Staates und sein Zerfall.

Was über den Zarismus gesagt ist, gilt auch für Kapital und Proletariat: unbegreiflich, weshalb Pokrowski seinen Zorn nur gegen das erste Kapitel richtet, das vom Zarismus handelt. Der russische Kapitalismus hat sich nicht vom Handwerk über die Manufaktur zur Fabrik entwickelt, weil das europäische Kapital, und zwar anfangs in Form des Handels- und später in Form des Finanz- und Industriekapitals, sich in jener Periode auf uns warf, wo das russische Handwerk in seiner Masse sich noch nicht vom Ackerbau losgelöst hatte. Daher das Auftreten der modernen kapitalistischen Industrie in Rußland im Umkreis wirtschaftlicher Primitivität: eine belgische oder amerikanische Fabrik, und ringsherum Siedlungen, Dörfer aus Stroh und Holz, die alljährlich abbrennen, und so weiter. Die allerprimitivsten Anfänge und die allerletzten europäischen Fortschritte. Daher – die gewaltige Rolle des westeuropäischen Kapitals in der russischen Wirtschaft. Daher – die politische Schwäche der russischen Bourgeoisie. Daher – die Leichtigkeit, mit der wir mit der russischen Bourgeoisie fertig wurden. Daher – die weiteren Schwierigkeiten, als sich die europäische Bourgeoisie in die Sache einmischte ...

Und unser Proletariat? Ist es durch die Schule der mittelalterlichen Brüderschaften der Handwerksgehilfen gegangen? Besitzt es die jahrhundertealten Traditionen der Zünfte? Nichts davon. Es wurde vom Holzpflug losgerissen und unmittelbar an den Fabrikkessel geworfen ... Daher – das Fehlen konservativer Traditionen, das Fehlen von Kasten im Proletariat selbst, die revolutionäre Frische und daher, neben anderen Gründen, der Oktober, die erste Arbeiterregierung der Welt. Aber daher auch Analphabetismus, Rückständigkeit, Mangel an Organisationsgewohnheiten, an Systematik bei der

Arbeit, an kultureller und technischer Erziehung. Wir spüren all diese Mankos in unserem wirtschaftlich-kulturellen Aufbau auf Schritt und Tritt.

Der russische Staat prallte wiederholt mit den militärischen Organisationen der Westnationen, die auf einer ökonomisch, politisch und kulturell höheren Basis standen, zusammen. So stieß auch das russische Kapital bei seinen ersten Schritten mit dem viel entwickelteren und mächtigeren Kapital des Westens zusammen und geriet unter dessen Führung. Und so fand auch die russische Arbeiterklasse bei ihren ersten Schritten fertige, von der Erfahrung des westeuropäischen Proletariats ausgearbeitete Waffen vor: die marxistische Theorie, die Gewerkschaften, die politische Partei. Wer Wesen und Politik des Selbstherrschertums nur mit den Interessen der *russischen* besitzenden Klassen erklärt, der vergißt, daß es außer den rückständigen, ärmeren und ungebildeteren Ausbeutern Rußlands auch die reicheren, mächtigeren Ausbeuter des Westens gegeben hat. Die besitzenden Klassen Rußlands waren gezwungen, mit den, feindlichen oder halbfeindlichen, besitzenden Klassen Europas zusammenzustoßen. Diese Zusammenstöße vollzogen sich vermittels der Staatsorganisation. Diese Organisation war das Selbstherrschertum. Die gesamte Struktur und Geschichte des Selbstherrschertums wäre eine andere geworden, hätte es nicht die europäischen Städte, das europäische Pulver (denn nicht wir haben es erfunden) und die europäische Börse gegeben.

In der letzten Epoche seines Daseins war das Selbstherrschertum nicht nur das Organ der besitzenden Klassen Rußlands, sondern auch eine Organisation der europäischen Börse zur Ausbeutung Rußlands. Diese doppelte Rolle wiederum verlieh ihm eine sehr beträchtliche Selbständigkeit. Ein krasser Ausdruck dafür war die Tatsache, daß die französische Börse zur Unterstützung des Selbstherrschertums diesem im Jahre 1905 gegen den Willen der russischen Bourgeoisie eine Anleihe gab.

Der Zarismus wurde im imperialistischen Kriege zertrümmert. Weshalb? Weil unter ihm ein zu niedriges Produktionsfundament stand (»*Primitivität*«). In kriegstechnischer Beziehung war der Zarismus bestrebt, sich den vollkommensten Vorbildern anzugleichen. Die reicheren und zivilisierteren Verbündeten unterstützten ihn darin auf jede Weise. Deshalb standen dem Zarismus die vollkommensten Kriegsmittel zur Verfügung. Aber er besaß nicht die Möglichkeit (und konnte sie nicht besitzen), diese Mittel zu erzeugen und sie (wie auch die Menschenmassen) mit genügender Schnelligkeit auf Eisenbahnen und Wasserwegen zu transportieren. Mit anderen Worten, der Zarismus verteidigte die Interessen der besitzenden Klassen Rußlands im internationalen Kampfe, gestützt auf ein primitiveres Wirtschaftsfundament als seine Feinde und Verbündeten.

Dieses Fundament beutete der Zarismus im Kriege schonungslos aus, das heißt er verschlang einen viel höheren Prozentsatz an nationalem Besitz und nationalen Einnahmen als die mächtigen Feinde und Verbündeten. Diese Tatsache fand ihren Ausdruck einerseits im System der Kriegsschulden, andererseits im völligen Ruin Rußlands ...

Alle diese Umstände, die die Oktoberrevolution, den Sieg des Proletariats und dessen weitere Schwierigkeiten unmittelbar vorausbestimmten, werden durch die Gemeinplätze Pokrowskis durchaus nicht geklärt.

Anhang II

Zum Kapitel »Die Umbewaffnung der Partei«

In der New Yorker Tageszeitung »Nowyi Mir« (»Neue Welt«), die für russische Arbeiter in Amerika bestimmt war, versuchte der Autor dieses Buches, gestützt auf spärliche Informationen der amerikanischen Presse, die Analyse und die Prognose der Entwicklung der Revolution zu geben. »Die innere Geschichte der sich entwickelnden Ereignisse«, schrieb der Autor am 6. März (alten Stils), »ist uns nur aus Bruchstücken und Anspielungen, die in den offiziellen Telegrammen durchschlüpfen, bekannt.« Die der Revolution gewidmete Artikelserie beginnt am 27. Februar und bricht, infolge der Abreise des Autors aus New York, am 14. März ab. Wir bringen aus dieser Serie in chronologischer Folge Auszüge, die einen Begriff geben können von den Ansichten über die Revolution, mit denen der Autor am 4. Mai nach Rußland kam.

Am 27. Februar:

»Die desorganisierte, kompromittierte, uneinige Regierung an der Spitze; die bis in ihre Tiefen aufgelockerte Armee, die Unzufriedenheit, Unsicherheit und Angst der besitzenden Klassen; die tiefe Erbitterung der Volksmassen; das zahlenmäßige Anwachsen des im Feuer der Ereignisse gestählten Proletariats, – all das gibt uns das Recht, zu behaupten, daß wir Zeugen der beginnenden Zweiten Russischen Revolution sind. Hoffen wir, daß viele von uns ihre Teilnehmer sein werden.«

Am 3. März:

»Zu früh haben die Rodsjanko und Miljukow von Ordnung zu reden begonnen, und nicht so bald wird sich das aufgewühlte Rußland beruhigen. Schicht um Schicht wird sich das Land jetzt erheben – alle vom Zarismus und den herrschenden Klassen Unterdrückten, dem Elend Preisgegebenen, Ausgeplünderten – auf dem ganzen unermeßlichen Raum des allrussischen Völkergefängnisses. Die Petrograder Ereignisse sind nur der Anfang. An der Spitze der Volksmassen Rußlands wird das revolutionäre Proletariat seine historische Arbeit verrichten; es wird die monarchische und adlige Reaktion aus all ihren Zufluchtsstätten vertreiben und seine Hand dem Proletariat Deutschlands und des gesamten Europa reichen. Denn nicht nur der Zarismus, sondern auch der Krieg muß liquidiert werden.«

»Schon stürzt die zweite Welle der Revolution über die Häupter der Rodsjanko und Miljukow hinweg, die um Wiederherstellung der Ordnung und Verständigung mit der Monarchie bemüht sind. Aus dem eigenen Schoß wird die Revolution ihre Macht hervorbringen, – das revolutionäre Organ des zum Siege schreitenden Volkes. Hauptschlachten wie Hauptopfer stehen noch bevor. Und dann erst wird der volle und wahre Sieg kommen.«

Am 4. März:

»Die lang zurückgehaltene Unzufriedenheit der Massen drang erst so spät, im 32. Kriegsmonat, nach außen, nicht weil ein Polizeidamm vor den Massen stand – dieser war im Kriege überaus gelockert –, sondern weil alle liberalen Institutionen und Organe, einschließlich ihrer sozialpatriotischen Handlanger, einen gewaltigen politischen Druck auf die unaufgeklärtesten Arbeiterschichten ausübten, indem sie ihnen die Notwendigkeit ›patriotischer‹ Disziplin und Ordnung suggerierten.«

»Jetzt erst (nach dem Siege des Aufstandes) kam die Duma an die Reihe. Der Zar versuchte im letzten Augenblick, sie auseinanderzujagen. Sie wäre auch ›nach dem Beispiel der früheren Jahre‹ gehorsam auseinandergegangen, wenn sie nur die Möglichkeit gehabt hätte, auseinanderzugehen. Doch in den Hauptstädten herrschte schon das revolutionäre Volk, dasselbe, das gegen den Willen der liberalen Bourgeoisie zum Kampf auf die Straße gegangen war. Mit dem Volke war die Armee. Hätte die Bourgeoisie den Versuch, ihre Macht zu organisieren, nicht unternommen, die revolutionäre Regierung wäre aus der Mitte der aufständischen Arbeitermassen hervorgegangen. Nie hätte die Duma des 3. Juni sich entschlossen, die Macht den Händen des Zarismus zu entreißen. Doch konnte sie das entstandene Interregnum nicht ungenutzt lassen: die Monarchie war einstweilen von der Erdoberfläche verschwunden, die revolutionäre Macht aber noch nicht zustande gekommen.«

Am 6. März:

»Der offene Konflikt zwischen den Kräften der Revolution, an deren Spitze das städtische Proletariat steht, und der antirevolutionären liberalen Bourgeoisie, die vorübergehend an der Macht ist, ist völlig unausbleiblich. Man könnte natürlich – und das werden die liberalen Bourgeois und die Auchsozialisten kleinbürgerlichen Typs eifrig tun – viele rührselige Worte finden über den großen Vorzug der nationalen Einigkeit vor der Klassenspaltung. Doch ist es noch nie und niemand gelungen, durch solche Beschwörungen soziale Gegensätze zu beseitigen und die natürliche Entwicklung des revolutionären Kampfes aufzuhalten.«

»Das revolutionäre Proletariat muß schon jetzt, sofort, seine revolutionären Organe, die Sowjets der Arbeiter-, Soldaten- und Bauerndeputierten, den Exekutivorganen der Provisorischen Regierung entgegenstellen. In diesem Kampfe muß sich das Proletariat, indem es die aufständischen Volksmassen um sich sammelt, die Machteroberung als sein direktes Ziel stellen. Nur die revolutionäre Arbeiterregierung wird Willen und Fähigkeit besitzen, schon während der Vorbereitung der Konstituierenden Versammlung eine radikale demokratische Säuberung im Lande vorzunehmen, die Armee von oben bis unten umzubauen, in eine revolutionäre Miliz zu verwandeln und die unteren Bauernschichten durch die Tat zu überzeugen, daß ihre Rettung ausschließlich in der Unterstützung des revolutionären Arbeiterregimes liegt.«

Am 7. März:

»Solange die Clique Nikolaus II. an der Macht stand, überwogen in der Außenpolitik dynastische und reaktionär-adlige Interessen. Gerade deshalb hoffte man in Berlin und Wien die ganze Zeit auf einen Separatfrieden mit Rußland. Jetzt jedoch stehen auf dem Regierungsbanner die Interessen des reinen Imperialismus. ›Die zaristische Regierung existiert nicht mehr‹, sagen die Gutschkow und Miljukow dem Volke, ›jetzt müßt ihr euer Blut für allnationale Interessen vergießen!‹ Unter nationalen Interessen aber verstehen die russischen Imperialisten die Zurücknahme Polens, die Eroberung Galiziens, Konstantinopels, Armeniens, Persiens. Mit anderen Worten, Rußland stellt sich jetzt in die allgemeine imperialistische Front mit den übrigen europäischen Staaten, vor allem mit seinen Alliierten England und Frankreich.«

»Der Übergang vom dynastisch-adligen zum rein bürgerlichen Imperialismus kann das Proletariat Rußlands keinesfalls mit dem Kriege aussöhnen. Internationaler Kampf gegen Weltschlächterei und Imperialismus ist heute mehr als je unsere Aufgabe.«

»Die imperialistische Prahlerei Miljukows, Deutschland, Österreich-Ungarn und die Türkei zu zertrümmern, kommt jetzt Hohenzollern und Habsburg nur zu gelegen. Miljukow wird nun für sie die Rolle einer Vogelscheuche spielen. Noch bevor die neue liberalimperialistische Regierung zu Reformen in der Armee geschritten ist, hilft sie dem Hohenzollern den patriotischen Geist zu heben und die in allen Nähten krachende ›nationale Einigkeit‹ des deutschen Volkes wiederherzustellen. Bekäme das deutsche Proletariat das Recht, zu glauben, daß hinter der neuen bürgerlichen Regierung Rußlands das gesamte Volk steht mitsamt der Hauptkraft der Revolution, dem russischen Proletariat, – so wäre das ein furchtbarer Schlag für unsere Gesinnungsgenossen, die revolutionären Sozialisten Deutschlands.«

»Direkte Pflicht des revolutionären Proletariats Rußlands ist, zu zeigen, daß hinter dem bösen imperialistischen Willen der liberalen Bourgeoisie keine Macht steht, da ihr die Unterstützung der Arbeitermassen fehlt. Die russische Revolution muß vor aller Welt ihr wahres Antlitz enthüllen, das heißt ihre unversöhnliche Feindschaft nicht nur gegen die dynastisch-adlige Reaktion, sondern auch gegen den liberalen Imperialismus.«

Am 8. März:

»Unter dem Banner ›Rettung des Landes‹ versuchen die liberalen Bourgeois die Leitung des revolutionären Volkes in ihren Händen festzuhalten, und ziehen zu diesem Zwecke nicht nur den patriotischen Trudowik Kerenski, sondern auch, wie es scheint, Tschcheidse, den Vertreter der opportunistischen Elemente der Sozialdemokratie, im Schlepptau hinter sich her.«

»Die Agrarfrage wird einen tiefen Keil in den heutigen adlig-bürgerlich-sozialpatriotischen Block treiben. Kerenski wird wählen müssen zwischen den ›Liberalen‹ des 3. Juni*, die die ganze Revolution für kapitalistische Ziele bestehlen wollen, und dem revolutionären Proletariat, das sein Programm der Agrarrevolution in aller Breite entrollen wird, das heißt: Konfiszierung der zaristischen, gutsherrlichen, fürstlichen, klösterlichen und kirchlichen Ländereien zugunsten des Volkes. Wie die persönliche Wahl Kerenskis ausfallen wird, ist ohne Bedeutung ... Anders steht es mit den bäuerlichen Massen, den unteren Dorfschichten. Sie auf die Seite des Proletariats zu ziehen, ist die unaufschiebbarste, brennendste Aufgabe.«

»Der Versuch, diese Aufgabe (die Heranziehung der Bauernschaft) durch Anpassung unserer Politik an die nationalpatriotische Beschränktheit des Dorfes zu lösen, wäre ein Verbrechen: der russische Arbeiter beginge Selbstmord, würde er das Bündnis mit der Bauernschaft um den Preis des Bruches seines Bündnisses mit dem europäischen Proletariat erkaufen. Aber dafür besteht auch gar keine politische Notwendigkeit. Wir haben eine stärkere Waffe in Händen: Während die heutige Provisorische Regierung und das Ministerium Lwow-Gutschkow-Miljukow-Kerenski** gezwungen sind – im Namen der Erhaltung ihrer Einheit –, die Agrarfrage zu umgehen, können und müssen wir sie in ihrem ganzen Ausmaß vor den Bauernmassen Rußlands stellen.

* Das heißt den Mitgliedern der aus dem Staatsstreich vom 3. Juni 1907 hervorgegangenen Duma.

** Unter der Provisorischen Regierung verstand die amerikanische Presse das Provisorische Dumakomitee.

– Wenn eine Agrarreform unmöglich ist, dann sind wir für einen imperialistischen Krieg! – sagte die russische Bourgeoisie nach der Erfahrung von 1905–1907.

– Kehrt dem imperialistischen Krieg den Rücken, stellt ihm die Agrarrevolution entgegen! – werden wir den Bauernmassen sagen, indem wir uns auf die Erfahrung von 1914–1917 berufen.

»Dieselbe Frage, die des Bodenbesitzes, wird eine gewaltige Rolle beim Vereinigungswerk der proletarischen Kader der Armee mit deren bäuerlichen Schichten spielen. ›Den gutsherrlichen Boden, aber nicht Konstantinopel!‹ wird der Soldat-Proletarier dem Soldaten-Bauern sagen und ihm auseinandersetzen, wem und welchen Zwecken der imperialistische Krieg dient. Und vom Erfolge unserer Agitation und unseres Kampfes gegen den Krieg – zuallererst unter den Arbeitern und in zweiter Linie unter den Bauern- und Soldatenmassen – wird es abhängen, wie schnell die liberalimperialistische Regierung von einer revolutionären Arbeiterregierung abgelöst werden wird, die sich unmittelbar auf das Proletariat und die sich ihm anschließenden armen Schichten des Dorfes stützt.«

»Die Rodsjanko, Gutschkow, Miljukow werden alles tun, um eine Konstituierende Versammlung nach ihrem Ebenbilde zu schaffen. Der stärkste Trumpf in ihren Händen wird der allnationale Krieg gegen den äußeren Feind sein. Sie werden dann natürlich von der Notwendigkeit sprechen, die ›Errungenschaften der Revolution‹ vor dem Anschlag des Hohenzollern zu verteidigen. Und die Sozialpatrioten werden bald das Lied mitsingen.«

»›Gäbe es nur etwas zu verteidigen!‹ wollen wir ihnen antworten. In erster Linie muß man die Revolution gegen den inneren Feind sichern. Man muß, ohne die Konstituierende Versammlung abzuwarten, das Gerümpel des Monarchismus und der Leibeigenschaft aus allen Winkeln wegfegen. Man muß den russischen Bauern lehren, den Versprechungen Rodsjankos und der patriotischen Lüge Miljukows zu mißtrauen. Man muß die Millionen Bauern unter dem Banner der Agrarrevolution und der Republik gegen die liberalen Imperialisten vereinigen. Diese Arbeit in ihrem ganzen Umfange zu verrichten, ist nur eine revolutionäre Regierung imstande, die, gestützt auf das Proletariat, die Miljukow und Gutschkow von der Macht entfernen wird. Diese Arbeiterregierung wird alle Mittel der Staatsmacht dazu benutzen, um die rückständigsten, finstersten Schichten der werktätigen Massen in Stadt und Land aufzurichten, aufzuklären und zusammenzuschließen.«

–» Und wenn das deutsche Proletariat sich nicht erheben wird? Was werden wir dann tun?

– Das heißt, Sie vermuten, die russische Revolution könnte spurlos an Deutschland vorübergehen, auch dann, wenn die Revolution bei uns eine Arbeiterregierung an die Macht brächte? Aber das ist ja völlig unwahrscheinlich.

– Nun, und wenn dennoch? ...

– ... Wenn das Unwahrscheinliche geschehen, wenn die konservative sozialpatriotische Organisation die deutsche Arbeiterklasse in der nächsten Epoche verhindern sollte, sich gegen ihre herrschenden Klassen zu erheben, – dann wird selbstverständlich die russische Arbeiterklasse mit der Waffe in der Hand die Revolution verteidigen. Die revolutionäre Arbeiterregierung würde gegen Hohenzollern Krieg führen und das deutsche Bruderproletariat aufrufen, gegen den gemeinsamen Feind aufzustehen. Ebenso wie auch das deutsche Proletariat, käme es in der nächsten Epoche an die Macht, nicht nur das ›Recht‹, sondern die Pflicht hätte, gegen Gutschkow-Miljukow Krieg zu führen, um den russischen Arbeitern zu helfen, mit ihrem imperialistischen Feind fertig zu werden. In beiden Fällen wäre der von der proletarischen Regierung geleitete Krieg nur eine bewaffnete Revolution. Es würde nicht um die ›Vaterlandsverteidigung‹ gehen, sondern um die Verteidigung der Revolution und deren Übertragung auf andere Länder.«

Man braucht wohl kaum zu beweisen, daß in den oben angeführten Auszügen aus den für Arbeiter bestimmten populären Artikeln die gleiche Ansicht über die Entwicklung der Revolution vertreten wird, die in Lenins Thesen vom 4. April Ausdruck gefunden hat.

Im Zusammenhang mit der Krise, die die bolschewistische Partei in den ersten zwei Monaten der Februarrevolution durchmachte, ist es angebracht, hier ein Zitat aus einem im Jahre 1909 vom Autor dieses Buches für die polnische Zeitschrift Rosa Luxemburgs geschriebenen Artikel anzuführen:

»Wenn die Menschewiki, die von der Abstraktion ausgehen, ›unsere Revolution ist bürgerlich‹, zu der Idee kommen, die gesamte Taktik des Proletariats der Haltung der liberalen Bourgeoisie, einschließlich der Machteroberung durch diese, anzupassen, kommen die Bolschewiki, ausgehend aus einer ebensolchen reinen Abstraktion: ›demokratische aber nicht sozialistische Diktatur‹, zur Idee der bürgerlich-demokratischen Selbstbeschränkung des Proletariats, in dessen Händen sich die Staatsmacht befindet. Gewiß ist der Unterschied zwischen beiden in dieser Frage sehr bedeutend: während die antirevolutionären Seiten des Menschewismus sich schon jetzt in all ihrer Stärke äußern, drohen die antirevolutionären Züge des Bolschewismus erst im Falle des revolutionären Sieges mit größter Gefahr.«

Diese Worte wurden nach 1923 von den Epigonen im Kampfe gegen den »Trotzkismus« weitgehend ausgenutzt. Indes geben sie – acht Jahre vor den Ereignissen – eine ganz genaue Charakteristik des Verhaltens der heutigen Epigonen »im Falle des revolutionären Sieges«.

Die Partei ist aus der Aprilkrise in Ehren hervorgegangen, indem sie mit den »antirevolutionären Zügen« ihrer herrschenden Schicht fertig wurde. Gerade aus diesem Grunde versah der Autor im Jahre 1922 die obenangeführte Stelle mit folgender Anmerkung:

»Das ist bekanntlich nicht eingetroffen, da der Bolschewismus im Frühling 1917, das heißt vor der Eroberung der Macht, unter Lenins Leitung (nicht ohne inneren Kampf) seine geistige Umbewaffnung in dieser wichtigen Frage vorgenommen hatte.«

Im Kampfe mit den opportunistischen Tendenzen der führenden Schicht der Bolschewiki schrieb Lenin im April 1917:

»Die bolschewistischen Losungen und Ideen haben sich im *allgemeinen* vollständig bestätigt, *konkret* aber haben sich die Dinge *anders* gestaltet, als man (wer auch immer) erwarten konnte, origineller, eigenartiger, bunter. Diese Tatsache zu ignorieren, zu vergessen, hieße, es jenen ›alten Bolschewiki‹ gleichtun, die schon mehr als einmal eine traurige Rolle in der Geschichte unserer Partei gespielt haben, indem sie sinnlos eine *auswendiggelernte* Formel wiederholen, anstatt die Eigenart der neuen, lebendigen Wirklichkeit *zu untersuchen.* Wer *jetzt* lediglich von ›revolutionär-demokratischer Diktatur des Proletariats und der Bauernschaft‹ spricht, ist hinter dem Leben zurückgeblieben, ist damit faktisch zum Kleinbürgertum *übergegangen,* ist gegen den proletarischen Klassenkampf und gehört in das Archiv für ›bolschewistische‹ vorrevolutionäre Raritäten (man könnte es nennen Archiv ›alter Bolschewiki‹).«

Anhang III

Zum Kapitel »Sowjetkongreß und Junidemonstration«

An Professor A. Kahun
Kalifornien
Universität
Sie interessieren sich dafür, wieweit Suchanow meine Begegnung im Mai 1917 mit der formell von Maxim Gorki repräsentierten Redaktion der »Nowaja Schisn« richtig darstellt. Zum weiteren Verständnis muß ich einige Worte über den allgemeinen Charakter des siebenbändigen Werkes Suchanows »Aufzeichnungen über die Revolution« sagen. Bei allen Mängeln dieser Arbeit (Weitschweifigkeit, Impressionismus, politische Kurzsichtigkeit), die mitunter deren Lektüre unerträglich gestalten, muß man dennoch die Gewissenhaftigkeit des Autors anerkennen, die die »Aufzeichnungen« zu einer wertvollen Quelle für den Historiker macht. Juristen wissen jedoch, daß die Gewissenhaftigkeit des Zeugen noch keinesfalls die Zuverlässigkeit seiner Aussagen verbürgt: man muß zudem das Entwicklungsniveau des Zeugen, die Kraft seines Blickes, Gehörs und Gedächtnisses, seine Stimmung im Augenblick des Vorganges usw. berücksichtigen. Suchanow, Impressionist intellektuellen Typs, ist, wie die Mehrzahl solcher Menschen, der Fähigkeit bar, die politische Psychologie Andersgearteter zu begreifen. Trotzdem er im Jahre 1917 am linken Rande des Versöhnlerlagers, folglich in naher Nachbarschaft der Bolschewiki stand, war und blieb er aus seiner Hamletnatur heraus der Antipode eines Bolschewiken. In ihm lebt stets das Gefühl feindseliger Abstoßung, von fertigen Menschen, die sicher wissen, was sie wollen und wohin sie gehen. All das führt dazu, daß Suchanow in seinen »Aufzeichnungen«, sobald er nur versucht, die Beweggründe der Handlungen der Bolschewiki zu begreifen oder deren geheime Triebfedern aufzudecken, durchaus gewissenhaft Fehler auf Fehler häuft. Manchmal scheint es, als verwirre er bewußt klare und einfache Fragen. In Wirklichkeit ist er, mindestens in der Politik, organisch unfähig, die kürzeste Entfernung zwischen zwei Punkten zu finden.

Suchanow bemüht sich nicht wenig, meine Linie der Leninschen entgegenzustellen. Sehr feinfühlig für Couloirstimmungen und Gerüchte intellektueller Kreise – darin liegt nebenbei einer der Vorzüge der »Aufzeichnungen«, die viel Material zur Charakteristik der Psychologie der liberalen, radikalen und sozialistischen Spitzen liefern –, wiegte sich Suchanow natürlicherweise in Hoffnungen und Entstehung von Meinungsverschiedenheiten zwischen Lenin und Trotzki, um so mehr, als dies, mindestens teilweise, das wenig beneidenswerte Los der »Nowaja Schisn« zwischen Sozialpatrioten und Bolschewiki zu stehen, erleichtern mußte. In seinen »Aufzeichnungen« lebt Suchanow unter dem Schein politischer Erinnerungen und nachträglicher Vermutungen noch immer in der Atmosphäre dieser unerfüllten Hoffnungen. Besonderheiten der Persönlichkeit, des Temperaments, des Stils versucht er als besonderen politischen Kurs zu deuten.

Im Zusammenhang mit der nicht stattgefundenen Kundgebung vom 10. Juni und hauptsächlich mit den bewaffneten Demonstrationen der Julitage sucht Suchanow seitenlang zu beweisen, daß Lenin in jenen Tagen die unmittelbare Machtergreifung durch Verschwörung und Aufstand, Trotzki dagegen die wirkliche Macht der Sowjets durch die damals herrschenden Parteien, das heißt die Sozialrevolutionäre und Menschewiki, angestrebt hätten. All das hat nicht den Schatten einer Begründung für sich.

Auf dem ersten Sowjetkongreß, am 4. Juni, sagte Zeretelli in seiner Rede nebenbei: »In Rußland gibt es im gegenwärtigen Augenblick keine politische Partei, die sagen würde: Gebt die Macht in unsere Hände.« Im gleichen Augenblick ertönte der Zwischenruf: »Es gibt eine!« Lenin liebte es nicht, Redner zu unterbrechen, und liebte nicht, wenn man ihn unterbrach. Nur ernste Erwägungen konnten ihn bewegen, diesmal auf seine übliche Zurückhaltung zu verzichten. Aus der Logik Zeretellis ergab sich, daß man, gerät ein Volk in das Geflecht größter Schwierigkeiten, vor allem bestrebt sein müsse, die Macht anderen zuzuschieben. Darin bestand im Grunde die Weisheit des russischen Versöhnlertums, als es nach dem Februaraufstand die Macht den Liberalen zuschob. Der wenig anmutigen Angst vor der Verantwortung verlieh Zeretelli die Färbung politischer Uneigennützigkeit und außerordentlichen Weitblicks. Für einen Revolutionär, der an die Mission seiner Partei glaubt, ist eine solch feige Prahlerei ganz unerträglich. Eine revolutionäre Partei, die fähig ist, bei schwierigen Verhältnissen der Macht auszuweichen, verdient nur Verachtung.

In seiner Rede während der gleichen Sitzung erläuterte Lenin seinen Zwischenruf: »Der Bürger-Minister für Post- und Telegraphenwesen, Zeretelli ... sagte, daß es in Rußland keine politische Partei gäbe, die ihre Bereitschaft aussprechen würde, die Macht ganz zu übernehmen. Ich antworte, es gibt eine; keine Partei darf darauf verzichten, und unsere Partei verzichtet darauf nicht. Jeden Augenblick ist sie bereit, die ganze Macht zu übernehmen (Applaus und Lachen). Ihr mögt Lachen, soviel ihr wollt; wird uns aber der Bürger-Minister vor diese Frage stellen ... er wird die nötige Antwort erhalten.« Es sollte scheinen, der Gedanke Lenins ist absolut klar.

Auf dem gleichen Sowjetkongreß äußerte ich mich, als ich nach dem Ackerbauminister Pjeschechonow das Wort nahm, folgendermaßen: »Ich gehöre mit ihm (Pjeschechonow) nicht der gleichen Partei an, aber wenn man mir sagte, das Ministerium würde aus zwölf Pjeschechonows gebildet werden, dann würde ich erwidern, es sei ein riesiger Schritt vorwärts ...«

Ich glaube nicht, daß schon damals, während der Ereignisse, meine Worte über ein Ministerium der Pjeschechonows als Antithese zur Leninschen Bereitschaft, die Macht zu übernehmen, verstanden werden konnten. Als Theoretiker dieser vermeintlichen Antithese tritt nachträglich Suchanow auf. Indem er die Vorbereitung der Bolschewiki zur Demonstration vom 10. Juni zugunsten der Sowjetmacht als Vorbereitung zur Machtergreifung deutet, schreibt Suchanow: »Zwei, drei Tage vor der ›Kundgebung‹ sagte Lenin öffentlich, daß er bereit sei, die Macht zu übernehmen; während Trotzki damals sagte, er wünsche zwölf Pjeschechonows an der Macht zu sehen. Das ist ein Unterschied. Dennoch nehme ich an, daß Trotzki zur Aktion des 10. Juni hinzugezogen worden war. Lenin war auch damals nicht geneigt, ohne den zweifelhaften ›Interrayonisten‹* in den entscheidenden Kampf zu gehen. Denn Trotzki war ein ihm ähnlicher monumentaler Partner im monumentalen Spiel, während in Lenins eigener Partei nach ihm lange, lange, lange niemand kam.«

* Suchanow nennt mich einen »zweifelhaften Interrayonisten« (Mitglied der Zwischenbezirksorganisation der vereinigten Sozialdemokraten« Russisch abgekürzt »Meschrayonzy« genannt), womit er offenbar sagen will, daß ich in Wirklichkeit Bolschewik war. Das letztere ist jedenfalls richtig. Ich blieb nur deshalb in der »Zwischenbezirksorganisation«, um sie in die bolschewistische Partei überzuleiten, was auch im August verwirklicht wurde.

Diese ganze Stelle ist voller Widersprüche. Nach Suchanow plante Lenin angeblich das, wessen ihn Zeretelli beschuldigte: »Die sofortige Machtergreifung durch die proletarische Minderheit.« Den Beweis für diesen Blanquismus sieht Suchanow, so unwahrscheinlich das ist, in Lenins Worten von der Bereitschaft der Bolschewiki, trotz allen Schwierigkeiten, die Macht zu übernehmen. Hätte aber Lenin tatsächlich die Absicht gehabt, am 10. Juni durch eine Verschwörung die Macht zu übernehmen, er würde wohl kaum am 4. Juni in der Plenarsitzung des Sowjets die Feinde gewarnt haben. Muß man daran erinnern, daß Lenin seit dem ersten Tag seiner Ankunft in Petrograd der Partei einschärfte, die Bolschewiki könnten sich die Aufgabe des Sturzes der Provisorischen Regierung erst nach Eroberung der Sowjetmehrheit stellen. In den Apriltagen trat Lenin entschieden gegen jene Bolschewiki auf, die die Losung: »Nieder mit der Provisorischen Regierung« als Aufgabe des Tages gestellt hatten. Die Leninsche Replik vom 4. Juni hatte nur einen Sinn: Wir Bolschewiki sind schon heute bereit, die Macht zu übernehmen, wenn die Arbeiter und Soldaten uns ihr Vertrauen schenken; damit unterscheiden wir uns von den Versöhnlern, die, im Besitz des Vertrauens der Arbeiter und Soldaten, nicht wagen, die Macht zu übernehmen.

Suchanow stellt Trotzki, den Realisten, Lenin, dem Blanquisten gegenüber. »Ohne Lenin zu akzeptieren, konnte man sich der Fragestellung Trotzkis völlig anschließen.« Gleichzeitig erklärt Suchanow, daß »Trotzki zur Aktion des 10. Juni hinzugezogen worden war«, das heißt zur Verschwörung zum Ziele der Machtergreifung. Indem er zwei Linien aufdeckt, wo es keine gab, kann Suchanow sich nicht das Vergnügen versagen, diese zwei Linien später in eine zusammenzuschließen, um die Möglichkeit zu haben, auch mich des Abenteuertums zu beschuldigen. Das ist eine eigenartige und etwas platonische Revanche für die getäuschten Hoffnungen der linken Intelligenz auf einen Zwiespalt zwischen Lenin und Trotzki.

Auf den Plakaten, die von den Bolschewiki für die abgesagte Demonstration vom 10. Juni vorbereitet worden waren und die dann die Demonstranten des 18. Juni trugen, stand die Parole »Nieder mit den zehn Minister-Kapitalisten« im Mittelpunkt. Als Ästhet bewunderte Suchanow das schlicht Ausdrucksvolle dieser Losung, doch als Politiker bezeugt er völliges Unverständnis für deren Sinn. In der Regierung saßen außer den zehn »Minister-Kapitalisten« noch sechs Minister-Versöhnler. Auf diese unternahmen die bolschewistischen Plakate kein Attentat. Im Gegenteil, nach dem Sinn der Losung mußten die Minister-Kapitalisten durch Minister-Versöhnler, Vertreter der Sowjetmehrheit, ersetzt werden. Gerade diesen Gedanken der bolschewistischen Plakate hatte ich auf dem Sowjetkongreß ausgesprochen: Zerreißt den Block mit den Liberalen, entfernt die bürgerlichen Minister und ersetzt sie durch eigene Pjeschechonows. Indem die Bolschewiki die Sowjetmehrheit aufforderten, die Macht zu übernehmen, hatten sie sich selbstverständlich in bezug auf die Pjeschechonows die Hände nicht gebunden; im Gegenteil, sie verheimlichten nicht, daß sie im Rahmen der Sowjetdemokratie gegen diese einen unversöhnlichen Kampf führen würden – um die Mehrheit in den Sowjets und um die Macht. Das alles sind schließlich Abc-Wahrheiten. Nur die oben angeführten Eigenschaften mehr des Typs als der Person Suchanows erklären, wie dieser Teilnehmer und Beobachter der Ereignisse in einer so ernsten und gleichzeitig so einfachen Frage solch heillose Verwirrung anrichten konnte.

Im Lichte der untersuchten politischen Episode wird jene falsche Beleuchtung begreiflicher, die Suchanow meiner Sie interessierenden Begegnung mit der Redaktion der »Nowaja Schisn« gibt. Die Moral meines Zusammenstoßes mit dem Kreise Maxim Gorkis drückt Suchanow in dem mir in den Mund gelegten Schlußsatz aus: »Ich sehe jetzt, daß mir nichts anderes übrig bleibt, als zusammen mit Lenin eine Zeitung zu gründen.« Es ergibt sich, daß nur die Unmöglichkeit einer Verständigung mit Gorki und Suchanow, das heißt mit Menschen, die ich niemals für Politiker oder für Revolutionäre gehalten habe, mich zwang, den Weg zu Lenin zu finden. Es genügt, diesen Gedanken klar zu formulieren, um seine Unhaltbarkeit zu zeigen.

Wie charakteristisch ist, nebenbei bemerkt, für Suchanow der Satz »zusammen mit Lenin eine Zeitung zu gründen«, – als liefen die Aufgaben der revolutionären Politik auf eine Zeitung hinaus. Für einen Menschen mit der kleinsten schöpferischen Einbildungskraft muß es klar sein, daß ich weder so denken, noch meine Aufgaben so bestimmen konnte.

Um meinen Besuch beim Zeitungszirkel Gorkis zu erklären, muß man daran erinnern, daß ich Anfang Mai, mehr als zwei Monate nach der Umwälzung, einen Monat nach Lenin in Petrograd ankam. In dieser Zeit war bereits vieles geklärt und festgelegt worden. Ich brauchte eine unmittelbare, sozusagen empirische Orientierung nicht nur über die grundlegenden Kräfte der Revolution, die Stimmungen der Arbeiter und Soldaten, sondern auch über alle Gruppierungen und politischen Schattierungen der »gebildeten« Gesellschaft. Der Besuch bei der Redaktion der »Nowaja Schisn« war für mich eine kleine politische Auskundschaftung, um die Anziehungs- und Abstoßungskräfte in dieser »linken« Gruppe, die Chancen einer möglichen Abspaltung der einen oder anderen Elemente, und so weiter, kennenzulernen. Eine kurze Unterhaltung überzeugte mich von der Hoffnungslosigkeit dieses Zirkelchens spintisierender Literaten, für die die Revolution auf einen Leitartikel hinauslief. Da sie zudem die Bolschewiki der »Selbstisolierung« bezichtigten und die Schuld dafür Lenin und seinen Aprilthesen zuschrieben, konnte ich selbstverständlich ihnen nichts anderes sagen, als daß ihre Reden mir zum Überfluß bewiesen, wie recht Lenin hat, die Partei von ihnen, oder richtiger, sie von der Partei zu isolieren. Diese Schlußfolgerung, die ich wegen der Wirkung auf die Teilnehmer an der Unterhaltung, Rjasanow und Lunatscharski, den Widersachern einer Vereinigung mit Lenin, besonders energisch unterstreichen mußte, gab offenbar Anlaß zur Suchanowschen Version.

Sie haben selbstverständlich mit ihrer Vermutung vollständig recht, daß ich im Herbst 1917 mich keinesfalls bereit erklärt haben würde, von der Tribüne des Petrograder Sowjets zum Jubiläum Gorkis zu sprechen. Suchanow tat diesmal gut daran, auf einen seiner grillenhaften Gedanken zu verzichten: mich am Vorabend des Oktoberaufstandes in eine Sache zur Ehrung Gorkis hineinzuziehen, der auf der anderen Seite der Barrikade stand.

Prinkipo, den 29. September 1930 *L. Trotzki*